Springer-Lehrbuch

Rudolf Heno

Bilanzsteuerrecht und Unternehmensbesteuerung

Springer

Professor Dr. Rudolf Heno
Steuerberater
Fachhochschule Wilhelmshaven/Oldenburg/Elsfleth
Friedrich-Paffrath-Str. 101
26389 Wilhelmshaven
heno@fbw.fh-wilhelmshaven.de

ISSN 0937-7433
ISBN 978-3-642-01967-8
Springer Dordrecht Heidelberg London New York

Die Deutsche Nationalbibliothek verzeichnet diese Publikation in der Deutschen Nationalbibliografie; detaillierte bibliografische Daten sind im Internet über http://dnb.d-nb.de abrufbar.

Einbandgestaltung: WMXDesign GmbH, Heidelberg

Gedruckt auf säurefreiem Papier

Springer ist Teil der Fachverlagsgruppe Springer Science+Business Media (www.springer.de)

Vorwort

Mit dem vorliegenden Lehrbuch wird der Versuch unternommen, nicht nur den sehr abstrakten und schwer überschaubaren Lernstoff des Bilanzsteuerrechts, sondern auch das Gebiet der Unternehmensbesteuerung leicht verständlich aufzubereiten und systematisch darzustellen. Die im zweiten Teil vorgestellte Besteuerung der Unternehmen mit Einkommen-, Körperschaft- und Gewerbesteuer basiert auf dem Steuerbilanzgewinn, dessen Zustandekommen im ersten Teil behandelt wird. Das Bilanzsteuerrecht ist aufgrund des Prinzips der Maßgeblichkeit mit den handelsrechtlichen Grundsätzen ordnungsmäßiger Buchführung und den jahresabschlussrelevanten Vorschriften des HGB verknüpft. Diese werden unter Berücksichtigung des Bilanzrechtsmodernisierungsgesetzes (BilMoG) insoweit behandelt, als sie Folgewirkungen für die Steuerbilanz haben oder wichtige Abweichungen zwischen Handels- und Steuerbilanz betreffen. Insbesondere bei der Darstellung der Unternehmensbesteuerung, die sich durch die Unternehmenssteuerreform 2008 gravierend geändert hat, wird hinsichtlich der formalen Regelungen und der vielen Sonderfälle weniger Wert auf Vollständigkeit gelegt, als vielmehr darauf geachtet, Grundprinzipien und Zusammenhänge aufzuzeigen. Auch das interessante Gebiet des Vergleichs der Steuerbelastung bei verschiedenen Rechtsformen wird allgemein und anhand von Beispielen beleuchtet. Im letzten Kapitel werden schließlich noch die Einflüsse der Besteuerung auf betriebliche Finanzierungsentscheidungen dargestellt. Da die – erhoffte – zweite Auflage auch Grundzüge der Umsatzsteuer beinhalten soll, wurde jetzt bereits der umfassendere Titel „Unternehmensbesteuerung“ gewählt, obwohl der Gegenstand des Buches zunächst auf die Ertragsteuern beschränkt ist.

Das vorliegende Lehrbuch richtet sich vor allem an Studenten der Bachelor-Studiengänge an Universitäten, Fachhochschulen, Berufsakademien und anderen Bildungseinrichtungen, aber auch an Praktiker, die ihre bereits vorhandenen Kenntnisse auffrischen und aktualisieren wollen. Das Buch eignet sich gut zum Selbststudium, es kann auch vorlesungsbegleitend sowie als Aufgaben-Übungsbuch verwendet werden. Grundsätzlich ist es als systematisches Lernbuch konzipiert, d.h. dass die Kapitel (teilweise) aufeinander aufbauen.

Beim Leser werden lediglich grundlegende Buchführungskenntnisse vorausgesetzt. Lernziele zu Beginn jedes Kapitels, zahlreiche Übersichten, Schaubilder und Tabellen sowie Merksätze sollen dem Leser das Verständnis und das Lernen erleichtern. Da das Buch außerdem eine Vielzahl von Beispielen, Beispielsaufgaben und Übungsaufgaben – jeweils mit Lösungen – enthält, eignet es sich auch besonders zum Selbststudium. Beispielsaufgaben sollen anhand konkreter Zahlen in direktem Anschluss an die abstrakte Erklärung des jeweiligen Problems für ein besseres Verständnis beim Leser sorgen und das selbständige Mitdenken fördern. Die Beispielsaufgaben sind also Bestandteil des Lernstoffes und werden sofort im Anschluss aufgelöst. Die 71 meist längeren (Übungs-)Aufgaben zu den einzelnen Kapiteln befinden sich dagegen ebenso wie die dazu gehörigen Lösungen am Ende des Buches und dienen zur Festigung und Kontrolle des Lernerfolgs. Literaturempfehlungen schließen das Lehrbuch ab.

Mein besonderer Dank für seine Hilfe beim Zustandekommen dieses Buches gilt dem Verlagsleiter des Springer-Verlags, Herrn Dr. Werner A. Müller, der mich mit vielfachem Rat verständnisvoll unterstützte.

Oldenburg, im Juni 2009 *Rudolf Heno*

Inhaltsverzeichnis

Abkürzungsverzeichnis

a.A.	anderer Ansicht
AB	Anfangsbestand
a.F.	alte Fassung
a.a.O.	an angegebenem Ort
ADS	Adler/Düring/Schmaltz (Kommentar zum Handelsrecht)
AfA	Absetzungen für Abnutzung
AfaA	Absetzungen für außergewöhnliche Abnutzungen
AG	Aktiengesellschaft
AK	Anschaffungskosten
AktG	Aktiengesetz
Anm.	Anmerkung
AO	Abgabenordnung
ARA	aktiver Rechnungsabgrenzungsposten
BB	Betriebsberater (Zeitschrift)
BBK	Buchführung, Bilanz, Kostenrechnung (Loseblattsammlung)
BFH	Bundesfinanzhof
BFHE	Entscheidungen des Bundesfinanzhofs
BFH/NV	Nicht amtlich veröffentlichte BFH-Urteile (Zeitschrift)
BFuP	Betriebswirtschaftliche Forschung und Praxis (Zeitschrift)
BGA	Betriebs- und Geschäftsausstattung
BGBl.	Bundesgesetzblatt
BGH	Bundesgerichtshof
BilMoG	Bilanzrechtsmodernisierungsgesetz
BMF	Bundesministerium der Finanzen
BS	Buchungssatz
bspw.	beispielsweise
BStBl.	Bundessteuerblatt
bzw.	beziehungsweise
DB	Der Betrieb (Zeitschrift)
DBW	Die Betriebswirtschaft (Zeitschrift)
d.h.	das heißt
DSF	Diskontierungssummenfaktor
DStR	Deutsches Steuerrecht (Zeitschrift)
DStZ	Deutsche Steuerzeitung
EBT	earnings before tax
EBITDA	earnings before interest, tax, depreciation and amortization
EE	Einkommen und Ertrag
EFG	Entscheidungen der Finanzgerichte
ESt	Einkommensteuer
EStDV	Einkommensteuer-Durchführungsverordnung
EStG	Einkommensteuergesetz
EStR	Einkommensteuer-Richtlinien
etc.	et cetera
EU	Europäische Union
EuGH	Europäischer Gerichtshof
EUR	Euro
e.V.	eingetragener Verein
f.	folgende (Seite)
ff.	fortfolgende (Seiten)
FG	Finanzgericht
fifo	first in first out

GewSt	Gewerbesteuer
GewStG	Gewerbesteuergesetz
GFW	Geschäfts- oder Firmenwert
ggf.	gegebenenfalls
GmbH	Gesellschaft mit beschränkter Haftung
GmbHG	Gesetz betreffend die Gesellschaften mit beschränkter Haftung
GmbHR	GmbH-Rundschau
GoB	Grundsätze ordnungsmäßiger Buchführung (und Bilanzierung)
grds.	grundsätzlich
GrS	Großer Senat (des BFH)
GuV	Gewinn- und Verlustrechnung
H	Hinweis (zu EStR)
HB	Handelsbilanz
HdB	Handbuch
HFA	Hauptfachausschuss (des Instituts der Wirtschaftsprüfer)
HGB	Handelsgesetzbuch
HK	Herstellungskosten
h.M.	herrschende Meinung
Hrsg.	Herausgeber
i.d.R.	in der Regel
IDW	Institut der Wirtschaftsprüfer in Deutschland e.V.
i.e.S.	im engeren Sinne
IFRS	International Financial Reporting Standards
IHK	Industrie- und Handelskammer
i.H.v.	in Höhe von
INF	Die Information über Steuer und Wirtschaft
i.S.d.	im Sinne des/der
i.S.v.	im Sinne von
JÜ	Jahresüberschuss
KapG	Kapitalgesellschaft
KG	Kommanditgesellschaft
KSt	Körperschaftsteuer
KESt	Kapitalertragsteuer
KStG	Körperschaftsteuergesetz
Kto.	Konto
lifo	last in first out
L.u.L.	(aus) Lieferungen und Leistungen
m.a.W.	mit anderen Worten
m.E.	meines Erachtens
Mio.	Million
Nr.	Nummer
NV	Nicht amtlich veröffentlichte BFH-Urteile (Zeitschrift)
NVB	Nachversteuerungsbetrag
NVPB	nachversteuerungspflichtiger Betrag
o.a.	oben angeführt
OFD	Oberfinanzdirektion
o.g.	oben genannt
OHG	Offene Handelsgesellschaft
p.a.	per annum (= pro Jahr)
PersG	Personengesellschaft
poc	percentage of completion (Fertigstellungsgrad)
R	Richtlinie (in den EStR)
RAP	Rechnungsabgrenzungsposten
Rdvfg.	Rundverfügung einer Oberfinanzdirektion an ihre Finanzämter
rev.	englisch: revised oder deutsch: revidiert, verbessert
Rev.	Revision
RFH	Reichsfinanzhof

RHB	Roh-, Hilfs- und Betriebs(stoffe)
RIC	Rechnungslegungs-Interpretations-Committee
rkr.	rechtskräftig
RS	Stellungnahme zur Rechnungslegung
Rz.	Randziffer
s.	siehe
S.	Seite
SBK	Schlussbilanzkonto
s.o.	siehe oben
s.u.	siehe unten
so gen.	so genannte(r)
SolZ	Solidaritätszuschlag
St.	Stellungnahme
StB	Steuerbilanz
StuB	Steuern und Bilanzen (Zeitschrift)
TEUR	tausend Euro
Tz.	Textziffer
u.a.	unter anderem, unter anderen
UM	Unternehmensbewertung & Management (Zeitschrift)
usw.	und so weiter
u.U.	unter Umständen
Vfg.	Verfügung
vgl.	vergleiche
WPg	Die Wirtschaftsprüfung (Zeitschrift)
WP-HdB	Wirtschaftsprüfer-Handbuch
z.B.	zum Beispiel
ZfbF	Zeitschrift für betriebswirtschaftliche Forschung
ZfB	Zeitschrift für Betriebswirtschaft
zuzügl.	zuzüglich
z.T.	zum Teil

Erster Teil: Bilanzsteuerrecht

A Allgemeine Grundlagen des Bilanzsteuerrechts

I Aufgaben und Rechtsgrundlagen der Rechnungslegung

Lernziele:

Der Leser soll

- *den Inhalt des Begriffes Rechnungswesen und dessen Komponenten abgrenzen lernen*
- *sich mit den Aufgaben des Rechnungswesens als Gesamtheit sowie den spezifischen Aufgaben des Jahresabschlusses vertraut machen*
- *unterschiedliche Erfolgskomponenten und ihre Definitionen kennenlernen*
- *bestimmte Erfolgskomponenten den beiden Teilen des Rechnungswesens und anderen Bereichen der Betriebswirtschaftslehre zuordnen können.*

1. Begriff und Einteilung des betrieblichen Rechnungswesens

Definition:

> *Betriebliches Rechnungswesen* = rechnerische Abbildung des betrieblichen Produktions- und Umsatzprozesses nach Mengen und Werten.

Abgebildet werden also alle Einkäufe von Produktionsfaktoren und Verkäufe von Produkten, alle Kreditvorgänge und Steuerzahlungen sowie der Transformationsprozess von Produktionsfaktoren in Produkte innerhalb des Unternehmens. Dabei werden sowohl periodenbezogene Stromgrößen (z. B. Umsatzerlöse) als auch zeitpunktbezogene Bestandsgrößen (z. B. Rohstoffbestände) erfasst.

Üblicherweise wird das betriebliche Rechnungswesen in zwei Bereiche aufgeteilt, die Finanzbuchhaltung (einschließlich des Jahresabschlusses) und die Kosten- und Leistungsrechnung. Beide Teile des betrieblichen Rechnungswesens sind miteinander verflochten, es erfolgt ein Datenaustausch, um Daten-Doppelerfassungen zu vermeiden. So liefert die Finanzbuchhaltung beispielsweise die Lohn- und Gehaltsdaten an die Kosten- und Leistungsrechnung, die andererseits die ermittelten Vorratsbestandswerte zumindest als Ausgangswerte auch an die Finanzbuchhaltung weitergibt.

Sie unterscheiden sich durch folgende Merkmale:

Finanzbuchhaltung (externes Rechnungswesen)	***Kosten- und Leistungsrechnung (internes Rechnungswesen)***
Abbildung des Umsatz- und Produktionsprozesses, also auch der Austauschbeziehungen zur Umwelt des Betriebes („äußerer Wertekreislauf“)	Abbildung nur des innerbetrieblichen Produktionsprozesses („innerer Wertekreislauf“)
Abbildung von Geldströmen (pagatorisch)	Abbildung von (bewerteten) Güterströmen
Zeitraumrechnung	Zeitraumrechnung und Stückrechnung
Erfassung von Aufwendungen und Erträgen sowie von Ausgaben und Einnahmen	Erfassung von Kosten und Leistungen

Finanzbuchhaltung (externes Rechnungswesen)	***Kosten- und Leistungsrechnung (internes Rechnungswesen)***
Erfassung sowohl betriebsbedingter als auch betriebsfremder Werteverbräuche und Wertzuwächse in der tatsächlich entstandenen Höhe (z. B. auch Lotteriegewinne, Katastrophenschäden) sowie von Kreditvorgängen	Erfassung nur der betriebszielbezogenen Werteverzehre und Wertzuwächse im üblichen, normalen Umfang (z. B. kalkulatorische Wagnisse, Verteilung von Urlaubslöhnen auf alle Monate des Jahres)
gesetzliche Verpflichtung zur Erstellung und starke Reglementierung durch Handels- und Steuerrecht (z. B. nominelle Kapitalerhaltung durch Berücksichtigung von historischen Anschaffungskosten)	freiwillige Erstellung und freie Gestaltung bei alleiniger Ausrichtung auf die vom Unternehmen zugewiesenen Aufgaben (z. B. Substanzerhaltung durch Berücksichtigung von Wiederbeschaffungskosten)

Das externe Rechnungswesen wird auch als ***Rechnungslegung*** bezeichnet, stellt Informationen für außerhalb des Unternehmens stehende Adressaten bereit und wird nach gesetzlichen Vorschriften und/oder standardisierten Regeln aufgestellt.

2. Komponenten des externen Rechnungswesens, ihre Aufgaben und Rechtsgrundlagen

Lernziele:

Der Leser soll

- *Die einzelnen Bestandteile des externen Rechnungswesens im Überblick kennen lernen*
- *Steuerbilanz und Handelsbilanz unterscheiden lernen*
- *die relevanten Rechtsquellen kennen lernen*
- *die wichtigsten Vorschriften zu den Rechnungslegungspflichten einschließlich der Sanktionen bei Nichtbeachtung der Vorschriften erfahren*

a) Überblick

Gemäß § 242 Abs. 3 HGB bilden die Bilanz und die Gewinn- und Verlustrechnung (GuV) den Jahresabschluss. Dies gilt jedoch nur für Einzelunternehmen und Personenhandelsgesellschaften. Kapitalgesellschaften haben nach § 264 Abs. 1 HGB den Jahresabschluss um den Anhang zu erweitern sowie – mit Ausnahme der kleinen Kapitalgesellschaften – einen Lagebericht aufzustellen, der jedoch nicht zum eigentlichen Jahresabschluss gehört.

Definition:

> Unter einer ***Bilanz*** ist die Gegenüberstellung der Vermögensgegenstände des Unternehmens und der zur Finanzierung eingesetzten Mittel, getrennt nach Mitteln der Unternehmenseigentümer (Eigenkapital) und der Gläubiger (Fremdkapital bzw. Schulden), zu verstehen. Der jeweilige Jahresüberschuss gehört zum Eigenkapital, solange seine Ausschüttung noch nicht beschlossen ist.

Die Posten auf der linken und der rechten Seite der Bilanz lassen sich unterschiedlich bezeichnen bzw. interpretieren:

Bilanz zum 31.12.01

Aktiva	Passiva

oder:

Vermögen	Kapital (Eigenkapital; Schulden)

oder:

Finanzmittelverwendung	Finanzmittelherkunft

oder:

Investition (zeitpunktbezogen; Bestandsgröße)	Finanzierung (zeitpunktbezogen; Bestandsgröße)

Definition:

> In einer ***Gewinn- und Verlustrechnung (GuV)*** werden Erträge und Aufwendungen des Unternehmens in einer Periode (Zeitraumrechnung) einander gegenübergestellt und damit die Quellen des Periodenerfolges ausgewiesen. Der Jahresüberschuss erscheint auf der Aufwandsseite und stimmt aufgrund des Prinzips der doppelten Buchführung mit dem in der Bilanz ausgewiesenen Jahresüberschuss überein.

Gewinn- und Verlustrechnung für das Jahr 01

Aufwendungen	Erträge
Jahresüberschuss (Saldo)	

Für Kapitalgesellschaften ist diese Kontoform der Gewinn- und Verlustrechnung nicht zulässig, nach § 275 Abs. 1 HGB müssen sie die GuV in Staffelform, d. h. alle Posten untereinander angeordnet, aufstellen

Bezeichnung	***wird aufgestellt nach***	***laufend/fallweise***
Handelsbilanz	HGB und AktG bzw. GmbHG	laufend
Steuerbilanz	EStG	laufend
Konzernbilanz	nach HGB oder IFRS für Konzern als Gesamtheit	laufend
Sonderbilanz, z. B. Verschmelzungsbilanz, Liquidationsbilanz	spezielle gesetzliche Vorschriften	von Fall zu Fall

b) Handelsbilanz

Die folgende Übersicht macht deutlich, welche Aufgaben bzw. Zwecke der Jahresabschluss erfüllen soll. Die einzelnen Aufgaben sind abgeleitet aus den Informationswünschen der Adressatengruppen des Jahresabschlusses, nämlich der Geschäftsleitung, der Gläubiger, der Anteilseigner, der Arbeitnehmer, dem Fiskus und der interessierten Öffentlichkeit.

Die Adressaten im Überblick:					
a) Geschäfts-leitung	b) Anteils-eigner	c) Gläubiger	d) Fiskus	e) Arbeit-nehmer	f) Interessierte Öffentlichkeit

Der Staat als Steuergläubiger („Fiskus") hat ein sehr intensives Interesse daran, in den Jahresabschluss Einsicht nehmen zu können, denn er möchte die von den Unternehmen erklärten Besteuerungsgrundlagen (Gewinn, Vermögen, Schulden, Grundstücke) nachprüfen können. Auf gesetzlichem Wege kann er diese Einsichtnahme leicht erzwingen (vgl. § 60 EStDV). Einzelheiten werden im Kapitel A.III.1.c) behandelt.

Mit Ausnahme der Aufgabe, dem Fiskus die Bemessungsgrundlage für die Ertragsbesteuerung der Unternehmen zu liefern, sind alle in der folgenden Übersicht dargestellten Aufgaben dem handelsrechtlichen Jahresabschluss, also der Handelsbilanz, der Gewinn- und Verlustrechnung und – bei Kapitalgesellschaftern – dem Anhang zuzuweisen.

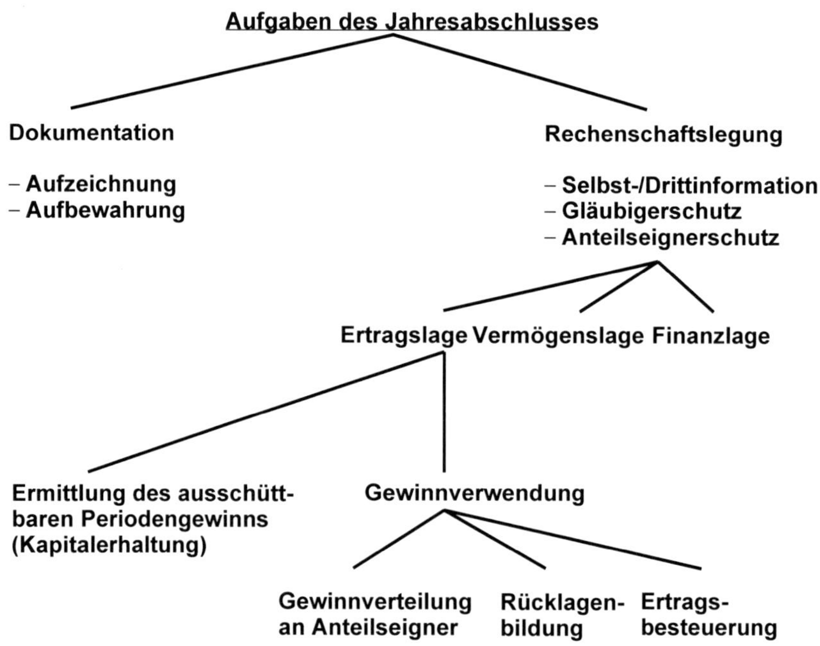

- **Dokumentation**

Nicht nur im Eigeninteresse der Geschäftsleitung werden alle Geschäftsvorfälle sowie die Vermögens- und Kapitalbestände aufgezeichnet. Die Nachweisfunktion (Beweisfunktion) von Buchführung und Jahresabschluss gilt insbesondere gegenüber den Gesellschaftern und Gläubigern, dem Staat als Steuergläubiger und den Gerichten in Rechtsstreitigkeiten.

- **Rechenschaftslegung**

Die Aufgaben Erfolgs-, Vermögens- und Kapitalermittlung werden üblicherweise mit dem Begriff ***Rechenschaftslegung*** zusammengefasst. Dieser Begriff umfasst die beiden Aspekte Information und Rechtfertigung. Es soll Rechenschaft abgelegt werden über die Geschäftstätigkeit, die Verwendung des anvertrauten Kapitals und den wirtschaftlichen Erfolg in der abgelaufenen Periode. Das externe Rechnungswesen soll jedoch Informationen liefern, die für sachverständige Dritte nachvollziehbar sowie im Zeitablauf und mit anderen Unternehmen vergleichbar sind. Die gesetzlichen Vorschriften sollen dies sicherstellen. Da die Interessen der Adressatengruppen (vgl. Kapitel A.I.3.) teilweise gegenläufig sind, hat der Gesetzgeber dem bilanzierenden Unternehmen einige Gestaltungsspielräume beim Jahresabschluss belassen, wodurch die Geschäftsleitung in die Lage versetzt wird, eigenständig bestimmte bilanzpolitische Ziele zu verfolgen. Dadurch entsteht jedoch die Gefahr, dass die Informationen des Jahresabschlusses an Aussagekraft einbüßen.

Diesen widerstreitenden Interessen versucht der Handelsgesetzgeber durch Kompromissregelungen und Wahlmöglichkeiten in einer Gratwanderung gerecht zu werden.

Im Sinne des ***Gläubigerschutzes*** soll ein Mindest-Haftungskapital bei den Kapitalgesellschaften erhalten bleiben. Um dies zu erreichen, existieren Ausschüttungsbeschränkungen im Bereich der Gewinnverwendung und Bewertungsobergrenzen im Bereich der Gewinnentstehung. Außerdem gibt es Ausschüttungssperren im Falle, dass Beträge aktiviert werden, deren Werthaltigkeit zweifelhaft ist.

Zum ***Schutz der (kleinen) Anteilseigner*** ist ihr Anspruch auf Auszahlung ihres Anteils am Jahresüberschuss in §§ 121 u. 122 HGB (OHG-Gesellschafter), in § 169 Abs. 1 HGB (Kommanditist) und in § 29 Abs. 1 GmbHG (GmbH-Gesellschafter) kodifiziert. Die Aktionäre haben Anspruch auf ihren Anteil am Bilanzgewinn (§ 58 Abs. 4 AktG). Außerdem legen gesetzliche Vorschriften und die Grundsätze ordnungsmäßiger Buchführung und Bilanzierung umfassende Bilanzierungsgebote sowie Bewertungsuntergrenzen fest, so dass der ausgewiesene Gewinn von der Geschäftsleitung nicht unbegrenzt gemindert werden kann.

Die Aufgabe der Rechenschaftslegung ist im HGB verankert, und zwar heißt es in § 238 Abs.1 HGB[1], dass die Handelsgeschäfte (Entstehung und Abwicklung) und die Lage des Vermögens ersichtlich zu machen sind. § 264 Abs. 2 HGB, der nur für Kapitalgesellschaften verpflichtend ist, nennt zwar ebenso wenig wie § 238 Abs. 1 HGB die Informationsempfänger, formuliert aber die Informationsaufgabe etwas konkreter:

> „Der Jahresabschluss der Kapitalgesellschaft hat unter Beachtung der Grundsätze ordnungsmäßiger Buchführung ein den tatsächlichen Verhältnissen entsprechendes Bild der Vermögens-, Finanz- und Ertragslage der Kapitalgesellschaft zu vermitteln" (§ 264 Abs. 2 HGB).

Diese Vorschrift wird ***„Generalnorm"*** oder „Generalklausel" genannt, da sie das höchste allgemeine Ziel des Jahresabschlusses enthält, an dem sich alle anderen, spezielleren Vorschriften auszurichten haben. Sie ist als lex generalis immer dann (subsidiär) zu beachten, wenn keine speziellere Vorschrift existiert oder Auslegungszweifel bestehen.

Zwecks Abbildung der ***Ertragslage*** des Unternehmens soll der erwirtschaftete Periodenerfolg den tatsächlichen Verhältnissen entsprechend gezeigt und aufgegliedert werden. In der folgenden Tabelle sind die Definitionen einiger Erfolgsbegriffe zusammengefasst:

---

[1] Vgl. außerdem z. B. §§ 242 Abs.1, 243 Abs. 2, 246 Abs. 1 HGB.

Jahresüberschuss	= Erträge – Aufwendungen = in einer Periode erwirtschafteter Gewinn
Jahresfehlbetrag	= negativer Jahresüberschuss
Bilanzgewinn/-verlust	= Jahresüberschuss/Jahresfehlbetrag + Entnahmen aus den Rücklagen – Zuführung zu den Gewinnrücklagen (Thesaurierung) durch Vorstand u. Aufsichtsrat + Gewinnvortrag aus dem Vorjahr – Verlustvortrag aus dem Vorjahr

Bezeichnungen für den Erfolg und die Erfolgskomponenten	***Teilgebiet des Rechnungswesens bzw. der Betriebswirtschaftslehre***
Einzahlungsüberschuss = Einzahlungen – Auszahlungen	Finanzierung, Finanzplanung, Investitionsrechnung
Einnahmenüberschuss = Einnahmen – Ausgaben	langfristige Finanzplanung
Jahresüberschuss (pagatorischer Gewinn) = Erträge – Aufwendungen	Finanzbuchhaltung, Jahresabschluss
Betriebsergebnis = Leistungen (Erlöse) – Kosten	Kosten- und Leistungsrechnung

Die Definitionen der einzelnen Erfolgskomponenten sind in folgenden beiden Übersichten zusammengefasst:

Auszahlungen	Zahlungsmittelabflüsse (Kasse, Bank)
Ausgaben	a) Wert der in einer Periode zugegangenen Güter und Dienstleistungen b) Auszahlungen und Kreditvorgänge (Verbindlichkeiten)
Aufwendungen	a) jeglicher Werteverzehr einer Periode (beeinflusst durch Handels- und Steuerrecht) b) periodisierte erfolgswirksame Ausgaben
Kosten	betriebsnotwendiger (betriebsleistungsbezogener) Werteverzehr pro Periode

Einzahlungen	Zahlungsmittelzuflüsse (Kasse, Bank)
Einnahmen	a) Wert der in einer Periode veräußerten Güter und Dienstleistungen b) Einzahlungen und Kreditvorgänge (Forderungen)
Erträge	a) jeglicher Wertezugang in einer Periode, beeinflusst durch Handels- und Steuerrecht b) periodisierte erfolgswirksame Einnahmen
Erlöse (bewertete Leistungen)	Wert der in einer Periode erstellten Güter und Dienstleistungen im Sinne der eigentlichen Betriebsleistung

Merke:

- Die Finanzbuchhaltung und der Jahresabschluss enthalten Erträge und Aufwendungen, weil
- eine Bindung an Einnahmen und Ausgaben zwecks Objektivierung gesetzlich vorgeschrieben ist und
- nur eine zeitliche und sachliche Zuordnung der Einnahmen und Ausgaben zu einer Periode zu aussagefähigen Periodenerfolgen führt.

Der Jahresabschluss soll weiterhin zum Bilanzstichtag, also zeitpunktbezogen, ein den tatsächlichen Verhältnissen entsprechendes Bild der ***Vermögenslage*** geben. Dabei geht es um die Aufnahme prinzipiell aller Vermögensgegenstände und deren an den gesetzlichen Vorschriften und den Grundsätzen ordnungsmäßiger Buchführung gemessen „richtige" Bewertung. Mit der Gegenüberstellung des Vermögens und der Schulden des Unternehmens (vgl. § 242 Abs. 1 HGB) soll Rechenschaft über das Schuldendeckungspotential des Unternehmens abgelegt werden. Für die Schuldentilgungskraft ist aber auch die Ertragslage ein wichtiger Indikator.

Außerdem ist es für die Geschäftsleitung sowie für tatsächliche und potentielle Gläubiger interessant, die Werte möglicher dinglicher Sicherheiten zu kennen. Der Anhang enthält Angaben über die Gesamtsumme der bereits gewährten Sicherheiten. Vor allem Banken werten alle diese Jahresabschlussinformationen bei der Prüfung der Kreditwürdigkeit des Unternehmens aus.

Auch Informationen über die ***Finanzlage*** sind für (potenzielle) Gläubiger im Rahmen der Kreditwürdigkeitsprüfung interessant. Insgesamt sind die Informationen über die Finanzlage, insbesondere über die zukünftige Entwicklung der Zahlungsfähigkeit, die jeden (potentiellen) Gläubiger sehr interessiert, undifferenziert, rein auf den Bilanzstichtag bezogen, unvollständig und Fälligkeiten sind nicht im geringsten zeitpunkt- und betragsgenau prognostizierbar, so dass der Jahresabschluss keinesfalls ausreicht, um ein Bild der Liquiditätsentwicklung zeichnen zu können. Banken werden immer auf der Vorlage eines genauen Finanzplanes (falls ein solcher vorhanden ist oder ohne Probleme erstellt werden kann) bestehen, bevor sie einem Kreditantrag des Unternehmens stattgeben. Einen wesentlichen Fortschritt bei der Rechenschaftslegung über die Finanzlage stellt die seit 1999 bestehende Verpflichtung von börsennotierten Konzern-Muttergesellschaften dar, im Anhang ihres Konzernabschlusses eine Kapitalflussrechnung zu veröffentlichen (§ 297 Abs. 1 HGB).

c) Steuerbilanz

Eine ***Steuerbilanz*** ist eine nach steuerrechtlichen Vorschriften aufgestellte Bilanz (§ 60 Abs. 2 EStDV) zum Zwecke der Ermittlung der Ausgangsgrößen für die ertragsteuerlichen Bemessungsgrundlagen. Zu den ***Ertragsteuern*** zählen die Einkommensteuer, die Körperschaftsteuer und die Gewerbeertragsteuer. Eine Verpflichtung zur Aufstellung einer Steuerbilanz gibt es allerdings nicht. In § 60 EStDV wird lediglich die Einreichung einer Kopie der Handelsbilanz und gegebenenfalls der Gewinn- und Verlustrechnung, eines eventuell vorhandenen Lageberichts und Prüfungsberichts verlangt sowie die Anpassung einzelner Jahresabschlussposten an die strengeren steuerlichen Vorschriften, wobei Zusätze oder Anmerkungen ausreichen. Ab dem Jahre 2011 wird im Regelfall eine Fernübertragung dieser Daten nach amtlich vorgeschriebenem Datensatz verlangt (§ 5b EStG).

Mit Ausnahme verschiedener steuerlicher Vergünstigungen aus wirtschaftspolitischen Gründen sind die steuerrechtlichen Bilanzierungs- und Bewertungsvorschriften strenger als die handelsrechtlichen. Dies resultiert aus den unterschiedlichen Zielsetzungen von handelsrechtlichem und steuerrechtlichem Jahresabschluss. Während der handelsrechtliche die bereits beschriebenen Informationsziele der verschiedenen Interessengruppen gleichzeitig erfüllen soll und daher gewisse Ermessensspielräume eingeräumt werden, ist der steuerrechtliche Jahresabschluss an den allgemeinen Besteuerungsprinzipien auszurichten. Nach der ***„Gleichmäßigkeit der Besteuerung"*** sollen gleiche wirtschaftliche Sachverhalte auch gleich besteuert werden, nach dem Prinzip der ***„objektivierten Gewinnermittlung"*** soll es so wenig Ermessensspielraum und Manipulationsfreiheit wie möglich für den Bilanzierenden geben. Dem Steuerpflichtigen soll es nicht möglich sein, durch eine bestimmte Wahlrechtsausübung den Zeitpunkt der Steuerbelastung frei verschieben zu können. Bewertungswahlrechte werden in der Steuerbilanz demnach nur sehr eingeschränkt gewährt. Die Einschränkungen bewirken, dass in der Steuerbilanz der Gewinn häufig höher, genauer gesagt zeitlich früher, ausgewiesen wird als in der Handelsbilanz.

Beispiel:

Die LowTech GmbH erwarb zu Beginn des Jahres eine Fräsmaschine, die Anschaffungskosten betrugen 10.000,- EUR plus USt. Unter Beachtung des technischen Fortschritts wurden Nutzungsdauer (5 Jahre) und Restwert (= 0,- EUR) geschätzt und der zuständige Bilanzbuchhalter entschied sich für eine geometrisch-degressive Abschreibung in Höhe von 30% jährlich vom jeweiligen Restbuchwert., da auf diese Weise die geschätzte Wertminderung der Maschine im Laufe ihrer Nutzungsdauer am genauesten erfasst werden kann. Ohne Berücksichtigung dieser Abschreibung betrug der Jahresüberschuss 100.000 EUR.

Aufgrund der teilweise strengeren steuerrechtlichen Vorschriften sind für Zwecke der Steuerbilanz gegebenenfalls die Bilanzposten der Handelsbilanz zu korrigieren. Im Beispiel ist zu beachten, dass im Steuerrecht die geometrisch-degressive Abschreibung nicht mehr zulässig ist, sondern nur die lineare Methode, nach der die Anschaffungskosten gleichmäßig auf die Nutzungsdauer verteilt werden.[1] Demzufolge ist nach § 60 Abs. 2 EStDV die Position „Technische Anlagen und Maschinen“, die hier nur die Fräsmaschine enthält, zu korrigieren.

Ergebnis:

Handelsrecht		***Steuerrecht***	
Abschreibung 30%	3.000 EUR	Lineare Abschreibung	2.000 EUR
Wertansatz in der Handelsbilanz	7.000 EUR	Wertansatz in der Steuerbilanz	8.000 EUR
handelsrechtlicher Jahresüberschuss	97.000 EUR	steuerrechtlicher Jahresüberschuss	98.000 EUR
		steuerlicher Mehrgewinn	1.000 EUR

Hätte der Buchhalter sich handelsrechtlich für die lineare Abschreibungsmethode entschieden, so wäre keine Korrektur nötig gewesen, da diese auch steuerrechtlich zulässig ist.[2]

Das Verhältnis von handels- und steuerrechtlichen Wertansätzen zueinander lässt sich demnach wie folgt darstellen:

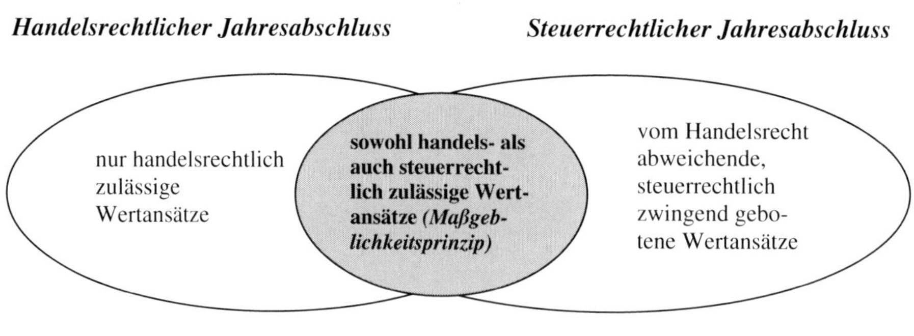

[1] Hierbei wird vernachlässigt, dass die geometrisch-degressive Absetzung für Abnutzung zum Zwecke der Wachstumssicherung und Konjunkturankurbelung für Anschaffungen in den Jahren 2009 und 2010 ausnahmsweise wieder zulässig ist. Generell ist neben der linearen noch die Leistungsabschreibung steuerrechtlich zulässig (§ 7 Abs. 1 S. 6 EStG).

[2] Von dem Fall, dass die von der Finanzverwaltung in den sog. AfA-Tabellen festgelegte betriebsgewöhnliche Nutzungsdauer von der vom Buchhalter geschätzten abweicht, wird hier abgesehen.

Das ***Maßgeblichkeitsprinzip*** (vgl. Kapitel B.II.2) besagt, dass die Wertansätze in der Handelsbilanz, gleichgültig, ob sie verpflichtend sind oder ob sie auf einer Wahlrechtsausübung beruhen, für die Steuerbilanz maßgeblich sind, also auch dort angesetzt werden müssen. § 5 Abs. 1 Satz 1 EStG verweist allgemein auf die handelsrechtlichen Grundsätze ordnungsmäßiger Buchführung. Dies hat zumindest den praktischen Vorzug, dass die HGB-Vorschriften nicht nochmals im EStG aufgeführt werden müssen und führt zur Übereinstimmung der meisten Handels- und Steuerbilanzposten.

Sind die handelsrechtlichen Wertansätze aufgrund der strengeren steuerrechtlichen Vorschriften nicht zulässig, so gehen für die Steuerbilanz die steuerrechtlichen Vorschriften vor. Dieser sog. ***Bewertungsvorbehalt*** des § 5 Abs. 6 EStG stellt eine Durchbrechung des Maßgeblichkeitsprinzips dar und führt zu voneinander abweichenden Handels- und Steuerbilanzen.

Die Handelsbilanz muss für steuerliche Zwecke nicht korrigiert werden, sofern alle Wertansätze den (strengeren) steuerrechtlichen Vorschriften entsprechen. Man spricht dann von einer ***„Einheitsbilanz“***, da die Steuerbilanz mit der Handelsbilanz völlig übereinstimmt. Kleinere Unternehmen bevorzugen oft die Einheitsbilanz, um den teilweise hohen Aufwand einer unterschiedlichen Bewertung z. B. der Vorräte zu sparen. Die Konsequenz ist, dass der Jahresüberschuss in der Handelsbilanz höher als nötig ausgewiesen wird, woraus sich nur dann ein Nachteil ergibt, wenn die Anteilseigner daraus aus Sicht der Geschäftsleitung überzogene Ausschüttungswünsche ableiten.

Für die ***Gliederung der Steuerbilanz*** gibt es keinerlei Vorschriften. Orientierungspunkt könnte die handelsrechtlich vorgeschriebenen Komponenten für alle Kaufleute sein. Danach würde die Steuerbilanz folgendermaßen aussehen:

Bilanz zum 31.12. 01

Anlagevermögen	Eigenkapital
	Steuerfreie Rücklagen
Umlaufvermögen	Rückstellungen
	Schulden
Rechnungsabgrenzungsposten	Rechnungsabgrenzungsposten

Auch könnten die etwas detaillierteren handelsrechtlichen Gliederungsvorschriften für kleine Kapitalgesellschaften (§ 266 Abs. 1 HGB) eine Orientierungshilfe für die Gliederung der Steuerbilanz sein.

In R 6.1 EStR wird das Anlagevermögen vom Umlaufvermögen abgegrenzt:

Definition:

> „Zum ***Anlagevermögen*** gehören die Wirtschaftsgüter, die bestimmt sind, dauernd dem Betrieb zu dienen“ (R 6.1 Abs. 1 EStR; § 247 Abs. 2 HGB).

Definition:

> „Zum ***Umlaufvermögen*** gehören die Wirtschaftsgüter, die zur Veräußerung, Verarbeitung oder zum Verbrauch angeschafft oder hergestllt worden sind, insbesondere Roh-, Hilfs- und Betriebsstoffe, Erzeugnisse und Waren, Kassenbestände“ (R 6.1 Abs. 2 EStR).

Die Frage der Zuordnung eines Gegenstands zum Anlage- oder Umlaufvermögen ist somit von der Zweckbestimmung abhängig. Soll der Gegenstand mehrmals im Rahmen der Leistungserstellung des Unternehmens genutzt werden, gehört er zum Anlagevermögen. Dies gilt auch für Musterhäuser sowie Vorführ- und Dienstwagen (H 6.1 „Musterhäuser" und „Vorführ- und Dienstwagen" EStH). Bei einmaliger Nutzung, die in einem Verbrauch (z. B. Heizöl), einer Ver- oder Bearbeitung (z. B. Rohstoffe) oder einer absatzlichen Verwertung bestehen kann, gehört der Gegenstand zum Umlaufvermögen.

d) Rechtsgrundlagen des handelsrechtlichen Jahresabschlusses

Rechnungslegungsvorschriften	
Handelsrecht	
allgemeines Handelsrecht	spezielles Handelsrecht
Drittes Buch des HGB	rechtsformspezifisch: AktG, GmbHG, GenG, PublG
IFRS (für Konzernabschlüsse)	branchenspezifisch: Kreditwesengesetz, VersicherungsaufsichtsG, Verordnungen

Die Jahresabschlussvorschriften des HGB sind in zwei Gruppen unterteilt, nämlich in die Ansatzvorschriften und in die Bewertungsvorschriften. Die ***Ansatzvorschriften*** (auch Bilanzierungsvorschriften i.e.S. bezeichnet) regeln die Frage, ob ein bestimmter Tatbestand als Bilanzposten angesetzt werden muss, darf oder nicht darf. Dagegen geht es bei den ***Bewertungsvorschriften*** um die Frage, in welcher Höhe ein Bilanzposten auszuweisen ist oder ausgewiesen werden kann.

Merke:

Bilanzierungs- oder Ansatzvorschriften	***Bewertungsvorschriften***
Sie regeln, ob ein Sachverhalt in der Bilanz ausgewiesen werden muss oder darf oder nicht darf.	Wenn ein Ansatz in der Bilanz erfolgt, regeln sie, mit welchem Wert dieser angesetzt werden muss oder darf.
Frage: Ja oder nein? Muss oder darf?	*Frage:* In welcher Höhe? Wie?

Rechnungslegungspflichten für alle Kaufleute	
§ 238 Abs. 1 HGB	Buchführungspflicht nach GoB
§ 240 Abs. 1 u. 2 HGB	laufende Erstellung eines Inventars[1]
§ 241a HGB	Befreiung von der Pflicht zur Buchführung
§ 242 Abs. 1 HGB	laufende Erstellung von Eröffnungs- und Schlussbilanzen
§ 242 Abs. 2 HGB	laufende Erstellung einer Gewinn- und Verlustrechnung (GuV)
§ 242 Abs. 3 HGB	Die Bilanz und die GuV bilden den Jahresabschluss
§ 243 Abs. 1 HGB	Aufstellung des Jahresabschlusses nach den Grundsätzen ordnungsmäßiger Buchführung (GoB)
§ 243 Abs. 3 HGB	Der Jahresabschluss ist innerhalb der einem ordnungsmäßigen Geschäftsgang entsprechenden Zeit aufzustellen.

[1] Ein Inventar ist ein Verzeichnis aller einzelnen Vermögensgegenstände und Schulden des Unternehmens nach Mengen und Werten, während die Bilanz nur die Werte bestimmter Gruppen von Vermögensgegenständen und Schulden enthält (vgl. Kapitel A.IV.).

e) Rechtsgrundlagen der Steuerbilanz

Damit die Steuerbilanz ihren Zweck unter Beachtung steuerrechtlicher Prinzipien, insbesondere der Gleichmäßigkeit der Besteuerung, erfüllen kann, bedarf es detaillierter Rechtsvorschriften, die mit dem Begriff Bilanzsteuerrecht zusammengefasst werden können.

Definition:

> Unter ***Bilanzsteuerrecht*** versteht man die Gesamtheit aller steuerrechtlichen Vorschriften zur Aufstellung einer Steuerbilanz und Ermittlung des Steuerbilanzgewinns sowie die Rechtsprechung der Finanzgerichte und des Bundesfinanzhofs zu bilanziellen Fragestellungen.

Bilanzsteuerrechtliche Vorschriften
EStG (§§ 4–7 k) EStDV (§§ 6–11d und §§ 81–84) AO (§§ 140–148 und §§ 158–162)
Verwaltungsanweisungen: Richtlinien (EStR) mit Hinweisen (EStH); BMF-Schreiben, OFD-Verfügungen

Wie die handelsrechtlichen Vorschriften, so sind auch die Vorschriften des Einkommensteuergesetzes, die sich mit bilanziellen Fragestellungen befassen, in zwei Gruppen unterteilt, nämlich in die Ansatzvorschriften und in die Bewertungsvorschriften.

Die ***Einkommensteuerdurchführungsverordnung (EStDV)*** gehört zum Einkommensteuergesetz dazu und regelt neben den zur Steuererklärung einzureichenden Unterlagen (§ 60 EStDV) und einigen steuerrechtlichen Vergünstigungsvorschriften überwiegend unwesentlichere Ergänzungen zum Gesetz, z. B. Berechnungsweisen, Antragspflichten, Nachweis- und Anzeigepflichten. Die ***Einkommensteuerrichtlinien (EStR)*** haben keinen Gesetzescharakter, sondern sind detaillierte Anweisungen an die Finanzverwaltung, die die allgemein gefassten Gesetzesvorschriften auf konkretere Fälle beziehen sollen. Die erste Ziffer der Richtliniennummer gibt jeweils den Paragraphen des EStG an, zu dem die Richtlinie gehört. Sie werden alle drei Jahre vom Finanzministerium überarbeitet. Da sie die Interpretation des Einkommensteuergesetzes durch die Finanzverwaltung wiedergeben, besteht für den Steuerpflichtigen die Möglichkeit, vor den Finanzgerichten gegen die Auslegung der Finanzverwaltung zu klagen. Die ***Einkommensteuerhinweise (EStH)*** stellen ebenfalls Verwaltungsanweisungen dar, beschränken sich aber auf Zahlenbeispiele und die Zusammenstellung wichtiger Urteile, die im Zusammenhang mit der Gesetzesvorschrift bzw. der Richtlinie ergangen sind. Die Hinweise werden jährlich aktualisiert. Die Rechtsprechung der Finanzgerichte und des Bundesfinanzhofs, also des obersten Gerichts in Steuerfragen, ist bei der Aufstellung der Steuerbilanz ebenfalls streng zu beachten.

Steuerrechtliche Buchführungspflichten	
§ 140 AO	steuerlich relevante Buchführungs- und Aufzeichnungspflichten nach anderen Gesetzen gelten auch steuerrechtlich
§ 141 AO	steuerliche Buchführungspflicht für Kleingewerbetreibende mit einem Jahresumsatz von mehr als 500.000 EUR oder einem Gewinn aus Gewerbebetrieb von mehr als 50.000 EUR.

Darüber hinaus enthalten die Vorschriften § 257 HGB und § 147 AO zu Dokumentationszwecken weitgehend übereinstimmende ***Aufbewahrungspflichten und -fristen***. Danach sind folgende Unterlagen aufzubewahren:

Art der Unterlagen	*Aufbewahrungsfrist*
1. Handelsbücher, Inventare, Eröffnungsbilanzen, Jahresabschlüsse, Lageberichte sowie die zu deren Verständnis erforderlichen Arbeitsanweisungen und sonstigen Organisationsunterlagen	10 Jahre
2. Empfangene Handels- oder Geschäftsbriefe	6 Jahre
3. Wiedergaben der abgesandten Handels- oder Geschäftsbriefe	6 Jahre
4. Buchungsbelege	10 Jahre
5. Sonstige für die Besteuerung bedeutsame Unterlagen (nur nach § 147 Abs. 1 AO)	6 Jahre

Gemäß § 257 Abs. 3 HGB und § 147 Abs. 2 AO ist es unter bestimmten Voraussetzungen zulässig, alle Unterlagen außer den Eröffnungsbilanzen, den Abschlüssen und den Konzernjahresabschlüssen auch als Mikrofilm, Mikrofiche oder auf anderen Datenträgern aufzubewahren.

f) Sanktionen bei Nichtbeachtung gesetzlicher Vorschriften

1. Handelsrechtliche Vorschriften

Bei nicht prüfungs- und offenlegungspflichtigen Unternehmen gibt es keine Konsequenzen (nur im Insolvenzfalle Bestrafung nach § 283b StGB). In allen anderen Fällen gilt:

- Geld- und Freiheitsstrafen, Bußgelder (§§ 331–334 HGB) bei unrichtigen Angaben durch vertretungsberechtigte Personen, Verletzung der Berichts- und Geheimhaltungspflicht des Abschlussprüfers, Verstößen gegen Offenlegungspflichten, Gliederungs- und Bewertungsvorschriften.

- Zwangsgelder durch Registergericht (§ 335 HGB) auf Antrag, um zur Erfüllung der Aufstellungs- und Prüfungspflichten anzuhalten. Jedermann ist antragsberechtigt.

- Ordnungsgelder durch Registergericht (§ 335a HGB) auf Antrag bei pflichtwidrigem Unterlassen der rechtzeitigen Offenlegung. Jedermann ist antragsberechtigt.

- Nichtigkeit des Jahresabschlusses (§§ 256 ff. AktG) bei schwerwiegenden Rechtsverletzungen, z. B. bei gravierenden Verstößen gegen Bilanzierungs- und Bewertungsvorschriften, bei unterlassener Prüfung etc. Gilt für AG's und andere Kapitalgesellschaften analog sowie für EU/PersG nach § 10 PublG. Die Nichtigkeit hat zur Folge, dass alle aufgrund des Jahresabschlusses getroffenen Maßnahmen (Ausschüttung, Rücklagenzuführung, erfolgsabhängige Vergütungen) unwirksam sind. Auch dürften die negativen Auswirkungen auf Kreditwürdigkeit und Ansehen des Unternehmens gravierend sein.

2. Strafrechtliche Vorschriften

- Insolvenzdelikte: Verletzung der Buchführungspflichten wird nach §§ 283, 283a, 283b StGB bestraft.

- <u>Bilanzdelikte:</u>
  a) Bilanzverschleierung: durch unrichtige Gliederung/Postenbezeichnung gegen Generalnorm § 264 Abs. 2 HGB verstoßen; Freiheits-/Geldstrafe nach § 400 AktG und § 82 GmbHG.
  b) Bilanzfälschung: Jahresabschluss bewusst unrichtig; Strafe wie unter a).

3. Steuerrechtliche Vorschriften

- Unschädliche ergänzende Schätzung: bei unwesentlichen sachlichen und formellen Mängeln von Buchführung und Jahresabschluss (R 5.2 EStR; § 162 AO).
- Schädliche Vollschätzung der Besteuerungsgrundlagen: bei erheblichen Verstößen (z. B. fehlende Inventur) gegen GoB und die einschlägigen Gesetzesvorschriften ist die Buchführung nicht mehr ordnungsmäßig (§§ 158, 162 AO; R 5.2 und R 4.1 Abs. 2 Satz 2 EStR).
- Zwangsgelder: um zur Erfüllung der Aufzeichnungspflichten anzuhalten (§ 328 AO).
- Bußgelder und Geld-/Freiheitsstrafen: bei Steuergefährdung (§ 379 AO), bei Steuerverkürzung (fahrlässig; § 378 AO), bei Steuerhinterziehung (vorsätzlich; § 370 AO).

II Wirtschaftsgut, Betriebsvermögen, Gewinnermittlungsarten

1. Der Begriff Wirtschaftsgut

In Verbindung mit der Verpflichtung zur Aufstellung eines Jahresabschlusses gemäß § 242 Abs. 1 HGB verlangt der Grundsatz der Vollständigkeit zwingend die Aufnahme aller zum Betriebsvermögen gehörenden und im wirtschaftlichen Eigentum des Unternehmens stehenden Vermögensgegenstände, Schulden und Rechnungsabgrenzungsposten in die Handelsbilanz, soweit nicht ein spezielles gesetzliches Verbot besteht (§ 246 Abs. 1 HGB). Dasselbe gilt auch für Wirtschaftsgüter, Schulden und Rechnungsabgrenzungsposten im Hinblick auf die Steuerbilanz, da die handelsrechtlichen Grundsätze ordnungsmäßiger Buchführung auch steuerlich zu beachten sind (§ 5 Abs. 1 Satz 1 EStG). Rechnungsabgrenzungsposten (vgl. Kapitel A.IV.2.b und B.V.) müssen aktiviert bzw. passiviert werden, obwohl sie weder Vermögensgegenstände noch Wirtschaftsgüter sind. Sie sind rein technische Positionen, die der richtigen Periodenzuordnung von Einnahmen und Ausgaben dienen, und stellen demnach keine eigenständigen wirtschaftlichen Werte dar.

Das **Aktivierungskonzept nach HGB und EStG** ist somit zweistufig:

<u>1. Stufe:</u> Liegt ein Vermögensgegenstand bzw. ein Wirtschaftsgut vor?
Wenn ja, ist eine grundsätzliche (*abstrakte) Bilanzierungsfähigkeit bzw.* (sprachlich besser) *Bilanzierbarkeit* gegeben, und es ist die zweite Stufe zu prüfen.

<u>2. Stufe:</u> Liegt ein konkretes handelsrechtliches oder steuerrechtliches Bilanzierungsverbot oder -wahlrecht vor?
Wenn nein, ist *konkrete Bilanzierbarkeit* im Einzelfall gegeben, die auf Grund des Vollständigkeitsprinzips gleichzeitig Bilanzierungspflicht bedeutet.

<u>Merke:</u>

Bilanzierbarkeit heißt Bilanzierungspflicht!

Da der Begriff des Wirtschaftsguts offensichtlich eine zentrale Bedeutung im Bilanzsteuerrecht hat, soll nun untersucht werden, unter welchen Voraussetzungen ein Wirtschaftsgut vorliegt. Bei Vorliegen eines Wirtschaftsguts gilt nämlich grundsätzlich Aktivierungspflicht in der Steuerbilanz, sofern nicht konkrete Wahlrechte oder Verbote bestehen. Der entsprechende Begriff im Handelsrecht ist der des Vermögensgegenstands. Für beide zentralen Begriffe des Handels- und Steuerrechts gibt es keine gesetzliche Abgrenzung (Legaldefinition). Diese unbestimmten Rechtsbegriffe wurden und werden allein in der Rechtsprechung ausgelegt und konkretisiert.

Voraussetzungen für das Vorliegen eines (positiven) Wirtschaftsguts
1) Es liegt ein Vermögenswert (wirtschaftlicher Wert) vor (verkörpert direkte oder indirekte Nettoeinnahmeerwartungen: Sachen, Rechte, konkrete wirtschaftliche Vorteile, konkrete Möglichkeiten, tatsächliche Zustände)
2) Übertragbarkeit auf Dritte (ggf. zusammen mit anderen Wirtschaftsgütern)
3) Greifbarkeit (fällt bei Veräußerung des ganzen Betriebs als Einzelheit ins Gewicht und geht nicht im Geschäfts- oder Firmenwert auf)
4) Selbständige Bewertbarkeit (geschäftswertunabhängige und objektivierte Bewertung muss möglich sein)

Das Kriterium der selbständigen Bewertbarkeit für das Vorliegen eines ***Wirtschaftsguts*** knüpft am Teilwertgedanken (vgl. Kapitel B.II.3.d) an, denn es kommt darauf an, ob ein gedachter Erwerber des ganzen Betriebes nach kaufmännischer Übung im Rahmen des Gesamtkaufpreises dafür ein besonderes Entgelt ansetzen würde. Das Gut darf nicht mit einem anderen Wirtschaftsgut als dessen Teil derart verbunden sein, dass es nur in der Gesamtheit mit den anderen Wirtschaftsgütern bewertet werden kann (wie z. B. Personenfahrstuhl im Gebäude oder Rolltreppe im Kaufhaus). Ein Wirtschaftsgut muss bei einer gedachten Veräußerung greifbar sein und weiterhin als einzelnes Wirtschaftsgut ins Gewicht fallen, es darf sich nicht als Firmenwert ins Allgemeine verflüchtigen[1].

Nach Meinung des BFH besteht eine inhaltliche Übereinstimmung von handelsrechtlichem Vermögensgegenstand und steuerrechtlichem Wirtschaftsgutbegriff, da die nähere Konkretisierung des Begriffs Wirtschaftsgut anhand der handelsrechtlichen GoB zu erfolgen habe (Maßgeblichkeitsprinzip, § 5 Abs. 1 Satz 1 EStG). Der Begriff des Wirtschaftsguts könne nicht weiter reichen als der handelsrechtliche Begriff des Vermögensgegenstandes.[2] Beide Begriffe seien weit und nach wirtschaftlichen Gesichtspunkten auszulegen. Wirtschaftsgüter sind nicht nur Gegenstände (Sachen und Rechte), sondern auch tatsächliche Zustände, konkrete Möglichkeiten und Vorteile für den Betrieb, sofern diesen im Geschäftsverkehr ein selbständiger Wert beigelegt wird und sie – allein oder im Rahmen eines Unternehmenskaufs – verkehrsfähig sind (BFH 1992, BStBl. II S. 977f.). Dazu gehören auch Nutzungen, wenn sie mit einer gesicherten Rechtsposition verbunden – also nicht jederzeit wieder entziehbar – sind.

Dagegen wird jedoch in der Literatur die aus bilanztheoretischen Überlegungen abgeleitete Auffassung vertreten[3], dass ein (handelsrechtlicher) ***Vermögensgegenstand*** nur dann vorliege, wenn durch die Zugehörigkeit der Sache oder des Rechts o. ä. zum Betriebsvermö-

[1] Vgl. BFH 28.8.1974, BStBl. 1975 II S. 56; BFH 18.6.1975, BStBl. II S. 809; BFH 28.5.1979, BStBl. II S. 734; BFH 25.8.1989, BStBl. 1990 II S. 79; BFH 28.9.1990, BStBl. 1991 II S. 187; BFH 8.4.1992, BStBl. II S. 893.
[2] Vgl. BFH 26.2.1975, BStBl. 1976 II S. 13; BFH 6.12.1978, BStBl. 1979 II S. 262; BFH-Beschluss GrS 2/86 v. 26.10.1987, BStBl. 1988 II S. 352.
[3] Beispielsweise vom Arbeitskreis der Hochschullehrer Rechtswissenschaft, vgl. BB 2008, S. 157.

gen eine Vermögensmehrung eingetreten ist. Das Kriterium für eine Vermögensmehrung besteht allein in der Möglichkeit, die Sache oder das Recht wieder losgelöst vom Unternehmen (im Insolvenzfall) zu veräußern. Diese Voraussetzung der Einzelverwertbarkeit (Einzelveräußerbarkeit, selbständige Verkehrsfähigkeit) ist streng am Gläubigerschutzprinzip ausgerichtet. Der Begriff des Vermögensgegenstands ist damit enger als der Begriff des Wirtschaftsguts, da eine selbstständige Bewertbarkeit noch keine Einzelverwertbarkeit bedeutet.

Voraussetzungen für das Vorliegen eines handelsrechtlichen. Vermögensgegenstands
1) es liegt ein wirtschaftlicher Wert vor
2) abgrenzbare, eindeutig zuordenbare Aufwendungen
3) Nutzen über den Bilanzstichtag hinaus
4) Einzelverwertbarkeit (Einzelveräußerbarkeit)

Einzelverwertbarkeit (Einzelveräußerbarkeit bzw. selbständige Verkehrsfähigkeit) ist jedoch nach Auffassung des BFH keine Voraussetzung für das Vorliegen eines Wirtschaftsgutes[1] und somit auch nicht für das Vorliegen eines Vermögensgegenstands. Als Beispiel sei das Warenzeichenrecht angeführt, das nicht ohne den Betrieb veräußert werden kann. Damit ist deutlich gemacht, worin der Kern des Streits um diese beiden zentralen Begriffe liegt. Hält man an der Voraussetzung der Einzelverwertbarkeit im Falle des Begriffs Vermögensgegenstand fest – und dafür spricht m.E., dass die Handelsbilanz im Gegensatz zur Steuerbilanz deutlich u. a. dem Gläubigerschutzprinzip verpflichtet ist – so gibt es faktische Unterschiede zwischen den beiden Begriffen, die in der jüngeren BFH-Rechtsprechung durch eine wieder engere Auslegung des Begriffs Wirtschaftsgut im Hinblick auf das Maßgeblichkeitsprinzip allerdings verringert worden sind.

Folgt man der Auffassung unterschiedlicher Begriffsabgrenzungen, so stellen in der Finanzrechtsprechung als immaterielle Wirtschaftsgüter anerkannte wirtschaftliche Vorteile und tatsächliche Zustände, für die Aufwendungen entstanden sind, keine Vermögensgegenstände dar. Beispiele sind:

Brauerei-Zuschüsse an Gaststätten, die sich zum Bierbezug verpflichten
Rechte aus Wettbewerbsverboten
Zuschüsse zum Ausbau einer Straße, die den Verkehrsanschluss des Unternehmens verbessern soll
Wohnungsbauzuschüsse an Arbeitnehmer
Recht auf die Firma; Warenzeichenrecht (entgeltlich mit dem Betrieb erworben)
Abschlussgebühren, die eine Bank für sog. Bausparvorratsverträge aufwendet

Beispielaufgabe:

Die LowTech GmbH hatte häufig um die Mittagszeit, wenn gleichzeitig Tausende von Mikrowellen eingeschaltet werden, unter der Überlastung des örtlichen Stromnetzes zu leiden. Stromausfall und Produktionsausfall waren regelmäßig die Folge. Um diese Störfälle in Zukunft zu verhindern, entschloss sich die GmbH im Januar des abgelaufenen Jahres den städtischen Elektrizitätswerken einen Zuschuss in Höhe von 50.000,- EUR zu zahlen, um diese zum Bau eines zusätzlichen, nur für den Unternehmer bestimmten Transformatorenhäuschens (Nutzungsdauer: 10 Jahre) in der Nähe des Produktionsbetriebs zu bewegen. Wie ist am Jahresende zu bilanzieren?

[1] Es genügt die Übertragbarkeit zusammen mit dem Gesamtbetrieb, vgl. BFH 4.12.1991, BStBl. 1992 II S. 383; BFH 22.1.1992, BStBl. II S. 529.

Lösung:

Die LowTech GmbH ist weder juristischer noch wirtschaftlicher Eigentümer des Transformatorenhäuschens. Der GmbH wurden auch keinerlei Nutzungsrechte eingeräumt. Der zusätzliche Transformator hat lediglich den Effekt, den mittäglichen Stromausfall zu verhindern. Diese Wirkung stellt für die GmbH einen bedeutenden wirtschaftlichen Vorteil dar, der allerdings nicht an einen Dritten einzeln, d. h. losgelöst vom Unternehmen, veräußerbar ist. Nur ein Erwerber des gesamten Unternehmens würde im Rahmen des Gesamtkaufpreises dafür etwas zahlen. Da es an der Einzelverwertbarkeit mangelt, liegt kein Vermögensgegenstand vor, so dass der Zuschuss von 50.000,- EUR zunächst einmal als Aufwand zu verbuchen ist. Ob ein aktiver Rechnungsabgrenzungsposten zu bilden ist, hängt davon ab, ob der Nutzen sich auf eine abgrenzbare „bestimmte Zeit" nach dem Bilanzstichtag erstreckt oder nicht (vgl. § 5 Abs. 5 S. 1 Nr. 1 EStG; § 250 Abs. 1 Nr. 1 HGB). Besteht eine vertragliche Vereinbarung, dass das Elektrizitätswerk sich verpflichtet, die Stromversorgung 10 Jahre lang (= betriebsgewöhnliche Nutzungsdauer des Transformatorenhäuschens) zu sichern, so ist ein aktiver Rechnungsabgrenzungsposten zu bilden und der Gesamtbetrag auf 10 Jahre gleichmäßig aufwandswirksam zu verteilen (s. Abb. auf der folgenden Seite).

Die Einzelverwertbarkeit ist jedoch keine Voraussetzung für das Vorliegen eines Wirtschaftsguts. Es genügt, wenn ein Erwerber des gesamten Unternehmens im Rahmen des Gesamtkaufpreises für den Vorteil etwas zahlen, also ihm einen besonderen selbständigen Wert zumessen würde (Teilwertbegriff, § 6 Abs. 1 Nr. 1 EStG). Da die Aufwendungen zur Erlangung dieses Vorteils bekannt sind, und bei fremden Vertragspartnern dem geschätzten Nutzen, der bis zum Ende der Nutzungsdauer des Transformatorenhäuschens währt, entspricht, so ist eine Greifbarkeit und selbständige Bewertbarkeit dieses wirtschaftlichen Vorteils gegeben. Durch die Zahlung erwirbt die GmbH eine anspruchsähnliche Position, die die Annahme eines (entgeltlich erworbenen) immateriellen Wirtschaftsguts „Sicherung der Stromversorgung" rechtfertigt. Zudem kann das Elektrizitätswerk nicht mehr frei über den Transformator verfügen, da anderweitige Verwendungsmöglichkeiten außer zugunsten der LowTech ausscheiden. Das immaterielle Wirtschaftsgut ist wegen des Vollständigkeitsprinzips in der Steuerbilanz zu aktivieren und über die Nutzungsdauer abzuschreiben (BFH 26.6.1969, BStBl. 1970 II S. 35).

In der neueren Rechtsprechung hat der BFH anders entschieden, wenn das Unternehmen einen solchen Zuschuss für die Durchführung von Anschlussarbeiten anläßlich der Umstellung der Stromversorgung leistet. Als Gegenleistung erhält das Unternehmen einen leistungsfähigeren Anschluss an das von einer Vielzahl von Personen genutzte Stromversorgungsnetz. Solche Aufwendungen für die bloße Mitbenutzung einer Einrichtung sind nicht aktivierbar, da sie für eine ursprüngliche Schaffung, nicht dagegen für einen abgeleiteten Erwerb des Nutzungsvorteils entstanden sind (BFH 1985, BStBl. II S. 289).

Auch für das Vorliegen einer ***Verpflichtung (Verbindlichkeit oder Rückstellung)*** bzw. (in der steuerlichen Terminologie) eines ***negativen Wirtschaftsgutes*** wurden von der Rechtsprechung Kriterien entwickelt, die jedoch selbstverständlich sind und bei denen weitgehende Übereinstimmung in Handels- und Steuerrecht besteht. Deshalb sollen sie hier ohne Erläuterung nur genannt werden:

- am Bilanzstichtag bestehende oder verursachte, rechtliche oder wirtschaftliche Verpflichtung, die sicher oder zumindest so konkret vorhersehbar (greifbar) ist, dass mehr für als gegen die Verpflichtung spricht,
- wirtschaftliche Belastung, die zu einer zukünftigen Vermögensminderung führt,
- nach der Verkehrsauffassung selbständig bewertungsfähig.

Merke: Mögliche bilanzielle Folgen einer **Ausgabe**

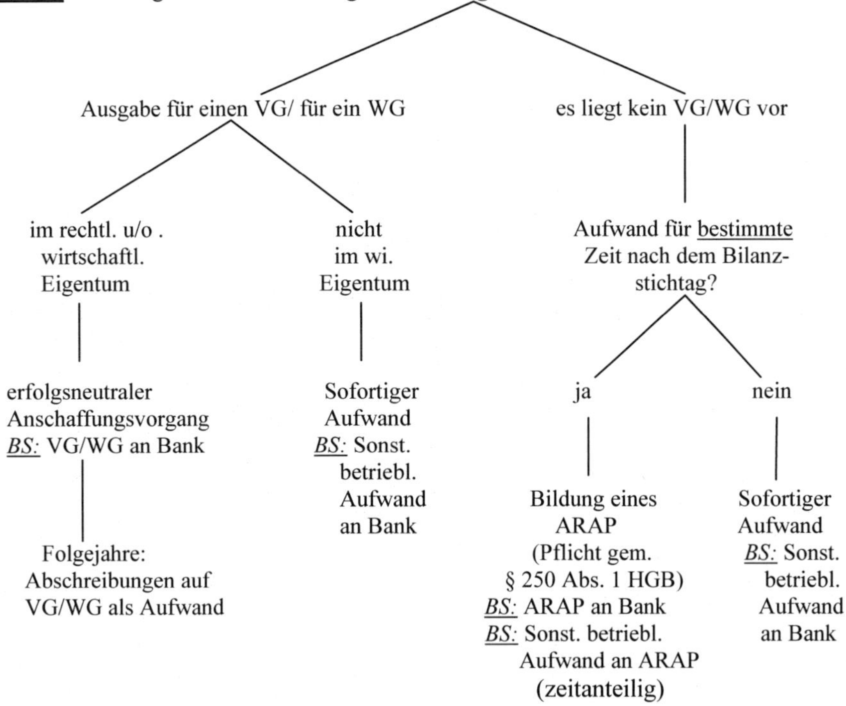

***Aufgabe 1:* Vermögensgegenstand – Wirtschaftsgut**

2. Zurechnung der Wirtschaftsgüter

Grundsätzlich sind Wirtschaftsgüter gemäß § 39 Abs. 1 AO dem Eigentümer zuzurechnen. Normalerweise besitzt der Eigentümer sowohl das juristische als auch das wirtschaftliche Eigentum einer Sache. In einigen Fällen fallen juristisches und wirtschaftliches Eigentum jedoch auseinander, liegen dann also bei unterschiedlichen Unternehmen. Dann stellt sich die Frage, ob der juristische oder der wirtschaftliche Eigentümer das Wirtschaftsgut in seine Bilanz aufzunehmen hat.

Da der Jahresabschluss das Ergebnis der Geschäftstätigkeit und dessen Quellen angeben soll, ist es zweckmäßig, diejenigen Gegenstände zu bilanzieren, mit deren Hilfe dieses Ergebnis erzielt wurde. Die wirtschaftliche Betrachtungsweise führt klar zu der Lösung, dass derjenige, der den Gegenstand nutzt, ihn auch bilanzieren muss. Dies ist aber auch nur eine Scheinlösung des Problems, da z. B. der Vermieter eines Bürogebäudes das Gebäude ja ebenfalls nutzt, nämlich zur Einnahmenerzielung aus Vermietung. Es ist also eine exaktere Abgrenzung nötig, die durch den Begriff des wirtschaftlichen Eigentums erfolgt:

Wirtschaftliches Eigentum (ohne juristisches Eigentum)	***Juristisches Eigentum (ohne wirtschaftliches Eigentum)***
tatsächliche Verfügungsmacht/ Herrschaftsgewalt über einen Gegenstand (Substanz und Ertrag des Gegenstands vollständig)	Eigentumsrechte an einem Gegenstand nach §§ 903, 985 BGB und
Möglichkeit, den juristischen Eigentümer dauerhaft (i. d. R. über die wirtschaftliche Nutzungsdauer) von der Nutzung des Gegenstands auszuschließen (BFH 26.1.1970, BStBl. 1970 II S. 244)	dauerhafte Überlassung des Gegenstands an einen Dritten zur Nutzung ohne die Möglichkeit, kurz- und mittelfristig wieder über den Gegenstand zu verfügen

Allein das wirtschaftliche Eigentum ist entscheidend, wenn es um die Frage geht, wer einen Gegenstand zu bilanzieren hat Dieser Grundsatz gilt sowohl handelsrechtlich (§ 246 Abs. 1 Satz 2 HGB) als auch steuerrechtlich:

> „Übt ein anderer als der Eigentümer die tatsächliche Herrschaft über ein Wirtschaftsgut in der Weise aus, dass er den Eigentümer im Regelfall für die gewöhnliche Nutzungsdauer von der Einwirkung auf das Wirtschaftsgut wirtschaftlich ausschließen kann, so ist ihm das Wirtschaftsgut zuzurechnen " (§ 39 Abs. 2 Nr. 1 AO).

In folgenden Fällen sind wirtschaftlicher und juristischer Eigentümer verschiedene Personen oder Gesellschaften:

* *Eigentumsvorbehalt*
Der Lieferant behält sich das juristische Eigentum vor, bis der Abnehmer, in dessen Verfügungsmacht sich die Gegenstände bereits befinden, den Rechnungsbetrag vollständig beglichen hat.

* *Sicherungsübereignung*
Zum Zwecke der Besicherung einer Verbindlichkeit wird das Eigentum, z. B. einer Maschine, an den Gläubiger übertragen, während die Verfügungsmacht über die Maschine weiterhin beim Kreditnehmer verbleibt (§ 39 Abs. 2 Nr. 1 Satz 2 AO).

* *Treuhandverhältnisse*
Das „zu treuen Händen" übertragene Treuhandvermögen ist beim Treugeber als dem wirtschaftlichen Eigentümer zu bilanzieren (§ 39 Abs. 2 Nr. 1 Satz 2 AO).

* *Leasing*
Hier ist jedoch häufig der juristische auch der wirtschaftliche Eigentümer. Zur bilanziellen Behandlung des Leasing vgl. Kapitel B.III.4.

3. Abgrenzung des Betriebsvermögens vom Privatvermögen

Nach dem Grundsatz der Vollständigkeit (§ 246 Abs. 1 HGB) hat der Jahresabschluss sämtliche Vermögensgegenstände, Schulden, Rechnungsabgrenzungsposten, latente Steuern, Aufwendungen und Erträge zu enthalten, sofern kein konkretes Bilanzierungsverbot besteht. Ohne Beachtung dieses Grundsatzes ist weder eine Dokumentation noch eine Rechenschaftslegung noch eine gleichmäßige Besteuerung sinnvoll durchführbar. Fraglich ist, ob der Vollständigkeitsgrundsatz sich im Falle von Einzelunternehmen und Personengesellschaften auch auf das Privatvermögen erstreckt oder auf das Betriebsvermögen beschränkt bleibt. Da der Jahresabschluss das Ergebnis der Geschäftstätigkeit und dessen Quellen angeben soll, ist es zweckmäßig, nur diejenigen Gegenstände zu bilanzieren, mit deren Hilfe dieses Ergebnis erzielt wurde.

Demnach darf im Steuerrecht (wie im Handelsrecht) nur Betriebsvermögen in der Bilanz erscheinen und nur die mit diesem zusammenhängenden Erträge und Aufwendungen dürfen in der Gewinn- und Verlustrechnung berücksichtigt werden. Konkret sind steuerrechtlich drei Kategorien zu unterscheiden:

notwendiges Betriebsvermögen	***gewillkürtes Betriebsvermögen***	***notwendiges Privatvermögen***
Wirtschaftsgüter, die ausschließlich und unmittelbar für eigenbetriebliche Zwecke des Steuerpflichtigen genutzt werden oder dazu bestimmt sind (R 4.2 Abs. 1 Satz 1 EStR)	Wirtschaftsgüter, die weder notwendigerweise im Betrieb noch in der Privatsphäre genutzt werden müssen und in einem gewissen objektiven Zusammenhang mit dem Betrieb stehen und ihn zu fördern bestimmt und geeignet sind (R 4.2 Abs. 1 Satz 3 EStR)	Wirtschaftsgüter, die ihrem Wesen nach nicht betrieblich genutzt werden können. Werden Ansprüche aus Lebensversicherungsverträgen zur Besicherung betrieblicher Verbindlichkeiten verpfändet, so werden diese dadurch nicht zum Betriebsvermögen (H 4.2 Abs. 1 „Lebensversicherungen" EStH)
Beispiele: Fabrikhalle, LKW, Fertigungsmaschine	Beispiele: PKW, Gebäude, Wertpapiere	Beispiele: Schmuck, belletristische Bücher
Bilanzierungspflicht	**Bilanzierungswahlrecht**	**Bilanzierungsverbot**

Eigentlich gibt es nur zwei Kategorien, das Betriebsvermögen und das Privatvermögen. Das gewillkürte Betriebsvermögen stellt ohne Einschränkungen Betriebsvermögen dar. Die einzige Besonderheit ist, dass eine Entscheidung des Unternehmens getroffen werden muss, die Gegenstände dem Betriebsvermögen und nicht dem Privatvermögen zuzuordnen, was durch die Aufnahme in Buchführung und Bilanz nach außen (insbesondere gegenüber dem Finanzamt) kundgetan werden muss. Wurde notwendiges Betriebsvermögen nicht bilanziert, so ist die Bilanz falsch und muss berichtigt werden. Dies gilt genauso für den Fall, dass notwendiges Privatvermögen bilanziert wurde.

Grundstücke und PKW werden häufig sowohl betrieblich als auch privat genutzt. Bei ***gemischt genutzten beweglichen Wirtschaftsgütern*** kann eine Zuordnung zum Privat- oder Betriebsvermögen nur für den Gegenstand als ganzem vorgenommen werden, eine Zerteilung kommt nicht in Betracht. Die Zuordnung erfolgt nach folgendem Kriterium (R 4.2 Abs. 1 Sätze 4–7 EStR):

notwendiges Betriebsvermögen	***gewillkürtes Betriebsvermögen***	***notwendiges Privatvermögen***
betrieblicher Nutzungsanteil > 50%	betriebliche Nutzung zwischen 10% und 50%	betrieblicher Nutzungsanteil < 10%
muss bilanziert werden	Wahlfreiheit: Betriebsvermögen oder Privatvermögen	darf nicht bilanziert werden

Die Entscheidung, ob gemischt-genutzte bewegliche Gegenstände, z. B. ein PKW, dem ***(gewillkürten) Betriebsvermögen*** oder dem Privatvermögen zugeordnet werden, wird in der Regel nach steuerlichen Kriterien getroffen. Hinsichtlich der laufenden Aufwendungen und Erträge spielt es keine Rolle, ob der PKW dem Privat- oder dem Betriebsvermögen zugeordnet wird. Wird er im Betriebsvermögen gehalten, so sind alle diejenigen Aufwendungen (einschließlich der Abschreibungen), die auf die Privatnutzung anteilig entfallen, keine Betriebsausgaben, also ohne Auswirkungen auf den steuerlichen Gewinn. Sie sind dann durch Entnahmebuchungen zu berücksichtigen. Gehört umgekehrt der PKW zum ***Privatvermögen***, so sind die anteilig auf die betriebliche Nutzung entfallenden Aufwendungen (einschließlich der Abschreibungen) Betriebsausgaben, mindern also den steuerlichen Gewinn (R 4.7 Abs. 1 EStR). Dies gilt sogar für den Vorsteuerabzug bei Gebäuden und beweglichen Wirtschaftsgütern (z. B. PKW), wenn man von Pauschalierungen absieht[1].

Ausschlaggebend für die Zuordnungsentscheidung ist jedoch die unterschiedliche steuerliche Behandlung eines eventuellen Veräußerungsgewinnes. Wertsteigerungen im Betriebsvermögen unterliegen stets der Besteuerung, im Privatvermögen jedoch nicht in allen Fällen. Abgesehen von der seit 1.1.2009 gültigen Abgeltungssteuer auf Gewinne bei der Veräußerung von Wertpapieren (§ 32d Abs. 1 i. V. m. § 20 Abs. 2 EStG) entstehen steuerpflichtige private Veräußerungsgewinne etwa bei Grundstücken nur dann, wenn diese innerhalb einer Frist von 10 Jahren erworben und wieder veräußert werden und nicht zumindest im Veräußerungsjahr und den beiden Vorjahren zu eigenen Wohnzwecken genutzt worden sind (§ 23 Abs. 1 Nr. 1 EStG). Der Zeitraum zwischen Anschaffung und Veräußerung verkürzt sich bei anderen Wirtschaftsgütern nach § 23 Abs. 1 Nr. 2 EStG auf 1 Jahr. Diese Vorschrift wurde aber bisher nur auf Wertpapiere, die nun der Abgeltungssteuer unterliegen, nicht aber auf PKW angewandt. Werden also größere Wertsteigerungen des PKW erwartet, so ist es günstiger, ihn dem Privatvermögen zuzuordnen.

Bei ***gemischt genutzten unbeweglichen Gegenständen***, v. a. bei Grund und Boden oder Gebäuden, erfolgt eine Aufteilung in verschiedene Wirtschaftsgüter. Gemäß R 4.2 Abs. 4, 7 u. 9 EStR kann ein Gebäude maximal aus vier verschiedenen Wirtschaftsgütern bestehen:

1) ausschließlich und unmittelbar für eigenbetriebliche Zwecke genutzte Gebäudeteile	Beispiele: Laden, Büroräume, Fertigungshallen, aus betrieblichen Gründen an Arbeitnehmer vermietete Wohnungen	notwendiges Betriebsvermögen (R 4.2 Abs. 7 EStR)
2) an Dritte zur betrieblichen oder beruflichen Nutzung vermietete Gebäudeteile	Beispiele: an einen Arzt vermietete Praxisräume, an einen Einzelhändler vermietete Ladenräume	gewillkürtes Betriebsvermögen, sofern in gewissem Zusammenhang mit dem Betrieb stehend (R 4.2 Abs. 9 EStR)
3) zu fremden Wohnzwecken vermietete Gebäudeteile	Beispiele: an einen Geschäftsfreund vermietete Wohnung	gewillkürtes Betriebsvermögen, sofern in gewissem Zusammenhang mit dem Betrieb stehend (R 4.2 Abs. 9 EStR)
4) zu eigenen Wohnzwecken genutzte Gebäudeteile	Beispiele: eigene Wohnung; Penthouse-Wohnung der Tochter des Unternehmers	notwendiges Privatvermögen

Der zugehörige Grund und Boden gehört mit den gleichen Flächenanteilen wie das Gebäude zum Betriebs- und Privatvermögen (R 4.2 Abs. 7 Satz 2 u. Abs. 9 Satz 6 EStR; H 4.2 Abs. 7 „Anteilige Zugehörigkeit“ EStH; zu Einzelheiten vgl. Kapitel B.III.1.b).

[1] Vgl. § 15 Abs. 1 Nr. 1 UStG; § 15 Abs. 4 UStG, § 3 Abs. 9a Nr. 1 UStG; Abschn. 192 Abs. 21 Nr 2a) UStR 2005.

4. Gewinnermittlungsarten

a) Gewinnermittlung durch Bestandsvergleich nach § 4 Abs. 1 EStG

Die Gewinnermittlung durch Bestandsvergleich nach § 4 Abs. 1 EStG ist für folgende Steuerpflichtige relevant:

- Land- und Forstwirte, die nach §§ 140, 141 Abs. AO zur Buchführung verpflichtet sind oder freiwillig Bücher führen und regelmäßig Abschlüsse machen
- Freiberuflich Tätige i.S.v. § 18 Abs. 1 Nr. 1 EStG, die freiwillig Bücher führen und regelmäßig Abschlüsse machen
- Kleingewerbetreibende (Nicht-Kaufleute) (§ 1 Abs. 2 HGB), die nicht nach §§ 140, 141 AO verpflichtet sind, Bücher zu führen und auch freiwillig keine Bücher führen und den Gewinn nicht durch Einnahmen-Überschuss-Rechnung nach § 4 Abs. 3 EStG ermitteln. Der Gewinn ist dann nach § 4 Abs. 1 EStG zu schätzen.

Auch wenn der Grundsatz der Maßgeblichkeit bei dieser Gewinnermittlungsart nicht zu beachten ist, so sind doch auch einige Vorschriften des Handelsrechts, z. B. zur Buchführungspflicht, zur Inventur u. a., auf die das EStG und die EStR verweisen, auch bei Aufstellung der Steuerbilanz zu beachten.

Die eigentliche formale Gewinnermittlung erfolgt nach § 4 Abs. 1 Satz 1 EStG durch den sog. Betriebsvermögensvergleich.

Betriebsvermögen zum Schluss des Wirtschaftsjahrs – Betriebsvermögen zum Schluss des vorangegangenen Wirtschaftsjahrs
= **Unterschiedsbetrag** + Entnahmen – Einlagen
= **Gewinn** (§ 4 Abs. 1 EStG)

Da hierbei auch Wertveränderungen des Betriebsvermögens berücksichtigt werden, umfasst der Gewinn generell auch Veräußerungsgewinne und -verluste.

Der ***Begriff des Betriebsvermögens*** hat eine mengen- und eine wertmäßige Komponente. ***Mengenmäßig*** geht es um die Abgrenzung zum Privatvermögen. Zum Betriebsvermögen gehören alle Wirtschaftsgüter, positive (Aktiva) und negative (Passiva), die dem Steuerpflichtigen (Betriebsinhaber) gehören oder steuerlich zuzurechnen sind und ausschließlich und unmittelbar für eigenbetriebliche Zwecke genutzt werden („notwendiges Betriebsvermögen“) oder freiwillig in der Bilanz ausgewiesen werden, da sie in einem gewissen objektiven Zusammenhang mit dem Betrieb stehen und ihn zu fördern bestimmt und geeignet sind („gewillkürtes Betriebsvermögen“).

Wertmäßig versteht man unter Betriebsvermögen nicht etwa die Summe des Wertes aller eingesetzten Vermögensgüter (Bilanzsumme), sondern den wertmäßigen Unterschied zwischen der Summe der (positiven) Wirtschaftsgüter (Aktiva) und der Summe der Verbindlichkeiten sowie Rückstellungen (= negative Wirtschaftsgüter), also per Saldo das Reinvermögen (Eigenkapital) des Betriebes.

Die Veränderung des Reinvermögens im Laufe eines Jahres entspricht aber nur dann dem tatsächlich erwirtschafteten Gewinn, wenn weder Überführungen von Geld, Sachgütern, Dienstleistungen oder Nutzungen aus der betrieblichen in die private Sphäre der Gesellschafter (=***Entnahmen***) noch umgekehrt (=***Einlagen***) vorgenommen wurden. Entnahmen können nur bei Einzelunternehmern und Personenhandelsgesellschaften vorkommen. Haben Privatentnahmen das Betriebsvermögen im Laufe des Wirtschaftsjahrs gemindert, so muss diese Minderung beim Betriebsvermögensvergleich wieder korrigiert werden. Andernfalls würden Entnahmen den Gewinn wie Betriebsausgaben[1] mindern. Entnahmen sind aber privat veranlasst und dürfen den Gewinn nicht mindern.

b) Gewinnermittlung durch Bestandsvergleich nach § 5 EStG

Die Gewinnermittlung durch Bestandsvergleich nach § 5 EStG erfolgt prinzipell genauso wie diejenige nach § 4 Abs. 1 EStG, was sich aus dem Verweis in § 5 Abs. 1 EStG ergibt. Der Unterschied besteht jedoch darin, dass beim Bestandsvergleich nach § 5 EStG das Betriebsvermögen nach den handelsrechtlichen Grundsätzen ordnungsmäßiger Buchführung anzusetzen ist. Die Ermittlung des steuerlichen Gewinns erfolgt also nach dem Maßgeblichkeitsprinzip auf der Basis des Handelsrechts und der handelsrechtlichen Grundsätze ordnungsmäßiger Buchführung (§ 5 Abs. 1 S. 1 EStG). Zusätzlich sind die steuerrechtlichen Vorschriften der §§ 5–7k EStG zu beachten.

Die Gewinnermittlung durch Bestandsvergleich nach § 5 EStG ist verpflichtend für

- alle Kaufleute nach §§1–3, 5 und 6 HGB, die i.S.v. § 15 Abs. 2 EStG gewerblich tätig sind, sowie
- Kleingewerbetreibende, die weder nach Handelsrecht noch nach § 141 AO zur Führung von Büchern verpflichtet sind, aber freiwillig Bücher führen und regelmäßig Abschlüsse machen.

Abgesehen vom folgenden Kapitel wird in diesem Lehrbuch nur noch auf die Gewinnermittlung durch Bestandsvergleich nach § 5 EStG Bezug genommen.

Da bei dieser Gewinnermittlungsart auch eine Gewinn- und Verlustrechnung aufgestellt wird, ergibt sich der Gewinn eines Jahres auch aus der Differenz zwischen Erträgen und Aufwendungen. Die entsprechenden steuerrechtlichen Begriffe sind Betriebseinnahmen und Betriebsausgaben.

Definition:

Betriebseinnahmen sind alle in Geld oder Geldeswert bestehenden Wirtschaftsgüter, die dem Steuerpflichtigen zufließen (§ 8 Abs. 1 EStG).

Definition:

Betriebsausgaben sind Aufwendungen, die durch den Betrieb veranlasst sind (§ 4 Abs. 4 EStG).

Beide Definitionen sind sehr allgemein. Bei Gewinnermittlung durch Bestandsvergleich nach § 5 EStG sind jedoch nach dem Maßgeblichkeitsprinzip auch die handelsrechtlichen Grundsätze ordnungsmäßiger Buchführung anzuwenden, somit auch der ***Grundsatz der zeitlichen Abgrenzung*** im Sinne der Zuordnung von Einnahmen und Ausgaben zur wirtschaftlich zugehörigen Periode. In diesem Zusammenhang besteht also eine grundsätzliche

[1] Zum Begriff vgl. das folgende Kapitel A.II.4 b).

Übereinstimmung zwischen den Begriffen Erträge und Betriebseinnahmen sowie zwischen Aufwendungen und Betriebsausgaben. Steuerrechtlich gibt es jedoch eine Reihe von Einschränkungen (z. B. in § 4 Abs. 5 EStG) hinsichtlich der Abziehbarkeit von Betriebsausgaben bei der Gewinnermittlung.

c) Gewinnermittlung durch Einnahmen-Überschuss-Rechnung gemäß § 4 Abs. 3 EStG

Die Einnahmen-Überschuss-Rechnung gemäß § 4 Abs. 3 EStG steht einem bestimmten Personenkreis als wählbare Alternative zum Bestandsvergleich offen. Dies sind Kleingewerbetreibende (§ 1 Abs. 2 HGB) und Angehörige der freien Berufe, aber auch Land- und Forstwirte (§ 13a Abs. 2 EStG), somit Steuerpflichtige,

- die nicht aufgrund handels- oder steuerrechtlicher Vorschriften verpflichtet sind, Bücher zu führen und regelmäßig Abschlüsse zu machen und
- die auch nicht freiwillig Bücher führen und nicht regelmäßig Abschlüsse erstellen.

Für die Überschussrechnung besteht keine Aufzeichnungspflicht, als Grundlage sind entsprechende Belege ausreichend. Der Gewinn oder Verlust wird hierbei wie folgt ermittelt:

Summe der Betriebseinnahmen
– Summe der Betriebsausgaben
= Gewinn oder Verlust

Dabei werden Betriebseinnahmen und Betriebsausgaben im Gegensatz zum vorigen Fall des Bestandsvergleichs nach § 5 Abs. 1 EStG nicht zeitlich abgegrenzt, sondern nach dem ***Zufluss-/Abflussprinzip (§ 11 EStG)*** einander gegenübergestellt. Rechnungsabgrenzungsposten, Forderungen, Wertberichtigungen, Verbindlichkeiten, Rückstellungen erübrigen sich daher. Anfangs- und Endbestände müssen bei der Gewinnermittlung nicht berücksichtigt werden, eine Inventur ist also nicht erforderlich. Es werden prinzipiell reine Geldbewegungen erfasst. Dadurch ergeben sich offensichtlich große Vereinfachungen gegenüber dem Bestandsvergleich.

Allerdings gibt es einige Abweichungen von diesem Grundprinzip.
(1) Regelmäßig wiederkehrende Betriebseinnahmen und Betriebsausgaben (z. B. Mieten, Zinsen) gelten auch dann in der wirtschaftlich zugehörigen Periode als zu- oder abgeflossen, wenn sie tatsächlich nur kurze Zeit (bis zu 10 Tage) vor Beginn oder nach dem Ende des entsprechenden Kalenderjahres zu- oder abgeflossen sind (§ 11 Abs. 1 und 2 EStG).
(2) Betriebseinnahmen oder Betriebsausgaben, die im Voraus fließen und sich auf einen Nutzungsüberlassungszeitrum von mehr als 5 Jahren beziehen, können nach § 11 Abs. 1 und 2 EStG gleichmäßig auf diesen Zeitraum verteilt werden.
(3) Die wichtigste Ausnahme sind die Absetzungen für Abnutzung und Substanzverringerung, die wie bei der Gewinnermittlung durch Bestandsvergleich zu berücksichtigen sind.
(4) Bei nicht abnutzbaren Wirtschaftsgütern, wie z. B. Grund und Boden, sind die Anschaffungs- oder Herstellungskosten erst bei der Veräußerung oder Entnahme als Betriebsausgaben zu berücksichtigen, um einen Veräußerungs- oder Entnahmegewinn feststellen zu können.

Infolge der grundlegenden Unterschiede zur Gewinnermittlung durch Bestandsvergleich differieren die Gewinne in der Regel beträchtlich. Über mehrere Jahre gleichen sich die Unterschiede allerdings wieder aus. Einzelne Sachverhalte, wie etwa die Vornahme von Sacheinlagen oder Sachentnahmen, und besonders der Wechsel von einer zu einer anderen

Gewinnermittlungsart führen zu Schwierigkeiten. Diesbezüglich muss aber auf die weiterführende Literatur verwiesen werden.

d) Entnahmen und Einlagen

Im Folgenden soll nur noch die Gewinnermittlung durch Betriebsvermögensvergleich im Sinne des § 4 Abs. 1 bzw. des § 5 Abs. 1 EStG betrachtet werden:

Betriebsvermögen zum Schluss des Wirtschaftsjahrs – Betriebsvermögen zum Schluss des vorangegangenen Wirtschaftsjahrs
= **Unterschiedsbetrag** + Entnahmen – Einlagen
= **Gewinn** (§ 4 Abs. 1 EStG)

Dabei ist der Begriff Betriebsvermögen als Reinvermögen zu verstehen, also als Eigenkapitalbestand in der Bilanz.

Haben im Falle von Einzelunternehmen und Personengesellschaften Privatentnahmen das Betriebsvermögen im Laufe des Wirtschaftsjahrs gemindert, so muss diese Minderung beim Betriebsvermögensvergleich wieder korrigiert werden. Andernfalls würden Entnahmen den Gewinn wie Betriebsausgaben mindern. Entnahmen sind aber privat veranlasst und dürfen gemäß § 12 Nr. 1 EStG den Gewinn nicht mindern. Die Nichtabziehbarkeit als Betriebsausgabe gilt auch für die Umsatzsteuer auf Entnahmen (§ 12 Nr. 3 EStG). Was unter Entnahmen und Einlagen zu verstehen ist und wie sie zu bewerten sind, soll nun geklärt werden.

(1) Entnahmen

Definition:

> ***Entnahmen*** sind alle Wirtschaftsgüter (Barentnahmen, Waren, Erzeugnisse, Nutzungen und Leistungen), die der Steuerpflichtige dem Betrieb für sich, für seinen Haushalt oder für andere betriebsfremde Zwecke im Laufe des Wirtschaftsjahrs entnommen hat (§ 4 Abs. 1 S. 2 EStG).

Entnahmen sind also Wertabgaben des Betriebs an den außerbetrieblichen Bereich. Eine Entnahme setzt einen Entnahmewillen des Steuerpflichtigen und eine eindeutige, ausdrückliche oder konkludente (= schlüssige) Entnahmehandlung voraus.

Entnahmearten	Beispiele
Geldentnahmen	Überweisung vom betrieblichen Bankkonto oder Bargeldentnahme aus der Kasse zur Finanzierung des Lebensunterhalts, zur Bezahlung privater Verbindlichkeiten, insbes. auch der Einkommensteuer- oder auch der privaten Kfz-Steuerschuld des Inhabers
Sachentnahmen	Entnahme von Waren und Erzeugnissen für den Haushalt des Kaufmanns Nutzungsänderung: Ein bisher zu 100% betrieblich genutzter PKW wird ab einem bestimmten Zeitpunkt nur noch privat genutzt

Entnahmearten	Beispiele
Leistungsentnahme (als Aufwandsentnahme)	Der Bauunternehmer lässt durch seine Arbeitnehmer Ausbesserungsarbeiten an seinem privat genutzten Bungalow vornehmen
Nutzungsentnahme (als Aufwandsentnahme)	Der Betriebs-PKW wird vom Inhaber für eine private Urlaubsreise genutzt

Wenn es sich um Geldentnahmen handelt, sind diese umsatzsteuerfrei, es besteht kein Bewertungsproblem und der Gewinn wird dadurch nicht berührt. In allen anderen Entnahmefällen besteht für solche „unentgeltlichen Wertabgaben" ***Umsatzsteuerpflicht***, sofern für den Gegenstand oder seine Bestandteile beim Einkauf ein Vorsteuerabzug möglich war, weil der Unternehmer wie ein Endverbraucher behandelt werden muss.

Die notwendigen Buchungen bei den verschiedenen Entnahmearten seien in folgender Tabelle zusammengefasst:

Entnahmearten	Buchungssätze
Geldentnahmen	Privatentnahmen an Kasse (oder Bank)
Sachentnahmen	Privatentnahmen (oder „Unentgeltliche Wertabgaben") an Erlöskonto „Entnahmen von Gegenständen und sonstigen Leistungen" an Umsatzsteuer (gem. § 3 Abs. 1b Nr. 1 UStG)
Leistungsentnahme (als Aufwandsentnahme)	Privatentnahmen (oder „Unentgeltliche Wertabgaben") an Erlöskonto „Entnahmen von Gegenständen und sonstigen Leistungen" an Umsatzsteuer (gem. § 3 Abs. 9a Nr. 2 UStG)
Nutzungsentnahme (als Aufwandsentnahme)	Privatentnahmen (oder „Unentgeltliche Wertabgaben") an Erlöskonto „Entnahmen von Gegenständen und sonstigen Leistungen" an Umsatzsteuer (gem. § 3 Abs. 9a Nr. 1 UStG)

Bewertung der Entnahmen:

- Zu bewerten sind Entnahmen (i. d. R.) mit dem ***Teilwert***[1] (§ 6 Abs. 1 Nr. 4 EStG).
- Der Teilwert ist bei Geldentnahmen mit dem Nennwert identisch.
- Bei Warenentnahmen entspricht der Teilwert nach den Teilwertvermutungen des BFH (H 6.7 „Teilwertvermutungen" EStH) den ***Wiederbeschaffungskosten (ohne abziehbare Vorsteuer)*** im Entnahmezeitpunkt. Damit soll verhindert werden, dass stille Reserven durch die Entnahme der Besteuerung im Rahmen des Betriebs entzogen werden können. Somit ist die Warenentnahme nur erfolgsneutral und damit steuerfrei, wenn die Wiederbeschaffungskosten am Bilanzstichtag nicht gestiegen sind und noch dem Buchwert der Waren (= Anschaffungskosten) entsprechen. § 10 Abs. 4 Nr. 1 UStG bestimmt die Bemessungsgrundlage für die Berechnung der Umsatzsteuer in diesem Falle als den Nettoeinkaufspreis zuzüglich der Nebenkosten im Entnahmezeitpunkt. Diese entspricht also dem Teilwert.
- Bei Entnahmen selbst hergestellter Erzeugnisse stimmt der Teilwert mit den Selbstkosten, d. h. den ***Wiederherstellungskosten im Entnahmezeitpunkt***, überein. Dies ist auch die Bemessungsgrundlage für die Umsatzsteuer (§ 10 Abs. 4 Nr. 1 UStG).
- Leistungsentnahmen sind lt. Rechtsprechung mit den im Betrieb tatsächlich angefallenen ***Selbstkosten*** (Arbeitslöhne, Lohnnebenkosten, Materialkosten, Abschreibungen) zu bewerten. Bemessungsgrundlage für die Berechnung der Umsatzsteuer sind gemäß § 10 Abs. 4 Nr. 3 UStG die entstandenen Ausgaben, was im Sinne der Selbstkosten zu interpretieren ist (Abschnitt 155 Abs. 2 UStR).

[1] Zum Begriff des Teilwerts vgl. Erster Teil Kapitel B.I.3.c). Eine Bewertung von Entnahmen mit dem Buchwert ist nur im Zusammenhang mit Spenden zulässig (§ 6 Abs. 1 Nr. 4 S.4 EStG).

- Nutzungsentnahmen sind ebenfalls mit den tatsächlichen Selbstkosten bzw. ***anteiligen Aufwendungen*** der privaten Nutzungen (Betriebs-, Benzin-, Reparatur-, Versicherungskosten, Abschreibungen) zu bewerten (H 6.12 „Nutzungen" EStH). Auch hier entspricht der einkommensteuerliche Teilwert der umsatzsteuerlichen Bemessungsgrundlage gemäß § 10 Abs. 4 Nr. 2 UStG („entstandene Ausgaben"), allerdings nur insoweit für diese Aufwendungen ein (teilweiser) Vorsteuerabzug möglich war.

Beispiel:

Der Einzelunternehmer Störtebeker entnimmt im Jahre 01 einen Sessel aus seinem Möbelgeschäft und verwendet ihn von da an in seinem privaten Wohnzimmer als Fernsehsessel. Die Wiederbeschaffungskosten für den Sessel im Entnahmezeitpunkt entsprechen den Anschaffungskosten und betragen netto 500 EUR.

Gewinn ohne Berücksichtigung der Entnahme:

Betriebsvermögen Ende 01 einschl. AK des Sessels	5.500 EUR
– Betriebsvermögen am Ende des Vorjahres	– 4.000 EUR
= Unterschiedsbetrag = Gewinn ohne Entnahmeberücks.	1.500 EUR

Gewinn mit Berücksichtigung der Entnahme:
Der Warenbestand und damit das Betriebsvermögen am Ende des Jahres 01 verringert sich lt. Inventur um die Anschaffungskosten (= 500 EUR) des entnommenen Sessels.

Betriebsvermögen am Ende des Wirtschaftsjahres 01	5.000 EUR
– Betriebsvermögen am Ende des Wirtschaftsjahres 00	– 4.000 EUR
= Unterschiedsbetrag	1.000 EUR
+ Entnahmen	+ 500 EUR
– Einlagen	-----------
= Gewinn	1.500 EUR

Somit wird der Gewinn durch die Entnahme nicht beeinflusst. Die Entnahme hat eine Abnahme des Warenvorratsbestandes und damit – isoliert gesehen – bei unverändertem Fremdkapital eine Verringerung des Eigenkapitals, also einen Verlust, zur Folge. Anders ausgedrückt: Die Vorratsverminderung wird zunächst als Wareneinsatz (Aufwand) interpretiert, dem keine Umsatzerlöse gegenüberstehen, so dass der Gewinn entsprechend sinkt. Da der Vorgang sich nicht innerhalb des betrieblichen Bereichs, sondern als Entnahme in den privaten Bereich abgespielt hat, darf er aber den steuerpflichtigen Gewinn nicht um 500 verringern, sondern muss prinzipiell erfolgsneutral bleiben. Die Abnahme des Betriebsvermögens um 500 EUR muss daher bei der Betriebsvermögensvergleichsrechnung durch die Hinzurechnung der Entnahme in Höhe von 500 EUR ausgeglichen werden. Der Buchungssatz lautet:

BS.:	Privatentnahme (oder „Unentgeltliche Wertabgaben")	595 EUR	
	an Erlöskonto „Entnahmen von Gegenständen"		500 EUR
	an Umsatzsteuer (gem. § 3 Abs. 1b Nr. 1 UStG)		95 EUR.

Die Entnahme wird also wie ein Verkauf des Unternehmers an sich selbst behandelt. Gedanklich in zwei Schritte zerlegt, entnimmt der Kaufmann zunächst einen Geldbetrag von 595 EUR aus der Kasse, um das Geld gleich wieder zum Barkauf des entnommenen Sessels (einschl. USt) zu verwenden.

Eine ***positive oder negative Gewinnauswirkung*** einer Entnahme entsteht jedoch dann, wenn sich der Einkaufspreis der entnommenen Ware zwischen dem Einkaufstag und dem Tag der Entnahme verändert hat (§ 6 Abs. 1 Nr. 4 EStG).

Beispiel:

Angenommen, die tatsächlichen Anschaffungskosten des vom Einzelunternehmer Störtebeker im Jahre 01 entnommenen Sessels hätten wiederum 500 EUR (ohne USt) betragen, die Wiederbeschaffungskosten im Entnahmezeitpunkt aber jetzt 600 EUR. Die Buchung der Entnahme ändert sich entsprechend. Der Gewinn würde sich jetzt aufgrund der Entnahme um 100 EUR erhöhen, weil sich der Wert des Warenbestands lt. Inventur nur um die Anschaffungskosten des Sessels i. H. v. 500 EUR verringert hätte.

Gewinn ohne Berücksichtigung der Entnahme:

Betriebsvermögen Ende 01 einschl. AK des Sessels	5.500 EUR
– Betriebsvermögen am Ende des Vorjahres	– 4.000 EUR
= Unterschiedsbetrag = Gewinn ohne Entnahmeberücks.	1.500 EUR

Gewinn mit Berücksichtigung der Entnahme:
Der Warenbestand und damit das Betriebsvermögen am Ende des Jahres 01 verringert sich lt. Inventur um die Anschaffungskosten (= 500 EUR) des entnommenen Sessels.

Betriebsvermögen am Ende des Wirtschaftsjahres 01	5.000 EUR
– Betriebsvermögen am Ende des Wirtschaftsjahres 00	– 4.000 EUR
= Unterschiedsbetrag	1.000 EUR
+ Entnahmen	+ 600 EUR
– Einlagen	----------
= Gewinn	1.600 EUR

Für Entnahmen von Lebensmitteln werden vom Bundesfinanzministerium jährlich Pauschbeträge festgelegt, die ohne weiteren Nachweis von Bäckern, Metzgern, Gastwirten, Lebensmitteleinzelhändlern als Entnahmejahreswert angesetzt werden können.

Nutzungsentnahmen durch ***Privatfahrten mit betrieblichen Fahrzeugen*** spielen in der Praxis eine große Rolle. Zur Verringerung des Arbeitsaufwands für Unternehmen und Finanzverwaltung bei der Ermittlung der Nutzungsentnahme wurde für diesen Fall die pauschale 1%-Regelung geschaffen. Zunächst soll jedoch die exakte Fahrtenbuchmethode dargestellt werden.

Fahrtenbuch-Methode (§ 6 Abs. 1 Nr. 4 S. 4 EStG): In einem ordnungsgemäß geführten Fahrtenbuch[1] sind alle Fahrten mit dem betrieblichen PKW aufzuzeichnen und jeweils zu vermerken, ob es sich um eine betriebliche oder privat veranlasste Fahrt handelt. Für den Abrechnungszeitraum (z. B. das Kalenderjahr) wird daraus der Anteil der privat zurückgelegten km an den insgesamt gefahrenen km berechnet. Die Nutzungsentnahme ergibt sich dann durch Multiplikation dieses privaten Nutzungsanteils mit den gesamten im Abrechnungszeitraum angefallenen Kfz-Kosten für diesen PKW. Umsatzsteuerpflichtig ist diese Nutzungsentnahme nur insoweit, als zuvor für die Leistungen ein Vorsteuerabzug möglich war (§ 3 Abs. 9a Nr. 1 und § 10 Abs. 4 Nr. 2 UStG).

[1] Anforderungen für ein ordnungsgemäß geführtes Fahrtenbuch enthält das BMF-Schreiben vom 21.1.2002, BStBl I S. 148.

1%-Regelung (§ 6 Abs. 1 Nr. 4 S. 2 u. 3 EStG): Diese Regelung ist die gesetzliche Standardregelung. Nur wenn ein ordnungsgemäß geführtes Fahrtenbuch vorliegt, kann davon abgewichen und die Fahrtenbuch-Methode angewandt werden. Voraussetzung für die Anwendung der 1%-Regelung ist, dass das Fahrzeug zu mehr als 50% betrieblich genutzt wird, also zum notwendigen Betriebsvermögen gehört. Bei dieser Berechnung gelten die Fahrten zwischen Wohnung und Betriebsstätte als betriebliche Fahrten. Vereinfachend ist danach die monatliche Nutzungsentnahme mit 1% des inländischen Händlerlistenpreises (zuzüglich der Kosten für Sonderausstattung) des PKW im Zeitpunkt der Erstzulassung einschließlich der Umsatzsteuer (= Bruttolistenpreis) anzusetzen. Der Bruttolistenpreis ist dabei auf volle 100 EUR abzurunden.[1] Eine Besonderheit ist, dass nur 80% dieses pauschal ermittelten privaten Nutzungsentnahmewerts der USt unterliegt. Dies soll pauschal berücksichtigen, dass ein Teil der geschätzten anteiligen Aufwendungen (Kfz-Steuer, Kfz-Versicherung) nicht der USt zu unterwerfen ist.[2]

Ebenfalls in der Praxis weit verbreitet ist die ***private Nutzung betrieblicher Telekommunikationsanlagen*** (Telefon, Mobiltelefon, Telefax). Laut Rechtsprechung sind die Telefonkosten und die Vorsteuer um den privaten Anteil zu korrigieren.

Beispiel:

Einzelunternehmer Störtebeker nutzt das Geschäftstelefon zum Anteil von 10% privat. Die Telefonrechnung für Januar 01 umfasste die Miete, die Grund- und Gesprächsgebühren in Höhe von 800 EUR zuzüglich 152 EUR USt.

BS.:	Kosten der Telekommunikation	800 EUR	
	Vorsteuer	152 EUR	
	an Bank		952 EUR.

BS.:	Privatentnahmen (oder „Unentgeltliche Wertabgaben“)	95,20 EUR	
	an Kosten der Telekommunikation		80,00 EUR
	an Vorsteuer		15,20 EUR.

Zweckmäßiger ist es, direkt beim Rechnungseingang (Bruttorechnungsbetrag: 952 EUR) die laufenden Telefonkosten in den betrieblichen und den privaten Anteil aufzuteilen, also folgendermaßen zu buchen:

BS.:	Kosten der Telekommunikation	720,00 EUR	
	Vorsteuer	136,80 EUR	
	Privatentnahmen	95,20 EUR	
	an Bank		952 EUR.

(2) Einlagen

Definition:

> ***Einlagen*** sind alle Wirtschaftsgüter (Bareinzahlungen und sonstige Wirtschaftsgüter), die der Steuerpflichtige dem Betrieb im Laufe des Wirtschaftsjahrs zugeführt hat (§ 4 Abs. 1 S. 7 EStG)

Einlagen sind also Wertabgaben des außerbetrieblichen Bereichs an den Betrieb.

---

[1] Vgl. ebenda.
[2] Vgl. BMF-Schreiben 27.8.2004, Tz. 2.1., BStBl. I S. 864.

Einlagearten	Beispiele
Geldeinlagen	Begleichung betrieblicher Verbindlichkeiten durch Überweisung vom privaten Bankkonto oder Bargeldeinlage aus der privaten Geldbörse in die Kasse des Betriebs
Sacheinlagen	Entnahme von Waren und Erzeugnissen für den Haushalt des Kaufmanns Nutzungsänderung: Ein bisher nur privat genutzter PKW wird ab einem bestimmten Zeitpunkt zu mehr als 50% betrieblich genutzt. Entscheidung für gewillkürtes Betriebsvermögen: Die Nutzung ist zu über 10% bis 50% betrieblich und der PKW soll ab jetzt als gewillkürtes Betriebsvermögen behandelt werden
Aufwandseinlage	Der private PKW wird teilweise (bis zu 50%) betrieblich genutzt; die anteiligen Kosten, die privat getragen wurden, können als Betriebsausgabe abgezogen werden (R 4.7 Abs. 1 S. 2 EStR)

Im Gegensatz zur Aufwandseinlage, bei der Wirtschaftsgüter des Privatvermögens betrieblich genutzt werden, sind Zuführungen bloßer Nutzungsvorteile (z. B. unentgeltliche Nutzung eines privaten Grundstücks; zinslose Nutzung eines Darlehens eines Gesellschafters) durch den Betriebsinhaber und Leistungen, z. B. die Arbeitsleistung des Betriebsinhabers, nicht einlagefähig. Der Betriebsausgabenabzug z. B. fiktiver Zinsen ist daher nicht möglich.

Privateinlagen erhöhen das Betriebsvermögen und sind daher beim Bestandsvergleich wieder abzuziehen, da sie anderenfalls den steuerpflichtigen Gewinn erhöhen, tatsächlich aber nicht betrieblich veranlasst sind. Die Buchung der Einlage berührt im Soll ein aktivisches Bestandskonto (z. B. Kasse, BGA, Fuhrpark) und im Haben das Privateinlagenkonto.

Beispiel:

Einzelunternehmer Störtebeker überführt einen bisher im Privatvermögen gehaltenen Personalcomputer im Werte von 800 EUR in das Betriebsvermögen.

Betriebsvermögen am Ende 01 (einschl. eingelegtem PC) – Betriebsvermögen am Ende des Wirtschaftsjahres 00	5.800 EUR – 4.000 EUR
= Unterschiedsbetrag	1.800 EUR
+ Entnahmen – Einlagen	------------ – 800 EUR
= Gewinn	1.000 EUR

Die Buchung der Einlagen lautet:

BS: Betriebs- und Geschäftsausstattung (BGA) 800 EUR
an Privateinlagen 800 EUR.

Bewertung der Einlagen:

- Einlagen sind mit dem ***Teilwert***[1] im Zeitpunkt der Zuführung zu bewerten (§ 6 Abs. 1 Nr. 5 EStG).
- Bareinlagen sind mit dem eingelegten Geldbetrag zu bewerten.
- Der Teilwert von Sacheinlagen entspricht im Regelfalle den fortgeführten Anschaffungs- oder Herstellungskosten, also den ursprünglichen Anschaffungs- oder Herstellungskosten abzüglich der auf den Zeitraum bis zur Einlage entfallenden linearen Abschreibungen (Absetzungen für Abnutzung) (H 6.6 „Teilwertvermutungen“ EStH). Der Teilwert kann aber auch höher oder niedriger liegen.

[1] Zum Begriff des Teilwerts vgl. Erster Teil Kapitel B.I.3.c).

- Sacheinlagen, die jedoch innerhalb der letzten drei Jahre vor dem Zeitpunkt der Zuführung angeschafft oder hergestellt worden sind, dürfen ***höchstens mit den fortgeführten Anschaffungs- oder Herstellungskosten*** bewertet werden, gleichgültig wie stark der Teilwert auch gestiegen sein mag. Dadurch sollen Missbräuche derart verhindert werden, dass Wertsteigerungen steuerfrei im privaten Bereich, Abschreibungen dagegen in der betrieblichen Sphäre mit Gewinn mindernder Wirkung berücksichtigt werden.
- Aus dem gleichen Grund dürfen früher entnommene Wirtschaftsgüter höchstens mit dem ***damaligen Entnahmewert*** bei der Wiedereinlage bewertet werden.
- Bei Nutzungseinlagen („Aufwandseinlagen") entspricht der Teilwert den anteiligen Kosten, die durch die betriebliche Nutzung entstanden sind.

Aufgaben 2–5: Entnahmen

Aufgabe 6: Einlagen

III Grundsätze ordnungsmäßiger Buchführung und Bilanzierung

Lernziele: *Der Leser soll*

- *Herkunft, Wesen und Bedeutung der Grundsätze ordnungsmäßiger Buchführung und Bilanzierung verstehen*
- *den Inhalt der einzelnen Grundsätze ordnungsmäßiger Buchführung und Bilanzierung und ihre Konsequenzen für die gesetzlichen Bilanzierungsvorschriften kennen lernen.*

1. Begriff und Quellen der Grundsätze ordnungsmäßiger Buchführung und Bilanzierung

Definition:

Unter ***Grundsätzen ordnungsmäßiger Buchführung und Bilanzierung (GoB***[1]*)* sind diejenigen Gepflogenheiten und Prinzipien zu verstehen, die die ordentlichen und ehrbaren Kaufleute bei der Buchführung und beim Jahresabschluss anwenden bzw. anwenden sollen.

Diese Übungen (Usancen) der ordentlichen und ehrenwerten Kaufleute haben sich in Jahrhunderten der Buchführungspraxis herausgebildet und sind zur Norm geworden, ohne dass sie kodifiziert, d. h. gesetzlich festgeschrieben, waren. Nur wenige Ausnahmen (z. B. Vollständigkeit, Richtigkeit, § 39 HGB a. F.) waren im Gesetz schriftlich niedergelegt. Gleichwohl waren und sind die GoB streng zu beachten. Die gesetzlichen Bilanzierungsvorschriften haben schon immer auf die Grundsätze ordnungsmäßiger Buchführung Bezug genommen (im geltenden Recht z. B. §§ 238 Abs. 1, 243 Abs. 1, 264 Abs. 2 HGB). Auch ist immer dann, wenn es keine spezielle Vorschrift für den Einzelfall gibt oder eine Gesetzesvorschrift der Auslegung bedarf, auf die GoB zurückzugreifen. Überdies sind alle kodifizierten Einzelvorschriften aus den GoB und den Zielen/Aufgaben des Jahresabschlusses abgeleitet.

---

[1] Üblicherweise (auch im HGB) wird nur von Grundsätzen ordnungsmäßiger Buchführung gesprochen. Dieser Oberbegriff umfasst inhaltlich auch die Grundsätze ordnungsmäßiger Bilanzierung und Inventur.

Die Nicht-Kodifizierung der GoB führt zwar einerseits zu Unklarheiten und eventuellen Meinungsverschiedenheiten im Detail, hat aber andererseits den Vorteil, dass eine leichtere Anpassungsfähigkeit an Änderungen der Umwelt (z. B. EDV-Buchführung auf losen Blättern) gegeben ist. Der Gesetzgeber hat den ersten Punkt für gewichtiger gehalten und im Interesse einer einheitlichen Formulierung im neuen HGB 1985/86 die wichtigsten Grundsätze schriftlich fixiert. Dies darf aber nicht dahingehend missverstanden werden, dass seitdem Grundsätze ordnungsmäßiger Buchführung nur Geltung haben, wenn sie im HGB erwähnt sind.

Die Feststellung, Auslegung und Erweiterung der GoB auf neue Fragestellungen erfolgt durch die Rechtsprechung sowie durch Bilanzierungsfachleute aus der Praxis der Unternehmen und der Wirtschaftsprüfung (z. B. Stellungnahmen des Instituts der Wirtschaftsprüfer[1]) und durch Publikationen von Wissenschaftlern. Einen anderen Weg der Feststellung hat der Bundesgerichtshof im Jahre 1961 beschritten. Durch eine Umfrage wollte er herausfinden, ob die ordentlichen Kaufleute entsprechend ihren Buchführungs- und Bilanzierungsgrundsätzen die Passivierung von Pensionsrückstellungen für eine Verpflichtung oder für ein Wahlrecht halten. Die Mehrheit sprach sich für das Wahlrecht aus, sicherlich auch mit dem Ziel, sich möglichst viele Ermessensspielräume für die Bilanzierung offen zu halten. Die BGH-Entscheidung für das Wahlrecht hielt sich trotz der Einwendungen der Wirtschaftsprüfer bis zum Jahre 1986, als endlich im Zuge der Bilanzreform die Passivierungspflicht festgeschrieben wurde. An diesem Fall wird deutlich, dass die Ermittlung der GoB nicht induktiv erfolgen darf, da es kaum möglich ist, empirisch a priori zwischen ordentlichen bzw. ehrenwerten und den übrigen Kaufleuten zu unterscheiden. Außerdem sind die Kaufleute nicht objektiv, sondern vertreten ihre eigenen Interessen.

Merke:

> Eine sinnvolle Feststellung und Auslegung von GoB muss ***deduktiv*** erfolgen, d. h. es müssen aus den Aufgaben bzw. Oberzielen der Buchführung und Bilanzierung konkretere GoB abgeleitet werden. Die richtige Fragestellung dabei ist: Wie würde (sollte) ein ordentlicher Kaufmann in diesem Falle bilanzieren, wenn er die Aufgaben von Buchführung und Jahresabschluss berücksichtigt?

Die deduktive Ableitung der GoB wird in folgender Übersicht schematisch dargestellt. Auf diesem Wege gelangt man bei obiger Fragestellung zwingend zu einer Passivierungspflicht der Pensionsrückstellungen.

Aufgaben/Ziele der Buchführung und des Jahresabschlusses

↓

↓

daraus abgeleitete
Obere Grundsätze ordnungsmäßiger Buchführung und Bilanzierung

↓

↓

daraus abgeleitete
Untere Grundsätze ordnungsmäßiger Buchführung und Bilanzierung

↓

↙ ↓ ↘

Buchführung	Inventur	Bilanzierung (Jahresabschluss)

[1] Das Institut der Wirtschaftsprüfer Deutschlands (IDW) wird in diesem Sinne offiziell „Standardsetzer“ genannt in Anlehnung an die internationale Bezeichnung „standard setter“.

Die speziellen Grundsätze ordnungsmäßiger Buchführung (von Leffson[1] Dokumentationsgrundsätze genannt) sollen hier nur aufgezählt, nicht aber erläutert werden, da sie sich allein auf die Buchführung beziehen, die in diesem Lehrbuch nicht behandelt wird. Sie lauten:

1) Systematischer Aufbau der Buchführung
2) Vollständigkeit und Richtigkeit
3) Belegprinzip
4) Chronologische und zeitnahe Buchung
5) Klarheit und Nachprüfbarkeit
6) Einhaltung der Aufbewahrungsfristen
7) Sicherung der Zuverlässigkeit und Ordnungsmäßigkeit der Buchführung durch ein internes Kontrollsystem

2. Grundsätze ordnungsmäßiger Bilanzierung (Rechenschaftsgrundsätze)

Die im Folgenden zu behandelnden oberen Grundsätze gehen in Systematik und Auslegung überwiegend auf Leffson zurück, der den unbestimmten Rechtsbegriff „Grundsätze ordnungsmäßiger Buchführung" betriebswirtschaftlich sachgerecht zu klären versuchte. Inhaltlich ist zudem der Stand der Rechtsprechung berücksichtigt, die Systematik ist zwecks Anpassung an die Kodifizierung im HGB etwas verändert. Die Rahmengrundsätze enthalten Bedingungen jeder Vermittlung nützlicher Informationen. Bei den Abgrenzungsgrundsätzen geht es um die Kriterien, nach denen Vorgänge und Geschäftsvorfälle einander und/oder einer bestimmten Periode zuzuordnen sind.

Rahmengrundsätze:	1) Richtigkeit und Willkürfreiheit	-----
	2) Bilanzklarheit	§ 243 Abs. 2 HGB
	3) Vollständigkeit	§ 246 Abs. 1 HGB
	4) Bilanzidentität	§ 252 Abs. 1 Nr.1 HGB
	5) Wirtschaftlichkeit bzw. Wesentlichkeit	-----
Abgrenzungsgrundsätze:	1) Stichtagsprinzip	§ 252 Abs. 1 Nr. 3 HGB
	2) Abgrenzung der Sache und der Zeit nach	§ 252 Abs. 1 Nr. 5 HGB
	3) Vorsichtsprinzip	§ 252 Abs. 1 Nr 4 HGB
	4) Realisationsprinzip	§ 252 Abs. 1 Nr. 4 HGB
	5) Imparitätsprinzip	§ 252 Abs. 1 Nr. 4 HGB
Ergänzende Grundsätze:	1) Going-concern-Prinzip	§ 252 Abs. 1 Nr. 2 HGB
	2) Einzelbewertung	§ 252 Abs. 1 Nr. 3 HGB
	3) Formale Bilanzkontinuität	§ 265 Abs. 1 HGB
	4) Stetigkeit	§ 246 Abs. 3 HGB; § 252 Abs. 1 Nr. 6 HGB

a) Rahmengrundsätze

(1) Richtigkeit und Willkürfreiheit

Diese beiden Grundsätze werden oft zusammen als Bilanzwahrheit bezeichnet. Da aber die absolute Wahrheit sowie die zukünftigen Werte für den Menschen nicht erkennbar sind, sollten besser relativierende Begriffe verwendet werden, die deutlich machen, dass es nur um „wahre" Werte im Hinblick auf die Jahresabschlussvorschriften geht. Unter ***Richtigkeit***

[1] Vgl. Leffson, Ulrich: Die Grundsätze ordnungsmäßiger Buchführung, 7. Aufl., Düsseldorf 1987.

wird die sachbezogene Wahrheit verstanden, nämlich die objektive (intersubjektiv nachprüfbare) Übereinstimmung zwischen den Aussagen von Buchführung sowie Jahresabschluss und den zugrunde liegenden Sachverhalten. Ein Dritter muss also bei der Abbildung der tatsächlichen Gegebenheiten zu demselben Ergebnis kommen. Der Grundsatz der Richtigkeit umfasst einmal die formale und zum anderen die materiell-inhaltliche Seite des Jahresabschlusses. *Inhaltlich* richtig müssen die im Jahresabschluss angegebenen Werte sein, d. h. diese müssen sowohl auf richtigen Berechnungen basieren als auch den übrigen GoB entsprechend ermittelt worden sein. *Formal* geht es darum, die Jahresabschlussposten ihrem Inhalt und den gesetzlichen Vorschriften entsprechend zu bezeichnen.

Beispiel:

Gebäude dürfen nicht als maschinelle Anlagen bezeichnet werden, Rückstellungen nicht als Verbindlichkeiten.

Der Grundsatz der Richtigkeit muss bei Schätzungen[1] und Ermessensentscheidungen durch den Grundsatz der ***Willkürfreiheit***, die die personenbezogene Wahrheit bezeichnet, ergänzt werden. Ein Wertansatz im Jahresabschluss darf demnach nicht willkürlich sein, er muss auf reiflichen Überlegungen beruhen. Der Bilanzierende muss subjektiv von der Richtigkeit der Schätzung bzw. der zugrunde liegenden Annahmen überzeugt sein und darf nicht bewusst von seiner Überzeugung abweichen, um bilanzpolitische oder steuerliche Ziele zu erreichen.

Beispiel:

Die Schätzung der Höhe einer Rückstellung für die öffentlich-rechtliche Verpflichtung zur Beseitigung von Altlasten (Dekontaminierungskosten) darf nicht von der Höhe des vorläufigen Jahresüberschusses abhängen, sondern muss zu dem Wert führen, von dessen Richtigkeit der Bilanzierende bei Berücksichtigung der anderen GoB, vor allem des Vorsichtsprinzips, überzeugt ist. Beträgt dieser Wert z. B. 100.000,- EUR und wird dennoch bewusst eine Rückstellung in Höhe von 150.000,- EUR gebildet, so werden durch die Überbewertung der Rückstellungen unzulässige sog. Willkürreserven in Höhe von 50.000,- gebildet.[2]

Es ist offensichtlich, dass der Grundsatz der Willkürfreiheit, der die falsche Bewertung von Vermögensgegenständen und von Schulden sowie Rückstellungen verhindern soll, ein sehr stumpfes Schwert ist. Da den Menschen die Introspektion nicht möglich ist, kann jeder Bilanzaufsteller behaupten und dem Wirtschaftsprüfer gegenüber meist auch plausibel begründen, dass der angesetzte Wert der seiner Überzeugung nach richtige ist, auch wenn es tatsächlich ein manipulierter Wert ist.

(2) Bilanzklarheit

Dieser formale Grundsatz ist zusammen mit dem aussagekräftigeren Begriff der Übersichtlichkeit in § 243 Abs. 2 HGB kodifiziert. Sowohl die Gliederung als auch die Postenbezeichnung im Jahresabschluss soll unter Beachtung der gesetzlichen Vorschriften so gestaltet sein, dass der Bilanzleser ein übersichtliches Zahlenwerk vorfindet. Bezüglich der Bilanzgliederung gibt es z. B. für Kapitalgesellschaften genaue Vorschriften im § 266 HGB, diese Mindestgliederung kann jedoch im Interesse der Bilanzklarheit noch ergänzt werden (vgl. auch § 265 HGB). Im Einzelnen umfasst das Prinzip der Klarheit drei Teilaspekte:

---

[1] Schätzungen sind nötig etwa hinsichtlich der Nutzungsdauer, der Höhe von Wertberichtigungen zu Forderungen, der Höhe von Rückstellungen.

[2] Willkürreserven sind eine bestimmte Art von so gen. stillen Reserven, vgl. dazu Kapitel B.II.2.

- *Angemessene Gliederungstiefe* von Bilanz und Gewinn- und Verlustrechnung. Eine zu tiefe Untergliederung der Posten kann allerdings wiederum zu Unübersichtlichkeit führen.
- *Eindeutige Postenbezeichnung* in Bilanz und Gewinn- und Verlustrechnung. Dem Jahresabschluss-Leser müssen die inhaltlichen Unterschiede der einzelnen Posten deutlich werden. Beispielsweise sind Beteiligungen (Eigentümerrechte) und Ausleihungen (Gläubigerrechte) in der Bezeichnung deutlich zu trennen.
- *Verrechnungsverbot.* § 246 Abs. 2 HGB verbietet die Verrechnung von Aktiva und Passiva, von Aufwendungen und Erträgen sowie von Grundstücksrechten und Grundstückslasten miteinander. Dieses Verrechnungsverbot (Saldierungsverbot, Bruttoprinzip) soll einen möglichst hohen Informationsgehalt des Jahresabschlusses im Interesse des Lesers garantieren. In § 5 Abs. 1a EStG wird das Verrechnungsverbot zwischen Aktiva und Passiva bekräftigt, bevor auf die Ausnahme bei der Absicherung finanzwirtschaftlicher Risiken Bezug genommen wird. Als weitere Ausnahme wird in § 246 Abs. 2 HGB die Saldierung von Aktiva und Passiva sowie von Aufwendungen und Erträgen im Falle von Altersversorgungs- und ähnlichen Verpflichtungen ausdrücklich zugelassen.

Beispiel:

Der saldierte Ausweis des Netto-Geldvermögens (=Kasse + Bankguthaben + kurzfristige Forderungen – kurzfristige Verbindlichkeiten) ist nicht zulässig. Ebenso wäre die Aufgabe der Gewinn- und Verlustrechnung, die Ursachen des Jahresergebnisses zu zeigen, nicht erfüllt, wenn dort nur die Salden „Ergebnis der gewöhnlichen Geschäftstätigkeit", „Finanzergebnis" und „außerordentliches Ergebnis" sowie die Steuern auftauchen würden.

Das Verrechnungsverbot dient also auch den allgemeinen Jahresabschlusszielen. Dokumentation und Rechenschaftslegung sind nicht erfüllt, wenn Bilanz sowie Gewinn- und Verlustrechnung nur aus wenigen saldierten Posten bestehen. Das Bruttoprinzip sollte nach herrschender Meinung generell auch in der Buchführung Beachtung finden, für Kapitalgesellschaften lässt sich diese Forderung auch aus der Generalnorm (§ 264 Abs. 2 HGB) ableiten.

(3) Vollständigkeit

Dieser Grundsatz ist recht ausführlich im § 246 Abs. 1 HGB niedergelegt. Danach hat der Jahresabschluss sämtliche Vermögensgegenstände, Schulden, Rechnungsabgrenzungsposten, latente Steuern, Aufwendungen und Erträge zu enthalten, sofern kein konkretes Bilanzierungsverbot besteht. Ohne Beachtung dieses Grundsatzes ist weder eine Dokumentation noch eine Rechenschaftslegung sinnvoll durchführbar. Es darf nicht dem Bilanzierenden überlassen sein, welche Dinge er in den Jahresabschluss aufnimmt und welche nicht. Aus dem Grundsatz der Vollständigkeit folgt auch die Verpflichtung, eine Inventur durchzuführen.

Allein das ***wirtschaftliche Eigentum*** ist entscheidend, wenn es um die Frage geht, wer einen Gegenstand zu bilanzieren hat (§ 246 Abs. 1 Satz 2 HGB). Dieser Grundsatz gilt auch steuerrechtlich (§ 39 Abs. 2 Nr. 1 AO).[1]

§ 240 Abs. 1 HGB enthält die Verpflichtung des Kaufmanns, seine Vermögensgegenstände und seine Schulden in das Inventar aufzunehmen. Daraus könnte man schließen, dass das

[1] Vgl. Erster Teil Kapitel A.II.2.

Vollständigkeitsgebot das Gesamtvermögen einschließlich des Privatvermögens umfasst. Dass diese Meinung *handelsrechtlich* für Einzelunternehmen und Personenhandelsgesellschaften[1] für vertretbar gehalten wird, geht aus § 5 Abs. 4 PublG hervor, der die Bilanzierung von Privatvermögen nur für Unternehmen, die unter das Publizitätsgesetz fallen, verbietet. Nach herrschender Meinung darf in den handelsrechtlichen Jahresabschluss jedoch nur das ***Betriebsvermögen*** aufgenommen werden, da nur dieses zur Erwirtschaftung des betrieblichen Jahresergebnisses beigetragen hat. *Steuerrechtlich* darf ebenfalls Privatvermögen nicht in die Bilanz aufgenommen werden. Weiterhin wird zwischen notwendigem und gewillkürten Betriebsvermögen unterschieden (R 4.2 Abs. 1 EStR).[2]

(4) Bilanzidentität

Der Grundsatz der Bilanzidentität folgt aus dem Vollständigkeitsprinzip und besagt, dass die Eröffnungsbilanz eines Jahres mit der Schlussbilanz des Vorjahres übereinstimmt. Zwischen beiden Bilanzen – meist per 31.12. und den folgenden 1.1. aufgestellt – dürfen keine Geschäftsvorfälle liegen und auch keine sonstigen Buchungen (z. B. Abschreibungen) durchgeführt werden.

Eröffnungsbilanz am 1.1.02 = Schlussbilanz am 31.12.01

Die Folge der Bilanzidentität ist die so genannte Zweischneidigkeit der Bilanz.

Definition:

Zweischneidigkeit der Bilanz: Die aus der Bilanzidentität folgende Tatsache, dass alle bilanzbezogenen Buchungen, insbesondere bilanzpolitische Maßnahmen und Änderungen von Bilanzposten, gegenläufige Auswirkungen auf die Bilanz und den Gewinn des folgenden Jahres (oder auch mehrerer folgender Jahre) hat.

Das Prinzip der Bilanzidentität stellt somit auch einen Schutz gegen Bilanzmanipulationen dar, da diese, auch wenn sie nicht entdeckt werden, im Folgejahr in die gegenteilige Gewinnbeeinflussung umschlagen. Daher darf die Bilanzidentität nur in seltenen Ausnahmefällen durchbrochen werden.[3]

Beispiel:

Wird der Warenendbestand am 31.12.01 bewusst zu niedrig angesetzt, um den Gewinn im Jahre 01 zu senken, so ist der Ausgangswert der Warenvorräte in der Anfangsbilanz per 1.1.02 entsprechend zu niedrig und (bei unverändertem, richtigem Endbestand per 31.12.02) der Gewinn in 02 entsprechend zu hoch.

Beispiel:

Eine Gewinn mindernde Sonderabschreibung im Jahre 01 in Höhe von 2.000 EUR auf eine Maschine (Anschaffungskosten: 5.000 EUR; betriebsgewöhnliche Nutzungsdauer: 5 Jahre; lineare AfA) im Jahre 01 führt dazu, dass der Anfangswert in 02 entsprechend niedriger, die Abschreibungsbasis der Folgejahre mithin entsprechend niedriger und der Gewinn entsprechend höher ist. Sonderabschreibungen haben wirtschaftspolitische Zielsetzungen (z. B. Förderung des Mittelstandes) und können bei bestimmten Investitionen zusätzlich zur Absetzung für Abnutzung (AfA) in Anspruch genommen werden. Im folgenden Beispiel soll der Gewinn vor Absetzungen

---

[1] Kapitalgesellschaften haben im Sinne des Handelsrechts kein Privatvermögen.
[2] Vgl. Erster Teil Kapitel A.II.3.
[3] Solche Ausnahmefälle waren die Währungsumstellung am 26.6.1948 und kommen ausnahmsweise bei Bilanzänderungen im Rahmen von steuerlichen Außenprüfungen vor.

für Abnutzung und vor Sonderabschreibung in jedem Jahr jeweils 10.000 EUR betragen. Alle Werte in den beiden folgenden Tabellen sind in EUR.

Ohne Sonder-abschreibungen	Jahr 01	Jahr 02	Jahr 03	Jahr 04	Jahr 05
Restliche Abschreibungs-masse am 1.1.02		4.000			
AfA	1.000	1.000	1.000	1.000	1.000
Gewinn vor Er-tragsteuern	9.000	9.000	9.000	9.000	9.000
ErtragSt-Schuld (50%)	4.500	4.500	4.500	4.500	4.500
Stille Reserven	0	0	0	0	0

Die Zweischneidigkeit der Bilanz zeigt sich darin, dass die sofortige Folgewirkung einer zusätzlichen Sonderabschreibung am 31.12.01 die entsprechende Verringerung des Anfangsbestands am 1.1.02 und damit des über die gesamte Restnutzungsdauer noch abschreibbaren Betrags ist.

Mit Sonder-abschreibungen	Jahr 01	Jahr 02	Jahr 03	Jahr 04	Jahr 05
Restliche Abschreibungs-masse am 1.1.02		2.000			
Sonder-abschreibung	2.000				
AfA	1.000	500	500	500	500
Gewinn vor Er-tragsteuern	7.000	9.500	9.500	9.500	9.500
ErtragSt-Schuld (50%)	3.500	4.750	4.750	4.750	4.750
Stille Reserven	2.000	1.500	1.000	500	0

Merke:

Bei konstanten Steuersätzen führt die Nutzung einer Sonderabschreibung nicht zu einer Steuerersparnis, sondern nur zu einer Gewinn- und Steuerverschiebung in die Zukunft. Dadurch ergibt sich ein bleibender Zinsgewinn!

Stille Reserven sind Unterbewertungen von Wirtschaftsgütern, die z. B. durch Sonderabschreibungen entstehen können. Bei abnutzbaren Wirtschaftsgütern lösen sie sich aufgrund geringerer AfA in den Folgejahren automatisch wieder auf.

(5) Wirtschaftlichkeit und Wesentlichkeit (Materiality)

Sowohl bei der Buchführung als auch bei der Aufstellung des Jahresabschlusses ist das Wirtschaftlichkeitsprinzip zu beachten. Bei jeder einzelnen Maßnahme in diesen Bereichen muss die Verhältnismäßigkeit der Mittel gewährleistet sein. Auf eine geringfügige Verbesserung der Genauigkeit und damit des Informationsgehalts für die Adressaten darf verzichtet werden, wenn der Aufwand dazu unverhältnismäßig hoch ist. Es wäre z. B. ökonomisch nicht vertretbar, in einem Baumarkt jede einzelne Schraube oder im Kaufhaus jedes Paar

Socken einzeln zu bewerten. Das Wirtschaftlichkeitsprinzip stellt daher die Rechtfertigung aller gängigen Bewertungsvereinfachungsverfahren dar.

Auch bei der Beurteilung, ob die Buchführung ordnungsmäßig ist, spielt es eine Rolle, ob die Mängel im Hinblick auf die Generalnorm wesentlich sind oder nicht. Die Abgrenzung zwischen wesentlichen und unwesentlichen Einflüssen, Informationen oder Beeinträchtigungen kann nicht gesetzlich festgelegt werden, sondern bleibt der Beurteilung des Bilanzierenden und ggf. des Abschlussprüfers überlassen.

Ein weiteres Anwendungsbeispiel des Grundsatzes der Wirtschaftlichkeit, sind die sog. ***Geringwertigen Wirtschaftsgüter***. Dabei handelt es sich *handelsrechtlich* gesehen um Vermögensgegenstände, die selbständig nutzbar sind und nur relativ geringe Anschaffungskosten verursacht haben, etwa in der Größenordnung bis zu 900,- oder auch noch etwas höher. Die buchmäßige Erfassung des Gegenstandes und der Abschreibungen während der gesamten Nutzungsdauer sowie die Meldung des Ausscheidens des Gegenstands aus dem Betrieb und dessen Ausbuchung kann dem Grundsatz der Wirtschaftlichkeit („materiality“) widersprechen. Deswegen hat sich die handelsrechtliche Gepflogenheit der ehrbaren und ordentlichen Kaufleute herausgebildet, solche geringwertigen Gegenstände sofort voll abzuschreiben. *Steuerrechtlich* muss es wegen des Grundsatzes der Gleichmäßigkeit der Besteuerung genau spezifizierte Regelungen geben. Danach liegen sofort abschreibbare ***Geringwertige Wirtschaftsgüter (GWG)*** vor, wenn es sich um abnutzbare bewegliche Gegenstände handelt, diese selbständig nutzbar sind und die Anschaffungskostengrenze von 150 EUR bzw. 1.000 EUR (ohne die Umsatzsteuer) nicht überschritten wird (§ 6 Abs. 2 u. 2a EStG und R 6.13 EStR).[1] Es ist zu erwarten, dass die steuerrechtliche Regelung sich zu handelsrechtlichen Grundsätzen entwickeln wird.

b) Abgrenzungsgrundsätze

(1) Stichtagsprinzip

Die Bilanz ist als Zeitpunktrechnung stichtagsbezogen, meist auf den 31.12. eines jeden Jahres, aber es gibt auch vom Kalenderjahr abweichende Geschäftsjahre mit anderen Bilanzstichtagen (z. B. 30.9., 30.6.). Das Vermögen und auch die Finanzlage sind auf diesen Stichtag bezogen darzustellen (vgl. § 252 Abs. 1 Nr. 3 HGB). Die Ertragslage wird in der Gewinn- und Verlustrechnung dagegen zeitraumbezogen dargestellt, der Bilanzstichtag stellt das Ende dieses Zeitraums dar. Das Stichtagsprinzip hat einen mengenmäßigen und einen wertmäßigen Aspekt. In der Bilanz dürfen nur und müssen alle am Stichtag vorhandenen Vermögensgegenstände und Schulden berücksichtigt werden, und sie sind mit den Werten anzusetzen, die ihnen zum Bilanzstichtag zukommen. Alle Erfolgswirkungen, die bis zum Stichtag verursacht worden sind, müssen berücksichtigt werden und alle später eintretenden Ereignisse dürfen nicht mehr berücksichtigt werden.

Konsequenterweise müssen auch alle Informationen über die Verhältnisse am Bilanzstichtag, die erst nach dem Bilanzstichtag den Bilanzierenden erreichen, noch berücksichtigt werden, solange die Bilanz noch nicht fertig aufgestellt ist.[2] Diese nennt man ***wertaufhellende Informationen bzw. Tatsachen***. Dagegen dürfen die sog. ***wertbeeinflussenden Tat-***

---

[1] Einzelheiten zur steuerrechtlichen Regelung siehe Erster Teil Kapitel B.III.2.b).

[2] Die Aufstellungsfristen nach HGB hängen von der Rechtform und der Größe des Unternehmens ab und betragen 3 Monate (große Kapitalgesellschaften) bis etwa 9 Monate (Nicht-Kapitalgesellschaften).

sachen, die erst nach dem Bilanzstichtag eingetreten sind, wegen des Stichtagsprinzips nicht in den Jahresabschluss einbezogen werden (vgl. auch Abschnitt (5) dieses Kapitels).

(2) Abgrenzung der Zeit und der Sache nach

- ***Abgrenzung der Zeit nach (§ 252 Abs.1 Nr. 5 HGB):***

Um einen aussagefähigen Periodengewinn zu erhalten, ist es erforderlich, zeitraumbezogene Ausgaben und Einnahmen der Periode zuzuordnen, zu der sie wirtschaftlich gehören, und sie gegebenenfalls „abzugrenzen", wenn die Zahlungsperiode eine andere ist. Im Ergebnis werden dadurch Ausgaben zu Aufwendungen und Einnahmen zu Erträgen transformiert.

<u>Beispiele:</u>

Mietausgaben in Höhe von 6.000,- EUR am 1.8.01 im Voraus für die Raumnutzung bis zum 31.1.02	• Mietaufwand in 01: 5.000,- EUR und Bildung eines (transitorischen) aktiven Rechnungsabgrenzungspostens (ARAP) in 01 in Höhe von 1.000,-EUR • Mietaufwand in 02 in Höhe von 1.000,- EUR und Auflösung des ARAP	mittels ***transitorischer Rechnungsabgrenzungsposten*** (ARAP und ***PRAP)*** werden die Gewinnauswirkungen in spätere Perioden übertragen
Mieteinnahmen in Höhe von 6.000,- EUR am 1.8.01 im Voraus für die Raumüberlassung bis zum 31.1.02	• Mieterträge in 01: 5.000,- EUR und Bildung eines (transitorischen) passiven Rechnungsabgrenzungspostens (PRAP) in 01 in Höhe von 1.000,-EUR • Mietertrag in 02 in Höhe von 1.000,- EUR und Auflösung des PRAP	
Mietausgaben in Höhe von 6.000,- EUR am 1.2.02 im Nachhinein für die Raumnutzung seit dem 1.9.01	• Mietaufwand in 01: 4.000,- EUR und Bildung einer Sonstigen Verbindlichkeit in Höhe von 4.000,- EUR • Mietaufwand in 02 in Höhe von 2.000,- EUR und Ausbuchung der Sonstigen Verbindlichkeit im Zahlungszeitpunkt	mittels ***antizipativer Posten*** („Sonstige Verbindlichkeit" und „Sonstige ***Forderung")*** werden die Gewinnauswirkungen im Vergleich zur Zahlungsperiode vorweggenommen
Mieteinnahmen in Höhe von 6.000,- EUR am 1.2.02 im Nachhinein für die Raumüberlassung seit dem 1.9.01	• Mieterträge in 01: 4.000,- EUR und Einbuchung einer Sonstigen Forderung in Höhe von 4.000,- EUR • Mietertrag in 02 in Höhe von 2.000,- EUR und Ausbuchung der Sonstigen Forderung bei Zahlungseingang	
Steuernachzahlung in 01 für vergangene Perioden	• (periodenfremder) Steueraufwand in 01, obwohl die Zahlung wirtschaftlich den vergangenen Perioden zuzuordnen ist; der Ausweis in der zugehörigen Periode ist nicht mehr möglich	***<u>Ausnahme:</u>*** eine richtige Periodenzuordnung ist nicht mehr möglich
Steuererstattung in 01 für vergangene Perioden	• (periodenfremder) Ertrag in 01, obwohl die Zahlung wirtschaftlich den vergangenen Perioden zuzuordnen ist; der Ausweis in der zugehörigen Periode ist nicht mehr möglich	

- ***Abgrenzung der Sache nach***

Die Ausgaben werden in der Periode zu Aufwand, in der die sachlich dazugehörigen Erträge realisiert werden. Letzteres richtet sich nach dem sog. Realisationsprinzip (vgl. Kapitel A.IV.2.b). Insbesondere die Buchung von Abschreibungen (z. B. Leistungsabschreibung) beruht auf diesem Grundsatz, wenngleich eine lineare Abschreibung auch durch den Grundsatz „Abgrenzung der Zeit nach“ erklärt werden kann.

Beispiel:

Die Firma LowTech GmbH produziert im Jahr 01 Stühle, die unter anderem an einer Drehmaschine bearbeitet werden. Aufgrund eines Konjunktureinbruchs können die Stühle erst im Jahr 03 veräußert werden. Bis zum Anfallen der Erträge in 03 dürfen keine Ausgaben, die diesen Stühlen zuzurechnen sind (Abschreibungen, Material, Löhne etc.), aufwandswirksam werden. Erst im Jahr 03 werden die wirtschaftlich zusammengehörigen Erträge und Aufwendungen einander gegenübergestellt und ergeben einen sinnvollen Jahreserfolg. Das Problem liegt in diesem Falle in der Festlegung des Umfanges der den Erzeugnissen zurechenbaren Ausgaben.[1]

(3) Vorsichtsprinzip

Das Prinzip der vorsichtigen Bewertung (§ 252 Abs. 1 Nr. 4 HGB) resultiert aus der traditionellen Auffassung, dass sich ein Kaufmann möglichst arm bzw. „nicht reicher als er ist“ darstellen soll.

Dies darf aber nicht so ausgelegt werden, dass z. B. die Maschinen unabhängig von der tatsächlichen Wertminderung durch Anwendung der höchstmöglichen planmäßigen und außerplanmäßigen Abschreibungen möglichst niedrig (nahe dem Erinnerungswert) angesetzt oder auch ungerechtfertigt hohe Rückstellungen gebildet werden mit der Folge, dass z. B. bei Aktiengesellschaften aufgrund des entsprechend niedrigen Gewinnes nur geringe Dividenden an die Aktionäre gezahlt werden. Eine solche Interpretation des Vorsichtsprinzips würde eindeutig gegen den Grundsatz der Richtigkeit und Willkürfreiheit verstoßen und einseitig die (Klein-)Aktionäre benachteiligen.

Die Jahresabschlusszwecke Dokumentation und Rechenschaftslegung können auf diese Weise nicht erfüllt werden, ebenso wenig wie die Generalnorm für Kapitalgesellschaften als eine etwas konkretere Formulierung dieser Zwecke. Ein den tatsächlichen Verhältnissen entsprechendes Bild der Vermögens-, Finanz- und Ertragslage lässt sich nur zeichnen, wenn der Jahresabschluss (annähernd) realistische Werte enthält. Auf diese Weise wird auch der Gläubigerschutz am besten gewährleistet, da sich die Gläubiger auf die Zahlen des Jahresabschlusses verlassen können. Hohe stille Reserven[2] durch massive Unterbewertung mögen zwar auch tendenziell die Gläubiger dadurch schützen, dass die spätere Auflösung der stillen Reserven Verluste abdeckt, doch kann deren Auflösung auch unbemerkt und von den Gläubigern unkontrollierbar erfolgen.

Allerdings muss eine Reihe von Werten, wie z. B. die Nutzungsdauer von Maschinen und deren Entwertungsverlauf oder bereits bestehende, aber in ihrer Höhe unbekannte Schulden vom Bilanzierenden geschätzt werden. Die mit einer solchen Schätzung verbundene Unsicherheit macht es notwendig, dass der zur Rechenschaft Verpflichtete vorsichtigen Wertansätzen den Vorzug vor optimistischen gibt. Die Gefahr, den betrieblichen Erfolg zu hoch auszuweisen und somit der Unternehmung finanzielle Mittel durch überhöhte Entnahmen bzw. Ausschüttungen und durch Besteuerung zu entziehen, wird durch Ansatz der

---

[1] Auf die Buchungstechnik und die Zurechnungsproblematik wird in Kapitel B.I.3.b)(3) noch ausführlich eingegangen.

[2] Vgl. Erster Teil Kapitel B.II.2.

wahrscheinlichsten Werte (Erwartungswert; statistischer Durchschnitt) oder gar pessimistischer Werte vermieden, also durch Korrektur des wahrscheinlichsten Wertes im Bereich der Vermögensposten tendenziell nach unten und im Bereich der Schuldposten tendenziell nach oben.

Allein in diesem Sinne interpretiert ist das Vorsichtsprinzip nach Leffson ein peripherer ergänzender Grundsatz und nur bei Schätzungen zukünftiger Größen, also im Falle der Unsicherheit der zu bewertenden Größen, anzuwenden. Die Leffsonsche Systematik wurde im neuen HGB von 1985/86 nicht berücksichtigt. Das Vorsichtsprinzip ist als Oberbegriff für das Realisations- und das Imparitätsprinzip in § 252 Abs. 1 Nr. 4 HGB als zentraler Grundsatz verankert. Die Erkenntnisse Leffsons sollten dennoch nicht über Bord geworfen werden, die HGB-Regelung daher nur als rein terminologische Änderung ohne inhaltliche Folgen interpretiert werden.

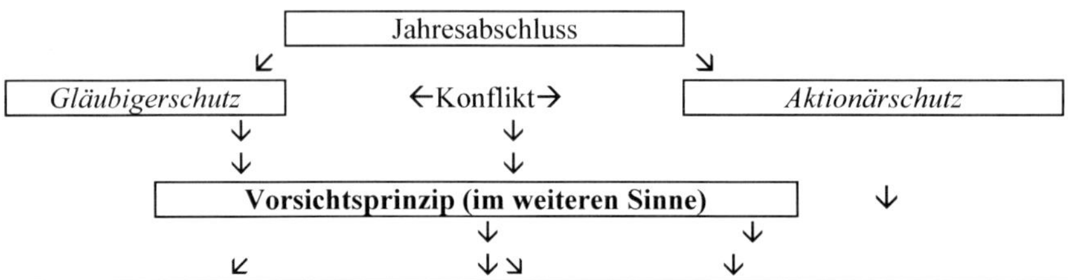

Vorsichtsprinzip (im engeren Sinne)	*Imparitätsprinzip*	*Realisationsprinzip*
Konservative Bestimmung unsicherer Werte (Leffson)	Antizipation noch nicht eingetretener Verluste	Nichtberücksichtigung noch nicht eingetretener Gewinne
konkrete Anhaltspunkte für den vorsichtigen Wertansatz erforderlich *Beispiele:* Bemessung von Rückstellungen; Wertberichtigungen zu Forderungen	*Beispiel:* Rückstellungen für drohende Verluste aus schwebenden Geschäften	Festlegung des Realisationszeitpunktes erforderlich *Beispiel:* wann darf der Gewinn aus der Herstellung und dem Absatz von Erzeugnissen und Dienstleistungen gebucht werden?

(4) Realisationsprinzip

Das Realisationsprinzip regelt die zeitliche Zuordnung von Einnahmen zu einer Periode, beantwortet also die Frage, in welchem Jahr die Erträge (= periodisierte Einnahmen) anfallen, denen dann die Ausgaben nach dem Prinzip der sachlichen Abgrenzung zugeordnet werden können („Aufwendungen" als periodisierte Ausgaben). Somit wird durch das Realisationsprinzip auch geregelt, in welchem Jahr der Gewinn aus einem Geschäft zu verbuchen ist.

Merke:

> Das ***Realisationsprinzip*** besagt, dass Gewinne erst dann ausgewiesen werden dürfen, wenn sie durch Umsätze verwirklicht worden sind (§ 252 Abs. 1 Nr. 4 HGB).

Daraus folgt im Umkehrschluss, dass Gewinne, die bis zum Abschlussstichtag noch nicht realisiert worden sind, im Jahresabschluss auch noch nicht ausgewiesen werden dürfen.[1] Grundsätzlich bieten sich mehrere Realisationszeitpunkte an, die mit unterschiedlichen Risiken hinsichtlich der tatsächlichen Gewinnvereinnahmung verbunden sind. Würde bereits bei der Bekundung eines Kaufinteresses durch den Kunden ein Umsatzerlös (Ertrag) und damit ein Gewinn in der Buchführung verbucht, so könnte die tatsächliche Gewinnverwirklichung aufgrund der folgenden potentiellen Ereignisse zunichte gemacht werden. Die Gewinnbuchung wäre zu stornieren.

Risiken hinsichtlich der Gewinnvereinnahmung:

1. Der Kunde schließt den angekündigten Kaufvertrag doch nicht.
2. Die Leistung kann nicht (rechtzeitig) erbracht werden (Zulieferer liefert nicht; Untergang des Gegenstands vor Gefahrenübergang).
3. Der Kunde bezahlt aufgrund schlechter Liquiditätslage den Rechnungsbetrag nicht oder nur zum Teil.
4. Der gelieferte Gegenstand ist mit Mängeln behaftet, der Kunde verlangt kostenlose Reparatur, Minderung oder Auflösung des Kaufvertrages.

Mögliche Realisationszeitpunkte					
Bekundung eines Kaufinteresses durch den Kunden	Abschluss des Kaufvertrages	Lieferung des Gegenstandes bzw. Erbringung der Dienstleistung	Rechnungserteilung	Geldeingang	Ablauf der Gewährleistungsfrist (gesetzlich: 2 Jahre)
Risiken: (1), (2), (3), (4)	Risiken: (2), (3), (4)	Risiken: (3), (4)	Risiken: (3), (4)	Risiken: (4)	Risiken: keine

Sollen jegliche Risiken ausgeschlossen werden, so müsste das Ende des Gewährleistungszeitraumes als Gewinnrealisierungszeitpunkt festgelegt werden. Die dann sehr langwierige Abwicklung von Geschäftsvorfällen spricht gegen diese Lösung. Dies gilt genauso für den Zeitpunkt des Geldeingangs. So sind im internationalen Anlagengeschäft Zahlungsziele von 18 Monaten durchaus üblich. Die h.M. sieht die Realisation des Gewinns bzw. das Entstehen der Forderung im Zeitpunkt der Lieferung oder Leistung, also im Zeitpunkt des Gefahrenübergangs, als gegeben an, der Zeitpunkt der Rechnungserteilung hat keine eigenständige Bedeutung. Im Zeitpunkt der Lieferung entsteht für das Unternehmen der Anspruch auf den Kaufpreis. Genauso ist es im Steuerrecht geregelt (H 4.2. Abs. 1 „Gewinrealisierung" EStH).

Die Gewährung des Zahlungsziels stellt ein selbständiges Finanzierungsgeschäft dar. Die in diesem Falle noch vorliegenden Risiken werden durch andere Bilanzierungsposten abgesichert, der Zahlungsausfall des Kunden durch Wertberichtigungen auf Forderungen und die Gewährleistungsansprüche der Kunden durch entsprechende Rückstellungen. Die früher liegenden Zeitpunkte kommen wegen der wesentlich größeren Unsicherheit nicht in Betracht.

Vor dem Realisationszeitpunkt dürfen alle Gegenstände, die von Dritten bezogen wurden, höchstens mit den Anschaffungskosten (gegebenenfalls minus Abschreibungen) und alle

---

[1] Zur Erweiterung des Realisationsprinzips auf ein grundlegendes Abgrenzungsprinzip, das auch die Realisierung und Periodisierung von Aufwendungen (und somit von Rückstellungen) regelt, siehe Erster Teil Kapitel B.VIII.1.b)(1)a).

Gegenstände oder Leistungen, die das Unternehmen erstellt und noch auf Lager hat, lediglich mit den Kosten der Herstellung bewertet werden, auch wenn sie bald mit Gewinn verkauft werden sollen. Erst mit der tatsächlichen Veräußerung (genauer: der Lieferung) der Erzeugnisse an einen Kunden oder der Veräußerung eines Gebäudes (genauer: Eintragung des neuen Eigentümers im Grundbuch) erfolgt der Wertsprung von den Anschaffungs-/ Herstellungskosten zum Umsatzerlös und darf der erzielte Veräußerungsgewinn gebucht werden. Dieses sog. ***Anschaffungskostenprinzip*** ist in § 253 Abs. 1 HGB sowie in § 6 Abs. 1 Nr. 1 und 2 EStG verankert und stellt eine wichtige Säule des Bilanzrechts dar. Mit dem Verkauf und der Auslieferung entsteht die Forderung aus Lieferungen und Leistungen in Höhe der Gegenleistung des Kunden.

Die strikte Beachtung des Realisationsprinzips führt bei ***langfristiger Fertigung*** zu Problemen. So erstreckt sich z. B. die Herstellung eines Kreuzfahrtschiffes über mehrere Jahre. Bis zur Auslieferung des Schiffes dürfen keinerlei Gewinne verbucht werden. In diesem Falle dürfte die Generalnorm § 264 Abs. 2 HGB verletzt sein, denn die Ertragslage der Werft wird völlig verzerrt und falsch dargestellt. In den Jahren der Produktion ergeben sich Verluste, im Jahr der Auslieferung jedoch ein großer Gewinn. Die Ertragslage wird demnach nie realistisch gezeigt. Nach h.M. kann (Wahlrecht) in diesem Falle ausnahmsweise bereits früher ein anteiliger Gewinn berücksichtigt werden, wenn für die einzelnen Bauabschnitte echte Teilabrechnungen erstellt werden oder aus dem Produktionsablauf einzelne abgrenzbare und einzeln vom Kunden abgenommene Bauabschnitte existieren.

(5) Imparitätsprinzip

Das Imparitätsprinzip ergänzt und modifiziert das Realisationsprinzip im Bereich der Bewertung von Vermögensgegenständen und Schulden sowie schwebenden Geschäften[1]. Vom lateinischen Wort „impar" (= ungleich) abgeleitet besagt es, dass unrealisierte Verluste anders zu behandeln sind als unrealisierte Gewinne:

Definition:

> ***Imparitätsprinzip***: Bis zum Abschlussstichtag verursachte drohende Verluste sind bereits vor ihrem tatsächlichen Eintreten zu berücksichtigen (§ 252 Abs. 1 Nr. 4 HGB).

Das Imparitätsprinzip wird im Rahmen der Bewertung von Vermögensgegenständen durch das sog. Niederstwertprinzip und hinsichtlich der Bewertung von Verbindlichkeiten durch das Höchstwertprinzip konkretisiert. Es findet insbesondere Anwendung bei den Rückstellungen für drohende Verluste aus schwebenden Geschäften. Beispiele zu diesen drei Ausprägungen des Imparitätsprinzips enthält die Übersicht auf der nächsten Seite.

Allen dort dargestellten Fällen ist gemeinsam, dass die Verluste noch nicht eingetreten sind, aber bereits am Bilanzstichtag absehbar bzw. verursacht sind. Das kann der Fall sein bei Geschäften, die durch den Kauf von Rohstoffen etc. oder den Abschluss von Verträgen eingeleitet, aber noch nicht abgewickelt sind. Das Imparitätsprinzip als zentraler Grundsatz einer vorsichtigen Bewertung gebietet eine Antizipation dieser erwarteten negativen Erfolgsbeiträge, d. h. dass die noch nicht realisierten Verluste bereits Gewinn mindernd berücksichtigt werden müssen. Beim späteren tatsächlichen Eintritt der Verluste spielt sich der Vorgang erfolgsneutral ab, sofern sich die Verhältnisse seit dem letzten Bilanzstichtag

[1] Schwebende Geschäfte sind abgeschlossene Verträge, bei denen bis zum Bilanzstichtag die Sach- oder Dienstleistungsverpflichtung noch nicht erfüllt ist; s. Erster Teil Kapitel B.VIII.1.c).

nicht mehr geändert haben bzw. die Schätzungen auch tatsächlich eintreffen. Durch diese Antizipation von Verlusten soll im Interesse der Unternehmenssicherung und des Gläubigerschutzes verhindert werden, dass zu hohe Gewinne ausgewiesen, besteuert und ausgeschüttet werden. Zur Ermittlung der Verluste darf bei absatzbestimmten Leistungen nur auf den Veräußerungswert am Absatzmarkt abgestellt werden (sog. verlustfreie Bewertung, vgl. Kapitel B.II.4.c).

Imparitätsprinzip		
Niederstwertprinzip	***Höchstwertprinzip***	***Rückstellungen für drohende Verluste aus schwebenden Geschäften***
§ 253 Abs. 2 und 3 HGB	Analogie zu § 253 HGB	§ 249 Abs. 1 Satz 1 HGB
Fall: ein Verlust droht bei der späteren Veräußerung des Vermögensgegenstandes	***Fall:*** ein Verlust (in EUR) droht bei der späteren Tilgung eines Fremdwährungsdarlehens wegen eines gesunkenen Euro-Wechselkurses	***Fall:*** ein Verlust droht bei der späteren Erfüllung eines abgeschlossenen Kaufvertrages, da sich Preise oder Kosten inzwischen ungünstig entwickelt haben bzw. entwickeln werden
Inhalt: Vermögensgegenstände müssen (dürfen) gewinnmindernd auf einen niedrigeren Wert abgeschrieben werden, der ihnen am Bilanzstichtag beizulegen ist	***Inhalt:*** Schulden in fremder Währung müssen gewinnmindernd auf den am Bilanzstichtag (in EUR ausgedrückt) höheren Wert aufgestockt werden	***Inhalt:*** Rückstellungen müssen in diesem Falle für absehbare Verluste aus noch nicht erfüllten, aber am Bilanzstichtag bereits rechtswirksam abgeschlossenen Verträgen (= schwebende Geschäfte) gewinnmindernd gebildet werden (nur in HB).
Beispiel: Eine Aktie (Umlaufvermögen) wurde bisher mit den Anschaffungskosten von 350,- EUR bewertet; eine Abwertung auf 250,- EUR ist zwingend, wenn dies der aktuelle Börsenkurs (plus Nebenkosten) am Bilanzstichtag ist	***Beispiel:*** Ein zum Kurs 1 EUR:1 SFR aufgenommener kurzfristiger Bankkredit in Höhe von 1 Mio Schweizer Franken ist mit 1,25 Mio EUR in der Bilanz anzusetzen, wenn am Bilanzstichtag der Wechselkurs 1 EUR : 0,8 SFR beträgt	***Beispiel:*** Ein Fernsehhändler hat einen Kaufvertrag mit dem japanischen Hersteller über 10 Fernsehgeräte zum Festpreis pro Stück von EUR 1.200,- EUR abgeschlossen. Weder Lieferung noch Bezahlung sind bisher erfolgt. Da der Verkaufspreis auf dem deutschen Markt bis zum Bilanzstichtag auf EUR 1.100,- abgerutscht ist, droht je Gerät ein Verlust von 100,- EUR, so dass eine Rückstellung von 1.000,- EUR zu bilden ist (nur in HB).
Näheres siehe Erster Teil Kapitel B.II.	Näheres siehe Erster Teil Kapitel B.VIII.2.	Näheres siehe Erster Teil Kapitel B:VIII.1.c).

Die Frage, ob aufgrund des Imparitätsprinzips auch Informationen und Ereignisse nach dem Bilanzstichtag zu berücksichtigen sind, wird im Gesetz bereits beantwortet. In § 252 Abs. 1 Nr. 4 HGB wird verlangt, dass auch Risiken und Verluste, die nach dem Bilanzstichtag bekanntgeworden sind, berücksichtigt werden müssen, sofern sie vor dem Abschlussstichtag wirtschaftlich verursacht wurden. Dies kann allerdings nur geschehen, solange die Bilanz noch nicht fertig aufgestellt ist.[1] Informationen über die Verhältnisse am Bilanzstichtag, die erst nach dem Bilanzstichtag den Bilanzierenden erreichen, nennt man ***Wert aufhellende Informationen bzw. Tatsachen***. Die sog. ***Wert beeinflussenden Tatsachen***, die erst nach dem Bilanzstichtag eingetreten sind, dürfen dagegen wegen des Stichtagsprinzips nicht in den Jahresabschluss einbezogen werden.

[1] Die Aufstellungsfristen nach HGB hängen von der Rechtform und der Größe des Unternehmens ab und betragen 3 Monate (große Kapitalgesellschaften) bis etwa 9 Monate (Nicht-Kapitalgesellschaften).

Beispiel:

Die LowTech GmbH hat eine größere ungesicherte Forderung gegenüber dem Kunden K. Am 28.12.01 erfährt die GmbH, dass dieser Kunde am 2.12.01 Insolvenz angemeldet hat und dass die Massegläubiger nichts zu erwarten haben.

Die Forderung ist zum Bilanzstichtag (31.12.01) der LowTech GmbH als uneinbringlich abzuschreiben, sofern die GmbH keine Sonderrechte erhalten hat, was laut Angabe nicht der Fall ist.

Variante 1:

Die GmbH erfährt erst kurz vor Beendigung der Bilanzaufstellung am 30.3.02 davon, dass der Kunde K am 2.12.01 Insolvenz angemeldet hat und dass die Massegläubiger nichts zu erwarten haben.

Die Forderung ist per 31.12.01 als uneinbringlich abzuschreiben. Es handelt sich um eine ***Wert aufhellende Information***, die zwar erst nach dem Stichtag eingetroffen ist, aber die Wertverhältnisse am Bilanzstichtag klarstellt. Die Ursache für die Wertänderung liegt vor dem Stichtag.

Variante 2:

Die GmbH erfährt erst kurz vor Beendigung der Bilanzaufstellung am 30.3.02 davon, dass der Kunde K am 2.1.02 Insolvenz angemeldet hat und dass die Massegläubiger nichts zu erwarten haben.

Auch in diesem Falle ist die Forderung per 31.12.01 als uneinbringlich abzuschreiben, da davon auszugehen ist, dass die wirtschaftliche Lage des Kunden bereits vor dem Bilanzstichtag (31.12.) extrem desolat und damit die Forderung der GmbH wertlos war ***(„Wert aufhellende Tatsachen")***.

Variante 3:

Die GmbH erfährt erst kurz vor Beendigung der Bilanzaufstellung (am 30.3.02) davon, dass der Kunde K am 20.3.02 Insolvenz angemeldet hat und dass die Massegläubiger nichts zu erwarten haben.

War die wirtschaftliche Lage des Kunden bereits am 31.12.01 aussichtslos, so ist wiederum eine Vollabschreibung erforderlich. Es könnte aber auch sein, dass die Ursache für die Insolvenz des Kunden erst nach dem Bilanzstichtag eingetreten ist, z. B. ein unterversicherter Katastrophenschaden oder die Stornierung mehrerer für K wichtiger Großaufträge etc. In diesem Falle ist die Forderung in voller Höhe in der Bilanz auszuweisen ***(„Wert beeinflussende Tatsachen")***, denn die Wertänderung ist erst nach dem Stichtag verursacht worden.

c) Ergänzende Grundsätze

(1) Going-Concern-Prinzip

Das Going-concern-Prinzip bzw. der sog. Fortführungsgrundsatz ist ein grundlegendes Bewertungsprinzip, das eigentlich selbstverständlich ist. Es besagt, dass normalerweise die Fortführung der Geschäftstätigkeit in einem übersehbaren künftigen Zeitraum von mindestens einem Jahr nach dem Bilanzstichtag anzunehmen ist, und daher bei der Bewertung der Vermögensgegenstände eine mögliche Veräußerung des Gesamtunternehmens oder dessen Liquidation in Einzelteilen („Zerschlagung") keine Beachtung findet (vgl. § 252 Abs. 1 Nr. 2 HGB). Dies bedeutet, dass von der planmäßigen Nutzung bzw. Verwertung der einzelnen Vermögensgegenstände im Rahmen des Unternehmens auszugehen ist und dass die allgemeinen Bewertungsvorschriften des HGB sowie die GoB maßgeblich sind, die auf mehrere Informationsziele hin ausgerichtet sind.

Das Abgehen vom Grundsatz der Fortführungswerte ist nach § 252 Abs. 1 Nr. 2 HGB zulässig und sinnvoll, wenn „tatsächliche und rechtliche Gegebenheiten (der Fortführung des Unternehmens, d. Verf.) entgegenstehen". Solche ***rechtlichen Gegebenheiten*** können im Auslaufen einer Produktionsgenehmigung, in Umweltschutzauflagen, in der Insolvenz eines Unternehmens oder in der bevorstehenden Unternehmensaufgabe bestehen. Was ***tatsächliche Gegebenheiten*** sind, die der Unternehmensfortführung entgegenstehen, ist jedoch sehr schwer abzugrenzen. Es könnte sich um unternehmensinterne Konditionen handeln, z. B. fehlende Nachfolger im Familienunternehmen, veraltete Produktpalette, Arbeitskräftemangel, Kostendruck, oder um externe Faktoren, wie z. B. den Wegfall des Zugangs zu wichtigen Rohstoffmärkten, um erschöpfte Kreditlinien bei unabwendbarem Kreditbedarf, um harten Verdrängungswettbewerb etc. Problematisch ist es vor allem abzugrenzen, wann die Schwelle überschritten ist, um vom Going-concern-Grundsatz abzuweichen. Diese Entscheidung liegt zum Teil im Ermessen des Bilanzierenden, theoretisch ist das Abweichen von der Fortführungsprämisse sehr ***restriktiv*** auszulegen, da sonst u. U. mehrfach und dauerhaft stille Reserven (= unrealisierte Gewinne) aufgelöst und das Ergebnis verbessert würde, dann aber doch keine Unternehmensbeendigung erfolgte.

Beispiel:

Die LowTech könnte beschließen, u. a. die Fahrzeuge des Fuhrparks mit Gebrauchtwagenpreisen zu bewerten, weil sie befürchtet, von einem neuen Konkurrenten verdrängt zu werden. Der Gebrauchtmarktpreis für z. B. einen Mercedes 220 Diesel beträgt 10.000,- EUR, während der Restbuchwert bei 2.000,- EUR liegt.

Fortführungswerte	***Liquidationswerte***
Definition: Werte, die sich aus den handelsrechtlichen Vorschriften und den GoB ergeben	*Definition:* Werte, die bei Veräußerung des einzelnen gebrauchten Vermögensgegenstands am Markt erzielbar sind (Verkehrswerte)
Beispiel: 2.000,- EUR Die einzelnen Fahrzeuge des Fuhrparks werden grundsätzlich mit den Anschaffungskosten abzüglich bis dahin aufgelaufener Abschreibungen bewertet	*Beispiel:* 10.000,- EUR Die einzelnen Fahrzeuge des Fuhrparks werden z. B. mit den Werten aus der aktuellen Schwacke-Liste bewertet

Erfolgt die Verdrängung durch den neuen Konkurrenten jedoch nicht, könnte sie immerhin im nächsten Folgejahr eintreten, so dass auch weiterhin mit Veräußerungspreisen bilanziert würde. Auf diese Weise könnten über einen längeren Zeitraum die Bilanzierungs- und Bewertungsvorschriften des HGB umgangen werden.

Bei Aufgabe der Fortführungsprämisse können an deren Stelle folgende Alternativen mit den in der Tabelle angegebenen Bewertungskonsequenzen treten:

Verwertungs-Alternativen	**Bewertung**
1. Unternehmensfortführung (going concern)	GoB sowie Ansatz- und Bewertungsvorschriften des HGB über den Jahresabschluss
2. Auslaufen des Geschäfts	grundsätzlich keine Änderung; ggf. Verkürzung der Anlagen-Nutzungsdauern und Verpflichtungsrestlaufzeiten
3. (Teil-) Betriebs-veräußerung	Zusammenfassung der Vermögensgegenstände und Verpflichtungen zu entsprechenden Teilbetrieben und Bewertung mit vorsichtig geschätzten Gesamtwerten (Verkaufspreis)
4. Einzelveräußerung (Liquidation, Zerschlagung)	Einzelveräußerungswerte (Marktwerte, Verkehrswerte); Rückstellungen für Abbruch-, Entsorgungs-, Sozialplan- u. ä. Kosten

Eine Bindung an den Grundsatz der Bewertungsstetigkeit kann beim Übergang zu einer anderen Verwertungsalternative naturgemäß nicht bestehen. In keinem der genannten Fälle dürfen jedoch durch Aufdeckung der stillen Reserven vor dem Vollzug des Verkaufs die Anschaffungs- oder Herstellungskosten überschritten werden, da dies gegen das weiterhin geltende Realisationsprinzip verstoßen würde.[1]

(2) Einzelbewertung

Dieser nur auf den ersten Blick unproblematische Grundsatz ist kodifiziert in § 240 Abs. 1 und § 252 Abs. 1 Nr. 3 HGB sowie in § 6 Abs. 1 Nr. 1 EStG. Er soll die Nachvollziehbarkeit der Bilanzierung und Bewertung durch Dritte gewährleisten und Bilanzmanipulationen erschweren. Die Forderung, jeden Vermögensgegenstand einzeln zu bewerten, heißt nicht, alle Einzelteile eines zum Fuhrpark gehörigen LKW's oder jede Schraube innerhalb eines Erzeugnisbauteils, z. B. eines Motors, einzeln zu bewerten. Dies wäre nicht nur unwirtschaftlich, sondern auch wenig sinnvoll, da diese Einzelteile nur mit anderen Teilen zusammen funktionsfähig sind und ihren Wert nur im Gesamtzusammenhang erhalten. Die kleinste Einheit, die prinzipiell einzeln zu bewerten ist (=Bewertungseinheit), besteht also aus mehreren Einzelteilen, die alle in einem sehr engen Funktions- und Nutzungszusammenhang zueinander stehen und somit eine Funktionseinheit bilden.

Die Abgrenzung einer Bewertungseinheit kann mitunter schwierig sein. Die steuerliche Rechtsprechung hat sich im Zusammenhang mit Geringwertigen Wirtschaftsgütern mit der selbständigen Nutzbarkeit von Gütern auseinandergesetzt. Wenn dies auch nur eine mögliche Interpretation des allgemeineren Begriffs der Bewertungseinheit ist, so hat sich doch die handelsrechtliche Literatur den steuerrechtlichen Kriterien (enger Funktions- und Nutzungszusammenhang, nicht selbständige Nutzbarkeit der Einzelteile) im Bereich der Sachgüter angeschlossen.

Beispiele für Bewertungseinheiten:

Motor mit Einzelteilen, Motor und Gehäuse, Gebäude mit Personenfahrstuhl, Bestuhlung eines Kinos, genormte Stahlregalteile, Schalungs- und Gerüstteile in der Bauwirtschaft, Hardware mit Festplatte, Devisenkassa- und absicherndes Devisentermingeschäft, Fremdwährungsforderungen oder Fremdwährungsverbindlichkeiten und kompensierendes Kurssicherungsgeschäft.

Die Frage bei allen Finanzinnovationen, die der Absicherung von Waren- oder Finanzgeschäften dienen, ist, ob sie mit den abzusichernden Geschäften zu einer Bewertungseinheit zusammengefasst werden können oder ob nur das Einzelgeschäft mit negativem Erfolgsbeitrag gemäß dem Imparitätsprinzip berücksichtigt werden soll ohne Beachtung des Absicherungsgeschäfts, das den Verlusteintritt ausschließen kann. Unter bestimmten Voraussetzungen können solche Bewertungseinheiten gebildet werden (§ 254 HGB), die auch steuerrechtlich zu berücksichtigen sind (§ 5 Abs. 1a EStG). Weitere Durchbrechungen des Prinzips der Einzelbewertung sind in der Steuerbilanz nicht zulässig.

Bei der Abwägung der Frage, ob aus Gründen der richtigeren Darstellung der Vermögens-, Ertrags- und Finanzlage oder aus Wirtschaftlichkeitsgründen mehrere Vermögensgegenstände zu einer Bewertungseinheit zusammengefasst werden können, ist zu beachten, dass das Prinzip der Einzelbewertung vor allem verhindern soll, dass positive und negative Wertänderungen an verschiedenen Vermögensgegenständen und Schulden miteinander verrechnet werden und so für Dritte nicht sichtbar das Imparitätsprinzip umgangen würde.

---

[1] Vgl. ADS § 252, Tz. 33; Selchert in: Küting/Weber § 252 Tz. 58.

Beispiel:

Der Wert von Gebäude A am Bilanzstichtag ist gegenüber dem Buchwert wegen eines jetzt entdeckten Mangels in der Bausubstanz dauerhaft um 100.000,- EUR gesunken, der Wert des Gebäudes B im Zuge einer Stadtkernsanierung dagegen um 100.000,- EUR über den Buchwert (= Anschaffungskosten minus bisher aufgelaufene planmäßige Abschreibungen) gestiegen.

Bei Einzelbewertung sind in Verbindung mit anderen Grundsätzen ordnungsmäßiger Buchführung und Bilanzierung folgende Bewertungsänderungen vorzunehmen:
- Grundstück A: Abwertung um 100.000,- EUR (Imparitätsprinzip)
- Grundstück B: keine Änderung; keine Bewertung oberhalb der fortgeführten Anschaffungskosten (Realisationsprinzip)

Bei Zusammenfassung der Werte und Beibehaltung des Gesamtwerts wäre nur schwer aufzudecken, dass es sich um eine unzulässige Verrechnung der beiden Wertänderungen handelte.

Folgende ***Durchbrechungen des Grundsatzes der Einzelbewertung*** sind dagegen (z. T. aus Wirtschaftlichkeitsgründen) üblich und unumstritten zulässig:

1. Festwert für eine Gruppe von Gegenständen
2. Gruppenbewertung bei Gegenständen des Umlaufvermögens
3. Vorratsbewertung mit Hilfe eines Verbrauchsfolgeverfahrens
4. Pauschalwertberichtigungen zu Forderungen
5. Pauschale Garantierückstellungen bei Herstellern von Massenprodukten
6. Bewertungseinheiten bei Absicherung finanzwirtschaftlicher Risiken.

Davon zu unterscheiden ist die Zusammenrechnung der Werte einzelner Vermögensgegenstände zu einer einzigen Bilanzposition. Diese Vorgehensweise widerspricht nicht dem Einzelbewertungsgrundsatz, die Einzelbewertung ist bereits im Schritt zuvor bei Ermittlung der Werte der einzelnen Gegenstände erfolgt.

(3) Formale Bilanzkontinuität

Um dem Bilanzleser den Vergleich zweier aufeinander folgender Jahresabschlüsse eines Unternehmens zu erleichtern, müssen die Gliederungen von Bilanz und Gewinn- und Verlustrechnung von Jahr zu Jahr unverändert bleiben. Die formale Bilanzkontinuität, die sich aus den Grundsätzen der Klarheit und der Richtigkeit bzw. Willkürfreiheit ergibt, beinhaltet aber auch die Forderung, den Ausweis der einzelnen Bilanzposten oder GuV-Posten nicht zu ändern (§ 265 Abs. 1 HGB). Unter besonderen Umständen sind Abweichungen bei aufeinander folgenden Gliederungen möglich, die aber im Anhang anzugeben und zu begründen sind. Solchen Änderungen sind bei Unternehmenskäufen aus sehr unterschiedlichen Branchen denkbar.

Kodifiziert wurde dieser Grundsatz nur innerhalb der Spezialvorschriften für Kapitalgesellschaften, da handelsrechtlich auch nur für diese eine bestimmte Mindestgliederung vorgeschrieben ist (§§ 266 und 275 HGB), während andere Rechtsformen in der Gestaltung ihrer Jahresabschlussgliederung Spielräume haben. Auch wenn die formale Bilanzkontinuität für die zu veröffentlichenden Jahresabschlüsse von Kapitalgesellschaften die größte Bedeutung hat, handelt es sich m.E. doch um einen allgemeinen Grundsatz ordnungsmäßiger Buchführung und Bilanzierung, der für alle Rechtsformen gültig ist.

(4) Stetigkeit

Der Grundsatz der Bewertungsstetigkeit wird oft auch als *materielle Bilanzkontinuität* bezeichnet.

Definition:

> ***Stetigkeit:*** Einmal für den Jahresabschluss gewählte Ansätze und Bewertungsmethoden müssen beibehalten werden.

Die Beachtung dieses Grundsatzes soll die Vergleichbarkeit aufeinander folgender Jahresabschlüsse gewährleisten, denn die von Jahr zu Jahr unterschiedliche Ausnutzung von Ansatz- und Bewertungswahlrechten mit den entsprechenden Auswirkungen auf den Jahresüberschuss würde einen aussagefähigen Zeitvergleich der Jahresüberschüsse unmöglich machen und die Erfüllung des Jahresabschlusszwecks „Rechenschaft" beeinträchtigen.

Der Grundsatz der Stetigkeit ist kodifiziert in § 246 Abs. 3 und § 252 Abs. 1 Nr. 6 HGB. Er umfasst Ansatzwahlrechte und Bewertungsmethodenwahlrechte.

Definition:

> Unter ***Bewertungsmethoden*** sind planmäßig und systematisch vorgenommene Bewertungsmaßnahmen zu verstehen.

Seit 1.1.2010 hat der Gesetzgeber ***Ansatzwahlrechte*** auch in den Anwendungsbereich des Stetigkeitsgrundsatzes einbezogen. Dadurch soll die Transparenz der Rechnungslegung erhöht werden, da auch die Nutzung solcher Wahlrechte die Höhe des Jahresüberschusses deutlich beeinflussen können. Gleichzeitig wurde die Zahl der Ansatzwahlrechte deutlich reduziert.

Auf Wertansatzwahlrechte, die nur im Einzelfall, also nicht planmäßig, ausgeübt werden, bezieht sich Stetigkeitsgrundsatz nicht.

Ansatz- und Bewertungswahlrechte		
Ansatzwahlrechte	***Bewertungswahlrechte***	
	↙	↘
	Wertansatzwahlrechte	***Methodenwahlrechte***
Beispiele: selbstgeschaffene immaterielle Gegenstände des Anlagevermögens; ARA für Disagio	Beispiele: Ansatz des niedrigeren Stichtagswertes bei Finanzanlagen (§ 253 Abs. 3 S. 4 HGB); Steuerrechtliche Sonderabschreibungen nur in der Steuerbilanz (z. B. § 7g Abs. 5 EStG)	Beispiele: Abschreibungsmethode, Bewertungsverfahren für das Vorratsvermögen (z. B. lifo); Ermittlung der Herstellungskosten von Erzeugnissen
Anwendungsbereich des Stetigkeitsgrundsatzes § 246 Abs. 3 HGB		***Anwendungsbereich des Stetigkeitsgrundsatzes § 252 Abs. 1 Nr. 6 HGB***

Anhand verschiedener Beispielaufgaben sollen Anwendungsbereich und Konsequenzen des Bewertungsstetigkeitsprinzips verdeutlicht werden.

Fall 1:

Gemäß 250 Abs. 3 HGB besteht ein Wahlrecht, ob ein Disagio auf einen aufgenommenes Bankdarlehen sofort als Zinsaufwand gebucht oder durch Bildung eines aktiven Rechnungsabgrenzungspostens z. B. über die Laufzeit abgegrenzt wird. Welche Bedeutung hat der Grundsatz der Bewertungsstetigkeit in diesem Falle?

Diese Entscheidung muss zu Beginn der Laufzeit des Darlehens für den gesamten Zeitraum getroffen und in einem „Abschreibungs-“ oder Abgrenzungsplan festgelegt werden. Eine spätere Revision dieses Planes ist nicht möglich.

Bei der Aufnahme eines anderen Kredites darf aufgrund des Stetigkeitsprinzips dieses Ansatzwahlrecht nicht anders ausgeübt werden als beim vorigen Darlehen. Dadurch soll die Vergleichbarkeit aufeinander folgender Jahresabschlüsse erhöht werden.

Fall 2:

Die LowTech GmbH hat bisher bei allen Maschinen die Möglichkeit der Sonderabschreibung gemäß 7g Abs. 5 EStG in der Steuerbilanz genutzt. Muss wegen des Stetigkeitsgrundsatzes diese steuerliche Vergünstigung auch bei einer neu angeschafften Maschine in Anspruch genommen werden?

Die Frage ist zu verneinen, da es sich bei dieser Sonderabschreibung nicht um eine Bewertungsmethode handelt und der Stetigkeitsgrundsatz daher in diesem Fall nicht zu beachten ist. Wahlrechte zur Nutzung steuerlicher Vergünstigungen können in der Steuerbilanz für jedes Wirtschaftsgut und in jedem Wirtschaftsjahr wieder neu ausgeübt werden.

Fall 3:

Maschine Nr. 4712 wurde im abgelaufenen Geschäftsjahr angeschafft und soll geometrisch-degressiv abgeschrieben werden. Welche Konsequenzen hat der Stetigkeitsgrundsatz?

Die Abschreibungsmethode wird gemäß § 253 Abs. 2 HGB in einem Abschreibungsplan für die gesamte geschätzte Nutzungsdauer festgelegt. Ein Wechsel der Methode würde dem aus dem GoB der Willkürfreiheit abgeleiteten Grundsatz der Planmäßigkeit der Abschreibungen widersprechen und wäre m.E. aus diesem Grunde nicht zulässig, er ließe sich aber auch als Verstoß gegen den Grundsatz der Bewertungsstetigkeit auffassen. Der in der Praxis übliche Übergang von der geometrisch-degressiven zur linearen Abschreibung gegen Ende der Nutzungsdauer widerspricht weder der Planmäßigkeit, da der Übergang von Anfang an im Abschreibungsplan festgelegt wird, noch der Methodenstetigkeit, da dies allgemein als eine einzige Bewertungsmethode interpretiert wird.

Fall 4:

Es wird eine neue Maschine angeschafft, die mit mehreren bereits im Betrieb eingesetzten Maschinen hinsichtlich Kapazität, Funktionen, technischem Stand, Kosten etc. völlig identisch ist. Die bereits eingesetzten Maschinen werden alle linear abgeschrieben. Muss die neue gleichartige Maschine wegen des Stetigkeitsgrundsatzes auch linear abgeschrieben werden?

Die frühere Entscheidung, die gleichartigen Maschinen linear abzuschreiben, beruht auf der Überlegung, dass mit dieser Abschreibungsmethode die Wertminderung dieses Maschinentyps am exaktesten erfasst werden kann. Wenn nun eine neue, völlig gleichartige Maschine nach einer anderen Methode abgeschrieben würde, dann wäre diese Änderung willkürlich und somit nicht zulässig. Der Grundsatz der Bewertungsstetigkeit verlangt also, dass gleichartige Maschinen nach der gleichen Methode abzuschreiben sind.

Unproblematisch ist die Anwendung des Stetigkeitsgrundsatzes bei der Vorratsbewertung mit verschiedenen Sammelbewertungsverfahren oder bei Erzeugnissen mit bestimmten Ausprägungen der Herstellungskosten. Grundsätzlich sind die einmal angewandten Methoden weiterhin anzuwenden.

In § 252 Abs. 2 HGB wird für alle in Absatz 1 kodifizierten Grundsätze sowie für die in § 246 Abs. 3 geregelte Ansatzstetigkeit die Ausnahme in begründeten Fällen zugelassen. Für den Stetigkeitsgrundsatz heißt dies, dass ein Wechsel der Bewertungsmethode bzw. eine Änderung der Ausübung von Ansatzwahlrechten zulässig ist, wenn dies begründet, also nicht willkürlich ist. Die Begründetheit kann sich nur an handelsrechtlichen Zielen bzw. Grundsätzen orientieren. Ein Wechsel kann erforderlich werden, weil die wirtschaftlichen Umweltbedingungen oder aber auch die technischen Gegebenheiten im Rechnungswesen sich geändert haben. Er ist also dann zulässig, wenn beispielsweise die Klarheit oder die Richtigkeit des Jahresabschlusses verbessert wird, dem Vorsichtsprinzip besser Rechnung getragen wird oder bei Kapitalgesellschaften die Generalnorm des § 264 Abs. 2 HGB besser erfüllt wird. Dies dürfte zweifelsfrei der Fall sein, wenn nach Einführung eines effizienten Kostenrechnungssystems eine Kostenauflösung in variable und fixe Kosten (Einzel- und Gemeinkosten) möglich ist und daher die Erzeugnisvorräte, die notgedrungen bisher zu Selbstkosten (ohne Vertriebsgemeinkosten) bewertet wurden, nun mit variablen Kosten (Einzelkosten) bewertet werden können. Als begründete Durchbrechungen des Stetigkeitsgrundsatzes kommen außerdem z. B. die Anpassungen an Ergebnisse einer steuerlichen Betriebsprüfung oder die Einbeziehung der Gesellschaft in einen Konzernverbund in Frage.

Fall 5:

Die LowTech GmbH schafft eine neue Maschine an, die sich von den bereits vorhandenen aufgrund des technischen Fortschritts, wegen unterschiedlicher Kapazitäten etc. unterscheidet. Muss auch diese Maschine wie die bereits eingesetzten Maschinen linear abgeschrieben werden?

In diesem Falle könnte durchaus eine andere als die lineare Abschreibungsmethode die Wertminderungen der Maschine realitätsgetreuer abbilden. Eine Durchbrechung des Stetigkeitsgrundsatzes gemäß § 252 Abs. 2 HGB kann also begründet und daher zulässig sein. Zumindest für Kapitalgesellschaften wäre der Methodenwechsel aufgrund der Generalnorm (§ 264 Abs. 2 HGB) sogar geboten.

Nach herrschender Meinung sind auch die Änderungen der Bewertungsmethoden begründete Ausnahmefälle, die eine Wahrnehmung steuerlicher Bewertungswahlrechte zum Ziel haben oder die durch eine neue unternehmerische Konzeption nach einem Managementwechsel, veränderte Ziele infolge einer wesentlichen Veränderung der Gesellschafterstruktur oder eine grundlegend andere Einschätzung der Unternehmensentwicklung ausgelöst werden (z. B. ADS, § 252 Tz. 113). Bei weiter Auslegung dieser Fälle ist auch das Ziel, den Jahresüberschuss zu beeinflussen, eine Begründung für das Abweichen von der Bewertungsstetigkeit, allerdings nur, wenn eine grundsätzliche Änderung im Zielsystem des Managements und/oder der Gesellschafter eingetreten ist. Ob durch diese Klausel verhindert werden kann, dass eine Änderung der Bewertungsmethoden mehrmals hintereinander nur zum Zwecke der Gewinnmanipulation vorgenommen werden kann, ist zumindest fraglich.[1]

Aufgabe 7: Grundsätze ordnungsmäßiger Buchführung und Bilanzierung

[1] An anderer Stelle wird ein Methodenwechsel zum Zwecke der Ertragsbeeinflussung sogar als begründeter Ausnahmefall angesehen, vgl. ADS § 253 Tz. 435 f.

IV Inventur

Lernziele:

Der Leser soll

- *Inventar und Bilanz voneinander abgrenzen können*
- *die verschiedenen Inventurarten unterscheiden und diesen ihre Anwendungsvoraussetzungen sowie Anwendungsbereiche zuordnen können.*

1. Stichtagsinventur

Jeder Kaufmann ist verpflichtet, bei der Gründung seines Handelsgewerbes und am Ende jeden Geschäftsjahres „innerhalb der einem ordnungsgemäßen Geschäftsgang entsprechenden Zeit“ ein Inventar aufzustellen (§ 240 Abs. 1 u. 2 HGB). Steuerrechtlich wird auf diese Verpflichtung in § 140 AO Bezug genommen und der Kreis der zur „jährlichen Bestandsaufnahme“ Verpflichteten in § 141 AO auf Kleingewerbetreibende (Nicht-Kaufleute), die festgelegte Größengrenzen überschreiten, ausgeweitet.

Definition:

Das ***Inventar*** ist ein mengen- und wertmäßiges Verzeichnis aller am Stichtag vorhandenen einzelnen Vermögensgegenstände und Schulden sowie des Eigenkapitals (§ 240 Abs. 1 HGB).

Von einer Bilanz, die ebenfalls stichtagsbezogen ist und gemäß § 242 HGB ebenfalls zu Beginn des Handelsgewerbes und am Ende jeden Geschäftsjahres aufzustellen ist, unterscheidet sich das Inventar dadurch, dass es die einzelnen Vermögensgegenstände enthält, also die einzelnen Produktionsanlagen, Büromaschinen, Büromöbel etc., während die Bilanz nur zusammengefasste Gruppen von Vermögensgegenstände beinhaltet. Außerdem werden nur im Inventar die Mengen und Werte der einzelnen Vermögensgegenstände ausgewiesen, die Bilanz zeigt lediglich die Werte der Gegenstandsgruppen. Zudem können sich u. U. die Werte im Inventar und in der Bilanz voneinander unterscheiden, da bei den Inventarwerten noch keine Abschreibungen oder Zuschreibungen nach § 253 HGB erfolgen. Oftmals enthält das Inventar die Bilanzwerte in einer zusätzlichen Spalte.

Definition:

Die Erfassung der einzelnen Vermögensgegenstände sowie der Schulden und deren Zusammenstellung zu einem Inventar bezeichnet man als ***Inventur*** (Tätigkeit).

Die Grundform der Inventur, nämlich die auf das Ende des Geschäftsjahres bezogene Erstellung des gesamten Inventars, ist die ***Stichtagsinventur***. Sie erfordert das vollständige körperliche Erfassen aller Vermögensgegenstände am Geschäftsjahresende und stellt daher erhebliche Anforderungen an Planung, Organisation und Durchführung der Inventurarbeiten. Nach herrschender Meinung ist die Forderung des § 240 Abs. 2 HGB, das Inventar innerhalb der einem ordnungsmäßigen Geschäftsgang entsprechenden Zeit aufzustellen, erfüllt, wenn dies innerhalb einer Frist von zehn Tagen vor oder nach dem Inventurstichtag erfolgt (sog. „ausgeweitete Stichtagsinventur“). Die zwischenzeitlichen Bestandsveränderungen sind allerdings anhand von Belegen (Wareneingangsscheine, Materialentnahmescheine) oder Aufzeichnungen ordnungsgemäß zu berücksichtigen (R 5.3 Abs. 1 EStR).

Die Stichtagsinventur zur Feststellung der Bestände der einzelnen Vermögensgegenstände und Schulden am Ende jeden Geschäftsjahres ist erforderlich, um die Endbestände auf den Bestandskonten der Buchführung überprüfen zu können. Nur auf diese Weise lassen sich Schwund, Verderben oder Diebstahl z. B. gelagerter Rohstoff-, Erzeugnis- oder Warenvorräte erkennen. Die Bestände auf den Bestandskonten, somit auch die Posten des Schlussbilanzkontos, sind durch entsprechende Materialaufwandsbuchungen oder Bestandsverminderungsbuchungen an die tatsächlichen Inventurbestände anzupassen. Die korrigierten Werte werden dann in die Bilanz übernommen, um die tatsächlichen wirtschaftlichen Verhältnisse wiedergeben zu können („Maßgeblichkeit des Inventars für den Jahresabschluss"). Bei Führung gemischter Warenkonten oder gemischter Wertpapierkonten ist der Abschluss dieser Konten überdies ohne inventurmäßige Feststellung des Endbestandes nicht möglich. Die ordungsgemäße Durchführung der Inventur sowie das Inventar als deren Ergebnis sind Prüfungsobjekte des Abschlussprüfers, sofern die Gesellschaft prüfungspflichtig ist[1].

Daneben erfüllen Inventur und Inventar für Gesellschafter und Gläubiger auch eine Schutzfunktion gegen Bilanzfälschungen, Diebstähle etc. durch das Management bzw. das Betriebspersonal. Aufdeckung und Nachweis dieser Delikte werden durch das Inventar erleichtert.

Die Inventur der verschiedenen Vermögensgegenstände und Schulden muss naturgemäß auf unterschiedliche Weise erfolgen. Die materiellen Vermögensgegenstände werden durch körperliche Bestandsaufnahme, also durch Zählen, Messen, Wiegen erfasst (sog. ***körperliche Inventur***). Bei Gütern geringen Wertes, die sich schwer aufnehmen lassen (Schüttgüter, z. B. Sand), sind auch Schätzungen zulässig. Forderungen, Bankguthaben, immaterielle Vermögensgegenstände und Schulden sind nur anhand von Buchführungsunterlagen, Belegen und Aufzeichnungen (z. B. Rechnungen, Verträge, Urkunden, Patentdokumente) feststellbar. (sog. ***Buch- oder Beleginventur***). Um die Beweiskraft der Beleginventur zu erhöhen, werden häufig die entsprechenden Geschäftspartner angeschrieben und um die Angabe der Höhe ihrer spiegelbildlichen Forderung oder Verbindlichkeit gebeten (so gen. Saldenbestätigung).

Die Stichtagsinventur kann allerdings auch eine erhebliche Beeinträchtigung des Produktions- und/oder Geschäftsablaufs mit sich bringen. Aus diesem Grunde und zur Verminderung des Inventuraufwandes enthält § 241 HGB Inventurvereinfachungsverfahren, die weiter unten behandelt werden. Zur Vereinfachung der Bewertung im Rahmen der Stichtagsinventur dienen das Festwertverfahren (§ 240 Abs. 3 HGB) und die Gruppenbewertung (§ 240 Abs. 4 HGB), die beide in Kapitel B.IV.3. näher erläutert werden. Im Sinne des Grundsatzes der Wirtschaftlichkeit wird bei diesen Verfahren ein Abweichen von der in § 240 Abs. 1 HGB geforderten Einzelbewertung und damit eine Beeinträchtigung der Richtigkeit zugelassen.

[1] Verpflichtet zur Abschlussprüfung durch einen unabhängigen Wirtschaftsprüfer sind mittelgroße und große Kapitalgesellschaften (§ 316 Abs. 1 i. V. m. § 267 Abs. 1 HGB).

2. Führung eines laufenden Bestandsverzeichnisses beim Anlagevermögen

Das nach § 240 Abs. 2 HGB und §§ 140, 141 AO aufzustellende Inventar hat auch das Sachanlagevermögen zu umfassen. Allerdings ist wegen der i. d. R. guten Überschaubarkeit eine jährliche körperliche Erfassung gemäß R 5.4 Abs. 4 EStR nicht erforderlich, wenn der Bestand am Bilanzstichtag aufgrund laufender Berücksichtigung aller Zu- und Abgänge des Geschäftsjahres und einer Wertfortschreibung (Ab- und Zuschreibungen) aus einem Verzeichnis ermittelbar ist (sog. ***laufendes Bestandsverzeichnis***). Unbewegliche Anlagegüter können anhand von Anlagenkonten, Anlagenkarteien und Grundbuchauszügen erfasst und in das Bestandsverzeichnis aufgenommen werden (Buchinventur). Steuerrechtlich wird die Führung eines laufenden Bestandsverzeichnisses oder einer Anlagenkartei lediglich für bewegliche Anlagegüter verlangt (R 5.4 Abs. 1 EStR). Im Bestandsverzeichnis müssen auch voll abgeschriebene, aber noch nicht aus dem Betriebsvermögen abgegangene Anlagegegenstände verzeichnet sein.

Geringwertige Wirtschaftsgüter mit Anschaffungskosten bis 150 EUR (ohne USt) gemäß § 6 Abs. 2 EStG, Wirtschaftsgüter, die in einem Sammelposten erfasst werden (Anschaffungskosten über 150 EUR bis 1.000 EUR ohne USt) gemäß § 6 Abs. 2a EStG und Zugänge zu einem Festwert gem. § 240 Abs. 3 HGB müssen jedoch aus Wirtschaftlichkeitsgründen nicht in das Bestandsverzeichnis aufgenommen werden. Für zu einem Festwert gehörende Gegenstände ist alle drei Jahre eine körperliche Bestandsaufnahme vorzunehmen (R 5.4 Abs. 3 EStR). Gleichartige bewegliche Anlagegüter können im Bestandsverzeichnis unter Angabe der Menge zusammengefasst werden, wenn sie im selben Jahr angeschafft wurden, die gleiche Nutzungsdauer und die gleichen Anschaffungskosten aufweisen und außerdem nach der gleichen Methode abgeschrieben werden (R 5.4 Abs. 2 Satz 3 EStR).

In diesem Bestandsverzeichnis müssen folgende Angaben enthalten sein:

- genaue Bezeichnung des Gegenstands
- Bilanzwert des Gegenstands am Bilanzstichtag
- Tag der Anschaffung oder Herstellung
- Höhe der Anschaffungs- oder Herstellungskosten (AK/HK)
- Tag des Abgangs.

Laufendes Bestandsverzeichnis									
Tag der Anschaffung/Herstellung	Bezeichnung des Gegenstands	Höhe der AK/ HK	Abschreibungsmethode und -satz	Abschreibungsbetrag in 01	Bilanzwert am 31.12. 01	Abschreibungsbetrag in 02	Bilanzwert am 31.12. 02	etc.	Datum des Abgangs

Eine Anlagenkartei oder die Sachkonten der Anlagenbuchhaltung können als Bestandsverzeichnis gelten, wenn sie die obigen Angaben enthalten (R 5.4 Abs. 4 S. 5 EStR). Bei Fehlen oder Unvollständigkeit des Bestandsverzeichnisses kann die Ordnungsmäßigkeit der Buchführung in Frage gestellt sein. Die Buchführung ist nicht ordnungsgemäß, wenn wesentliche Mängel vorliegen, die eine Überprüfung des sachlichen Buchführungsergebnisses stark beeinträchtigen (R 5.3 Abs. 4 und R 5.2 Abs. 2 EStR).

3. Permanente Inventur

Die sich bei der Stichtagsinventur oftmals ergebende Beeinträchtigung des Geschäftsablaufs kann durch eine permanente Inventur des Anlage- und des Umlaufvermögens reduziert werden. Hierbei werden planmäßig bestimmte Gruppen von Vermögensgegenständen zu verschiedenen Zeitpunkten des Jahres körperlich erfasst. Im Regelfall wird durch die Lagerbuchführung als Mengen- und Wertfortschreibungsverfahren sichergestellt, dass die Bestände am Bilanzstichtag nach Art, Menge und Wert auch ohne körperliche Bestandsaufnahme festgestellt werden können. Dadurch wird eine Verteilung der Inventurarbeiten über das ganze Geschäftsjahr erreicht, jeder Gegenstand wird im Laufe des Geschäftsjahres einmal körperlich erfasst. Die Korrektur- und Anpassungsbuchungen an das Inventurergebnis erfolgen am jeweiligen Inventurtag.

Diese sog. ***Permanente Inventur*** ist nach § 241 Abs. 2 HGB und H 5.3 „Permanente Inventur" EStH zulässig, sofern das Fortschreibungsverfahren von Art, Menge und Wert des körperlich erfassten Bestandes der Vermögensgegenstände den Grundsätzen ordnungsmäßiger Buchführung, also insbesondere den Grundsätzen der Vollständigkeit und Richtigkeit entspricht. Die Anwendung der Permanenten Inventur auf wertvolle Gegenstände, deren Bestand i. d. R. sehr gefährdet ist (z. B. Edelmetalle), und auf Gegenstände mit unkontrollierbaren Abgängen (z. B. leicht verdunstende Flüssigkeiten, leicht entweichende Gase, leicht verderbliche Güter etc.) ist nicht mit den Grundsätzen ordnungsmäßiger Buchführung vereinbar (vgl. R 5.3 Abs. 3 EStR). In diesen Fällen ist es sehr wahrscheinlich, dass durch die reine Fortschreibungsrechnung zu große Ungenauigkeiten auftreten und der eigentliche Zweck der Inventur nicht erreicht werden kann. Auch ist die Permanente Inventur auf Güter, die zu einem Festwert gehören nicht zulässig, da für diese handels- und steuerrechtlich alle drei Jahre eine körperliche Bestandsaufnahme am Stichtag verlangt wird (R 5.4 Abs. 3 EStR).

4. Zeitverschobene Inventur

Als Erleichterung bei der Stichtagsinventur sehen § 241 Abs. 3 HGB als auch R 5.3 Abs. 2 EStR die Möglichkeit vor, die körperliche Erfassung der Vermögensgegenstände und die Aufstellung eines besonderen Inventarverzeichnisses an einem Tag innerhalb der letzten drei Monate vor dem Geschäftsjahresende ***(„vorverlegte Stichtagsinventur")*** oder innerhalb der ersten beiden Monate nach dem Bilanzstichtag (sog. ***„nachverlegte Stichtagsinventur"***) durchzuführen. Eventuell erforderliche Korrekturbuchungen zur Anpassung der Buchbestände an die Inventurbestände erfolgen am jeweiligen Inventurtag. Voraussetzung ist, dass der am Bilanzstichtag vorhandene Bestand der entsprechenden Vermögensgegenstände ausgehend von diesem besonderen Inventar durch Anwendung eines den Grundsätzen ordnungsmäßiger Buchführung entsprechenden wertmäßigen Fortschreibungs- oder Rückrechnungsverfahrens (Skontro) ordnungsgemäß bewertet werden kann. Ein solches Skontro muss lückenlos alle Zu- und Abgänge erfassen. Ist dies der Fall, so brauchen diese Vermögensgegenstände im Inventar des Bilanzstichtags nicht verzeichnet zu werden. Eine mengenmäßige Fortschreibung oder Rückrechnung der Bestände bis zu Bilanzstichtag ist ebenfalls nicht erforderlich.

Eine Anwendung der vor- oder nachverlegten Stichtagsinventur bei leicht verderblichen oder sehr wertvollen Gütern oder solchen mit unkontrollierbarem Abgang ist mit den Grundsätzen der Richtigkeit und Vollständigkeit nicht vereinbar. Unzulässig ist die verlegte Inventur auch bei Festwerten (R 5.4 Abs. 3 EStR) und in den Fällen, in denen es zur Erlangung einer steuerlichen Vergünstigung auf die mengenmäßige Zusammensetzung des Stichtagsbestandes ankommt (R 5.3 Abs. 2 Satz 10 EStR) und daher die Stichtagsinventur oder die Permanente Inventur erforderlich ist (z. B. bei der lifo-Methode gemäß § 6 Abs. 1 Nr. 2a EStG).

5. Stichprobeninventur

Als Inventurvereinfachungsverfahren ist auch die Stichprobeninventur *handelsrechtlich* und *steuerrechtlich* zulässig (§ 241 Abs. 1 HGB; H 5.3 „Inventur" EStH), bei der die körperliche Erfassung aller vorhandenen Vermögensgegenstände (Grundgesamtheit) entfällt und stattdessen die körperliche Bestandsaufnahme auf eine zufällige Auswahl von Vermögensgegenständen (Zufallsstichprobe) beschränkt wird (Teilerhebung), deren Ergebnisse auf den Gesamtbestand übertragen werden. Bei einer Zufallsstichprobe lassen sich Wahrscheinlichkeitsaussagen über die Genauigkeit und Sicherheit dieses Schlusses auf die Grundgesamtheit angeben.

Voraussetzung für die Zulässigkeit dieser Vereinfachung ist, dass anerkannte mathematisch-statistische Methoden angewandt werden, dass das Verfahren den Grundsätzen ordnungsmäßiger Buchführung, insbesondere den Grundsätzen der Richtigkeit und Vollständigkeit, entspricht und der Aussagewert des Inventars demjenigen bei vollständiger körperlicher Bestandsaufnahme gleichkommt („Aussageäquivalenz"; § 241 Abs. 1 HGB). Die Grundsätze ordnungsmäßiger Buchführung/Inventur können bei der Stichprobeninventur nur in modifizierter Form angewandt werden. So gelten die Grundsätze der Einzelerfassung und Einzelbewertung sowie der Richtigkeit nur für die Elemente der Stichprobe. Vollständigkeit ist so zu interpretieren, dass alle Elemente der Grundgesamtheit mit einer (bei Zufallsstichproben gleich hohen) Wahrscheinlichkeit von größer als Null in die Stichprobe gelangen können und die Stichprobe vollständig ausgewertet wird. Eine Anwendung der Stichprobeninventur bei leicht verderblichen oder sehr wertvollen Gütern oder solchen mit unkontrollierbarem Abgang ist mit den Grundsätzen der Richtigkeit und Vollständigkeit nicht vereinbar.

Grundsätzlich gibt es zwei Möglichkeiten der Anwendung mathematisch-statistischer Methoden bei der Inventur. Zum einen kann mit Hilfe von Schätzverfahren vom Durchschnittswert der Gegenstände in der Stichprobe ausgehend eine Hochrechnung auf den Wert der Gegenstände in der Grundgesamtheit vorgenommen werden. Zum anderen können Testverfahren dazu dienen, die Buchwerte mit den Inventurwerten der Stichprobe zu vergleichen und dadurch Aufschluss über die Zuverlässigkeit und Genauigkeit der Buchführung zu erhalten. Gibt es keine signifikanten Abweichungen, so können die Werte der Buchführung als Bilanzwerte akzeptiert werden.

B Bilanzierung und Bewertung in der Steuerbilanz

I Grundlagen der Bilanzierung und Bewertung

__Lernziele:__ *Der Leser soll*

- *Bilanzierungsgebote und -verbote sowie Bilanzierungswahlrechte unterscheiden können*
- *das Maßgeblichkeitsprinzip kennen lernen und in ihrer Bedeutung für die Steuerbilanz beurteilen können*
- *die verschiedenen Bewertungsmaßstäbe für die Wirtschaftsgüter allgemein unterscheiden sowie ihre Anwendungsvoraussetzungen und ihre Bemessung auch im Falle von Sonderfragen kennen*
- *die bilanzpolitischen Möglichkeiten eines Bewertungswahlrechts am Beispiel der Herstellungskosten ermessen können.*

1. Bilanzierungspflicht, Bilanzierungsverbot, Bilanzierungswahlrecht

a) Bilanzierungspflicht

Das **Aktivierungskonzept** nach dem EStG ist zweistufig:
1. Stufe: Liegt ein ein ***Wirtschaftsgut*** vor?
Wenn ja, ist eine grundsätzliche ***(abstrakte) Bilanzierungsfähigkeit*** *bzw.* (sprachlich besser) *Bilanzierbarkeit* gegeben, und es ist die zweite Stufe zu prüfen.
2. Stufe: Liegt ein konkretes steuerrechtliches Bilanzierungsverbot oder -wahlrecht vor?
Wenn nein, ist ***konkrete Bilanzierbarkeit*** im Einzelfall gegeben, die auf Grund des Vollständigkeitsprinzips gleichzeitig Bilanzierungspflicht bedeutet.

Die Voraussetzungen für das Vorliegen eines Wirtschaftsguts und damit die Bilanzierbarkeit des Sachverhalts wurden in Kapitel II.1. behandelt. Liegt zusätzlich das rechtliche und/oder das wirtschaftliche Eigentum beim Unternehmen und gibt es kein konkretes Bilanzierungsverbot oder -wahlrecht im Handels- oder Steuerrecht, so muss nach dem Vollständigkeitsprinzip das Wirtschaftsgut in die Steuerbilanz aufgenommen, also aktiviert werden (Bilanzierungs- oder Ansatzpflicht). Dieser Vorgang ist erfolgsneutral, beeinflusst also nicht den Gewinn. Am Jahresende und in den Folgejahren wird jedoch der Gewinn durch die Abschreibungsbeträge auf das aktivierte Wirtschaftsgut gemindert, bis sich am Ende der Nutzungsdauer die gesamten Anschaffungskosten stückweise in Aufwand umgewandelt und den Gewinn gemindert haben.

__*Merke:*__

Bilanzierbarkeit heißt Bilanzierungspflicht!

Liegt eine ***Verpflichtung (Verbindlichkeit oder Rückstellung)*** bzw. ein ***negatives Wirtschaftsgut*** vor, so muss die Schuld wegen des Vollständigkeitsgebotes grundsätzlich in der Bilanz passiviert werden, sofern nicht ein konkretes Bilanzierungsverbot dem entgegensteht bzw. ein konkretes Wahlrecht einen Ermessensspielraum schafft.

b) Bilanzierungsverbote

Falls ein (positives) Wirtschaftsgut oder eine Schuld vorliegt, ist die sog. *abstrakte* Bilanzierbarkeit (Bilanzierungsfähigkeit) gegeben. *Konkret* bilanzierbar („bilanzierungsfähig") ist das Wirtschaftsgut bzw. die Schuld nur dann, wenn der Gegenstand bzw. die Schuld dem Betriebsvermögen zuzurechnen ist (wirtschaftliches Eigentum ist maßgebend) und in diesem speziellen Fall kein konkretes Bilanzierungsverbot (Ansatzverbot) existiert.

Das konkrete Aktivierungsverbot gemäß § 5 Abs. 2 EStG betrifft bestimmte immaterielle Wirtschaftsgüter:

Aktivierungsverbot gemäß § 5 Abs. 2 EStG	
Immaterielle Gegenstände des Anlagevermögens, die nicht entgeltlich erworben wurden	Beispiele: selbsterstellte Patente, selbst entwickeltes Know how, selbst entwickelte Software, durch einen Werbefeldzug geschaffene Marke

Es geht also in erster Linie um im Betrieb selbst geschaffene Werte oder aber um unentgeltlich erworbene (geschenkte) Gegenstände, die dann im eigenen Unternehmen dauerhaft (im Anlagevermögen) genutzt werden.

Werden diese Gegenstände dagegen entgeltlich, also durch Kauf, durch Tausch oder durch Ausgabe von Anteilsrechten) erworben, so ***müssen*** sie aktiviert werden, da es sich um Wirtschaftsgüter (bzw. Vermögensgegenstände) handelt. In § 5 Abs. 2 EStG geht dies auch präzise aus der Formulierung hervor.

Begründet wird das Aktivierungsverbot ***nicht entgeltlich erworbener immaterieller Wirtschaftsgüter des Anlagevermögens*** mit der Flüchtigkeit des Wertes dieser immateriellen Gegenstände. Allerdings kann auch der Wert entgeltlich erworbener immaterieller sowie materieller Dinge sehr schnell schwinden, z. B. bei Maschinen wegen des technischen Fortschritts, bei börsennotierten Wertpapieren aufgrund eines Kurseinbruchs, bei entgeltlich erworbenen Patenten wegen einer patentierten besseren Erfindung etc. Der eigentliche Grund für das Verbot liegt daher offenbar im weiten Bewertungsspielraum, in der Manipulierbarkeit des Wertes dieser Gegenstände. Da dieser nicht in Kaufverhandlungen zwischen Fremden als deren Preisvereinbarung konkretisiert und objektiviert wurde, hat es der Bilanzierende in der Hand, die Höhe des Wertes festzulegen. Wegen des Realisationsprinzips kann es sich nur um einen Kostenwert handeln, nie um einen Wert, der Gewinnbestandteile umfasst. Die Kosten eines selbst entwickelten Patentes oder ungeschützten neuen Verfahrens („Know-how") lassen sich jedoch betriebswirtschaftlich nur sehr schwer und kaum ohne Willkür abgrenzen[1]. Diese Kostenzuordnung könnte der Bilanzierende dann an seiner Ertragslage ausrichten. Die Gefahr einer solchen Willkürbewertung soll unterbunden werden.

Dagegen müssen erst teilweise fertig gestellte immaterielle Auftragsarbeiten eines Software-Herstellers unter den Vorräten (Umlaufvermögen) ausgewiesen und mit den bis zum Bilanzstichtag angefallenen Programmierungskosten bewertet werden. Gleiches gilt auch für absatzbestimmte Standardprogramme (z. B. zur EDV-Buchführung). Die unterschiedliche Behandlung lässt sich damit erklären, dass eine (bewusst oder unbewusst) falsche Bewertung (Kostenzuordnungsproblem) von Gegenständen des Anlagevermögens aufgrund

[1] Besonders die Zuordnung von (Grundlagen-)Forschungs- und Entwicklungskosten zu einzelnen Produkten ist nur selten eindeutig möglich.

der planmäßigen Abschreibungen über die gesamte Nutzungsdauer des Gegenstands hinweg Auswirkungen hat, während eine falsche Bewertung von Gegenständen des Umlaufvermögens, die ja zum alsbaldigen Verkauf bestimmt sind, sich von selbst dann korrigiert, wenn ein zwischen Fremden ausgehandelter objektiver Verkaufspreis zum Tragen kommt. Wurden die Erzeugnisse zunächst niedrig bewertet, um den Gewinn nach unten zu drücken, so ergibt sich im Verkaufszeitpunkt als Differenz zwischen Preis und Buchwert ein umso höherer Gewinn und umgekehrt. Die ursprünglichen Forschungs- und Entwicklungskosten der Software unterliegen bei einem Software-Haus jedoch dem Aktivierungsverbot (vgl. Kapitel B.III.2.b).

Die entsprechende *handelsrechtliche* Vorschrift des § 248 HGB verbietet in Absatz 1 Nr. 1–3 die Aktivierung von Aufwendungen für die Gründung eines Unternehmens, für die Beschaffung des Eigenkapitals und für den Abschluss von Versicherungsverträgen. Da es sich hierbei weder um Vermögensgegenstände noch um Wirtschaftsgüter handelt, stellt die Vorschrift nur eine handelsrechtliche Klarstellung dar und gilt in der Steuerbilanz analog.

Dagegen wird in § 248 Abs. 2 HGB die Aktivierung bestimmter selbst geschaffener Vermögensgegenstände des Anlagevermögens konkret verboten, und zwar von Marken, Drucktiteln, Verlagsrechten, Kundenlisten oder vergleichbarer immaterieller Vermögensgegenstände des Anlagevermögens. Dies deckt sich insoweit mit § 5 Abs. 2 EStG.

Passivierungsverbote:
Liegt eine echte Schuld bzw. ein negatives Wirtschaftsgut vor, so besteht aufgrund des Vollständigkeitsprinzips eine Passivierungspflicht als Verbindlichkeit. Ist die Höhe der Schuld ungewiss, wird aber mit einer Inanspruchnahme gerechnet, so handelt es sich um eine passivierungspflichtige Rückstellung für ungewisse Verbindlichkeiten (§ 249 Abs. 1 Satz 1 HGB; R 5.7 Abs. 1 EStH). Ein konkretes Passivierungsverbot (Ansatzverbot) existiert nur für Rückstellungen zu anderen als den im Gesetz bezeichneten Zwecken (§ 249 Abs. 2 HGB). Aufgrund des Maßgeblichkeitsprinzips gilt dieses Verbot auch für die Steuerbilanz. Belastungen, deren Höhe ungewiss sind und mit deren Eintritt nicht gerechnet wird, dürfen in der Steuerbilanz nicht passiviert werden. In der Handelsbilanz sind diese jedoch als Merkposten anzugeben, und zwar sind als Haftungsverhältnisse (Eventualverbindlichkeiten) „unter dem Strich“ (= außerhalb) der Bilanz (§ 251 HGB).

c) Bilanzierungswahlrechte

Bilanzierungswahlrechte (Ansatzwahlrechte) sind Ermessensspielräume, die dem Bilanzierenden vom Gesetzgeber eingeräumt werden. Der Bilanzierende kann entsprechend seinem bilanzpolitischen Ziel, einen möglichst hohen oder möglichst niedrigen Gewinn auszuweisen, frei wählen, ob er einen bestimmten Bilanzposten ansetzt oder nicht. Solche Ansatzwahlrechte gibt es im Bilanzsteuerrecht im Interesse der Gleichmäßigkeit der Besteuerung nicht. Handelsrechtliche Ansatzwahlrechte verwandeln sich entsprechend dem Beschluss des Großen Senats der BFH vom 3.2.1969 in steuerrechtliche Aktivierungsgebote bzw. Passivierungsverbote.[1]

Die einzigen, seit 1.1.2010 noch verbliebenen h*andelsrechtlichen* Bilanzierungswahlrechte zeigt folgende Tabelle:

[1] Vgl. das folgende Kapitel zur Maßgeblichkeit (Fall 2).

Aktivierungswahlrechte
Selbst geschaffene immaterielle Vermögensgegenstände des Anlagevermögens (§ 248 Abs. 2 Ss. 1 HGB)
Aktiver Rechnungsabgrenzungsposten für ein Disagio/Damnum (§ 250 Abs. 3 HGB) (vgl. Kapitel B.V.)

Die Gründe des Gesetzgebers, solche Wahlrechte zu schaffen, können darin liegen, widerstreitenden Zielen verschiedener Adressatengruppen Rechnung tragen zu wollen, es kann sich auch um problematische Posten handeln. Die Aktivierungswahlrechte wurden seit dem 1.1.2010 stark eingeschränkt, Passivierungswahlrechte gibt es seitdem auch handelsrechtlich nicht mehr.

2. Die Maßgeblichkeit der Handelsbilanz für die Steuerbilanz

Das Maßgeblichkeitsprinzip regelt das grundsätzliche Verhältnis zwischen Handels- und Steuerbilanz. Danach ist die Handelsbilanz mit ihren einzelnen Posten und Wertansätzen für die Steuerbilanz maßgeblich, d. h. die Positionen sind aus der Handelsbilanz zu übernehmen. Das Maßgeblichkeitsprinzip ist kodifiziert in § 5 Abs. 1 Satz 1 EStG (Neufassung ab 1.1.2010):

> „Bei Gewerbetreibenden, die auf Grund gesetzlicher Vorschriften verpflichtet sind, Bücher zu führen und regelmäßig Abschlüsse zu machen, oder die ohne eine solche Verpflichtung Bücher führen und regelmäßig Abschlüsse machen, ist für den Schluss des Wirtschaftsjahres das Betriebsvermögen anzusetzen (§ 4 Abs. 1 Satz 1), das nach den handelsrechtlichen Grundsätzen ordnungsmäßiger Buchführung auszuweisen ist….."

Diese sog. ***abstrakte Maßgeblichkeit*** beinhaltet also den Grundsatz, dass die handelsrechtlichen GoB auch im steuerrechtlichen Jahresabschluss zu beachten sind. Der Begriff Betriebsvermögen ist dabei als Reinvermögen bzw. Eigenkapital zu interpretieren, das den Jahresgewinn als Bestandteil umfasst. Daraus ist zu schließen, dass sich der Grundsatz der Maßgeblichkeit auch auf alle Gewinnermittlungsregelungen bezieht. Da die meisten GoB im HGB kodifiziert sind und die handelsrechtlichen Gesetzesvorschriften auf den GoB fußen, sind in einem weiteren Sinne die Vorschriften des HGB, soweit sie für alle Kaufleute gelten, und die nicht kodifizierten handelsrechtlichen GoB für den steuerrechtlichen Abschluss maßgebend.

Die unterschiedlichen Zielsetzungen von Handels- und Steuerbilanz machen jedoch Abweichungen erforderlich, die in der Regel darin bestehen, dass in der Steuerbilanz der Ermessensspielraum des Bilanzierenden zum Zwecke einer Objektivierung stark eingeschränkt ist.

Fall 1: ***Bilanzierungsgebote/-verbote (§ 5 Abs. 1 Satz 1 EStG)***

Handelsbilanz ⇒ ⇒	⇒ ⇒ *Steuerbilanz*
Aktivierungsgebot/-verbot	Aktivierungsgebot/-verbot
Passivierungsgebot/-verbot	Passivierungsgebot/-verbot

Die aus dem Vollständigkeitsgrundsatz resultierenden Bilanzierungsgebote und die Bilanzierungsverbote des Handelsrechts gelten gleichermaßen auch für das Steuerrecht, also für alle Sachen, Rechte und immateriellen Werte, die sowohl Vermögensgegenstände als auch Wirtschaftsgüter sind (so gen. ***„materielle Maßgeblichkeit“***).

Fall 2: ***Bilanzierungswahlrechte (Beschluss des GrS/BFH vom 3.2.1969)***

Handelsbilanz	***Steuerbilanz***
Aktivierungswahlrecht	Aktivierungsgebot
Passivierungswahlrecht	Passivierungsverbot

Wie im vorigen Kapitel bereits erörtert, sind unter Bilanzierungswahlrechten Ansatzwahlrechte zu verstehen, nicht jedoch Bewertungswahlrechte. Bei Ansatzwahlrechten hat der Bilanzierende die freie Wahl, einen Bilanzposten anzusetzen oder nicht. Nach dem Beschluss des Großen Senats des Bundesfinanzhofs vom 3.2.1969 (BStBl. 1969 II, S. 291) wird im Fall 2 die Maßgeblichkeit grundsätzlich in der dargestellten Weise durchbrochen.

Beispiel:

	Handelsrecht	**Steuerrecht**
	Aktivierungs-wahlrecht	***Aktivierungs-gebot***
Aktiver Rechnungsabgrenzungsposten für ein Disagio/Damnum (vgl. Kapitel B.V.)	§ 250 Abs. 3 HGB	§ 5 Abs. 5 EStG

Unter einem ***Disagio oder Damnum*** versteht man den Unterschiedsbetrag zwischen dem Erfüllungsbetrag einer aufgenommenen Verbindlichkeit und dem Auszahlungsbetrag durch den Gläubiger. Dieser Unterschiedsbetrag stellt einen Einmalzins dar, der zu Beginn der Kreditlaufzeit durch Verzicht auf eine höhere Auszahlung geleistet wird. Der aufgenommene Kredit ist dann mit einem entsprechend geringeren laufenden Zinssatz verbunden. Wirtschaftlich ist das Disagio der gesamten Laufzeit zugehörig und daher zweckmäßigerweise auf die gesamte Laufzeit zu verteilen.

§ 250 Abs. 3 HGB enthält das *handelsrechtliche* Bilanzierungswahlrecht, das Disagio sofort voll als Zinsaufwand zu buchen oder mit Hilfe eines aktiven Rechnungsabgrenzungspostens zu verteilen. Im Falle der Aktivierung wird offen gelassen, in welcher Weise und über welchen Zeitraum das Disagio planmäßig verteilt wird.

Steuerrechtlich wird dem Bilanzierenden dieser weite Ermessensspielraum jedoch nicht gewährt, da es nicht im Belieben des Steuerpflichtigen stehen darf, seine Steuerschuld durch den Ansatz oder Nichtansatz von Wirtschaftsgütern, in größerem Ausmaß zu verschieben oder nicht. Durch den Beschluss des Großen Senats des BFH vom 3.2.1969 wird daher die Maßgeblichkeit der Handelsbilanz in diesen Fällen durchbrochen, und zwar ergibt sich in der Steuerbilanz dadurch immer ein gleich hoher oder höherer Gewinn als in der Handelsbilanz. Auch wenn in der Handelsbilanz das gesamte Disagio sofort als Zinsaufwand gebucht wird, so ist in der Steuerbilanz eine Aktivierung des Rechnungsabgrenzungspostens und eine Verteilung des Einmalzinses auf die gesamte Laufzeit des Darlehens verpflichtend. Dies resultiert auch daraus, dass es keine spezielle Vorschrift im EStG für das Disagio gibt und daher die Bildung eines Rechnungsabgrenzungspostens entsprechend dem Grundsatz der zeitlichen Abgrenzung verpflichtend ist (§ 5 Abs. 5 EStG; H 6.10 „Damnum" EStH).

Beispielaufgabe:

Die LowTech nimmt am 2.1.01 bei der Sparkasse Norden ein langfristiges Darlehen in Höhe von 100.000 EUR auf. Der laufende Zinssatz beträgt 6%, als Disagio werden 5% vereinbart, die Laufzeit ist 10 Jahre. Welche handelsrechtlichen Bilanzierungsmöglichkeiten gibt es? Geben Sie die Buchungssätze an.

Lösung:

Generell ist eine Verbindlichkeit mit dem Erfüllungsbetrag zu passivieren (§ 253 Abs. 1 HGB). Die laufenden Zinsen stellen Zinsaufwand dar, jährlich in Höhe von 6.000 EUR. Für die Behandlung des Disagios gibt es 2 Möglichkeiten:

1. Möglichkeit: Buchung des Disagios als Zinsaufwand bei Aufnahme des Darlehens.

BS:	Bank	95.000 EUR	
	Zinsaufwand	5.000 EUR	
	an Verbindlichkeiten gegenüber Kreditinstituten		100.000 EUR.

2. Möglichkeit: Einstellung des Disagios in einen aktiven Rechungsabgrenzungsposten und planmäßige Verteilung. Verteilung soll hier linear über die Laufzeit des Darlehens erfolgen.

BS:	Bank	95.000 EUR	
	Aktiver Rechnungsabgrenzungsposten	5.000 EUR	
	an Verbindlichkeiten gegenüber Kreditinstituten		100.000 EUR.

Am Ende des ersten Jahres der Laufzeit ist der Rechnungsabgrenzungsposten zu einem Zehntel aufzulösen.

BS:	Zinsaufwand	500 EUR	
	an aktiven Rechnungsabgrenzungsposten		500 EUR.

Fall 3: ***Bewertungsvorschriften: GoB-konforme Wahlrechte in der Steuerbilanz (§ 5 Abs. 1 S. 1 1. Halbs. HGB)***[1]

Handelsbilanz ⇒ ⇒	***⇒ ⇒ Steuerbilanz***
Bewertungswahlrecht (oder Wertansatzgebot) nach handelsrechtlichen GoB	Gleiche Bewertung wie in der Handelsbilanz, soweit das steuerrechtliche Bewertungswahlrecht dem handelsrechtlichen Bewertungswahlrecht (oder Wertansatzgebot) entspricht

Bei handelsrechtlich fest vorgeschriebenen Wertansätzen gilt das Maßgeblichkeitsprinzip, d. h. die Werte sind in die Steuerbilanz zu übernehmen. Besteht ein handelsrechtliches Bewertungswahlrecht, so ist derjenige Wert oder diejenige Bewertungsmethode für die Steuerbilanz grundsätzlich maßgeblich, für den sich der Bilanzierende in der Handelsbilanz entschieden hat. Ist die handelsrechtlich gewählte Bewertungsmethode steuerrechtlich zulässig, so wird über die Festlegung der handelsrechtlichen Methode auch das steuerrechtliche Bewertungswahlrecht ausgeübt. Dass der Bilanzierende von Anfang an „mit einem Auge" auf die steuerrechtlichen Bestimmungen „schielt" und sich somit eine gewisse Ausstrahlung steuerrechtlicher Vorschriften auf die Handelsbilanz ergibt, ist nicht verwerflich.[2]

---

[1] Leider ist die Formulierung in § 5 Abs. 1 S. 1 EStG unklar. Nach dem Wortlaut müsste eigentlich eine autonome Wahlrechtsausübung in der Steuerbilanz auch bei solchen Wahlrechten möglich sein, die mit den handelsrechtlichen übereinstimmen. Damit wäre die normale Maßgeblichkeit hinsichtlich der Bewertung gänzlich abgeschafft, was der Gesetzgeber vermutlich nicht beabsichtigt hat. Gleicher Ansicht: Henselmann, Klaus: Umgekehrte Maßgeblichkeit und latente Steuern, in: Schmiel/Breithecker (Hrsg.): Steuerliche Gewinnermittlung nach dem Bilanzrechtsmodernisierungsgesetz, Berlin 2008, S. 258.

[2] Vor dem Inkrafttreten des BilMoG im Jahre 2009 war das „Schielen auf das Steuerrecht" bei der Ausübung handelsrechtlicher Wahlrechte aber Grund genug, in diesem Falle von der nunmehr abgeschafften „umgekehrten Maßgeblichkeit" zu sprechen.

Beispiel:

Buchhalter Ärmel der LowTech GmbH ist sich nicht sicher, wie in der *Steuerbilanz* eine bestimmte Maschine (Anschaffungskosten: 10.000,- EUR; Nutzungsdauer: 10 Jahre; Anschaffung am 2.1.01) planmäßig abzuschreiben ist. Zulässig sind die lineare Methode und die Leistungsabschreibung.[1]

Es kommt auf die Abschreibung in der *Handelsbilanz* an. Für die planmäßige Abschreibung einer Maschine stehen mehrere Möglichkeiten zur Wahl: die lineare Methode, die geometrisch-degressive Methode, die Leistungsabschreibung etc. Hat sich der Bilanzierende für die Handelsbilanz aufgrund des geschätzten Verlaufs der tatsächlichen Wertminderung z. B. entschieden, die Maschine linear über 10 Jahre abzuschreiben, so ist er nach dem Grundsatz der Maßgeblichkeit daran auch für die Steuerbilanz gebunden. Handels- und Steuerbilanzwert der Maschine stimmen überein.[2]

Handelsbilanz (in EUR) ⇒ ⇒		⇒ ⇒ ***Steuerbilanz (in EUR)***	
Anschaffungskosten	10.000	Anschaffungskosten	10.000
– Abschreibungen	– 1.000	– Abschreibungen	– 1.000
= Buchwert am 31.12.01	= 9.000	= Buchwert am 31.12.01	= 9.000

Beispiel:

Buchhalter Ärmel möchte im Rahmen des handelsrechtlichen Wahlrechts zwischen mehreren Bewertungsmethoden im Betrieb gelagerte gleichartige Vermögensgegenstände des Vorratsvermögens mit Hilfe der lifo-Methode („last in – first out")[3] bewerten. Da auch steuerrechtlich die lifo-Methode als Möglichkeit der Vorratsbewertung zulässig ist, führt das Maßgeblichkeitsprinzip dazu, dass auch in der Steuerbilanz die lifo-Methode angewendet wird. Durch die Ausübung handelsrechtlicher Bewertungswahlrechte werden also steuerrechtliche Bewertungswahlrechte gleichzeitig mit ausgeübt.

Außerdem ist gemäß § 5 Abs. 1a EStG die Bildung von Bewertungseinheiten im handelsrechtlichen Jahresabschluss maßgeblich für die Steuerbilanz (so gen. „konkrete Maßgeblichkeit" von Handelsbilanzpositionen). Solche Bewertungseinheiten, die eine Durchbrechung des Grundsatzes der Einzelbewertung darstellen, können unter Beachtung strenger Voraussetzungen zwischen Grundgeschäften und den zugehörigen Absicherungsinstrumenten, mit denen finanzwirtschaftliche Risiken der Grundgeschäfte abgesichert werden sollen, gebildet werden.

Fall 4: ***Bewertungsvorschriften: Zwingende Wertabweichungen in der Steuerbilanz (§ 5 Abs. 6 EStG)***

Handelsbilanz	***Steuerbilanz***
Bewertungswahlrecht oder Bewertungsgebot	Gebot der Abweichung von den handelsrechtlichen Werten bei zwingend zu beachtenden anders lautenden steuerlichen Bewertungsvorschriften (so genannter ***Bewertungsvorbehalt*** § 5 Abs. 6 EStG)

Durchbrochen wird das Maßgeblichkeitsprinzip dann, wenn der Wert, für den sich der Bilanzierende in der Handelsbilanz entschieden hat, aufgrund der strengeren Bewertungsvorschriften steuerrechtlich nicht zulässig ist. Dann muss in der Steuerbilanz ein abweichen-

[1] Bei Anschaffungen in den Jahren 2009 und 2010 ist ausnahmsweise zwecks Konjunkturankurbelung auch die geometrische-degressive Absetzung für Abnutzung zulässig. Genaueres s. Erster Teil Kapitel B.III.2.

[2] Dies gilt nur, sofern die geschätzte Nutzungsdauer nicht kürzer ist als die für solche Maschinen in den AfA-Tabellen der Finanzverwaltung aufgeführte betriebsgewöhnliche Nutzungsdauer.

[3] Genaueres zur lifo-Methode s. Erster Teil Kapitel B.IV.2.d)(2).

der, steuerlich zulässiger Wert angesetzt werden. Differenzen zwischen Handels- und Steuerbilanz werden also auch durch diesen sog. ***steuerrechtlichen Bewertungsvorbehalt*** begründet, der den strengeren steuerrechtlichen Bewertungsvorschriften in der Steuerbilanz Priorität einräumt. § 5 Abs. 6 EStG hat folgenden Wortlaut[1]:

> „Die Vorschriften über die Entnahmen und die Einlagen, über die Zulässigkeit der Bilanzänderung, über die Betriebsausgaben, über die Bewertung und über die Absetzung für Abnutzung oder Substanzverringerung sind zu befolgen."

Der Bewertungsvorbehalt käme bei Abschreibungen z. B. zum Tragen, wenn in der Handelsbilanz eine steuerrechtlich unzulässige Abschreibungsmethode (z. B. die arithmetisch-degressive Methode) gewählt würde oder ein höherer Abschreibungssatz als steuerrechtlich erlaubt gewählt würde.

Beispiel:

Eine Maschine mit Anschaffungskosten i. H. v. 10.000 EUR und einer geschätzten betriebsgewöhnlichen Nutzungsdauer von 8 Jahren schreibt Buchhalter Ärmel in Handels- und Steuerbilanz geometrisch-degressiv 30% ab.

In der Handelsbilanz ist dies zwar möglich, wenn es vernünftiger kaufmännischer Beurteilung entspricht und nicht willkürlich ist. Steuerrechtlich ist die geometrisch-degressive Abschreibungsmethode jedoch nicht mehr zulässig[2]. Somit können weder die handelsrechtliche Abschreibung noch der handelsrechtliche Wert der Maschine per 31.12.01 maßgeblich für die Steuerbilanz sein. Die strengeren steuerrechtlichen Abschreibungsvorschriften sind in der Steuerbilanz vorrangig. Der Bewertungsvorbehalt (§ 5 Abs. 6 EStG) führt zwingend zu unterschiedlichen Wertansätzen in Handels- und Steuerbilanz.

Handelsbilanz (in EUR)		***Steuerbilanz (in EUR)***	
Anschaffungskosten	10.000	Anschaffungskosten	10.000
– geom.-degr. Abschreibung	– 3.000	– lineare AfA	– 1.250
= Buchwert am 31.12.01	= 7.000	= Buchwert am 31.12.01	= 8.750

Beispiel:

Bei einer anderen Maschine als im obigen Falle mit denselben Anschaffungskosten und einer geschätzten Nutzungsdauer von 4 Jahren glaubt Ärmel, jetzt endlich das Prinzip verstanden zu haben, und schreibt in Handels- und Steuerbilanz linear über 4 Jahre ab.

Wieder falsch! In der Handelsbilanz ist dies zwar möglich, wenn es vernünftiger kaufmännischer Beurteilung entspricht und nicht willkürlich ist. Steuerrechtlich ist jedoch die sog. betriebsgewöhnliche Nutzungsdauer maßgeblich (§ 7 Abs. 1 Satz 2 EStG), die in den AfA-Tabellen nach Erfahrungen der Finanzverwaltung für einzelne Maschinenarten aufgeführt ist. Zwar stellen diese Angaben nur wichtige Anhaltspunkte dar, die Finanzverwaltung weicht jedoch nur in begründeten Fällen, also bei Vorliegen besonderer betrieblicher Umstände, davon ab. Sind solche nicht gegeben und beträgt die betriebsgewöhnliche Nutzungsdauer laut AfA-Tabelle 8 Jahre, so ist die handelsrechtliche Abschreibung und auch der handelsrechtliche Wert der Maschine per 31.12.01 nicht maßgeblich für die Steuerbilanz. Die strengeren steuerrechtlichen Abschreibungsvorschriften sind in der Steuerbilanz vorrangig. Der Bewertungsvorbehalt

[1] Mit dem Begriff „steuerrechtlicher Bewertungsvorbehalt" werden üblicherweise auch Fälle bezeichnet, in denen zwingende steuerrechtliche Vorschriften hinsichtlich des Ansatzes von Aktiva und Passiva von den handelsrechtlichen Regelungen abweichen. Aus diesem Grunde kann auch von „steuerrechtlichem Ansatz- und Bewertungsvorbehalt" gesprochen werden.

[2] Ausnahmsweise ist die geometrisch-degressive Absetzung für Abnutzung bei Anschaffungen in den Jahren 2009 und 2010 in der Steuerbilanz wieder erlaubt. Allerdings beträgt die Obergrenze des Abschreibungssatzes 25% bzw. das Zweieinhalbfache des linearen Satzes. Somit wäre in diesen Jahren in der Steuerbilanz der AfA-Betrag auf 2.500 EUR zu reduzieren und der Buchwert der Maschine (31.12.01) auf 7.500 zu erhöhen.

(§ 5 Abs. 6 EStG) durchbricht hier also das Maßgeblichkeitsprinzip und führt zu unterschiedlichen Buchwerten in Handels- und Steuerbilanz.

Handelsbilanz (in EUR)		***Steuerbilanz (in EUR)***	
Anschaffungskosten	10.000	Anschaffungskosten	10.000
– Abschreibungen	– 2.500	– Abschreibungen	– 1.250
= Buchwert am 31.12.01	= 7.500	= Buchwert am 31.12.01	= 8.750

Streng genommen kommt es nur zu einer Abweichung zwischen Handels- und Steuerbilanz aufgrund des Bewertungsvorbehalts, wenn zwingende steuerliche Gesetzesvorschriften gegenüber den handelsrechtlichen Vorschriften differieren. Die sog. AfA-Tabellen mit der betriebsgewöhnlichen Nutzungsdauer haben jedoch nur den Charakter von Anweisungen an die Finanzverwaltung. Faktisch ist deren Wirkung im Hinblick auf die abweichende Bilanzierung jedoch dieselbe wie bei gesetzlichen Vorschriften. Zwar steht gegen Verwaltungsanweisungen der Klageweg offen, der BFH hat jedoch i. d. R. langjährige Verfahrensweisen der Finanzverwaltung in seiner Rechtsprechung bestätigt[1].

Fall 5: ***Bewertungsvorschriften: Nicht GoB-konforme Wahlrechte in der Steuerbilanz (§ 5 Abs. 1 S. 1 2. Halbs. EStG)***

Handelsbilanz	***Steuerbilanz***	
Bewertungswahlrecht oder Wertansatzgebot nach handelsrechtlichen GoB	Steuerrechtliches Bewertungswahlrecht, das vom handelsrechtlichen Bewertungswahlrecht oder Wertansatzgebot abweicht	Ein steuerrechtliches Bewertungswahlrecht kann unabhängig vom handelsrechtlichen Wertansatz ausgeübt werden (§ 5 Abs. 1 Satz 1 2. Halbsatz EStG)

Der Kernbereich der sog. umgekehrten Maßgeblichkeit vor dem Inkrafttreten des BilMoG zum 1.1.2010 war die Berücksichtigung steuerrechtlicher Vergünstigungen auch in der Handelsbilanz, sofern man durch deren Berücksichtigung in der Steuerbilanz (auf dem Wege der formellen Maßgeblichkeit) in den Genuss der Vergünstigungen gelangen wollte. Damit bestimmte die Steuerbilanz die Wertansätze in der Handelsbilanz, die auf diese Weise durch Bildung stiller Reserven verzerrt wurden und einen Teil ihres Informationsgehalts einbüßten. Mit dem Inkrafttreten des BilMoG wurde – wie von Fachleuten seit langem gefordert – die umgekehrte Maßgeblichkeit abgeschafft, sodass die Auswirkungen steuerrechtlicher Vergünstigungen auf die Steuerbilanz beschränkt bleiben. Die Handelsbilanz wird insoweit nicht mehr bei der Erfüllung ihrer Informationsaufgaben beeinträchtigt. Eine formelle Maßgeblichkeit des Handelsbilanzwerts für den Steuerbilanzwert gibt es in diesen Fällen nicht mehr.

Die neue Regelung ist ebenfalls in § 5 Abs. 1 S.1 kodifiziert. Dort wird die Durchbrechung des Maßgeblichkeitsprinzips für den Fall normiert, dass steuerliche Wahlrechte ausgeübt werden sollen oder in Vorjahren ausgeübt wurden. Voraussetzung für die autonome Nutzung steuerlicher Wahlrechte in der Steuerbilanz, unabhängig von der Handelsbilanz, ist, dass in diesem Falle die entsprechenden Wirtschaftsgüter in laufend zu führende Verzeichnisse aufgenommen werden. Diese müssen den Tag der Anschaffung oder Herstellung, die Anschaffungs- oder Herstellungskosten, die Vorschrift des ausgeübten steuerlichen Wahlrechts und die vorgenommenen Abschreibungen enthalten (§ 5 Abs. 1 S. 2 EStG).

[1] Vgl. z. B. zur Abgrenzung der Herstellungskosten in R 6.3 EStR das Urteil BFH 21.10.1993, BStBl. 1994 II S. 177 f.

Beispiel:

Buchhalter Ärmel möchte bei einer Maschine mit ebenfalls Anschaffungskosten von 20.000 EUR und einer betriebsgewöhnlichen Nutzungsdauer von 8 Jahren zusätzlich eine steuerliche Sonderabschreibung vornehmen, um dadurch den steuerpflichtigen Jahresgewinn (in der Steuerbilanz) zu verringern. Ohne die Sonderabschreibung betrage der Jahresgewinn vor Ertragsteuern 100.000 EUR. Solche steuerrechtlichen Vergünstigungen werden in verschiedener Form gewährt, um bestimmte wirtschaftspolitische Ziele (Regionalförderung, Mittelstandsförderung, etc.) zu erreichen. Da alle Voraussetzungen erfüllt sind, möchte Ärmel eine 20%ige Sonderabschreibung zur Förderung kleiner und mittlerer Betriebe gemäß § 7g Abs. 5 EStG (genaueres s. Kap. B.III.3.c und B.VII.5.) in Anspruch nehmen. Im Handelsrecht gibt es keine entsprechende Vorschrift. Das steuerrechtliche Wahlrecht kann gemäß § 5 Abs. 1 S. 1 2. Halbs. EStG unabhängig von der Handelsbilanz ausgeübt werden. Die Buchwerte zum 31.12.01 in der Handelsbilanz und in der Steuerbilanz sind unterschiedlich.

Handelsbilanz (EUR)		***Steuerbilanz (EUR)***	
Anschaffungskosten	10.000	Anschaffungskosten	10.000
– planmäßige Abschreibungen	– 1.250	– Absetzung für Abnutzung	– 1.250
		– Sonderabschreibung gem.§ 7g Abs. 5 EStG	– 2.000
= Buchwert zum 31.12.01	**= 8.750**	= Buchwert zum 31.12.01	**= 6.750**

Endgültiger handelsrechtlicher Jahresgewinn vor Ertragsteuern	100.000	Endgültiger steuerrechtlicher Jahresgewinn vor Ertragsteuern	98.000

Merke:

> Die bis zum 31.12.2009 geltende so genannte umgekehrte Maßgeblichkeit ist mit dem BilMoG abgeschafft worden. Somit können vom Handelsrecht abweichende steuerrechtliche Wahlrechte in der Steuerbilanz unabhängig von der Handelsbilanz ausgeübt werden!

3. Bewertungsmaßstäbe im Steuerrecht

a) Anschaffungskosten

(1) Allgemeines

Im Steuerrecht wird die Obergrenze der Bewertung von Wirtschaftsgütern durch das so gen. ***Anschaffungskostenprinzip*** festgelegt, das aus dem Realisationsprinzip folgt.[1] Es verbietet die Bewertung der Wirtschaftsgüter mit über den Anschaffungs- oder Herstellungskosten liegenden Verkaufspreisen, solange die Wirtschaftsgüter noch nicht veräußert und geliefert sind. Das alte Vorsichtsprinzip, dass der „Kaufmann sich nicht reicher machen darf, als er tatsächlich ist", steht hinter diesen Überlegungen. Die langfristige Sicherung des Unternehmens und der Gläubigerschutz sind die konkreten Zwecke, die mit dem Anschaffungskostenprinzip erreicht werden sollen. Fraglich ist nur, ob der Gläubigerschutz dadurch bestmöglich erfüllt ist, wenn bei Wertsteigerungen über die Anschaffungskosten hinaus Unterbewertungen von Vermögensgegenständen und Wirtschaftsgütern gesetzlich erzwungen werden, den Gläubigern der Umfang dieser „stillen Reserven" aber nicht bekannt ist.

[1] Vgl. §§ 252 Abs. 1 Nr. 4, § 253 Abs. 1, § 6 Abs. 1 Nr. 1 und 2 EStG.

In § 255 Abs. 1 Satz 1 HGB sind die Anschaffungskosten allgemein definiert:

Legaldefinition:

> „***Anschaffungskosten*** sind die Aufwendungen, die geleistet werden, um einen Vermögensgegenstand zu erwerben und ihn in einen betriebsbereiten Zustand zu versetzen, soweit sie dem Vermögensgegenstand einzeln zugeordnet werden können."

Damit ist klargestellt, dass es sich im Gegensatz zum allgemeinen Sprachgebrauch, der auch vom Gesetz übernommen wird, gar nicht um Kosten im strengen betriebswirtschaftlichen Sinne, sondern um ***Aufwendungen*** handeln darf. Dies gilt grundsätzlich immer, wenn im Handels- oder Steuerrecht von „Kosten" die Rede ist. Rein kalkulatorische Kosten (z. B. kalkulatorische Miete, Zinsen, Wagnisse etc.) dürfen nicht einbezogen werden. Im Unterschied zu diesen haben Aufwendungen, da sie mit Ausgaben verbunden sind, einen größeren Objektivitätsgrad.

In obiger Definition erfolgt außerdem eine Präzisierung des Zeitbezugs der Anschaffungskosten, die sich nicht nur auf den eigentlichen Anschaffungsakt beziehen, sondern sich bis zur tatsächlichen Betriebsbereitschaft (z. B. einer Maschine) erstrecken.

Schließlich dürfen nur einzeln zuordenbare Aufwendungen, also die sog. Einzelkosten, nicht aber sog. Gemeinkosten, in die Anschaffungskosten einbezogen werden. Auf diese beiden Begriffe aus der Kostenrechnung soll kurz eingegangen werden.

Einzelkosten	***Gemeinkosten***
• sind von einem einzigen Zweck verursacht	• sind von mehreren Zwecken gemeinsam veranlasst
• können diesem einen Zweck (=Kostenträger, Vermögensgegenstand) einzeln direkt (anhand von Belegen) zugeordnet werden	• können nicht logisch eindeutig anteilig den einzelnen Zwecken zugeordnet werden; dennoch wird eine solche Aufteilung in der Praxis oft mit Hilfe von Verrechnungsschlüsseln vorgenommen (Vollkostenrechnung)
Beispiele: Akkordlöhne, Rohstoffe	*Beispiele:* Geschäftsführergehälter, Gebäudeabschreibung

In Satz 2 von § 255 Abs. 1 HGB werden die Komponenten des Anschaffungskostenbegriffs präzisiert:

Ermittlung der Anschaffungskosten gemäß § 255 Abs. 1 Satz 2 HGB und H 6.2 „Anschaffungskosten" EStH	
(1.)	Anschaffungspreis
(2.)	./. Anschaffungspreisminderungen (Skonti, Boni, Rabatte, Zuschüsse)
(3.)	+ Anschaffungsnebenkosten (Frachten, Zölle, Montagekosten, Provisionen, Grunderwerbsteuer)
(4.)	+ nachträgliche Anschaffungskosten
	= Anschaffungskosten.

(1.) Der ***Anschaffungspreis*** entspricht dem reinen Listenpreis bzw. dem vertraglich festgelegten Grundpreis des erworbenen Vermögensgegenstands.

(2.) Die ***Anschaffungspreisminderungen*** umfassen: Rabatte (H 6.2 „Preisnachlass oder Rabatt" EStH), Skonti, Boni, Zuschüsse. Rabatte schlagen sich nicht in der Buchführung nieder, sofern sie von Anfang an gewährt worden sind. Von Lieferanten gewährte Skonti oder Boni stellen nachträgliche Preisminderungen dar, die aber in der Regel auf besonderen Konten gebucht werden, um eine bessere Wirtschaftlichkeitskontrolle zu haben. Die Bewertung der Schlussbestände (Inventurbestände) auf den Bestandskonten hat unter Abzug dieser Beträge zu erfolgen.

(3.) Zu den ***Anschaffungsnebenkosten*** gehören:
Verpackungskosten, Frachtkosten, Rollgelder, Speditionskosten, Abladekosten, Transportversicherung, Zölle, Lagergelder, Montagekosten, Fundamentierungskosten, Kosten für Probeläufe und Mitarbeiterschulung zur Maschinenbedienung (falls unabdingbar zur Herstellung der Betriebsbereitschaft), Vermittlungsprovisionen, Spesen, Courtage, Kommissionskosten, Abstandszahlungen, Notarkosten, Grundbuchkosten, Grunderwerbsteuer, Straßenbaukostenbeiträge bei erstmaliger Grundstückanbindung, Kosten der erstmaligen Grundstückserschließung, Abbruchkosten.

(4.) ***Nachträgliche Anschaffungskosten*** fallen beispielsweise an, wenn längere Zeit nach der Anschaffung noch Aufwendungen erforderlich sind, um den Verwendungszweck des Wirtschaftsguts zu verändern oder um Erweiterungen oder wesentliche Verbesserungen vorzunehmen.

Beispiele:

- eine Maschine wird umgebaut, um geänderte Funktionen erfüllen zu können;
- ein LKW-Pritschenwagen wird durch einen nachträglichen Aufbau zu einem Tankwagen umfunktioniert;
- durch Bebauungsplanänderung wird ein unbebautes Grundstück in Bauland umgewandelt, sodass Beiträge für Anlagen zur erstmaligen Erschließung entstehen (H 6.4 „Erschließungs-, Straßenanlieger- und andere Beiträge" EStH);
- Beiträge für die Zweit- oder Zusatzerschließung eines Grundstücks durch eine weitere Straße lange nach dem Erwerb des Grundstücks, sofern sich dadurch der Wert des Grundstücks erhöhat, ind nachträgliche Anschaffungskosten des Grund und Bodens (H 6.4 „Erschließungs-, Straßenanlieger- und andere Beiträge" EStH);
- Kanalanschlussgebühr (Kanalbaubeitrag) als nachträgliche Anschaffungskosten des Grund und Bodens, Hausanschlusskosten als Herstellungskosten des Gebäudes (H 6.4 „Hausanschlusskosten")
- innerhalb von 3 Jahren nach dem Erwerb eines bebauten Grundstücks wird das im Zeitpunkt des Erwerbs objektiv wertlose Gebäude abgebrochen. Im Regelfall wird von einem Erwerb mit Abbruchabsicht ausgegangen und der Buchwert des Gebäudes sowie die Abbruchkosten erhöhen die Anschaffungskosten des Grund und Bodens (H 6.4 ***„Abbruchkosten"*** EStH). In Höhe der Abbruchkosten handelt es sich um nachträgliche Anschaffungskosten, der Gebäuderestwert stellt eine Korrektur der ursprünglich falsch (zu niedrig) ermittelten Anschaffungskosten dar.

Zu aktivierende Anschaffungskosten, nachträgliche Anschaffungskosten bzw. Herstellungskosten (bei Selbsterstellung; Bauherreneigenschaft) müssen genau gegenüber Reparaturaufwendungen abgegrenzt werden. Das Abgrenzungsproblem ist unter dem Schlagwort ***„Herstellungs- versus Erhaltungsaufwand"*** bekannt (s. Tabelle auf der nächsten Seite).

<table>
<tr><th>Erhaltungsaufwand
(R 21.1 Abs. 1 EStR)
(d. h. Buchung von „Reparaturaufwand“)</th><th>Herstellungsaufwand
(R 21.1 Abs. 2 EStR)
(d. h. nachträgl. Aktivierung von AK/HK)</th></tr>
<tr><td>Wesensart des Wirtschaftsguts (WG) wird nicht verändert</td><td>das Wirtschaftsgut (WG) wird in seinem Wesen verändert</td></tr>
<tr><td>das WG soll in ordnungsmäßigem Zustand bzw. in seiner Nutzungsmöglichkeit erhalten oder wiederhergestellt werden (Instandhaltung und Instandsetzung)</td><td>das WG wird in seiner Substanz erweitert oder über seinen ursprünglichen Zustand hinaus wesentlich verbessert (§ 255 Abs. 2 HGB)</td></tr>
<tr><td>die Aufwendungen kehren in ungefähr gleicher Höhe regelmäßig wieder</td><td>es wird etwas Neues geschaffen oder hinzugefügt</td></tr>
<tr><td>Vereinfachungsregel: Aufwand (ohne USt) bis zu 4.000 EUR für eine einzelne Baumaßnahme (R 21.1 Abs. 2 Satz 2 EStR)</td><td></td></tr>
<tr><td colspan="2"><u>Ausnahme:</u> Innerhalb von 3 Jahren nach der Anschaffung eines Gebäudes liegt stets aktivierungspflichtiger anschaffungsnaher Herstellungsaufwand vor, wenn die Instandsetzungs-/Modernisierungsaufwendungen (ohne Erweiterung und jährlich anfallende Erhaltungsarbeiten) in diesem Zeitraum insgesamt 15% der Anschaffungskosten (ohne USt) des Gebäudes überschreiten (§ 6 Abs. 1 Nr. 1a EStG, R 6.4 Abs.1 EStR).</td></tr>
<tr><td><u>Beispiele:</u>
• Fenster- oder Heizungserneuerung
• Auswechseln des Personenfahrstuhls
• Autoreparatur
• Kauf neuer Autoreifen
• Beiträge für die Zweit- oder Zusatzerschließung eines Grundstücks durch eine weitere Straße (BFH 12.1.1995, BStBl. II S. 632)</td><td><u>Beispiele:</u>
• Umbau der Lagerhalle zu einem Kühlhaus
• Neueinbau eines bisher nicht vorhandenen Personenfahrstuhls
• Anbau bei einem Gebäude oder Aufstockung; Ausbau des Dachgeschosses
• Tankaufbau auf einem Pritschen-LKW
• nachträglicher Einbau eines Autoradios</td></tr>
</table>

Nachdem die *steuerrechtliche* BFH-Rechtsprechung die Praxis der Finanzverwaltung zum ***„anschaffungsnahen Aufwand“*** im Wesentlichen bestätigt[1], dabei aber vor einiger Zeit schon eine konsequentere Orientierung des Begriffes Herstellungsaufwand an der Definition in § 255 Abs. 2 Satz 1 HGB vorgenommen hatte[2], erfolgte in aktuellen Urteilen die Abkehr von der Rechtsfigur des anschaffungsnahen Aufwands[3]. Danach kann die Höhe der Kosten nicht alleiniges Kriterium zur Qualifizierung als Anschaffungs-/ Herstellungskosten einerseits oder Werbungskosten/Betriebsausgaben andererseits sein, sondern es ist primär auf das Kriterium „wesentliche Verbesserung“ abzustellen. Zu aktivierende nachträgliche Anschaffungs-/Herstellungskosten liegen immer dann vor, wenn entweder Einzelmaßnahmen die Bewohnbarkeit des Gebäudes wieder herstellen, das Gebäude auf einen höheren Standard bringen oder wenn Instandsetzungs- und Modernisierungsmaßnahmen in ihrer Gesamtheit über die zeitgemäße Substanz erhaltende Bestandteilserneuerung hinaus den Gebrauchswert des Gebäudes insgesamt deutlich erhöhen. Den Gebrauchswert eines Gebäudes bestimmt der Zustand der Heizungs-, Sanitär- und Elektroinstallationen sowie der Fenster. Betreffen mehrere Baumaßnahmen, die in engem räumlichen, zeitlichen und sachlichen Zusammenhang stehen und bautechnisch ineinander greifen, mindestens drei dieser vier Bereiche, so liegt eine Erhöhung des Gebäudegebrauchswerts vor. In diesem Falle werden auch einzelne Teilmaßnahmen, die isoliert gesehen Erhaltungsaufwand wä-

---

[1] Vgl. BFH 9.5.1995, BStBl. 1996 II S. 628, 630, 632; BFH 10.5.1995, BStBl. 1996 II S. 639; BFH 16.7.1996, BStBl. 1996 II S. 649; BMF-Schreiben 16.12.1996, BStBl. 1996 I S. 1442; BFH 29.10.1991 BStBl. 1992 II S. 285.

[2] Vgl. BFH 16.12.1998, BFH/NV 1999, S. 776; BFH 4.7.1990, BStBl. 1990 II S. 830.

[3] Vgl. BFH 12.9.2001 IX R 39/97 u. IX R 52/00, NWB, Fach 3, S. 12051, und BFH 22.1.2003, BFH/NV 2003 S. 758 und 763.

ren, im Rahmen der einheitlichen Gesamtmaßnahme als Herstellungsaufwand klassifiziert. Der zeitliche Zusammenhang ist auch dann gewahrt, wenn die Einzelmaßnahmen planmäßiger Teil einer sich über mehrere Jahre hinaus erstreckenden Gesamtmaßnahme sind. Beispielsweise lägen nachträgliche Herstellungskosten vor, wenn im Rahmen einer Gesamtmaßnahme eine technisch überholte Heizungsanlage (Kohleöfen) ersetzt, die Zahl und Leistungskapazität der elektrischen Anschlüsse erhöht und einfache Fenster durch Isolierverglasung ersetzt würden.

Um die zur erwartenden Abgrenzungsprobleme, z. B. bei der Frage nach dem Vorliegen oder Nichtvorliegen einer Gesamtmaßnahme („Sanierung in Raten"), in Grenzen zu halten, hat die Finanzverwaltung inzwischen in einem BMF-Schreiben[1] auf die neue Rechtsprechung reagiert. Darin werden die Kernaussagen der neuen BFH-Rechtsprechung übernommen, weiter konkretisiert und folgende Indizien für die erfolgte Hebung des Standards eines Wohngebäudes festgelegt, die im Zweifelsfall anzuwenden sind:

- ein Gebäude wird in zeitlicher Nähe zum Erwerb im Ganzen und von Grund auf modernisiert.
- für die Sanierung der zentralen Ausstattungsmerkmale werden hohe Aufwendungen getätigt,
- der Mietzins wird aufgrund dieser Baumaßnahmen erheblich erhöht.

Während das BMF-Schreiben die Anerkennung von Erhaltungsaufwand in den ersten drei Jahren nach Anschaffung des Gebäudes ohne Überprüfung[2] durch die Finanzverwaltung vorsieht, wenn die Aufwendungen für die Instandsetzung und Modernisierung des Gebäudes insgesamt 15% der Anschaffungskosten des Gebäudes nicht überschreiten, wird jedoch darüber hinausgehend im Rahmen des Steueränderungsgesetzes 2003 im neuen § 6 Abs. 1 Nr. 1a EStG die vor Änderung der BFH-Rechtsprechung geltende typisierende Praxis der Finanzverwaltung zum *„anschaffungsnahen Herstellungsaufwand"* gesetzlich fixiert. Danach sind mit Gültigkeit für einen Baubeginn ab 1.1.2004[3] Instandsetzungs- und Modernisierungsarbeiten an Gebäuden innerhalb der ersten drei Jahre nach Anschaffung stets als Herstellungskosten anzusehen, wenn die Aufwendungen (ohne USt) 15% der Anschaffungskosten des Gebäudes übersteigen. Aufwendungen für die Erweiterung des Gebäudes i. S. des § 255 Abs. 2 Satz 1 HGB sowie üblicherweise jährlich anfallende Erhaltungsaufwendungen bleiben davon unberührt. Dagegen sind Aufwendungen für die Beseitigung versteckter Mängel einzubeziehen (R 6.4 Abs. 1 EStR).

(5.) ***Nicht zu den Anschaffungskosten gehören:***

- die ***Vorsteuer***, sofern sie gemäß § 15 Abs. 1 UStG abzugsfähig ist. Falls das Unternehmen dagegen nicht zum Vorsteuerabzug berechtigt ist, weil es etwa umsatzsteuerfreie Leistungen erbringt, so gehört die (nicht abzugsfähige) Vorsteuer zu den Anschaffungskosten (vgl. § 9 b Abs. 1 EStG);
- ***Geldbeschaffungskosten*** (Zinsen, Gebühren, Provisionen) auch dann nicht, wenn das Finanzierungsgeschäft dem Vermögensgegenstand wirtschaftlich eindeutig zurechenbar ist. Grundsätzlich wird bilanziell das Finanzierungsgeschäft vom Anschaffungsgeschäft getrennt.

---

[1] Vgl. BMF-Schreiben vom 18.7.2003, BStBl. 2003 I S. 386.

[2] Es sei denn, dass der Standard für einzelne Wohnungen eines Mehrfamilienhauses steigt oder der Beginn einer Sanierung in Raten vorliegen könnte.

[3] Maßgebend ist der Zeitpunkt, an dem der Antrag auf Baugenehmigung gestellt wird bzw. die Bauunterlagen eingereicht werden (§ 52 Abs. 16 und 23a EStG). Für Fälle mit Baubeginn vor dem 1.1.2004 gelten die Grundsätze des BMF-Schreibens vom 18.7.2003.

- Kosten der allgemeinen ***Entscheidungsfindung*** vor der Anschaffung
- ***Gemeinkosten***: Lagerkosten, Frachtkosten, Montagekosten etc., die dem Vermögensgegenstand nicht einzeln zuordenbar sind (H 6.2 „Gemeinkosten“ EStH).

Beispielaufgabe:

Die LowTech GmbH benötigt Kunststoffgranulat als Rohstoff, das sie vom Lieferanten durch einen Spediteur und Frachtführer abholen lässt. Der Spediteur stellt 600 EUR zzgl. USt in Rechnung. Gehören die Frachtkosten zu den Anschaffungskosten?

Lösung:

Die Frachtkosten sind eindeutig dem Rohstoff zuordenbar und daher Anschaffungsnebenkosten in Höhe von 600 EUR.

In der Praxis werden die Bezugskosten meist auf spezielle Konten gebucht, um eine bessere Kontrolle dieser Kosten zu ermöglichen. Dabei handelt es sich um Unterkonten der entsprechenden Stoff- oder Waren-Bestandskonten, hier also „Bezugskosten für Rohstoffe“. Um der Vorschrift § 255 Abs. 1 HGB Genüge zu tun, ist es jedoch erforderlich, diese Konten monatlich oder vierteljährlich oder zumindest als vorbereitende Abschlussbuchung auf das zugehörige Bestandskonto (anteilig, soweit sie auf die Bestände entfallen) umzubuchen bzw. abzuschließen, damit die Anschaffungskosten der Stoff- oder Warenbestände richtig ausgewiesen werden.

BS: Rohstoffe an Bezugskosten für Rohstoffe.

Beispielaufgabe:

Die LowTech lässt das Kunststoffgranulat vom Lieferanten durch einen eigenen Fahrer mit dem eigenen LKW auf einer Fahrt zum Kunden abholen. Gehören die (anteiligen) Transportkosten zu den Anschaffungskosten?

Lösung:

Die anteiligen Fuhrparkkosten stellen Materialgemeinkosten dar, da sie nicht nur von der Rohstoffabholung, sondern auch durch die Lieferung an einen Kunden gemeinsam verursacht wurden, und daher dem Rohstoff nicht direkt und einzeln zurechenbar sind. Sie sind demnach keine Anschaffungsnebenkosten. Dies gilt im vorliegenden Falle auch für den Lohn des Fahrers.

Variante:

Würde der eigene LKW zur Abholung des Rohstoffs eine eigene Tour fahren und nichts anderes transportieren, so wären die darauf entfallenden Benzinkosten Anschaffungsnebenkosten, gegebenenfalls auch die anteilige Leistungsabschreibung. Ebenso wird der zeitanteilige Lohn des Fahrers üblicherweise als Einzelkosten angesehen und gehört daher zu den Anschaffungskosten.

Beispielaufgabe:

Die LowTech GmbH erwirbt eine Drehmaschine zum Anschaffungspreis von 10.000 EUR zzgl. USt. Die Maschine wird von einem Spediteur und Frachtführer in einem Spezialfahrzeug eigens vom Hersteller zur GmbH transportiert (von der GmbH zu tragende Kosten: 1.500 EUR zzgl. USt). Die Firma Bau-Hart errichtet das für die Drehmaschine nötige Fundament (Kosten: 2.800 EUR zzgl. USt), die Firma Elektro-Pfeil besorgt den Anschluss an das Stromnetz (Rechnungsbetrag: 900 EUR zzgl. USt).

Lösung:

Zum Anschaffungspreis kommen noch die Anschaffungsnebenkosten hinzu, allerdings nur die Einzelkosten. Da hier alle Kosten von der Drehmaschine veranlasst sind und ihr somit einzeln zurechenbar sind und die LowTech GmbH gemäß § 15 Abs. 1 UStG zum Abzug sämtlicher Vorsteuern berechtigt ist, betragen die Anschaffungskosten in diesem Falle:

Anschaffungspreis	10.000 EUR
Frachtkosten	+ 1.500 EUR
Fundamentierung	+ 2.800 EUR
elektrischer Anschluss	+ 900 EUR
Anschaffungskosten	= 15.200 EUR

Beispielaufgabe:

Wie vorige Beispielaufgabe, nur wird das Fundament jetzt von den eigenen Mitarbeitern der LowTech GmbH gebaut. Anhand von Lohnscheinen lässt sich ermitteln, welche Mitarbeiter wie lange an dem Fundament gearbeitet haben. Insgesamt wurden Bruttolöhne in Höhe von 800 EUR erfasst. Der Arbeitgeberanteil zur Sozialversicherung betrage allgemein 9% der Bruttolöhne. Für die Kosten der Personalverwaltung wurde in der Kostenrechnung ein Zuschlagssatz von 25% auf die Bruttolöhne ermittelt.

Lösung:

Bei den auf Lohnscheinen erfassten anteiligen Bruttolöhnen und dem darauf entfallenden Arbeitgeberbeitrag zur Sozialversicherung handelt es sich nach üblicher Ansicht um von der Drehmaschine verursachte und daher direkt zurechenbare Kosten, die Anschaffungsnebenkosten darstellen. Die anteiligen Verwaltungsgemeinkosten sind von der Fundamentierung der Drehmaschine nicht verursacht und daher nicht eindeutig und direkt zurechenbar. In der Kostenrechnung wird im Vollkostensystem dennoch eine Verrechnung der Verwaltungsgemeinkosten mit Hilfe von Schlüsseln vorgenommen, deren Einbeziehung in die Anschaffungsnebenkosten durch § 255 Abs. 1 HGB jedoch ausgeschlossen wird.

Anschaffungspreis	10.000 EUR
Frachtkosten	+ 1.500 EUR
Fundamentierung	+ 872 EUR
elektrischer Anschluss	+ 900 EUR
Anschaffungskosten	= 13.272 EUR

Vertritt man hierzu die Meinung, es handele sich bei der Errichtung des Fundaments um Herstellungskosten, so dürften gemäß § 255 Abs. 2 HGB anteilige Verwaltungsgemeinkosten einbezogen werden. Ein Vorliegen von Anschaffungs- und Herstellungskosten nebeneinander wäre m.E. nur möglich, wenn es sich um zwei unterschiedliche Vermögensgegenstände handelte. Andernfalls hat immer einer der beiden Bewertungsmaßstäbe Vorrang und die zugehörigen Bewertungsvorschriften haben die Priorität. Da das Fundament hier mit der Maschine eine Funktionseinheit bildet, handelt es sich um Anschaffungsnebenkosten der Maschine.

Aufgabe 8: Anschaffungskosten
Aufgabe 9: Anschaffungskosten

(2) Sonderprobleme

(a) Abbruchkosten

Wird ein Gebäude oder ein Gebäudeteil abgerissen, so sind die Abbruchkosten steuerrechtlich sehr unterschiedlich zu beurteilen, je nachdem, zu welchem Zweck der Abbruch erfolgte. In H 6.4 „Abbruchkosten" EStR werden hierbei – basierend auf der BFH-Rechtsprechung – folgende Fälle unterschieden:

Fall:	Bilanzsteuerrechtliche Behandlung:
(1) Das Gebäude wurde vom Stpfl. auf einem ihm bereits gehörenden Grundstück errichtet	Die Abbruchkosten und der Restbuchwert des abgebrochenen Gebäudes sind sofort abziehbare Betriebsausgaben im Jahr des Abbruchs.
(2) Das Gebäude wurde vom Stpfl. ohne Abbruchabsicht erworben	Dies gilt anteilig auch im Falle eines in Teilabbruchsabsicht erworbenen Gebäudes für die Teile, deren Abbruch nicht geplant war.
(3) Das Gebäude wurde vom Stpfl. mit Abbruchabsicht erworben	a) War das Gebäude im Zeitpunkt des Erwerbs technisch oder wirtschaftlich nicht verbraucht, so gehören dessen Buchwert und die Abbruchkosten • zu den Herstellungskosten eines neuen Wirtschaftsguts (Gebäude), falls ein enger wirtschaftlicher Zusammenhang besteht, • anderenfalls zu den Anschaffungskosten des Grund und Bodens. b) War das Gebäude im Zeitpunkt des Erwerbs objektiv wertlos, so gehören dessen AK zu den Anschaffungskosten des Grund und Bodens. Für die Abbruchkosten gilt a) entsprechend. c) Wird innerhalb von 3 Jahren nach dem Erwerb eines bebauten Grundstücks das im Zeitpunkt des Erwerbs objektiv wertlose Gebäude abgebrochen, so wird im Regelfall von einem Erwerb mit Abbruchabsicht ausgegangen. Dieser Anscheinsbeweis kann vom Stpfl. entkräftet werden.
(4) Das Gebäude gehört zum Privatvermögen und soll einem Gebäude des Betriebsvermögens weichen.	Es handelt sich um eine Einlage mit Abbruchabsicht. Der Wert des abgebrochenen Gebäudes (= Wert der Einlage) und die Abbruchkosten gehören zu den Herstellungskosten des neu zu errichtenden Gebäudes.
(5) Das Gebäude wurde vorher zu eigenen Wohnzwecken oder anderen nicht einkommensteuerlich relevanten Zwecken (z. B. Liebhaberei) genutzt.	Die Abbruchkosten und ggf. die AfaA stehen ausschließlich im Zusammenhang mit dem Neubau und bilden die Herstellungskosten des neuen Gebäudes (BFH 16.4.2002, BStBl. 2002 II, S. 805; H 6.4 „Abbruchkosten bei vorheriger Nutzung außerhalb der Einkünfteerzielung“ EStH)

Generell gilt, dass der Erlös aus dem Verkauf des Abbruchmaterials die Abbruchkosten mindert. Abfindungen, die an Mieter, Pächter oder Erbbauberechtigte gezahlt werden, damit diese vor Ablauf ihres Vertrages weichen und Abbruch sowie Neubau erfolgen kann, gehören zu den Herstellungskosten des neuen Gebäudes.[1] Falls kein enger wirtschaftlicher Zusammenhang zu dem neuen Gebäude besteht, führen Abfindungen zu einem immateriellen Wirtschaftsgut, das über die nicht mehr genutzte Restlaufzeit des Miet- oder Pachtvertrags abzuschreiben ist. Eine Kürzung der Nutzungsdauer des alten Gebäudes auf die Zeit bis zum Abbruch – und damit ein Abweichen von § 7 Abs. 4 EStG – ist nicht zulässig.[2]

Aufgabe 10: Abbruchkosten

(b) Kaufpreis in fremder Währung

Ist der Kaufpreis in fremder Währung zu entrichten, da der Vermögensgegenstand im Ausland beschafft wurde, entsprechen die Anschaffungskosten demjenigen Euro-Betrag, der im Zeitpunkt der Erlangung der Verfügungsmacht (Übergang von Besitz, Nutzungen und Lasten) hingegeben werden musste, um den erforderlichen Fremdwährungsbetrag zu be-

[1] Vgl. BFH 13.12.2005, BStBl. 2006 II, S. 461.
[2] Vgl. BFH 15.12.1981, BStBl. 1982 II, S. 385.

gleichen. Die Umrechnung erfolgt also mit dem an diesem Tag gültigen ***Geldkurs***[1] (= Euroankaufskurs – bzw. Devisenverkaufskurs – aus Sicht der Bank). Es ist allerdings auch zulässig, die Umrechnung zum Mittelkurs (aus Geld- und Briefkurs) durchzuführen (§ 256a HGB). Eine spätere Veränderung des Wechselkurses hat keinen Einfluss mehr auf die Höhe der Anschaffungskosten (H 6.2 „Ausländische Währung" EStH). Der Währungskurs an einem davon abweichenden tatsächlichen Zahlungszeitpunkt (z. B. innerhalb der Skontofrist oder aufgrund eines Zahlungsziels) spielt für die Bemessung der Anschaffungskosten keine Rolle. Güter- und Geldgeschäfte werden strikt getrennt, gegebenenfalls entstehen dann aus dem Geldgeschäft Währungskursgewinne oder -verluste[2].

Beispielaufgabe:

Die LowTech erwirbt eine neue Zwirndrehmaschine in den USA. Der Kaufpreis ist in Dollar zu bezahlen und beträgt 1.000 USD.
Zum Zeitpunkt der Lieferung der Maschine (Übergang der Verfügungsmacht) betrug der Devisenkurs, zu dem die Bank Euros ankaufte, 1,25 USD (= Geldkurs) und der Kurs, zu dem die Bank Euros verkaufte, 1,3333 USD (= Briefkurs) pro 1 Euro. Zum Bilanzstichtag am 31.12.01 liegen die beiden Eurokurse bei 1,3333 USD (Geld) und 1,4284 USD (Brief). Mit welchem Wert ist die Maschine zum Bilanzstichtag anzusetzen (ohne Berücksichtigung planmäßiger Abschreibungen)?

Lösung:

Zu bilanzieren ist gemäß § 244 HGB in Euro. Maßgebend ist der Geldkurs am Tage der Lieferung, also 1,25 USD = 1 EUR bzw. 0,8 EUR = 1 USD. Der Kurs am Bilanzstichtag spielt für die Höhe der Anschaffungskosten keine Rolle mehr, da der Anschaffungsvorgang bereits abgeschlossen ist und daher durch Wechselkursänderungen kein Verlust droht, der aufgrund des Imparitätsprinzips vorwegzunehmen wäre. Der Wertansatz der Maschine am Bilanzstichtag beträgt (ohne Berücksichtigung planmäßiger Abschreibungen) 1.000 USD * 0,8 EUR/1 EUR = 800 EUR.

Wurde der Vermögensgegenstand durch Aufnahme einer Fremdwährungsverbindlichkeit finanziert, so ist jedoch an jedem Bilanzstichtag der Kreditlaufzeit zu prüfen, ob aufgrund einer voraussichtlich dauernden Wechselkursänderung der in Euro ausgedrückte Tilgungsbetrag gestiegen ist. Dies ist bei einer nachhaltigen Euro-Abwertung gegenüber der betreffenden Fremdwährung der Fall. In diesem Falle darf der höhere Wert angesetzt werden. Aufgrund des Imparitätsprinzips muss handelsrechtlich jedoch in diesem Falle die Verbindlichkeit mit dem höheren Wert angesetzt (Höchstwertprinzip), sodass das steuerrechtliche Wahlrecht überlagert wird. Die üblichen Wechselkursschwankungen auf den Devisenmärkten berechtigen jedoch bilanzsteuerrechtlich nicht zu einem höheren Ansatz der Verbindlichkeit.[3]

Aufgabe 11: Anschaffungskosten bei Kauf in Fremdwährung

---

[1] Seit der Euro-Einführung (1.1.1999) haben sich die Begriffe umgekehrt, da die Wechselkursangabe nun in der sog. Mengennotierung mit dem Euro als Basiseinheit erfolgt, also z. B. 1 EUR = 0,95 USD (Geld) und 1 EUR = 0,97 USD (Brief). Der Briefkurs ist nun der Angebotskurs der Bank für Euro und nicht mehr der Angebotskurs für US-Dollar. Dagegen ist der Geldkurs nun der Nachfragekurs nach Euro aus Sicht der Bank. Bezogen auf die ausländische Währung ist somit der reziproke Euro-Geldkurs der Devisenverkaufskurs der Bank und damit der für Käufe in Fremdwährung relevante Kurs (hier: 1 USD = 1,0526 EUR). Wirtschaftlich hat sich nichts geändert, da die Bank nach wie vor mehr Euro für 1 US-Dollar verlangt, als sie dafür zahlt.

[2] Eine ganz andere Bewertung ergibt sich bei Zahlung mit bereits vorhandenen Devisenbeständen, s. Langenbucher/Blaum, in: Küting/Weber, Teil „Grundlagen der Bilanzierung", Kapitel 6, Tz. 535.

[3] Vgl. § 6 Abs. 1 Nr. 3 S. 1 i. V. m.Nr.2 S. 2 EStG; § 252 Abs. 1 Nr. 4 HGB; H 6.10 „Fremdwährungsverbindlichkeiten" EStH; BMF 12.8.2002 BStBl. I S. 793. Nach dem Wortlaut des § 5 Abs. 1 S. 1 2. Halbs. EStG könnte das Wahlrecht in der StB auch unabhängig von der HB ausgeübt werden.

(c) Tauschgeschäfte

Ein Sonderproblem ist die Ermittlung der Anschaffungskosten bei einem Tauschgeschäft. Es kommt in der Praxis nicht häufig vor, dass Vermögensgegenstände zwischen verschiedenen Unternehmen getauscht werden, um beispielsweise die Effizienz des Maschineneinsatzes zu erhöhen. Bei Wertpapieren, insbesondere Aktien, ist ein Tausch im Zusammenhang mit Akquisitionen, Verschmelzungen und Eingliederungen dagegen häufiger.

Anschaffungskosten entsprechen dem Verlust an Bargeld oder Bankguthaben bei der Bezahlung eines erworbenen Gegenstands. Ganz allgemein stellen sie also eine Vermögenseinbuße dar. Im Falle des Tausches entsprechen die Anschaffungskosten des eingetauschten (empfangenen) Gutes allgemein dem Wert des eigenen Vermögensverlustes, also dem Wert des hingegebenen Gutes. Steuerrechtlich entsprechen sie dem „gemeinen Wert“ (= allgemeiner Marktwert) des hingegebenen Wirtschaftsguts, d. h. es erfolgt zwingend eine Gewinnrealisierung (§ 6 Abs. 6 Satz 1 EStG). Wertobergrenze ist allerdings der Zeitwert der empfangenen Maschine (Niederstwerttest).

Beispiel:

Die LowTech GmbH hat sich mit der HighBlech GmbH auf den Tausch einer großen Blechbiegemaschine geeinigt, um die Verwendungsmöglichkeiten der beiden Maschinen durch exaktere Anpassung an den spezifischen Produktionsprozess besser ausnutzen zu können.

	Maschine der LowTech GmbH	***Maschine der HighBlech GmbH***
Buchwert am Tag des Tausches	18.000 EUR	16.000 EUR
Gemeiner Wert (= Zeitwert) am Tag des Tausches	22.000 EUR	22.000 EUR

Der gemeine Wert (Zeitwert) der hingegebenen Maschine wird als Anschaffungskosten der eingetauschten (empfangenen) Maschine angesehen. Es müssen also alle stillen Reserven der hingegeben Maschine aufgelöst und versteuert werden (Gewinnrealisierung).

BS:	Maschine neu	22.000 EUR	
	an Maschine alt		18.000 EUR
	an sonstige betriebliche Erträge		4.000 EUR.

Aufgabe 12: Anschaffungskosten bei Tausch

(d) Unentgeltlicher und teilentgeltlicher Erwerb

Ein ***unentgeltlicher Erwerb*** liegt vor, wenn der Empfänger für das empfangene Wirtschaftsgut weder dem bisherigen Eigentümer noch einer anderen Person eine Gegenleistung zu erbringen hat. Solche Schenkungen ohne Auflage kommen i. d. R. nur unter nahestehenden Personen (z. B. unter Angehörigen) vor. Wird eine Auflage derart vereinbart, dass der Beschenkte eine Leistung erbringt, so ändert sich an der Beurteilung nichts, sofern die Auflage nicht als teilweise Gegenleistung anzusehen ist. Eine solche Auflage kann z. B. darin bestehen, dass der Beschenkte dem Schenker Nutzungsrechte an dem übertragenen Gegenstand einräumt oder Versorgungsleistungen gegenüber dem Schenker übernimmt, die sich nur an dessen Bedürfnissen orientieren und nicht am Wert des übertragenen Gegenstands.[1]

[1] Vgl. Beschluss GrS/BFH 5.7.1990, BStBl. 1990 II, S. 847; BMF-Schreiben 13.1.1993, BStBl. 1993 I, S. 80, Tz. 25.

Wird das Wirtschaftsgut ohne Gegenleistung vom Betriebsvermögen des Schenkenden in das Betriebsvermögen des Empfängers überführt, so kommt es darauf an, ob die Schenkung betrieblich oder privat veranlasst ist. Ist zumindest beim Empfänger des Wirtschaftsguts ein ***betrieblicher Anlass*** gegeben, d. h. liegen Geschäftsbeziehungen zwischen Schenker und Beschenktem vor, so ist das Wirtschaftsgut gemäß § 6 Abs. 4 EStG mit dem gemeinen Wert (einschl. USt) zu aktivieren (Aktivierungsgebot). Der ***gemeine Wert***, der als Anschaffungskosten gilt, ist der Preis, der im gewöhnlichen Geschäftsverkehr ohne Berücksichtigung ungewöhnlicher oder persönlicher Verhältnisse bei einer Veräußerung des Wirtschaftsguts im Zeitpunkt des Erwerbs hätte aufgewendet werden müssen. (§ 9 BewG).[1]

BS: Aktives Bestandskonto an außerordentliche Erträge.

Unentgeltlich erworbene *immaterielle* Wirtschaftsgüter des Anlagevermögens dürfen allerdings nicht aktiviert werden (§ 5 Abs. 2 EStG).

Erfolgt die unentgeltliche Übertragung ***aus privatem Anlass***, also etwa unter nahen Angehörigen, zwischen denen keinerlei Geschäftsbeziehungen bestehen, so erfolgt der Erwerb auch in der privaten Sphäre. Werden die Wirtschaftsgüter anschließend beim Empfänger betrieblich genutzt, so liegt eine Einlage seinerseits in sein Betriebsvermögen vor, die grundsätzlich mit dem Teilwert zu bewerten ist (§§ 4 Abs. 1 S. 7, 6 Abs. 1 Nr. 5 S. 1 EStG).[2]

Beim ***teilentgeltlichen Erwerb*** einzelner Wirtschaftsgüter wird auch von gemischter Schenkung gesprochen. In diesem Falle wird im Vertrag bewusst eine Gegenleistung vereinbart, die unter dem Verkehrswert (Marktwert) des übereigneten Gegenstands liegt. Gleiches gilt z. B. bei Übertragung von Wirtschaftsgütern gegen Abfindungszahlungen an den Schenkenden oder Gleichstellungsgelder an die Geschwister, die sich am Wert der übertragenen Gegenstände orientieren, im Rahmen der vorweggenommenen Erbfolge. Eine solche liegt dann vor, wenn der künftige Erblasser seinen Erben schon zu Lebzeiten Wirtschaftsgüter zuwendet und die spätere Erbfolgeregelung eine Anrechnung der zugewendeten Gegenstände vorsieht. In allen diesen Fällen teilt die Finanzverwaltung nach der so gen. ***Trennungstheorie*** den Vorgang in einen voll entgeltlichen und einen voll unentgeltlichen Teil auf. Der voll entgeltliche Teil, der den Abfindungszahlungen bzw. dem zu geringen Kaufpreis entspricht, stellt Anschaffungskosten dar.[3]

Beispielaufgabe:

Vater Klaus Störtebeker überträgt ein Gebäude aus seinem Betriebsvermögen auf seinen Sohn Emil, der diese ebenfalls zu 100% eigenbetrieblich nutzt. Als Entgelt werden 200.000 EUR vereinbart. Beiden Vertragsparteien ist bekannt, dass der Marktwert (Verkehrswert) des Gebäudes 300.000 EUR beträgt.

Lösung:

Bei dieser gemischten Schenkung hat der Sohn Emil das Gebäude mit Anschaffungskosten in Höhe von 200.000 EUR in der betrieblichen Sphäre erworben. Im Privatbereich liegt ein unentgeltlicher Erwerb vor in Höhe von 100.000 EUR, der mit einer gleich hohen Einlage des Sohnes in sein Betriebsvermögen verbunden ist (§§ 4 Abs. 1 S. 7, 6 Abs. 1 Nr. 5 EStG).

---

[1] Beim Schenkenden liegt eine nicht abzugsfähige Betriebsausgabe gem. § 4 Abs. 5 Nr. 1 EStG vor, wenn die Anschaffungs- oder Herstellungskosten des Gutes 35 EUR übersteigen. Handelsrechtlich mindert der Buchwert des hingegebenen Gegenstands als Aufwand den Jahresüberschuss.

[2] Beim Schenkenden handelt es sich entsprechend um eine Entnahme, die mit dem Teilwert zu bewerten ist (§§ 4 Abs. 1 S. 2, 6 Abs. 1 Nr. 4 S. 1 EStG).

[3] Vgl. BFH 17.7.1980, BStBl. 1981 II, S. 11; BMF 13.1.1993, BStBl. 1993 I, S. 80 Tz. 7-9, 24, 34; Beschluss GrS/BFH 5.7.1990, BStBl. 1990 II, S. 847.

Bei der ***Übertragung eines Betriebs, Teilbetriebs oder oder eines Gesellschaftsanteils*** an einer Personengesellschaft (Mitunternehmeranteils) ist zu prüfen, ob die Gegenleistung höher ist als der Stand des entsprechenden steuerlichen Kapitalkontos des Übertragenden. Nach der Rechtsprechung des BFH ist die so gen. Einheitstheorie[1] anzuwenden.

Fall I: Liegt die Gegenleistung über dem Stand des steuerlichen Kapitalkontos, so ist die Übertragung insgesamt als ***entgeltlicher Erwerb*** bzw. als entgeltliche Veräußerung zu klassifizieren. Der Veräußerer erzielt einen entsprechenden Veräußerungsgewinn. In diesem Falle muss der Übernehmer die Buchwerte der übernommenen Wirtschaftsgüter um die jeweiligen stillen Reserven aufstocken, die insgesamt in Höhe des Veräußerungsgewinns bezahlt worden sind.

Fall II: Stimmt die Gegenleistung mit dem Stand des steuerlichen Kapitalkontos des Veräußerers überein oder liegt sie darunter, so liegt ein ***voll unentgeltlicher Erwerb*** vor, der genauso zu behandeln ist, als wäre keine Gegenleistung erfolgt. In diesem Falle ist kein Veräußerungsgewinn erzielt und es sind keine stillen Reserven aufgedeckt (bezahlt) worden. Somit gelten die Buchwerte des bisherigen Betriebsinhabers als Anschaffungskosten der einzelnen Wirtschaftsgüter (***„Buchwertfortführung“***; § 6 Abs. 3 Satz 3 EStG). Der Rechtsnachfolger (der Übernehmende) tritt uneingeschränkt in die Rechtsstellung des Rechtsvorgängers (des Übertragenden) ein („Fußstapfentheorie“). Dies heißt z. B., dass die bisherige Abschreibungsmethode fortzuführen ist.

(e) Zuschüsse

Hier sollen nur echte verlorene Investitionszuschüsse (Kapitalzuschüsse) behandelt werden, da diese allein Auswirkungen auf die Anschaffungskosten haben können.

<u>Definition:</u>

> ***Echte verlorene Investitionszuschüsse*** sind einmalige oder wiederkehrende Zahlungen ohne Rückzahlungsverpflichtung und ohne unmittelbaren Zusammenhang mit einer Leistung des Zuschussempfängers. Sie werden als Anreiz und als Finanzierungshilfe für bestimmte Investitionen geleistet.

Im Gegensatz zu Investitionszuschüssen werden Ertragszuschüsse zur Verbesserung der Ertragslage eines Unternehmens gewährt. Unechte Zuschüsse sind solche, die mit einer Gegenleistung verbunden sind. Beispielsweise stehen Zuschüssen eines Mieters an den Vermieter meist als Gegenleistung die Renovierung und weitere Überlassung seiner Mietwohnung ohne Mieterhöhung gegenüber, so dass es sich bei diesem Zuschuss um eine als Einmalbetrag im voraus bezahlte Miete handelt, die vom Vermieter über einen passiven Rechnungsabgrenzungsposten zu verteilen ist, sofern ein bestimmter Zeitraum für den Mieterhöhungsverzicht vereinbart wurde. Nicht verlorene Zuschüsse sind mit einer Rückzahlungsverpflichtung verbunden.

Investitionszulagen in unterschiedlicher Höhe (7,5% bis 27,5%) auf die Anschaffungskosten werden in den neuen Bundesländern einschließlich Berlin nach dem Investitionszulagengesetz 2007 für betriebliche Mobilien- und Immobilien-Investitionen gewährt. Investitionszulagen mindern nicht die steuerlichen Anschaffungs- und Herstellungskosten. Sie

[1] Vgl. BMF 13.1.1993, BStBl 1993 I, S. 80, Tz. 35-38 und R 16 Abs. 1, 3 u. 4 EStR.

sind steuerfrei (H 2 „Keine Einnahmen oder Einkünfte“ EStH) und werden üblicherweise zunächst (auch handelsrechtlich) als sonstige betriebliche Erträge gebucht, um außerhalb der Steuerbilanz in der Steuererklärung wieder abgezogen und somit steuerfrei gestellt zu werden (H 6.5 „Investitionszulagen sind keine Zuschüsse“ EStH; § 12 InvZulG 2007).

Die hier zu behandelnden ***Investitionszuschüsse*** können von staatlicher (z. B. Werftenhilfen, Regionalprogramme) oder von privater Seite (z. B. Zuschüsse für die Errichtung eines Gleisanschlusses durch einen Lieferanten) gewährt werden. Richtlinie 6.5 EStR regelt die steuerliche Behandlung von echten verlorenen Investitionszuschüssen:

Wahlrecht	
↙ sofortige erfolgswirksame Vereinnahmung (R 6.5 Abs 2 Satz 2 EStR)	↘ 1. „erfolgsneutrale“ Behandlung, d. h. Absetzung von den Anschaffungs-/Herstellungskosten (R 6.5 Abs. 2 Satz 3 EStR)
	2. Bildung einer „steuerfreien“ Zuschussrücklage, die im Folgejahr „erfolgsneutral“ von den Anschaffungs- / Herstellungskosten abgesetzt wird (R 6.5 Abs. 4 EStR)
<u>Folge:</u> sofortige Versteuerung des Zuschusses	<u>Folge:</u> Versteuerung des Zuschusses über die Nutzungsdauer verteilt (aufgrund geringerer Abschreibungsbeträge)

Die Möglichkeit der ***sofortigen erfolgwirksamen Vereinnahmung*** führt zur sofortigen Versteuerung des Zuschusses, sodass sich die Frage stellt, wann diese Alternative zweckmäßigerweise gewählt werden sollte. Früher waren die Verlustvortragsmöglichkeiten bei den Ertragsteuern zeitlich begrenzt, so dass im letzten Jahr vor dem Verfallen der Verlustvorträge eine solche erfolgswirksame Vereinnahmung sinnvoll war, um Ertrag zu schaffen, der durch Verrechnung mit dem Verlustvortrag steuerfrei bleibt. Seitdem die Verlustvortragsmöglichkeiten zeitlich unbegrenzt sind, ist dieser Grund entfallen. Es bleibt nur der Fall übrig, dass eine deutliche Steuersatzerhöhung erwartet wird und die sofortige Versteuerung günstiger ist.

<u>*BS:*</u> Bank an sonstige betriebliche Erträge.

Die ***„erfolgsneutrale“ Behandlung*** ist demzufolge die übliche und soll hier für zwei verschiedene Fälle vorgestellt werden. Zu anderen Fällen siehe Erster Teil Kapitel B.VII.4. („Zuschussrücklage“).

<u>***Beispiel:***</u>

Zur Anschaffung einer Maschine mit Anschaffungskosten i. H. v. 3.000 EUR wird ein staatlicher Zuschuss von 1.000 EUR gewährt. Die Maschine wird jeweils im Januar angeschafft, hat eine Nutzungsdauer von 10 Jahren und soll linear abgeschrieben werden.

Fall 1: „Maschine heute, Zuschuss heute“
Die Maschine wird also in demselben Jahr angeschafft, in dem der Zuschuss gezahlt wird.

BS:	Maschinen	3.000 EUR	
	Vorsteuer	570 EUR	
	an Bank		3.570 EUR.
BS:	Bank	1.000 EUR	
	an Maschinen		1.000 EUR.
BS:	AfA auf Sachanlagen	200 EUR	
	an Maschinen		200 EUR.

Der Zuschussbetrag kann direkt von den Anschaffungskosten der Maschine abgesetzt werden (R 6.5 Abs. 2 Satz 3 EStR). Da die Behandlung des Zuschusses als Minderung der Anschaffungskosten der Maschine eine handelsrechtliche kaufmännische Gepflogenheit ist, auch wenn es keine Kodifizierung im HGB gibt, gilt in diesem Falle das Maßgeblichkeitsprinzip (§ 5 Abs. 1 S. 1 EStG), sodass sich eine Identität zwischen Handels- und Steuerbilanz (R 6.5 Abs. 2 Satz 4 EStR) ergibt.[1]

Die planmäßige Abschreibung bemisst sich nach den um den Zuschussbetrag geminderten Anschaffungskosten (R 7.3 Abs. 4 Satz 1 EStR). Der Abschreibungsbetrag ist daher in jedem Jahr der Nutzungsdauer um 100 EUR niedriger, der steuerpflichtige Gewinn um 100 EUR höher (∗10 Jahre Nutzungsdauer = Zuschussbetrag = 1.000 EUR), als bei sofortiger erfolgswirksamer Vereinnahmung und sofortiger Versteuerung des Zuschusses. Bei der sog. „erfolgsneutralen“ Behandlung entfällt die Versteuerung des Zuschusses also nicht, sie wird nur über die Nutzungsdauer des bezuschussten Vermögensgegenstands verteilt.

Fall 2: „Maschine heute, Zuschuss morgen“
Die Maschine wird im Januar 01 angeschafft, der Zuschuss erst im Folgejahr 02 gezahlt. Es handelt sich also um eine nachträgliche Minderung der Anschaffungskosten (R 6.5 Abs. 3 EStR). Die nachfolgende AfA der Maschine bemisst sich nach dem um den Zuschussbetrag geminderten Restbuchwert der Maschine (R 7.3 Abs. 4 Satz 2 EStR). Bei Gebäuden stellen dagegen die um den Zuschussbetrag geminderten Anschaffungskosten die Abschreibungsbasis dar.

Buchungssätze im Jahr 01:

BS:	Maschinen	3.000 EUR	
	Vorsteuer	570 EUR	
	an Bank		3.570 EUR.
BS:	AfA auf Sachanlagen	300 EUR	
	an Maschinen		300 EUR.

Buchungssätze im Jahr 02:

BS:	Bank	1.000 EUR	
	an Maschinen		1.000 EUR.
BS:	AfA auf Sachanlagen	188 EUR	
	an Maschinen		188 EUR.

Nach Abzug des Zuschussbetrages vom Restbuchwert am 31.12.01 (= 2.700 EUR) bleibt ein Restwert von 1.700 EUR, der auf die Restnutzungsdauer von 9 Jahren gleichmäßig verteilt wird.

Aufgabe 13: Anschaffungskosten bei Zuschüssen

[1] Nach dem Gesetzeswortlaut könnte das steuerliche Wahlrecht auch unabhängig von der Handelsbilanz ausgeübt werden (§ 5 Abs. 1 S.1 2. Halbs. EStG).

b) Herstellungskosten

(1) Allgemeines

Die Herstellungskosten dienen der Bewertung von selbst erstellten Erzeugnissen im Vorratsvermögen (Umlaufvermögen) eines Industriebetriebes. In der Regel werden die Erzeugnisse zum Absatz bestimmt sein, bei einem Maschinenbaubetrieb z. B. kann das Produkt jedoch auch im eigenen Produktionsprozess, also als sog. aktivierte Eigenleistungen im Anlagevermögen, eingesetzt werden. In beiden Fällen ist eine Bewertung mit Kosten zwingend, eine Einbeziehung von Gewinnbestandteilen würde gegen das Realisationsprinzip verstoßen.

Merke:

> Stellt ein Unternehmen Gegenstände des Anlagevermögens oder des Umlaufvermögens selbst her, so treten an die Stelle der Anschaffungskosten die ***Herstellungskosten*** als Ausgangswerte für die Bewertung.

Bevor die Herstellungskosten im Einzelnen erörtert werden, ist es nötig, noch einige grundlegende Kostenbegriffe abzugrenzen.

Definition:

> ***Einzelkosten*** sind Kosten, die von nur einem Zweck, z. B. einem einzeln zu bewertenden Vermögensgegenstand, veranlasst und daher diesem unmittelbar (logisch eindeutig und ohne Schlüsselung) zurechenbar sind.

Definition:

> ***Sondereinzelkosten*** sind ebenfalls direkt zuordenbar, fallen jedoch nicht regelmäßig an, sondern meist nur auf einen bestimmten Auftrag bezogen.

Definition:

> ***Gemeinkosten*** sind dagegen von mehreren Zwecken gleichzeitig veranlasst und daher diesen nur gemeinsam logisch eindeutig zurechenbar. Zur Zuordnung auf einen einzigen Zweck, z. B. einen einzeln zu bewertenden Vermögensgegenstand, ist eine Schlüsselung bzw. Umlage notwendig.

Der Umfang der Einzel- und der Gemeinkosten ist abhängig vom ins Auge gefassten Zweck, d. h. von ihrer Bezugsgröße. In der Regel wird eine Produktart als Bezugsgröße betrachtet, streng genommen lautet die Frage jedoch: Welche Kosten sind von einer einzigen Erzeugnismengeneinheit verursacht und ihr daher direkt zurechenbar? Im anderen Extremfall wird das Gesamtunternehmen als Bezugsgröße angesehen und mithin werden alle Kostenarten zu Einzelkosten des Gesamtunternehmens.

Ein weiteres Begriffspaar in diesem Zusammenhang sind die variablen und fixen Kosten.

Definition:

> ***Variable Kosten*** verändern sich aufgrund einer Änderung der Produktionsmenge, sind also beschäftigungsabhängig.

Definition:

> ***Fixe Kosten*** sind völlig unabhängig von der Erzeugnismenge, sie sind meistens zeitabhängig, wie z. B. die zu zahlende Monatsmiete.

Die folgende Übersicht kombiniert beide Begriffspaare:

variable Kosten		***fixe Kosten***	
↙	↘	↙	↘
Einzelkosten	***Gemeinkosten***	***Einzelkosten***	***Gemeinkosten***
Beispiele: Farbe, Material, Strom für Maschinen, Akkordlöhne, Zeitlöhne (IdW: HFA 5/1991, WPg 1992, S. 95)	*Beispiele:* Beleuchtung der Fabrikhalle, Farbpinsel, Maschinen-Leistungsabschreibung, Kosten der Kuppelproduktion	*Beispiele:* gibt es nur, wenn es sich um eine aggregierte Bezugsgröße (Fertigungsbereich, Werk, Gesamtunternehmen) handelt: Gehälter der Meister, Betriebsleiter, Vorstände, Pförtner	*Beispiele:* Gehälter der Vorstände bzw. Geschäftsführer, des Pförtners, der Putzkolonne, Betriebsleiter, Meister, Mitarbeiter in der Verwaltung; Gebäudeabschreibung

Die Übersicht enthält problematische Diskussionspunkte, die jedoch Lehrbüchern der Kosten- und Leistungsrechnung vorbehalten bleiben sollen. Hier ist nur anzumerken, dass Zeitlöhne in der Regel aus Praktikabilitätsgründen sowohl in der Kostenrechnung wie auch bilanziell als Einzelkosten, die sie streng genommen nicht sind, behandelt werden, indem der unmittelbare Zusammenhang zum einzelnen Vermögensgegenstand durch eine Umrechnung z. B. nach Minuten konstruiert wird. Einzelkosten, die aus Wirtschaftlichkeitsgründen tatsächlich wie Gemeinkosten erfasst und verrechnet werden (sog. unechte Gemeinkosten, z. B. Stromkosten), sind bilanziell als Einzelkosten einzuordnen. Da die Unterschiede zwischen Einzelkosten und variablen Kosten und zwischen Gemeinkosten und fixen Kosten in der Praxis wenig Bedeutung haben, andererseits die Bilanzierungsüberlegungen stark verkomplizieren, sollen die Begriffspaare im folgenden synonym verwendet werden:

Vereinfachung:

Einzelkosten = variable Kosten
Gemeinkosten = fixe Kosten

Eine der wesentlichen Aufgaben der Kosten- und Leistungsrechnung ist die Ermittlung der Kosten pro Stück der erstellten Erzeugnisse im Rahmen der Kostenträgerrechnung. In der Praxis weit verbreitet und zur Ermittlung der Stückkosten bei vielen Produktionsverfahren anwendbar ist die Zuschlagskalkulation.

In der Kosten- und Leistungsrechnung werden zunächst die Voraussetzungen für die Anwendung der ***Zuschlagskalkulation*** mit Hilfe eines sog. Betriebsabrechnungsbogens geschaffen. Dabei werden alle Gemeinkosten auf mehr oder minder großen Umwegen zweckmäßig abgegrenzten Kostenbereichen (sog. Kostenstellen) zugeordnet und dort zu Einzelkostenarten, die in einem engen Zusammenhang zu den Gemeinkostenarten stehen, in Form von sog. Zuschlagssätzen in Beziehung gesetzt. Dabei wird unterstellt, dass ein proportionaler Zusammenhang zwischen den Einzelkosten- und den Gemeinkostenarten besteht, der auf gemeinsamen Kostenverursachungsgrößen beruht. Die so ermittelten Zuschlagssätze für das gesamte Unternehmen werden dann bei der Stückkostenermittlung (Kalkulation) einer einzelnen Erzeugnismengeneinheit oder eines einzelnen Auftrags ebenfalls angewandt.

Beispiel:

Die LowTech stellt innerhalb ihres sehr breiten Produktionsprogramms auch Zahnbürsten her. Nur für die Zahnbürstenproduktion soll ein Betriebsabrechnungsbogen in stark vereinfachter Form dargestellt werden, der eine Technik darstellt, kostenstellenweise Zuschlagssätze für die Kalkulation zu ermitteln. Die Einzelkosten lassen sich erfassen und jeder Zahnbürste zuordnen (Kunststoff, Farbe, Borsten). Die Gemeinkosten werden mit demselben Prozentsatz auf die Einzelkosten einer Zahnbürste aufgeschlagen, wie er für die die gesamte Zahnbürstenproduktion in der Gesamtperiode ermittelt wurde.

Kostenstellen / Gemeinkostenarten	zu verrechnender Betrag (in EUR)	Materialkostenstelle (in EUR)	Fertigungskostenstelle (in EUR)	Verwaltungskostenstelle (in EUR)	Vertriebskostenstelle (in EUR)
Gehälter	26.000	5.000	8.000	6.000	7.000
kalk.Abschreibungen	37.000	4.000	28.000	3.000	2.000
kalk.Kapitalkosten	6.000	2.000	2.000	800	1.200
Mieten	13.000	2.000	4.000	1.000	6.000
Summe Gemeinkosten	82.000	13.000	42.000	10.800	16.200
Zuschlagsbasis		Materialeinzelkosten = 39.000	Lohneinzelkosten = 14.000	Herstellkosten = 108.000	Herstellkosten = 108.000
Zuschlagssatz		33 1/3%	300%	10%	15%

Bestimmung des Angebotspreises einer Zahnbürste mit Hilfe der Zuschlagskalkulation:

Fertigungseinzelkosten	0,10 EUR
+ Fertigungsgemeinkosten (300% der FEK)	0,30 EUR
Materialeinzelkosten	0,30 EUR
+ Materialgemeinkosten (33 1/3% der MEK)	0,10 EUR
+ Sondereinzelkosten der Fertigung	---- EUR
= Herstellkosten	0,80 EUR
+ Verwaltungsgemeinkosten (10% der HK)	0,08 EUR
+ Vertriebsgemeinkosten (15% der HK)	0,12 EUR
+ Sondereinzelkosten des Vertriebs	---- EUR
= Selbstkosten	1,00 EUR
+ Gewinnaufschlag (195% der SK)	1,95 EUR
= Angebotspreis	2,95 EUR

Im Schema der Zuschlagskalkulation kommt der Begriff ***Herstellkosten*** als Summe der Fertigungseinzel- und -gemeinkosten sowie der Materialeinzel- und -gemeinkosten und der Sondereinzelkosten der Fertigung vor. Dieser genau festgelegte Begriff aus der Kostenrechnung darf nicht mit dem Herstellungskostenbegriff aus der Bilanzierung verwechselt werden.

Herstellungskosten	***Herstellkosten***
Begriff der Bilanzierung	Begriff der Kosten- und Leistungsrechnung
Bewertungsmaßstab in Handels- und Steuerbilanz für selbst hergestellte Gegenstände des Anlage- und Umlaufvermögens	Begriff des Kalkulationsschemas in der Kostenrechnung zur Bestimmung des Angebotspreises.
unterschiedlicher Umfang, da Bewertungsspielraum	festgelegter Umfang
keine kalkulatorischen Kosten	enthält i. d. R. kalkulatorische Kosten

Die Rechtsgrundlagen für die Ermittlung der Herstellungskosten sind § 255 Abs. 2, 2a und 3 HGB sowie R 6.3 EStR. Die allgemeine Definition der Herstellungskosten stimmt in Handels- und Steuerrecht überein:

Definition:

> „***Herstellungskosten*** sind die Aufwendungen, die durch den Verbrauch von Gütern und die Inanspruchnahme von Diensten für die Herstellung eines Vermögensgegenstands, seine Erweiterung oder für eine über seinen ursprünglichen Zustand hinausgehende wesentliche Verbesserung entstehen." (§ 255 Abs. 2 Satz 1 HGB; H 6.3 „Herstellungskosten" EStH).

Wesentlicher Bestandteil dieser Definition ist die widersprüchlich klingende Festlegung, dass Herstellungskosten ***Aufwendungen*** sind. Damit ist gemeint, dass trotz des verwendeten Begriffs Herstellungskosten der Grundsatz, dass in Finanzbuchhaltung und Jahresabschluss immer nur Aufwendungen und Erträge Eingang finden, unangetastet bleibt. Anders ausgedrückt dürfen in die Herstellungskosten nur aufwandsgleiche Kosten einbezogen werden (sog. Grundkosten bzw. Zweckaufwand). *Neutrale Aufwendungen* sind sowieso nicht relevant, da es hier gerade um die Bewertung der Betriebsleistung geht. Die *kalkulatorischen Kosten* haben nur Platz in der Kosten- und Leistungsrechnung, die anderen Zwecken dient (H 6.3 „Kalkulatorische Kosten" EStH). Problematisch ist, dass der Betriebsabrechungsbogen im Bereich der Kostenrechnung erstellt wird und daher in der Regel kalkulatorische Kosten enthält. Am besten wäre es, einen zweiten Betriebsabrechnungsbogen ohne kalkulatorische Kosten zu erstellen. Da in der Praxis der Aufwand jedoch gescheut wird, müssen die notwendigen Größen entsprechend umgerechnet werden.

Steuerbilanz (R 6.3 EStR)		
Forschungskosten	-----EUR	Verbot
anteilige Vertriebsgemeinkosten	0,12 EUR	Verbot
Sondereinzelkosten des Vertriebs	-----EUR	Verbot
	0,88 EUR	Wertobergrenze
anteilige Verwaltungsgemeinkosten	0,08 EUR	Wahlrecht
	0,80 EUR	Wertuntergrenze
Fertigungsgemeinkosten	0,30 EUR	Pflicht
Materialgemeinkosten	0,10 EUR	Pflicht
Sondereinzelkosten der Fertigung	-- EUR	Pflicht
Materialeinzelkosten	0,30 EUR	Pflicht
Fertigungseinzelkosten	0,10 EUR	Pflicht

Die handelsrechtlichen Regelungen zu den Herstellungskosten sind in § 255 Abs. 2, 2a und 3 HGB an die internationalen Standards IFRS angepasst worden und als Folgewirkung nun identisch mit der steuerrechtlichen Regelung. Erstmals verpflichtend anzuwenden sind die neuen Regelungen für Geschäftsjahre, die nach dem 31.12.2009 beginnen. In § 255 Abs. 2 S. 4 HGB ist neu das Verbot der Einbeziehung von Forschungskosten in die Herstellungskosten aufgenommen worden. Dabei handelt es sich jedoch nur um eine Klarstellung. Forschungskosten allgemeiner Art („Grundlagenforschung“) durften wegen mangelnden Bezugs zu einem Erzeugnis auch bisher weder handels- noch steuerrechtlich in die Herstellungskosten einbezogen werden.

Für die Bewertung der Erzeugnisvorräte und der aktivierten Eigenleistungen hat der Bilanzierende ein ***Wahlrecht***, d. h. er kann den Umfang der Herstellungskosten in engen Grenzen frei wählen. Die Pflicht- und Wahlbestandteile sowie die Einbeziehungsverbote sind in R 6.3 EStR für die Steuerbilanz detailliert geregelt. Bevor darauf genauer eingegangen wird, sollen die Bewertungsmöglichkeiten sowie das Problem der Maßgeblichkeit unter Verwendung der Begriffe des Zuschlagskalkulationsschemas geklärt werden.

Je umfangreicher die Herstellungskosten gewählt werden, desto höher ist der Wert der Erzeugnisvorräte und damit auch der ausgewiesene Gewinn. Dies lässt sich sehr einfach plausibel machen: Bei höherem Wert des Aktivpostens Vorräte muss die Passivseite der Bilanz ebenfalls entsprechend höher sein. Da die Schulden unverändert geblieben sind, kann nur das Eigenkapital entsprechend höher sein und damit auch der Gewinn (als Veränderung des Eigenkapitals). Eine tiefergehende Erklärung folgt am Ende dieses Abschnitts. Ein florierendes Unternehmen wird immer die Vorräte in Höhe der Untergrenze der Herstellungskosten bewerten, um den Gewinn möglichst niedrig auszuweisen.

Zum Maßgeblichkeitsgrundsatz im Falle der Herstellungskosten:
Anhand des obigen Zahlenbeispiels soll das Prinzip der Maßgeblichkeit der Handelsbilanz für die Steuerbilanz bei der Bewertung (§ 5 Abs. 1 Satz 1 EStG) und der Bewertungsvorbehalt (§ 5 Abs. 6 EStG) verdeutlicht werden:[1]

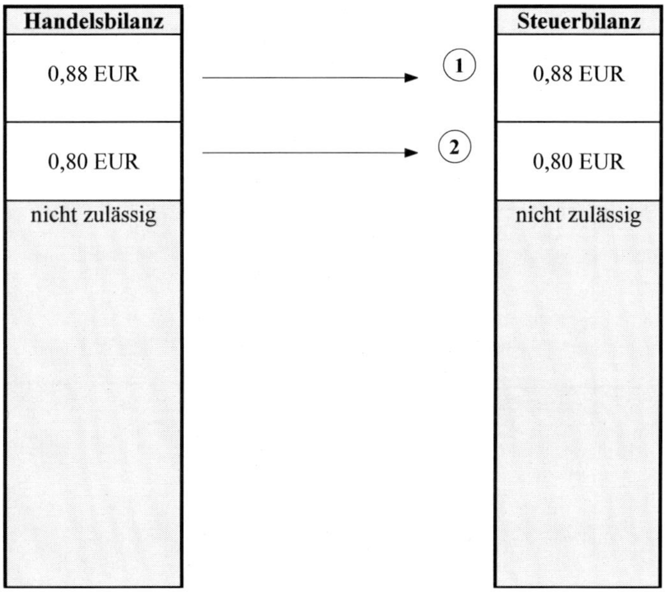

[1] Nach dem Gesetzeswortlaut wäre auch eine beliebige Kombination der beiden Werte möglich (§ 5 Abs. 1 S. 1 2. Halbs. EStG).

(1) Bewertung in der Handelsbilanz mit EUR 0,88 (Wertobergrenze)
Gem. § 5 Abs. 1 Satz 1 EStG muss in der Steuerbilanz der gleiche Wertansatz wie zuvor in der Handelsbilanz gewählt werden (Maßgeblichkeit).
(2) Bewertung in der Handelsbilanz mit EUR 0,80 (Steuerbilanz-Wertuntergrenze)
Maßgeblichkeit wie unter (1).

Geringere Werte sind weder in der Handels- noch in der Steuerbilanz zulässig.

Bei der Nutzung des Bewertungswahlrechts im Rahmen der Herstellungskosten ist der Grundsatz der Bewertungsstetigkeit zu beachten (§ 252 Abs. 1 Nr. 6 HGB i.V. m. § 5 Abs. 1 S. 1 EStG). Eine Änderung der in die Herstellungskosten einbezogenen Komponenten ist nur in begründeten Ausnahmefällen möglich.

Die Komponenten der Herstellungskosten im Einzelnen		***Steuer-bilanz***
Vertriebsgemeinkosten	Vertriebsinnen- und -außendienst, Versand, Vertriebsläger, allgemeine Werbekosten (Public Relations)	Verbot
Sondereinzelkosten des Vertriebs	Verpackungsmaterial, Frachten, Verkaufsprovisionen, Transportversicherung, auftragsbezogene Werbekosten	Verbot
Forschungskosten	Gehälter der Wissenschaftler, Materialkosten, Raumkosten für Labore (Bereich der allgemeinen Grundlagenforschung)	Verbot
Kosten der allgemeinen Verwaltung	Gehälter der Geschäftsleitung, Personalbüro, Ausbildungswesen, Betriebsrat, Rechnungswesen, Werkschutz, Feuerwehr, Telefon, Porto, Betriebskrankenkasse, Einkauf, Wareneingang,	Wahlrecht
Aufwendungen für soziale Einrichtungen	Kantine, Betriebskindergarten und Betriebssportanlagen	Wahlrecht
Aufwendungen für freiwillige soziale Leistungen	Weihnachtszuwendungen, Jubiläumsgeschenke	Wahlrecht
Aufwendungen für die betriebliche Altersversorgung	Zuführungen zu Pensionsrückstellungen, Zuwendungen an Pensions- und Unterstützungskassen, Direktversicherungen	Wahlrecht
Werteverzehr des Anlagevermögens, soweit er durch die Fertigung veranlasst ist	Absetzungen für Abnutzung im Fertigungsbereich	Pflicht
Fertigungsgemeinkosten	Kosten der Fertigungsvorbereitung und -kontrolle, Fertigungsraumkosten, Gehälter der Fertigungsleitung und dazu proportionale gesetzliche oder tarifliche Sozialaufwendungen, Versicherungen, Unfallverhütung in der Fertigung, Werkzeuglager, Kosten des Lohnbüros (soweit für Mitarbeiter im Fertigungsbereich tätig)	Pflicht
Materialgemeinkosten	Materiallagerkosten, innerbetrieblicher Materialtransport, Materialprüfung und Materialverwaltung	Pflicht
Sondereinzelkosten der Fertigung	Modelle, Spezialwerkzeuge, Lizenzgebühren, direkt zurechenbare Forschungs-, Entwicklungs- und Konstruktionskosten	Pflicht
Fertigungseinzelkosten	direkt zurechenbare Fertigungslöhne und dazu proportionale gesetzliche/tarifliche Sozialaufwendungen	Pflicht
Materialeinzelkosten	Verbrauch an Roh-, Hilfs- und Betriebsstoffen sowie an Zukaufteilen; Warenumschließung (z. B. Milch in Flaschen)	Pflicht

Einige Kostenpositionen lassen sich nicht eindeutig zuordnen, da es sich um Mischposten handelt. Bei ***Wareneingang*** und ***Einkauf*** fallen nicht nur die eigentlichen Materialgemeinkosten, sondern auch Kosten der kaufmännischen Verwaltung an. In R 6.3 Abs. 4 EStR werden diese Mischposten den Verwaltungsgemeinkosten zugerechnet und somit dem Bilanzierenden auch steuerlich für diese Kosten anstelle eines Einbeziehungsgebots ein Wahlrecht zugestanden. Diese Zuordnung wird auch handelsrechtlich für zweckmäßig erachtet (Knop/Küting in: Küting/Weber § 255 Tz. 280). Nach ADS (§ 255 Tz. 172) allerdings gehören diese Kosten aus betriebswirtschaftlichen Gründen zu den Materialgemeinkosten. Andere Kostenmischpositionen, beispielsweise die Kosten des Lohnbüros, sind aufzuteilen und – je nach Verursachung – dem Fertigungs-, dem Material- und dem allgemeinen Verwaltungsbereich zuzuordnen.

Die Einbeziehung der Vertriebsgemeinkosten sowie der Sondereinzelkosten des Vertriebs in die Herstellungskosten ist sowohl handels- als auch steuerrechtlich verboten. Die Begründung liegt darin, dass der Vertriebskosten nichts mit dem eigentlichen Herstellungsvorgang des Vermögensgegenstands zu tun haben. Entweder fallen sie vor dem Produktionsbeginn an (z.B. Akquisitionskosten bei Investitionsgütern) oder erst nach dem Zeitraum der Fertigung, wie etwa die Kosten des Transports oder der ***Außenverpackungen*** (z.B. Transportverpackung, Faltschachtel um die Zahnpastatube). Die Kosten der ***Innenverpackung***, also der inneren Warenumhüllung, die die Ware überhaupt marktfähig machen soll (z.B. die Zahnpastatube selbst), gehören zu den Materialeinzelkosten.

(2) Sonderprobleme

(a) Wertverzehr des Anlagevermögens

Die Abschreibungen im Fertigungsbereich gehören eigentlich zu den Fertigungsgemeinkosten, werden aber wegen ihrer großen Bedeutung gesondert noch einmal erwähnt. Die Einschränkung „soweit durch die Fertigung veranlasst" heißt zum einen, dass hier nur Maschinen, Anlagen und Gebäude im Fertigungsbereich einzuordnen sind, und zum anderen, dass es nur um die Absetzungen für Abnutzung geht. Dagegen darf es sich nicht um die Berücksichtigung außergewöhnlicher Wertminderungen handeln, also nicht um Teilwertabschreibungen wegen Änderung der Wiederbeschaffungskosten oder wegen Stilllegung (R 6.3 Abs. 3 S. 6 EStR).

Normalerweise wird als Wertverzehr der Fertigungsanlagen der Betrag auf die Erzeugnisse verteilt, der auch bei der Bilanzierung der Anlagen als AfA berücksichtigt wird. Es wird von der Finanzverwaltung jedoch nicht beanstandet, wenn die linearen Abschreibungsbeträge in die Herstellungskosten einbezogen werden, obwohl bilanziell die Fertigungsanlagen in der Steuerbilanz geometrisch-degressiv[1] abgeschrieben wurden. Diese Regelung dient der einfacheren Übernahme der Kostengrößen aus der Kosten- und Leistungsrechnung, denn dort wird in der Regel linear abgeschrieben.

Sonderabschreibungen, erhöhte Absetzungen oder Bewertungsfreiheiten dürfen jedoch nach R 6.3 Abs. 3 EStR einbezogen werden, was jedoch zu einer teilweisen Stornierung führte. Verzichtet man auf eine Einbeziehung, darf jedoch nicht statt der bei der Bewertung des Anlagevermögens berücksichtigten linearen Abschreibung etwa die geometrisch-degressive in die Herstellungskosten einbezogen werden.

---

[1] Die AfA in fallenden Jahresbeträgen (geometrisch-degressiv) ist bei beweglichem Anlagevermögen steuerrechtlich nur zulässig, wenn es sich um Zugänge vor dem 1.1.2008 oder in den Jahren 2009 und 2010 handelt.

(b) Forschungs- und Entwicklungskosten

Bei den F&E-Kosten muss bilanziell in Grundlagenforschung und Entwicklung unterschieden werden. Nicht aktivierbar im Rahmen der Herstellungskosten sind ***Kosten der Grundlagenforschung***[1] Diese sind in der Regel keinem bestimmten Produkt zurechenbar. Mitunter resultieren aus derselben Forschung mehrere Neuprodukte, mitunter verläuft die Forschung ergebnislos. Oftmals scheitert eine Einbeziehung in die Herstellungskosten einfach deshalb, weil sich das Neuprodukt dann noch nicht im Verkaufslager befindet, wenn es um die Frage der Bilanzierung der Forschungsaufwendungen geht. Sollten die Aufwendungen genau abgrenzbar und einem entwickelten Verfahren zuordenbar sein, so scheitert die Aktivierung dieses (nicht zum Verkauf bestimmten) Know how daran, dass es sich um ein selbst erstelltes immaterielles Anlagegut handelt (§ 5 Abs. 2 EStG).[2] Wegen der Unbestimmtheit des Zeitraumes, in dem dieses Know how in der Zukunft genutzt werden kann, kommt auch ein aktiver Rechnungsabgrenzungsposten nicht in Frage. Es bleibt somit steuerrechtlich bei der sofortigen Aufwandsverbuchung.

Im Falle von ***Entwicklungskosten***, die der Verbesserung bestimmter, bereits im Produktionsprogramm befindlicher Erzeugnisse dienen, handelt es sich um Sonderkosten der Fertigung, die in die Herstellungskosten einzubeziehen sind. Oft sind solche Konstruktionskosten auch auf einen ganz bestimmten Auftrag bezogen.

(c) Steuern

Da weder die Steuern vom Einkommen (Einkommensteuer und Körperschaftsteuer) noch die Gewerbesteuer zu den steuerlich abziehbaren Betriebsausgaben zählen (§ 12 Nr. 3 EStG; § 4 Abs. 5b EStG; § 10 Nr. 2 KStG), gehören sie auch nicht zu den Herstellungskosten (R 6.3 Abs. 5 EStR).

Die ***Umsatzsteuer*** hat keinen Kostencharakter und ist zudem dem Vertriebsbereich zuzuordnen. *Nicht abzugsfähige Vorsteuer* ist in der Regel den Materialkosten (Einzel- oder Gemeinkosten) zuzuordnen (vgl. § 9b Abs. 1 EStG). ***Verbrauchsteuern***, deren Schuldner der Inhaber des Herstellungsbetriebs ist, stellen den Produkten im Vorratsvermögen direkt zurechenbare Kosten, und zwar Sondereinzelkosten der Fertigung, dar. Zu diesen Verbrauchsteuern gehören u. a. die Biersteuer, die Mineralölsteuer, die Schaumweinsteuer und die Tabaksteuer. Im Gegensatz zur Handelsbilanz ist in der Steuerbilanz dafür ein aktiver Rechnungsabgrenzungsposten zu bilden (§ 5 Abs. 5 Satz 2 EStG). Die Pflicht zur Einbeziehung in die Herstellungskosten der Erzeugnisse bezieht sich demnach jeweils nur auf den Zeitraum und den Betrag der Aufwandsbuchung.

	Steuerbilanz
Einkommensteuer, Körperschaftsteuer	Verbot
Gewerbeertragsteuer	Verbot
Umsatzsteuer u. abziehbare Vorsteuer	Verbot
Umsatzsteuer auf Entnahmen und Vorsteuer auf nach § 12 Nr. 1 und § 4 Abs 5 Nr. 1–5, 7 und Abs. 7 EStG nicht abziehbare Aufwendungen	Verbot
nicht abziehbare Vorsteuer (= Materialeinzel- oder -gemeinkosten)	Pflicht
Zölle und Verbrauchsteuern (Pflicht zur ARA-Bildung gemäß § 5 Abs. 5 S.2 Nr. 1 EStG)	Pflicht
Grundsteuer (Fertigungsbereich)	Pflicht

[1] Vgl. § 255 Abs. 2 S. 4 HGB.

[2] In der Handelsbilanz besteht dagegen seit 1.1.2010 in diesem Falle eine Aktivierungspflicht (§255 Abs. 2a HGB).

(d) Fremdkapitalzinsen

Genauso wenig wie zu den Anschaffungskosten gehören die Fremdkapitalzinsen zu den Herstellungskosten von Erzeugnissen, da bilanziell eine Trennung zwischen der güterwirtschaftlichen Produktion und dem Finanzierungsgeschäft vorgenommen wird (§ 255 Abs. 3 Satz 1 HGB). Andererseits kann nicht bestritten werden, dass die Fremdkapitalzinsen in der Praxis einen bedeutenden Aufwands- und Kostenfaktor darstellen, und die bilanzrechtliche Behandlung der Fremdkapitalzinsen vor allem für Unternehmen mit langfristiger Fertigung (Anlagenbau, Kraftwerksbau, Schiffbau, Flugzeugbau etc.) gravierende Folgen hat. Unter bestimmten Voraussetzungen (vgl. Kapitel „Realisationsprinzip") ist es diesen Unternehmen möglich, Teilgewinne zu bilanzieren, bevor z. B. das Schiff abgeliefert und der Gewinn eigentlich erst realisiert wird. Diese Bilanzierungsweise dient zweifellos der Generalnorm (§ 264 Abs. 2 HGB), da durch Ausweis von hohen Verlusten in den Produktionsjahren und eines riesigen Gewinnes im Jahr der Ablieferung des Schiffes die Ertragslage beharrlich falsch dargestellt würde. Wegen der gravierenden Bedeutung der Fremdfinanzierungskosten in diesen Branchen, die in den Produktionsjahren trotz der Möglichkeit der Teilgewinnrealisierung häufig zum Verlustausweis führen würden, sehen Handelsrecht und Steuerrecht eine sog. ***Bewertungshilfe*** vor (§ 255 Abs. 3 Satz 2 HGB; R 6.3 Abs. 4 Satz 1 EStR). Unter bestimmten Bedingungen dürfen danach Fremdkapitalzinsen in den Herstellungskosten aktiviert werden. Diese Voraussetzungen sind:

1. Das Fremdkapital muss zur Finanzierung der Herstellung eines Vermögensgegenstands bzw. Wirtschaftsguts verwendet werden.

Nach Meinung des IDW ist „für die Aktivierung … die Zurechenbarkeit des aufgenommenen Fremdkapitals in sachlicher und zeitlicher Hinsicht auf den jeweiligen Herstellungsvorgang (erforderlich)"[1]. Ein sachlicher Zusammenhang sei etwa bei einer objekt- oder auftragsbezogene Finanzierung gegeben. Wenn keine direkte Zuordnung von Krediten aufgrund kreditvertraglicher Vereinbarung (ggf. auch Zweckbindung) vorgenommen werden könne, so könnten im Ausnahmefall andere Indizien für eine sachliche und zeitliche Zurechenbarkeit sprechen. Derartige Zusammenhänge dürften bei größeren Projekten wie Flugzeugen, Schiffen, Bauten, Kraftwerken, also vor allem bei Werften und im Anlagenbau, herleitbar sein.

2. Es darf sich nur um Fremdkapitalzinsen handeln, die auf den Zeitraum der Herstellung entfallen.

Hierdurch soll ausgeschlossen werden, dass Zinsen, die im Anschluss an die Produktionszeit, etwa während der Absatzlagerzeit entstehen und damit dem Vertriebsbereich zuzuordnen sind, aktiviert werden können.

Da nach dem Gesetzeswortlaut (§ 255 Abs. 3 HGB) die Fremdkapitalzinsen als Herstellungskosten gelten, wenn von dem Einbeziehungswahlrecht Gebrauch gemacht wird, und da in den steuerlichen Verwaltungsanweisungen (R 6.3 Abs. 4 Satz 1 EStR; H 6.3 „Zinsen für Fremdkapital" EStH) eine inhaltliche Anpassung an das Handelsrecht vorgenommen

[1] Stellungnahme HFA 5/1991, WPg 1992, S. 95.

worden ist, gilt hier der Grundsatz der ***Maßgeblichkeit*** (§ 5 Abs. 1 Satz 1 EStG). Das heißt, das Wahlrecht zur Einbeziehung der Fremdkapitalzinsen wird in der Handelsbilanz mit ausgeübt.[1]

Insbesondere im Hinblick auf die Berücksichtigung von Leerkosten (vgl. das folgende Kapitel) stellt sich die Frage, ob es sich bei den aktivierten Fremdkapitalzinsen um Einzel- oder Gemeinkosten handelt. Grundsätzlich werden es Fertigungsgemeinkosten sein. Wenn aber nach den restriktiven Bedingungen der sachlichen und zeitlichen Zurechenbarkeit verfahren wird, kann es sich auch um Einzelkosten handeln, nämlich dann, wenn es sich um die Finanzierung der Herstellung einer einzigen Großanlage oder eines einzigen Schiffes im Kundenauftrag handelt.

(e) Leerkosten

In § 255 Abs. 2 Satz 3 HGB wird die Einbeziehungsmöglichkeit der Material- und Fertigungsgemeinkosten sowie der Abschreibungen auf die „angemessenen Teile" beschränkt. Mit der Einschränkung auf „angemessene Teile" ist die in der Kosten- und Leistungsrechnung vorzunehmende anteilige Zuordnung („Schlüsselung") der Gemeinkosten auf die einzelnen Erzeugnismengeneinheiten (Kostenträger) nach dem ***Finalitätsprinzip*** gemeint. Das Finalitätsprinzip verlangt eine Zuordnung sowohl der variablen als auch der anteiligen fixen Kosten („Gemeinkosten") zu den Produkteinheiten, da auch die (fixen) Kosten der Betriebsbereitschaft (z. B. Gebäudekosten, Pförtner) unumgänglich sind, um die Herstellung der Produkte zu ermöglichen

Nicht „angemessen" sind dagegen Gemeinkosten (= Fixkosten), die während des Stillstandes[2] der Maschinen angefallen sind oder die auf eine Unterauslastung[3] der Maschinen entfallen und als ***Leerkosten*** bezeichnet werden. Auch in diesen Fällen bleiben die Fixkosten, wie zeitbezogene (lineare) Absetzungen für Abnutzung, Wartungskosten etc., in vollem Umfange bestehen.

Definition:

> Unter ***Leerkosten*** sind die auf die Kapazitätsunterauslastung entfallenden Fixkosten zu verstehen.

Werden die gesamten Fixkosten auf die Anzahl der produzierten Erzeugnisse gleichmäßig verteilt, so sind die Fixkosten pro Stück umso höher, je niedriger die tatsächliche Ausbringungsmenge ist. Folge: Bei starker Unterauslastung in Rezessionszeiten werden die Erzeugnisvorräte sehr hoch bewertet, obwohl die Preise wegen der Absatzstockungen in den Keller rutschen. Deutlicher könnte man nicht dem Vorsichtsprinzip/Imparitätsprinzip widersprechen. Die Leerkosten dürfen deshalb in Handels- und Steuerbilanz nicht in die Herstellungskosten der Vorräte einbezogen werden, sondern allein die sog. Nutzkosten (vgl. R 6.3 Abs. 6 EStR).

[1] Nach dem Gesetzeswortlaut könnte das steuerrechtliche Wahlrecht auch unabhängig von der Ausübung des Wahlrechts in der Handelsbilanz ausgeübt werden (§ 5 Abs. 1 S.1 2. Halbs. EStG).

[2] Gründe dafür können Produktionsstörungen oder Kurzarbeit u. ä. sein. Diese Aufwendungen entfallen auch nicht auf den Zeitraum der Herstellung.

[3] Eine Zuordnung von Leerkosten wird in diesem Falle auch als Verstoß gegen das „Angemessenheitsprinzip" angesehen, vgl. IdW: HFA 5/1991, WPg 1992, S. 95.

Die ***Herausrechnung der Leerkosten*** kann mit Hilfe der folgenden Formeln leicht vorgenommen werden:

Nutzkosten $K_N = (K_{fix} : x_{Kapaz}) * x_{ist}$

oder:

Nutzkosten $K_N = (x_{ist} : x_{Kapaz}) * K_{fix} = KAG * K_{fix}$

Nutzkosten und Leerkosten sind ***komplementär***, d. h. sie ergänzen sich zur Gesamthöhe der Fixkosten und ihre Anteile an den Fixkosten ergänzen sich zu Eins.

Nutzkosten K_N + Leerkosten K_L = Fixkosten K_{fix}

Leerkosten $K_L = K_{fix} - K_N = K_{fix} - KAG * K_{fix} = (1 - KAG) * K_{fix}$

Symbole:

K_{fix} = Fixkosten

x_{Kapaz} = Produktionsmenge bei Kapazitätsvollauslastung

x_{ist} = tatsächliche Produktionsmenge

KAG = $(x_{ist} : x_{Kapaz})$ = Kapazitätsausnutzungsgrad

Beispielaufgabe:

Berechnen Sie die Leerkosten aus einem Fixkostenblock in Höhe von 10.000 EUR bei einer tatsächlichen Ausbringungsmenge x_{ist} = 6.000 Mengeneinheiten (ME). Bei Vollauslastung der Anlagen könnten x_{Kapaz} = 10.000 ME erzeugt werden.

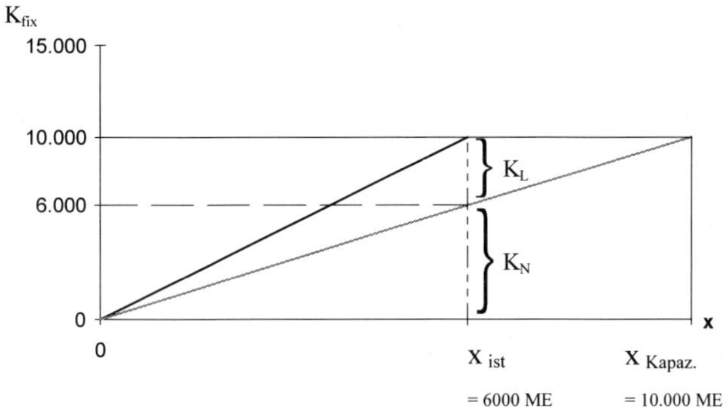

Das untere Dreieck (unterhalb der Diagonalen) stellt allgemein die Nutzkosten (K_N), das obere Dreieck die Leerkosten (K_L) dar.

Lösung:

Fixkosten pro ME bei Vollauslastung:

$K_{fix} : x_{Kapaz}$ = 10.000 EUR : 10.000 ME = 1,- EUR/ME.

Fixkosten pro ME bei tatsächlicher Auslastung von 60%:

$K_{fix} : x_{ist}$ = 10.000 EUR : 6.000 ME = 1,67 EUR/ME.

Nutzkosten = $K_{fix} : x_{Kapaz} * x_{ist}$ = 1 EUR/ME * 6.000 ME = 6.000 EUR.

oder:

Nutzkosten $= (x_{ist} : x_{Kapaz}) * K_{fix} = 6.000$ ME : 10.000 ME $*$ 10.000 EUR
$= KAG * K_{fix} = 0{,}60 *$ 10.000 EUR = 6.000 EUR.

Leerkosten $= (1 - KAG) * K_{fix} = 0{,}4 *$ 10.000 EUR = 4.000 EUR.

Den Erzeugnissen dürfen also nur insgesamt 6.000 EUR Fixkosten bei der bilanziellen Bewertung (neben den variablen Kosten) zugerechnet werden, also 1,- EUR pro ME. Die Leerkosten von insgesamt 4.000 EUR (= 0,67 EUR pro ME) stellen Aufwand der Periode dar. Eine Bewertung der Erzeugnisse mit Fixkosten von 1,67 EUR pro ME (neben den variablen Kosten) ist weder in der Handels- noch in der Steuerbilanz zulässig.

Der BFH hat in seinem in H 6.3 „Ausnutzung von Produktionsanlagen" EStH aufgeführten Urteil vom 15.2.1966 (BStBl. 1966 III, S. 468) zwischen der Stilllegung eines Teilbetriebs oder einzelner Produktionsgüter, bei der sich die Einbeziehung der auf diese Wirtschaftsgüter entfallenden nicht produktionsnotwendigen Fertigungsgemeinkosten (z. B. weiterlaufende Abschreibungen) verbietet, einerseits und der Unterauslastung von Produktionsanlagen andererseits unterschieden. Im letzteren Fall dürfen die Leerkosten nur unter besonderen Voraussetzungen aus den Fertigungsgemeinkosten ausgeschieden werden. Diese Voraussetzungen seien bei einer Auslastungsverringerung, die sich aus der Art der Produktion ergibt, z. B. wenn die Auslastungsschwankungen auf natürlichen Gegebenheiten beruhen (Nahrungsmittelindustrie) nicht gegeben.

Verallgemeinert heißt dies, dass steuerrechtlich eine Eliminierung von Leerkosten bei üblichen (z. B. saisonalen) Schwankungen um die Normalauslastung der Kapazität nicht zulässig ist. Das Ausmaß der üblichen Schwankungen wird branchenabhängig sehr verschieden sein.[1] Falls es sich um ein Unternehmen handelt, dessen Produktion nicht saisonabhängig regelmäßig, sondern z. B. konjunkturell bedingt und/oder zufallsbedingt, schwankt könnte eine sachgerechte, den Grundsatz der Vorsicht, den Grundsatz der Wirtschaftlichkeit und auch den der Gleichmäßigkeit der Besteuerung beachtende und somit auch steuerlich anzuerkennende Grenze m.E. bei 10% der Normalauslastung liegen. Wird diese Grenze der Unterauslastung überschritten, so sind die Leerkosten, die auf die gesamte Unterauslastung (= Differenz zwischen tatsächlicher Auslastung und Normalauslastung) entfallen, zu eliminieren und nicht nur auf den die Grenze überschreitenden Teil. Damit ergibt der auf der nächsten Seite abgebildete Zusammenhang.

Die normale Kapazitätsauslastung liegt in diesem Beispiel bei 80%. Schwankt die tatsächliche Kapazitätsauslastung bis zur Grenze von 72%, dann brauchen keine Leerkosten herausgerechnet zu werden. Liegt die Kapazitätsauslastung jedoch bei 48%, so beträgt der Auslastungsgrad bezogen auf die Normalkapazität (48 : 80) * 100 = 60%, so dass Leerkosten in Höhe von 40% der Fixkosten herauszurechnen sind.

---

[1] Nach Knop/Küting in: Küting/ Weber „dürfte i. d. R. eine Eliminierungspflicht von Leerkosten dann nicht vorliegen, wenn die tatsächliche Beschäftigung 70% der normalerweise erreichbaren Kapazität übersteigt" (§ 255 Tz. 309). Diese *handelsrechtliche* Kommentarmeinung räumt dem Bilanzierenden einen großen Ermessensspielraum ein, wobei in Kauf genommen wird, dass die Ertragslage, aber auch die Vermögenslage, im Vergleich zur wirtschaftlichen Lage u. U. zu günstig dargestellt und die zeitliche Vergleichbarkeit der Jahresabschlüsse beeinträchtigt wird.

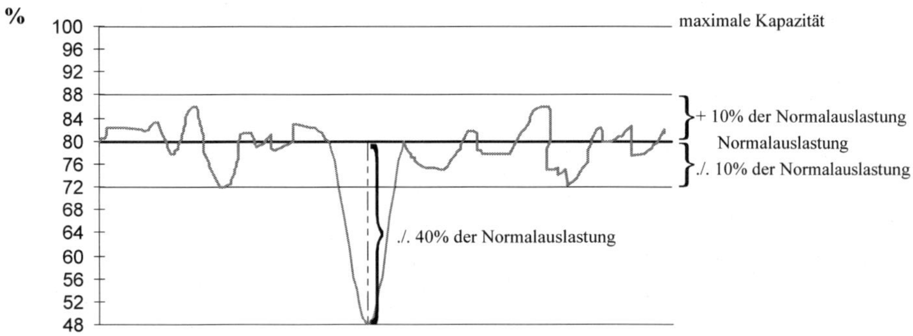

Es bleibt noch zu klären, aus welchen Fixkosten die Leerkosten herauszuziehen sind. Da der allgemeine Verwaltungsbereich von Unterauslastungen kaum berührt wird, muss es sich in erster Linie um alle Fixkosten, die mit dem Produktionsbereich verbunden sind, also die fixen Fertigungsgemeinkosten, handeln. Da als Folgewirkung aber auch der Beschaffungs- und Lagerhaltungsbereich betroffen sein wird, kommen auch die fixen Materialgemeinkosten in Frage. In die Herstellungskosten einbezogen werden dürfen nach § 255 Abs. 2 HGB die angemessenen Teile der Material- und Fertigungsgemeinkosten (einschl. Wertverzehr des Anlagevermögens), so dass *handelsrechtlich* auch aus beiden Kostengruppen eine Herausrechnung zu erfolgen hat. *Steuerrechtlich* muss dasselbe gelten, auch wenn im oben genannten BFH-Urteil und in H 6.3 „Ausnutzung von Produktionsanlagen" EStH beispielhaft nur von einer Elimination aus den Fertigungsgemeinkosten die Rede ist.

Merke:

	Steuerbilanz
1. Stilllegungskosten	Eliminierungspflicht
2. Kosten der Kapazitätsunterauslastung (Leerkosten) a) Saisonale Schwankungen (aufgrund von „natürlichen Gegebenheiten")	 Eliminierungsverbot (BFH)
b) unregelmäßige Schwankungen ba) bis zu 10% unter die Normalauslastung bb) mehr als 10% unter die Normalauslastung	 Eliminierungsverbot Eliminierungspflicht

Aufgaben 14 bis 17: Herstellungskosten

Aufgabe 18: Herstellungskosten/Leerkosten

Aufgaben 19 und 20: Herstellungskosten

(3) Bilanzpolitische Auswirkungen der Bestandsbewertung mit Herstellungskosten

Die bilanzpolitischen Auswirkungen unterschiedlicher Ausübung des Bewertungswahlrechts bei der Bestandsbewertung mit Herstellungskosten sollen anhand eines einfachen Zahlenbeispiels gezeigt werden.

Fall I: Bewertung der Vorräte an der Wertobergrenze der Herstellungskosten

Jahr 01: Produktion von Fertigerzeugnissen auf Lager

Dabei sind Aufwendungen (Material, Löhne, Gehälter in der Fertigung, Abschreibungen, anteilige Gehälter in der Verwaltung, freiwillige soziale Leistungen) in Höhe von 1.000 EUR entstanden, die im Einzelnen verbucht worden sind. Am Jahresende wird der Endbestand im Rahmen der Inventur mengenmäßig erfasst und mit den gesamten angefallenen Aufwendungen i. H. v. 1.000 EUR (= steuerrechtliche Herstellungskostenobergrenze) bewertet. Der Anfangsbestand der Fertigerzeugnisse soll vereinfachend gleich Null sein.

Buchungssätze:

(1)	Schlussbilanzkonto	1.000 EUR	
	an Fertige Erzeugnisse		1.000 EUR.
(2)	Fertige Erzeugnisse	1.000 EUR	
	an Bestandsveränderungen		1.000 EUR.
(3)	Bestandsveränderungen	1.000 EUR	
	an GuV-Konto		1.000 EUR.

Ergebnis: erfolgsneutraler Vorgang

Bilanz 31.12.01 (EUR)

Erhöhung der Fertigerzeugnisse (zu HK) + 1.000 Verminderung des Finanzkontos – 1.000	

GuV-Konto Jahr 01 (EUR)

Verschiedene Aufwendungen 1.000	Erträge aus Bestandserhöhung (= HK) 1.000

Jahr 02: Verkauf der gelagerten Fertigerzeugnisse zu 1.200 EUR

Buchungssätze:

(1)	Finanzkonto	1.200 EUR	
	an Umsatzerlöse		1.200 EUR.
(2)	Schlussbilanzkonto	0,- EUR	
	an Fertige Erzeugnisse		0,- EUR.
(3)	Bestandsveränderungen	1.000 EUR	
	an Fertige Erzeugnisse		1.000 EUR.
(4)	GuV-Konto	1.000 EUR	
	an Bestandsveränderungen		1.000 EUR.

Ergebnis: Jahresüberschuss = 200 EUR.

Bilanz 31.12.02 (EUR)

Verminderung der Fertigerzeugnisse – 1.000	Erhöhung des Eigenkapitals (Saldo) + 200
Erhöhung des Finanzkontos + 1.200	

GuV-Konto Jahr 02 (EUR)

Aufwendungen aus Bestandsverminderung 1.000	Umsatzerlöse 1.200
Jahresüberschuss 200	

Aufgrund des Wahlrechts bei der Bestandsbewertung mit Herstellungskosten ist eine bilanzpolitische Gewinnbeeinflussung möglich. Die steuerrechtliche Untergrenze der Herstellungskosten umfasst die Fertigungseinzel- und -gemeinkosten, die Sondereinzelkosten der Fertigung sowie die Materialeinzel- und -gemeinkosten, Obergrenze sind die Vollkosten abzüglich der Vertriebskosten. Das Wahlrecht gemäß R 6.3 Abs. 4 EStR umfasst somit die allgemeinen Verwaltungsgemeinkosten sowie die freiwilligen Sozialkosten. Als Vorteil der Bewertung an der Herstellungskostenobergrenze wird darauf hingewiesen, dass der Grundsatz der sachlichen Abgrenzung besser erfüllt wird und zudem die Volatilität der Gewinne über die Perioden hinweg geringer ist.

Fall II: Bewertung der Vorräte an der Wertuntergrenze der Herstellungskosten

Das obige Beispiel soll nun für den Fall der Teilkostenbewertung der Vorräte variiert werden.

Jahr 01: Produktion von Fertigerzeugnissen auf Lager

Dabei sind Material- und Fertigungskosten (Material, Löhne, Gehälter in der Fertigung, Abschreibungen) in Höhe von 800 EUR entstanden, weiterhin fielen 200 EUR anteilige Verwaltungsgemeinkosten und freiwillige soziale Aufwendungen an. Am Jahresende wird der Endbestand im Rahmen der Inventur mengenmäßig erfasst und mit den angefallenen Einzel- und Gemeinkosten der Fertigung und des Materials (= Herstellungskostenuntergrenze) i. H. v. 800 EUR bewertet. Der Anfangsbestand der Fertigerzeugnisse soll vereinfachend gleich Null sein.

Ergebnis: Jahresfehlbetrag = 200 EUR.

Bilanz 31.12.01

Erhöhung der Fertigerzeugnisse (zu HK) + 800	Verminderung des Eigenkapitals (Saldo) – 200
Verminderung des Finanzkontos – 1.000	

GuV-Konto Jahr 01

Verschiedene Aufwendungen 1.000	Erträge aus Bestandserhöhung (= HK) 800
	Jahresfehlbetrag 200

Jahr 02: Verkauf der gelagerten Fertigerzeugnisse zu 1.200 EUR

Ergebnis: Jahresüberschuss = 400 EUR.

Bilanz 31.12.02 (EUR)

Verminderung der Fertigerzeugnisse – 800	Erhöhung des Eigenkapitals (Saldo) + 400
Erhöhung des Finanzkontos + 1.200	

GuV-Konto Jahr 02 (EUR)

Aufwendungen aus Bestandsverminderung 800	Umsatzerlöse 1.200
Jahresüberschuss 400	

Es wird deutlich, dass der Gesamtgewinn über zwei Jahre hinweg gesehen in beiden Fällen identisch ist. Im Falle der Vollkostenbewertung (Obergrenze der Herstellungskosten) ist das Jahresergebnis im Jahr des Lageraufbaus höher als bei Teilkostenrechnung (Untergrenze der Herstellungskosten). In den Jahren des Lagerabbaus kehrt sich die Gewinnsituation um.

c) Teilwert nach EStG

Der Teilwert ist der zentrale Bewertungsmaßstab in der Steuerbilanz. Die Teilwertdefinition enthält § 6 Abs. 1 Nr. 1 Satz 3 EStG:

Definition:

> „***Teilwert*** ist der Betrag, den ein Erwerber des ganzen Betriebs im Rahmen des Gesamtkaufpreises für das einzelne Wirtschaftsgut ansetzen würde; dabei ist davon auszugehen, dass der Erwerber den Betrieb fortführt."

Mit dieser Abgrenzung sind die charakteristischen Elemente des Teilwerts klar umrissen:

- gedachter Verkauf des Gesamtunternehmens,
- objektiver Wert,
- Einzelwert unter Beachtung des funktionalen Zusammenhangs mit dem Gesamtbetrieb,
- Fortführungshypothese („going-concern-Prinzip").

Damit wird deutlich, dass der Teilwert i. d. R. kein Einzelveräußerungspreis (Liquidationswert, Zerschlagungswert) eines Wirtschaftsgutes ist, sondern auch dessen Bedeutung im Rahmen des funktionalen Zusammenhangs mit den übrigen Teilen des Gesamtbetriebes bei der Bewertung zu berücksichtigen ist. Es ist also der auf das betreffende Wirtschaftsgut entfallende „Teil" des Gesamtwertes der Unternehmung zu ermitteln. Dies schließt beispielsweise auch die Qualität der Innenorganisation ein, so dass theoretisch dem Wirtschaftsgut auch ein Anteil am Geschäfts- oder Firmenwert zuzurechnen ist („Das Ganze ist mehr wert als die Summe der Werte der Einzelteile").

Die Ermittlung des Teilwertes in der Praxis bereitet allerdings erhebliche Schwierigkeiten. Eine Aufteilung des Geschäfts- oder Firmenwertes auf die einzelnen Wirtschaftsgüter („Zurechnungsmethode") ist logisch nicht eindeutig möglich; genauso wenig hilft die rein theoretische Vorstellung weiter, das Unternehmen als Ganzes zweimal zu bewerten, einmal mit und einmal ohne das betreffende Wirtschaftsgut, und die Differenz der beiden Gesamtwerte als Teilwert zu betrachten („Differenzmethode"). Somit ist die Teilwertdefinition nicht praktikabel. Zum Zwecke der Schätzung des Teilwerts lassen sich aber auf logischem Wege ohne Berücksichtigung eines Firmenwertanteils eine Unter- und eine Obergrenze bestimmen (H 6.7 „Schätzung" EStH):

Untergrenze: Einzelveräußerungspreis (evtl. Schrottwert)

Im Falle, dass der fiktive Erwerber ein bestimmtes Wirtschaftsgut nicht mehr im Unternehmen benötigt, wird er (mindestens) den Betrag dafür bezahlen, den er bei sofortiger Veräußerung des Wirtschaftsguts erhalten würde.

Obergrenze: Wiederbeschaffungskosten

Mehr als er für den Kauf eines gleichartigen, in die betrieblichen Prozessabläufe hineinpassenden Wirtschaftsgutes im gleichen Abnutzungszustand aufbringen müsste (= Wiederbeschaffungskosten), wird der potentielle Erwerber dafür im Rahmen des Gesamtkaufpreises nicht ansetzen.

Dazwischen liegt ein weiter Bereich, der im tatsächlichen Veräußerungsfalle als Verhandlungsspielraum anzusehen wäre. Für die konkrete Frage der Bewertung in der Steuerbilanz ist die Fixierung von Unter- und Obergrenzen nicht ausreichend, soll nicht ein weiter Manipulationsspielraum offen gelassen werden.

Um den Begriff „Teilwert“ praktikabel zu machen, hat daher der BFH in seiner Rechtsprechung sog. Teilwertvermutungen entwickelt (H 6.7 „Teilwertvermutungen“ EStH). Im Ergebnis stimmen diese Wertansätze der Steuerbilanz grundsätzlich mit den handelsrechtlichen Bewertungsvorschriften überein. Die Teilwertvermutungen müssen vom Bilanzierenden widerlegt werden, wenn von diesem vermuteten Wert abgewichen werden soll (R 6.7 EStR).

***Teilwertvermutungen* (H 6.7 EStH):**		
Zeitpunkt der Bewertung Art des Wirtschaftsgutes	Zeitpunkt der Anschaffung	später
nicht-abnutzbares Anlagevermögen	Anschaffungs- bzw. Herstellungskosten	Anschaffungs- bzw. Herstellungskosten
abnutzbares Anlagevermögen	Anschaffungs- bzw. Herstellungskosten	Anschaffungs-/ Herstellungskosten minus Abschreibungen[1]
Umlaufvermögen	Anschaffungs- bzw. Herstellungskosten (ggf. Nettoverkaufserlös)	Wiederbeschaffungskosten (ggf. Nettoverkaufserlös)

Die eigentliche Teilwertdefinition erhält erst dann wieder Bedeutung, wenn es um die Widerlegung der Teilwertvermutungen geht. Liegt nämlich der tatsächliche Teilwert unter dem vermuteten, so darf gemäß § 6 Abs. 1 Nr. 1 und 2 EStG eine außerplanmäßige Abschreibung („Teilwert-Abschreibung“) auf den niedrigeren tatsächlichen Teilwert vorgenommen werden.

Gründe für die Widerlegung der Teilwertvermutungen: (R 6.7 EStR; H 6.7 EStH)		
	kurz nach der Anschaffung oder Herstellung	zu späterem Zeitpunkt
Anlagevermögen	Fehlinvestition; Wegfall der Verwendungsmöglichkeit (Konjunktur, Modeänderung)	gesunkene Wiederbeschaffungskosten; gesunkener Ertragswert; techn./wirtschaftliche Überholung; Wegfall der Verwendungsmöglichkeit (Konjunktur, Modeänderung)
Umlaufvermögen	Ungängigkeiten (Modeänderung), ggf. Nettoveräußerungserlös gesunken (Waren, Erzeugnisse)	Wiederbeschaffungskosten oder Nettoveräußerungserlös gesunken; Ungängigkeiten (Modeänderung)

[1] Grundsätzlich ist dabei von der linearen AfA auszugehen (BFH 30.11.1988, BStBl 1989 II S. 183).

Beteiligungen[1]***:*** Grundsätzlich ist der Ertragswert am Bilanzstichtag der heranzuziehende Vergleichswert. Der (innere) Wert einer Beteiligung lässt sich mithin als Barwert einer Rente in Höhe der nachhaltigen (als dauerhaft erwarteten) zukünftigen Erträge aus der Beteiligung ermitteln (vgl. unten Formel (1)). Als Erträge kommen die Ausschüttungen in Frage, aber auch der schwer quantifizierbare Nutzen aus Synergieeffekten der Beteiligung für den Anteilseigner. Bei Mehrheitsbeteiligungen dürfte eher der von der Beteiligungsgesellschaft erzielte Gewinn als die Ausschüttung die Wert bestimmende Größe sein, da es bei einem auf lange Dauer angelegten Engagement mit Einflussnahme auf die Geschäftsführung mehr auf das allgemeine Florieren der Tochtergesellschaft ankommt (vgl. unten Formel (2)). Die Berechnung des Ertragswerts erfolgt zunächst für die ganze Beteiligungsgesellschaft, das Ergebnis wird anschließend mit der Beteiligungsquote multipliziert.

$$\text{Ertragswert} = \text{Dividende} : i_{kalk} \qquad (1)$$

$$\text{Ertragswert} = \text{Gewinn der Beteiligungsgesellschaft} : i_{kalk} \qquad (2)$$

Bei beiden Formeln ist der Einfachheit halber die Kapitalisierungsformel für eine unendliche Rente herangezogen worden, es wird also eine zeitlich unbegrenzte Beteiligungsabsicht unterstellt (i_{kalk} = Kalkulationszinsfuß).

Ob bei ***ausländischen Beteiligungen*** eine voraussichtlich dauerhafte Verschlechterung des Kurses der ausländischen Währung der alleinige Grund (unabhängig von der Entwicklung des inneren Wertes und damit der Ertragssituation der Tochtergesellschaft) für ein Sinken des Ertragswertes sein kann, ist in der handels- und steuerrechtlichen Literatur umstritten. Die steuerliche Rechtsprechung (RFH, RStBl. 1943, S. 710) verneint diese Frage. Als herrschende Meinung in der handels- und steuerrechtlichen Literatur gilt, dass eine Abschreibung auch dann erforderlich ist, wenn aufgrund der Wechselkursänderung die in inländischer Währung nachhaltig erwarteten Einzahlungsüberschüsse gesunken sind und somit auch der in Euro umgerechnete Ertragswert der Beteiligung (WP-HdB 2000 Bd. I Teil E, Tz. 403). Dauerhafte Gewinntransferbeschränkungen und besondere wirtschaftliche oder politische Risiken (z. B. drohende Enteignungen) können dagegen unbestritten zu einer Verringerung des beizulegenden Wertes führen.

Beispiel:

Die LowTech GmbH gründet zu Beginn des Jahres 01 mit einem Aufwand von 2 Mio EUR (=Anschaffungskosten) eine Tochtergesellschaft, die handgestrickte Kleidungsstücke herstellen und vertreiben soll. Nach guter Geschäftsentwicklung in den ersten Jahren erwirtschaftet die Tochtergesellschaft im Jahre 09 einen Verlust i. H. v. 500.000 EUR. Es stellt sich die Frage, wie die Beteiligung bei der LowTech am 31.12.09 zu bewerten ist.

Der Teilwert lässt sich als Ertragswert der 100%igen ***Beteiligung*** ermitteln, der dem Ertragswert der Tochtergesellschaft insgesamt entspricht. Dabei könnte der realisierte Verlust als nachhaltig angesehen werden, so dass sich bei einem Kalkulationszinsfuß von 10% ein (vereinfacht durch Kapitalisierung einer unendlichen Rente berechneter) Ertragswert in Höhe von –500.000 : 0,10 = –5 Mio. EUR ergibt. Der Teilwert beträgt somit Null bzw. 1,- EUR (Erinnerungswert). Er entspricht dem handelsrechtlich beizulegenden Wert („Tageswert“)[2], auf den außerplanmäßig abgeschrieben werden muss.

[1] Zum Begriff der Beteiligung (§ 271 Abs. 1 HGB). Im Zweifel liegt eine Beteiligung bei Anteilen an einer Kapitalgesellschaft vor, die 20% des Nennkapitals übersteigen.
[2] Vgl. zum Tageswert das folgende Kapitel B.I.3.d).

Beispiel:

Wie voriges Beispiel, nur erfolgte die Gründung der Tochtergesellschaft erst im Jahre 07, liegt also erst zwei Jahre zurück, in denen jeweils Verluste erzielt wurden.

Steuerrechtlich wird dieser Sachverhalt aufgrund des BFH-Urteils vom 27.7.1988 (BStBl 1989 II, S. 274) als Widerlegung der Teilwertvermutung „Anschaffungs- oder Herstellungskosten" nicht anerkannt. Es sei üblich, dass ein neu gegründetes Unternehmen in den ersten 3 Jahren (mit Sitz im außereuropäischen Ausland in den ersten 5 Jahren) sog. ***Anlaufverluste*** erleidet, weil das Produkt noch nicht marktreif oder noch zu unbekannt ist. Der potentielle Erwerber würde berücksichtigen, dass ihm im Falle einer Neugründung die gleichen Anlaufverluste entstünden, und daher die gesamten Anschaffungs- oder Herstellungskosten zahlen. Anlaufverluste rechtfertigen also keine Teilwertabschreibung. *Handelsrechtlich* ist der Fall genauso zu behandeln wie der vorige, sofern es keine Anhaltspunkte dafür gibt, dass es sich um einen einmaligen Verlust handelt. Aufgrund des Bewertungsvorbehalts gemäß § 5 Abs. 6 EStG ergeben sich unterschiedliche Werte in Handels- und Steuerbilanz (Durchbrechung der Maßgeblichkeit):

Handelsbilanz	***Steuerbilanz***
Tageswert	Teilwert
Beteiligungen: 1,- EUR	Beteiligungen: 2 Mio. EUR

Bei ***Wertpapieren*** des Anlage- oder des Umlaufvermögens entspricht der Teilwert immer den Wiederbeschaffungskosten am Bilanzstichtag, auch wenn eine Veräußerung der Wertpapiere beabsichtigt ist. Die bei der Anschaffung angefallenen Anschaffungsnebenkosten (Bankenprovision, Maklercourtage) sind entsprechend dem Kursrückgang zu proportionalisieren und zum Wiederbeschaffungspreis (z. B. Börsenkurs) zu addieren.[1] Die Tatsache, dass der gedachte Erwerber des Betriebs die Nebenkosten nicht entgelten wird, wenn er die Wertpapiere im Betrieb nicht benötigt, da er sie bei Veräußerung noch einmal bezahlen müsste, wird vom BFH ignoriert mit der Begründung, dass z. B. ein zum Bilanzstichtag erworbenes Wertpapier auch keinen niedrigeren Teilwert haben könne als die Anschaffungskosten.

Beispielaufgabe:

Am 30.12.01 erwirbt die LowTech GmbH 100 Stück Aktien der Kuckucks-Uhr AG zum Börsenkurs von 500 EUR plus insgesamt 550 EUR Nebenkosten. Da eine alsbaldige Veräußerung geplant ist, werden die Aktien im Umlaufvermögen bilanziert. Mit welchem Wert sind die Wertpapiere einen Tag später am Bilanzstichtag (31.12.01) in der Steuerbilanz anzusetzen? Beachten Sie, dass die Börse am 31.12. geschlossen ist und der Börsenkurs somit unverändert ist.

Lösung:

Steuerrechtlich entspricht laut Rechtsprechung der Teilwert von Wertpapieren immer den Wiederbeschaffungskosten, so dass die Wertpapiere mit den Anschaffungskosten plus Anschaffungsnebenkosten = 50.000 EUR + 550 EUR = 50.550 EUR anzusetzen sind

Der Teilwert für ***Wirtschaftsgüter des Vorratsvermögens*** entspricht nach der Rechtsprechung des BFH primär den Wiederbeschaffungskosten (Waren) bzw. den Wiederherstel-

[1] BFH 15.7.1966, BStBl. 1966 III S. 643.

lungskosten (Erzeugnisse). Dies gilt auch dann, wenn es sich um absatzbestimmte Wirtschaftsgüter handelt und der voraussichtliche Nettoverkaufserlös einen Gewinn erwarten lässt (R 6.8 Abs. 2 Satz 1 EStR). Die Wiederherstellungskosten entsprechen den fiktiven Selbstkosten der Erzeugnisse am Bilanzstichtag.

Teilwert von Waren = *Wiederbeschaffungswert am Bilanzstichtag* =
Anschaffungspreis am Bilanzstichtag (ggf. eines vergleichbaren Vermögensgegenstands)
+ Anschaffungsnebenkosten (Frachten etc.)
– Anschaffungskostenminderungen (Lieferantenskonti etc.)

Beispiel:

Die LowTech GmbH handelt auch mit Rasierapparaten. Vereinfachend sei angenommen, dass der durchschnittlich kalkulierte Unternehmergewinn = 0 ist. Folgende Wertekonstellation gilt:
Anschaffungskosten (Einstandspreis) bzw. Buchwert = 100 EUR;
Wiederbeschaffungskosten am Bilanzstichtag = 75 EUR;
Verkaufspreis am Bilanzstichtag = 100 EUR;
Rabatt und Skonto = 5 EUR.

Anschaffungskosten (Einstandspreis) = 100 EUR	Nettoverkaufserlös = 95 EUR	Wiederbeschaffungskosten = 75 EUR

Gemäß R 6.8 Abs. 2 Satz 1 EStR entspricht der Teilwert (s. Teilwert-Definition, § 6 Abs. 1 Nr. 1 Satz 3 EStG) in diesem Falle den Wiederbeschaffungskosten i. H. v. 75 EUR, also dem niedrigsten der drei Werte. Dies gilt auch dann, wenn der Nettoverkaufserlös z. B. 120 EUR beträgt und somit ein Gewinn aus dem Verkauf der Waren zu erwarten ist. Für die Abwertung auf die Wiederbeschaffungskosten gäbe es dann nur die Rechtfertigung, dass der Gewinn noch höher ausfallen würde, hätte man die ***Waren*** nicht im Laufe des Geschäftsjahres zu 100 EUR, sondern am Bilanzstichtag zu 75 EUR eingekauft. Dieser hypothetisch höhere Gewinn wird durch die Abschreibung auf die Wiederbeschaffungskosten bei der Warenveräußerung dann tatsächlich ausgewiesen. Die eigentliche Ursache dieser dem handelsrechtlichen Prinzip der verlustfreien Bewertung (vgl. Kapitel „Tageswert“) widersprechenden Bewertungsweise liegt in der alleinigen Betrachtung des isolierten Beschaffungsgeschäfts, ohne den Zusammenhang zum Absatzgeschäft (mit ggf. bereits fest vereinbarten Verkaufspreisen) zu beachten[1]. Zweifel an dieser Betrachtungsweise im Hinblick auf das Imparitätsprinzip hat auch der BFH[2] geäußert.

Nach dem BFH-Urteil vom 29.4.1999 (BStBl. II 1999 S. 681) hängt der ***Teilwert von zum Absatz bestimmten Waren*** nicht nur von ihren Wiederbeschaffungskosten, sondern auch von ihrem voraussichtlichen Veräußerungserlös ab.

[1] Vgl. BFH 29.7.1965, BStBl. III S. 648.
[2] Die Zweifel wurden vom BFH im Zusammenhang mit Rückstellungen für drohende Verluste aus schwebenden Geschäften geäußert, vgl. BFH 16.12.1987, BStBl. 1988 II S. 338.

***Teilwert** =* *aus dem Absatzmarktpreis abgeleiteter Wert am Bilanzstichtag (retrograde Ermittlung gem. R 6.8 Abs. 2 Satz 3 EStR)*
voraussichtlicher Verkaufspreis
– Erlösschmälerungen (Kundenskonti etc.)
– noch anfallende Produktionskosten bei Unfertigen Erzeugnissen
– nach dem Bilanzstichtag anfallende betriebliche Aufwendungen (für Verwaltung und Vertrieb)
– durchschnittlicher Unternehmergewinn

Beispiel:

Für die Rasierapparate gelte nun eine leicht veränderte Wertekonstellation:
Anschaffungskosten (Einstandspreis) bzw. Buchwert = 100 EUR;
Wiederbeschaffungskosten am Bilanzstichtag = 75 EUR;
Verkaufspreis am Bilanzstichtag = 90 EUR; Rabatt und Skonto = 5 EUR;
nach dem Stichtag noch anfallende Aufwendungen = 10 EUR;
durchschnittlicher Unternehmergewinn = 20 EUR.

Anschaffungskosten (Einstandspreis) = 100 EUR	Nettoverkaufserlös 85 EUR – noch anfallende Aufwendungen 10 EUR – Unternehmergewinn 20 EUR = 55 EUR	Wiederbeschaffungs- kosten = 75 EUR

In diesem Falle entspricht der Teilwert von absatzbestimmten Wirtschaftsgütern des Vorratsvermögens dem Nettoverkaufserlös abzüglich des durchschnittlichen Unternehmergewinns und abzüglich betrieblicher Aufwendungen, die nach dem Bilanzstichtag noch anfallen werden (R 6.8 Abs. 2 Satz 3 EStR). Da zur Teilwertermittlung zwei Werte mit den Anschaffungskosten (bzw. dem Buchwert) verglichen werden müssen, m.a.W. zweimal der Niederstwerttest durchzuführen ist, wird die steuerrechtliche Bewertungsregel auch als ***„doppeltes Niederstwertprinzip“*** bezeichnet. Der Abzug des durchschnittlichen Unternehmergewinns hat zur Folge, dass bei der späteren Veräußerung dieser mit dem Teilwert bewerteten Waren der Gewinn dem ursprünglich kalkulierten Gewinn entspricht, falls alle Daten bis dahin unverändert bleiben. Dieses Vorgehen ist durch das Imparitätsprinzip nicht gedeckt, da hiernach nur Verluste vorweggenommen werden müssen, nicht aber darüber hinausgehende Abwertungen vorzunehmen sind, infolge derer der ursprünglich kalkulierte Gewinn später auch tatsächlich ausgewiesen wird.

Sofern die nach dem Bilanzstichtag bei den einzelnen Kostenarten noch jeweils anfallenden Kosten aus der Betriebsabrechnung ersichtlich sind, erlaubt R 6.8 Abs. 2 Satz 4 EStR die Anwendung der sog. ***Subtraktionsmethode***, d. h., die Kürzung des erzielbaren Verkaufserlöses um den nach dem Bilanzstichtag noch anfallenden Teil des durchschnittlichen Rohgewinnaufschlags.[1] Zweckmäßig ist sie insbesondere bei *Handelsbetrieben.*

[1] Vgl. H 6.8 „Beispiele für die Bewertung von Wirtschaftsgütern des Vorratsvermögens…; Subtraktionsmethode“ EStH.

Beispielaufgabe:

Anschaffungskosten (Wareneinstandspreise) der Rasierapparate pro Stück = 100 EUR;
Wiederbeschaffungskosten am Bilanzstichtag = 75 EUR;
Verkaufspreis am Bilanzstichtag = 90 EUR; Rabatt und Skonto = 5 EUR;
Rohgewinnaufschlagssatz = 100% (bezogen auf den Wareneinsatz /die Anschaffungskosten);
darin enthaltener durchschnittlicher Unternehmergewinnaufschlagssatz = 20%;
durchschnittlicher Unternehmergewinn = 20% von 100 EUR = 20 EUR;
lt. Betriebsabrechnung fallen 30% der betrieblichen Kosten nach dem Bilanzstichtag an;
Wie hoch ist der Teilwert der Waren pro Stück?

Lösung:

voraussichtlicher Verkaufspreis	90 EUR
– Erlösschmälerungen (Kundenskonti etc.)	– 5 EUR
= Nettoveräußerungserlös	= 85 EUR
– noch anfallende betriebliche Aufwendungen	– 24 EUR
– durchschnittlicher Unternehmergewinn (10%)	– 8,50 EUR
= Teilwert der Waren pro Stück	***= 52,50 EUR***

Durch Anwendung des Rohgewinnaufschlags (100%) auf die Anschaffungskosten von 100 EUR ergibt sich der geplante Nettoverkaufserlös von 200 EUR, auf den die zu erwartenden Preisnachlässe noch aufgeschlagen werden. Der durchschnittliche Unternehmergewinn lässt sich als Aufschlag (20%) auf die Anschaffungskosten (100 EUR) oder als sog. Handelsspanne (= Rohgewinnsatz = 10%) bezogen auf den Nettoveräußerungserlös (200 EUR) ausdrücken und beträgt 20 EUR. Der Abzug des durchschnittlichen Unternehmergewinns zwecks Ermittlung des Teilwerts erfolgt in Höhe von 10% vom (gesunkenen) Nettoveräußerungserlös (85 EUR). Die betrieblichen Kosten (v. a. Personalkosten, Raumkosten), von denen 30% nach dem Bilanzstichtag anfallen, ergeben sich aus folgender Rechnung:

geplanter Nettoveräußerungserlös (= Bezugsgröße)	200 EUR
– durchschnittlicher Unternehmergewinn (10%)	– 20 EUR
– Wareneinsatz (Anschaffungskosten) (50%)	– 100 EUR
= betriebliche Aufwendungen	= 80 EUR

Probe:

	Wareneinsatz (AK) (=Bezugsgröße)	100 EUR
= Rohgewinnaufschlagssatz (100%)	+ Reingewinnaufschlagssatz (20%)	+ 20 EUR
	+ Aufschlagssatz für betriebl. Aufwand (80%)	+ 80 EUR
	= geplanter Nettoveräußerungserlös (200%)	= 200 EUR

Der durchschnittlich kalkulierte Unternehmergewinn beträgt, bezogen auf den Nettoveräußerungserlös, 10% und damit am Bilanzstichtag absolut 8,50 EUR. Die noch anfallenden betrieblichen Aufwendungen betragen 80 EUR. Sie sind nicht zu proportionalisieren, da sie sich nicht ändern, wenn der Nettoveräußerungserlös sinkt.

	Ursprüngliche Kalkulation			*Ermittlung des Teilwerts am Bilanzstichtag*	
Rohgewinn = 100 EUR	+ ø Unternehmergewinn 20% des WES = 20 EUR	Nettoveräußerungserlös = 200 EUR	= 10% des NVE		
	+ betriebl. Aufwand 80% des WES = 80 EUR		= 40% des NVE	– ø Unternehmergewinn 10% des NVE = 8,5 EUR	gesunkener NVE = 85 EUR
	Wareneinsatz (WES) (zu AK) = 100 EUR		= 50% des NVE	– noch anfallender Aufwand = 80EUR * 0,3 = 24 EUR	
				= Teilwert = modifizierter NVE = 52,50 EUR	

Läßt sich der nach dem Bilanzstichtag noch anfallenden Teil des durchschnittlichen Rohgewinnaufschlags nicht ermitteln, weil z. B. kein entsprechend ausgestaltetes Warenwirtschaftssystem im Betrieb vorhanden ist, so kann der Teilwert der Waren auch nach folgender Rechnung ermittelt werden (sog. ***Formelmethode***; vgl. R 6.8 Abs. 2 Sätze 5–6 EStR und H 6.8 „Beispiele für die Bewertung von Wirtschaftsgütern des Vorratsvermögens...; Formelmethode“ EStH):

$$\frac{\text{Verkaufserlös}}{1 + \text{modifizierter Rohgewinnaufschlagssatz}}$$

Dabei setzt sich der modifizierte Rohgewinnaufschlagssatz aus einem Prozentsatz für den durchschnittlichen Unternehmergewinn und dem Anteil des restlichen Rohgewinnaufschlagssatzes zusammen, der erst nach dem Bilanzstichtag anfallen wird.

Beispielaufgabe:

Gesucht ist wieder der Teilwert der Waren pro Stück. Es gelten dieselben Angaben wie in der vorigen Beispielaufgabe mit dem Unterschied, dass die nach dem Bilanzstichtag noch anfallenden betrieblichen Aufwendungen (v. a. Personal- und Mietaufwand) geschätzt werden müssen, und zwar als Prozentsatz des im ursprünglichen Rohgewinnaufschlagssatz steckenden Kostenanteils. Der Prozentsatz wird auf durchschnittlich 30% geschätzt. Außerdem sei der exakte Rohgewinnaufschlag für die Rasierapparate nicht bekannt und muss aus der GuV jahresbezogen und somit als Durchschnitt entnommen werden. Angaben aus der GuV:

Warenverkaufserlöse = 20.000 EUR;
Wareneinsatz = 10.000 EUR;
betrieblicher Aufwand = 8.000 EUR;
Reingewinn = 2.000 EUR;

Lösung:

Rohgewinn = Reingewinn + betrieblicher Aufwand = 10.000 EUR;
Rohgewinnaufschlagssatz = Rohgewinn : Wareneinsatz =
= 10.000 EUR : 10.000 EUR = 1,0 bzw. 100%;
durchschnittlicher Reingewinnaufschlagssatz = Reingewinn : Wareneinsatz =
= 2.000 EUR : 10.000 EUR = 0,2 bzw. 20%;
Rohgewinnaufschlagsrest für betriebliche Aufwendungen (nach Abzug des Reingewinnaufschlagssatzes) = 1,0 – 0,2 = 0,8.

Der Teilwert der Waren beträgt gemäß R 6.8 Abs. 2 Sätze 5–6 EStR nach der Formelmethode bei entsprechenden Nachweisen = 85 : (1 + 0,2 + 0,8 * 0,3) = 59,03 EUR. Bei vergleichbaren Zahlen ergibt sich ein deutlich höherer Teilwert als bei der Subtraktionsmethode.

Sollten ausnahmsweise ***Fertige und Unfertige Erzeugnisse*** gleicher Art, Funktion und Güte auch von Dritten, also etwa von Konkurrenzanbietern, beziehbar sein, so gelten für die Ermittlung des Teilwerts dieselben Überlegungen wie bei Handelswaren ***(„doppeltes Niederstwertprinzip“)***. Der durchschnittliche Unternehmergewinn muss nach dem Urteil des BFH vom 7.9.2005 (DStR 2005, S. 1975 ff.) bei der Ermittlung des Teilwerts eines unfertigen Erzeugnisses in voller Höhe berücksichtigt werden.

d) Tageswert nach HGB

Der Tageswert oder Zeitwert ist der *handelsrechtliche* Wert, der einem Vermögensgegenstand am Bilanzstichtag tatsächlich zukommt. Sofern es einen Börsen- oder Marktpreis gibt, handelt es sich dabei um einen aus diesen Preisen abgeleiteten Wert. Ganz allgemein wird im HGB in § 253 Abs. 2 und 3 auch vom „beizulegenden Wert“ gesprochen. Dieser *handelsrechtliche* Tageswert (steuerrechtlich: Teilwert, vgl. das vorige Kapitel B.II.3.c)) ist der Vergleichswert zu den ursprünglichen Anschaffungs- oder Herstellungskosten bzw. zum letzten Buchwert. Ob der niedrigere Wert davon angesetzt werden darf oder muss, hängt davon ab, ob das strenge oder das eingeschränkt gemilderte Niederstwertprinzip gilt (vgl. Kapitel B.III.1 und B.IV.1).

Falls ein Börsen- oder Marktpreis existiert, so stellt sich die Frage, ob es sich dabei um den Preis auf dem Beschaffungs- oder dem Absatzmarktpreis handelt. Die Antwort hängt nach handelsrechtlich herrschender Meinung von der Zweckbestimmung des Gegenstands ab. Ist ein Vermögensgegenstand zur Veräußerung bestimmt, so kommt nur ein Vergleich zwischen den Anschaffungs-/Herstellungskosten (bzw. dem letzten Buchwert) und dem aus dem Absatzmarktpreis abgeleiteten Wert in Frage. In allen anderen Fällen ist der aus dem Beschaffungsmarktpreis hergeleitete Wert als Vergleichswert heranzuziehen.

Imparitätsprinzip
⇓
Niederstwertprinzip:

ursprüngliche Anschaffungs-/ Herstellungskosten bzw. abweichender letzter Buchwert	⇦ Vergleich ⇨	**Wert am Bilanzstichtag (Tageswert)** ⇩

aus dem Börsen- oder Marktpreis abzuleitender Wert (Umlaufvermögen) oder beizulegender Wert (Anlage- und ggf. Umlaufvermögen)
⇙ ⇘

BESCHAFFUNGS-MARKT	ABSATZ-MARKT

Ist der Vermögensgegenstand <u>nicht</u> zum alsbaldigen Verkauf bestimmt, ist folglich der Beschaffungsmarkt zur Bestimmung des Vergleichswerts maßgebend, so stellt sich die Frage:

> „Wie hoch sind die ***Wiederbeschaffungskosten*** für einen vergleichbaren Vermögensgegenstand am Bilanzstichtag einschließlich aller Nebenkosten und abzüglich von Anschaffungskostenminderungen?“

Soll der Vermögensgegenstand dagegen in absehbarer Zeit veräußert werden. so lautet die Fragestellung:

„Wieviel würde das Unternehmen bei Veräußerung des Vermögensgegenstands am Bilanzstichtag nach Abzug von Erlösschmälerungen und aller nach dem Stichtag noch anfallenden Kosten netto noch übrig behalten?“

In diesem Falle verlangt das ***Imparitätsprinzip***, den Vermögensgegenstand mit dem voraussichtlichen Nettoerlös nach Abzug von Erlösschmälerungen, wie Rabatte und Skonti, von Veräußerungskosten und ggf. nach dem Stichtag noch anfallenden Vertriebs- und Verwaltungskosten zu bewerten (***„modifizierter Nettoerlös“)*** und einen eventuell drohenden Verlust durch diese außerplanmäßige Abschreibung vorwegzunehmen. Falls es keinen Marktpreis für unfertige Erzeugnisse gibt, ist der voraussichtliche modifizierte Nettoerlös aus dem Nettoerlös für das Fertigprodukt abzuleiten, indem von diesem noch anfallende Herstellungs-, Verwaltungs- und Vertriebskosten subtrahiert werden.

voraussichtlicher Verkaufspreis
– Erlösschmälerungen
= Nettoveräußerungserlös
– bis zur Veräußerung nach dem Stichtag noch anfallende Aufwendungen (Herstellkosten, Verwaltungs- und Vertriebskosten)
= modifizierter Nettoveräußerungserlös

Wertpapiere: Bei „Wertpapieren des Anlagevermögens“ wird meistens ein Börsenkurs existieren, andernfalls wäre wie bei den Beteiligungen der Ertragswert heranzuziehen. Da diese Papiere nicht zum Verkauf bestimmt sind, ist auf den Beschaffungsmarkt abzustellen und der Vergleichswert als Börsenkurs plus Anschaffungsnebenkosten (Bankspesen, Courtage) zu bestimmen. Bei den „Wertpapieren des Umlaufvermögens“ handelt es sich um solche, die nicht auf Dauer dem Unternehmen dienen sollen, so dass hier in der Regel Veräußerungsabsicht besteht und der Nettoveräußerungserlös (Börsenkurs minus Veräußerungskosten im Sinne von Bankspesen und Makler-Courtage) heranzuziehen ist. Die Zweckbestimmung entscheidet also über die Art der Berücksichtigung von Nebenkosten.

Beispielaufgabe:

Am 30.12.01 erwirbt die LowTech GmbH 100 Stück Aktien der Kuckucks-Uhr AG zum Börsenkurs von 500 EUR plus insgesamt 550 EUR Nebenkosten. Da eine alsbaldige Veräußerung geplant ist, werden die Aktien im Umlaufvermögen bilanziert. Mit welchem Wert sind die Wertpapiere einen Tag später am Bilanzstichtag (31.12.01) in Handels- und Steuerbilanz anzusetzen? Beachten Sie, dass die Börse am 31.12. geschlossen ist und der Börsenkurs somit unverändert ist.

Lösung:

Da Veräußerungsabsicht besteht, ist handelsrechtlich der Tageswert vom Absatzmarkt herzuleiten. Der Nettoveräußerungserlös ergibt sich aus dem Börsenkurs abzüglich der Veräußerungskosten, beträgt also 50.000 EUR – 550 EUR = 49.450 EUR.

Steuerrechtlich entspricht laut Rechtsprechung der Teilwert von Wertpapieren immer den Wiederbeschaffungskosten, so dass die Wertpapiere mit den Anschaffungskosten plus Anschaffungsnebenkosten = 50.000 EUR + 550 EUR = 50.550 EUR anzusetzen sind (Bewertungsvorbehalt gemäß § 5 Abs. 6 EStG).

Handelsbilanz	***Steuerbilanz***
Wertpapiere des Umlaufvermögens: 49.450 EUR	Wertpapiere des Umlaufvermögens: 50.550 EUR

Beispielaufgabe:

Am 15.3.01 erwirbt die LowTech GmbH 100 Stück Aktien der Kuckucks-Uhr AG zum Börsenkurs von 500 EUR plus insgesamt 550 EUR Nebenkosten. Da eine alsbaldige Veräußerung geplant ist, werden die Aktien im Umlaufvermögen bilanziert. Mit welchem Wert sind die Wertpapiere am Bilanzstichtag (31.12.01) in Handels- und Steuerbilanz anzusetzen, wenn der Börsenkurs dann 300 EUR beträgt?

Lösung:

Auch in diesem Falle ist der Nettoveräußerungserlös *handelsrechtlich* maßgebend. Die Nebenkosten sind entsprechend dem Börsenkursrückgang zu vermindern. Da der Börsenkurs um 2/5 zurückgegangen ist, ergeben sich verringerte Veräußerungskosten i. H. v. 3/5 * 550 EUR = 330 EUR. Der Bilanzwert der Aktien beträgt also 30.000 EUR – 330 EUR = 29.670 EUR. *Steuerrechtlich* sind die Wiederbeschaffungskosten einschließlich proportionalisierter Anschaffungsnebenkosten anzusetzen. Eine alternative Berechnungsweise der verringerten Nebenkosten besteht darin, diese als Prozentsatz des Börsenwerts der Papiere auszudrücken: 550 EUR/50.000 EUR = 1,1%. Steuerbilanzwert der Aktien: 30.000 EUR + 1,1% von 30.000 EUR = 30.330 EUR (Bewertungsvorbehalt gemäß § 5 Abs. 6 EStG).

Handelsbilanz	***Steuerbilanz***
Wertpapiere des Umlaufvermögens: 29.670 EUR	Wertpapiere des Umlaufvermögens: 30.330 EUR

Handelswaren: Da Handelswaren naturgemäß sowohl eingekauft als auch verkauft werden, kommen hierbei zur Bestimmung des Tageswertes grundsätzlich sowohl die Wiederbeschaffungskosten am Beschaffungsmarkt als auch die (modifizierten) Nettoveräußerungserlöse am Absatzmarkt in Frage. Das so gen. ***„Prinzip der verlustfreien Bewertung"***, das von der handelsrechtlich herrschenden Meinung vertreten wird, beachtet in diesem Falle die Preisentwicklung auf dem Beschaffungsmarkt überhaupt nicht, sondern stellt nur auf einen Vergleich zwischen Anschaffungskosten (Buchwert) und Nettoveräußerungserlös am Bilanzstichtag ab. Niedrigere Wiederbeschaffungskosten bedeuten ja lediglich, dass man die Waren oder ggf. die Erzeugnisse, die bereits auf Lager liegen, am Bilanzstichtag entsprechend billiger hätte einkaufen können, die zukünftige Veräußerungsgewinn also höher hätte ausfallen können. Hierbei handelt es sich also nicht um einen drohenden Verlust, sondern nur um einen drohenden entgangenen Gewinn, dessen Vorwegnahme das Imparitätsprinzip nicht verlangt.

Ein (modifizierter) Nettoveräußerungserlös für ***Unfertige Erzeugnisse*** ist mangels Veräußerungsmöglichkeit meist nicht direkt bestimmbar, er muss aus dem Verkaufspreis des entsprechenden Fertigprodukts abgeleitet werden. Unterstellt man, dass alle nach dem Bilanzstichtag noch zu tätigenden Aufwendungen vom Verkaufspreis des Fertigerzeugnisses abgedeckt werden und somit der Verlust dem Imparitätsprinzip entsprechend möglichst früh antizipiert wird, sind vom Nettoveräußerungserlös des Fertigerzeugnisses die noch ausstehenden Herstellungsaufwendungen zu subtrahieren, um zum beizulegenden Wert am Bilanzstichtag zu gelangen.

Sollten ausnahmsweise Fertige und Unfertige Erzeugnisse gleicher Art, Funktion und Güte auch von Dritten, also von Konkurrenzanbietern, beziehbar sein, so ist dies für die Ermittlung des (handelsrechtlichen) Tageswerts unbeachtlich. Da Erzeugnisse zum Absatz bestimmt sind, ist nur der vom Absatzmarkt her abgeleitete Wert als Vergleichswert zu den Herstellungskosten heranzuziehen. Dies folgt aus dem ***Prinzip der verlustfreien Bewertung***.

Merke:

Bei Waren, Fertigerzeugnissen und unfertigen Erzeugnissen gilt nach handelsrechtlich herrschender Meinung das

Prinzip der verlustfreien Bewertung:

Anschaffungskosten bzw. Buchwert	⇦ Vergleich ⇨	Nettoveräußerungserlös (Absatzmarkt)

Zusammenfassung:

Tageswert		
= aus dem Börsen- oder Marktpreis abgeleiteter Wert bzw. beizulegender Wert (§ 253 Abs. 2 und 3 HGB), ermittelt am: ↙ ↘		
Beschaffungsmarkt		***Absatzmarkt***
Anschaffungspreis (ggf. eines vergleichbaren Vermögensgegenstands)		voraussichtlicher Verkaufspreis
+ Anschaffungsnebenkosten (Frachten etc.)		– Erlösschmälerungen (Kundenskonti etc.)
– Anschaffungskostenminderungen (Lieferantenskonti etc.)		– noch bis zur Veräußerung anfallende Aufwendungen (Produktionskosten, Verwaltungs- und Vertriebskosten)
= Wiederbeschaffungswert am Bilanzstichtag		= vom Absatzmarktpreis abgeleiteter Wert am Bilanzstichtag (retrograde Ermittlung)
Anlagevermögen: 1. Sachanlagen 2. Beteiligungen (Ertragswert) 3. Wertpapiere		*Anlagevermögen:* 1. Sachanlagen nur bei konkreter Veräußerungsabsicht 2. Finanzanlagen nur bei konkreter Veräußerungsabsicht
Umlaufvermögen: 1. Roh-, Hilfs- und Betriebsstoffe (primär)		*Umlaufvermögen:* 1. Roh-, Hilfs- und Betriebsstoffe: nur Überbestände bzw. nicht mehr in der Produktion verwertbare Stoffe 2. fertige und unfertige Erzeugnisse 3. Handelswaren 4. Wertpapiere

Aufgabe 21: Teilwert

Aufgabe 22: Tageswert und Teilwert von Wertpapieren

II Bewertungskonzeption im Steuerrecht und im Handelsrecht

Lernziele: *Der Leser soll*

- *Pflicht- und Wahlmöglichkeiten in der Bewertung des Anlagevermögens unterscheiden und die bilanzpolitischen Wirkungen der Bewertungswahlrechte ermessen lernen*

- *die Bewertungskonzeption beim Umlaufvermögen und die Unterschiede in der Bewertungskonzeption des Anlagevermögens kennen lernen*

1. Abgrenzung von Anlage- und Umlaufvermögen

In R 6.1 EStR wird das Anlagevermögen vom Umlaufvermögen abgegrenzt:

Definition:

„Zum ***Anlagevermögen*** gehören die Wirtschaftsgüter, die bestimmt sind, dauernd dem Betrieb zu dienen" (R 6.1 Abs. 1 EStR; § 247 Abs. 2 HGB).

Definition:

„Zum ***Umlaufvermögen*** gehören die Wirtschaftsgüter, die zur Veräußerung, Verarbeitung oder zum Verbrauch angeschafft oder hergestllt worden sind, insbesondere Roh-, Hilfs- und Betriebsstoffe, Erzeugnisse und Waren, Kassenbestände" (R 6.1 Abs. 2 EStR).

Die Zuordnung eines Vermögensgegenstands ist also abhängig von seiner Zweckbestimmung am Bilanzstichtag, wobei diese auch von einem Bilanzstichtag zum nächsten wechseln kann. Welchen Zeitraum der Begriff „dauernd" umfasst, ist handelsrechtlich nicht bestimmt und auch nicht maßgeblich. Wichtig ist, dass es sich nicht um Verbrauchsgüter und nicht um zum Absatz bestimmte Güter und Leistungen handelt, sondern um Gebrauchsgüter, die der Erfüllung der betrieblichen Teilfunktionen (Beschaffung, Produktion, Absatz, Verwaltung) dienen sollen.

Beispiele:
- Der von einem Autohändler als Vorführwagen genutzte PKW gehört zum Anlagevermögen, da er mehrere Monate lang „dauernd" dem Geschäftsbetrieb dient. Sobald sich die Zweckbestimmung ändert, der PKW also als Gebrauchtwagen veräußert werden soll, gehört er genauso wie alle Neuwagen zum Umlaufvermögen. Ebenso verhält es sich z. B. mit Musterküchen und Musterhäusern einer (Fertighaus-) Baufirma. Umgekehrt findet eine Umbuchung vom Umlaufvermögen ins Anlagevermögen statt, wenn ein zum Verkauf bestimmter PKW in seiner Zweckbestimmung umgewidmet und als Leasing-Fahrzeug verwendet wird.
- Wertpapiere gehören dann zum Umlaufvermögen, wenn am Bilanzstichtag beabsichtigt ist, die Papiere bei günstiger Gelegenheit wieder zu veräußern, sie also spekulativen Zwecken oder als zwischenzeitliche Anlage vorübergehend freigesetzter Mittel dienen. Wenn sie dagegen als langfristige Kapitalanlage gehalten werden sollen, sind die Wertpapiere dem Anlagevermögen zuzuordnen.

Probleme bei der Einordnung zum Anlage- oder zum Umlaufvermögen ergeben sich häufig bei Zusatzteilen zum Anlagevermögen. Die Beispiele sind vielfältig, sie reichen vom kleinen Bohrer als Verschleißwerkzeug bis hin zum Düsentriebwerk eines Verkehrsflugzeuges. In der Praxis hat sich als kaufmännische Übung herausgebildet, die Erstausstattung solcher Ergänzungsteile (also beim Neukauf der Gesamtanlage) als Anlagevermögen und die später zugekauften Ersatz-Ergänzungsteile als Vorräte im Umlaufvermögen auszuweisen.

2. Stille Reserven

Stille Reserven oder stille Rücklagen stellen nicht in der Bilanz ausgewiesenes (verstecktes) Eigenkapital dar. Bei der Bildung stiller Reserven wird nämlich der Gewinn zu niedrig ausgewiesen, so dass eine Erhöhung der „offenen" Gewinnrücklagen umgangen wird. Stille Reserven entstehen durch:

1. Unterbewertung von Aktiva (überhöhte Abschreibungen, steuerliche Abschreibungen, Vorratsbewertungsverfahren, Unterlassung von Zuschreibungen, Nichtaktivierung von immateriellen Vermögensgegenständen und wirtschaftlichen Vorteilen)
2. Überbewertung von Passiva (z. B. überhöhte Rückstellungen)

Motive zur Bildung stiller Reserven sind die Verschiebung von Steuerzahlungen in die Zukunft, Vorsorge für schlechtere Jahre (Dividendenkontinuität ermöglichen), Abwehr zu hoher Gewinnausschüttungswünsche der Gesellschafter etc. Dem Gläubigerschutz wird durch Bildung stiller Reserven allerdings nicht gedient, da für die Gläubiger die Höhe der stillen Reserven nicht erkennbar ist und auch eine spätere automatische oder gesteuerte Auflösung der Reserven von den Gläubigern unbemerkt vonstatten gehen kann. Die Darstellung der Vermögenslage wird durch stille Reserven verfälscht und die Vergleichbarkeit von Jahresabschlüssen im Zeit- und Betriebsvergleich zumindest erschwert.

Stille Reserven werden aufgelöst durch:

- Veräußerung der unterbewerteten Vermögensgegenstände
- planmäßige Abschreibungen von dem zu niedrigen Restbuchwert (automatisch)
- Veräußerung nicht aktivierter Vermögensgegenstände, z. B. von selbst erstellten immateriellen Vermögensgegenständen
- Liquidation des Unternehmens
- Auflösung der überhöhten Rückstellungen.

Man unterscheidet zwischen Zwangsreserven, Ermessensreserven und Willkürreserven. ***Zwangsreserven*** sind gesetzlich erzwungen, d. h. sie ergeben sich aus der Beachtung gesetzlicher Vorschriften. So dürfen z. B. Grundstücke wegen des Anschaffungswertprinzips (§ 253 Abs. 1 HGB) trotz ggf. hoher Wertsteigerungen nicht über die fortgeführten Anschaffungs- oder Herstellungskosten hinaus aufgewertet werden. Für selbst geschaffene immaterielle Vermögensgegenstände, wie Marken, Kundenlisten o. ä., besteht nach § 248 Abs. 2 HGB ein Aktivierungsverbot.

Ermessensreserven sind gesetzlich zulässig und können bei der Nutzung von Wahlrechten entstehen, z. B. wenn das Wahlrecht zur außerplanmäßigen Abschreibung im Falle voraussichtlich vorübergehender Wertminderung gemäß § 253 Abs. 3 HGB bei Finanzanlagen genutzt wurde. Sie entstehen darüber hinaus bei notwendigen Schätzungen zukünftiger Werte, z. B. bei vorsichtig geschätzter Nutzungsdauer oder überdimensionierter Rückstellungshöhe.

Willkürreserven sind nicht zulässig, da sie dem Grundsatz der Willkürfreiheit widersprechen und auch nicht durch das Vorsichtsprinzip zu rechtfertigen sind. Willkürreserven werden vom Bilanzierenden bewusst oder leichtfertig durch willkürliche, einer vernünftigen kaufmännischen Beurteilung widersprechende Bilanzierungs- und Bewertungsmaßnahmen gelegt. So kann z. B. die Nutzungsdauer bewusst zu niedrig angesetzt werden, Rückstellungen können bewusst zu hoch angesetzt werden. Aus dem letzten Beispiel wird deutlich, dass eine Trennung zwischen Ermessens- und Willkürreserven oftmals nur schwer möglich ist. Ob eine steuerliche Sonderabschreibung oder erhöhte Absetzung zu Ermessensreserven führt oder zu Willkürreserven, ist fraglich. M.E. handelt es sich dem Wesen nach um ein Beispiel für Willkürreserven, wegen der gesetzlichen Zulässigkeit steuerlicher Abschreibungen ist eine Einordnung bei den Ermessensreserven jedoch systematisch sinnvoller.

3. Die steuerrechtliche Bewertungskonzeption beim Anlage- und Umlaufvermögen

Die steuerrechtliche Bewertungskonzeption für das Anlage- und Umlaufvermögen gilt gleichermaßen für alle Rechtsformen. Einen Überblick über die gesamte Bewertungskonzeption gibt das folgende Schaubild:

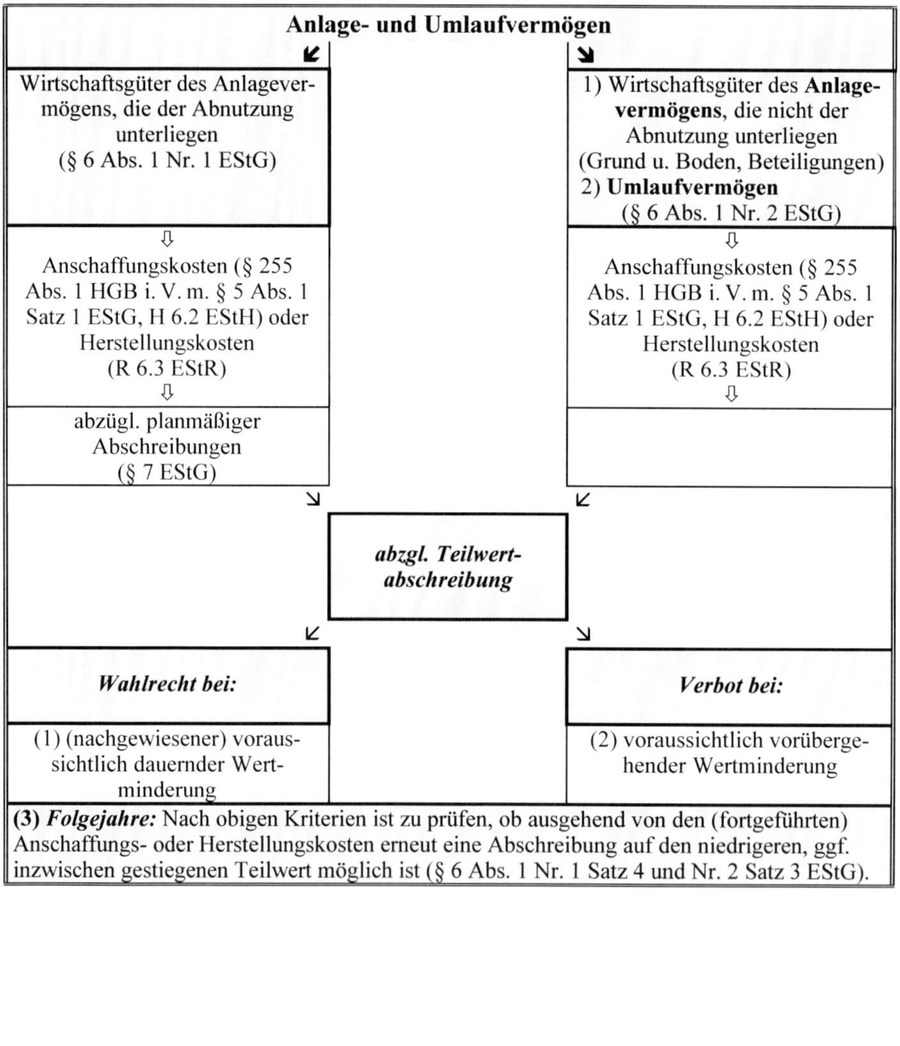

Zu (1): Es wird unterschieden zwischen voraussichtlich vorübergehender und voraussichtlich dauernder Wertminderung. Bei nachgewiesener dauernder Wertminderung besteht steuerrechtlich ein Wahlrecht zur Teilwertabschreibung (§ 6 Abs. 1 Nr. 1 und 2 EStG).

Dieses steuerliche Bewertungswahlrecht wird aufgrund des Maßgeblichkeitsprinzips gewissermaßen bereits in der Handelsbilanz für die Steuerbilanz mit ausgeübt, der handelsrechtliche Wert muss also in die Steuerbilanz übernommen werden, sofern er steuerrechtlich zulässig ist (§ 5 Abs. 1 Satz 1 EStG). Da handelsrechtlich bei voraussichtlich dauerhafter Wertminderung eine Pflicht zur außerplanmäßigen Abschreibung besteht, so wird diese handelsrechtliche Verpflichtung im Wege der Maßgeblichkeit in das Steuerrecht „exportiert" und überlagert generell das steuerrechtliche Wahlrecht.[1]

Zu (2): Bei voraussichtlich vorübergehender Wertminderung ist in der Steuerbilanz generell keine Teilwertabschreibung zulässig. Dies gilt sowohl für Wirtschaftsgüter des Anlagevermögens als auch des Umlaufvermögens bei allen Rechtsformen.

Beispielaufgabe (Steuerbilanz):

Im Dezember 01 wurden von der LowTech GmbH Aktien der Braunkohle AG zum Stückkurs von 300,- EUR, der gleichzeitig der Kurs am Abschlussstichtag 31.12.01 war, zwecks langfristiger Kapitalanlage erworben. Von Anschaffungs- oder Veräußerungsnebenkosten werde der Einfachheit halber abgesehen. Am 17.10.02 ereignete sich an der Börse ein Crash, der den Stückkurs der Braunkohle-Aktie bis auf 150,- EUR herabdrückte. Am nächsten Bilanzstichtag, dem 31.12.02, betrug der Börsenkurs pro Aktie 225,- EUR. Für den Börsenkurs am Tag der Bilanzaufstellung, dem 31.3.03, seien zwei Fälle unterschieden:

a) 300,- EUR
b) 75,- EUR.

Wie lautet der Steuerbilanzansatz für diese Wertpapiere des Anlagevermögens pro Stück?

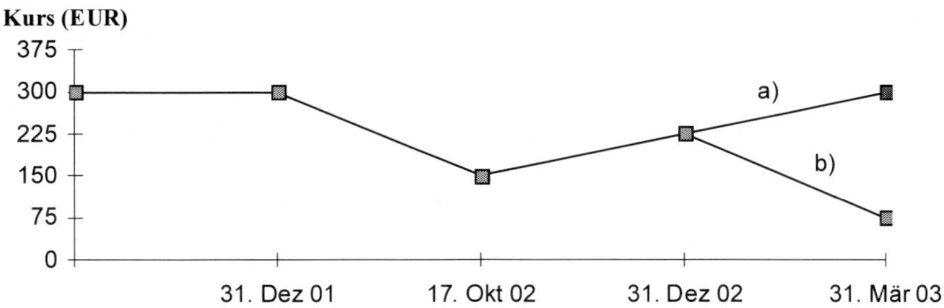

Lösung:

Nach dem Stichtagsprinzip (§ 252 Abs. 1 Nr. 3 HGB) kommt als niedrigerer Teilwert nur der Börsenkurs am 31.12.02, also 225,- EUR in Frage, keinesfalls aber der Wert am 31.3.03. Der Buchwert in der vorigen Bilanz von EUR 300,- (hier = Anschaffungskosten) entspricht dem vermuteten Teilwert. Die Kursentwicklung nach dem Bilanzstichtag bis zur Bilanzaufstellung kann im Steuerrecht jedoch als Indiz dafür herangezogen werden, ob es sich um eine voraussichtlich dauernde oder voraussichtlich vorübergehende Wertminderung handelt.

[1] Nach dem Wortlaut des § 5 Abs. 1 S. 1 2. Halbs. EStG könnte das Wahlrecht in der Steuerbilanz auch unabhängig von der Handelsbilanz ausgeübt werden, es gäbe also keine Überlagerung.

Im Fall a) ist demzufolge eine steuerrechtliche Teilwertabschreibung verboten (§ 6 Abs. 1 Nr. 2 Satz 2 EStG). Die Wertpapiere sind in der Steuerbilanz daher mit den Anschaffungskosten von 300 EUR zu bewerten, handelsrechtlich besteht ein Wahlrecht zwischen 300 EUR und 225 EUR. Im Fall b) besteht in der Steuerbilanz aufgrund der voraussichtlich dauernden Wertminderung ein Wahlrecht zur Teilwertabschreibung (§ 6 Abs. 1 Nr. 2 Satz 2 EStG) auf 225 EUR.

BS:	Teilwertabschreibung auf Finanzanlagen	75 EUR	
	an Wertpapiere des Anlagevermögens		75 EUR.

In einem BMF-Schreiben[1] werden von der Finanzverwaltung Anhaltspunkte für das Vorliegen einer voraussichtlich dauernden oder einer voraussichtlich vorübergehenden Wertminderung in einzelnen beispielhaften Fällen geliefert. Danach ist bei ***Wertpapieren*** folgendes Schema zur Unterscheidung anzuwenden:

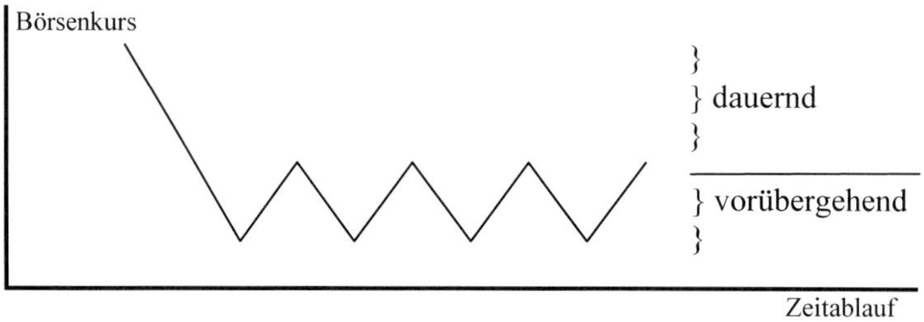

Bei Wertpapieren des Anlagevermögens muss dabei ein längerer Zeitraum der Vergangenheit berücksichtigt werden und es müssen besondere Gründe für nachhaltig niedrigere Börsenkurse vorliegen, wie z. B. ein drohendes Insolvenzverfahren bei der betreffenden Aktiengesellschaft oder eine nachhaltige Erhöhung des Marktzinsniveaus bei festverzinslichen Wertpapieren. Im letzteren Fall kann eine Teilwertabschreibung jedoch höchstens bis zum Nennwert vorgenommen werden, da die Papiere am Ende ihrer Laufzeit i. d. R. zum Nennwert getilgt werden und im Anlagevermögen eine langfristige Betrachtungsweise vorzunehmen ist. „Normale" Börsenkursschwankungen stellen grundsätzlich nur vorübergehende Wertminderungen dar.

In Reaktion auf ein neues BFH-Urteil[2] hat der BMF in einem neuen Schreiben[3] die Voraussetzungen für eine voraussichtlich dauernde Wertminderung bei börsennotierten Aktien, die im Anlagevermögen gehalten werden, weiter konkretisiert. Danach ist eine zeitliche und rechnerische Komponente zu beachten. Von einer voraussichtlich dauernden Wertmidnerung ist nur dann auszugehen, „wenn der Börsenkurs zu dem jeweils aktuellen Bilanzstichtag um mehr als 40% unter die Anschaffungskosten gesunken ist oder zu dem jeweils aktuellen Bilanzstichtag und dem vorangegangenen Bilanzstichtag um mehr als 25% unter die Anschaffungskosten gesunken ist". Zusätzliche Erkenntnisse bis zum Zeitpunkt der Aufstellung der Handels- bzw. Steuerbilanz sind zu berücksichtigen.

Bei ***abnutzbarem Anlagevermögen*** liegt nach Auffassung des Bundesfinanzministeriums eine voraussichtlich dauerhafte Wertminderung vor, wenn die Wertminderung so stark ist,

[1] BMF-Schreiben vom 25. 2. 2000, BStBl. 2000 Teil I, S. 372 ff.
[2] Vgl. BFH-Urteil vom 4.6.2006, BStBl. 2009 II S. 187.
[3] Vgl. BMF-Schreiben vom 26.3.2009, GZ IV C 6 – S 2171-b/0, DOK 2009/0195335.

dass sie während mindestens der Hälfte der Restnutzungsdauer unter der normalen Entwicklung der fortgeführten Anschaffungs-/Herstellungskosten liegt. In der folgenden Abbildung wird bei einer linear abgeschriebenen Maschine am Ende des ersten Nutzungsjahres eine Teilwertabschreibung von 4.000 EUR auf 1.000 EUR vorgenommen. Da es drei Jahre dauert, also mehr als die Hälfte der Restnutzungsdauer von vier Jahren, bis der Wert der Maschine bei planmäßiger Abschreibung diesen niedrigeren Teilwert erreicht hat, handelt es sich um eine voraussichtlich dauernde Wertminderung.

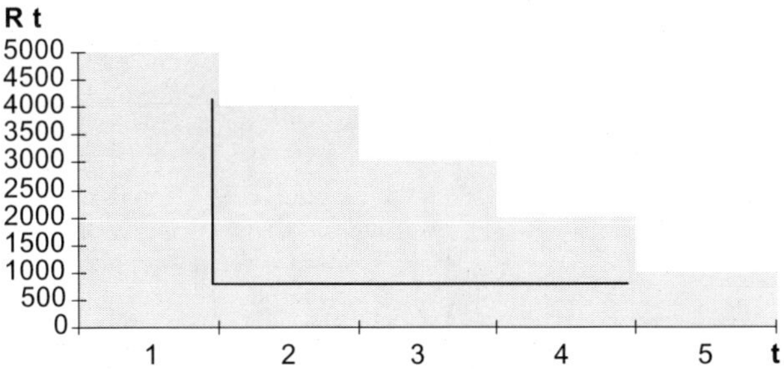

Bei ***Wirtschaftsgütern des Umlaufvermögens*** liegt eine voraussichtlich dauernde Wertminderung liegt nach Meinung des BMF vor, wenn die Wertminderung bis zum Zeitpunkt der Aufstellung der Bilanz oder dem vorangegangenen Verkaufs- oder Verbrauchszeitpunkt anhält.[1] Damit ist klargestellt, wie der Begriff „dauernd" beim Umlaufvermögen, das ja gerade nicht dauernd dem Geschäftsbetrieb dient, zu verstehen ist. Die voraussichtlich dauernde Wertminderung muss gemäß R 6.8 Abs. 2 Sätze 7–9 EStR bei absatzbestimmten Wirtschaftsgütern vom Steuerpflichtigen anhand von Unterlagen über die in einer genügend großen Anzahl von Fällen tatsächlich erzielten Verkaufspreise nachgewiesen werden. Dieser Nachweis dürfte in der Praxis insbesondere bei kaum noch verkäuflichen Ladenhütern, dem bislang primären Anwendungsgebiet der Teilwertabschreibung, nur schwer möglich sein. Für den Fall der Wertpapiere des Umlaufvermögens gilt die Börsenkursentwicklung bis zum Zeitpunkt der Bilanzaufstellung als Indiz der Dauerhaftigkeit eines niedrigeren Kurses am Bilanzstichtag. Wie auch bei Wertpapieren des Anlagevermögens ist nur eine Teilwertabschreibung bis zur Obergrenze des Kursschwankungsbereichs in diesem Zeitraum möglich (falls diese unter den Anschaffungskosten liegt).[2]

Zu (3): Seit 1999 ist im Steuerrecht in den Folgejahren nach einer Teilwertabschreibung eine andere gedankliche Vorgehensweise einzuhalten als im Handelsrecht. Es wird nicht mehr die Frage der Zuschreibung gestellt, sondern an jedem folgenden Bilanzstichtag ist zu prüfen, ob – ausgehend von den (fortgeführten) Anschaffungs- oder Herstellungskosten – eine erneute Teilwertabschreibung zulässig ist, und wenn ja, auf welchen Wert.

Das folgende Schema gibt die gedankliche Abfolge im Einzelnen wieder (§ 6 Abs. 1 Nr. 1 Satz 4 und Nr. 2 Satz 3 EStG):

[1] Vgl. BMF-Schreiben vom 25.2.2000, BStBl. 2000 I S. 374, Tz. 23.
[2] Vgl. ebenda, Tz. 26 ff.

Schritt 1: Am folgenden Bilanzstichtag nach einer Teilwertabschreibung ist das Wirtschaftsgut grundsätzlich mit den (fortgeführten) Anschaffungs- oder Herstellungskosten zu bewerten.

Schritt 2: Liegt am Stichtag eine voraussichtlich dauernde Wertminderung unter diesen Betrag vor und kann dies auch nachgewiesen werden?

↙ ↘

falls ja:	falls nein:
Ergebnis: Eine erneute Abschreibung auf den bisherigen oder veränderten niedrigeren Teilwert ist zulässig ***(Wahlrecht)***. In der Regel wird der handelsrechtliche Tageswert dem Teilwert entsprechen oder niedriger liegen, so dass infolgedessen die erneute Teilwertabschreibung in der Steuerbilanz vorgenommen werden muss (Maßgeblichkeit § 5 Abs. 1 Sätze 1 und 2 EStG).[1]	***Ergebnis:*** Eine erneute Teilwertabschreibung ist steuerrechtlich nicht zulässig ***(Verbot)***. Die Bewertung erfolgt zwingend mit (fortgeführten) Anschaffungs-/Herstellungskosten. Dies gilt unabhängig von der Bewertung in der Handelsbilanz (Bewertungsvorbehalt § 5 Abs. 6 EStG).

Dass an jedem Bilanzstichtag erneut von den (fortgeführten) Anschaffungs-/ Herstellungskosten auszugehen ist, stellt kein steuerliches Zuschreibungsgebot[2] dar, sondern ist nur Teil der Gesamtvorgehensweise nach § 6 Abs. 1 Nr. 1 Satz 4 bzw. Nr. 2 Satz 3 EStG, wird aber häufig auch als ***formales generelles Zuschreibungsgebot*** interpretiert. Im Anschluss erfolgt ja in der Regel wieder eine Abschreibung auf den niedrigeren – eventuell inzwischen wieder etwas gestiegenen Teilwert. Aus umgekehrter Blickrichtung (von unten nach oben gesehen), so wie dies im Handelsrecht üblich ist, lässt sich dieses Endergebnis am präzisesten als ***faktisches Zuschreibungsgebot (Wertaufholungsgebot)*** auf den gestiegenen Teilwert bzw. auf die (fortgeführten) Anschaffungs- oder Herstellungskosten interpretieren. Der Zusatz „faktisch" soll dabei anzeigen, dass es sich im Steuerrecht formal nicht um eine direkte Zuschreibung auf den gestiegenen Teilwert, sondern um das Problem einer erneuten Abschreibung – ausgehend von den automatisch immer wieder anzusetzenden (fortgeführten) Anschaffungs-/Herstellungskosten – handelt.

Die grundsätzliche Änderung der Denkweise bezweckt offensichtlich, auch in den Folgejahren eine bestehende Wertminderung immer wieder darauf zu überprüfen, ob diese voraussichtlich dauernd geblieben oder sich in eine voraussichtlich vorübergehende verändert hat. Im letzteren Fall muss in der Steuerbilanz die Bewertung mit (fortgeführten) Anschaffungs- oder Herstellungskosten erfolgen. Beim handelsrechtlichen Zuschreibungsproblem werden dagegen nur Änderungen in der Höhe des Wertes berücksichtigt, eine Änderung bei der voraussichtlichen Dauerhaftigkeit der Wertminderung hat dagegen keine Auswirkungen.

Beispielaufgabe (Fortsetzung Steuerbilanz):

Die Abschreibung der Aktie der Braunkohle AG auf 225 EUR pro Stück sei per 31.12.02 erfolgt. Am nächsten Bilanzstichtag (31.12.03) ist der Börsenkurs auf 375 EUR pro Stück angestiegen. Welche Bewertungsmöglichkeiten gibt es für die Aktie in der Steuerbilanz?

[1] Nach dem Gesetzeswortlaut könnte das Wahlrecht zur Teilwertabschreibung auch unabhängig von der Handelsbilanz ausgeübt, also in diesem Falle nicht genutzt werden (§ 5 Abs. 1 S. 1 2. Halbs. EStG).
[2] Vgl. Hoyos/Schramm/M.Ring in: Beck Bil.-Komm.§ 253 Tz. 15.

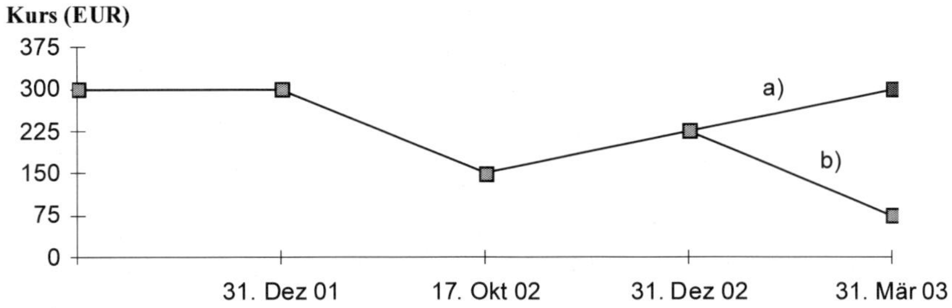

Lösung:

Am 31.12.03 ist die Aktie steuerrechtlich grundsätzlich erst einmal mit den Anschaffungskosten zu bewerten. Anschließend ist zu prüfen, ob eine erneute Teilwertabschreibung zulässig ist. Dies ist nicht der Fall, da der aktuelle Börsenkurs sogar noch über den Anschaffungskosten liegt. Eine Bewertung oberhalb der Anschaffungskosten widerspricht dem Realisationsprinzip bzw. Anschaffungskostenprinzip (§ 252 Abs. 1 Nr. 4 HGB) und ist daher nicht zulässig. Die Bewertung der Aktie in der Steuerbilanz hat mithin zwingend zu den Anschaffungskosten in Höhe von 300 EUR zu erfolgen (§ 6 Abs. 1 Nr. 2 Satz 3 EStG). Die Folge ist eine gesetzliche Zwangsreserve in Höhe von 375 – 300 = 75 EUR.

BS: Wertpapiere des Anlagevermögens 75 EUR
an Erträge aus Werterhöhungen von Gegenständen des
Anlagenvermögens (Zuschreibungserträge) 75 EUR.

Bei Maschinen würde das Konto „Erträge aus Werterhöhungen von Gegenständen des Anlagevermögens", bei Rohstoffen das Konto „Aufwendungen für Rohstoffe" (Korrekturbuchung) und bei Erzeugnisvorräten das Konto „Bestandsveränderungen" im Haben berührt.

Bei Ab- und Zuschreibungen, für die ein Wahlrecht besteht, sind steuerrechtlich grundsätzlich auch „beliebige" Zwischenwerte ansetzbar[1]. Dies gilt jedoch für bilanzierende Kaufleute nur für die Fälle, in denen der Teilwert niedriger ist als der Tageswert. In allen anderen Fällen wird das Wahlrecht in der Steuerbilanz durch den Zwang zur Übernahme des maßgeblichen handelsrechtlichen Wertansatzes zu einer Pflicht umgewandelt (vgl. das folgende Kapitel).[2]

Merke:

Teilwertabschreibung	Steuerbilanz
Bei voraussichtlich vorübergehender Wertminderung	Verbot
Bei voraussichtlich dauernder Wertminderung	Wahlrecht

Merke:

Folgejahre	Steuerbilanz
Bei gestiegenem Teilwert an einem Folgestichtag	(faktisches) Wertaufholungsgebot

[1] Vgl. Verfügung der OFD Köln vom 10.1.91, DStR 1991, S. 513.
[2] Da nach dem Wortlaut des § 5 Abs. 1 S. 1 2. Halbs. EStG das Wahlrecht unabhängig von der Handelsbilanz ausgeübt werden könnte, wären Zwischenwerte in der Steuerbilanz auch generell möglich.

4. Die handelsrechtliche Bewertungskonzeption beim Anlage- und Umlaufvermögen

Seit dem Inkrafttreten des BilMoG zum 1.1.2010 ist die handelsrechtliche Bewertungskonzeption für alle Rechtsformen einheitlich.

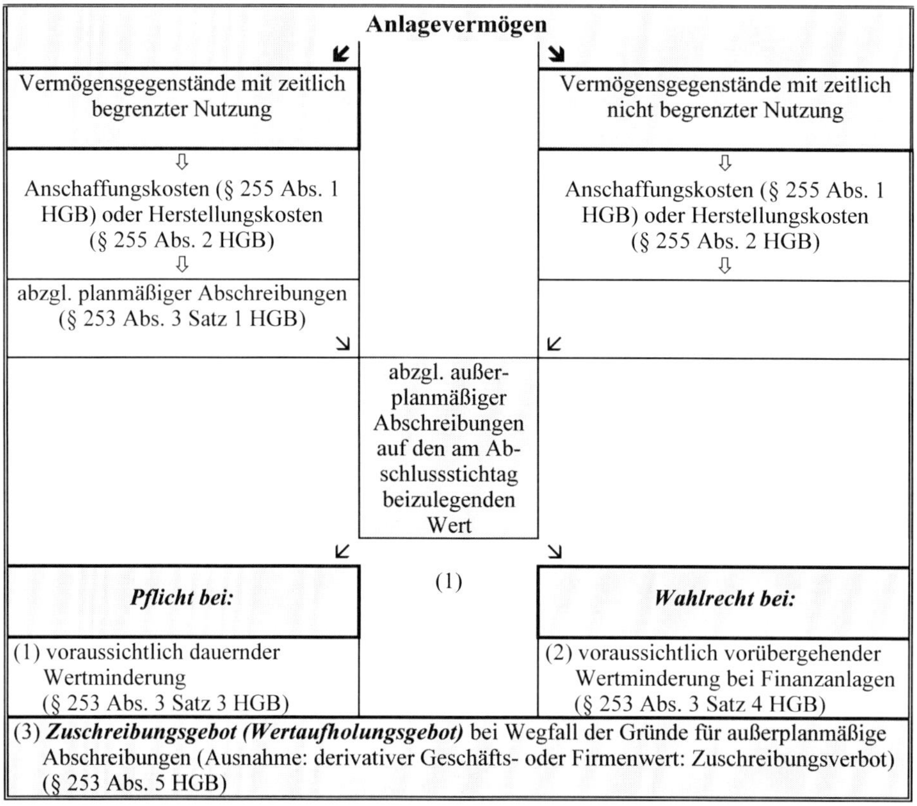

Zu (1) und (2): Die Bewertungskonzeption des Anlagevermögens lässt sich mit dem Begriff „eingeschränkt gemildertes Niederstwertprinzip" umschreiben.

Definition:

> ***Eingeschränkt gemildertes Niederstwertprinzip***: Es besteht die Pflicht, eine außerplanmäßige Abschreibung auf einen niedrigeren Tageswert vorzunehmen, wenn es sich um eine voraussichtlich dauerhafte Wertminderung handelt. Liegt lediglich eine voraussichtlich vorübergehende Wertminderung vor, so besteht nur beim Finanzanlagevermögen ein Wahlrecht zur Abwertung.

Außerplanmäßige Abschreibung bei	***Finanzanlagevermögen***	***Sachanlagevermögen und immaterielle Vermögensgegenstände des Anlagevermögens***
vorübergehender Wertminderung	Wahlrecht	Verbot
dauerhafter Wertminderung	Pflicht	Pflicht

Das ***eingeschränkt gemilderte Niederstwertprinzip*** stellt eine Konkretisierung des Imparitätsprinzips dar, nach dem bereits verursachte und absehbare, aber noch nicht eingetretene Verluste zu antizipieren sind. Dieser strenge, immer als Verpflichtung anzusehende Grundsatz wurde im Anlagevermögen jedoch nur im Falle einer als dauerhaft erwarteten Wertminderung in die gesetzliche Bewertungskonzeption aufgenommen. Die Abmilderung des strengen Imparitätsprinzips im Falle einer voraussichtlich vorübergehenden Wertminderung lässt sich vor dem Hintergrund verstehen, dass Gegenstände des Anlagevermögens im Allgemeinen während ihrer gesamten Nutzungsdauer im Unternehmen verbleiben. Eine temporäre Wertminderung muss in diesem Falle nicht mit der Pflicht zu einer außerplanmäßigen Abschreibung verbunden sein, da eine spätere Verlustrealisierung unwahrscheinlich ist. Andererseits stellt sich die Frage, warum dann überhaupt eine außerplanmäßige Abschreibung erlaubt ist, da auf diese Weise bewusst eine Unterbewertung (stille Reserven) herbeigeführt wird. Gerade bei Finanzanlagen sind kurzfristige Wertsteigerungen am häufigsten anzutreffen, sodass auf diesem Weg Bilanzpolitik betrieben werden kann.

Gründe für außerplanmäßige Abschreibungen auf Anlagegegenstände
• Absinken des Beschaffungsmarktpreises (Hersteller senkt Listenpreis, Börsenkurs sinkt)
• Absinken des Ertragswertes (bei Beteiligungen)
• Stilllegung oder Unterauslastung von technischen Anlagen aufgrund von Ungängigkeiten (Modewechsel, Nachfrageverschiebungen)
• Absinken des Wertes infolge wirtschaftlicher Überholung durch technisch weiterentwickelte und kostengünstigere Anlagen (alte Anlage ist nicht mehr am Markt bzw. deren Angebotspreis wurde gesenkt)
• Extreme Beanspruchung und Abnutzung der Anlagen (ätzende Chemikalien, Mehrschichtbetrieb)

Zu (3): Die Gründe für eine außerplanmäßige Abschreibung können in der Zukunft auch wieder wegfallen, so dass sich die Abschreibung erübrigt. Beispielsweise können die Beschaffungspreise für Rohstoffe oder Maschinen wieder ansteigen, eine am Markt aufgetauchte modernere Maschine sich als Fehlentwicklung erweisen, der Börsenkurs für Wertpapiere wieder ansteigen etc.

Gemäß § 253 Abs. 5 HGB darf nach einer außerplanmäßigen Abschreibung ein niedrigerer Wertansatz an späteren Bilanzstichtagen nicht beibehalten werden, wenn die Gründe dafür inzwischen ganz oder teilweise weggefallen sind (***Zuschreibungspflicht bzw. Wertaufholungsgebot***). Somit werden Unterbewertungen („stille Reserven"), die durch die Abwertung von Finanzanlagen bei voraussichtlich vorübergehender Wertminderung entstanden sind, – aus Sicht des externen Bilanzlesers glücklicherweise – wieder korrigiert. Allerdings ist eine Zuschreibung über die (fortgeführten) Anschaffungskosten hinaus wegen des Realisationsprinzips (§ 252 Abs. 1 Nr. 4 HGB) bzw. des Anschaffungskostenprinzips (§ 253 Abs. 1 HGB) nicht zulässig.

Im ***Umlaufvermögen*** gilt *handelsrechtlich* als konkrete Ausprägung des Imparitätsprinzips das sog. ***strenge Niederstwertprinzip*** (§ 253 Abs. 4 HGB).

Definition:

> ***Strenges Niederstwertprinzip:*** Liegt am Bilanzstichtag der aus dem Börsen- oder Marktpreis abgeleitete Wert oder, falls keine solchen Preise existieren, der beizulegende Wert unter dem bisherigen Buchwert, so muss zwingend eine Abwertung auf den niedrigeren Wert vorgenommen werden.

Auf diese Weise wird das Imparitätsprinzip, nach dem zukünftige Verluste bereits vor ihrem Eintritt zu berücksichtigen sind, erfüllt. Handelt es sich z. B. um absatzbestimmte Erzeugnisse oder Waren, so droht in nächster Zeit, nämlich beim Verkauf der Produkte, ein Verlust, wenn der Verkaufspreis am Bilanzstichtag unter den Buchwert gesunken ist. Dieser drohende Verlust muss bereits am Bilanzstichtag durch eine Herabsetzung des Buchwertes berücksichtigt werden, sodass im Falle gleich bleibender Verkaufspreise bei der späteren Veräußerung kein Verlust, aber auch kein Gewinn mehr zu verbuchen sein wird.

Im Unterschied zum gemilderten Niederstwertprinzip, das im Anlagevermögen Geltung besitzt, wird beim strengen Niederstwertprinzip nicht nach voraussichtlich vorübergehender und voraussichtlich dauerhafter Wertminderung unterschieden. In jedem Falle besteht eine Pflicht zur Abwertung auf den niedrigeren Vergleichswert, da auch bei voraussichtlich vorübergehender Wertminderung kaum zu erwarten ist, dass der Wert während des nur kurzfristigen Verbleibens des Vermögensgegenstands im Unternehmen wieder ansteigt.

Je nach dem betreffenden Vermögensgegenstand des Umlaufvermögens wird (von Kapitalgesellschaften wegen § 275 Abs. 2 Position 7b) die Abwertung auf den niedrigeren Vergleichswert anders gebucht:

Vermögensgegenstand des Umlaufvermögens	***Buchung der Abwertung***
Rohstoffe	BS: „Rohstoffaufwendungen an Rohstoffbestände“
Erzeugnisse	BS: „Bestandsminderungen an Fertige/ Unfertige Erzeugnisse“
Waren	BS: „Aufwand für bezogene Waren an Waren“

Sind die Gründe für die außerplanmäßige Abschreibung auf Vermögensgegenstände des Umlaufvermögens in einem Folgejahr entfallen, so besteht wie im Anlagevermögen eine ***Zuschreibungspflicht (Wertaufholungsgebot)*** auf den gestiegenen Tageswert (§ 253 Abs. 5 HGB).

5. Zusammenhänge zwischen handelsrechtlicher und steuerrechtlicher Bewertungskonzeption

Aufgrund des Maßgeblichkeitsprinzips sind die handelsrechtlich gewählten oder gebotenen Werte in die Steuerbilanz zu übernehmen, sofern sie steuerlich zulässig sind.[1] Zunächst soll angenommen werden, dass der handelsrechtliche Tageswert mit dem steuerrechtlichen Teilwert übereinstimmt. Die Zusammenhänge zwischen Handels- und Steuerrecht werden in den folgenden beiden Tabellen wiedergegeben.

[1] Vgl. Fall 3 im Ersten Teil Kapitel B.I.2.

außerplanmäßige Abschreibung bzw. Teilwertabschreibung	**Handelsbilanz**	**Steuerbilanz**	**Zusammenhang**
bei voraussichtlich dauernder Wertminderung	Pflicht	Wahlrecht	Das steuerrechtliche Wahlrecht wird durch die handelsrechtliche Abwertungspflicht generell überlagert (Maßgeblichkeitsprinzip gemäß § 5 Abs. 1 S. 1 EStG) *
bei voraussichtlich vorübergehender Wertminderung (Sachanlagen, immaterielles Anlagevermögen)	Verbot	Verbot	Gleiche Regelung *
Bei voraussichtlich vorübergehender Wertminderung (Finanzanlagen)	Wahlrecht	Verbot	Das handelsrechtliche Wahlrecht wirkt sich aufgrund des Bewertungsvorbehalts (§ 5 Abs. 6 EStG) nicht auf die Steuerbilanz aus. Die Handels- und Steuerbilanzwerte differieren.

* Nach dem Gesetzeswortlaut könnte das Wahlrecht in der StB auch unabhängig von der HB ausgeübt werden (§ 5 Abs. 1 S. 1 2. Halbs. EStG).

Erhöhung des Tageswerts bzw. Teilwerts an einem folgenden Bilanzstichtag	**Handelsbilanz**	**Steuerbilanz**	**Zusammenhang**
bei voraussichtlich dauernder Wertminderung im Vergleich zu den (fortgeführten) Anschaffungs-/Herstellungskosten	Pflicht zur Zuschreibung	(faktisches) Zuschreibungsgebot auf den gestiegenen Teilwert	Das steuerrechtliche Wahlrecht zur erneuten Teilwertabschreibung (§ 6 Abs. 1 Nr. 1 S. 2 u. Nr. 2 S. 2 EStG) wird aufgrund des niedrigeren Tageswerts generell zur Pflicht (Maßgeblichkeitsprinzip gemäß § 5 Abs. 1 S. 1 EStG) *
bei voraussichtlich vorübergehender Wertminderung im Vergleich zu den (fortgeführten) Anschaffungs-/Herstellungskosten	Pflicht zur Zuschreibung auf den Tageswert	(faktisches) Zuschreibungsgebot auf die (fortgeführten Anschaffungs-/Herstellungskosten	Das steuerrechtliche Verbot zur erneuten Teilwertabschreibung (§ 6 Abs. 1 Nr. 1 S. 2 u. Nr. 2 S. 2 EStG) hat aufgrund des Bewertungsvorbehalts (§ 5 Abs. 6 EStG) Vorrang. Die Handels- und Steuerbilanzwerte differieren.

* Nach dem Gesetzeswortlaut könnte das Wahlrecht in der StB auch unabhängig von der HB ausgeübt werden (§ 5 Abs. 1 S. 1 2. Halbs. EStG).

Im Rahmen der Bewertungskonzeption ergibt sich aber auch in manchen Fällen die Möglichkeit, in der Steuerbilanz Wahlrechte unabhängig von der Handelsbilanz auszuüben. Ein von dem Handelsbilanzwert abweichendes Wahlrecht ergibt sich immer dann, wenn der Teilwert niedriger liegt als der Tageswert.[1] Systembedingt ist dies im Umlaufvermögen bei absatzbestimmten Wirtschaftsgütern der Fall.

Autonom durchführbare Teilwertabschreibungen im Umlaufvermögen
1. Teilwertabschreibung bei absatzbestimmten Wirtschaftsgütern des Umlaufvermögens, soweit sie den durchschnittlich kalkulierten Unternehmergewinn umfasst.
2. Teilwertabschreibung bei absatzbestimmten Wirtschaftsgütern des Umlaufvermögens auf die gesunkenen Wiederbeschaffungskosten im Falle eines unveränderten Nettoveräußerungserlöses.

[1] Hinsichtlich der Bestimmung der beiden Werte kann auf die Kapitel B.I.3.c) und d) verwiesen werden.

In diesen Fällen liegt der Teilwert aufgrund seiner Definition unterhalb des Tageswerts. Eine Abschreibung unter den Tageswert ist handelsrechtlich nicht zulässig, da auf diese Weise entgangene Gewinne berücksichtigt würden, was nicht durch das Imparitätsprinzip gedeckt ist. Das steuerrechtliche Wahlrecht kann unabhängig von der Handelsbilanz ausgeübt werden, sofern die Wirtschaftsgüter in ein besonderes, laufend zu führendes Verzeichnis aufgenommen werden (§ 5 Abs. 1 S. 1 2. Halbs. u. S. 2 EStG).

Beispielaufgabe (Umlaufvermögen):

Die LowTech GmbH handelt auch mit Rasierapparaten, für die an den Bilanzstichtagen 31.12.01 und 31.12.02 folgende Wertekonstellationen gelten, die jeweils als dauerhaft eingeschätzt und nachgewiesen werden:

(Werte in EUR)	31.12.01	31.12.02
Anschaffungskosten (Einstandspreis) bzw. Buchwert	100	100
Wiederbeschaffungskosten am Bilanzstichtag	75	75
Verkaufspreis am Bilanzstichtag	85	95
Rabatt und Skonto	5	5
noch anfallende betriebl. Aufwendungen (Vertrieb)	10	10
durchschnittlicher Unternehmergewinn	20	20

Wie ist in Handels- und Steuerbilanz zu bewerten, wenn der Gewinn jeweils so niedrig wie möglich ausgewiesen werden soll?

Lösung:

Gemäß R 6.8 Abs. 2 Satz 3 EStR entspricht der *steuerrechtliche Teilwert* der Rasierapparate in diesem Falle dem Nettoverkaufserlös abzüglich des durchschnittlichen Unternehmergewinns und der nach dem Bilanzstichtag noch anfallenden betrieblichen Aufwendungen, also dem niedrigsten der drei Vergleichswerte (*„doppeltes Niederstwertprinzip“*):

Anschaffungskosten (Einstandspreis) = 100 EUR	Nettoverkaufserlös 80 EUR – Unternehmergewinn 20 EUR – noch anfallende Aufwendungen 10 EUR = 50 EUR	Wiederbeschaffungs- kosten = 75 EUR

Da es sich nachweislich um eine dauernde Wertminderung handelt, ist in der Steuerbilanz eine Teilwertabschreibung auf 50 EUR möglich.

In der *Handelsbilanz* ist das Imparitätsprinzip streng zu beachten und daher nur der Nettoverkaufserlös abzüglich der nach dem Bilanzstichtag noch anfallenden betrieblichen Aufwendungen (= modifizierter Nettoverkaufserlös = 70 EUR) als Vergleichswert zu den Anschaffungskosten heranzuziehen, da nur so der tatsächliche drohende Verlust ermittelt wird.

Anschaffungskosten (Einstandspreis) = 100 EUR	Nettoverkaufserlös 80 EUR – noch anfallende Aufwendungen 10 EUR = 70 EUR

Wegen des strengen Niederstwertprinzips ist handelsrechtlich zur Antizipation der drohenden Verluste auf 70 EUR abzuwerten. Eine weitergehende Abschreibung würde entgangene Gewinne umfassen und ist daher nicht vom Imparitätsprinzip gedeckt. Aufgrund des Maßgeblichkeitsprinzips (§ 5 Abs. 1 S. 1 EStG) wird in der Steuerbilanz das Abschreibungswahlrecht bis zum Wert 70 EUR durch das handelsrechtliche Gebot überlagert.[1] Das Wahlrecht einer weiter gehenden Abschreibung in der Steuerbilanz bis 50 EUR kann unabhängig von der Handelsbilanz

[1] Nach dem Wortlaut des § 5 Abs. 1 S. 1 2. Halbs. EStG wäre in der StB auch hier bereits eine unabhängige Wahlrechtsausübung möglich.

in Anspruch genommen werden und wird wegen des bilanzpolitischen Ziels auch genutzt. Die Waren sind jedoch nach § 5 Abs. 1 S. 2 EStG in ein besonderes Verzeichnis aufzunehmen, da der Wert vom handelsrechtlichen Wert abweicht.

Handelsbilanz zum 31.12.01	***Steuerbilanz zum 31.12.01***
70 EUR	50 EUR
§ 253 Abs. 3 i. V. m. § 279 Abs. 1 HGB	§ 6 Abs. 1 Nr. 2 Satz 2 i. V. m. § 5 Abs. 1 u. 2 EStG

Folgejahr: Die Gründe für die Abwertung sind teilweise entfallen:

Steuer-bilanz:	Anschaffungskosten (Einstandspreis) = 100 EUR	Nettoverkaufserlös 90 EUR – Unternehmergewinn 20 EUR – noch anfallende Aufwendungen 10 EUR = 60 EUR	Wieder-beschaffungs-kosten = 75 EUR

Handels-bilanz:	Anschaffungskosten (Einstandspreis) = 100 EUR	Nettoverkaufserlös 90 EUR – noch anfallende Aufwendungen 10 EUR = 80 EUR

Der steuerliche Teilwert ist auf 60 EUR gestiegen, der handelsrechtliche Tageswert auf 80 EUR. In der Steuerbilanz sind grundsätzlich gemäß § 6 Abs. 1 Nr. 2 S. 3 EStG die Anschaffungskosten i. H. v. 100 EUR anzusetzen. Aufgrund der voraussichtlich und nachweislich dauernden Wertminderung besteht jedoch ein Wahlrecht, erneut auf den (jetzt gestiegenen) Teilwert von 60 EUR abzuwerten (§ 6 Abs. 1 Nr. 2 Satz 3 EStG). Die Ausübung dieses Wahlrechts wird aufgrund des Maßgeblichkeitsprinzips (§ 5 Abs. 1 S. 1 EStG) durch den handelsrechtlichen Wertansatz bestimmt.[1] Handelsrechtlich besteht ein Zuschreibungsgebot bis zum Tageswert in Höhe von 80 EUR (§ 253 Abs. 5 HGB). Auf diesen Wert muss steuerrechtlich ebenfalls abgeschrieben werden. Darüber hinaus besteht allein in der Steuerbilanz das Wahlrecht, gemäß § 5 Abs. 1 S. 1 2.Halbs. EStG unabhängig von der Handelsbilanz weiter auf 60 EUR abzuwerten und damit dem bilanzpolitischen Ziel Genüge zu tun.

Handelsbilanz zum 31.12.02	***Steuerbilanz zum 31.12.02***
80 EUR	60 EUR
§ 253 Abs. 5 HGB	§ 6 Abs. 1 Nr. 2 S. 3 i. V. m. § 6 Abs. 1 Nr. 1 S. 4 EStG; § 5 Abs. 1 S. 1 EStG

Aufgaben 23 und 24: Bewertungskonzeption beim Anlagevermögen (Handelsrecht und Steuerrecht)

Aufgabe 25: Anlaufverluste bei Beteiligungen

Aufgaben 26 bis 29: Bewertungskonzeption beim Umlaufvermögen

[1] Nach dem Gesetzeswortlaut könnte die Ausübung des steuerrechtlichen Wahlrechts auch unabhängig von der Handelsbilanz erfolgen (§ 5 Abs. 1 S. 1 2. Halbs. EStG).

III Bilanzierung und Bewertung einzelner Positionen des Anlagevermögens

Lernziele:

Der Leser soll

- *die Inhalte der Bilanzposten des Anlagevermögens, ihre Abgrenzungen, Aussagekraft und Problematik erfassen*
- *mit den verschiedenen Methoden der Absetzungen für Abnutzung und deren Anwendungsvoraussetzungen sowie deren Kombination mit der Teilwertabschreibung vertraut werden*
- *Absetzungen für Abnutzung von Teilwertabschreibungen unterscheiden lernen*
- *sich mit den Grundsätzen der Bilanzierung bei Leasing beschäftigen.*

1. Die Bilanzierung und Bewertung der einzelnen Positionen

a) Immaterielle Wirtschaftsgüter

(1) Allgemeines

Immaterielle Wirtschaftsgüter sind Rechte, rechtsähnliche Werte und sonstige Vorteile. Im Gegensatz zu den materiellen Gütern fehlt es den immateriellen Gegenständen an der körperlichen Gestalt (z. B. Rechte) oder die körperliche Gestalt ist nur von untergeordneter Bedeutung und der Wert wird allein durch den geistigen Gehalt bestimmt (z. B. Buchmanuskript, Patentschrift). Die Erscheinungsformen der immateriellen Wirtschaftsgüter sind vielfältig.

Immaterielle Wirtschaftsgüter des Anlagevermögens, die ***nicht entgeltlich erworben*** worden sind, dürfen gemäß § 5 Abs. 2 EStG nicht aktiviert werden. Dies gilt also für alle selbst bzw. durch eigene Arbeitnehmer entwickelten und im eigenen Geschäftsbetrieb genutzten Patente, Modelle, Muster, Software und Know how. Entgeltlich erworbene Wirtschaftsgüter des Anlagevermögens, wozu auch Erfindungen eigener Arbeitnehmer, an die eine Erfindervergütung gezahlt wurde, gehören, müssen hingegen aktiviert werden.

Mit dem BilMoG wurde *handelsrechtlich* ein konkretes Ansatzwahlrecht für selbst geschaffene immaterielle Vermögensgegenstände des Anlagevermögens kodifiziert. Da sie nicht verlässlich vom originären Geschäfts- oder Firmenwert unterscheidbar sind, dürfen jedoch Marken, Drucktitel, Verlagsrechte, Kundenlisten u. ä. nicht aktiviert werden (§ 248 Abs. 2 HGB).

Konzessionen sind behördliche Betriebserlaubnisse oder Erlaubnisse zur Nutzung von öffentlichen Sachen für ein Unternehmen; z. B.: Schankerlaubnis im Gaststättengewerbe, Apothekenkonzessionen, Güterfernverkehrskonzessionen, Mineralgewinnungsrechte.	
Gewerbliche Schutzrechte sind z. B.: Patente, Warenzeichen, Urheberrechte, Geschmacksmuster, Gebrauchsmuster, Film- und Fernsehrechte	
	Patente: technisches Schutzrecht hinsichtlich der Ausgestaltung eines Gegenstands oder des Ablaufs eines Prozesses aufgrund einer Erfindung
	Warenzeichen: geschützter Hinweis (einschließlich der hinweisenden Ausstattung der Ware) auf die Herkunft einer Ware aus einem bestimmten Unternehmen (z. B. Maggi-Suppen).
	Urheberrechte: Schutzrecht für den schöpferischen Gehalt eines Werks (z. B. Bücher, Musikstücke etc.)
	Geschmacksmuster: urheberrechtliches Schutzrecht eines Musters oder Modells (Design von Möbeln, Teeservicen; Form und Farbe von Teigwaren, Bonbons etc.).
	Gebrauchsmuster: technisches Schutzrecht hinsichtlich der Gestaltung und/oder Funktionsweise eines Gebrauchsgegenstandes
Ähnliche Rechte sind z. B.: Nutzungsrechte, Bezugsrechte, Belieferungsrechte, Brenn- und Braurechte, Rezepturen, Wettbewerbsrechte, Optionsrechte zum Aktienerwerb, EDV-Software etc.	
Ähnliche Werte: Know how (= ungeschützte Erfindungen), Archive, Kundenkarteien etc.	
Lizenzen an solchen Rechten und Werten: vertragliche befristete Nutzungsüberlassung eines Rechts oder Wertes	

(2) Absetzungen für Abnutzung immaterieller Anlagegüter

Die Nutzungsdauer der immateriellen Anlagegegenstände wird von der vertraglichen Überlassungsdauer (z. B. bei Lizenzen) oder der rechtlichen Schutzdauer (z. B. bei Patenten 20 Jahre) bestimmt. Die rechtlichen Fristen können jedoch nicht garantieren, dass die Gegenstände über diese Zeiträume hinweg werthaltig sind. Wird ein Patent z. B. sofort nach seiner Anmeldung beim Patentamt erworben, so kann die wirtschaftliche Nutzungsdauer ein Jahr später schon beendet sein, wenn nämlich eine neue und bessere Erfindung am Markt erscheint, die das erworbene Patent wirtschaftlich wertlos macht. Da die wirtschaftliche Nutzungsdauer jedoch nicht vorhersehbar ist, werden in der Praxis Erfahrungswerte herangezogen, die z. T. auch von der Finanzverwaltung anerkannt werden.

Übliche bzw. betriebsgewöhnliche Nutzungsdauern (in Jahren)		
	Handelsrecht	***Steuerrecht***
Patente	5	8
Marken-, Urheber-, Musterrechte u. ä.	3–5	15
Lizenzen	1–5	3–8
Wettbewerbsverbote	2–5	2–5
Software, betriebswirtschaftliche Systeme	3	3–5

Lizenzen werden nur abgeschrieben, wenn eine sog. Einmalzahlung zu Beginn der Laufzeit geleistet wird. Erfolgen dagegen periodische z. B. umsatzabhängige Zahlungen, so erfolgt in der Praxis meist keine Aktivierung, sondern eine laufende Aufwandsbuchung der Lizenzzahlung.

Handelsrechtlich sind alle den Grundsätzen ordnungsmäßiger Buchführung entsprechenden Abschreibungsverfahren zulässig. *Steuerrechtlich* hingegen nur die lineare Abschreibung[1], da es sich bei den immateriellen Wirtschaftsgütern nicht um bewegliche Güter han-

[1] Die geometrisch-degressive AfA ist steuerrechtlich nur bei beweglichen Wirtschaftsgütern zulässig (§ 7 Abs. 2 EStG) und dies auch nur bei Zugängen vor dem 1.1.2008 und Zugängen in den Jahren 2009 und 2010.

delt (R 7.1 Abs. 1 u. 2 EStR und H 7.1 „Bewegliche Wirtschaftsgüter" EStH). Im Jahr des Zugangs muss generell monatsgenau zeitanteilig („pro rata temporis") abgeschrieben werden (§ 7 Abs. 1 Satz 4 EStG).

(3) Software

Frage: Handelt es sich bei Software um materielle oder immaterielle Wirtschaftsgüter?

Antwort: Nach der Rechtsprechung des BFH[1] handelt es sich bei Software immer um ***immaterielle*** Wirtschaftsgüter, da der geistig-schöpferische Gehalt des Programms im Vordergrund steht und die (materielle) Diskette nur dazu dient, das Programm unverlierbar, transportierbar und handelbar zu machen. Dies lässt sich aus dem Wertverhältnis von Programminhalt und Datenträger ableiten. Software ohne Befehlsstruktur allerdings, die nur jedermann zugängliche Datenbestände enthält, gehört gemäß Rechtsprechung zu den abnutzbaren beweglichen ***materiellen*** Wirtschaftsgütern (H 5.5 „Keine immateriellen Wirtschaftsgüter" EStH). Die Finanzverwaltung zählt dazu auch ***Trivialprogramme***, das sind einfachste Programme, bei denen der geistige Gehalt gegenüber dem Datenträger Diskette nicht von hervorragender Bedeutung ist. Dies wird generell von Computerprogrammen, die Anschaffungskosten bis zu 410 EUR haben, angenommen (R 5.5 Abs. 1 S.3 EStR). Dies ermöglichte nach altem Recht eine Sofortabschreibung als geringwertiges Wirtschaftsgut. Auch die aktuellen Regelungen für geringwertige Wirtschaftsgütern setzen voraus, dass es sich um ein bewegliches Wirtschaftsgut handelt. Bis zu Anschaffungskosten von 150 (ohne USt) ist gemäß § 6 Abs. 2 EStG nun aber eine sofortige Aufwandsbuchung, darüber hinaus bis maximal 1.000 EUR Anschaffungskosten (ohne USt) ein Sammelposten zu bilden[2]. Systemsoftware, individuell programmierte und komplexere standardisierte betriebswirtschaftliche Anwendersoftware dürfen bei Anschaffungskosten über 410 EUR (ohne USt) nicht in den Sammelposten nach § 6 Abs. 2a EStG aufgenommen werden, da sie immateriell und daher nicht beweglich sind. Sie sind als immaterielles Wirtschaftsgut zu aktivieren und über die betriebsgewöhnliche Nutzungsdauer von 3–5 Jahren abzuschreiben.

Frage: Dürfen Software-Hersteller Erzeugnisbestände in ihrer Bilanz ausweisen?

Antwort: Entwickelt das Software-Haus Programme zum dauernden Gebrauch im eigenen Betrieb, so fallen diese unter das Aktivierungsverbot nicht entgeltlich erworbener immaterieller Gegenstände des Anlagevermögens (§ 5 Abs. 2 EStG). Der größte Teil der selbst erstellten Software soll jedoch durch Lizenzvergabe oder sonstige Überlassungsverträge an Dritte vermarktet werden. Dazu erstellt das Software-Haus i. d. R. eine „Master-Diskette", von der immer wieder neue „Abdrucke" auf Disketten zwecks Veräußerung gemacht werden. Die Master-Diskette, der sämtliche Programmierungskosten zuzurechnen sind, gehört somit zum Anlagevermögen und ist nicht aktivierbar. Daraus ergibt sich eine starke Schwankung des Periodengewinnes: Während der Entwicklungsphase fallen nur Aufwendungen an, in den Perioden der Veräußerung werden die zugehörigen Erlöse erzielt.

Dagegen sind teilweise fertig gestellte, noch nicht abgerechnete Auftragsarbeiten des Software-Herstellers den Vorräten (Umlaufvermögen) zuzuordnen und mit den bis zum Bilanzstichtag angefallenen Programmierungskosten oder dem niedrigeren Tageswert zu bewerten. Dies ist durch die zeitnahe Korrektur einer (bewusst oder unbewusst) falschen

---

[1] Vgl. BFH-Urteile vom 3.7.1987, BStBl. 1987 II, S. 728 und S. 787.

[2] Genaueres zur Behandlung der geringwertigen Wirtschaftsgüter siehe Erster Teil Kapitel B.III.2.b).

Bewertung (Kostenzuordnungsproblem) durch einen zwischen Fremden ausgehandelten objektiven Verkaufspreis bei absatzbestimmten Leistungen zu rechtfertigen. Die Gewinnrealisierung findet erst bei Fertigstellung bzw. Ablieferung des Auftrags statt. Da es hierbei auf die Abnahme durch den Auftraggeber nicht ankommt, sind i. d. R. Rückstellungen für kostenlose Nachbesserungsarbeiten zu bilden.

Aufgabe 30: Immaterielle Vermögensgegenstände

(4) Geschäfts- oder Firmenwert

Als Geschäfts- oder Firmenwert wird die Quelle aller Gewinnchancen eines Unternehmens bezeichnet, soweit diese nicht in einzelnen Vermögensgegenständen verkörpert ist. Der Geschäftswert ist also eine Residualgröße, ein Sammelsurium nicht als Einzelheit ins Gewicht fallender (nicht „greifbarer") Geschäftswert bildender Faktoren. Diese sind: der gute Ruf, die Zuverlässigkeit des Unternehmens, die hohe Qualifikation des Managements und der Mitarbeiter, die hohe Qualität der Produkte, ein gut abgestimmtes Produktionsprogramm, selbst geschaffenes Know how, selbst entwickelte Patente, der Kundenstamm, die gute Organisation des Produktions-, Verwaltungs- und Vertriebsbereichs, etc.

Wie bereits erwähnt (vgl. Erster Teil Kapitel A.II.1.), handelt es sich beim ***originären*** Geschäfts- oder Firmenwert nicht um ein Wirtschaftsgut, sodass er nicht in der Steuerbilanz aktiviert werden darf.

Der sog. ***derivative*** (= abgeleitete) Firmenwert hingegen ist selbständig bewertbar, denn unabhängige Vertragsparteien haben beim Kauf eines Unternehmens als Ganzes einen Preis für dessen Firmenwert ausgehandelt. Der derivative Firmenwert ist also ein Wirtschaftsgut und muss demgemäß in der Steuerbilanz des Unternehmenserwerbers aktiviert werden. *Handelsrechtlich* gilt der derivative Firmenwert nach § 246 Abs. 1 S. 4 HGB als zeitlich begrenzt nutzbarer Vermögensgegenstand, muss also ebenfalls aktiviert und über die geschätzte Nutzungsdauer, die im Regelfall bis zu 5 Jahren beträgt (vgl. § 285 Nr. 13 HGB) abgeschrieben werden.

Steuerbilanz
Aktivierungsgebot gemäß § 5 Abs. 2 EStG

Beispiel: für die Berechnungsweise des Firmenwertes (§ 246 Abs. 1 S.4 HGB):

Bilanz der Cash & Carry GmbH 31.12.01(in TEUR)

Aktiva		Eigenkapital	500
(Zeitwerte)	1.500	Verbindlichkeiten	1.000
	1.500		1.500

Kaufpreis	900 TEUR
– Wert der einzelnen Wirtschaftsgüter im Zeitpunkt der Übernahme	1.500 TEUR
+ übernommene Schulden	1.000 TEUR
= derivativer Geschäfts- oder Firmenwert	400 TEUR

Ob die Schulden übernommen werden oder nicht, ist also ein gravierender Unterschied, da die Schuldenübernahme als Erhöhung des Kaufpreises anzusehen ist. M.a.W. soll der

Kaufpreis den aktuellen Wert (nach Auflösung der stillen Reserven in den Wirtschaftsgütern) des Eigenkapitals abdecken. Alles, was darüber hinaus gezahlt wird, ist Entgelt für den Firmenwert. Die hier betrachtete Art des Unternehmenskaufs richtet sich auf die Übereignung aller zum Unternehmen gehörenden Sachen, Rechte und Verbindlichkeiten (sog. „asset deal"). Alternativ kann ein Unternehmen durch Erwerb des Unternehmensträgers übernommen werden, also durch Kauf aller Gesellschaftsanteile (sog. „share deal").

Der aktivierte Firmenwert darf als (nicht bewegliches) immaterielles Wirtschaftsgut nur linear über die in § 7 Abs. 1 Satz 3 EStG generell festgelegte Nutzungsdauer von 15 Jahren abgeschrieben werden. Dies gilt auch dann, wenn es sich um den Kauf personenbezogener Betriebe handelt, d. h. wenn der Wert des übernommenen Betriebs eng an die Person des bisherigen Betriebsinhabers geknüpft ist und sich damit relativ schnell verflüchtigt (BMF-Erlass 20.11.1986, BStBl 1986 I, S. 532). Eine Teilwert-Abschreibung des Firmenwerts ist darüber hinaus zwar möglich, aber der entsprechende Nachweis dürfte nur schwer zu führen sein.

Eine Ausnahmebehandlung erfährt weiterhin der Praxiswert eines Freiberuflers, z. B. eines Steuerberaters, Arztes oder Anwalts. Wegen der starken Bindung an die Person des Inhabers, der mit der Veräußerung gewechselt hat, ist der Praxiswert nur begrenzt übertragbar, verflüchtigt sich schnell bzw. wird durch einen vom Erwerber der Praxis neu gebildeten Wert ersetzt. Er kann daher steuerlich innerhalb einer im Einzelfall zu schätzenden Nutzungsdauer von zumeist 3 bis 5 Jahren abgeschrieben werden, bei einer Sozietät über 6 bis 10 Jahre.[1]

Firmenwertähnliche Wirtschaftsgüter sind z. B. Verkehrsgenehmigungen (Omnibus, Güterfernverkehr) oder Verlagswerte. Während Verlagswerte *steuerrechtlich* genauso wie der Firmenwert zu behandeln sind, sieht die steuerliche Rechtsprechung Verkehrsgenehmigungen als nicht abnutzbare immaterielle Wirtschaftsgüter an. Nach Auffassung des BFH kann der Erwerber der Verkehrsgenehmigung nach der Verfahrensübung der Genehmigungsbehörden mit einer Verlängerung oder Erneuerung der Genehmigung rechnen, solange der Betrieb besteht. Planmäßige Abschreibungen sind deshalb nicht zulässig[2]. *Handelsrechtlich* gelten die gleichen Überlegungen, abgesehen von Spezialfällen ist eine planmäßige Abschreibung nicht zulässig[3]. Infolge des EG-Binnenmarktes und des erleichterten Zugangs zu einer Konzession wird aufgrund des Werteverfalls häufiger eine Teilwert-Abschreibung in Frage kommen[4].

Aufgaben 31 und 32: Geschäfts- oder Firmenwert

b) Sachanlagen

Bei Sachanlagen handelt es sich um materielle, also körperliche Vermögensgegenstände.

(1) Grund und Boden

Unter Grundstücken ist Grund und Boden zu verstehen, der bebaut oder unbebaut sein kann. ***Grundstücke*** gehören zu den nicht abnutzbaren Wirtschaftsgütern und unterliegen

[1] Vgl. BMF-Schreiben vom 15.1.1995, BStBl. 1995 I S. 14, und BFH 24.2.1994, BStBl. 1994 II S. 590.
[2] BFH 22.1.1992, BStBl. 1992 II S. 529 und BFH 4.12.1991, BStBl. 1992 II S. 383.
[3] Stellungnahme 1/1992 HFA des IdW, WPg 1992, S. 609.
[4] BMF-Schreiben vom 28.4.1993, DB 1993, S. 1263.

daher nicht der Absetzung für Abnutzung[1]. Aufstehende Gebäude sind mit dem Grund und Boden i. d. R. fest verankert und bilden mit diesem als dessen wesentliche Bestandteile eine rechtliche Einheit (§ 94 BGB). Der Eigentümer des Grund und Bodens ist somit gleichzeitig Eigentümer des Gebäudes, es sei denn, es handelt sich um einen Scheinbestandteil (§ 95 BGB), z. B. eine Baracke (Büro-Container), die nur am Boden festgeschraubt ist und jederzeit wieder losgelöst und entfernt werden kann.

(2) Grundstücksgleiche Rechte

Grundstücksgleiche Rechte sind Rechte, die bürgerlich-rechtlich wie Grund und Boden behandelt werden, die aber der Abnutzung durch Fristablauf unterliegen, wie z. B. Erbbaurechte, Dauerwohnrechte, Abbaurechte von Bodenschätzen etc.

Definition:

> Unter einem ***Erbbaurecht*** ist das dingliche, grundstücksähnliche, vererbbare und veräußerbare Recht zur Errichtung oder Unterhaltung eines Gebäudes auf einem Grundstück zu verstehen.

Als Laufzeit werden meistens 99 Jahre vereinbart. Dafür hat der Erbbauberechtigte einen Erbbauzins an den Erbbauverpflichteten, in dessen rechtlichem Eigentum das Grundstück bleibt, zu zahlen. Die Besonderheit des Erbbaurechts ist, dass ein vom Erbbauberechtigten errichtetes Gebäude nicht wesentlicher Bestandteil des Grundstücks und damit Eigentum des Erbbauverpflichteten wird, sondern als wesentlicher Bestandteil des Erbbaurechts im Eigentum des Erbbauberechtigten bleibt. Dieser hat das Gebäude als „Bauten auf fremden Grundstücken" zu aktivieren, falls es sich um Betriebsvermögen handelt. Für das Ende der Erbbaurechtsdauer wird vertraglich der Abriss des Gebäudes oder eine vom Erbbauverpflichteten und Grundstückseigentümer zu zahlende Abfindung vereinbart.

Beim Erbbaurechtsvertrag handelt es sich um ein schwebendes Dauerrechtsverhältnis, das grundsätzlich nicht bilanziert wird. Die laufenden Erbbauzinszahlungen sind beim Erbbauberechtigten als sonstiger betrieblicher Aufwand und beim Erbbauverpflichteten als sonstiger betrieblicher Ertrag zu verbuchen. Wird dagegen ein Erbbaurecht gegen eine größere einmalige Zahlung gewährt, so bestehen zwei Möglichkeiten der Bilanzierung beim Erbbauberechtigten:

1. Aktivierung des Erbbaurechts und Abschreibung über die vereinbarte Vertragsdauer (H 6.2 „Erbbaurecht" EStH)
2. Bildung eines aktiven Rechnungsabgrenzungspostens und Auflösung über die Laufzeit des Erbbaurechts (H 5.6 „Erbbaurecht" EStH).

(3) Gebäude auf fremden Grundstücken

Anders als bei Erbbaurechten geht ein Gebäude, das auf einem ***gepachteten*** oder „geleasten" ***Grundstück*** errichtet wird, als fest verbundener wesentlicher Bestandteil (§ 94 BGB) des Grundstücks in das Eigentum des Verpächters über (Ausnahme: Gebäude als Scheinbestandteil (§ 95 BGB), z. B. festgeschraubtes Fertighaus/Bürocontainer). Da der Pächter die Verfügungsmacht über das Gebäude besitzt und der wirtschaftliche Eigentümer des Gebäudes ist, hat er es als „Gebäude auf fremdem Grundstück" zu aktivieren.

[1] Anders ist es, wenn Bodenschätze abgebaut werden. Dann unterliegt der Grund und Boden der Absetzung für Substanzverringerung (§ 7 EStG).

Wie nach Ablauf des Pachtvertrages mit dem vom Pächter errichteten Gebäude verfahren wird, sollte vertraglich vereinbart werden. Entweder hat der ***Pächter*** das Grundstück unbebaut zurückzugeben, das Gebäude also abzubrechen, oder er hat einen Anspruch auf Entschädigung für das an den Verpächter fallende Gebäude. Letzteres gilt auch bei fehlender Vereinbarung (§ 951 BGB).

Fall 1: Die Anschaffungskosten des vom Pächter aktivierten Gebäudes betragen 350.000 EUR. Der Rückzahlungsanspruch beträgt 150.000 EUR. Dies entspricht dem geschätzten Restwert des Gebäudes nach Vertragsablauf. Die Differenz von 200.000 EUR ist während der Pachtlaufzeit abzuschreiben, d. h. die Pachtlaufzeit und nicht die längere Nutzungsdauer des Gebäudes ist hier entscheidend.

Fall 2: Das Gebäude soll am Ende der Pachtlaufzeit abgerissen werden. Der Verpächter zahlt keine Entschädigung. Der geschätzte Abbruchwert des Gebäudes beträgt 40.000 EUR, die geschätzten Abbruchkosten 10.000 EUR.

Der Pächter hat die Differenz zwischen den Anschaffungskosten und dem Abbruchwert (350.000 – 40.000 = 310.000 EUR) über die Laufzeit des Pachtvertrages abzuschreiben. Zusätzlich ist eine Rückstellung für Abbruchkosten in Höhe von 10.000 EUR zu bilden.

Fall 3: Das Gebäude soll am Ende der Pachtlaufzeit abgerissen werden. Der Verpächter zahlt keine Entschädigung. Der geschätzte Abbruchwert entspricht den geschätzten Abbruchkosten.

Das Gebäude wird über die Dauer des Pachtvertrags (< Nutzungsdauer des Gebäudes) voll abgeschrieben (Erinnerungswert = 1,- EUR)

(4) Gebäude

Der bilanziell bedeutsame Unterschied zwischen Gebäuden und Grundstücken besteht darin, dass *Gebäude* abnutzbare Wirtschaftsgüter sind und daher Absetzungen für Abnutzung zu berücksichtigen sind. Zu den Gebäuden gehören Geschäftsgebäude, Wohngebäude, Fabrikgebäude, Lagergebäude etc. Zusammen mit den Gebäuden werden alle *Einrichtungen und Gebäudeteile* bilanziert, die mit den Gebäuden in einem engen Funktions- und Nutzungszusammenhang stehen, also mit diesen im Sinne des Grundsatzes der Einzelbewertung eine wirtschaftliche Einheit bilden. Dazu gehören: Beleuchtung, Heizung, Installation, Lüftung, Rolltreppen, Personenaufzüge etc. Für den Begriff des Gebäudes sind die Abgrenzungsmerkmale des Bewertungsrechts maßgebend.

Definition:

„Ein ***Gebäude*** ist … ein Bauwerk auf eigenem oder fremdem Grund und Boden, das Menschen oder Sachen durch räumliche Umschließung Schutz gegen äußere Einflüsse gewährt, den Aufenthalt von Menschen gestattet, fest mit dem Grund und Boden verbunden, von einiger Beständigkeit und standfest ist" (R 7.1 Abs. 5 Satz 2 EStR).

(5) Betriebsvorrichtungen

Definition:

Betriebsvorrichtungen dienen der Fertigung, der Lagerung und dem innerbetrieblichen Transport, sind also Vorrichtungen, mit denen das Gewerbe unmittelbar betrieben wird.

Betriebsvorrichtungen stehen nicht in einem einheitlichen Nutzungs- und Funktionszusammenhang mit einem Gebäude und sind deshalb selbständige Wirtschaftsgüter (R 7.1

Abs. 3 EStR). Sie gehören zu den beweglichen Wirtschaftsgütern (Position „Technische Anlagen“) selbst dann, wenn sie mit einem Gebäude fest verbunden und rechtlich dessen wesentlicher Bestandteil (§ 94 BGB) sind. Beispiele: Kühleinrichtungen, Silos, Tanks, Abladevorrichtungen, Hebebühnen, Förderbänder, Gleisanlagen, Laufkrananlagen, Rohrleitungen, Lastenaufzüge.

Hinsichtlich der ***Abgrenzung*** von ***Gebäuden und Betriebsvorrichtungen*** verweist H 7.1 „Betriebsvorrichtungen“ EStH auf die Ländererlasse vom 31.3.1992, BStBl. I, S. 342. Im konkreten Falle lässt sich oft schon anhand obiger Definition eine Zuordnung treffen. Z. B. bietet die Überdachung der Zapfsäulen einer Tankstelle keinen tatsächlichen Schutz gegen widrige Witterungseinflüsse wie Wind und Regen, sodass es sich hierbei um kein Gebäude oder Gebäudeteil, sondern um eine Betriebsvorrichtung handelt. In anderen Abgrenzungsfällen muss geprüft werden, ob der fragliche Gegenstand in einem einheitlichen Nutzungs- und Funktionszusammenhang mit dem Gebäude (Aufenthalt, Schutz, Wohnung) steht oder mit dem Betrieb. Bei einem Personenaufzug ist ersteres gegeben, da er der eigentlichen Gebäudenutzung dient (H 4.2 Abs. 5 „Unselbständige Gebäudeteile“ EStH). Er ist ein *unselbständiger Gebäudeteil*, also Bestandteil der Bewertungseinheit „Gebäude“. Ein Lastenaufzug ist jedoch nicht zur eigentlichen Gebäudenutzung, sondern zur Ermöglichung von Lagerung und Produktion in verschiedenen Etagen erforderlich, steht also in einem Funktionszusammenhang mit dem Betrieb. Er ist ein selbständiges bewegliches Wirtschaftsgut, eine Betriebsvorrichtung.

Die Klassifizierung als Gebäudeteil oder als Betriebsvorrichtung ist deshalb wichtig und in der Praxis häufig ein Streitobjekt zwischen Unternehmen und Finanzamt, weil Betriebsvorrichtungen als bewegliche Anlagegüter nach § 7 Abs. 1 oder 2 EStG über eine betriebsgewöhnliche Nutzungsdauer von 5–12 Jahren abgeschrieben werden können, während die Nutzungsdauer von Betriebsgebäuden gem. § 7 Abs. 4 EStG i. d. R. 33 1/3 Jahre beträgt.

(6) Selbständige Gebäudeteile

Betriebsvorrichtungen stehen nicht in einem einheitlichen Nutzungs- und Funktionszusammenhang mit einem Gebäude und sind deshalb selbständige Wirtschaftsgüter (R 7.1 Abs. 3 EStR). Sie wurden bereits im vorigen Abschnitt behandelt.

Ladeneinbauten, Gaststättentheken, Schaufensteranlagen Schalterhallen von Kreditinstituten etc. sind ebenfalls keine unselbständigen Gebäudeteile, da sie nicht dem eigentlichen Gebäudezweck, sondern primär dem Gewerbe dienen.[1] Sie stellen selbständige Gebäudeteile dar, sind *unbewegliche* Wirtschaftsgüter (R 7.1 Abs. 6 EStR) und nach § 7 Abs. 5a i. V. m. § 7 Abs. 4 oder 5 EStG über ihre tatsächliche Nutzungsdauer (5–10 Jahre; § 7 Abs. 4 Satz 2 EStG) abzuschreiben. Sie werden meist als „Betriebs- und Geschäftsausstattung“ ausgewiesen.

Scheinbestandteile sind Gegenstände, die meist vom Mieter oder Pächter nur zu einem vorübergehenden Zweck in das Gebäude eingefügt sind (§ 95 Abs. 2 BGB), wie z. B. Raumteiler, nach ihrem Entfernen aus dem Gebäude noch weiterverwendet werden können und somit einen Wert haben, der wesentlich über dem Schrottwert liegt. Sie sind selbständige bewegliche Wirtschaftsgüter, die unter der Position „Betriebs- und Geschäftsausstattung“ ausgewiesen werden und nach § 7 Abs. 1 oder 2 EStG über ihre betriebsgewöhnliche Nutzungsdauer abzuschreiben sind (R 7.1 Abs. 4 EStR; H 7.1 „Scheinbestandteile“ EStH).

[1] R 7.1 Abs. 6 EStR; R 4.2 Abs. 3 Satz 3 Nr. 3 EStR; H 7.1 „Gebäudeteile“ EStH.

Mietereinbauten und -umbauten, also Einbauten und Umbauten in dem gemieteten Gebäude, die auf Rechnung des Mieters durchgeführt werden, sind grundsätzlich auch einer der vorgenannten erläuterten Kategorien zuzuordnen (R 7.1 Abs. 6 EStR). Das BMF-Schreiben vom 15.1.1976 (BStBl. 1976 I, S. 66) regelt Einzelheiten hierzu, die in der folgenden Tabelle zusammengefasst sind. Werden dagegen die Aufwendungen des Mieters für die Ein- oder Umbauten mit der geschuldeten Miete verrechnet, so stellen diese Mietvorauszahlungen dar. Somit ist beim Mieter ein aktiver Rechnungsabgrenzungsposten in Höhe seiner getätigten Aufwendungen zu bilden, der schrittweise mietaufwandswirksam aufzulösen ist.

Mietereinbauten und -umbauten	
I. Erhaltungsaufwand	Es handelt sich um Aufwendungen, die das Gebäude nicht in seinem Wesen verändern und auch nicht über den bisherigen Zustand erheblich verbessern (§ 255 Abs. 2 HGB). *Beispiele:* Schönheitsreparaturen, Reparatur einer defekten Heizung, Ersetzen eines defekten Fahrstuhls (R 21.1 Abs. 1 EStR).
II. Herstellungsaufwand (§ 255 Abs. 2 HGB; R 21.1 Abs. 2 EStR)	***1) Scheinbestandteile:*** Selbständige bewegliche abnutzbare Wirtschaftsgüter (s. o.). Die Einfügung von Sachen durch den Mieter erfolgt zu vorübergehendem Zweck, sodass sie nicht zu einem wesentlichen Bestandteil des Gebäudes werden. Die Nutzungsdauer muss länger als die Vertragsdauer, der Wiederverwendungswert bei Ausbau der Sachen beachtlich und eine spätere Entfernung zu erwarten sein. Dann ist der Mieter rechtlicher und wirtschaftlicher Eigentümer und hat zu aktivieren. Nutzungsdauer = voraussichtliche Mietdauer oder kürzere betriebsgewöhnliche Nutzungsdauer. *Beispiel:* Rolltreppe.
	2) Betriebsvorrichtungen: selbständige bewegliche abnutzbare Wirtschaftsgüter des Anlagevermögens; Abschreibung gem. § 7 Abs. 1 u. 2 EStG; Abschreibung über die betriebsgewöhnl. Nutzungsdauer des Gegenstands. Der Mieter muss aktivieren, wenn er wirtschaftlicher Eigentümer ist, d. h. wenn die Nutzungsdauer kürzer als die-Vertragsdauer ist oder falls die spätere Abtrennung vom Gebäude beabsichtigt ist; anderenfalls handelt es sich um sonstige Mietereinbauten 3b).
	3a) Sonstige Mietereinbauten: materielle Wirtschaftsgüter des Anlagevermögens im wirtschaftlichen Eigentum des Mieters (die weder Scheinbestandteile noch Betriebsvorrichtungen sind). Wirtschaftliches Eigentum setzt die Befugnis zur ausschließlichen Nutzung und einen Anspruch auf Wertersatz bei vorzeitiger Beendigung der Nutzung voraus (BFH 20.11.2003, BStBl. 2004 II, S. 205). Der Mieter ist somit wirtschaftlicher Eigentümer, falls die Nutzungsdauer kürzer als die Mietvertragsdauer ist oder falls der Mieter vom Vermieter bei Beendigung des Mietvertrags die Erstattung des verbliebenen Zeitwerts des Einbaus oder Umbaus verlangen kann. In diesen Fällen umfasst der bei Beendigung des Mietvertrags entstehende Herausgabeanspruch des Eigentümers zwar auch die durch den Einbau oder Umbau geschaffene Substanz, dieser Anspruch hat jedoch keine wirtschaftliche Bedeutung. *Beispiele:* Einbau von Toiletten, Waschanlagen.
	3b) Sonstige Mietereinbauten, die unmittelbar den betrieblichen Zwecken des Mieters dienen und nicht mit dem Gebäude in einheitlichem Nutzungs- oder Funktionszusammenhang stehen: Unbewegliche abnutzbare materielle Wirtschaftsgüter des Anlagevermögens; AfA gemäß § 7 Abs. 5a i. V. m. Abs. 4 EStG. Obwohl der Mieter weder rechtlicher noch wirtschaftlicher Eigentümer ist, wird ihm das Wirtschaftsgut zugerechnet und er hat es als „Bauten auf fremden Grundstücken" zu aktivieren, da er den Nutzungsvorteil hat. *Beispiel:* Zwischenwände mit einer Nutzungsdauer > Mietvertragsdauer; es ist keine Entschädigung durch den Vermieter bei Beendigung des Mietvertrages vereinbart.
	4) Immaterielle Wirtschaftsgüter „Nutzungsvorteil" des Anlagevermögens: Der Mietereinbau steht in einem einheitlichen Nutzungs- und Funktionszusammenhang mit dem Gebäude. Da der immaterielle Nutzungsvorteil selbst geschaffen ist, darf der Mieter gemäß § 5 Abs. 2 EStG nicht aktivieren, sondern muss Aufwand buchen. *Beispiel:* Einbau einer vorher noch nicht vorhandenen Zentralheizung durch den Mieter.

(7) Sonstige selbständige Gebäudeteile

Ein Gebäude kann maximal aus vier verschiedenen Wirtschaftsgütern („Sonstige selbständige Gebäudeteile") bestehen, die unabhängig voneinander dem Betriebs- oder dem Privatvermögen zugeordnet werden (R 4.2 Abs. 4 EStR):

Art der Nutzung des Gebäudeteils		*Zuordnung zum:*
eigenbetrieblich genutzte Gebäudeteile	⇨	notwendigen Betriebsvermögen
zur eigenen Wohnzwecken genutzte Gebäudeteile	⇨	notwendigen Privatvermögen
fremdbetrieblich genutzte Gebäudeteile	⇨	gewillkürten Betriebsvermögen oder Privatvermögen
zu fremden Wohnzwecken genutzte Gebäudeteile	⇨	gewillkürten Betriebsvermögen oder Privatvermögen

Die Zuordnung zum gewillkürten Betriebsvermögen ist jedoch nur möglich, wenn „die Grundstücksteile in einem gewissen Zusammenhang mit dem Betrieb stehen und ihn zu fördern bestimmt und geeignet sind" (R 4.2 Abs. 9 EStR). An eigene Arbeitnehmer vermietete Wohnungen sind notwendiges Betriebsvermögen, sofern für die Vermietung betriebliche Gründe maßgebend waren (R 4.2 Abs. 4 Satz 2 EStR). Der Grund und Boden gehört zu denselben Anteilen zum Betriebs- und Privatvermögen wie die zugehörigen sonstigen selbständigen Gebäudeteile (R 4.2 Abs. 7 Satz 2 und Abs. 9 Satz 7 EStR).

Für die Zuordnung der sonstigen selbständigen Gebäudeteile zum Betriebs- und Privatvermögen lässt die Finanzverwaltung folgende ***Vereinfachungsregelung*** zu:

Ein Gebäude kann zu 100% als Privatvermögen behandelt werden, falls der eigenbetrieblich genutzte Teil von untergeordneter Bedeutung ist. Dies ist gegeben, wenn der Wert des eigenbetrieblich genutzten Gebäudeteils einschließlich des anteiligen Grund und Bodens höchstens 20% des gemeinen Werts (Verkehrswerts) des gesamten Grundstücks, höchstens aber 20.500 EUR (§ 8 EStDV; R 4.2 Abs. 8 EStR) beträgt. Dabei wird der prozentuale Wert i. d. R. entsprechend dem Anteil der Teilnutzfläche an der Gesamtnutzfläche ermittelt. Die Einhaltung dieser Grenzen ist für jeden Bilanzstichtag neu zu prüfen, ist eine davon überschritten, muss eine Einlage des eigenbetrieblich genutzten Teils in das Betriebsvermögen erfolgen. Die auf den eigenbetrieblich genutzten Teil entfallenden Gebäudeaufwendungen (z. B. direkt zuordenbare Fensterreparaturen; eine flächenanteilig zugerechnete Dachreparatur; anteilige Abschreibungen) sind trotz der Behandlung des Gebäudeteils als Privatvermögen Betriebsausgaben und mindern den betrieblichen Gewinn (R 4.7 Abs. 2 Satz 4 EStR). Die Einschränkung auf einen so geringen absoluten Wert des eigenbetrieblich genutzten Gebäudeteils, der wohl nur ein angebauter Lagerschuppen sein kann, liegt wohl darin begründet, dass Gewinne aus der Veräußerung privater Grundstücke im Gegensatz zu solchen des Betriebsvermögens steuerfrei sind, sofern ein Zeitraum von mehr als 10 Jahren zwischen Erwerb und Veräußerung liegt (§ 23 Abs. 1 Nr. 1 EStG), und dies hier auch für den eigenbetrieblich genutzten Teil gilt.

Aufgabe 33: Gebäude

c) Finanzanlagen

(1) Beteiligungen an Kapitalgesellschaften

Beteiligungen sind gemäß § 271 Abs. 1 HGB „Anteile an anderen Unternehmungen, die bestimmt sind, dem eigenen Geschäftsbetrieb durch Herstellung einer dauernden Verbindung zu jenen Unternehmen zu dienen". Voraussetzung ist also, dass mit dem Erwerb der Anteile eine langfristige Investition beabsichtigt ist und das Interesse über eine reine Kapitalanlage hinausgeht. Motiv für die Schaffung einer solchen dauerhaften Verbindung kann die Sicherung einer Bezugsquelle für Rohstoffe (z. B. in der Chemieindustrie) sein oder die Festigung der Beziehungen zu einer Einzelhandelskette als wichtigem Vertriebskanal. Auf die Höhe des Anteils kommt es dabei nicht an. Außerdem muss weder die Absicht noch die tatsächliche Realisierung der Absicht vorliegen, auf die Geschäftsführung gesellschaftsrechtlich Einfluss zu nehmen.

Ist es zweifelhaft, ob eine Beteiligung vorliegt oder Wertpapiere des Anlagevermögens, so wird das Vorliegen einer Beteiligung dann unterstellt, wenn es sich um Anteile an einer Kapitalgesellschaft handelt, die 20% des gezeichneten Kapitals übersteigen. Diese Beteiligungsvermutung ist also bei entsprechender Begründung widerlegbar.

Beteiligungen an Kapitalgesellschaften erfüllen die Voraussetzungen von Wirtschaftsgütern und Vermögensgegenständen. Weder steuerrechtlich noch handelsrechtlich ergeben sich Besonderheiten. Teilwert und Tageswert der Beteiligung an einer Kapitalgesellschaft ist der Ertragswert, der sich durch Diskontierung der nachhaltigen Dividenden oder Gewinne ergibt.[1]

(2) Beteiligungen an Personengesellschaften

Anteile an Personen(handels)gesellschaften gelten im Sinne des § 271 Abs. 1 HGB stets als Beteiligungen, da hier aufgrund der mangelnden Fungibilität (=Handelbarkeit) der Anteile und der besonderen Stellung eines Gesellschafters einer Personenhandelsgesellschaft i. d. R. eine dauernde Verbindung zum Wohle des eigenen Geschäftsbetriebs beabsichtigt sein wird.

Die Beteiligung an einer Personenhandelsgesellschaft ist ein selbständiger Vermögensgegenstand, sodass die handelsrechtliche Bewertungskonzeption für das Anlagevermögen Geltung hat. Besonderheiten hinsichtlich dieses Postens in der *Handelsbilanz* gibt es nicht, es gibt auch keine grundsätzlichen Unterschiede zur Beteiligung an einer Kapitalgesellschaft. Ausgangspunkt sind die Anschaffungskosten, die im Kaufpreis bzw. einer Einlage und den Nebenkosten bestehen. Bei Minderungen des Ertragswertes unter die Anschaffungskosten ist § 253 Abs. 3 HGB, bei Wegfall der Minderungsgründe § 253 Abs. 5 HGB zu beachten. Verluste der Personengesellschaft sind also nur dann zu berücksichtigen, wenn der Wert der Beteiligung unter den Buchwert gesunken ist.

Steuerbilanz: Für Personengesellschaften (Mitunternehmerschaften) ist steuerlich vom Betriebsstättenfinanzamt eine einheitliche und gesonderte Gewinnfeststellung gemäß §§ 179, 180 AO durchzuführen. Der Grund für diese besondere Feststellung des Gewinnes liegt darin, dass die Personengesellschaft kein selbständiges Steuersubjekt ist und deren Gewinn daher anteilig Besteuerungsgrundlage für die Einkommensteuer der verschiedenen Gesell-

[1] Vgl. die Ausführungen im Ersten Teil Kapitel B.I.3.c) und d).

schafter ist. Der Gewinnfeststellungsbescheid enthält daher auch die Anteile der verschiedenen Gesellschafter (Mitunternehmer). Bei der Gewinnfeststellung werden alle Gesellschafter einheitlich behandelt, d. h. insbesondere, dass Sonder- und Ergänzungsbilanzen der Gesellschafter und die Gesellschaftsbilanz nach einheitlichen Regeln, z. B. Abschreibungsmethoden, aufgestellt sind.

Da der Gewinnfeststellungsbescheid des Betriebsstättenfinanzamts Grundlage für die Besteuerung des Gewinnanteils des Gesellschafters beim Wohnsitzfinanzamt ist, können Veränderungen des Beteiligungsbuchwerts beim bilanzierenden Gesellschafter keine Steuerwirkungen entfalten. Der Posten „Beteiligungen an Personengesellschaften" hat demnach keine eigenständige Bedeutung, sondern muss wertmäßig mit dem Kapitalkonto des Gesellschafters bei der Personengesellschaft übereinstimmen. Er ist also lediglich Spiegelbild des Kapitalkontos, und kein selbständiges Wirtschaftsgut. Nach dieser ***„Spiegelbildmethode"*** korrespondiert das Beteiligungskonto des Gesellschafters mit seinem Kapitalkonto bei der Personengesellschaft. Mit Ablauf des Geschäftsjahrs der Personengesellschaft wird dem Gesellschafter sein Gewinnanteil unabhängig von einer eventuellen Entnahme sofort gutgeschrieben.

Der Posten „Beteiligungen an Personengesellschaften" wird in der Steuerbilanz des Gesellschafters folgendermaßen behandelt:

- Ansatz mit Anschaffungskosten (bzw. Einlage)
- Erhöhung um Gewinnanteile aus der einheitlichen und gesonderten Gewinnfeststellung, unabhängig davon, ob und wann sie entnommen werden
- Entnahmen werden abgesetzt, Einlagen erhöhen den Beteiligungsbuchwert
- Verminderung um entsprechende Verlustanteile (unter Beachtung des § 15a EStG)
- Teilwertabschreibungen auf den Beteiligungsbuchwert sind nicht zulässig, da es sich nicht um ein Wirtschaftsgut handelt
- Es besteht keine Maßgeblichkeit des Beteiligungsbuchwerts in der Handelsbilanz.

Beispielaufgabe:

Beteiligung des Gesellschafters A an der ABC-OHG:
Einlage = 100.000 EUR
Gewinnanteil in 01 = 50.000 EUR
Spätere Auszahlung (Entnahme) in 01 = 20.000 EUR
Verlustanteil in 02 = 40.000 EUR.
Wie ist in 01 und 02 beim Gesellschafter A und bei der ABC-OHG zu buchen? Wie entwickeln sich Beteiligungskonto und Kapitalkonto des Gesellschafters A?

Lösung:

Buchungen beim Gesellschafter A:

im Jahr 01:

(1) BS:	Beteiligungen an Personengesellschaften	50.000 EUR	
	an Beteiligungserträge		50.000 EUR
(2) BS:	Bank	20.000 EUR	
	an Beteiligungen an Personengesellschaften		20.000 EUR

Beteiligungsbuchwert 31.12.01 = 100.000 EUR + 50.000 EUR – 20.000 EUR = 130.000 EUR.

im Jahr 02:

(3) BS:	Verluste aus Beteiligung	40.000 EUR	
	an Beteiligung an Personengesellschaften		40.000 EUR.

Beteiligungsbuchwert per 31.12.02 = 130.000 EUR – 40.000 EUR = 90.000 EUR.

Buchungen bei der ABC-OHG:

<u>*im Jahr 01:*</u>

(1) BS:	GuV-Konto oder Gewinnverteilungskonto	50.000 EUR	
	an Kapitalkonto des A		50.000 EUR.
(2) BS:	Private Entnahme des A	20.000 EUR	
	an Bank		20.000 EUR.

Kapitalkonto des A per 31.12.01 = 100.000 EUR + 50.000 EUR – 20.000 EUR = 130.000 EUR.

<u>*im Jahr 02:*</u>

(3) BS:	Kapitalkonto des A	40.000 EUR	
	an GuV-Konto oder Verlustverteilungskonto		40.000 EUR.

Kapitalkonto des A per 31.12.02 = 130.000 EUR – 40.000 EUR = 90.000 EUR.

Laut BFH-Urteil von 1981 ist der Gewinnanteil dem Gesellschafter außerhalb der Steuerbilanz des Gesellschafters zuzurechnen. Diese Forderung des BFH kann auf zwei Weisen erfüllt werden. Zum einen können in der Steuerbilanz alle Veränderungen des Beteiligungsbuchwerts erfolgsneutral (gegen Gewinnrücklagen bzw. Kapitalkonto beim Gesellschafter) verbucht werden, und außerhalb der Steuerbilanz wird die steuerlich wirksame Gewinnänderung aus der einheitlichen und gesonderten Gewinnfeststellung berücksichtigt. Zum anderen können die handelsrechtlichen Buchungen in die Steuerbilanz übernommen werden, und außerhalb der Steuerbilanz erfolgt dann eine Berücksichtigung der steuerlich zwingend gebotenen Abweichungen.

(3) Niedrig verzinsliche Ausleihungen

Ausleihungen sind mit Daueranlageabsicht gewährte Darlehen an andere Unternehmen oder an Arbeitnehmer.

Unverzinsliche oder niedrig verzinsliche Ausleihungen kommen in der Praxis häufig in der Form von Darlehen des Arbeitgebers an Arbeitnehmer („Arbeitnehmer-Darlehen") zur Unterstützung bei der privaten Baufinanzierung oder bei Ausleihungen zwischen Mutter-, Tochter- und Schwestergesellschaften vor. Im ersteren Falle ergeben sich lohnsteuerliche Fragen, im zweiten Falle körperschaftsteuerliche Probleme (verdeckte Gewinnausschüttungen, verdeckte Einlagen), hinsichtlich derer auf die einschlägige steuerlichen Fachliteratur verwiesen werden muss.

Steuerrechtlich wird der Nennbetrag einer Darlehensforderung als deren Anschaffungskosten angesehen. Bei Unverzinslichkeit oder Unterverzinslichkeit entspricht der Teilwert der Darlehensforderung ihrem Barwert, sofern nicht abgrenzbare andersartige Gegenleistungen des Schuldners (z. B. Bierlieferungsrechte; Bindung von Mitarbeitern an den Betrieb, s. u.) den Zinsnachteil ausgleichen[1]. Maßgebender Vergleichszins ist der steuerlich übliche Zinssatz von 5,5% (BMF-Schreiben vom 28.3.1980, DB 1980, S. 663). Der Teilwert steigt jedoch während der Darlehenslaufzeit sukzessiv bis zum Nennwert bei Fälligkeit an. Je nachdem, ob man dies als dauerhafte oder vorübergehende Wertminderung interpretiert, ergibt sich ein Wahlrecht oder Verbot der Teilwertabschreibung. Nach den Grundsätzen des BMF-Schreibens vom 25.2.2000 (BStBl. 2000 I, S. 372) müsste es als eine vorübergehende Wertminderung angesehen werden, sodass gemäß § 6 Abs. 1 Nr.2 Satz 2 EStG unabhängig von der handelsrechtlichen Regelung (§ 5 Abs. 6 EStG) ein Abschreibungsverbot gilt.

---

[1] Vgl. BFH 30.11.1988, BStBl. 1990 II, S. 117, S. 639; BFH, BStBl. 1981 II, S. 160; BFH 26.2.1975, BStBl. 1976 II, S.13.

Arbeitnehmer-Darlehen dürfen seit dem Urteil des BFH vom 30.11.1988 (BStBl. 1990 II S. 117) in der Steuerbilanz nicht abgezinst werden. In diesem Urteil stellte der BFH fest, dass der Teilwert von unverzinslichen langfristigen Forderungen nicht unter dem Nominalwert liegt, da zwar keine konkrete Gegenleistung der Darlehensempfänger gegeben sei, wohl aber eine Auswirkung auf das Betriebsklima und die soziale Zufriedenheit der Darlehensnehmer und damit auf deren Arbeitsleistung und Arbeitseinsatz. Diese Rechtsprechung hat eine Bewertungsdifferenz zwischen Handels- und Steuerbilanz zur Folge, da die handelsrechtliche h.M. diese Wirkungen zwar als angestrebt, nicht aber als rechtswirksam gesichert und daher nicht als Zins ersetzenden Vorteil ansieht.[1]

Enthält dagegen die Forderung (versteckt) einen Zinsbetrag, z. B. aufgrund einer Lieferung in das Ausland, bei der der Kaufpreis längerfristig gestundet wird, so geht es nicht um die Vornahme einer Teilwertabschreibung. In diesem Falle wird die Forderung zum Nennwert angesetzt, der Barwert der Forderung entspricht dann dem eigentlichen Umsatzerlös. Die Differenz zwischen dem Nennwert und dem Barwert der Forderung ist mit Hilfe eines passiven RAP über die Laufzeit zu verteilen (sog. Bruttomethode).[2] Alternativ ist auch die so gen. Nettomethode anwendbar, bei der die Forderung mit dem Barwert angesetzt wird und schrittweise eine Aufzinsung erfolgt.

In der *Handelsbilanz* sind zinslose langfristige Darlehen mit dem Marktzins (= landesüblicher Zinssatz für Papiere mit der gleichen Laufzeit) und niedrig verzinsliche mit der Differenz zwischen dem vereinbarten Zinssatz und dem Marktzins abzuzinsen, um eine Vergleichbarkeit zu den zum Marktniveau verzinslichen Ausleihungen herzustellen. Der Zinsnachteil mindert also, sofern er nicht durch andere Gegenleistungen des Schuldners[3] ausgeglichen wird, den Wert der Forderung. Der Barwert ist demnach als beizulegender Wert der Forderung anzusehen und die Abzinsung als „Abschreibungen auf Finanzanlagen" nach § 253 Abs. 3 HGB. Vertritt man die Auffassung, dass der Zinsverlust den Wert der Forderung dauerhaft mindert, auch wenn der Wert wieder stetig ansteigt und am Tag der Fälligkeit dem Nominalwert entspricht, besteht eine Abschreibungspflicht. Die späteren, auf die Gesamtlaufzeit des Darlehens verteilten Aufzinsungen sind entsprechend als Zuschreibungserträge auszuweisen (§ 253 Abs. 5 HGB)[4].

Bei lang- und mittelfristigen Forderungen aus Lieferungen und Leistungen ist davon auszugehen, dass im Forderungsbetrag ein Zinsanteil enthalten ist. Diese Forderung aus einem Kreditgeschäft ist zu Beginn der Laufzeit noch nicht realisiert, so dass deren Aktivierung gegen das Realisationsprinzip verstoßen würde. Der Barwert der Kaufpreisforderung ist dann als deren Anschaffungskosten anzusehen und muss angesetzt werden. Die abgezinsten Forderungen werden schrittweise wieder aufgezinst („Zinserträge"), bis sie am Ende der Laufzeit den Nennwert (einschließlich der Zinsforderung aus dem Kreditgeschäft) erreicht haben.

Aufgabe 34: Unverzinsliche Forderungen

[1] Vgl. z. B. Hoyos/Gutike, in: Beck Bil.-Komm. § 253 Tz. 410.
[2] Vgl. BFH, BStBl. 1987 II, S. 556.
[3] Z. B. eine Bierabnahmeverpflichtung von der Kredit gebenden Brauerei.
[4] Vgl. Knobbe-Keuk, B.: Bilanz- und Unternehmenssteuerrecht, 9. Aufl., 1993, S. 227 f. M.E. lässt sich der Sachverhalt auch als vorübergehende Wertminderung mit der Konsequenz eines Wahlrechts zu Abschreibung interpretieren. Ebenso offenbar Karrenbauer/Döring/Buchholz, in: Küting/Weber § 253 Tz. 42, 47 u.49.

2. Abschreibungen

a) Absetzungen für Abnutzung und Substanzverringerung

(1) Grundlagen

Mit Hilfe der Absetzungen für Abnutzung (AfA) soll der normale Werteverzehr abnutzbarer Wirtschaftsgüter in einem Geschäftsjahr erfasst werden. Die Aufgabe der AfA ist in der Anpassung der abnutzbaren Vermögenswerte in der Bilanz zu sehen. Außerdem ist die Vornahme von AfA durch den Grundsatz der sachlichen Abgrenzung geboten, d. h. die Anschaffungsausgaben für das Wirtschaftsgut, z. B. eine Maschine, sind in den Perioden als Abschreibungsaufwand erfolgswirksam zu berücksichtigen, in denen die mit Hilfe dieser Maschine produzierten Erzeugnisse zu Umsatzerlösen führen. Kodifiziert ist die Pflicht zur Vornahme von AfA in § 6 Abs. 1 Nr. 1 EStG und § 253 Abs. 3 HGB. Absetzungen für Substanzverringerung (AfS) sind vorzunehmen, wenn aus einem Grundstück ein Abbau von Bodenschätzen erfolgt. Sie berechnen sich nach dem Verhältnis der im Wirtschaftsjahr geförderten Menge des Bodenschatzes zur gesamten geschätzten Abbaumenge (R 7.5 EStR).

Ursachen und Anwendungsfälle	***Steuerrecht***
normaler technischer Verschleiß, Ruheverschleiß, Fristablauf, Substanzverringerung	Absetzung für Abnutzung (AfA) (§ 7 Abs. 1 u. 2 EStG); Absetzung für Substanzverringerung (AfS) (§ 7 Abs. 6 EStG)
Katastrophenverschleiß, erhöhte Inanspruchnahme, technischer Fortschritt	Absetzung für außergewöhnliche Abnutzung (AfaA) (§ 7 Abs. 1 EStG)
Fehlmaßnahme (Fehleinschätzung der wirtschaftlichen Entwicklung), Nachfrageverschiebungen, Fallen der Wiederbeschaffungspreise	Teilwertabschreibung (§ 6 Abs. 1 Nr. 1 und 2 EStG)
wirtschaftspolitische Gründe	Sonderabschreibungen (z. B. § 7g EStG für kleine und mittlere Betriebe) und erhöhte Absetzungen für Abnutzung (z. B. 7h EStG Gebäude in Sanierungsgebieten)

Zu Beginn der Nutzungsdauer eines abnutzbaren Anlagegegenstands ist ein Abschreibungsplan zu erstellen, in dem die Verteilung der Anschaffungs- oder Herstellungskosten auf die Jahre der voraussichtlichen Nutzungsdauer festgelegt wird.

Der ***Abschreibungsplan*** für ein Wirtschaftsgut enthält:
- Anschaffungs- oder Herstellungskosten
- gewählte Abschreibungsmethode.
- Beginn der planmäßigen Abschreibung
- betriebsgewöhnliche Nutzungsdauer
- geschätzter Liquidationserlös/Restbuchwert am Ende der Nutzungsdauer

Handelsrechtlich ist die Wahl der ***Abschreibungsmethode*** frei, muss aber den Grundsätzen ordnungsmäßiger Buchführung und Bilanzierung entsprechen. Im *Steuerrecht* ist die Auswahl der AfA-Methoden eingeschränkt.

Die ***Nutzungsdauer*** ist *handelsrechtlich* den Grundsätzen ordnungsmäßiger Buchführung und Bilanzierung entsprechend, also insbesondere willkürfrei und vorsichtig, zu schätzen. Die steuerrechtlichen Nutzungsdauern müssen in der Handelsbilanz übernommen werden, sofern eine „Einheitsbilanz" (= Identität von Handels- und Steuerbilanz) erstellt werden soll. Im *Steuerrecht* verfügt die Finanzverwaltung über „AfA-Tabellen", die die sog. ***betriebsgewöhnliche Nutzungsdauer*** für eine Vielzahl von Wirtschaftsgütern umfasst. Die Tabellen enthalten branchenunabhängige und auch branchenbezogene Erfahrungswerte der Finanzverwaltung, insbesondere der Außenprüfer. Die betriebsgewöhnlichen Nutzungsdauern sind oft länger als die für die Handelsbilanz geschätzten Nutzungsdauern. Die Finanzverwaltung ist nicht strikt an die AfA-Tabellen gebunden, maßgeblich ist eine pflichtgemäße Schätzung. Ein Abweichen der Finanzverwaltung von ihren AfA-Tabellen hin zu kürzeren, eher dem Vorsichtsprinzip entsprechenden Nutzungsdauern ist mithin zwar möglich, aber nur wenn überzeugende betriebsindividuelle Gründe dafür vorgebracht werden.

Bei Gebäuden sind steuerrechtlich ganz bestimmte Nutzungsdauern, nämlich je nach den gegebenen Voraussetzungen 33 1/3, 40 oder 50 Jahre, vorgeschrieben. Nur § 7 Abs. 4 Satz 2 EStG eröffnet die Möglichkeit einer im Einzelfall kürzeren Nutzungsdauer bei linearer Abschreibung (R 7.4 Abs. 3 EStR). Die Schätzung eines Liquidationswertes (Veräußerungswertes, Schrotterlöses) des Gegenstands am Ende seiner voraussichtlichen Nutzungsdauer ist naturgemäß sehr unsicher. Daher wird ein solcher nur bei relativ hohem geschätztem Wert berücksichtigt, z. B. der Schrottwert bei Schiffen (H 7.3 „Anschaffungskosten" EStH). Dieser Liquidationserlös wird als Restbuchwert in den Abschreibungsplan aufgenommen und nur die Wertdifferenz zu den Anschaffungs-/Herstellungskosten wird abgeschrieben.

Beginn der planmäßigen Abschreibung: Der Beginn der AfA ist in R 7.4 Abs. 1 EStR als Zeitpunkt der Anschaffung oder Herstellung festgelegt. Der Zeitpunkt der Ingebrauchnahme spielt deshalb keine Rolle, weil eine Abnutzung auch schon vorher eintreten kann. Der Abschreibungsbeginn wird in der Richtlinie noch weiter konkretisiert. Danach ist bei Anschaffung der Zeitpunkt der Lieferung und bei Herstellung des Wirtschaftsguts der Zeitpunkt der Fertigstellung relevant (vgl. auch § 9a EStDV).

Der Umfang der Abschreibung im Zugangsjahr wird vom Grundsatz der Abgrenzung der Zeit und der Sache nach bestimmt. Bei der Leistungsabschreibung wird entsprechend der im ersten Nutzungsjahr erstellten Leistungen (Stück, Meter, km etc.) abgeschrieben, in allen anderen Fällen wird im Grundsatz eine rein zeitliche Abgrenzung vorgenommen, also zeitanteilig für den Zeitraum zwischen Anschaffung oder Herstellung und dem Bilanzstichtag abgeschrieben (§ 7 Abs. 1 Satz 4 und Abs. 2 Satz 3 EStG). Diese ***zeitanteilige oder „pro rata temporis"- Absetzung für Abnutzung*** wird nach angefangenen Monaten berechnet und ist seit 1.1.2004 generell anzuwenden.

Die einzige Ausnahme von der Verpflichtung zur zeitanteiligen AfA im Zugangsjahr sind bzw. waren Gebäude, die gemäß § 7 Abs. 5 EStG abgeschrieben werden. Falls diese erhöhte staffeldegressive Absetzung gemäß § 7 Abs. 5 EStG angewandt wird, ist im ersten Jahr der volle Jahresbetrag zwingend abzuschreiben (Gesetzeswortlaut und H 7.4 „Teil des auf ein Jahr entfallenden AfA-Betrags" EStH).

Das ***Ende der planmäßigen Abschreibung*** wird bestimmt durch das Ausscheiden des Vermögensgegenstands aus dem Betriebsvermögen bei Ablauf der Nutzungsdauer, bei Veräußerung oder bei Entnahme. Hier gilt, dass im Falle des Ausscheidens (vor Ablauf der Nutzungsdauer) die letzte Abschreibung immer zeitanteilig vorzunehmen ist (R 7.4 Abs. 8 EStR).

Eine Ausnahme vom Grundsatz der Beibehaltung einer einmal gewählten Bewertungs-, also Abschreibungsmethode („Stetigkeit" gemäß § 252 Abs. 1 Nr. 6 HGB) ist nur zulässig, wenn dies mit einem Wechsel in den wirtschaftlichen Gegebenheiten begründbar ist.

(2) Lineare Absetzung für Abnutzung

Die steuerrechtliche Standard-Abschreibungsmethode ist die Absetzung für Abnutzung in gleichen Jahresbeträgen, die bei allen abnutzbaren Wirtschaftsgütern anwendbar ist (§ 7 Abs. 1 S. 1 u. 2 EStG). Die lineare AfA-Methode ist dadurch charakterisiert, dass die Anschaffungs- oder Herstellungskosten (AK/HK) gleichmäßig auf die Jahre der voraussichtlichen Nutzungsdauer (ND) verteilt werden. Der jährliche Abschreibungsbetrag A_t ergibt sich also als

$$A_t = AK/HK : ND.$$

Der jährliche Abschreibungssatz (p) in Prozent von den Anschaffungs-/ Herstellungskosten (ggf. nach Abzug eines Restwerts) ist ebenfalls konstant:

$$p = A_t * 100 : AK/HK.$$

Die lineare Abschreibung belastet die einzelnen Perioden der Nutzungsdauer in gleicher Höhe und zeichnet sich durch besonders einfache Handhabung aus.

Beispielaufgabe:

AK = 5.000 EUR, Nutzungsdauer (ND) = 5 Jahre, Restwert am Ende der Nutzungsdauer (R_n) = 0. Wie hoch sind jährlicher Abschreibungsbetrag und jährlicher Abschreibungssatz? Wie entwickeln sich Abschreibungsbetrag und Restbuchwert im Laufe der Nutzungsdauer?

Lösung:

A_t = 5.000 EUR : 5 Jahre = 1.000 EUR

p = 1.000 EUR * 100 : 5.000 EUR = 20%.

Jahr	*Abschreibungsbetrag A_t (in EUR)*	*Restwert R_t (in EUR)*
01	1.000	4.000
02	1.000	3.000
03	1.000	2.000
04	1.000	1.000
05	1.000	-----

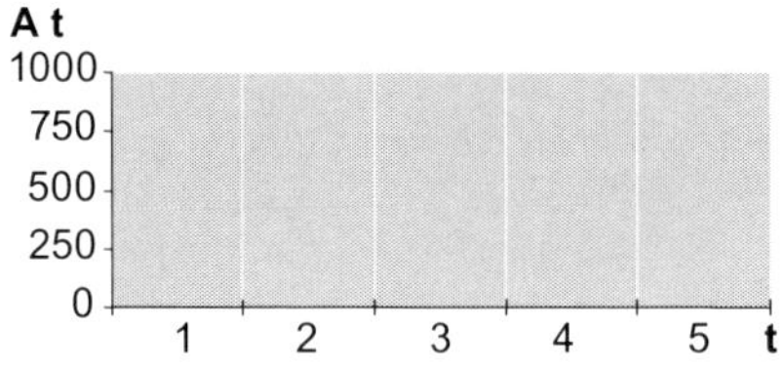

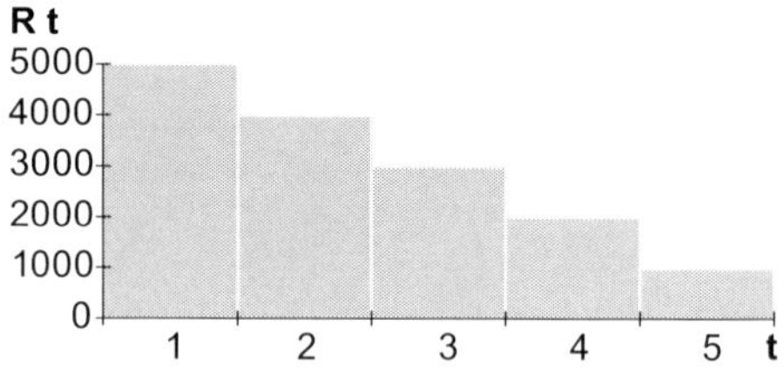

Beispielaufgabe:

AK = 5.000 EUR, ND = 5 Jahre, Restwert am Ende der Nutzungsdauer (R_n) = 500 EUR. Wie hoch sind jährlicher Abschreibungsbetrag und jährlicher Abschreibungssatz? Wie entwickeln sich Abschreibungsbetrag und Restbuchwert im Laufe der Nutzungsdauer?

Lösung:

A_t = 4.500 EUR : 5 Jahre = 900 EUR

p = 900 EUR * 100 : 5.000 EUR = 18%.

Jahr	*AfA-Betrag A_t (in EUR)*	*Restwert R_t (in EUR)*
01	900	4.100
02	900	3.200
03	900	2.300
04	900	1.400
05	900	500

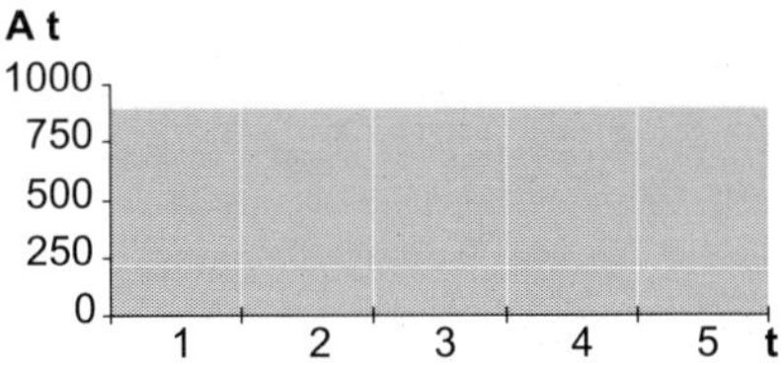

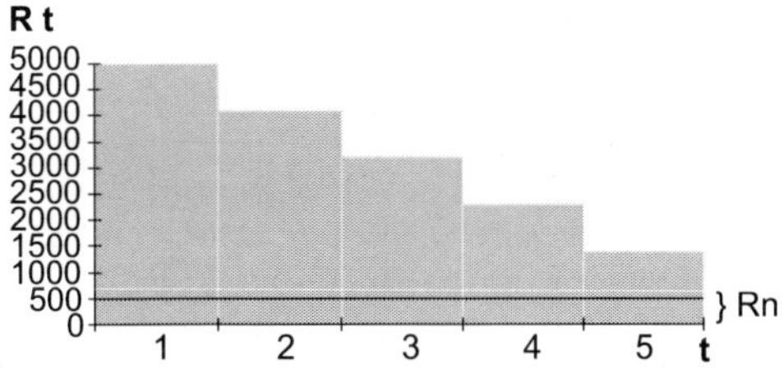

Wird im Betrieb in mehreren Schichten, ggf. „rund um die Uhr", gearbeitet, so ist die Abnutzung der Maschinen und Anlagen wesentlich höher als im Fall des Ein-Schicht-Betriebs. Dies kann durch erhöhte Abschreibungssätze berücksichtigt werden bzw. durch Schätzung einer entsprechend kürzeren Nutzungsdauer. Handelsrechtlich werden die linearen Sätze üblicherweise um 25–50% erhöht (ADS § 253 Tz. 413). Die amtlichen AfA-Tabellen der Finanzverwaltung, die auch handelsrechtlich eine Richtschnur bieten können, enthalten folgende Regelung für den ganzjährigen ***Mehrschichtbetrieb***:

- bei 2 Schichten: lineare AfA laut Tabelle + 25% (bzw. Nutzungsdauer – 20%)
- bei 3 Schichten: lineare AfA laut Tabelle + 50% (bzw. Nutzungsdauer – 33,33%).

Bei Gebäuden ist steuerrechtlich eine Erhöhung des AfA-Satzes ausgeschlossen. Es steht bei mehrschichtiger Nutzung nur die Möglichkeit der AfaA (vgl. Kapitel B.III.3.b) offen.

Nachteilig bei der linearen Abschreibung ist, dass

- Änderungen in der Ausbringungsmenge nicht berücksichtigt werden,
- die Gesamtaufwandsbelastung einer Periode aufgrund steigender Reparaturen nicht konstant ist,
- neben der Verschleißabnutzung keine anderen Wertminderungsursachen berücksichtigt werden, wie z. B. Wertminderung allein durch verlorene Neuwertigkeit.

Handels- sowie steuerrechtlich wird die lineare Methode sehr häufig angewandt, eine Einschränkung ihrer Anwendbarkeit gibt es nicht.

(3) Die Absetzung für Abnutzung nach Maßgabe der Leistung

Anstelle der linearen AfA ist die AfA nach Maßgabe der Leistung in der Steuerbilanz nur bei beweglichen Wirtschaftsgütern des Anlagevermögens anwendbar. In § 7 Abs. 1 Satz 6 EStG wird außerdem verlangt, dass der auf das einzelne Jahr entfallende Leistungsumfang nachgewiesen wird. Dies kann durch ein die Arbeitsvorgänge erfassendes Maschinenzählwerk oder durch den Kilometerzähler eines Kraftfahrzeugs erfolgen. Dass die Leistungsabschreibung auch bei Speditionsunternehmen (Frachtführern) selten vorgenommen wird, ist durch den höheren Ermittlungs- und Nachweisaufwand begründet.

Bei der AfA nach Maßgabe der Leistung wird eine Proportionalität der Wertminderung des Gegenstands zu dessen Inanspruchnahme unterstellt. Die Höhe der Absetzung richtet sich mithin nach der tatsächlichen Leistung. Über einen Abschreibungssatz pro Leistungseinheit erfolgt die Verteilung der Anschaffungs-/Herstellungskosten auf die Perioden der Nutzungsdauer. Die lineare Abschreibung ergibt sich als Spezialfall dieser Methode für eine unverändert bleibende Periodenleistung. Die Leistungsabschreibung bietet sich besonders bei stark schwankender Inanspruchnahme des Gegenstands an. Der Nachteil ist hier, dass bei Stilllegung oder Ruhepausen keine Abschreibung durchgeführt, somit also der Ruheverschleiß nicht berücksichtigt wird, und dass eine Minderung des Marktwertes allein aufgrund der Ingebrauchnahme nicht erfasst wird.

Beispielaufgabe:

Die geschätzte Kilometerleistung eines Lastkraftwagens beträgt 700.000 km, die Anschaffungskosten liegen bei 350.000 EUR. Als tatsächliche Fahrleistung in den einzelnen Jahren wurde gemessen: 1. Jahr: 100.000 km, 2. Jahr: 75.000, 3. Jahr: 90.000 km, 4. Jahr 80.000 km, 5. Jahr: 65.000 km, 6. Jahr: 120.000 km, 7. Jahr: 70.000 km, 8. Jahr: 100.000 km.

Lösung:

Abschreibungsbetrag pro km = 350.000 EUR : 700.000 km = 0,50 EUR pro km.

Jahr	***gefahrene km***	***Abschreibungsbetrag pro Jahr (A_t)***	***Restbuchwert am Jahresende***
01	100.000 km	50.000 EUR	300.000 EUR
02	75.000 km	37.500 EUR	262.500 EUR
03	90.000 km	45.000 EUR	217.500 EUR
04	80.000 km	40.000 EUR	177.500 EUR
05	65.000 km	32.500 EUR	145.000 EUR
06	120.000 km	60.000 EUR	85.000 EUR
07	70.000 km	35.000 EUR	50.000 EUR
08	100.000 km	50.000 EUR	0 EUR

(4) Die Absetzung für Abnutzung in fallenden Jahresbeträgen

Steuerrechtlich ist die geometrisch-degressive Absetzung für Abnutzung im Zuge der Unternehmenssteuerreform 2008 aus fiskalischen Gründen abgeschafft worden. Für Neuanschaffungen im Jahre 2009 und 2010 wurde sie wieder eingeführt, um den Unternehmen einen Investitionsanreiz zu gewähren und damit die Konjunktur zu stützen (§ 7 Abs. 2 EStG). Daher soll diese Methode hier dargestellt werden. Außerdem ist sie *handelsrechtlich* ohne jede Beschränkung anwendbar, sofern sie den Grundsätzen ordnungsmäßiger Buchführung entspricht.

Die geometrisch-degressive AfA, die auch Buchwertmethode genannt wird, ist dadurch charakterisiert, dass ein konstanter Prozentsatz auf den Restbuchwert eines jeden Jahres (R_t) angewandt wird, um den Jahresabschreibungsbetrag zu erhalten.

$$A_t = p * R_t$$

Dadurch ergeben sich zu Beginn der Nutzungsdauer relativ hohe Abschreibungsbeträge, die stetig entsprechend einer geometrischen Reihe abnehmen. Auf diese Weise kann z. B. berücksichtigt werden, dass der Marktwert eines Gegenstands deutlich sinkt, wenn dieser nicht mehr ungebraucht ist (vgl. PKW). Zusammen mit steigenden Reparaturaufwendungen im Laufe der Nutzungsdauer ergibt sich außerdem tendenziell eine konstante jährliche Aufwandsbelastung.

Der konstante Abschreibungssatz kann allerdings nur berechnet werden, wenn ein Liquidationserlös bzw. Restwert am Ende der Nutzungsdauer bekannt ist oder geschätzt werden kann.

$$p = 1 - (R_n : AK)^{1/n}$$

Beispielaufgabe:

AK = 5.000 EUR, ND = 5 Jahre, Restwert am Ende der Nutzungsdauer (R_n) = 500 EUR. Wie hoch sind jährlicher Abschreibungsbetrag und jährlicher Abschreibungssatz? Wie entwickeln sich Abschreibungsbetrag und Restbuchwert im Laufe der Nutzungsdauer?

Lösung:

$p = (1 - (500:5.000)^{0,2}) * 100 = 36,9\%$

$A_t = 0,369 * 5.000$ EUR = 1.845 EUR.

Jahr	*Abschreibungsbetrag A_t (in EUR)*	*Restwert R_t (in EUR)*
01	1.845	3.155
02	1.164	1.991
03	735	1.256
04	464	792
05	292	500

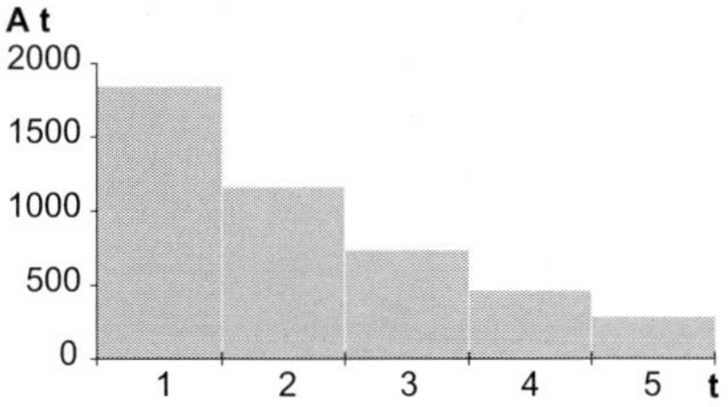

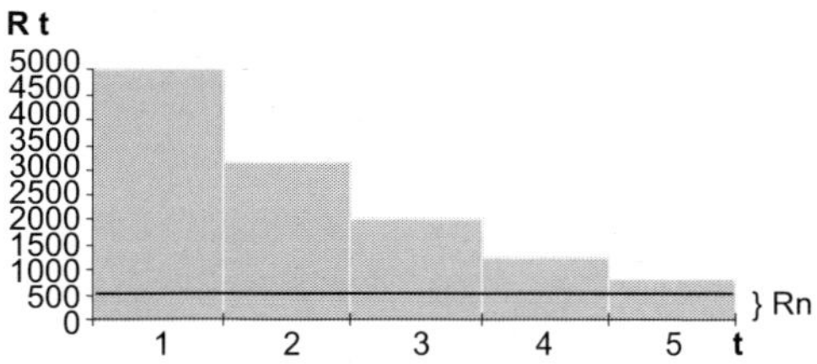

Bei einem geschätzten Restwert von Null ist allerdings kein Abschreibungssatz berechenbar. Ein weiterer Nachteil der geometrisch-degressiven Abschreibung ist, dass der Restwert des Gegenstands rechnerisch nie Null wird. Daher wird in der Praxis meist von Anfang an ein Übergang zur linearen Abschreibung vorgesehen. Der ***optimale Übergangszeitpunkt*** ist dann gegeben, wenn der Abschreibungsbetrag bei geometrisch-degressiver Abschreibung unter den bei linearer Abschreibung sinkt. Dabei ist zum Vergleich mit dem degressiven Abschreibungsbetrag der lineare Abschreibungsbetrag jährlich nach der Formel Restbuchwert : Restnutzungsdauer neu zu berechnen. Der günstigste Zeitpunkt (t_{opt}) lässt sich mit Hilfe zweier Formeln (alternativ) berechnen:

$t_{opt} = 1 + ND - 100/p$ oder: t_{opt} ist erreicht, sobald Rest-ND < 100/p

Beispielaufgabe:

AK = 5.000 EUR, ND = 5 Jahre, Restwert am Ende der Nutzungsdauer (R_n) = 0 EUR, (geschätzter) Abschreibungssatz p = 40%. Welches ist das günstigste Jahr, von der degressiven zur linearen Abschreibungsmethode zu wechseln?

Lösung:

$t_{opt} = 1 + 5 - 100/40 = 6 - 2{,}5 = 3{,}5$ (also im 4. Jahr) oder: t_{opt} ist erreicht, sobald Rest-ND < 2,5. Die letzten beiden Jahre werden somit linear abgeschrieben. Probe:

Jahr	Abschreibungsbetrag A_t bei geometrisch-degressiver Abschreibung	Abschreibungsbetrag A_t bei linearer Abschreibung (Rest-Buchwert : Rest-ND)	Restbuch-wert
01	0,4 * 5.000 EUR = 2.000 EUR	5.000 EUR : 5 Jahre = 1.000 EUR	3.000 EUR
02	0,4 * 3.000 EUR = 1.200 EUR	3.000 EUR : 4 Jahre = 750 EUR	1.800 EUR
03	0,4 * 1.800 EUR = 720 EUR	1.800 EUR : 3 Jahre = 600 EUR	1.080 EUR
04	0,4 * 1.080 EUR = 432 EUR	1.080 EUR : 2 Jahre = 540 EUR	540 EUR
05	0,4 * 540 EUR = 216 EUR	540 EUR : 1 Jahr = 540 EUR	---------

Steuerrechtlich ist allerdings der Anwendungsbereich der geometrisch-degressiven Absetzung für Abnutzung gemäß § 7 Abs. 2 EStG auf ***bewegliche*** Wirtschaftsgüter des Anlagevermögens beschränkt. Zudem ist der zulässige Abschreibungssatz zweifach nach oben begrenzt:

- maximal das Zweieinhalbfache des linearen Abschreibungssatzes *und*
- absolute Obergrenze: 25%

Somit ergäbe sich in der obigen Beispielaufgabe nach dem Bewertungsvorbehalt (§ 5 Abs. 6 EStG) eine Abweichung von Handels- und Steuerbilanz in den Abschreibungsbeträgen und den Restbuchwerten. In der Praxis scheut man oft den Berechnungsmehraufwand und orientiert sich auch in der Handelsbilanz beim Abschreibungssatz an den steuerlichen Obergrenzen. Dies ist zu rechtfertigen, wenn man bedenkt, dass der degressive Abschreibungssatz sowieso nur geschätzt ist, falls der Restwert gleich Null ist. Ist das Ziel in Handels- und Steuerbilanz ein möglichst niedriger Ausweis des Periodengewinns, um Gewinne und Ertragsteuerzahlungen in die Zukunft zu verschieben, so wird man in beiden Bilanzen mit dem steuerlichen Höchstsatz abschreiben. Dieser ist bis zu einer Nutzungsdauer von 10 Jahren 25% und ab einer Nutzungsdauer von 11 Jahren das Zweieinhalbfache des linearen Satzes. Im Übrigen ist bis zu einer Nutzungsdauer von 4 Jahren die lineare Abschreibung günstiger.

Bei einem gewählten Abschreibungssatz von z. B. 25% verbleibt nach Ablauf der betriebsgewöhnlichen Nutzungsdauer ein (ungewollter) Restwert. Diese muss im letzten Jahr der Nutzung in voller Höhe abgesetzt werden. Eine andere Lösung ist der Übergang von der geometrisch-degressiven zur linearen Abschreibung, die auch steuerlich zulässig ist. Der umgekehrte Übergang ist jedoch nicht erlaubt (§ 7 Abs. 3 EStG).

Das Verbot der geometrisch-degressiven Abschreibung ab 1.1.2008 könnte zu einer verstärkten Nutzung der Teilwertabschreibung führen. Bei vielen Wirtschaftsgütern (z. B. Fuhrpark) übersteigt die Wertminderung in der ersten Zeit nach der Inbetriebnahme die Höhe der linearen Abschreibung. Falls die Wertminderung dauerhaft ist, kommt es in Handels- und Steuerbilanz zu einer Teilwertabschreibung, die aber im Folgejahr durch das Wertaufholungsgebot gemäß § 6 Abs. 1 Nr. 1 S. 4 EStG wieder rückgängig gemacht werden muss, sofern die Wertminderung dann nur noch voraussichtlich vorübergehend ist.[1]

Aufgabe 35: Geometrisch-degressive AfA

[1] Vgl. Erster Teil Kapitel B.II.3.

Da die Fragen der ***Maßgeblichkeit*** und deren Durchbrechungen in der Praxis eine bedeutende Rolle spielen, soll auf den Zusammenhang zwischen Handels- und Steuerbilanz in einer Übersicht noch einmal zusammenfassend eingegangen werden.

Handelsbilanz	***Steuerbilanz***
lineare Abschreibungsmethode	zulässig gemäß § 7 Abs. 1 EStG und nach § 7 Abs. 4 EStG für Gebäude; Übernahme der HB-Werte, sofern die Nutzungsdauern in der HB den betriebsgewöhnlichen oder im EStG vorgeschriebenen Nutzungsdauern entsprechen;
*Leistungs*abschreibung	zulässig und daher Übernahme der HB-Werte, sofern wirtschaftlich vertretbar und entsprechende Aufzeichnungen als Leistungsnachweise vorhanden;
geometrisch-degressive Abschreibungsmethode	zulässig bei beweglichen Wirtschaftsgütern gemäß § 7 Abs. 2 EStG, sofern Zugang vor dem 1.1.2008 und in den Jahren 2009 und 2010 und wenn in HB angewandt; Übernahme der HB-Werte.[1] Ausnahme: Wertabweichung, falls in der HB die Wertobergrenzen (zweieinhalbfacher linearer Satz und absolut maximal 25%) überschritten sind;
arithmetisch-degressive Abschreibungsmethode	nicht zulässig; in StB darf nur linear abgeschrieben werden, da dies die Standardmethode im Steuerrecht darstellt;
Ein *Wechsel der Abschreibungsmethode* ist zulässig, wenn die neue Methode mit den GoB vereinbar ist und wenn bei ein und demselben Vermögensgegenstand die Durchbrechung des Grundsatzes der Planmäßigkeit der Abschreibungen begründbar ist.	Ein Wechsel der Abschreibungsmethode ist bei ein und demselben Wirtschaftsgut nur von der geometrisch-degressiven zur linearen Methode erlaubt (§ 7 Abs. 3 EStG); bei Gebäuden ist grundsätzlich kein Wechsel zulässig (Ausnahmen in R 7.4 Abs. 7 EStR).
Liquidationserlös (Restverkaufserlös) am Ende der Nutzungsdauer schätzen; wegen der hohen Unsicherheit wird im Zusammenhang mit dem Vorsichtsprinzip i. d. R. kein Liquidationserlös berücksichtigt;	Grundsätzlich darf ein Liquidationserlös nicht berücksichtigt werden, ausgenommen bei beträchtlicher Höhe, z. B. im Falle von Schiffen, Milchkühen u. ä. (H 7.3 „Anschaffungskosten" EStH).
Die *Nutzungsdauer* beweglicher Vermögensgegenstände wird unter Beachtung des Vorsichtsprinzips und des Prinzips der Willkürfreiheit geschätzt; das Vorsichtsprinzip verlangt, die Nutzungsdauer eher kürzer einzuschätzen.	*AfA-Tabellen* enthalten allgemeine und branchenspezifische betriebsgewöhnliche Nutzungsdauern für eine Vielzahl von *beweglichen* Wirtschaftsgütern, von denen nur mit individueller Begründung abgewichen werden kann; Übernahme der handelsrechtlich angesetzten Nutzungsdauer nur, wenn diese mindestens genauso lang ist wie die betriebsgewöhnliche Nutzungsdauer, andernfalls Abweichung aufgrund des Bewertungsvorbehalts § 5 Abs. 6 EStG.

(5) Absetzung für Abnutzung bei Gebäuden

Auch bei ***Gebäuden*** ist die ***lineare AfA*** zulässig, *steuerrechtlich* gibt es jedoch – unabhängig von den handelsrechtlich gewählten – vorgeschriebene Abschreibungssätze für verschiedene Gebäudekategorien, wodurch gleichzeitig die Nutzungsdauern festgelegt sind.

[1] Nach dem Gesetzeswortlaut könnte die geometrisch-degressive AfA auch angewandt werden, wenn dies in der HB nicht der Fall ist (§ 5 Abs. 1 S. 1 2. Halbs. EStG).

So sind Gebäude, die zu einem Betriebsvermögen gehören, nicht Wohnzwecken dienen und für die der Bauantrag bzw. der obligatorische Vertrag nach dem 31.12.2000[1] gestellt/geschlossen wurde, mit 3% per annum abzuschreiben. Ist eine dieser Voraussetzungen nicht erfüllt (§ 7 Abs. 4 Nr. 2 EStG), so beträgt der Abschreibungssatz jährlich 2% (Nutzungsdauer: 50 Jahre), es sei denn, das Gebäude ist vor dem 1.1.1925 fertig gestellt worden, dann sind 2,5% p. a. abzuschreiben (Nutzungsdauer: 40 Jahre). Nach jeder Veräußerung eines Gebäudes beginnt die AfA bzw. die Nutzungsdauer wieder von vorne.

Bei ***Gebäuden*** ist steuerrechtlich die zwar abgeschaffte, aber bei älteren Gebäuden noch weiterlaufende, sog. staffeldegressive Absetzung für Abnutzung gemäß § 7 Abs. 5 EStG unter bestimmten Voraussetzungen möglich. Die Nutzungsdauer wird dabei in zeitliche Abschnitte (Staffeln) unterteilt, denen sinkende Abschreibungssätze zugeordnet sind. Innerhalb der Staffeln bleiben die Sätze jedoch unverändert.

Voraussetzungen für die steuerliche Anwendbarkeit der staffeldegressiven Gebäude-AfA:
- im Inland gelegene Gebäude,
- selbst hergestellte oder bis zum Ende des Fertigstellungsjahres angeschaffte Gebäude,
- Bauantrag vor dem 1.1.1994 gestellt oder aufgrund eines vor dem 1.1.1994 geschlossenen obligatorischen Vertrages angeschafft,
- in der Handelsbilanz muss hinsichtlich der Methode und der Einzelbeträge übereinstimmend abgeschrieben werden.[2]

Bezug nehmend auf die Gebäudeklassen des § 7 Abs. 4 EStG sind unter obigen Voraussetzungen unterschiedliche Abschreibungsstaffeln anwendbar. Bei Gebäuden, die zu einem Betriebsvermögen gehören, nicht Wohnzwecken dienen und für die der Bauantrag nach dem 31.3.1985 gestellt wurde, können gemäß § 7 Abs. 5 Nr. 1 EStG folgende Abschreibungssätze angewandt werden (Nutzungsdauer: 25 Jahre):

- Im Jahr der Fertigstellung/Anschaffung und in den folgenden 3 Jahren jeweils 10%
- in den darauf folgenden 3 Jahren jeweils 5%
- in den darauf folgenden 18 Jahren jeweils 2,5%.

Wurde der Bauantrag vor dem 1.4.1985 gestellt oder dient das Gebäude Wohnzwecken oder gehört es zum Privatvermögen, so können gemäß § 7 Abs. 5 Nr. 2 EStG die folgenden geringeren Sätze abgeschrieben werden (Nutzungsdauer: 50 Jahre):

- Im Jahr der Fertigstellung/Anschaffung und in den folgenden 7 Jahren jeweils 5%
- in den darauf folgenden 6 Jahren jeweils 2,5%
- in den darauf folgenden 36 Jahren jeweils 1,25%.

Schließlich enthält § 7 Abs. 5 EStG noch eine andere Staffel über eine Nutzungsdauer von 40 Jahren, die nur für Gebäude, die Wohnzwecken dienen, unter weiteren Voraussetzungen anwendbar ist.

Aufgabe 36: Gebäudeabschreibungen in Handels- und Steuerbilanz

[1] Alle Gebäude, die die ersten beiden Voraussetzungen erfüllen, für die aber der Bauantrag bzw. der obligatorische Vertrag nach dem 31.3.1985 und vor dem 1.1.2001 gestellt bzw. geschlossen wurde, sind gemäß § 7 Abs. 4 Nr. 1 EStG mit 4 % per annum planmäßig abzuschreiben (Nutzungsdauer: 25 Jahre).

[2] Vgl. § 5 Abs. 1 Satz 2 EStG a.F.; BFH 24.1.1990, BStBl. 1990 II S. 681; OFD Frankfurt a.M. Rundverfügung 23.1.1998, BB 1998, S. 689. Diese so gen. umgekehrte Maßgeblichkeit ist seit 1.1.2010 abgeschafft worden, vgl. § 5 Abs. 1 S. 1 2. Halbs. EStG n.F.

Da die Fragen der ***Maßgeblichkeit*** und deren Durchbrechungen in der Praxis eine bedeutende Rolle spielen, soll auf den Zusammenhang zwischen Handels- und Steuerbilanz in einer Übersicht noch einmal zusammenfassend eingegangen werden.

Handelsbilanz	Steuerbilanz
Die *Nutzungsdauer* von *Gebäuden* und Gebäudeteilen wird unter Beachtung des Vorsichtsprinzips und des Prinzips der Willkürfreiheit geschätzt; das Vorsichtsprinzip verlangt, die Nutzungsdauer eher kürzer einzuschätzen.	Die betriebsgewöhnliche Nutzungsdauer bei Gebäuden und Gebäudeteilen ist gesetzlich in § 7 Abs. 4 und 5 EStG (indirekt) auf 33 1/3, 40 und 50 Jahre je nach Gebäudekategorie festgelegt; ist die handelsrechtliche geschätzte Nutzungsdauer jeweils geringer, so „kann" (wegen des Maßgeblichkeitsprinzips „muss") bei linearer Gebäude-AfA auch steuerlich die tatsächliche kürzere Nutzungsdauer wie in der HB gemäß § 7 Abs. 4 Satz 2 EStG zugrunde gelegt werden.
Ist die geschätzte *Nutzungsdauer* in der Handelsbilanz länger als die steuerliche Nutzungsdauer nach § 7 Abs. 4 Satz 1 EStG greift der Bewertungsvorbehalt, da die steuerrechtlichen Nutzungsdauern zwingend sind, und es nicht möglich ist, die Abschreibungshöhe und damit auch die Nutzungsdauer in der Handelsbilanz an die Steuerbilanz anzupassen.	Übersteigt die in der HB angesetzte Nutzungsdauer die steuerlich vorgeschriebene in der entsprechenden Gebäudeklasse, so führt bei linearer AfA der *Bewertungsvorbehalt* (§ 5 Abs. 6 EStG) zu einer Steuerbilanz:Handelsbilanz-Differenz.
Die *Nutzungsdauern* und Abschreibungssätze des § 7 Abs. 5 EStG waren, falls diese steuerliche Vergünstigungsmöglichkeit genutzt werden sollte, früher auch handelsrechtlich anzuwenden (umgekehrte Maßgeblichkeit). Seit 1.1.2010 wird die Handelsbilanz durch steuerrechtliche Vergünstigungsregelungen nicht mehr beeinflusst.	Bei staffeldegressiver Abschreibung konnte es früher aufgrund des Prinzips der *umgekehrten Maßgeblichkeit* nicht zu Differenzen zwischen Handels- und Steuerbilanz kommen. Seit 1.1.2010 können solche steuerlichen Wahlrechte auch unabhängig von der Handelsbilanz ausgeübt werden (§ 5 Abs. 1 S. 1 u. 2 EStG), sodass in diesen Fällen die Werte in beiden Bilanzen differieren.

(6) Absetzung für Abnutzung nach Teilwertabschreibung

- **Bei beweglichen Wirtschaftsgütern**

Im Falle der ***linearen AfA*** gilt die allgemeine Regelung:

Abschreibungsbetrag =

$$\frac{\text{Restbuchwert nach Teilwertabschreibung}}{\text{Restnutzungsdauer}}$$

Bei der Leistungsabschreibung wird der Abschreibungsbetrag pro Leistungseinheit neu berechnet:

$$\frac{\text{Restbuchwert nach Teilwertabschreibung}}{\text{geschätzte Gesamtleistung während der Restnutzungsdauer}}$$

Beispielaufgabe:

AK = 5.000 EUR, ND = 5 Jahre, Restwert am Ende der Nutzungsdauer (R_n) = 0. Wie entwickeln sich AfA-Betrag und Restbuchwert im Laufe der Nutzungsdauer, wenn in der Periode 02 eine Teilwertabschreibung in Höhe von 1.500 EUR vorgenommen wird, da der Teilwert auf 1.500 EUR gesunken ist?

Lösung:

A_3 = Rest-BW : Rest-ND = 1.500 EUR : 3 Jahre = 500 EUR. Dieser Afa-Betrag wird bis zum Ende der Nutzungsdauer beibehalten.

Jahr	***AfA-Bbetrag A_t (in EUR)***	***Teilwert-Abschreibung***	***Restwert R_t (in EUR)***
01	1.000		4.000
02	1.000	1.500	1.500
03	500		1.000
04	500		500
05	500		-----

Bei der ***geometrisch-degressiven AfA*** wird der bisherige prozentuale AfA-Satz auf den niedrigeren Teilwert angewendet.

Beispielaufgabe:

AK = 5.000 EUR, ND = 5 Jahre, Restwert am Ende der Nutzungsdauer (R_n) = 500 EUR, Abschreibungssatz p = 36,9%. Im Jahr 02 erfolgt eine außerplanmäßige Abschreibung in Höhe von 591 EUR auf einen beizulegenden Wert von 1.400 EUR. Wie hoch sind die folgenden Abschreibungsbeträge in der Handelsbilanz?

Lösung:

Jahr	***AfA-Betrag A_t (in EUR)***	***Teilwert-Abschreibung***	***Restwert R_t (in EUR)***
01	1845		3.155
02	1.164	591	1.400
03	517		883
04	326		557
05	57		500

In diesem Falle wäre im Jahre 04 ein Übergang auf die lineare AfA zweckmäßig, der Absetzungsbetrag wäre in den Jahren 04 und 05 jeweils 442,50 EUR.

Aufgabe 37: AfA und Teilwertabschreibung

- **Bei Gebäuden**

Konkrete Regelungen gibt es nur im Steuerrecht, im Handelsrecht dürften im Allgemeinen noch weitere Möglichkeiten offen stehen. Nach einer außerplanmäßigen Abschreibung auf den niedrigeren Teilwert oder nach einer AfaA (vgl. Kapitel B.III.3.b) ist der bisherige Abschreibungssatz nach § 7 Abs. 4 Satz 1 (und bei unveränderter Nutzungsdauer auch im

Falle von Satz 2) ab dem Folgejahr auf eine niedrigere Bemessungsgrundlage, nämlich die Anschaffungs- oder Herstellungskosten abzüglich der Teilwertabschreibung oder AfaA, anzuwenden (§ 11c Abs. 2 Satz 2 EStDV; R 7.4 Abs. 11 EStR).

Beispielaufgabe:

Die Anschaffungskosten eines Gebäudes, das nach § 7 Abs. 4 Satz 1 Nr. 1 EStG abgeschrieben wird, betragen 1 Mio. EUR. Im zweiten Jahr der Nutzungsdauer erfolgt eine Teilwertabschreibung in Höhe von 0,2 Mio. EUR.

Lösung:

AfA ab dem 3. Jahr: 0,03 * (1.000.000 – 200.000) = 24.000 EUR.
Auf diese Weise wird das Gebäude um 1/2 Jahr früher abgeschrieben sein.

Jahr	*AfA nach § 7 Abs. 4 Nr. 1 EStG (EUR)*	*Teilwert-Abschreibung (EUR)*	*Restbuchwert des Gebäudes am Jahresende*
01	30.000		970.000
02	30.000	200.000	740.000
03	24.000		716.000
04	24.000		692.000
etc.	etc.		etc.

Bei der staffeldegressiven Gebäude-AfA gemäß § 7 Abs. 5 EStG ist ebenso zu verfahren (R 7.4 Abs. 11 EStR).

(7) Korrektur der Nutzungsdauer-Schätzung

- **Die Nutzungsdauer wurde zu lang geschätzt**

Nach dem Vorsichtsprinzip ist sowohl im Handels- als auch im Steuerrecht eine Korrektur des Abschreibungsplanes erforderlich nach der allgemeinen Formel

$$\frac{\text{Rest-Buchwert}}{\text{neue Restnutzungsdauer}}$$

Eine rückwirkende Änderung der bisherigen Abschreibungsbeträge ist nicht möglich. Eine Teilwertabschreibung gemäß § 6 Abs. 1 Nr. 1 S. 2 EStG ist nur möglich, wenn der Teilwert im Zeitpunkt der Nutzungsdauer-Korrektur bereits so deutlich unter dem Restbuchwert liegt, dass eine voraussichtlich dauernde Wertminderung vorliegt. Sollte die Maschine unerwartet bereits am Ende der Nutzungsdauer sein, so wird i.H.d. Restbuchwerts eine Teilwertabschreibung oder AfaA vorgenommen.

Beispielaufgabe:

AK = 5.000 EUR, ursprünglich geschätzte Nutzungsdauer = 5 Jahre, Restwert am Ende der Nutzungsdauer (R_n) = 0. Am Ende des 2. Jahres stellt sich heraus, dass das Wirtschaftsgut insgesamt nur eine Nutzungsdauer von 4 Jahren hat.
a) Der Teilwert am 31.12.02 beträgt 3.000 EUR,
b) Der Teilwert am 31.12.02 beträgt 1.400 EUR.
Wie entwickeln sich Abschreibungsbetrag und Restbuchwert?

Lösung:

	ursprünglicher Abschreibungsplan		*zu a): korrigierter Abschreibungsplan*		*zu b): korrigierter Abschreibungsplan mit Teilwertabschreibung*	
Jahr	Abschrei-bungsbetrag A_t (in EUR)	Restwert R_t (in EUR)	Abschrei-bungsbetrag A_t (in EUR)	Restwert R_t (in EUR)	Abschrei-bungsbetrag A_t (in EUR)	Restwert R_t (in EUR)
01	1.000	4.000	1.000	4.000	1.000	4.000
02	1.000	3.000	1.000	3.000	1.000+1.600	1.400
03	1.000	2.000	1.500	1.500	700	700
04	1.000	1.000	1.500	1.500	700	------
05	1.000	-----				

- **Die Nutzungsdauer wurde zu kurz geschätzt**

Eine Zuschreibung zur Korrektur der zu hohen früheren planmäßigen Abschreibungen ist nicht zulässig.[1] Das Vorsichtsprinzip wurde durch die zu hohen Abschreibungen nicht verletzt. Eine Korrektur des Abschreibungsplans hat insofern zu erfolgen, als die künftigen Abschreibungen nach der Formel

$$\frac{\text{Rest-Buchwert}}{\text{neue Restnutzungsdauer}}$$

zu vermindern sind. Ist das Wirtschaftsgut bereits voll auf den Schrottwert oder Erinnerungswert abgeschrieben, so ist dieser über die neue Restnutzungsdauer unverändert fortzuführen. Weitere Abschreibungen über die ursprünglichen Anschaffungskosten hinaus sind nicht zulässig („Einmaligkeit der Abschreibung").

(8) Nachträgliche Anschaffungs- oder Herstellungskosten

- **Bei beweglichen Vermögensgegenständen**

Nachträgliche Anschaffungs- oder Herstellungskosten ergeben sich bei einer Erweiterung und Verbesserung des Vermögensgegenstands bzw. Wirtschaftsguts. Sie sind gemäß § 255 Abs. 1 und 2 HGB zu aktivieren.

Wird der bewegliche Gegenstand *linear* abgeschrieben, so werden die nachträglichen Anschaffungs- oder Herstellungskosten gleichmäßig auf die Restnutzungsdauer verteilt, und es ergeben sich die weiteren planmäßigen Abschreibungen nach der Aktivierung entsprechend der allgemeinen Formel (H 7.3 „Nachträgliche Anschaffungs- oder Herstellungskosten" EStH):

$$\frac{\text{Restbuchwert + nachträgliche AK/HK}}{\text{Restnutzungsdauer}}$$

Bei *degressiver* Abschreibungsmethode wird der bisherige prozentuale Abschreibungssatz auf den um die nachträglichen Anschaffungs- oder Herstellungskosten vermehrten Restbuchwert angewendet (H 7.3 und H 7.4 „Nachträgliche Anschaffungs- oder Herstellungskosten" EStH)

[1] Ausnahmsweise ist in der Handelsbilanz dann eine Zuschreibung möglich, wenn eine Anpassung an eine längere Nutzungsdauer als Ergebnis der steuerlichen Außenprüfung vorgenommen werden soll.

In beiden Fällen ist die Restnutzungsdauer des Gegenstands im Zeitpunkt des Erhalts der nachträglichen Lieferung oder der Beendigung der nachträglichen Herstellungsarbeiten neu zu schätzen und ggf. der Abschreibungssatz entsprechend zu ändern (R 7.4 Abs. 9 Satz 1 EStR und H 7.4 „AfA nach nachträglichen Anschaffungs- oder Herstellungskosten: Beispiel 1" EStH).

Steuerrechtlich müssen die nachträglichen Kosten für das Jahr der nachträglichen Anschaffung oder Herstellung so berücksichtigt werden, als seien sie zu Jahresbeginn aufgewendet worden. (R 7.4 Abs. 9 Satz 3 EStR).

Beispielaufgabe:

Die Anschaffungskosten eines Pritschen-LKW betrugen 300.000 EUR; im zweiten Nutzungsjahr wird nachträglich ein 50.000 EUR teurer Flüssigkeitsbehälter-Aufbau installiert.

a) Der LKW wird über eine Nutzungsdauer von 6 Jahren linear abgeschrieben.

b) Der LKW wird geometrisch-degressiv mit 25% abgeschrieben (Anschaffung: Januar 2010).

Lösung:

a) Abschreibungsbetrag im ersten Nutzungsjahr: 300.000 EUR : 6 Jahre = 50.000 EUR. Abschreibungsbetrag im zweiten Nutzungsjahr: (250.000 EUR + 50.000 EUR) : 5 Jahre = 60.000 EUR.

b) Abschreibungsbetrag im ersten Nutzungsjahr: 25% von 300.000 EUR = 75.000 EUR. Abschreibungsbetrag im zweiten Nutzungsjahr: 25% von (225.000 EUR + 50.000 EUR) = 68.750 EUR.

- **Bei Gebäuden**

Sind bei Gebäuden z. B. aufgrund eines Anbaus oder einer Aufstockung nachträgliche Anschaffungs- oder Herstellungskosten zu berücksichtigen, so sind gemäß H 7.3 und H 7.4 „Nachträgliche Anschaffungs- oder Herstellungskosten" EStH die bisherige AfA-Methode und der bisherige Afa-Satz beizubehalten und auf die um die nachträglichen Anschaffungs- oder Herstellungskosten erhöhten ursprünglichen Anschaffungs- oder Herstellungskosten[1] anzuwenden. Die Folge ist, dass sich die gesamte Abschreibungsdauer verlängert. Bei linearer Abschreibung gemäß § 7 Abs. 4 Satz 1 EStG kann ab Beendigung der nachträglichen Herstellungsarbeiten die kürzere tatsächliche Nutzungsdauer zugrunde gelegt werden. Bei staffeldegressiver Abschreibung gemäß § 7 Abs. 5 EStG ist der Restbuchwert ab dem Ende der vorgesehenen Nutzungsdauer (nach 25 bzw. 40 oder 50 Jahren) linear abzuschreiben (BFH, BStBl. 1987 II, S. 491). Auch bei Gebäuden sind die nachträglichen Anschaffungs- oder Herstellungskosten bei der Abschreibungsberechnung so zu berücksichtigen, als seien sie zu Beginn des Jahres aufgewendet worden (R 7.4 Abs. 9 S. 3 EStR).

Beispiel:

An einem Gebäude, das Herstellungskosten von 1 Mio EUR verursachte und nach § 7 Abs. 4 Satz 1 Nr. 1 EStG mit 3% linear abgeschrieben wird, wird im 21. Jahr der Nutzungsdauer ein Anbau (Herstellungskosten 200.000 EUR) errichtet. Ab dem 21. Jahr ergibt sich als Abschreibungsbetrag 0,03 * (1 Mio EUR + 200.000 EUR) = 36.000 EUR. Der Abschreibungszeitraum von rechnerisch 33 1/3 Jahren erhöht sich dann um 3 1/3 Jahre. Alternativ könnte zu Beginn des 21. Jahres die Restnutzungsdauer – sofern dies begründbar wäre – auch neu z. B. auf 13 1/3 Jahre geschätzt werden mit der Folge, dass die Abschreibung pro Jahr 60.000 EUR betrüge und das Gebäude nach 33 1/3 Jahren voll abgeschrieben wäre.

[1] Bei Abschreibung nach § 7 Abs. 4 S. 2 EStG ist der bisherige AfA-Satz auf den Restbuchwert anzuwenden.

Jahr	*planmäßige Abschreibung (EUR)*	*nachträgliche Herstellungskosten (in EUR)*	*Restbuchwert Gebäude (EUR) am 31.12.*
01	30.000	---	970.000
.....	.....	.....	.....
20	30.000	---	400.000
21	36.000	200.000	564.000
.....	.....	.....	.....
33	36.000	---	132.000
34	36.000	---	96.000
35	36.000	---	60.000
36	36.000	---	24.000
37	24.000	---	0

Beispielaufgabe:

Die Anschaffungskosten eines am 15. Oktober des Jahres seiner Fertigstellung erworbenen Betriebsgebäudes (Bauantrag nach dem 31.3.1985 und vor dem 1.1.1994), das nicht Wohnzwecken dient, betrugen 800.000 EUR; im dritten Jahr nach dem Erwerb wird eine Aufstockung mit Herstellungskosten in Höhe von 200.000 EUR vorgenommen. Wie entwickeln sich die Abschreibungsbeträge und der Restbuchwert in den ersten drei Jahren der Nutzungsdauer in folgenden alternativen Fällen:
a) Das Gebäude wird gemäß § 7 Abs. 4 Nr. 1 EStG linear mit 3% abgeschrieben,
b) das Gebäude wird gemäß § 7 Abs. 5 Nr. 1 EStG staffeldegressiv abgeschrieben?

Lösung:

a) Abschreibungsbetrag im ersten Jahr: 3% von 800.000 EUR = 24.000 EUR, zeitanteilig für 3 Monate: 6.000 EUR (R 7.4 Abs. 2 Satz 1 EStR); Restbuchwert: 794.000 EUR.
Abschreibungsbetrag im zweiten Jahr: 3% von 800.000 EUR = 24.000 EUR, Restbuchwert: 770.000 EUR.
Abschreibungsbetrag im dritten Jahr: 3% von (800.000 EUR + 200.000 EUR) = 30.000 EUR, Restbuchwert: 770.000 EUR + 200.000 EUR – 30.000 EUR = 940.000 EUR.

b) Abschreibungsbetrag im ersten Jahr: 10% von 800.000 EUR = 80.000 EUR (zwingend volle Jahresabschreibung gemäß Gesetzeswortlaut und H 7.4 „Teil des auf ein Jahr entfallenden AfA-Betrags“ EStH); Restbuchwert: 720.000 EUR.
Abschreibungsbetrag im zweiten Jahr: 10% von 800.000 EUR, Restbuchwert: 640.000 EUR.
Abschreibungsbetrag im dritten Jahr: 10% von (800.000 EUR + 200.000 EUR) = 100.000 EUR; Restbuchwert: 640.000 EUR + 200.000 EUR – 100.000 EUR = 740.000 EUR.

b) Abschreibung geringwertiger Wirtschaftsgüter

Im Zuge der Unternehmensteuerreform 2008 wurde auch die Abschreibung geringwertiger Wirtschaftsgüter neu geregelt. Diese vereinfachte Abschreibungsregelung, die eigentlich eine Bewertungsvereinfachung ist und daher nicht in § 7 EStG, sondern in § 6 EStG geregelt ist, entspringt dem Grundsatz der Wirtschaftlichkeit. Der Verwaltungsaufwand durch buchmäßige Einzelerfassung, Nutzungsdauerschätzung, akribische Abschreibungsbuchungen, Feststellung des Ausscheidens aus dem Betriebsvermögen und Ausbuchung wird bei Gegenständen geringen Wertes als unverhältnismäßig hoch angesehen. Während handelsrechtlich in Ermangelung konkreter Vorschriften Ermessensspielräume[1] bestehen, verlangt

[1] So wird handelsrechtlich als zulässig angesehen, eine sofortige Aufwandsbuchung vorzunehmen, wenn die Anschaffungs- oder Herstellungskosten (ohne USt) bis zu 60,- EUR betragen, und eine Sofortabschreibung mit Ausweis im Anlagenspiegel, wenn der Nettobetrag bis zu 900,- ausmacht. Vgl. Hoyos/Schramm/Ring in Beck'scher Bilanzkommentar, 6. Aufl. 2006, § 253 HGB, Rz. 275. Auch höhere Obergrenzen werden für GoB-konform gehalten.

der Grundsatz der Gleichmäßigkeit der Besteuerung eine genau festgelegte Regelung. Grundsätzlich gilt das Prinzip der Maßgeblichkeit auch in diesem Falle. Weicht jedoch die handelsrechtliche Gepflogenheit von der steuerrechtlichen Regelung ab, so greift der Bilanzierungs- und Bewertungsvorbehalt gemäß § 5 Abs. 6 EStG. Es wird allgemein erwartet, dass die neue steuerrechtliche Regelung sich als handelsrechtlicher Grundsatz ordnungsmäßiger Buchführung etablieren wird.

Steuerrechtlich liegen so genannte ***Geringwertige Wirtschaftsgüter (GWG)*** vor, wenn folgende Voraussetzungen erfüllt sind:

- abnutzbare Gegenstände
- bewegliche Gegenstände
- selbständige Nutzbarkeit
- bestimmte Wertobergrenze

Bei nicht abnutzbaren Gegenständen stellt sich das Problem des hohen Verwaltungsaufwands nicht. Außerdem dürften diese – wie z. B. Grund und Boden – nicht geringwertig sein. Gebäude und Patente z. B. als nicht bewegliche Gegenstände dürften auch in der Regel nicht geringwertig sein. Die Voraussetzung der selbständigen Nutzbarkeit meint, dass das Wirtschaftsgut nicht nur zusammen mit anderen technisch aufeinander abgestimmten Wirtschaftsgütern genutzt werden kann (§ 6 Abs. 2 S.2 EStG) und soll verhindern, dass jeder Gegenstand in seine kleinsten Einzelteile zerlegt und diese dann als GWG sofort abgeschrieben werden können. So ist z. B. ein Bücherregal nur als Ganzes nutzbar, nicht der Rahmen und die frei schwebenden Böden getrennt voneinander. Analog sind die einzelnen Gerüst- und Schalungsteile einer Baufirma keine geringwertigen Wirtschaftsgüter (H 6.13 „ABC der nicht selbständig nutzungsfähigen Wirtschaftsgüter" EStH). Eine getrennte Nutzbarkeit ist auch nicht bei einem nachträglich eingebauten Autoradio gegeben, es wird zu einem Bestandteil des Autos und stellt nachträgliche Anschaffungskosten dar (BFH 24.10.1972, BStBl. 1973 II S. 78). Die selbständige Bewertbarkeit und die selbständige Nutzbarkeit sind wohl aber bei einem Autotelefon gegeben.[1]

Seit 2008 werden GWGs zweier verschiedener Kategorien unterschieden, deren bilanzsteuerrechtliche Behandlung zwingend vorgeschrieben ist.

(1) Die erste Kategorie umfasst Wirtschaftsgüter mit Anschaffungs-/ Herstellungskosten (ohne USt) oder Einlagewert bis zu 150 EUR. Die Anschaffungs-/Herstellungskosten bzw. der Einlagewert solcher GWGs werden gemäß § 6 Abs. 2 EStG sofort als Betriebsausgaben gebucht, ein Zugang wird nicht erfasst (so gen. Bewertungsfreiheit; R 6.13 EStR). Diese Wirtschaftsgüter müssen jedoch mit ihren Anschaffungs-/ Herstellungskosten bzw. ihrem Einlagewert und dem Zugangsdatum in einem besonderen, laufend zu führenden Verzeichnis aufgeführt werden, sofern die Angaben sich nicht aus der Buchführung ergeben (§ 6 Abs. 2 S. 4 EStG). Nachträgliche Anschaffungs- oder Herstellungskosten in späteren Jahren sind unabhängig von ihrer Höhe ebenfalls als Betriebsausgaben sofort abzusetzen (R 6.13 Abs. 4 EStR).

(2) Die zweite Kategorie beinhaltet Wirtschaftsgüter mit Anschaffungs-/ Herstellungskosten (ohne USt) oder Einlagewert über 150 EUR bis zu 1.000 EUR. Für solche GWGs ist im Zugangsjahr nach § 6 Abs. 2a EStG in Höhe der Anschaffungskostensumme jeweils ein

[1] Vgl. BFH-Beschluss 20.2.1997, BStBl. 1997 II S. 360; BFH 28.9.1990, BStBl. 1991 II S. 187.

Sammelposten („Pool“) zu bilden, der pauschal im Bildungsjahr und in den vier nachfolgenden Jahren mit 20% abzuschreiben ist. Damit spart man sich zeitanteilige Abschreibungen im Zugangsjahr und Abgangsbuchungen für das einzelne GWG. Das Ausscheiden eines solchen Wirtschaftsguts aus dem Betriebsvermögen beeinflusst die Höhe des Sammelpostens nicht. In der Handelsbilanz kann genauso vorgegangen werden, es sei denn, es handelte sich bei den GWGs um eine wesentliche Bilanzposition im Unternehmen. Nachträgliche Anschaffungs- oder Herstellungskosten in späteren Jahren erhöhen unabhängig von ihrer Höhe den Sammelposten des (späteren) Jahres, in dem die Aufwendungen anfallen (R 6.13 Abs. 5 EStR).

Bei der Prüfung, ob die betragsmäßige Voraussetzung (150 EUR bzw. 1.000 EUR) erfüllt ist, sind gemäß R 6.13 Abs. 2 EStR Abzugsposten nach §§ 6b und 7g EStG sowie nach R 6.5 und R 6.6 EStR von den Anschaffungs- oder Herstellungskosten abzuziehen.[1]

c) Absetzungen für außergewöhnliche Abnutzung/Teilwertabschreibungen

Die Gründe für eine Teilwertabschreibung wurden bereits im Ersten Teil Kapitel B.I.3.c) behandelt. Nun gilt es, die Absetzung für außergewöhnliche Abnutzung (AfaA) von der Teilwertabschreibung abzugrenzen. Es kann zwischen Absetzung für außergewöhnliche technische Abnutzung und Absetzung für außergewöhnliche wirtschaftliche Abnutzung unterschieden werden.

Der Fall ***außergewöhnlicher technischer Abnutzung*** liegt bei Gebäudeabbruch, Brand, Beschädigung, Überschwemmung, Erdbeben, übermäßiger Beanspruchung einer Maschine im Mehrschichtbetrieb, vorzeitigem Ende der technischen Nutzungsdauer u. ä. vor. Der Fall ***außergewöhnlicher wirtschaftlicher Abnutzung*** ist gegeben bei Modewechsel, Nachfrageverschiebungen, wirtschaftlicher Überholung durch technischen Fortschritt, vorzeitigem Ende der wirtschaftlichen Nutzungsdauer, Übergang zur Automation u. ä.

Es kommt somit zu Überschneidungen zwischen Teilwertabschreibungen und AfaA, da teilweise dieselben Gründe, die zu einer AfaA führen, eine Teilwertabschreibung rechtfertigen. Auch wenn von der Systematik her die AfaA dann vorgeht, spielt es steuerlich keine Rolle, welche Abschreibungsart von beiden gewählt wird.

Teilwertabschreibung (§ 6 Abs. 1 Nr. 1 u. 2 EStG; R 6.7; R 6.8 Abs. 1 u. 2 EStR)	***Absetzung für außergewöhnliche Abnutzung (AfaA)*** (§ 7 Abs. 1 S.6 EStG; R 7.4 Abs. 11 EStR; H 7.4 „AfaA“ EStH)
1) Gründe:	
- technischer Fortschritt - Mode-/Präferenzenwandel - Absinken des Marktpreises - Fehlkalkulationen	- übermäßige technische Beanspruchung der Anlagegüter - Brand, Erdbeben, Überschwemmung - Gebäudeabbruch - außergewöhnliche wirtschaftliche Abnutzung (technischer Fortschritt, Nachfrageverschiebungen)

[1] Vgl. zu diesen Abzugsposten Erster Teil Kapitel B.VII.

Teilwertabschreibung (§ 6 Abs. 1 Nr. 1 u. 2 EStG; R 6.7; R 6.8 Abs. 1 u. 2 EStR)	***Absetzung für außergewöhnliche Abnutzung (AfaA)*** (§ 7 Abs. 1 S.6 EStG; R 7.4 Abs. 11 EStR; H 7.4 „AfaA" EStH)
2) Anwendungsmöglichkeiten	
a) nur von bilanzierenden Steuerpflichtigen vornehmbar; nur bei Einkünften aus Gewerbebetrieb	a) von allen Steuerpflichtigen vornehmbar; bei allen Einkunftsarten anwendbar
b) bei allen Wirtschaftsgütern anwendbar	b) nur bei abnutzbaren Wirtschaftsgütern anwendbar
c) kann auch in einem späteren Jahr nach Eintritt der Voraussetzungen noch erfolgen	c) muss in dem Jahr erfolgen, in dem der Grund entstanden ist
d) vorzunehmen neben der AfA	d) vorzunehmen neben der AfA; allerdings nicht zulässig neben der degressiven Abschreibung beweglicher abnutzbarer Wirtschaftsgüter

d) Steuerliche Sonderabschreibungen und erhöhte Absetzungen

(1) Überblick

Bei steuerlichen Abschreibungen handelt sich um Instrumente der Wirtschaftspolitik, mit denen regionalpolitische, konjunkturelle und strukturelle Ziele verfolgt werden. Abgesehen von zeitlich begrenzten Wirtschaftsförderungsmaßnahmen in den neuen Bundesländern gibt es zurzeit nur strukturpolitisch motivierte steuerliche Vergünstigungen. Beispiele sind Förderungen des Mittelstandes, der Seeschifffahrt und des Luftverkehrs, privater Krankenhäuser, des Mietwohnungsbaus und der Städtesanierung.

Sonderabschreibungen sind dadurch charakterisiert, dass sie zusätzlich zur linearen Absetzung für Abnutzung (gemäß § 7 Abs. 1 oder 4 EStG) in Anspruch genommen werden können. Weiteres Merkmal der Sonderabschreibungen ist das Vorliegen eines Begünstigungszeitraums von meist 5 Jahren, in denen das Unternehmen den möglichen Gesamtbetrag der Sonderabschreibung beliebig verteilen kann.

In Einzelunternehmen und Personengesellschaften ist u. U. sogar eine echte Steuerersparnis erzielbar, indem die Sonderabschreibung im Jahr des höchsten Gewinns und damit des höchsten Einkommensteuersatzes der Gesellschafter in Anspruch genommen wird und der Gewinn scheibchenweise in zukünftige Perioden verlagert wird, in denen der Steuersatz geringer ist. Da die Anschaffungskosten eines abnutzbaren Anlagegutes nur einmal abgeschrieben werden können, bedeutet eine zusätzliche Sonderabschreibung zu Beginn der Nutzungsdauer eine sofortige Gewinnminderung, gleichzeitig aber aufgrund der verringerten restlichen Abschreibungsmasse höhere Gewinne über die Restnutzungsdauer hinweg. Bei Kapitalgesellschaften hat die aufgrund des konstanten Körperschaftsteuersatzes nur einen Zinsgewinn aufgrund der Verschiebung der Steuerschuld zur Folge.[1]

[1] Ein Zahlenbeispiel findet sich im Ersten Teil Kapitel A.III.2.a)(4).

Aus der Existenz eines Begünstigungszeitraums erwächst jedoch ein Problem. Würde nach Durchführung der Sonderabschreibung entsprechend der üblichen Formel „Rest-Buchwert dividiert durch Restnutzungsdauer" die weiteren AfA-Beträge neu bestimmt, so könnten sich je nach Terminierung der Sonderabschreibung sehr unterschiedliche Abschreibungsabläufe sowohl innerhalb als auch außerhalb des Begünstigungszeitraums mit entsprechend unterschiedlichen Begünstigungseffekten ergeben. Um dies zu verhindern, ist bei Sonderabschreibungen während des Begünstigungszeitraums ganz normal weiter planmäßig abzuschreiben und die Formel Restbuchwert : Restnutzungsdauer ist erst zur Bestimmung der AfA-Beträge nach Ablauf des Begünstigungszeitraumes anzuwenden (§ 7a Abs. 9 EStG).

Erhöhte Absetzungen können im Gegensatz zu den Sonderabschreibungen nicht zusätzlich zu den Absetzungen für Abnutzung vorgenommen werden, sondern ersetzen (und übersteigen) diese. Gemäß § 7a Abs. 3 EStG ist während des Begünstigungszeitraums jedoch ein gänzlicher Verzicht auf eine Abschreibung nicht möglich, sondern es sind mindestens lineare AfA-Beträge (gemäß § 7 Abs. 1 oder 4 EStG) anzusetzen. Davon abgesehen wird die normale AfA erst nach Ablauf des Begünstigungszeitraums wieder angesetzt, wiederum berechnet nach der Formel Restbuchwert : Restnutzungsdauer.

Bewertungsabschläge sind eine dritte Gruppe von steuerlichen Abschreibungsvergünstigungen. Hierbei handelt es sich um einmalige Abwertungen, die aus unterschiedlichen Gründen im Anlage- und Umlaufvermögen vorgenommen werden können. Allgemein entsprechen die Buchungstechnik sowie die Berechnung ggf. folgender AfA-Beträge dem Fall einer Teilwertabschreibung. Da sie meist mit der Bildung steuerfreier Rücklagen verbunden sind, werden sie auch erst im Zusammenhang mit diesen Passivposten im Ersten Teil Kapitel B.VII. behandelt.

Einen Überblick über steuerliche Abschreibungen gibt folgende Tabelle[1]:

Steuerliche Abschreibungen	
	I. Sonderabschreibungen
§ 7f EStG	Anlagegüter privater Krankenhäuser
§ 7g Abs. 5 EStG	bewegl. Anlagegüter kleiner und mittlerer Betriebe
§ 81 EStDV	Anlagegüter im Kohlen- und Erzbergbau
§ 82f EStDV	Handels- und Seefischereischiffe sowie Luftfahrzeuge
	II. Erhöhte Absetzungen
§ 7 Abs. 5 EStG	staffeldegressive Gebäude-AfA, soweit außerhalb des handelsrechtlich vertretbaren Schätzungsrahmens
§ 7c EStG	Schaffung neuer Mietwohnungen
§ 7h EStG	Gebäude in Sanierungsgebieten
§ 7i EStG	Baudenkmäler
§ 7k EStG	Wohnungen mit Sozialbindung
	III. Bewertungsabschläge
§ 6b EStG	Übertragung von Veräußerungsgewinnen
R 6.5 EStR	Übertragung von Investitionszuschüssen
R 6.6 EStR	Übertragung stiller Reserven bei Ersatzbeschaffung
§ 7g Abs.1u.2 EStG	Investitionsabzug bei kleinen und mittleren Betrieben

[1] Die meisten dieser steuerlichen Subventionen sind allerdings für aktuelle Zugänge nicht anwendbar, sondern werden nur noch im Rahmen des Abschreibungsplans älterer Zugänge berücksichtigt. Bei aktuellen Zugängen anwendbar sind nur §§ 7g Abs. 5, 7h, 7i EStG sowie alle genannten Bewertungsabschläge.

In allen diesen Fällen gilt seit dem 1.1.2010, dass die ***steuerrechtlichen Wahlrechte***, soweit sie von den handelsrechtlichen Bewertungsregeln abweichen, ***unabhängig*** vom handelsrechtlichen Jahresabschluss ausgeübt werden können, sofern die entsprechenden Wirtschaftsgüter in besondere, laufend zu führende Verzeichnisse aufgenommen werden. Diese Verzeichnisse müssen Angaben über den Tag der Anschaffung oder Herstellung, die Anschaffungs- oder Herstellungskosten, die Vorschriften des ausgeübten steuerlichen Wahlrechts und die vorgenommenen Abschreibungen enthalten (§ 5 Abs. 1 S. 1 2. Halbs. und S. 2 EStG).

(2) Steuerliche Sonderabschreibungen bei beweglichen Wirtschaftsgütern

Als Beispiel für steuerliche Sonderabschreibungen soll hier die Vorschrift des ***§ 7g Abs. 5 EStG*** herangezogen werden, die die Anschaffung abnutzbarer beweglicher Wirtschaftsgüter des Anlagevermögens durch ***kleine und mittlere Betriebe*** begünstigen soll. Danach können innerhalb des Begünstigungszeitraums zusätzlich zur planmäßigen Abschreibung bis zu insgesamt 20% der Anschaffungs- oder Herstellungskosten abgeschrieben werden. Der Begünstigungszeitraum umfasst gemäß § 7g Abs. 5 EStG das Zugangsjahr plus vier weitere Jahre. In diesem Zeitraum können die 20% Sonderabschreibung beliebig verteilt werden.

Die ***Voraussetzungen*** (§ 7g Abs. 6 EStG) für die Nutzung dieser Sonderabschreibungsmöglichkeit finden sich auch als Voraussetzungen für die Inanspruchnahme des Investitionsabzugs in Höhe von 40% in § 7g Abs. 1 S. 2 EStG wieder:[1]

- das Eigenkapital des Betriebes in der Steuerbilanz (Betriebsvermögen eines Gewerbebetriebs oder eines Betriebs, der selbständiger Arbeit dient) beträgt höchstens 235.000 EUR oder bis zu einem nach § 4 Abs. 3 EStG ermittelten Gewinn in Höhe von 100.000 EUR (§ 7g Abs. 6 Nr. 1 EStG i. V. m. § 7g Abs. 1 S.2 Nr. 1)
- die ausschließlich oder fast ausschließlich betriebliche Nutzung des Wirtschaftsguts in einer inländischen Betriebsstätte bis mindestens zum Ende des auf das Jahr der Anschaffung oder Herstellung folgenden Wirtschaftsjahrs (§ 7g Abs. 1 S. 2 Nr. 2b EStG).

Beispielaufgabe:

Anschaffung einer Maschine zu AK von 10.000 EUR; betriebsgewöhnliche Nutzungsdauer: 10 Jahre; lineare AfA. Es soll eine Sonderabschreibung gemäß § 7g Abs. 5 EStG für kleine und mittlere Betriebe in Höhe von 20% der AK/HK im ersten Jahr der Nutzungsdauer und alternativ auf die beiden letzten Jahre des Begünstigungszeitraumes verteilt vorgenommen werden. Alle Voraussetzungen gemäß § 7g Abs. 6 EStG seien erfüllt.

[1] Vgl. das übernächste Kapitel B.III.2.e).

Lösung:

Jahr	*lineare AfA und Sonderabschreibung im ersten Jahr der Nutzungsdauer (in EUR)*		*lineare AfA und Sonderabschreibung gleichmäßig auf die beiden letzten Jahre des Begünstigungszeitraums verteilt (in EUR)*	
	AfA-Betrag	Restbuchwert	AfA-Betrag	Restbuchwert
01	3.000	7.000	1.000	9.000
02	1.000	6.000	1.000	8.000
03	1.000	5.000	1.000	7.000
04	1.000	4.000	1.000+1.000	5.000
05	1.000	3.000	1.000+1.000	3.000
06	600	2.400	600	2.400
07	600	1.800	600	1.800
08	600	1.200	600	1.200
09	600	600	600	600
10	600	0	600	0

Für das sechste und die folgenden Jahre der Nutzungsdauer im Anschluss an den Begünstigungszeitraum ermittelt sich der Abschreibungsbetrag bei linearer Abschreibung nach der üblichen Formel Restbuchwert:Restnutzungsdauer = 3.000 EUR : 5 Jahre = 600 EUR/Jahr. Die Restnutzungsdauer sollte dabei neu geschätzt werden (R 7a Abs. 10 EStR). § 7a Abs. 9 EStG soll sicherstellen, dass die im Ermessen des Unternehmens stehende Verteilung des Sonderabschreibungsbetrages im Rahmen des Begünstigungszeitraums keine Auswirkungen auf die Höhe der planmäßigen Abschreibungsbeträge sowohl innerhalb als auch nach Ablauf dieses Zeitraumes haben.

Die Sonderabschreibung gemäß § 7g Abs. 5 EStG durfte bisher als einzige Sonderabschreibung auch zusätzlich zur geometrisch-degressiven AfA nach § 7 Abs. 2 EStG genutzt werden. In der aktuellen Gesetzesformulierung ist dazu nichts mehr gesagt, da die AfA in fallenden Jahresbeträgen grundsätzlich gestrichen wurde. Es ist davon auszugehen, dass bei Zugängen von beweglichen Wirtschaftsgütern in den Jahren 2009 und 2010 wieder die Sonderabschreibung mit der degressiven AfA kombiniert werden darf. In diesem Falle ist der degressive AfA-Satz auch innerhalb des Begünstigungszeitraums auf die Restbuchwerte nach Abzug der jeweiligen Teilbeträge der Sonderabschreibung anzuwenden. Entsprechend ergeben sich je nach zeitlicher Positionierung der Sonderabschreibung erhebliche Unterschiede im Abschreibungsverlauf.

Aufgabe 38: Sonderabschreibungen nach § 7g Abs. 5 EStG

(3) Steuerliche Sonderabschreibungen und erhöhte Absetzungen bei Gebäuden

Als Beispiel für ***Sonderabschreibungen bei Gebäuden*** soll § 7f EStG für Gebäude in privaten Krankenhäusern angeführt werden. Allerdings sind diese nur noch für Gebäude gewährt worden, für die vor dem 1.1.1996 der Bauantrag gestellt worden ist.

Beispielaufgabe:

Sonderabschreibungen bei Gebäuden in privaten Krankenhäusern gemäß § 7f EStG in Höhe von insgesamt 30% der Anschaffungs-/Herstellungskosten in Höhe von 100.000 EUR; Begünstigungszeitraum = 5 Jahre; die Sonderabschreibung soll a) im ersten Jahr der Nutzungsdauer und b) gleichmäßig auf die beiden letzten Jahre des Begünstigungszeitraums verteilt erfolgen; nach § 7a Abs. 4 EStG ist neben der Sonderabschreibung nur die lineare Abschreibung gemäß § 7 Abs. 4 EStG möglich; das Gebäude fällt in die Kategorie § 7 Abs. 4 Nr. 1 EStG.

Lösung:

Jahr	*lineare AfA und Sonderabschreibung im ersten Jahr der Nutzungsdauer (in EUR)*		*lineare AfA und Sonderabschreibung gleichmäßig auf die beiden letzten Jahre des Begünstigungszeitraums verteilt (in EUR)*	
	AfA-Betrag	Restbuchwert	AfA-Betrag	Restbuchwert
01	33.000	67.000	3.000	97.000
02	3.000	64.000	3.000	94.000
03	3.000	61.000	3.000	91.000
04	3.000	58.000	3.000+15.000	73.000
05	3.000	55.000	3.000+15.000	55.000
06	1.964,28	53.035,72	1.964,28	53.035,72
07	1.964,28	51.071,44	1.964,28	51.071,44
08	1.964,28	49.107,16	1.964,28	49.107,16
09	1.964,28	47.142,88	1.964,28	47.142,88
10	1.964,28	45.178,60	1.964,28	45.178,60
	etc.	etc.	etc.	etc.
33	1.964,44	0	1.964,44	0

Nach Ablauf des Begünstigungszeitraums ist ein neuer Abschreibungsprozentsatz auf Basis des Abschreibungszeitraums nach § 7 Abs. 4 Satz 1 EStG abzüglich des Begünstigungszeitraums zu ermitteln. Auf den Restbuchwert am Ende des Begünstigungszeitraums in Höhe von 55.000 EUR ist somit ein Satz von 3,57142% (= 1/28) anzuwenden, sodass sich insgesamt der vorgeschriebene Abschreibungszeitraum von 33 Jahren ergibt.[1]

Ein Beispiel für ***erhöhte Absetzungen bei Gebäuden*** ist die staffeldegressive AfA gemäß § 7 Abs. 5 EStG. Bezug nehmend auf die Gebäudeklassen des § 7 Abs. 4 EStG sind unter obigen Voraussetzungen unterschiedliche Abschreibungsstaffeln anwendbar. Beispielsweise könne bei Gebäuden, die zu einem Betriebsvermögen gehören, nicht Wohnzwecken dienen und für die der Bauantrag nach dem 31.3.1985 gestellt wurde, gemäß § 7 Abs. 5 Nr. 1 EStG folgende Abschreibungssätze angewandt werden (Nutzungsdauer: 25 Jahre):

- Im Jahr der Fertigstellung/Anschaffung und in den folgenden 3 Jahren jeweils 10%
- in den darauf folgenden 3 Jahren jeweils 5%
- in den darauf folgenden 18 Jahren jeweils 2,5%.

Für Betriebsgebäude, die vom Steuerpflichtigen aufgrund eines nach dem 31.12.1993 gestellten Bauantrags hergestellt oder aufgrund eines nach diesem Zeitpunkt geschlossenen obligatorischen Vertrags angeschafft worden sind, ist allerdings die staffeldegressive Abschreibung nach § 7 Abs. 5 EStG nicht mehr zulässig.

Sowohl für Sonderabschreibungen als auch für erhöhte Absetzungen gilt seit dem 1.1.2010 auch bei Gebäuden, dass die ***steuerrechtlichen Wahlrechte***, soweit sie von den handelsrechtlichen Bewertungsregeln abweichen, ***unabhängig*** vom handelsrechtlichen Jahresabschluss ausgeübt werden können, sofern die entsprechenden Wirtschaftsgüter in besondere, laufend zu führende Verzeichnisse aufgenommen werden. Diese Verzeichnisse müssen Angaben über den Tag der Anschaffung oder Herstellung, die Anschaffungs- oder Herstellungskosten, die Vorschriften des ausgeübten steuerlichen Wahlrechts und die vorgenommenen Abschreibungen enthalten (§ 5 Abs. 1 S. 1 2. Halbs. und S. 2 EStG).

Aufgabe 39: Erhöhte Absetzungen bei Gebäuden

[1] Vgl. § 7a Abs. 9 EStG; R 7a Abs. 9 EStR; H 7a „Beispiel 4“ EStH; BFH 20.6.1990, BFHE 161, S. 462.

Zusammenfassung: FORTFÜHRUNG DER ABSETZUNGEN FÜR ABNUTZUNG

Art der planmäßigen Abschreibung	***bei nachträglichen Anschaffungs- oder Herstellungskosten***	***nach Teilwert-Abschreibung oder AfaA***	***nach Sonderabschreibung oder erhöhter Absetzung***
linear § 7 Abs. 1 EStG	Verteilung des um die nachträglichen HK erhöhten Buchwertes auf die Rest-Nutzungsdauer (R 7.4 Abs. 9 EStR; H 7.3 u. H 7.4 jeweils „Nachträgliche AK/HK" EStH)	gleichmäßige Verteilung des Teilwertes/Restbuchwertes auf die Rest-Nutzungsdauer	unabhängig von der Art der planmäßigen Abschreibung gilt: -------------------------------- (1) im Falle erhöhter Absetzung müssen in jedem Jahr des Begünstigungszeitraums mindestens die linearen AfA berücksichtigt werden (§ 7a Abs. 3 EStG) -------------------------------- (2) im Falle von Sonderabschreibungen bei beweglichen Wirtschaftsgütern gelten die nebenstehenden Regeln für die Teilwertabschreibung, bei linearer Abschreibung allerdings erst nach Ablauf des Begünstigungszeitraums (§ 7a Abs. 9 EStG); bei linearer Gebäude-AfA ist genauso zu verfahren wie bei linearer AfA von beweglichen Wirtschaftsgütern (§ 7a Abs. 9 EStG; H 7a „Beispiel 4" EStH) -------------------------------- (3) werden im Begünstigungszeitraum die AK/HK nachträglich erhöht oder vermindert, so sind diese geänderten AK/HK ab der Änderung maßgebend (§ 7a Abs. 1 EStG)
geometr.-degressiv § 7 Abs. 2 EStG	Anwendung des (unverändert) maßgebenden %-Satzes auf den erhöhten Buchwert, falls Rest-Nutzungsdauer nicht verlängert (R 74 Abs. 9 EStR; H 7.3 u. H 7.4 jeweils „Nachträgliche AK/HK" EStH; H 7.4 „AfA nach nachträgl. AK/HK: Beispiel 1" EStH)	Anwendung des (unverändert) maßgebenden %-Satzes auf den Teilwert, falls Rest-Nutzungsdauer nicht verkürzt (AfaA unzulässig)	
linear Gebäude § 7 Abs. 4 Satz 1 EStG	Anwendung des gleichbleibenden AfA-Satzes auf die erhöhten AK/HK (H 7.3 u. H 7.4 jeweils „Nachträgliche Anschaffungs- oder Herstellungskosten" EStH; H 7.4 „AfA nach nachträglichen AK/HK: Beispiel 2" EStH)	Anwendung des gleichbleibenden AfA-Satzes auf die gekürzten AK/HK (§ 11c Abs. 2 EStDV; R 7.4 Abs. 11 EStR)	
linear Gebäude § 7 Abs. 4 Satz 2 EStG	Verteilung des um die nachträglichen AK/HK erhöhten Buchwertes auf die Restnutzungsdauer oder Anwendung des bisherigen AfA-Satzes auf den um die nachträglichen AK/HK erhöhten Restbuchwert (R 7.4 Abs. 9 EStR; H 7.3 „Nachträgl. AK/HK" EStH)	Neuschätzung der Nutzungsdauer und gleichmäßige Verteilung des Restbuchwerts oder Anwendung des bisherigen AfA-Satzes auf die gekürzten AK/HK (§ 11c Abs. 2 EStDV; R 7.4 Abs. 11 EStR)	
erhöhte Absetzungen bei Gebäuden	Anwendung des maßgebenden %-Satzes auf die erhöhten AK/HK (H 7.3 u. H 7.4 jeweils „Nachträgliche Anschaffungs- oder Herstellungskosten" EStH)	Anwendung des maßgebenden %- Satzes auf die gekürzten AK/HK (§ 11c Abs. 2 EStDV; R 7.4 Abs. 11 EStR)	

e) Investitionsabzug gemäß § 7g Abs. 1 EStG

Mit der Unternehmenssteuerreform zum 1.1.2008 wurde die bis dahin geltende steuerrechtliche Regelung zur Sonderabschreibung und zur Ansparrücklage (bzw. Ansparabschreibung) durch eine Neufassung des § 7g EStG ersetzt, die stattdessen einen Investitionsabzugsbetrag vorsieht.[1] Der grundlegende Unterschied im Vergleich zur vorigen Regelung ist, dass der neue Abzugsbetrag außerhalb der Bilanz angewendet wird. Allerdings bildet die Höhe des Abzugsbetrags die faktische Obergrenze für die Höhe der zulässigen Herabsetzung der Anschaffungs- oder Herstellungskosten im Jahr der Anschaffung oder Herstellung des Wirtschaftsguts.

[1] Gemäß § 52 Abs. 23 EStG ist der neue Investitionsabzugsbetrag bereits ab dem Veranlagungszeitraum 2007 anzuwenden.

Der Investitionsabzugsbetrag gemäß § 7g EStG dient der Förderung kleinerer und mittlerer Betriebe und beinhaltet die Vorwegnahme eines Bewertungsabschlags in Höhe von maximal 40% der Anschaffungskosten von neuen oder gebraucht angeschafften beweglichen Wirtschaftsgütern, deren Anschaffung oder Herstellung in den nächsten beiden Wirtschaftsjahren konkret beabsichtigt ist. Dadurch wird eine Gewinnverschiebung und somit eine Steuerstundung (Finanzierungseffekt) erreicht, verbunden mit dem entsprechenden Zinsvorteil. Der Investitionsabzug ist nicht Voraussetzung für die Vornahme von Sonderabschreibungen für kleine und mittlere Betriebe gemäß § 7g Abs. 5 EStG.

Die ***Voraussetzungen*** für die Vornahme des Investitionsabzugsbetrags sollen sicherstellen, dass nur kleine und mittelgroße Betriebe in den Genuss dieser steuerrechtlichen Vergünstigung kommen und dass dadurch auch Arbeitsplätze im Inland geschaffen oder gesichert werden. Im Einzelnen sind es folgende Voraussetzungen, die am Schluss des Wirtschaftsjahres, in dem der Abzug vorgenommen wird, erfüllt sein müssen:

- das Eigenkapital des Betriebes in der Steuerbilanz (Betriebsvermögen eines Gewerbebetriebs oder eines Betriebs, der selbständiger Arbeit dient) beträgt bei Gewinnermittlung nach § 5 Abs. 1 EStG höchstens 235.000 EUR (§ 7g Abs. 1 Nr. 1a EStG) oder bei einem nach § 4 Abs. 3 EStG ermittelten Gewinn bis zu 100.000 EUR (§ 7g Abs. 1 S. 2 Nr. 1c EStG)
- die Anschaffung oder Herstellung des begünstigten Wirtschaftsguts innerhalb der nächsten drei Wirtschaftsjahre wird vom Steuerpflichtigen beabsichtigt (§ 7g Abs. 1 S. 2 Nr. 2a EStG)
- die ausschließliche oder fast ausschließlich betriebliche Nutzung des Wirtschaftsguts in einer inländischen Betriebsstätte wird bis mindestens zum Ende des auf die Anschaffung oder Herstellung folgenden Wirtschaftsjahrs beabsichtigt (§ 7g Abs. 1 S. 2 Nr. 2b EStG)
- anhand von Unterlagen ist das begünstigte Wirtschaftsgut seiner Funktion nach dem Finanzamt zu benennen und die Höhe der voraussichtlichen Anschaffungs- oder Herstellungskosten des Wirtschaftsguts ist anzugeben (§ 7g Abs. 1 S. 2 Nr. 3 EStG)
- die Obergrenze für die insgesamt in Anspruch genommenen Investitionsabzugsbeträge im Wirtschaftsjahr des Abzugs und in den drei vorangegangenen Wirtschaftsjahren beträgt je Betrieb 200.000 EUR (§ 7g Abs. 1 S.4).

Nach der BFH-Rechtsprechung zur alten Ansparrücklage setzt die steuerrechtliche Anerkennung zwar nicht voraus, dass der Steuerpflichtige seine Investitionsabsicht glaubhaft macht[1], sie verlangt jedoch eine ***hinreichende Konkretisierung***[2] des Investitionsgutes, für das die Rücklage gebildet wird, um im Hinblick auf einen möglichen Gewinnzuschlag später eine Überprüfung zu ermöglichen, ob eine vorgenommene Investition demjenigen Investitionsprojekt entspricht, für das die Rücklage gebildet wurde. Dazu gehört neben der konkreten Bezeichnung der Investition bzw. der Funktion, die das Wirtschaftsgut im Betrieb übernehmen soll, die Angabe der voraussichtlichen Anschaffungs- oder Herstellungskosten und des voraussichtlichen Investitionszeitpunkts.

Sind alle Voraussetzungen erfüllt, so können bis zu 40% der voraussichtlichen Anschaffungs- oder Herstellungskosten außerhalb der Steuerbilanz bei der Ermittlung des steuerpflichtigen Gewinns in der Steuererklärung abgezogen werden (§ 7g Abs. 1 EStG). Dies ist

---

[1] Vgl. BFH 12.12.2001, BStBl. 2002 II S. 385.

[2] Vgl. BFH 19.9.2002, DB 2003, S. 122, und BFH 6.3.2003, DStR 2003, S. 1521 ff. Sammelbegriffe wie Maschine, Büroausstattung, Computeranlage oder Ladeneinrichtung erfüllen das Erfordernis der Konkretisierung nicht. Die Angabe einer bestimmten Marke bzw. eines genauen Typs ist aber nicht erforderlich.

auch dann möglich, wenn dadurch ein Verlust entsteht oder sich erhöht (§ 7g Abs. 1 S. 3 EStG).

Der in Anspruch genommene Investitionsabzugsbetrag ist gemäß § 7g Abs. 2 EStG außerhalb der Steuerbilanz in Höhe von 40% der tatsächlichen Anschaffungs- oder Herstellungskosten des begünstigten Wirtschaftsgutes wieder Gewinn erhöhend hinzuzurechnen, wenn das Wirtschaftsgut angeschafft bzw. hergestellt wird. Die Hinzurechnung ist auf die Höhe des früher vorgenommenen Abzugsbetrags begrenzt, auch wenn die tatsächlichen Anschaffungs- oder Herstellungskosten des Wirtschaftsguts höher als geplant ausfallen sollten. Im umgekehrten Falle ist der übersteigende Investitionsabzugsbetrag im Jahr seiner Bildung rückwirkend Gewinn erhöhend außerbilanziell hinzuzurechnen.

Gleichzeitig kann von den Anschaffungs- oder Herstellungskosten ein Gewinn mindernder Abschlag von bis zu 40% vorgenommen werden, höchstens jedoch in Höhe des berücksichtigten Hinzurechnungsbetrags. Auf diese Weise entsteht wirtschaftspolitisch gewollt eine Unterbewertung der Anlage, also stille Reserven. Durch die Herabsetzung der Anschaffungskosten verringern sich die Basis für AfA, erhöhte Absetzungen und Sonderabschreibungen (also auch solche gemäß § 7g Abs. 5 EStG[1]) sowie die maßgebenden Anschaffungs- oder Herstellungskosten bei der Prüfung, ob ***geringwertige Wirtschaftsgüter*** im Sinne von § 6 Abs. 2 oder 2a EStG vorliegen (R 6.13 Abs. 2 EStR). Daraus folgt, dass auch geringwertige Wirtschaftsgüter, die zum Anlagevermögen gehören, begünstigt sind. Folge der Herabsetzung der Abschreibungsbasis um 40% ist, dass der über die Nutzungsdauer abschreibbare Gesamtbetrag nicht verringert, sondern nur auf den Anschaffungszeitpunkt vorgezogen wird. Infolge der niedrigeren planmäßigen Absetzungen für Abnutzung ist der ertragsteuerpflichtige Gewinn in den Jahren der Nutzungsdauer entsprechend höher und die stillen Reserven lösen sich über die Nutzungsdauer hinweg wieder auf.

Im Idealfall wird also der Hinzurechnungsbetrag im Jahr der Anschaffung oder Herstellung durch einen gleich hohen Abzugsbetrag genau ausgeglichen. Ein übersteigender Hinzurechnungsbetrag ist möglich, wenn das Wahlrecht des Bewertungsabschlags von den AK/HK, nicht voll genutzt wird, wofür es kein Motiv gibt, oder wenn die Anschaffungs- oder Herstellungskosten niedriger ausfallen als im Jahr des Investitionsabzugs vorhergesehen. Eine umgekehrte Differenz ist aufgrund der Höchstgrenzenregelungen nicht möglich.

Sollte der Investitionsabzugsbetrag bis zum Ende des dritten auf das Jahr des Abzugs folgenden Wirtschaftsjahrs nicht im Zusammenhang mit der Anschaffung oder Herstellung von begünstigten Wirtschaftsgütern vollständig hinzugerechnet sein, so ist der Abzug insoweit nach § 7g Abs. 3 EStG rückgängig zu machen, was wiederum durch eine Gewinn erhöhende Hinzurechnung erfolgt. Steuer- oder Feststellungsbescheide sind insoweit zu ändern. Als Folge der Änderung der Veranlagung im Jahr des Investitionsabzugs erfolgt eine Verzinsung der sich ergebenden Steuernachforderung gemäß § 233 AO. Dies betrifft folgende Fälle:

• innerhalb des dreijährigen Investitionszeitraums wurde keine Investition realisiert
• die geplante und die durchgeführte Investition sind der Funktion nach nicht gleichartig
• die tatsächlichen Anschaffungs- oder Herstellungskosten fallen geringer als geplant aus.

Stellt sich heraus, dass das begünstigte Wirtschaftsgut nicht bis zum Ende des ersten auf das Jahr des Investitionsabzugs folgenden Wirtschaftsjahrs fast ausschließlich betrieblich in einer inländischen Betriebsstätte genutzt wurde, so sind der Investitionsabzug und die

[1] Siehe Erster Teil Kapitel B.III.2.d)(2).

Herabsetzung der Anschaffungs- oder Herstellungskosten nachträglich rückgängig zu machen und die Steuer- oder Festsetzungsbescheide insoweit zu ändern. Somit wird auch die durch den Investitionsabzug verursachte Steuerminderung nachträglich wieder rückgängig gemacht.

Schematisch lassen sich die steuerlichen Vergünstigungen für kleine und mittlere Betriebe folgendermaßen veranschaulichen (geschätzte = tatsächliche Anschaffungskosten = 10.000 EUR; betriebsgewöhnliche Nutzungsdauer = 10 Jahre; volle Ausnutzung der Vergünstigungsvorschrift; Wirtschaftsjahr = Kalenderjahr):

	Maßnahme außerhalb der Steuerbilanz	**Bilanzielle Maßnahme**
31.12.01: Benennung des Wirtschaftsguts, das künftig angeschafft oder hergestellt wird	Investitionsabzug = 4.000 EUR Auswirkung: Steuerpflichtiger Gewinn (Einkommen) sinkt um 4.000 EUR	
Jahr 02		
Jahr 03		
1.11.04: Anschaffung des begünstigten Wirtschaftsguts	Hinzurechnung = 4.000 EUR Auswirkung: Steuerpflichtiger Gewinn (Einkommen) steigt um 4.000 EUR	Herabsetzung der Anschaffungskosten um 4.000 EUR (Bewertungsabschlag) Auswirkung: Bilanzieller Gewinn sinkt um 4.000 EUR
Jahr 04		Zeitanteilige planmäßige Abschreibung auf Basis der verringerten AK = 6.000 EUR*1/10*2/12 = 100 EUR Auswirkung: Bilanzieller Gewinn sinkt um 100 EUR
Jahr 04		Sonderabschreibung gemäß §7f Abs. 5 EStG (Wahlrecht) höchstens 0,20*6.000 EUR = 1.200 EUR Auswirkung: Bilanzieller Gewinn sinkt um 1.200 EUR (Wahlrecht)
Jahr 05		Planmäßige Abschreibung = 600 EUR (vgl. § 7a Abs. 9 EStG) Auswirkung: Bilanzieller Gewinn sinkt um 600 EUR

Beispielaufgabe:

Die LowTech GmbH, die die Voraussetzungen des § 7g Abs. 1 S. 2 EStG erfüllt, plant im Jahre 01 die Anschaffung einer Fertigungsanlage (Nutzungsdauer: 10 Jahre), deren Anschaffungskosten voraussichtlich 160.000 EUR betragen werden, für das Jahr 04.

a) Kann die geplante Anschaffung der Anlage bereits im Jahr 01 berücksichtigt werden? Es werde ein möglichst niedriger steuerpflichtiger Gewinn (Einkommen) angestrebt.

b) Welche Folgen ergeben sich, wenn sich im Jahr 04 herausstellt, dass die tatsächlichen Anschaffungskosten nur 120.000 EUR betragen? Neben der linearen AfA soll für die Anlage (Anschaffung am 15.1.04) zusätzlich die Sonderabschreibung gemäß § 7g Abs. 5 EStG in Anspruch genommen werden.

c) Wie hoch ist die planmäßige Abschreibung im Jahr 05 und im Jahr 09?

d) Handelt es sich um eine endgültige Steuerersparnis, die durch § 7g EStG kleinen und mittleren Betrieben gewährt wird?

Lösung:

Zu a): Da die Voraussetzungen gemäß § 7g Abs. 1 S. 2 EStG laut Aufgabenstellung erfüllt sind, darf im Jahre 01 Gewinn mindernd ein Investitionsabzug außerhalb der Steuerbilanz in Höhe von maximal 0,40 * 160.000 EUR = 64.000 EUR vorgenommen werden.

Steuererklärung 01 (Körperschaftsteuer):	
Steuerbilanzgewinn	100.000 EUR
– Investitionsabzug gemäß § 7g Abs. 1 EStG	– 64.000 EUR
= steuerpflichtiges Einkommen 01	= 36.000 EUR

Zu b): Am 15.1.04 wird die Fertigungsanlage angeschafft, allerdings betragen die Anschaffungskosten nur 120.000 EUR. Die lineare Abschreibung berechnet sich als 10% von 120.000 EUR = 12.000 EUR, die Sonderabschreibung nach § 7g Abs. 5 EStG beträgt ebenfalls 20% von 120.000 EUR = 24.000 EUR. Als Restbuchwert per 31.12.04 ergibt sich 72.000 EUR.

(1)

Steuererklärung 04 (Körperschaftsteuer):	
Steuerbilanzgewinn	100.000 EUR
– Hinzurechnung gemäß § 7g Abs. 2 EStG	+ 64.000 EUR
= steuerpflichtiges Einkommen 04	= 164.000 EUR

(2) Herabsetzung der Anschaffungskosten um höchstens 40% der Anschaffungs- oder Herstellungskosten = 0,40 * 120.000 EUR = 48.000 EUR. Die geminderten AK betragen somit 120.000 EUR – 48.000 EUR = 72.000 EUR.
Planmäßige AfA = 72.000 EUR * 1/10 = 7.200 EUR.

BS:	Bewertungsabschlag auf AK	48.000 EUR	
	an Technische Anlagen		48.000 EUR.

BS:	AfA	7.200 EUR	
	an Technische Anlagen		7.200 EUR.

(3) Inanspruchnahme der Sonderabschreibung gemäß § 7g Abs. 5 EStG in Höhe von maximal 0,20 * 72.000 EUR = 14.400 EUR.

BS:	Sonderabschreibungen gem. § 7g Abs. 5 EStG	14.400 EUR	
	an Technische Anlagen		14.400 EUR.

(4) Buchwert der Anlage per 31.12.04
= 120.000 EUR – 48.000 EUR – 7.200 EUR – 14.400 EUR = 50.400 EUR.

Zu c): (5) Planmäßige Abschreibung im Folgejahr 05: 7.200 EUR (§ 7a Abs. 9 EStG).

(6) Planmäßige Abschreibung im Jahr 09 nach Ablauf des Begünstigungszeitraums:
Restbuchwert : Restnutzungsdauer = 21.600 EUR : 5 Jahre = 4.320 EUR
(§ 7a Abs. 9 EStG).

Zu d): Es würde sich nur um eine endgültige Steuerersparnis handeln, wenn im Jahr nach der Anschaffung der Steuersatz gesenkt würde oder wenn ein Einzelunternehmer im Jahr des Investitionsabzugs infolge eines sehr hohen steuerpflichtigen Gewinns einem weit höheren Einkommensteuersatz („Progression") unterläge als in den Folgejahren. Im Normalfall handelt es sich jedoch nur um eine Steuerverschiebung in die Zukunft. Da die Steuerzahlung an das Finanzamt später erfolgt, kann das Geld bis dahin Zins bringend angelegt werden bzw. der Kredit zur Steuerzahlung muss erst später aufgenommen werden. Es verbleibt also ein Zinsgewinn für das Unternehmen. Den reinen Steuerverschiebungseffekt zeigt folgende Tabelle. Angenommen wird ein Steuersatz von 40%. Die Verringerung der Steuerschuld ergibt sich im Jahre 01 als Investitionsabzugsbetrag * Steuersatz = 48.000 EUR * 0,4 = 19.200 EUR.

Jahr	AfA ohne Nutzung des Investitionsabzugs gemäß § 7g Abs. 1 EStG Basis: 120.000 EUR	AfA nach Inanspruchnahme des Investitionsabzugsbetrags gemäß § 7g Abs. 1 EStG; Basis: 100.000 – 48.000 = 72.000 EUR	AfA-Differenz = Gewinndifferenz	Veränderung der Steuerschuld aufgrund der Investition (Steuersatz = 40%)
01				– 19.200
....				......
04	12.000	7.200	4.800	+ 1.920
05	12.000	7.200	4.800	+ 1.920
06	12.000	7.200	4.800	+ 1.920
.....	......	......	......	.....
12	12.000	7.200	4.800	+ 1.920
13	12.000	7.200	4.800	+ 1.920
Summe	120.000	72.000	48.000	0

Durch Inanspruchnahme der Sonderabschreibung gemäß § 7g Abs. 5 EStG erfolgt noch eine Verstärkung dieses Steuerverschiebungseffekts:

Jahr	AfA ohne Nutzung des Investitionsabzugs gemäß § 7g Abs. 1 EStG Basis: 120.000 EUR	AfA nach Inanspruchnahme des Investitionsabzugsbetrags gemäß § 7g Abs. 1 EStG; Basis: 100.000 – 48.000 = 72.000 EUR	AfA-Differenz = Gewinndifferenz	Veränderung der Steuerschuld aufgrund der Investition (Steuersatz = 40%)
01				– 19.200
....				......
04	12.000	7.200+14.400	– 9.600	– 3.840
05	12.000	7.200	+ 4.800	+ 1.920
06	12.000	7.200	+ 4.800	+ 1.920
07	12.000	7.200	+ 4.800	+ 1.920
08	12.000	7.200	+ 4.800	+ 1.920
09	12.000	4.320	+ 7.680	+ 3.072
10	12.000	4.320	+ 7.680	+ 3.072
11	12.000	4.320	+ 7.680	+ 3.072
12	12.000	4.320	+ 7.680	+ 3.072
13	12.000	4.320	+ 7.680	+ 3.072
Summe	120.000	72.000	48.000	0

Aufgabe 40: Investitionsabzug

3. Leasing

a) Allgemeines

Definition:

Unter ***Leasing*** versteht man die entgeltliche Gebrauchs- oder Nutzungsüberlassung von Investitions- oder Konsumgütern. Bei einem Leasingvertrag handelt es sich um einen Mietvertrag mit Kaufelementen und gegebenenfalls zusätzlichen Dienstleistungen.

Bei einem Leasinggeschäft bestehen zumeist folgende Vertragsbeziehungen der Leasingpartner:

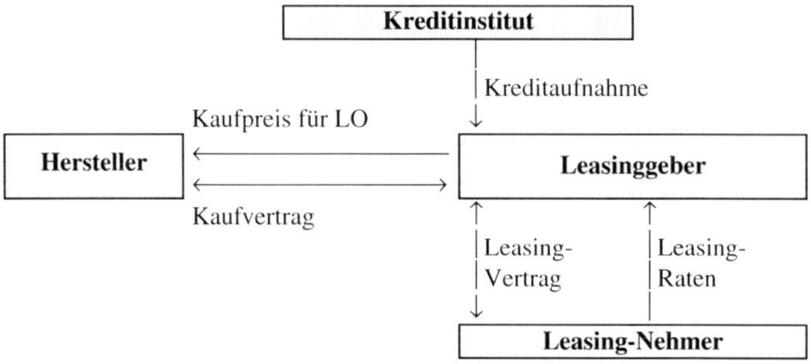

LO = Leasing-Objekt

Der Leasing-Nehmer hat die Position des Mieters inne, er nutzt das Leasing-Objekt und zahlt die Leasing-Raten. Der Leasing-Geber hat die Position des Vermieters, er kauft, finanziert und vermietet das Leasing-Objekt. Der Leasing-Geber ist entweder eine unabhängige Leasing-Gesellschaft („indirektes Leasing") oder der Hersteller des Leasing-Gegenstands selbst bzw. eine Tochtergesellschaft des Herstellers („direktes Leasing", z. B. Leasingtöchter der Automobilhersteller). Das Leasing-Objekt wird oft vom Hersteller an den Leasing-Geber geliefert, bei Investitionsgütern (vor allem bei Spezial-Leasing, vgl. unten) aber auch direkt an den Leasing-Nehmer.

Der Leasingvertrag kann ohne jegliches Optionsrecht, aber auch mit einer Mietverlängerungsoption oder einer Kaufoption für den Mieter nach Beendigung der Mietzeit abgeschlossen sein. Ob der Leasingnehmer vom Optionsrecht Gebrauch macht, ist während der Mietzeit völlig offen.

Bei einem ***echten Mietkauf*** erhält der Mieter das Recht, jederzeit das Mietobjekt unter Anrechnung der bis dahin gezahlten Miete auf den Kaufpreis zu erwerben. Bis zum Erwerb des Gegenstands entspricht die bilanzielle Behandlung derjenigen bei einem Mietvertrag ohne Kaufoption. Im Zeitpunkt des Erwerbs werden steuerlich die bisherigen Betriebsausgaben in Höhe der Miete durch eine Ertragsbuchung wieder rückgängig gemacht und der Gegenstand ist vom Käufer in Höhe des Kaufpreises (Restzahlung plus angerechnete Mieten ggf. minus Abschreibungen) zu aktivieren. Steht, nach den Vertragsbedingungen zu urteilen, dagegen von Anfang an fest, dass die Kaufoption ausgeübt wird und es sich somit eigentlich um einen ***Kauf auf Raten*** handelt, so hat der Mieter auch von Anfang an den Gegenstand zu aktivieren. Indizien für das Vorliegen eines solchen ***unechten Mietkaufvertrags*** sind die Vereinbarung außergewöhnlich hoher Mietzahlungen und/oder eines sehr niedrigen Übernahmepreises bei Nutzung der Kaufoption, dessen Höhe ohne die vorher geleisteten Mietraten wirtschaftlich nicht verständlich wäre.

Im Folgenden sollen nur die für die Bilanzierung wichtigen Leasingformen erwähnt werden.

Beim ***Spezial-Leasing*** wird das Leasing-Objekt speziell auf die Verhältnisse des Leasing-Nehmers abgestimmt und kann daher nach Ablauf der Mietzeit nur vom Leasing-Nehmer sinnvoll weiterverwendet werden. Nach den Konstruktionsplänen und den besonderen Anforderungen des Leasing-Nehmers wird z. B. eine Fertigungsanlage vom Leasing-Geber beim Hersteller in Auftrag gegeben, erworben und an den Leasing-Nehmer vermietet. Das Anlagegut wird in diesem Fall direkt vom Hersteller an den Leasing-Nehmer geliefert.

Operating-Leasing	***Finanzierungs-Leasing***
kurzfristige Verträge	mittel- und langfristige Verträge (ab 24 Monate)
jederzeitiges Kündigungsrecht ggf. mit Kündigungsfristen (wie Mietvertrag)	während der vereinbarten Grundmietzeit unkündbar
mehrfache Vermietung des Leasing-Objekts (Konsumgüter, Universalmaschinen)	i. d. R. einmalige oder zweimalige Vermietung
Leasing-Rate wird auf Basis der Nutzungsdauer, nicht auf Basis der wesentlich kürzeren Vertragslaufzeit kalkuliert	***Vollamortisationsverträge*** (Die Leasing-Raten während der Grundmietzeit decken Anschaffungskosten, Zins- und Verwaltungskosten, Steuern und Gewinn des Leasing-Gebers) oder ***Teilamortisationsverträge*** (Der Leasing-Geber erhält während der Grundmietzeit nicht seine gesamten Kosten für das Leasing-Objekt plus Gewinn erstattet)
Investitionsrisiken beim Leasing-Geber: • zufälliger Untergang • wirtschaftliche Entwertung (techn. Fortschritt, Wegfall der Verwendungsmöglichkeit) • Wartung, Reparatur	Investitionsrisiken beim Leasing-Nehmer: • zufälliger Untergang • wirtschaftliche Entwertung (technischer Fortschritt, Wegfall der Verwendungsmöglichkeit) • Wartung, Reparatur

Das ***Operating-Leasing*** entspricht also grundsätzlich einem Mietvertrag, bei dem die Verfügungsmacht über das Objekt, sämtliche Wertsteigerungs-Chancen und sämtliche Risiken bezüglich des Objekts beim Vermieter liegen. Ebenso wie der Vermieter ist mithin der Operating-Leasing-Geber sowohl juristischer als auch wirtschaftlicher Eigentümer des Leasing-Objekts. Als solcher hat er dieses auch in seiner Bilanz als Anlagevermögen zu bilanzieren und planmäßig abzuschreiben. Die Leasing-Raten stellen bei ihm Erträge (Betriebseinnahmen) und beim Leasing-Nehmer (Mieter) Aufwendungen (Betriebsausgaben) dar.

b) Finanzierungs-Leasing: Vollamortisationsverträge

Beim Finanzierungs-Leasing liegt nicht generell fest, wer wirtschaftlicher Eigentümer des Leasing-Objekts ist und dieses daher zu aktivieren hat, da der Leasing-Nehmer aufgrund der unkündbaren Grundmietzeit auch Verfügungsmacht über das Objekt hat sowie objektbezogene Risiken trägt. Je nach dem zeitlichen Ausmaß der Verfügungsmacht kann der Leasing-Nehmer folglich auch wirtschaftlicher Eigentümer sein.

Vergleicht man Leasing und die Alternative „kreditfinanzierter Kauf“ allein unter dem Aspekt der Kosten, so kann Leasing kaum günstiger sein, da der Leasing-Geber, meist eine Leasing-Gesellschaft, zusätzlich mit seinen Verwaltungskosten, den Steuern und dem Gewinn finanziell getragen werden muss. Spezielle Vorteile können dennoch die Alternative „Leasing“ günstiger machen. Dazu gehören die Vermeidung von Besicherungskosten, die Verzinsung freigehaltenen Eigenkapitals, Zinsgewinne aus Steuerverschiebungen und die Gewerbesteuerersparnis auf das Darlehen zur Finanzierung des Objektkaufs sowie auf die Finanzierungskosten, falls die Leasing-Gesellschaft z. B. eine Bankentochtergesellschaft mit gewerbesteuerlicher Organschaft ist.

Eine Zinsersparnis durch Steuerverschiebung ergibt sich dann, wenn das Leasing-Objekt beim Leasing-Geber aktiviert wird, was generell insbesondere auch wegen des Gewerbesteuereffekts angestrebt wird. Die Ursache für die Ertragsteuerverschiebung liegt darin, dass in der Regel die Grundmietzeit kürzer ist als die betriebsgewöhnliche Nutzungsdauer, beispielsweise beträgt die Grundmietzeit 4 Jahre und die Nutzungsdauer 10 Jahre. Werden die Finanzierungskosten der Einfachheit halber außer Acht gelassen, so genügt es, die Jahresabschreibung mit der jährlichen Leasing-Rate (ohne Zinsanteil) zu vergleichen. Bei Vollamortisationsverträgen decken die Leasing-Raten während der Grundmietzeit (mindestens) die Anschaffungskosten, die Abschreibung pro Jahr ist demnach geringer als die jährlich Leasing-Rate. Da der Leasing-Nehmer im unterstellten Fall steuerlich wie ein Mieter behandelt wird, darf er die Leasing-Raten als Betriebsausgaben behandeln, so dass sein Gewinn während der Grundmietzeit geringer ist als bei Kauf des Objekts und Ertragsteuern in die Zukunft verschoben werden.

Im Extremfall könnte also eine Grundmietzeit von 1 Jahr vereinbart werden mit der Folge, dass der Leasing-Nehmer im ersten Jahr der Nutzungsdauer Leasing-Raten in Höhe der gesamten Anschaffungskosten des Leasing-Objekts als Betriebsausgaben abziehen könnte. Dieser Missbrauch ist jedoch dadurch ausgeschlossen, dass der Leasing-Nehmer in diesem Falle zur Aktivierung des Leasing-Objekts verpflichtet ist und daher nicht mehr die gesamte Leasing-Rate als Aufwand berücksichtigen darf. In einem ***Leasing-Erlass***[1] hat die Finanzverwaltung die Zuordnung des wirtschaftlichen Eigentums auf Leasing-Geber und Leasing-Nehmer wie folgt geregelt.

Zuordnung des wirtschaftlichen Eigentums beim Finanzierungs-Leasing (Vollamortisationsverträge)			
Relation Grundmietzeit zu betriebsgewöhnlicher Nutzungsdauer	***ohne Option***	***mit Mietverlängerungsoption***	***mit Kaufoption***
< 40%	Leasing-Nehmer	Leasing-Nehmer	Leasing-Nehmer
zwischen 40% und 90%	Leasing-Geber	Leasing-Geber, falls Anschlussmiete angemessen	Leasing-Geber, falls Kaufpreis angemessen
> 90%	Leasing-Nehmer	Leasing-Nehmer	Leasing-Nehmer

Beim ***Spezial-Leasing*** ist das wirtschaftliche Eigentum generell dem Leasing-Nehmer zuzurechnen, da das Leasing-Objekt individuell auf ihn zugeschnitten ist, so dass es nach Ablauf der Grundmietzeit nur von ihm weitergenutzt werden kann. Der Leasing-Nehmer wird also in der Regel über das Objekt während der gesamten Nutzungsdauer verfügen.

Beträgt die unkündbare Grundmietzeit mehr als 90% der betriebsgewöhnlichen Nutzungsdauer, so verfügt auch hier der Leasing-Nehmer fast während der ganzen Nutzungsdauer über das Leasing-Objekt und ist daher als wirtschaftlicher Eigentümer einzustufen. Der Leasing-Geber ist von der tatsächlichen Verfügungsmacht über das Objekt praktisch voll ausgeschlossen. Eine Neuvermietung an einen anderen Leasing-Nehmer kommt kaum in Frage.

---

[1] Vgl. Mobilien-Leasing-Erlass, BdF 19.4.1971, BStBl. 1971 Teil I, S. 264. Auf den Immobilien-Leasing-Erlass für Vollamortisationsverträge (BMF-Schreiben 21.3.1972, BStBl. 1972 I S.188 ff.) kann hier nicht eingegangen werden.

Macht die vereinbarte Grundmietzeit weniger als 40% der Nutzungsdauer aus, so zahlt der Leasing-Nehmer innerhalb dieser relativ kurzen Zeit mehr als die gesamten Anschaffungs- und Finanzierungskosten des Leasing-Objekts. Dies wäre wirtschaftlich völlig unvernünftig, wenn er nicht im Anschluss an die Grundmietzeit von der Mietverlängerungsoption oder der Kaufoption zu günstigen Bedingungen Gebrauch machen würde. Enthält der Vertrag keine Option, so geht die Finanzverwaltung davon aus, dass entsprechende außervertragliche Vereinbarungen getroffen wurden. In allen Fällen ist der Leasing-Nehmer wirtschaftlicher Eigentümer, da von Anfang an feststeht, dass er das Objekt (fast) über die ganze Nutzungsdauer nutzen wird.

Beträgt die Grundmietzeit 40% bis zu 90%, so liegt der erwünschte Standardfall vor, der Leasing-Geber ist wirtschaftlicher Eigentümer, da eine Vermietung an einen anderen Leasing-Nehmer nach Ablauf der Grundmietzeit möglich ist. Das gleiche gilt, wenn der Kaufpreis bei vereinbarter Kaufoption oder die Anschlussmiete bei vereinbarter Mietverlängerungsoption angemessen ist, da dann völlig offen ist, ob der Leasing-Nehmer von der Option Gebrauch machen wird. Werden günstigere Konditionen vereinbart, so steht wiederum von Anfang an fest, dass der Leasing-Nehmer die Option nutzen wird, und ihm wird das wirtschaftliche Eigentum zugeordnet. Der Kaufpreis ist angemessen, wenn er mindestens dem Buchwert des Leasing-Objekts bei linearer Abschreibung am Ende der Grundmietzeit entspricht. Die Anschlussmiete ist angemessen, wenn sie mindestens den linearen Abschreibungen auf das Objekt im Mietverlängerungszeitraum entspricht.

Handelsrechtlich hat die Aktivierung des Leasing-Objekts ebenfalls beim wirtschaftlichen Eigentümer zu erfolgen. Im Einzelnen ist jedoch die Zuordnung des Leasing-Objekts in der Literatur umstritten. Aufgrund dieser Unsicherheiten folgt die derzeitige handelsrechtliche Bilanzierung weitgehend den steuerlichen Regelungen.

Fall 1: Bilanzierung beim Finanzierungs-Leasing mit Aktivierung beim Leasing-Geber (Regelfall)

Bilanz des Leasing-Gebers

Leasing-Objekt zu Anschaffungskosten	Verbindlichkeiten zur Finanzierung des Leasing-Objekts

Die Abschreibungen auf das Leasing-Objekt und Zinsen für ein eventuelles Bankdarlehen zur Finanzierung des Leasing-Objekts stellen beim Leasing-Geber Aufwand dar, die Leasing-Raten sind Erträge.

Bilanz des Leasing-Nehmers

-----	-----

Der Leasing-Nehmer kann die gesamten Leasing-Raten als Aufwand verbuchen. Eine eventuelle Sonderzahlung zu Beginn der Laufzeit stellt eine Mietvorauszahlung dar und ist über einen Rechnungsabgrenzungsposten (bei konstanten Leasingraten) linear auf die Grundmietzeit zu verteilen.

Fall 2: Bilanzierung beim Finanzierungs-Leasing mit Aktivierung beim Leasing-Nehmer („*Verunglücktes Finanzierungs-Leasing*")

Im Falle der Zuordnung des wirtschaftlichen Eigentums zum Leasing-Nehmer wird das Leasing steuerlich wie ein Kauf auf Raten behandelt, weil von Anfang an die (fast) ausschließliche Nutzung des Objekts durch den Leasing-Nehmer feststeht. Im Folgenden wird die Methode des BFH[1] vorgestellt. Auf die Darstellung der weiteren Möglichkeit, finanzmathematisch exakte Barwerte zu verwenden, wird der Einfachheit halber verzichtet. Auch die Umsatzsteuer bleibt unberücksichtigt.

Bilanz des Leasing-Nehmers

Leasing-Objekt zu Anschaffungskosten (= Summe der Tilgungsanteile an den Leasing-Raten)	Leasing-Verbindlichkeiten (= Summe der Tilgungsanteile an den Leasing-Raten)

Der Leasing-Geber ist gehalten, dem Leasing-Nehmer seine Anschaffungskosten für das Leasing-Objekt bzw. den (höheren) Betrag, der seiner Berechnung der Leasing-Raten zugrunde liegt, mitzuteilen. Der Leasing-Nehmer hat das Leasing-Objekt mit diesem Betrag (oder ggf. mit dem Listenpreis des Herstellers) zuzüglich etwaiger Anschaffungsnebenkosten (z. B. Fundamentierungskosten) zu aktivieren und planmäßig abzuschreiben. Der Zins- und Kostenanteil der Leasing-Raten ist als Aufwand zu verbuchen. Der Tilgungsanteil der Leasing-Raten vermindert erfolgsneutral schrittweise die Leasing-Verbindlichkeiten.

  Σ Leasingraten über die Grundmietzeit
– Σ Tilgungsanteile an den Raten (Kaufpreis, AK)
= Σ Zins- und Verwaltungskostenanteile an den Raten

Die Summe aller Leasing-Raten während der Grundmietzeit übersteigt die Leasing-Verbindlichkeit (= Summe aller Tilgungsanteile = Kaufpreis) um die Summe der Zins- und Kostenanteile. Aufgrund der Ähnlichkeit der konstanten Leasing-Rate mit einer Annuität, innerhalb derer der Zinsanteil wegen inzwischen getilgter Kreditteile im Zeitablauf abnimmt, der Tilgungsanteil dagegen zunimmt, schlägt der BFH bei seiner Methode eine zeitlich abnehmende Verteilung der Zins- und Kostensumme auf die Grundmietzeit vor. Die Verteilung soll arithmetisch-degressiv erfolgen („Zinsstaffelmethode"). Zunächst ist ein Degressionsbetrag D nach der Formel D = Zins-u. Kostensumme/ (n*(n+1)/2) zu berechnen, wobei n die Länge der Grundmietzeit in Jahren (oder Monaten) angibt.
Zins- und Kostenanteil der Leasingrate:

1. Jahr der Grundmietzeit:	n * D
2. Jahr der Grundmietzeit:	(n–1) * D
3. Jahr der Grundmietzeit:	(n–2) * D
....	
letztes Jahr der Grundmietzeit:	1 * D

Die Differenz zur konstanten Leasing-Rate entspricht in jedem Jahr dem zunehmenden Tilgungsanteil der Leasingrate. Eine eventuelle Sonderzahlung zu Beginn der Grundmietzeit ist analog zu den Zinsanteilen arithmetisch-degressiv auf die Grundmietzeit zu verteilen.

Bilanz des Leasing-Gebers

Leasing-Forderung (= Summe der Tilgungsanteile an den Leasing-Raten = Kaufpreisforderung)	Bankverbindlichkeiten zur Finanzierung des Leasing-Objekts

[1] Vgl. BFH 26.1.1970, BStBl. 1970 II S. 264 und BMF 13.12.1973, DB 1973, S. 2485.

Beim Leasing-Geber ist der Ablauf spiegelbildlich zu demjenigen beim Leasing-Nehmer. Der Zins- und Kostenanteil der Leasing-Raten stellt Ertrag dar, die Tilgungsanteile der Leasing-Raten vermindern erfolgsneutral schrittweise die Leasing-Forderung.

Aufgabe 41: Leasing

c) Finanzierungs-Leasing: Teilamortisationsverträge

Teilamortisationsverträge haben z. B. im Bereich des Kraftfahrzeug-Leasings eine immer größere Bedeutung erlangt. Bei diesen Verträgen besteht am Ende der Grundmietzeit noch ein ***Restamortisationsbetrag*** als Differenz zwischen den Gesamtkosten plus Gewinn des Leasing-Gebers und den während der Grundmietzeit vom Leasing-Nehmer gezahlten Leasing-Raten. Über die mögliche Verwertung des Leasing-Objekts am Ende der Vertragsdauer muss dann eine Vereinbarung getroffen werden. Es gibt eine Vielfalt von vertraglichen Möglichkeiten, wie der Leasing-Geber diesen Restamortisationsbetrag absichern kann. Die Reaktion der Finanzverwaltung auf diese Entwicklung stellt der ***Teilamortisations-Leasing-Erlass***[1] für bewegliche Wirtschaftsgüter dar, der jedoch nur drei Grundtypen von Verträgen regelt.

Gegenstand des Erlasses ist wiederum die Zuordnung des wirtschaftlichen Eigentums und damit der Aktivierungspflicht auf Leasing-Geber oder Leasing-Nehmer. Angestrebt wird in der Praxis auch hier die Aktivierung beim Leasing-Geber. Kriterium für die Zuordnung des wirtschaftlichen Eigentums ist dabei, wer die Chance auf etwaige Wertsteigerungen des Leasing-Objektes hat. In diesem Erlass werden folgende Vertragstypen von Teilamortisationsverträgen unterschieden:

(1) Verträge mit Andienungsrecht des Leasing-Gebers

Der Leasing-Geber hat das Recht, nach Vertragsablauf das Leasing-Objekt dem Leasing-Nehmer zu einem im Voraus vereinbarten Kaufpreis (= kalkulierter Restwert des Objekts) anzubieten. Der Leasing-Nehmer muss das Angebot akzeptieren. Der Leasing-Geber wird das Leasing-Objekt dem Leasing-Nehmer nur dann andienen, wenn der Zeitwert (Marktpreis) unter dem vereinbarten Kaufpreis liegt. Im umgekehrten Fall wird der Leasing-Geber das Objekt am Markt veräußern. Der Leasing-Nehmer trägt somit das Risiko der Wertminderung, der Leasing-Geber hat dagegen die Chance auf eventuelle Wertsteigerungen. In diesen Fällen wird das wirtschaftliche Eigentum dem Leasinggeber zugeordnet.

(2) Verträge mit Aufteilung des Mehrerlöses

Das Leasing-Objekt wird am Ende der Vertragslaufzeit veräußert. Liegt der Zeitwert (Marktpreis) unter dem kalkulierten Restwert, so muss der Leasing-Nehmer die Differenz nachschießen, er trägt also allein das Risiko. Das wirtschaftliche Eigentum wird dem Leasing-Geber zugerechnet, wenn dieser mindestens 25% eines etwaigen Mehrerlöses erhält, somit also eine nicht unwesentliche Gewinnchance völlig ohne Risiko besitzt.

---

[1] Vgl. BMF-Schreiben v. 22.12.1975, BB 1976, S. 72. Auf den Teilamortisations-Leasing-Erlass für Immobilien kann hier nicht eingegangen werden, vgl. BMF-Schreiben v. 23.12.1991, BStBl. 1992 I, S. 13.

(3) Verträge mit Kündigungsrecht des Leasing-Nehmers

Hier besteht eine Kündigungsmöglichkeit des Leasing-Nehmers frühestens nach Ablauf der Grundmietzeit (von 40% der betriebsgewöhnlichen Nutzungsdauer). Wirtschaftlicher Eigentümer des Leasing-Objekts ist der Leasing-Geber, falls der Leasing-Nehmer im Falle der Kündigung durch eine Schlusszahlung alle noch nicht gedeckten Kosten (Restamortisation) des Leasing-Gebers tragen muss. Auf die Schlusszahlung kann maximal 90% des vom Leasing-Geber erzielten Verkaufserlöses angerechnet werden. Der Leasing-Nehmer erhält dagegen keinen Anteil an einem eventuellen Mehrerlös.

IV Bilanzierung und Bewertung einzelner Positionen des Umlaufvermögens

Lernziele:

Der Leser soll

- *die Inhalte der Bilanzposten des Umlaufvermögens erfassen*
- *sich die verschiedenen im Umlaufvermögen angewandten Bewertungsvereinfachungsverfahren aneignen und deren Zulässigkeit erfahren.*

1. Die Bilanzierung und Bewertung der einzelnen Positionen

a) Vorräte

Zu den Vorräten gehören:

1. Roh-, Hilfs- und Betriebsstoffe:
   Rohstoffe bilden den Hauptbestandteil des Produktes (z. B. Holz, Metall), während Hilfsstoffe nur ergänzend benötigt werden (z. B. Leim, Nägel). Betriebsstoffe werden während des Produktionsprozesses verbraucht, ohne in das Erzeugnis einzugehen (z. B. Schmierstoffe, Treibstoffe).

2. unfertige Erzeugnisse und unfertige Leistungen:
   Bei diesen hat eine Be- oder Verarbeitung von Rohstoffen bereits stattgefunden, sie ist jedoch am Bilanzstichtag noch nicht beendet. Da noch nicht abgerechnete Dienstleistungen keine Sachen sind, sondern Forderungen, diente eine Untergliederung des Postens dem Grundsatz der Bilanzklarheit, sofern beide Positionen im Unternehmen vorkommen.

3. fertige Erzeugnisse und Waren:
   Hier sind verkaufs- und versandfertige Produkte auszuweisen. Ein Ausweis als Forderungen L.u.L. erfolgt erst nach Auslieferung der Produkte.[1]

4. geleistete Anzahlungen:
   Geleistete Anzahlungen des Unternehmens an einen Lieferanten haben Forderungscharakter, da die Lieferung oder Leistung des Lieferanten noch nicht erbracht worden ist. Sie sind gem. § 266 HGB zwecks Erhöhung des Informationsgehalts jeweils bei den Positionen auszuweisen, auf die sie sich beziehen. Hier sind also nur Anzahlungen auf Vorräte.

---

[1] Vgl. Erster Teil Kapitel A.III.2.b)(4).

b) Forderungen

(1) Wertberichtigungen auf Forderungen

Forderungen sind mit dem Nominalbetrag zu bewerten bzw. mit dem gemäß § 253 Abs. 4 HGB beizulegenden Wert am Bilanzstichtag. Dieser entspricht bei Forderungen, deren Eingang zweifelhaft ist, dem wahrscheinlichen Wert des Zahlungseingangs. Auf diesen muss die Forderung ***einzelwertberichtigt*** werden. Dazu ist eine von Dritten nachprüfbare Beurteilung der Bonität des Kunden auf der Basis objektiver Anhaltspunkte notwendig. Handelt es sich um eine *uneinbringliche Forderung*, weil z. B. der Schuldner Konkurs angemeldet hat und dieser mangels Masse abgelehnt wurde oder weil eine fruchtlose Zwangsvollstreckung betrieben wurde oder ein entsprechender Prozess verloren wurde, so ist diese Forderung gänzlich abzuschreiben. Dabei sind ***Wert aufhellende Ereignisse*** bis zum Tag der Bilanzaufstellung zu berücksichtigen, nicht jedoch Wert beeinflussende Faktoren nach dem Bilanzstichtag (vgl. Erster Teil Kapitel A.III.2.b)(5)). Die Umsatzsteuerverbindlichkeiten auf die uneinbringlichen Forderungen sind gemäß § 17 Abs. 2 Nr. 1 UStG zu berichtigen. Die entsprechenden Buchungen erfolgen i. d. R. am Jahresende im Rahmen der vorbereitenden Abschlussbuchungen.

Eine andere Möglichkeit, Wert mindernde Faktoren zu berücksichtigen, ist die Bildung von ***Pauschalwertberichtigungen auf Forderungen („Delkredere")***. Als prozentualer Abschlag von der Summe aller nicht einzelwertberichtigten Forderungen werden pauschal Forderungsausfallrisiken, Zahlungsverzögerungen, Zinslosigkeit, Mahnkosten etc. berücksichtigt. Während handelsrechtlich das Vorsichtsprinzip eine eher zu hohe als zu niedrige Schätzung des wahrscheinlichen Forderungsausfalls verlangt, wird steuerlich als Pauschalwertberichtigung zu Forderungen nur derjenige Prozentsatz anerkannt, der aufgrund der tatsächlichen Forderungsausfälle in der Vergangenheit nachweisbar ist. Hierdurch können sich Unterschiede zwischen Handels- und Steuerbilanz ergeben.

(2) Fremdwährungsforderungen

Fremdwährungsforderungen (Valutaforderungen) sind solche Forderungen, die in ausländischer Währung vom Schuldner zu erfüllen sind. Daher müssen die Valutaforderungen mit Hilfe des Wechselkurses umgerechnet werden. Maßgebend zur Berechnung der Anschaffungskosten ist im Falle der Forderungen der Briefkurs vom Tag der Lieferung oder Ausleihung.

Definition:

> Zum ***Geldkurs*** kaufen die Banken Euro gegen ausländische Devisen und Sorten von ihren Kunden an.
> Der ***Briefkurs*** ist der Wechselkurs, zu dem die Banken dem Publikum Euro gegen ausländische Devisen und Sorten anbieten[1].
> Der Briefkurs ist um die sog. Marge („spread") höher als der Geldkurs.

[1] Seit der Euro-Einführung (1.1.1999) haben sich die Begriffe umgekehrt, da die Wechselkursangabe nun in der sog. Mengennotierung mit dem Euro als Basiseinheit erfolgt, also z. B. 1 EUR = 0,95 USD (Geld) und 1 EUR = 0,97 USD (Brief). Der Briefkurs ist nun der Angebotskurs der Bank für Euro und nicht mehr der Angebotskurs für US-Dollar. Dagegen ist der Geldkurs der Nachfragekurs nach Euro aus Sicht der Bank. Bezogen auf die ausländische Währung ist somit der reziproke Euro-Geldkurs der Devisenverkaufskurs der Bank und damit der für Käufe in Fremdwährung relevante Kurs (hier: 1 USD = 1,0526 EUR). Wirtschaftlich hat sich nichts geändert, da die Bank nach wie vor mehr Euro für 1 US-Dollar verlangt, als sie dafür zahlt.

Der Briefkurs ist also deshalb relevant, weil der Forderungsinhaber nach Erhalt des Erfüllungsbetrags die empfangenen Devisen einer Bank zum Ankauf anbieten bzw. Euro nachfragen wird.

Bei einer voraussichtlich dauernden Euro-Aufwertung besteht ein Abschreibungswahlrecht auf den niedrigeren Teilwert (§ 6 Abs. 1 Nr. 1 u. 2 EStG). Da handelsrechtlich im Falle von Forderungen des Umlaufvermögens das strenge Niederstwertprinzip zu beachten ist, führt das Maßgeblichkeitsprinzip dazu, dass die handelsrechtliche Abwertungspflicht das steuerrechtliche Wahlrecht überlagert und daher auch in der Steuerbilanz anzuwenden ist.[1]

Die Buchung im Fall einer Abschreibung lautet:
<u>BS:</u> Sonstige betriebliche Aufwendungen (Währungsverluste) an Forderungen.

<u>Beispielaufgabe:</u>

Die LowTech liefert am 30.8.01 an die schweizerische Firma Pipa Geige Messinstrumente auf Ziel. Die Fakturierung erfolgt in Schweizer Franken (SFR), der Rechnungsbetrag beläuft sich auf 1 Mio. SFR. Briefkurs am Tag der Lieferung (= Buchungstag): 1 EUR = 0,8333 SFR und Geldkurs am selben Tag: 1 EUR = 0,8 SFR. Am Bilanzstichtag (31.12.01) betragen die Kurse: 1 EUR = 1,00 SFR (Briefkurs) und 1 EUR = 0,9524 EUR (Geldkurs). Wie kann oder muss die Fremdwährungsverbindlichkeit am Bilanzstichtag bewertet werden, wenn es sich um

a) einen kurzfristigen Lieferantenkredit

b) eine langfristige Ausleihung (Laufzeit: 10 Jahre) handelt? Geben Sie auch die Buchungssätze an.

<u>Lösung:</u>

<u>Zu a:</u> Die kurzfristige Forderung L.u.L. ist mit 1,2 Mio EUR einzubuchen und am Bilanzstichtag mit 1 Mio EUR zu bewerten. Steuerrechtlich besteht bei voraussichtlich nachhaltiger Wechselkursänderung ein Wahlrecht zur Teilwertabschreibung, das von der handelsrechtlichen Abwertungspflicht nach dem strengen Niederstwertprinzip (§ 253 Abs. 4 HGB) überlagert wird.[2] Zu vergleichen ist der EUR-Forderungsbetrag umgerechnet zum Briefkurs am Tag des Entstehens (Lieferung; Erstverbuchung) (1.200.000 EUR) mit dem Forderungsbetrag umgerechnet zum Briefkurs am Bilanzstichtag (1.000.000 EUR), der niedrigere EUR-Betrag ist anzusetzen.

<u>BS:</u>	Forderungen L.u.L.	1.200.000 EUR	
	an Umsatzerlöse		1.200.000 EUR.
<u>BS:</u>	Sonstige betriebliche Aufwendungen		
	(Währungsverluste)	200.000 EUR	
	an Forderungen L.u.L.		200.000 EUR.

<u>Zu b):</u> Wird die EUR-Aufwertung als dauerhaft bzw. nachhaltig angesehen, so besteht in der Steuerbilanz ein Wahlrecht zur Wertberichtigung bzw. Teilwertabschreibung und handelsrechtlich nach dem Imparitätsprinzip bzw. § 253 Abs. 3 HGB eine Verpflichtung zur Abwertung der Ausleihung (Anlagevermögen) wie unter a). Ist die Kursänderung voraussichtlich vorübergehend, so darf in der Steuerbilanz der bisherige Buchwert der Forderung nicht verändert werden. In der Handelsbilanz besteht ein Wahlrecht.

Aufgabe 42: Fremdwährungsforderungen

[1] Das Wahlrecht könnte nach dem Wortlaut des § 5 Abs. 1 2. Halbs. EStG auch unabhängig von der HB ausgeübt werden.

[2] Wie vorige Fußnote.

2. Bewertungsmethoden

a) Festwert

Definition:

> Unter ***Festbewertung*** versteht man den Ansatz mehrerer Vermögensgegenstände mit einem gleich bleibenden Wert und einer gleich bleibenden Menge, unabhängig von den tatsächlichen Wert- und Mengenveränderungen.

Alle Zugänge zum Festwert werden als Aufwand, nicht aber als Abschreibung, alle Abgänge (Veräußerungen) als Ertrag gebucht. Der Festwert selbst bleibt unberührt.

Zugang: *BS:* Aufwand für RHB-Stoffe an Bank

Abgang (Veräußerung): *BS:* Bank an sonstige betriebliche Erträge.

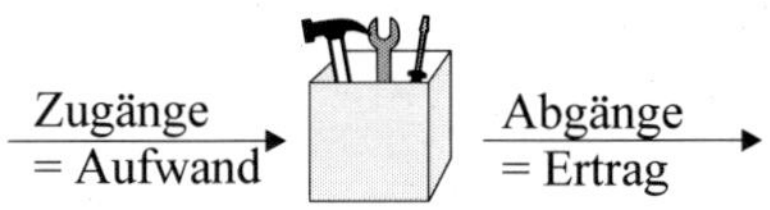

Die Bildung von Festwerten ist zwecks Erleichterung der Inventur gemäß § 240 Abs. 3 HGB und nach R 5.4 Abs. 4 sowie H 5.4 u. H 6.8 „Festwert" EStH zulässig. Die damit verbundene Durchbrechung des Grundsatzes der Einzelbewertung wird durch den Grundsatz der Wesentlichkeit/Wirtschaftlichkeit begründet. Dieses Vorgehen ist nur dann gerechtfertigt, wenn der Mehrarbeitsaufwand, den eine Einzelbewertung verursachen würde, in keinem Verhältnis zur Verbesserung der Genauigkeit und zur wertmäßigen Bedeutung dieser Wirtschaftsgüter steht. Entsprechend ist die Festbewertung auch nur unter folgenden Voraussetzungen zulässig (§ 240 Abs. 3 HGB):

1. die Vermögensgegenstände werden regelmäßig ersetzt,
2. der Gesamtwert der mit einem Festwert bewerteten Vermögensgegenstände ist für das Unternehmen von nachrangiger Bedeutung,
3. der Bestand unterliegt in seiner Größe, seinem Wert und seiner Zusammensetzung nur geringen Veränderungen.

Die Bildung von Festwerten als Mittel gegen das Entstehen von Scheingewinnen aufgrund von Preissteigerungen ist nach H 6.8 „Festwert" EStH nicht zulässig.

Nach § 240 Abs. 3 ist der mögliche Anwendungsbereich der Festbewertung folgender:

Anwendungsbereich	***Beispiele***
im Anlagevermögen: *Sachanlagevermögen*	Gerüst- und Schalungsteile, Werkzeuge, Schreibmaschinen, Rechenmaschinen, Beleuchtung, Stromleitungen, Bettwäsche im Hotel, Gleisanlagen
im Umlaufvermögen: *Roh-, Hilfs- und Betriebsstoffe*	Schrauben, Nägel, Leim, Blech, Holz, Farbe, Schmierstoffe, Heizöl, Gase

Eine Festwertbildung ist demzufolge dann nicht erlaubt, wenn es sich um besonders wertvolle Gegenstände (z. B. Edelmetalle, maschinelle Anlagen etc.) oder um leicht verderbliche Güter (der Bestand ändert sich häufig in Wert und Zusammensetzung) handelt.

Im Anlagevermögen wird der Festwert im Falle linearer Abschreibung meist zu 50% der Anschaffungs- oder Herstellungskosten entsprechend der durchschnittlichen Höhe der Restwerte (Kapitalbindung) angesetzt, beim Umlaufvermögen entspricht der Festwert 100% der Anschaffungs- oder Herstellungskosten. Das Anlagevermögen, das den Festwert bilden soll, wird so lange abgeschrieben, bis 50% der Anschaffungskosten erreicht sind. Anschließend werden die Zugänge als sonstige betriebliche Aufwendungen gebucht.

Im Hinblick auf den Grundsatz der Richtigkeit sowie den Grundsatz der Vorsicht muss in der Regel an jedem dritten, spätestens an jedem fünften Bilanzstichtag, eine körperliche Bestandsaufnahme durchgeführt werden (§ 240 Abs. 3 HGB, R 5.4 Abs. 4 Satz 1 EStR). Liegt der so ermittelte Wert mehr als 10% oberhalb des bisherigen Festwertes, so muss dieser angepasst werden, beträgt die Differenz bis zu 10%, so besteht eine Anpassungswahlrecht. Unterschreitet der tatsächliche Inventurwert den Festwert, so besteht ein Herabsetzungswahlrecht (R 5.4 Abs. 4 Sätze 2–5 EStR). Beim Festwert handelt es sich um die vereinfacht ermittelten Anschaffungskosten, so dass im zweiten Schritt die Möglichkeit einer Teilwertabschreibung gemäß § 6 Abs. 1 Nr. 1 u. 2 EStG zu prüfen ist.

Die Herabsetzung des Festwerts erfolgt im Umlaufvermögen durch eine zusätzliche Aufwandsbuchung, im Anlagevermögen durch eine Abschreibung und/oder einen Abgang bei Mengenänderungen. Die Heraufsetzung erfolgt durch Stornierung der als Aufwand gebuchten Zugänge des gerade abgelaufenen Geschäftsjahres und Durchführung von Zugangsbuchungen zum Festwert im laufenden Geschäftsjahr, bis dieser die erforderliche Höhe erreicht hat. Falls die Zugänge nicht ausreichen, so ist dieselbe Prozedur im Folgejahr fortzusetzen. Hat der Festwert die richtige Höhe erreicht, dann sind die weiteren Zugänge wieder als Aufwand zu buchen.

Aufgabe 42: Festwert

b) Retrograde Ermittlung der Anschaffungskosten

Die retrograde Ermittlung der Anschaffungskosten („Verkaufswertverfahren") ist eine wichtige handels- und steuerrechtlich zulässige Vereinfachungsmöglichkeit insbesondere für Handelsbetriebe. Sofern noch nicht mit sog. Strich-Kodierungen für Scanner gearbeitet wird, ist es nämlich nicht möglich, bei den einzelnen Waren neben dem Verkaufspreis noch den bei der Inventur benötigten Einstandspreis auszuzeichnen. Es ist daher *handels- und steuerrechtlich* zulässig, den Einstandspreis durch Abschlag des Rohgewinnaufschlags vom Verkaufspreis zu ermitteln. Dies ist allerdings nur möglich, wenn bei bestimmten Warengruppen mit einem einheitlichen Gewinnaufschlag gearbeitet wird.

Beispiel:

Anschaffungskosten (Einstandspreis)	100 EUR
+ Rohgewinnaufschlag (100%)	100 EUR
= Verkaufspreis	200 EUR

Rohgewinn-Abschlag vom Verkaufspreis zur retrograden Ermittlung der Anschaffungskosten: 100 : 200 = 0,5 bzw. 50%.

Probleme ergeben sich allerdings dann, wenn preisreduzierte Ware zu bewerten ist. Beträgt im obigen Beispiel der reduzierte Warenpreis 150 EUR, so führte ein Abschlag in Höhe der üblichen Handelsspanne zu falschen Anschaffungskosten in Höhe von 75 EUR. Die tatsächliche Handelsspanne beträgt in diesem Fall nur 33,33%. Während in der Literatur auch der Abschlag der normalen Handelsspanne für zulässig angesehen wird, verlangt die Finanzverwaltung die Anwendung der reduzierten tatsächlichen Handelsspanne, die zu den richtigen Einstandspreisen führt (H 6.2 „Waren“ EStH).

c) Verfahren der Sammelbewertung

(1) Durchschnittspreisverfahren

Beim Durchschnittspreisverfahren handelt es sich um eine Ausnahme vom Einzelbewertungsgrundsatz mit dem Ziel, die Bewertung des Inventars (§ 240 Abs. 4 HGB) sowie die Bewertung in der Bilanz (§ 256 Satz 2 HGB) zu vereinfachen.

Für vertretbare Wirtschaftsgüter des Vorratsvermögens mit schwankendem Einstandspreis, die nach Maß, Zahl oder Gewicht bestimmt zu werden pflegen (§ 91 BGB), stellt die Durchschnittsbewertung (Bewertung nach dem ***gewogenen Mittel*** der im Laufe des Wirtschaftsjahrs erworbenen und gegebenenfalls zu Beginn des Wirtschaftsjahrs vorhandenen Wirtschaftsgüter) ein zweckentsprechendes Schätzungsverfahren dar (R 6.8 Abs. 3 Satz 3 EStR).

Beispiel:

Mengen (Paar Socken)	*Preis pro Mengeneinheit*	*Gesamtwert*
Anfangsbestand: 1.000 Paar	à 1,50 EUR	1.500 EUR
Zugang: 500 Paar	à 3,00 EUR	1.500 EUR
Summe: 1.500 Paar		3.000 EUR

Der gewogenen Durchschnittswert beträgt 3.000 EUR : 1.500 Paar Socken = 2,00 EUR pro Paar Socken. Ein angenommener Endbestand von 1.000 Paar Socken am Bilanzstichtag ist also mit 2.000 EUR zu bewerten.

Auch können gleichartige – nicht notwendigerweise auch gleichwertige – Wirtschaftsgüter des Vorratsvermögens, für die ein Durchschnittswert leicht feststellbar bzw. aus der Erfahrung bekannt ist, zu einer Gruppe zusammengefasst und zwecks Erleichterung von Inventur und Bewertung mit dem Durchschnittswert bewertet werden (R 6.8 Abs. 4 Satz 1 EStR). Dies könnte also auch ein einfacher Durchschnittswert sein. Ebenso ist für bewegliche Wirtschaftsgüter des Anlagevermögens eine ***Gruppenbewertung*** für die Aufnahme in das Bestandsverzeichnis (Anlagenkartei) möglich, sofern „sie in demselben Wirtschaftsjahr angeschafft (worden) sind, die gleiche Nutzungsdauer und die gleichen Anschaffungskosten haben und nach der gleichen Methode abgeschrieben werden“ (R 5.4 Abs. 2 EStR). Außerdem ist die Durchschnittsbewertung für Wertpapiere des Umlauf- und des Anlagevermögens derselben Gattung zulässig (BFH 24.11.1993, BStBl. 1994 II S. 591).

Der Anwendungsbereich der Gruppenbewertung ist in § 240 Abs. 4 HGB angegeben:
- gleichartige Vermögensgegenstände des Vorratsvermögens (Roh-, Hilfs- und Betriebsstoffe, unfertige und fertige Erzeugnisse, Waren) sowie
- andere gleichartige oder annähernd gleichwertige bewegliche Vermögensgegenstände des Anlage- und Umlaufvermögens.

Das bedeutet also eine Anwendbarkeit der Gruppenbewertung auf alle beweglichen Vermögensgegenstände, die gleichartig sind, insbesondere auch auf Wertpapiere des Anlage- und Umlaufvermögens. Ausgenommen sind nur Immobilien, weil bei diesen aufgrund ihrer erheblichen Preisabweichungen und ihrer geringen Zahl kaum mit einem Ausgleich positiver und negativer Abweichungen vom gewogenen Durchschnittswert zu rechnen ist.

Unter ***gleichartigen Vermögensgegenständen*** sind solche zu verstehen, die der gleichen Warengattung angehören, also z. B. verschiedene Ausführungen und Qualitäten von Socken, Hosen, Krawatten, Gläsern, Schokolade, Porzellan etc., oder solche, die den gleichen Verwendungszweck erfüllen, z. B. Bierkisten aus Kunststoff oder Holz, Werkzeuge mit Metall- oder Kunststoffgriffen bzw. -gehäusen. Eine annähernde Gleichwertigkeit muss steuerrechtlich zusätzlich nicht gegeben sein (R 6.8 Abs. 4 Satz 3 EStR). Handelsrechtlich führt der Gesetzeswortlaut zu derselben Feststellung. M.E. verlangt der Grundsatz der Richtigkeit sowohl das Vorliegen von Gleichartigkeit als auch von annähernder Gleichwertigkeit, denn Wirtschaftlichkeitserwägungen dürfen nicht dazu führen, dass die Wertansätze völlig verzerrt sind (vgl. ADS § 240 Tz. 127 ff.). So ist z. B. eine Zusammenfassung von Plastik- und Silberlöffeln, die funktionsgleich sind, zu einer Gruppe m.E. nicht zulässig und wird in der Praxis auch nicht vorgenommen, da u. U. ein Plastiklöffel in der Bilanz mit einem Durchschnittspreis bewertet wird, der ein Vielfaches der sehr geringen tatsächlichen Anschaffungskosten ausmacht. Im Zusammenhang mit der lifo-Methode gelten offenbar abweichend von R 6.8 Abs. 4 Satz 3 EStR im Steuerrecht die gleichen Überlegungen (vgl. R 6.9 Abs. 3 Sätze 3 u. 4 EStR).

Darüber hinaus ist eine Anwendung bei ***gleichwertigen beweglichen Vermögensgegenständen*** zulässig, die nicht zum Vorratsvermögen gehören, also bei Maschinen, Betriebsvorrichtungen, Werkzeugen. Gleichwertig sind Gegenstände, wenn ihre Preise am Bilanzstichtag nicht wesentlich voneinander abweichen, d. h. nach h.M. bis zu 20%, sofern es sich nicht um große absolute Beträge handelt. Eine Gleichartigkeit muss zusätzlich nicht gegeben sein. Auch hier ist es sinnvoll, nicht zu verschiedenartige Gegenstände zu einer Gruppe zusammenzufassen, entsprechend den Grundsätzen der Klarheit und Richtigkeit zumindest nicht Gegenstände verschiedener Bilanzpositionen. So können zwar Aktien verschiedener Emittenten bei Gleichwertigkeit zu einer Gruppe zusammengefasst werden, nicht jedoch Aktien und festverzinsliche Wertpapiere.

Auch wenn die Durchschnittsbewertung *handelsrechtlich* nur im Rahmen der Gruppenbewertung (§ 240 Abs. 4 i. V. m. § 256 HGB) gesetzlich ausdrücklich geregelt ist, ist deren handelsrechtlicher Anwendungsbereich infolge kaufmännischer Übung ***(Grundsatz der Wirtschaftlichkeit)*** für alle beweglichen Vermögensgegenstände des Umlauf- und Anlagevermögens erweitert. Dies gilt auch für Wertpapiere derselben Gattung im Anlage- und Umlaufvermögen. Somit stimmen handels- und steuerrechtlicher Anwendungsbereich überein.

Merke:

Die Bewertung mit dem Durchschnittswert stellt die steuerliche Standardmethode für gleichartige bewegliche Wirtschaftsgüter des Umlauf- und Anlagevermögens dar.

Es gibt zwei Varianten der Durchschnittspreismethode. Bei der einfacher zu handhabenden Variante (***„Perioden-Durchschnittspreismethode“*** oder „Perioden-Durchschnittsbewertung“) wird der gewogene Durchschnittspreis erst am Jahresende ermittelt und der Endbestand damit bewertet. Auch alle verbrauchten Mengen werden mit demselben Durchschnittspreis bewertet. Bei der zweiten Variante wird vor jedem Lagerabgang (Verbrauch) ein neuer gewogener Durchschnittspreis berechnet, so dass die Verbräuche mit unterschiedlichen Preisen bewertet werden, wenn zwischen den Verbrauchszeitpunkten Zugänge zu anderen Preisen liegen. Der Endbestand wird mit dem zuletzt berechneten Durchschnittspreis angesetzt. (***„Permanente Durchschnittspreismethode“*** oder „Gleitende Durchschnittsbewertung“). Ein umfassendes Zahlenbeispiel folgt im nächsten Kapitel.

(2) Verbrauchsfolgeverfahren

Die Sammelbewertungsverfahren nach der Verbrauchsfolge führen dadurch zu einer Vereinfachung der Bewertung in der Bilanz, dass eine bestimmte einfache Verbrauchsfolge unterstellt werden kann, die nicht unbedingt der tatsächlichen entsprechen muss. Die Anwendbarkeit ist handelsrechtlich auf gleichartige Vermögensgegenstände des Vorratsvermögens begrenzt. In § 256 HGB ausdrücklich als zulässig genannt werden das fifo- und das lifo-Verfahren.

Grundsätzlich besteht die Vorstellung, dass z. B. die Roh-, Hilfs- und Betriebs-Stoffe vom Lieferanten angeliefert werden und in das Lager hineingelangen („in“), wonach sie später aus dem Lager herausgenommen werden („out“), um im Produktionsbereich eingesetzt und verbraucht zu werden. Bezugspunkt der Formulierung ist also das Rohstoff-, Erzeugnis- oder Warenlager. Bei jedem Verfahren gibt es genauso wie bei der Durchschnittspreismethode sowohl eine Perioden-Variante als auch eine Permanent-Variante. Bei der fifo-Methode führen beide Varianten immer zu demselben Ergebnis.

Bei der ***fifo-Methode*** wird angenommen, dass die Gegenstände, die zuerst angeschafft oder hergestellt wurden, zuerst verbraucht oder veräußert werden („first in – first out“). Dahinter steht die Vorstellung einer Silo-Lagerung: Das Getreide wird von oben eingefüllt und von unten wieder entnommen. Ein anderes Beispiel findet man im Frischeregal eines Lebensmittel-Ladens, in dem die Frischmilch auf Rollen lagert und die von hinten nachgefüllten Packungen immer weiter nach vorne geschoben werden. Folge dieser angenommenen Verbrauchsfolge ist, dass die am Bilanzstichtag noch vorhandenen Mengen aus den letzten Lagerzugängen stammen und mit entsprechend aktuellen Preisen bewertet werden. Dass bei tendenziell fallenden Preisen die fifo-Methode zu einer niedrigen Bestandsbewertung führt, zeigt folgendes Diagramm:

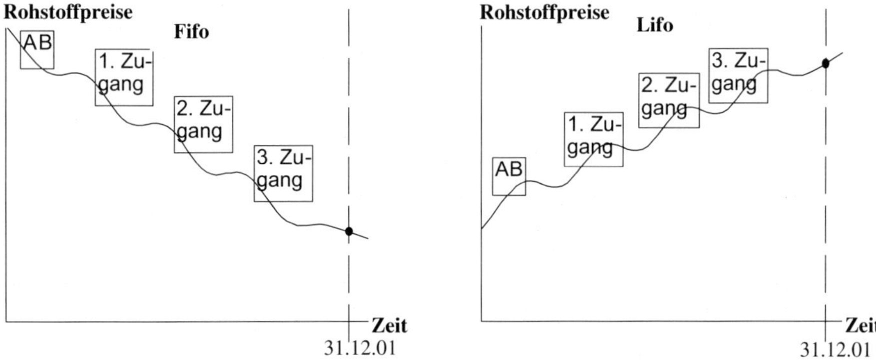

Bei der lifo-Methode wird unterstellt, dass die Gegenstände, die zuletzt angeschafft oder hergestellt wurden, zuerst verbraucht oder veräußert werden („last in – first out"). Die zugrunde liegende Vorstellung ist die Haldenlagerung bei Kohle, Kies, Sand etc. Entnehmbar sind nur die zuletzt oben auf die Halde aufgefüllten Mengen. Die Konsequenz dieser unterstellten Verbrauchsfolge ist, dass die am Bilanzstichtag noch vorhandenen Mengen aus dem Anfangs-Lagerbestand und den ersten Lagerzugängen stammen und daher mit sehr weit zurückliegenden Preisen bewertet werden. Bei tendenziell steigenden Preisen werden also die Bestände relativ niedrig bewertet (vgl. obiges Diagramm), die Verbräuche dagegen relativ hoch.

Während bei der Permanten-lifo-Methode immer zuerst die Verbrauchsbewertung zu erfolgen hat, kann beim Perioden-lifo-Verfahren zwecks einfacherer Ermittlung auch zuerst der Endbestand bewertet werden. Ist dieser nämlich kleiner oder gleich dem Anfangsbestand, so kann der Wert pro Mengeneinheit des Anfangsbestandes übernommen werden.

Die *steuerrechtliche* Standardmethode ist, wie bereits erwähnt, die Durchschnittsbewertung. Von den Verbrauchsfolgeverfahren ist lediglich bei gleichartigen Wirtschaftsgütern des Vorratsvermögens die ***lifo-Methode*** zulässig (§ 6 Abs. 1 Nr. 2a EStG), und zwar in allen ihren Varianten (R 6.9 Abs. 4 EStR). Voraussetzung für deren Anwendung ist insbesondere, dass die Anwendung der lifo-Methode den handelsrechtlichen Grundsätzen ordnungsmäßiger Buchführung entsprechen muss. Da sowohl in der Handels- als auch in der Steuerbilanz die lifo-Methode gewählt werden kann, gilt das Maßgeblichkeitsprinzip (§ 5 Abs. 1 S. 1 EStG).[1] Alle anderen Verbrauchsfolgeverfahren außer der lifo-Methode sind gemäß R 6.9 Abs. 1 EStR (unterstellte Verbrauchsfolge) und R 6.8 Abs. 4 Satz 6 EStR (tatsächliche Verbrauchsfolge) steuerlich unzulässig. Wird also in der Handelsbilanz die fifo-Methode gewählt, so muss in der Steuerbilanz die Durchschnittspreisbewertung als Standardmethode angewandt werden (Bewertungsvorbehalt § 5 Abs. 6 EStG).

Bei der Perioden-lifo-Methode mit Layer (=Schichten)-Ausweis wird die jeweilige Mehrmenge am Ende eines Jahres gegenüber dem Jahresanfangsbestand selbständig bewertet und separat fortgeführt, so dass unterschiedlich bewertete Bestandsposten entstehen. Bei einem Jahresendbestand, der kleiner als der Jahresanfangsbestand ist, werden nicht nur die Zugänge der Periode als Verbräuche gebucht, sondern auch die letzten Bestandserhöhungen (layer) mit ihren jeweiligen Anschaffungskosten. Bei stetig steigenden Preisen werden dadurch Teile der stillen Reserven aufgelöst.

Merke:

> Die Differenz zwischen dem Wert des Anfangsbestands plus alle Zugänge des Jahres einerseits und dem Wert des Endbestandes andererseits entspricht generell dem Wert der Verbräuche des gesamten Jahres.

Beispielaufgabe zu allen Sammelbewertungsverfahren:

Für einen Rohstoff (Schüttgut) wurde bei der Inventur zum 31.12.00 ein Bestand von 1.000 kg ermittelt, der mit EUR 15,- pro kg bewertet wurde.

Für das Jahr 01 ergeben sich folgende Lagerbewegungen:

Zugang 1. 3.	10.000 kg	zu EUR 11,70 pro kg
Abgang 4. 6.	7.000 kg	
Zugang 5. 9.	9.000 kg	zu EUR 16,00 pro kg
Zugang 3.12.	5.000 kg	zu EUR 14,80 pro kg.

[1] Nach dem Gesetzeswortlaut könnte die lifo-Methode in der StB auch dann angewendet werden, wenn dies in der HB nicht der Fall ist (§ 5 Abs. 1 2. Halbs. EStG).

Ermitteln Sie die Anschaffungskosten des Bestands zum 31.12.01 insgesamt und je kg

a) nach der Perioden-Durchschnittspreismethode
b) nach der Permanenten Durchschnittspreismethode
c) nach der fifo-Methode
d) nach der Perioden-lifo-Methode
e) nach der Permanenten lifo-Methode
f) nach der Perioden-lifo-Methode mit Layer

In welcher Höhe ist der Rohstoff-Endbestand in Handels- und Steuerbilanz bei jedem der Verfahren insgesamt und je kg zu bewerten, wenn der Wiederbeschaffungspreis am 31.12.01 EUR 14,50 beträgt?

Lösung:

ad a) Perioden-Durchschnittspreismethode

	Menge (kg)	*Preis (EUR pro kg)*	*Wert in EUR*
Anfangsbestand	1.000	15,00	15.000,-
Zugang 1. 3.01	10.000	11,70	117.000,-
Zugang 5. 9.01	9.000	16,00	144.000,-
Zugang 3.12.01	5.000	14,80	74.000,-
Summe	25.000		350.000,-

Gewogener Durchschnittspreis = 350.000,- : 25.000 kg = 14,- EUR pro kg.
Endbestand: 18.000 kg * 14,- EUR pro kg = 252.000,- EUR
Keine Abwertung des Endbestands, da der Tagespreis höher liegt.
Verbrauch = 7.000 kg * 14,- EUR pro kg = 98.000,-EUR (= 350.000 – 252.000)

ad b) Permanente Durchschnittspreismethode

	Menge (kg)	*Preis (EUR pro kg)*	*Wert in EUR*
Anfangsbestand	1.000	15,-	15.000,-
Zugang 1.3.01	10.000	11,70	117.000,-
Bestand	11.000		132.000,-
Abgang 4.6.01	– 7.000	132.000 :11.000 kg = 12,-	– 84.000,-
Bestand	4.000	12,00	48.000,-
Zugang 5.9.01	9.000	16,00	144.000,-
Zugang 3.12.01	5.000	14,80	74.000,-
Summe	18.000		266.000,-

Gewogener Durchschnittspreis = 266.000,- : 18.000,- = 14,78 EUR pro kg.
Anschaffungskosten des Endbestands: 266.000,- EUR.
Verbrauch = 7.000 kg * 12,- EUR = 84.000,- EUR (= 350.000 EUR – 266.000 EUR).
Abwertung des Endbestands aufgrund des strengen Niederstwertprinzips (§ 253 Abs. 3 Satz 1 HGB) auf 18.000 kg * 14,50 EUR pro kg = 261.000,- EUR.

BS:	Aufwendungen für Rohstoffe	5.000 EUR	
	an Rohstoffe		5.000 EUR.

ad c) fifo-Methode

Der Endbestand i. H. v. 18.000 kg setzt sich zusammen aus:

5.000 kg	à 14,80 EUR pro kg =	74.000 EUR
9.000 kg	à 16,00 EUR pro kg =	144.000 EUR
4.000 kg	à 11,70 EUR pro kg =	46.800 EUR
18.000 kg		264.800 EUR

Anschaffungskosten des Endbestands = 264.800 EUR.
Preis pro kg = 264.800 EUR : 18.000 kg = 14,71 EUR pro kg.
Verbrauch = 350.000 EUR – 264.800 EUR = 85.200 EUR.
Verbrauch pro kg = 85.200 EUR : 7.000 kg = 12,17 EUR pro kg.
Abwertung des Endbestands aufgrund des strengen Niederstwertprinzips (§ 253 Abs. 3 Satz 1 HGB) auf 18.000 kg * 14,50 EUR pro kg = 261.000,- EUR.

<u>BS:</u>	Aufwendungen für Rohstoffe	3.800 EUR	
	an Rohstoffe		3.800 EUR.

ad d) Perioden-lifo-Methode

Der Endbestand i. H. v. 18.000 kg setzt sich zusammen aus:

1.000 kg	à 15,00 EUR pro kg =	15.000 EUR
10.000 kg	à 11,70 EUR pro kg =	117.000 EUR
7.000 kg	à 16,00 EUR pro kg =	112.000 EUR
18.000 kg		244.000 EUR

Anschaffungskosten des Endbestands = 244.000 EUR.
Preis pro kg = 244.000 EUR : 18.000 kg = 13,56 EUR pro kg.
Keine Abwertung des Endbestands, da der Tagespreis höher liegt.
Verbrauch = 350.000 EUR – 244.000 EUR = 106.000 EUR.
Verbrauch pro kg = 106.000 EUR : 7.000 kg = 15,14 EUR/kg.

ad e) Permanente lifo-Methode

	Menge (kg)	*Preis (EUR pro kg)*	*Wert in EUR*
Anfangsbestand	1.000	15,-	15.000,-
Zugang 1.3.01	10.000	11,70	117.000,-
Bestand	11.000		132.000,-
Abgang 4.6.01	– 7.000		– 81.900,-

7.000 kg	* 11,70 EUR pro kg =	81.900 EUR

Zugang 5.9.01	9.000	16,00	144.000,-
Zugang 3.12.01	5.000	14,80	74.000,-

Der Endbestand i. H. v. 18.000 kg setzt sich zusammen aus:

1.000 kg	à 15,00 EUR pro kg	15.000 EUR
3.000 kg	à 11,70 EUR pro kg	35.100 EUR
9.000 kg	à 16,00 EUR pro kg	144.000 EUR
5.000 kg	à 14,80 EUR pro kg	74.000 EUR
18.000 kg		268.100 EUR

Anschaffungskosten des Endbestands = 268.100 EUR.
Preis pro kg = 268.100 EUR : 18.000 kg = 14,89 EUR pro kg.
Verbrauch = 81.900 (=350.000 EUR – 268.100 EUR).
Verbrauch pro kg = 81.900 EUR : 7.000 kg = 11,70 EUR pro kg.
Abwertung des Endbestands aufgrund des strengen Niederstwertprinzips (§ 253 Abs. 3 Satz 1 HGB) auf 18.000 kg * 14,50 EUR pro kg = 261.000 EUR.

<u>BS:</u>	Aufwendungen für Rohstoffe	7.100 EUR	
	an Rohstoffe		7.100 EUR

ad f) Perioden-lifo-Methode mit Layer

Für den Endbestand i. H.v. 18.000 kg ergibt sich folgender Wertansatz:
Layer 1: für den Anfangsbestand am 1.1.01: 1.000 kg = 15.000 EUR.
Layer 2: für die Bestandszunahme im Jahr 01: 17.000 kg = 229.000 EUR.

Wertermittlung	aus 1. Zugang 01:	10.000 kg	à 11,70 EUR pro kg =	117.000 EUR
für Layer 2:	aus 2. Zugang 02:	7.000 kg	à 16,00 EUR pro kg =	112.000 EUR
		17.000 kg		229.000 EUR

Anschaffungskosten des Endbestands zum 31.12.01 = 244.000 EUR.
Preis pro kg = 244.000 EUR : 18.000 kg = 13,56 EUR pro kg.
Keine Abwertung des Endbestands, da der Tagespreis höher liegt.
Verbrauch 01 = 350.000 EUR – 244.000 EUR = 106.000 EUR.
Verbrauch pro kg = 106.000 EUR : 7.000 kg = 15,14 EUR/kg.

Als Exkurs seien hier noch die beiden Folgejahre 02 und 03 betrachtet, in denen erst die Besonderheiten der Layer-Bildung zur Geltung kommen:
31.12.02: Layer 3: Mehrbestand gegenüber 31.12.01: 3.000 kg = 43.800 EUR
31.12.03: kein neuer Layer, da der Endbestand gegenüber dem 31.12.02 um 4.700 kg gesunken ist.
Wertermittlung: nach dem Prinzip des Perioden-lifo-Verfahrens ist zunächst ist der Layer 3 (3.000 kg mit Wertansatz von 43.800 EUR) aufzulösen; im zweiten Schritt ist entsprechend der weiteren Mengenabnahme ein Teil des Layers 2 (1.700 kg/17.000 kg von 229.000 EUR = 22.900 EUR) aufzulösen. Ergebnis:

Layer 1 (unverändert):	15.000 EUR
Layer 2 (229.000 EUR – 22.900 EUR):	206.100 EUR
Neuer Gesamtwert:	221.100 EUR.

Gewählte Methode in der Handelsbilanz	***Bewertung in der Handelsbilanz***	***Bewertung in der Steuerbilanz***
Perioden-Durchschnitts-preismethode	Endbestand: 252.000 EUR (14,- EUR/kg) Verbrauch: 98.000 (14,- EUR/kg)	Endbestand: 252.000 EUR (14,- EUR/kg) Verbrauch: 98.000 (14,- EUR/kg)
Permanente Durchschnitts-preismethode	Endbestand: 261.000 EUR (14,50 EUR/kg) Verbrauch: 84.000 EUR (12,- EUR/kg) Abwertung: 5.000 EUR	Endbestand: 261.000 EUR (14,50 EUR/kg) Verbrauch: 84.000 EUR (12,- EUR/kg) Abwertung: 5.000 EUR
fifo-Methode	Endbestand:261.000 EUR (14,50 EUR/kg) Verbrauch: 85.200 EUR (12,17 EUR/kg) Abwertung: 3.800 EUR	Perioden- oder Permanente Durchschnittspreismethode
Perioden-lifo-Methode	Endbestand: 244.000 EUR (13,56 EUR/kg) Verbrauch: 106.000 EUR (15,14 EUR/kg)	Endbestand: 244.000 EUR (13,56 EUR/kg) Verbrauch: 106.000 EUR (15,14 EUR/kg)
Permanente lifo-Methode	Endbestand: 261.000 EUR (14,50 EUR/kg) Verbrauch: 81.900 EUR (11,70 EUR/kg) Abwertung: 7.100 EUR	Endbestand: 261.000 EUR (14,50 EUR/kg) Verbrauch: 81.900 EUR (11,70 EUR/kg) Abwertung: 7.100 EUR
	Endbestand: 244.000 EUR (13,56 EUR/kg) Verbrauch: 106.000 EUR (15,14 EUR/kg)	Endbestand: 244.000 EUR (13,56 EUR/kg) Verbrauch: 106.000 EUR (15,14 EUR/kg)

Die Ergebnisse der Beispielaufgabe sind nicht repräsentativ. Bestimmend für die Auswirkungen der Methoden ist die konkrete Preisentwicklung.

Die Frage der Maßgeblichkeit soll in folgender Tabelle beantwortet werden:[1]

Die Maßgeblichkeit bei Bewertungsvereinfachungsverfahren	
Handelsbilanz	**Steuerbilanz**
Festwertmethode (§ 240 Abs. 3 i. V. m. § 256 Satz 2 HGB)	Festwertmethode (H 5.4 u. H 6.8 „Festwert" EStH)
Gruppenbewertung/ Durchschnitts-preismethode (§ 240 Abs. 4 i. V. m. § 256 Satz 2 HGB)	Durchschnittsbewertung (R 6.8 Abs. 3 u. 4 EStR)
lifo-Methode (§ 256 HGB)	lifo-Methode (§ 6 Abs. 1 Nr. 2a EStG; R 6.9 EStR)
fifo-Methode (§ 256 HGB)	Durchschnittsbewertung (R 6.8 Abs. 3 u. 4 EStR)

Bisher wurde der in § 256 HGB, § 6 Abs. 1 Nr. 2a EStG, R 6.8 Abs. 4 EStR und R 6.9 Abs. 2 EStR enthaltenen einschränkenden Bedingung für die Zulässigkeit eines der Bewertungsvereinfachungsverfahren *„soweit es den Grundsätzen ordnungsmäßiger Buchführung entspricht"* noch keine Beachtung geschenkt. Im Folgenden soll die Bedeutung dieser Klausel erörtert werden.

Der Grundsatz der ***Richtigkeit*** könnte verlangen, dass die Verfahren nur dann Verwendung finden dürften, wenn die unterstellte Verbrauchsfolge der tatsächlichen entspricht. Diese Auslegung würde einerseits den Anwendungsbereich drastisch auf Wirtschaftszweige mit Halden- oder Silolagerung einschränken und andererseits den angestrebten Vereinfachungszweck völlig übersehen. Nach herrschender handelsrechtlicher und nach der Meinung der Finanzverwaltung führt hier der Grundsatz der Wirtschaftlichkeit zu Abstrichen bei der Genauigkeit. Ein Vereinfachungsverfahren verstößt also nur dann gegen den Grundsatz der Richtigkeit, wenn die angenommene Verbrauchsfolge in krassem Widerspruch zur tatsächlichen steht oder unter den tatsächlichen Bedingungen gar nicht vorkommen kann. Bei leicht verderblichen Gütern kann demzufolge der Endbestand nicht, wie es die lifo-Methode unterstellt, aus Gütern des Anfangsbestandes bestehen. Genauso wenig anwendbar ist die lifo-Methode, wenn immer erst dann eine neue Lieferung z. B. von Rohstoffen eintrifft, wenn das Lager völlig leer geräumt ist.

Das ***Vorsichtsprinzip*** verlangt, dass die Endbestände nicht zu hoch bewertet werden. Dies wird oft so interpretiert, dass alle Vereinfachungsverfahren, die nicht zur niedrigstmöglichen Bewertung führen, dem Vorsichtsprinzip zuwiderlaufen. Dies gilt z. B. für das fifo-Verfahren, wenn die Preise tendenziell steigen und für das lifo-Verfahren, wenn die Preise tendenziell fallen. Daraus kann aber nicht der Schluss gezogen werden, dass je nach Preisentwicklungstendenz das Bewertungsverfahren zu ändern ist, denn das widerspräche dem Grundsatz der Bewertungsstetigkeit. Auch kann keines der Verfahren für unzulässig erklärt werden, weil seine Ergebnisse unter bestimmten Bedingungen dem Vorsichtsprinzip widersprechen.

Die Problematik wird dadurch entschärft, dass alle vorgestellten Bewertungsvereinfachungsverfahren lediglich Methoden zur Ermittlung der Anschaffungskosten (oder der Herstellungskosten) sind und somit im zweiten Schritt nach dem Niederstwertprinzip der Niederstwerttest gemäß § 253 Abs. 2 oder 3 HGB durchzuführen ist. Dadurch wird z. B. verhindert, dass bei tendenziell steigenden, aber schwankenden Preisen der Endbestand bei Anwendung des fifo-Verfahrens mit Preisen bewertet wird, die über dem Preis am Bilanzstichtag liegen. An den beiden folgenden Diagrammen lässt sich leicht ablesen, dass das fifo-Verfahren bei stetig steigenden Preisen zu einer relativ hohen Endbestandsbewertung

[1] Nach dem Gesetzeswortlaut könnte das Wahlrecht zur Anwendung der lifo-Methode in der StB auch unabhängig von der HB ausgeübt werden (§ 5 Abs. 1 S. 1 2. Halbs. EStG).

(Preise der letzten Zugänge) führt, durch das strenge Niederstwertprinzip bei der Preisentwicklung P2 aber eine Abwertung geboten ist. Bei stetig sinkenden Preisen gilt Ähnliches für die lifo-Methode, da der Endbestand mit den Preisen des Anfangsbestands und der ersten Zugänge bewertet wird.

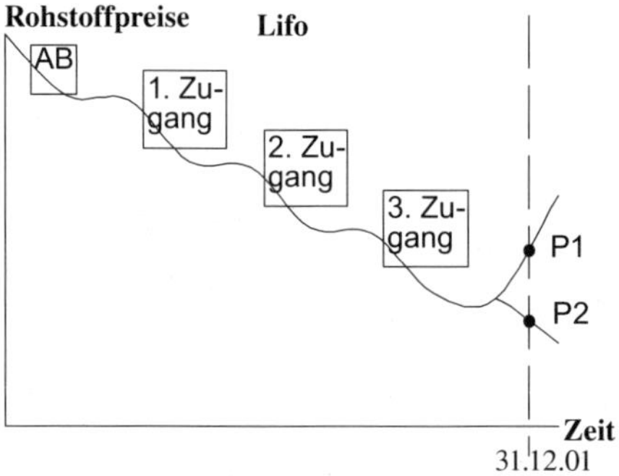

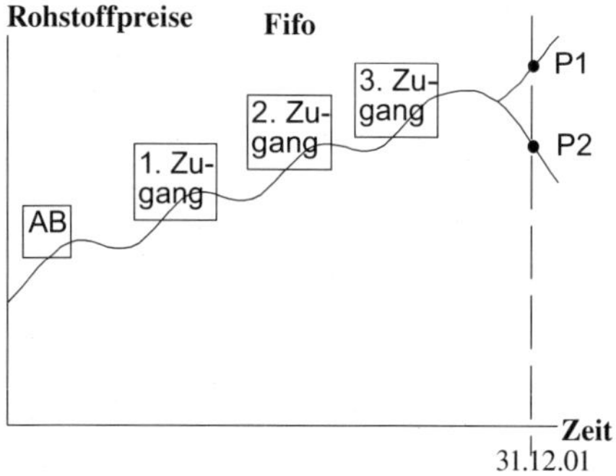

Der Grundsatz der ***Stetigkeit*** verlangt, dass gleichartige Gegenstände bei gleicher Lagerungsart auch nach der gleichen Methode zu bewerten sind. Er verlangt außerdem, dass die einmal gewählten Bewertungsmethoden beizubehalten sind, sofern es sich nicht um begründete Ausnahmefälle handelt. Ein solcher Ausnahmefall liegt z. B. vor, wenn sich die Art der Lagerhaltung geändert hat und die bisher angewandte Bewertungsmethode in krassem Widerspruch zur neuen Lagerhaltungsart steht.

Aufgabe 44: Vorratsbewertungsverfahren

V Rechnungsabgrenzungsposten

Steuerrechtlich wie handelsrechtlich besteht die Pflicht, Ausgaben vor dem Stichtag, soweit sie Aufwand für eine bestimmte Zeit nach diesem Tag darstellen, als aktiven Rechnungsabgrenzungsposten auszuweisen (§ 5 Abs. 5 Nr. 1 EStG, R 5.6 EStR, § 250 Abs. 1 Satz 1 HGB).
BS: Aktiver Rechnungsabgrenzungsposten an Bank.

Die Erfolgswirksamkeit wird durch Auflösung des Abgrenzungspostens in der Periode/den Perioden nach dem Stichtag hergestellt.

BS: Aufwand an aktiven Rechnungsabgrenzungsposten.

Voraussetzung zu Bildung eines aktiven Rechnungsabgrenzungspostens ist, dass er Aufwand ***für eine bestimmte Zeit*** nach dem Stichtag darstellt. Der Zeitraum muss also genau abgrenzbar sein, wie das bei Mietzahlungen im Voraus für bestimmte Monate des Folgejahres der Fall ist. Nicht gegeben ist diese Voraussetzung, wenn sich der Zeitraum nur durch Schätzung ermitteln lässt (H 5.6 „Bestimmte Zeit nach dem Abschlussstichtag" EStH). So existiert z. B. bei Ausgaben für einen Werbefeldzug, dessen Wirkungen in das nächste Jahr reichen, vielleicht aber auch – mit abnehmender Wirkung – in das übernächste und weitere Jahre keine feste zeitliche Begrenzung, sodass die Ausgaben für den Werbefeldzug sofort als Aufwand zu verbuchen sind.

Beispiel:

Mietausgaben in Höhe von 6.000,- EUR am 1.8.01 im Voraus für die Raumnutzung bis zum 31.1.02	Mietaufwand in 01: 5.000,- EUR Bildung eines ***(transitorischen) aktiven Rechnungsabgrenzungspostens (ARAP)*** in 01 in Höhe von 1.000,-EUR Mietaufwand in 02 in Höhe von 1.000,- EUR und Auflösung des ARAP	mittels transitorischer Rechnungsabgrenzungsposten werden die Gewinnauswirkungen in spätere Perioden übertragen

§ 5 Abs. 5 Nr. 2 EStG und § 250 Abs. 2 HGB enthalten die gleiche Regelung für den Fall, dass Einnahmen vor dem Abschlussstichtag erzielt werden, die Ertrag für eine bestimmte Zeit nach dem Stichtag darstellen.

Beispiel:

Mieteinnahmen in Höhe von 6.000,- EUR am 1.8.01 im Voraus für die Raumüberlassung bis zum 31.1.02	Mieterträge in 01: 5.000,- EUR Bildung eines ***(transitorischen) passiven Rechnungsabgrenzungspostens (PRAP*** in 01 in Höhe von 1.000,-EUR Mietertrag in 02 in Höhe von 1.000,- EUR und Auflösung des PRAP	mittels transitorischer Rechnungsabgrenzungsposten werden die Gewinnauswirkungen in spätere Perioden übertragen

Aktivisch abzugrenzen sind *steuerrechtlich* ferner:

„1. als Aufwand berücksichtigte ***Zölle und Verbrauchsteuern***, soweit sie auf am Abschlussstichtag auszuweisende Wirtschaftsgüter des Vorratsvermögens entfallen,

2. als Aufwand berücksichtigte Umsatzsteuer auf am Abschlussstichtag auszuweisende Anzahlungen" (§ 5 Abs. 5 Satz 2 EStG).

Als Aufwand berücksichtigte Zölle und Verbrauchsteuern (z. B. Biersteuer) auf am Stichtag noch vorhandene Vorräte sind als Rechnungsabgrenzungsposten zu aktivieren. Dadurch werden sie zunächst neutralisiert. Es ergibt sich auf diese Weise dieselbe Wirkung wie bei einer Einbeziehung der Zölle und Verbrauchsteuern in die Herstellungskosten der Vorräte. Bei Veräußerung der Erzeugnis- oder Warenvorräte ist der Rechnungsabgrenzungsposten wieder aufzulösen, und die Zölle und Verbrauchsteuern sind als Aufwand zu berücksichtigen.

Die ***Umsatzsteuer auf empfangene Anzahlungen*** (= Verbindlichkeit) entsteht bereits mit Ablauf des Voranmeldungszeitraums, in dem die Anzahlungen vereinnahmt worden sind (§ 13 Abs. 1 Nr. 1a und 1b UStG). Bei Bruttobuchung müsste die Umsatzsteuer eigentlich als Aufwand berücksichtigt werden. Durch die Regelung in § 5 Abs. 5 Satz 2 Nr. 2 EStG wird steuerrechtlich eine Neutralisierung erzwungen, der Rechnungsabgrenzungsposten wird im Jahr der Lieferung des angezahlten Gegenstands bzw. der Erfüllung der Dienstleistung wieder erfolgsneutral aufgelöst.

BS:	Kasse	119 EUR	
	an Sonstige Verbindlichkeiten		119 EUR.
BS:	ARA für USt/Anzahlungen	19 EUR	
	an USt-Verbindlichkeiten		19 EUR.

Handelsrechtlich ist in beiden Fällen die Bildung eines Rechnungsabgrenzungspostens seit dem 1.1.2010 nicht mehr zulässig. Zölle und Verbrauchsteuern müssen als Sondereinzelkosten der Fertigung in die Herstellungskosten der Erzeugnisse einbezogen werden. Die Umsatzsteuer auf empfangene Anzahlungen kann erfolgsneutral (Nettobuchung, s. u.) oder aufwandswirksam als Verbindlichkeit gegenüber dem Finanzamt (Bruttobuchung) ausgewiesen werden.

BS:	Kasse	100 EUR	
	an Sonstige Verbindlichkeiten		100 EUR.

BS:	Kasse	19 EUR	
	an USt-Verbindlichkeiten		19 EUR.

Im Gegensatz zum Steuerrecht gibt es handelsrechtlich in § 250 Abs. 3 HGB eine Sonderregelung für das sog. Disagio. Unter einem ***Disagio oder Damnum*** versteht man den Unterschiedsbetrag zwischen dem Erfüllungsbetrag einer aufgenommenen Verbindlichkeit und dem Auszahlungsbetrag durch den Gläubiger. Dieser Unterschiedsbetrag stellt einen Einmalzins dar, der zu Beginn der Kreditlaufzeit durch Verzicht auf eine höhere Auszahlung geleistet wird. Der aufgenommene Kredit ist dann mit einem entsprechend geringeren laufenden Zinssatz verbunden.

§ 250 Abs. 3 HGB enthält das (*handelsrechtliche)* Bilanzierungswahlrecht, das Disagio sofort voll als Zinsaufwand zu verbuchen oder mit Hilfe eines aktiven Rechnungsabgrenzungspostens zu verteilen. Im Falle der Aktivierung wird offen gelassen, in welcher Weise und über welchen Zeitraum das Disagio planmäßig verteilt wird. Da das Disagio wirtschaftlich der gesamten Laufzeit zugehörig ist, ist es betriebswirtschaftlich zweckmäßig, das Disagio mittels eines aktiven Rechnungsabgrenzungspostens anteilig auf die gesamte Laufzeit zu verteilen.

Steuerrechtlich gibt es keine spezielle Vorschrift für das Disagio. Da in diesem Falle die Voraussetzung „bestimmte Zeit nach dem Abschlussstichtag" kalendermäßig exakt erfüllt ist, muss zwingend über die Bildung eines Rechnungsabgrenzungspostens eine Verteilung auf die gesamte Laufzeit erfolgen (§ 5 Abs. 5 EStG; H 6.10 „Damnum" EStH). Dies gebietet auch der Grundsatz der zeitlichen Abgrenzung (§ 252 Abs. 1 Nr. 5 HGB). Sollte der vereinbarte Zinsfestschreibungszeitraum kürzer als die Darlehenslaufzeit sein, so ist das Disagio auf den kürzeren Zeitraum zu verteilen (H 6.10 „Zinsfestschreibung" EStH).

Diese Verteilung kann linear oder auch arithmetisch-degressiv (sog. digitale Methode oder Zinsstaffelmethode) erfolgen. Die ***lineare*** Verteilung ist bei Fälligkeitsdarlehen, die erst am Ende der Laufzeit in einer Summe getilgt werden und bei denen daher der kreditierte Betrag konstant bleibt, zweckmäßig. Die degressive Verteilung ist bei (Raten-) Tilgungskrediten, die aufgrund der laufenden Tilgung mit sinkenden Zinsen verbunden sind, vom BFH als sachgerecht empfohlen.[1]

---

[1] Vgl. BFH BStBl. 1978 II S. 262. Danach besteht bei (Raten-)Tilgungsdarlehen ein Wahlrecht, das Disagio linear oder degressiv zu verteilen, wenn auch der BFH die (degressive) Zinsstaffelmethode empfiehlt.

Bei der ***arithmetisch-degressiven Verteilung („Zinsstaffelmethode")*** sinkt der Zinsaufwand bzw. Auflösungsbetrag des aktivischen Rechnungsabgrenzungspostens jährlich um denselben Degressionsbetrag D, der dem Zinsaufwand der letzten Periode der Kreditlaufzeit n entspricht.

Disagiobetrag in EUR : n * (n+1)/ 2 = Degressionsbetrag D

Die erfolgswirksamen jährlichen Auflösungsbeträge des aktiven Rechnungsabgrenzungspostens betragen:

1. Jahr: n * D
2. Jahr: (n–1) * D
3. Jahr: (n–2) * D
4. Jahr: (n–3) * D
....
n-tes Jahr: 1 * D

Beispielaufgabe:

Die LowTech nimmt bei der Sparkasse Norden zu Beginn des Jahres 01 ein langfristiges Darlehen in Höhe von 100.000 EUR auf. Der laufende Zinssatz beträgt 6%, als Disagio werden 5% vereinbart, die Laufzeit ist 10 Jahre. Welche handelsrechtlichen Bilanzierungsmöglichkeiten gibt es? Geben Sie die Buchungssätze an.

Lösung:

Generell ist eine Verbindlichkeit mit dem Rückzahlungsbetrag zu passivieren (§ 6 Abs. 1 Nr. 3 EStG; H 6.10 „Damnum" EStH; § 253 Abs. 1 HGB). Die laufenden Zinsen stellen Zinsaufwand dar, jährlich in Höhe von 6.000 EUR.

Das Disagios ist in einen aktiven Rechungsabgrenzungsposten einzustellen und planmäßig linear über die Laufzeit des Darlehens zu verteilen.

BS:	Bank	95.000 EUR	
	Aktiver Rechnungsabgrenzungsposten	5.000 EUR	
	an Verbindlichkeiten gegenüber Kreditinstituten		100.000 EUR.

Am Ende des ersten Jahres der Laufzeit ist der Rechnungsabgrenzungsposten zu einem Zehntel aufzulösen.

BS:	Zinsaufwand	500 EUR	
	an aktiven Rechnungsabgrenzungsposten		500 EUR.

Allein *handelsrechtlich* steht noch folgende Alternative offen: Buchung des Disagios als Zinsaufwand bei Aufnahme des Darlehens.

BS:	Bank	95.000 EUR	
	Zinsaufwand	5.000 EUR	
	an Verbindlichkeiten gegenüber Kreditinstituten		100.000 EUR.

Aufgabe 45: Disagio

VI Die Bilanzierung des Eigenkapitals

Lernziele:

Der Leser soll

- *verschiedene Darstellungsformen und Komponenten des Eigenkapitals kennen lernen*
- *das Wesen des steuerlichen Ausgleichspostens erfahren.*

1. Eigenkapitalkomponenten, insbesondere steuerlicher Ausgleichsposten

Definition:

> ***Eigenkapital*** ist das von Eigentümern und Miteigentümern (Gesellschaftern) dem Unternehmen unbefristet zur Verfügung gestellte Geld- oder Sachkapital, das mit dem Risiko behaftet ist, von Verlusten aufgezehrt zu werden (Haftungs-/Risikokapital).

Das vom ***Einzelunternehmer*** oder den Gesellschaftern einer ***Personenhandelsgesellschaft (OHG, KG)*** aus ihrem Privatvermögen in das Betriebsvermögen überführte Kapital kann auf der Passivseite der Gesellschaftsbilanz unterschiedlich ausgewiesen werden. Beim Ausweis in Form ***variabler Kapitalkonten*** ist jedem Gesellschafter ein einziges Konto zugewiesen, das sich variabel durch Einlagen aus dem Privatvermögen und nicht entnommene Gewinnanteile erhöht und durch Entnahmen in das Privatvermögen und Verlustanteile vermindert.

Bei Personenhandelsgesellschaften werden aber häufig auch ***feste Kapitalkonten*** („Kapitalkonto I") gebildet, die die Höhe der im Gesellschaftsvertrag vereinbarten so gen. Pflichteinlage aufweisen. Sofern diese Pflichteinlage von einem Gesellschafter noch nicht voll erbracht ist, wird auf der Aktivseite ein Korrekturposten „Ausstehende Einlagen" ausgewiesen. Außerdem gibt es in diesem Falle für jeden Gesellschafter ein zusätzliches variables Kapitalkonto („Kapitalkonto II"), das die Veränderungen durch Einlagen, Entnahmen, Gewinnanteile und Verlustanteile aufnimmt[1]. Ist der tatsächliche Stand der Einlage durch Verlustanteile unter die bereits erbrachte Pflichteinlage herabgemindert, wird auf der Aktivseite der Bilanz als Korrekturposten zum festen Kapitalkonto das „Verlustsammelkonto des Gesellschafters" ausgewiesen, das im Gegensatz zu den „Ausstehenden Einlagen" keinen Forderungscharakter hat, denn die Gesellschafter sind grundsätzlich nicht verpflichtet, während des Bestehens des Unternehmens Verluste auszugleichen. Im Gesellschaftsvertrag kann dies anders geregelt sein.

Eine Besonderheit ergibt sich für den Kommanditisten einer ***Kommanditgesellschaft***. Hat dieser seine Pflichteinlage erbracht, so sind dessen Gewinnanteile auf einem „Sonderkonto" gutzuschreiben, das aus Sicht der Gesellschaft Verbindlichkeitscharakter hat, weil der Kommanditist die Auszahlung jederzeit verlangen kann (§§ 167 Abs. 2 und 169 Abs. 1 HGB).

---

[1] Vgl. Zweiter Teil Kapitel A.II.1.b).

Das Eigenkapital einer ***Kapitalgesellschaft (GmbH, AG, KGaA)*** ist generell in einen festen Bestandteil („Gezeichnetes Kapital") und in einen variablen Bestandteil („Rücklagen") zerlegt. In § 266 Abs. 3 HGB ist folgende weitere Untergliederung für große Kapitalgesellschaften vorgeschrieben:

A. Eigenkapital
- I. Gezeichnetes Kapital
- II. Kapitalrücklage
- III. Gewinnrücklagen
  1. gesetzliche Rücklage
  2. Rücklage für eigene Anteile
  3. satzungsmäßige Rücklagen
  4. andere Gewinnrücklagen
- IV. Gewinnvortrag/Verlustvortrag
- V. Jahresüberschuss/Jahresfehlbetrag

Das gezeichnete Kapital ist der festgeschriebene Bestandteil des Eigenkapitals einer Kapitalgesellschaft. Auf diesen Betrag ist die Haftung der Gesellschafter für Verbindlichkeiten der Kapitalgesellschaft gegenüber den Gläubigern beschränkt („Haftungskapital"; § 272 Abs. 1 HGB). Üblich ist auch die Bezeichnung Nennkapital oder Nominalkapital, durch die deutlich gemacht wird, dass dieser Teil des Eigenkapitals der Summe der Nennwerte (Nominalwerte) der ausgegebenen („gezeichneten") Anteile entspricht (§ 283 HGB). Im Falle einer Aktiengesellschaft wird auch speziell von Grundkapital, im Falle einer GmbH von Stammkapital gesprochen.

Im Gegensatz zu den Kapitalrücklagen, die solches Eigenkapital enthalten, das von den Gesellschaftern dem Unternehmen zugeführt wurde (z. B. Agio bei der Ausgabe junger Aktien im Zuge einer Kapitalerhöhung), entstehen Gewinnrücklagen durch (teilweise) Einbehaltung („Thesaurierung") erwirtschafteter und versteuerter Jahresüberschüsse (§ 272 Abs. 3 HGB). Gewinnrücklagen werden also im Zuge der Gewinnverwendung dotiert.

Der ***Jahresüberschuss*** ist der im abgelaufenen Geschäftsjahr erwirtschaftete Überschuss der Erträge über die Aufwendungen.

Ein ***Gewinnvortrag*** ergibt sich als Restbetrag aus der Verwendung des Bilanzgewinns zur Ausschüttung und zur Thesaurierung, da als Ausschüttung und als Thesaurierung meist glatte Beträge gewählt werden. Der Gewinnvortrag steht im Folgejahr wieder zur Disposition der Hauptversammlung.

Ein ***Verlustvortrag*** ist ein nicht durch Rücklagenauflösung oder Gesellschafterzuzahlungen ausgeglichener Bilanzverlust aus dem Vorjahr, der in Erwartung der baldigen Erzielung eines zur Deckung heranziehbaren Jahresüberschusses in der Bilanz stehen gelassen wird.

Den Zusammenhang zwischen Jahresüberschuss und ***Bilanzgewinn*** gibt folgendes Schema wieder:

Jahresüberschuss
\+ Entnahmen aus den Kapital- und Gewinnrücklagen bzw.
– Einstellungen in die Gewinnrücklagen
\+ Gewinnvortrag aus dem Vorjahr bzw.
– Verlustvortrag aus dem Vorjahr
= Bilanzgewinn

Da die steuerrechtlichen Bilanzierungs- und Bewertungsvorschriften häufig strenger gefasst sind als die handelsrechtlichen, ist der steuerrechtliche Gewinn in der Regel höher als der handelsrechtliche Jahresüberschuss. Die Ausschüttung an die Anteilseigner bzw. die Entnahme der Gesellschafter richten sich jedoch nach dem handelsrechtlichen Jahresüberschuss. Ein steuerlicher Mehrgewinn bleibt somit im Unternehmen. Die über die Jahre kumulierten steuerlichen Mehrgewinne können als Thesaurierungsbeträge den Gewinnrücklagen in der Steuerbilanz zugeführt werden, die dann entsprechend höher als die Gewinnrücklagen der Handelsbilanz sind. Häufig wird jedoch ein gesonderter Posten auf der Passivseite der Steuerbilanz geführt, der die sich kumulierenden steuerlichen Mehrgewinne oder auch Mindergewinne (= Mehrkapital bzw. Minderkapital) aufnimmt. Dieser Posten wird ***„steuerlicher Ausgleichsposten“*** genannt.

Das Entstehen des steuerlichen Ausgleichspostens (StAP) soll anhand des folgenden Beispiels illustriert werden. Bei Abweichungen zwischen Handels- und Steuerbilanz aufgrund des Bewertungsvorbehalts oder der von der Handelsbilanz unabhängigen Ausübung rein steuerrechtlicher Wahlrechte in der Steuerbilanz kann der Steuerbilanzgewinn aus dem Handelsbilanzgewinn durch die so genannte ***Plus-Minus-Rechnung*** oder ***Differenzrechnung*** abgeleitet werden. Aus den Wertdifferenzen in den Bilanzen wird der steuerliche Mehrgewinn ermittelt, um den der Handelsbilanzgewinn zu erhöhen ist.

Beispiel:

Aufnahme eines langfristigen Bankdarlehens am 2.1.01 über 200.000 EUR (Laufzeit 5 Jahre);
Auszahlungsbetrag: 190.000 EUR;
Tilgungsbetrag (Erfüllungsbetrag) am Ende der Laufzeit: 200.000 EUR;
In der Handelsbilanz wird das Damnum bzw. Disagio als sofortiger Zinsaufwand gebucht;
Vorjahr: Handelsbilanz = Steuerbilanz
Handelsbilanz-Jahresüberschuss jeweils = 10.000 EUR
Annahme: Vollthesaurierung des Gewinns
Annahme: Keine Aktivierung eines Aktivpostens für latente Steuern

Handelsbilanz 31.12.01 (TEUR)

Sonstige Aktiva	1.510	Gezeichnetes Kapital	300
		sonstige Rücklagen	200
		Gewinn	10
		Bankdarlehen	200
ARA (Disagio)	0	Sonstiges Fremdkapital	800
	1.510		1.510

Steuerbilanz 31.12.01 (TEUR)

Sonstige Aktiva	1.510	Gezeichnetes Kapital	300
		sonstige Rücklagen	200
		StAP	8
		Gewinn	10
		Bankdarlehen	200
ARA (Disagio)	8	Sonstiges Fremdkapital	800
	1.518		1.518

Differenzrechnung („Plus-Minus-Rechnung"):

Handelsbilanz-Jahresüberschuss 01	10	
+ Steuerbilanz-Mehrvermögen 01	+ 8	Mehrgewinn
– Steuerbilanz-Mehrvermögen 00	– 0	in StB = 8
= Steuerbilanzgewinn 01	18	

Oder:

Gewinnauswirkungen direkt:

Disagio in der:		
Handelsbilanz:	Aufwand =	10
Steuerbilanz:	Aufwand =	– 2
Steuerbilanz-Mehrgewinn	=	8

Handelsbilanz 31.12.02 (TEUR)

Sonstige Aktiva	1.520	Gezeichnetes Kapital	300
		sonstige Rücklagen	210
		Gewinn	10
		Bankdarlehen	200
ARA (Disagio)	0	Sonstiges Fremdkapital	800
	1.520		1.520

Steuerbilanz 31.12.02 (TEUR)

Sonstige Aktiva	1.520	Gezeichnetes Kapital	300
		sonstige Rücklagen	210
		StAP	6
		Gewinn	10
ARA (Disagio)	6	Bankdarlehen	200
		Sonstiges Fremdkapital	800
	1.526		1.526

Differenzrechnung („Plus-Minus-Rechnung"):

Handelsbilanz-Jahresüberschuss 02	10	
+ Steuerbilanz-Mehrvermögen 02	+ 6	Mindergewinn
– Steuerbilanz-Mehrvermögen 01	– 8	in StB = 2
= Steuerbilanzgewinn 02	8	

Oder:

Gewinnauswirkungen direkt:

Disagio in der:		
Handelsbilanz:	Aufwand =	0
Steuerbilanz:	Aufwand =	2
Steuerbilanz-Mindergewinn	=	2

2. Unterschiede zwischen Handels- und Steuerbilanz im Überblick

Unter Berücksichtigung des BilMoG lassen sich die Unterschiede zwischen Handelsbilanz und Steuerbilanz, die zur Bildung oder Verminderung eines steuerlichen Ausgleichspostens führen[1], in folgender Übersicht zusammenfassen:

[1] Solche Unterschiede führen gegebenenfalls auch zur Bildung latenter Steuern in der Handelsbilanz, die aber nicht zum Gegenstand des vorliegenden Lehrbuchs gehören.

Differenzen zwischen Handelsbilanz und Steuerbilanz	
↙	↘
Steuerbilanzgewinn > Handelsbilanzgewinn	***Steuerbilanzgewinn < Handelsbilanzgewinn***
Planmäßige Abschreibung auf aktivierte selbst erstellte immaterielle Vermögensgegenstände in der HB; StB: Aktivierungsverbot	Aktivierung selbst erstellter immaterieller Wirtschaftsgüter in der HB (Wahlrecht) gem. § 248 Abs. 2 HGB; StB: Verbot gem. § 5 Abs. 2 EStG
Geschätzte Nutzungsdauer des derivativen Firmenwerts < 15 J. in der HB (§ 246 Abs. 1 HGB;§ 7 Abs. 1 S. 3 EStG)	Gebäudeabschreibung bei Nutzungsdauer > 33 bzw. 40 bzw. 50 Jahre in der HB (§ 7 Abs. 4 EStG)
Zuschreibung auf den derivativen Firmenwert in der StB (§ 6 Abs. 1 Nr. 1 S. 4 EStG); Verbot in der HB (§ 253 Abs. 5 S. 2 HGB);	Geschätzte Nutzungsdauer des derivativen Firmenwerts > 15 J. in der HB (§ 246 Abs. 1 HGB;§ 7 Abs. 1 S. 3 EStG)
Außerplanmäßige Abschreibung auf Finanzanlagevermögen in der HB bei voraussichtlich vorübergehender Wertminderung (§ 253 Abs. 3 S. 4 HGB); Verbot in StB (§ 6 Abs. 1 Nr. 2 S. 2 EStG)	Ausübung des Wahlrechts auf steuerliche Vergünstigungen gem. § 6b EStG, R 6.6 EStR, R 6. 5 EStR, § 7g Abs. 1 und 5 EStG, § 7i EStG)
Geometrisch-degressive oder arithmetisch-degressive Abschreibungen oder lineare Abschreibungenin der HB über eine kürzere Nutzungsdauer als den steuerlichen AfA-Tabellen gemäß	Lineare Gebäudeabschreibung in der HB über eine Nutzungsdauer von mehr als $33^{1}/_{3}$ Jahren
Sofortabschreibung von GWG bis zu AK von etwa 1.000 EUR in der HB (GoB der Wirtschaftlichkeit); in StB ist ab AK von mehr als 150 EUR ein Sammelposten zu bilden und mit 20% p. a. abzuschreiben (§ 6 Abs. 2a EStG)	Sonderabschreibung z. B. gemäß § 7g Abs. 5 EStG allein in der Steuerbilanz; Investitionsabnutzungsbetrag gemäß § 7g Abs. 1 EStG
Außerplanmäßige Abschreibung in der HB auf einen Tageswert, der unter dem Teilwert liegt (Anlaufverluste bei Beteiligungen; Wertpapiere des UV)	Ausübung des Wahlrechts in der StB, Wirtschaftsgüter auf einen Teilwert abzuschreiben, der niedriger als der Tageswert liegt (im UV wegen des Abzugs des durchschn. Unternehmergewinns oder wegen Ansatzes der Wiederbeschaffungskosten) (§ 6 Abs. 1 Nr. 1 u. 2 EStG; R. 6.8 Abs. 2 EStR)
Fifo-Vorratsbewertung in der HB bei fallenden Preisen (§ 256 HGB); StB: Durchschnittspreisbewertung R 6.8 Abs. 3 EStR)	fifo-Vorratsbewertung in der HB bei steigenden Preisen (§ 256 HGB); StB: Durchschnittspreisbewertung R 6.8 Abs. 3 EStR)
Disagio in der HB nicht abgegrenzt oder über einen kürzeren Zeitraum als die Darlehenslaufzeit verteilt (§ 250 Abs. 3 HGB)	Steuerfreie Rücklagen, die nur in der Steuerbilanz gebildet werden
Passivierung von Drohverlustrückstellungen in der HB (Pflicht gem. § 249 Abs. 1 HGB); StB: Verbot gem. § 5 Abs. 4a EStG)	Abschreibungen von Waren auf den Teilwert < Tageswert in HB
Rückstellungsbewertung unter Berücksichtigung künftiger Preis- und Kostensteigerungen in der HB (§ 253 Abs. 1 HGB); in StB: Keine Berücksichtigung (§ 6 Abs. 1 Nr. 3a Buchst. f EStG)	Werterhöhung einer kurzfr. Fremdwährungsforderung über die Anschaffungskosten hinaus (nur HB)
Abzinsung von Rückstellungen mit einer Laufzeit von mehr als einem Jahr mit einem Marktzinssatz > 5,5% in der HB (§ 253 Abs. 2 HGB; § 6 Abs. 1 Nr. 3a Buchst. e EStG)	Abzinsung von Rückstellungen mit einer Laufzeit von mehr als einem Jahr mit einem Marktzinssatz < 5,5% in der HB
Passivierung einer Prozessrückstellung in der HB vor Prozessbeginn bzw. Bewertung unter Berücksichtigung noch nicht angerufener Instanzen in der HB (H 5.7 Abs. 4 „Prozesskosten“ EStH	
Pensionsrückstellungen sind in der HB i. d. R. höher zu bewerten als in der StB (§ 253 Abs. 1 S. 2 u. Abs. 2 HGB; § 6a EStG)	

VII Steuerfreie Rücklagen

Lernziele:

Der Leser soll

- *die Arten und Entstehungsgründe der steuerfreien Rücklagen erfahren*
- *sich mit der Technik der Bildung und Auflösung der steuerfreien Rücklagen vertraut machen.*

1. Allgemeines

Im Steuerrecht gibt es aus unterschiedlichen wirtschaftspolitischen Gründen eine Reihe spezieller Vergünstigungen für Unternehmen, die nicht in Form einer zusätzlichen Abschreibung eines Wirtschaftsguts, sondern in Form einer so genannten „Steuerfreien Rücklage" auf der Passivseite gestaltet sind. Es handelt sich also nicht um die Bildung stiller Reserven mit steuerlicher Wirkung, sondern um die offene Bildung „unversteuerter" Rücklagen im Rahmen der Gewinnentstehung. Tatsächlich wird jedoch – analog zum Effekt der steuerlichen Sonderabschreibungen – nur eine zeitlich begrenzte, wenn auch teilweise längerfristige, zinslose Steuerstundung gewährt, die lediglich aufgrund der Einkommensteuerprogression bei Einzelkaufleuten und Gesellschaftern einer Personengesellschaft sowie im Falle einer Steuersatzsenkung allgemein zu einer Steuerersparnis führen kann.

Seit dem Wegfall der umgekehrten Maßgeblichkeit aufgrund des BilMoG zum 1.1.2010 können diese steuerlichen Vergünstigungen unabhängig von der Handelsbilanz in Anspruch genommen werden, da es sich um Wahlrechte handelt, die von den handelsrechtlichen Bilanzierungs- und Bewertungsvorschriften abweichen. Diese „steuerfreien Rücklagen" sind bereits bei Aufstellung der Steuerbilanz zu bilden und mindern somit den Steuerbilanzgewinn. Ob die steuerfreien Rücklagen gemäß § 5 Abs. 1 S. 2 EStG auch in ein besonderes, laufend zu führendes Verzeichnis aufgenommen werden müssen, ist unklar, aber zu vermuten.

Die Bildung der unversteuerten Rücklage mindert zunächst den steuerpflichtigen Gewinn (Aufwandsbuchung). In der jeweiligen steuerrechtlichen Vorschrift ist geregelt, wie die Rücklage verwendet werden kann und nach welcher Frist sie andernfalls Gewinn erhöhend aufgelöst werden muss (Ertragsbuchung). Im letzteren Fall führt dies dann zu einer sofortigen und vollen Steuerpflicht des Rücklagenbetrags. Diese Ertragsteuererhöhung folgt im Grundsatz zwangsläufig auf die steuermindernde Bildung einer solchen unversteuerten Rücklage. Insofern läge es nahe, aufgrund des Vorsichtsprinzips eine Rückstellung als Vorsorge für die später entstehende Steuerschuld bereits im Jahr der Rücklagendotierung zu bilden, da eine wirtschaftliche Verursachung dann bereits vorliegt. Das Problem wurde jedoch anders eleganter gelöst. Die Vorsorge für die zukünftigen Ertragsteuerzahlungen wird nicht durch Bildung einer Rückstellung getroffen, sondern in der steuerfreien Rücklage selbst. Deren Höhe setzt sich aus einem Betrag für die zukünftige Steuerzahlung (= Fremdkapital) und dem restlichen Betrag, der dem Unternehmen nach Auflösung als Gewinn verbleibt (= Eigenkapital) zusammen. Bei einem Ertragsteuersatz von 40% besteht die steuerfreie Rücklage 60% aus Eigenkapital und zu 40% aus Fremdkapital.

Arten „steuerfreier“ Rücklagen	*steuerrechtliche Vorschrift*
Rücklage für Ersatzbeschaffung	R 6.6 EStR
Reinvestitionsrücklage	§ 6b EStG
Zuschuss-Rücklage	R 6.5 EStR
Gegenrechnungsgewinn-Rücklage	R 6.11 Abs. 1 EStR

2. Rücklage für Ersatzbeschaffung

Es kommt nicht gerade selten vor, dass sich ein Brand oder eine Explosion in einem Industrie- oder auch Handelsbetrieb ereignet. Einem solchen Katastrophenfall kann der Unternehmer gelassen entgegensehen, sofern ein ausreichender Versicherungsschutz besteht. Oft genug gibt es dennoch eine unangenehme Überraschung: Handelt es sich bei dem abgebrannten Gebäude um ein älteres Bauwerk, das zu niedrigen Kosten hergestellt oder angeschafft wurde, so wird der Buchwert des Gebäudes sehr gering sein, weit unterhalb des aktuellen Marktwerts (Verkehrswerts) bzw. der heutigen Herstellungskosten, an denen die Versicherungssumme ausgerichtet wurde. Durch die Vereinnahmung der Versicherungssumme werden somit stille Reserven aufgedeckt, es entsteht quasi ein Veräußerungsgewinn, der besteuert wird. Die abzuführenden Steuern stehen als Finanzierungsmittel für den Neubau des abgebrannten Gebäudes nicht mehr zur Verfügung und erschweren mithin die Errichtung eines entsprechenden neuen Gebäudes.

Beispiel:

Ein Brand vernichtet die gesamte Lagerhalle des Geschäftsbereichs „Küchengeräte“ der Low-Tech GmbH. Zum Glück war die Versicherungssumme mit 1 Mio. EUR ausreichend bemessen. Der Buchwert des abgebrannten Gebäudes lag bei 200.000 EUR (Ertragsteuersatz: 40%).

Der Ertrag aus der Auflösung der stillen Reserven beträgt somit 800.000 EUR. Die dadurch verursachte Steuerschuld von 320.000 EUR führt dazu, dass dem Unternehmen nur noch 680.000 EUR Finanzierungsmittel zur Verfügung stehen und das neue Ersatzgebäude mithin beträchtlich kleiner ausfallen muss als das abgebrannte Gebäude.

In diesen Fällen soll R 6.6 EStR Abhilfe schaffen. Danach können stille Reserven, die aufgedeckt werden, weil ein Wirtschaftsgut infolge höherer Gewalt (Brand, Explosion, Sturm, Überschwemmung etc.) aus dem Betriebsvermögen ausscheidet, auf ein Wirtschaftsgut übertragen werden, das wirtschaftlich dieselbe oder eine entsprechende Aufgabe erfüllt ***(Ersatzwirtschaftsgut)***. Damit wird die bisherige Unterbewertung beim Ersatzwirtschaftsgut zunächst fortgeführt. Wird das Ersatzwirtschaftsgut im Jahr des Ausscheidens angeschafft oder fertig gestellt, so ist eine direkte Übertragung der stillen Reserven durch Abzug von den Anschaffungs- oder Herstellungskosten möglich. Im Falle eines Betriebsgrundstücks können sogar die beim Grund und Boden aufgedeckten stillen Reserven, deren Übertragung auf den neu angeschafften Grund und Boden nicht möglich ist, auf das neue Gebäude übertragen werden, gegebenenfalls auch umgekehrt (R 6.6 Abs. 3 EStR).

Scheidet ein Wirtschaftsgut (durch Veräußerung) aus dem Betriebsvermögen aus, um einen behördlichen Eingriff (z. B. Enteignung) gegen Entschädigung zu vermeiden, ist außerdem sogar eine Übertragung auf ein Ersatzwirtschaftsgut möglich, das vorher angeschafft oder hergestellt wurde, sofern ein ursächlicher Zusammenhang zwischen

Veräußerung und Ersatzbeschaffung besteht (vgl. H 6.6 Abs. 3 „Vorherige Anschaffung" EStH). Im dritten Falle sind die stillen Reserven in einer „steuerfreien" Rücklage zu deponieren, bis das Ersatzwirtschaftsgut angeschafft oder fertig gestellt ist.

Möglichkeiten der Übertragung stiller Reserven auf ein Ersatzwirtschaftsgut	**steuerrechtliche Vorschrift**
(1) direkte Übertragung im Katastrophenjahr	R 6.6 Abs. 1 u. 3 EStR
(2) direkte Übertragung auf ein vor einem behördlichen Eingriff zugegangenes Ersatzwirtschaftsgut	H 6.6 Abs. 3 „Vorherige Anschaffung" EStH;
(3) Bildung einer „steuerfreien" Rücklage für Ersatzbeschaffung und Übertragung in einem Folgejahr	R 6.6 Abs. 4 EStR

Das Wahlrecht in allen drei Fällen kann ***unabhängig von der Handelsbilanz*** ausgeübt werden (§ 5 Abs. 1 S. 1 2.Halbs. EStG). Sonderposten mit Rücklageanteil in der Handelsbilanz als Pendant für die steuerfreien Rücklagen gibt es seit 1.1.2010 nicht mehr. Die Wirtschaftsgüter, die in der Steuerbilanz aufgrund des Bewertungsabschlags (= direkte Übertragung) nicht mit dem handelsrechtlich eigentlich maßgeblichen Wert angesetzt werden, müssen jedoch in ein besonderes, laufend zu führendes Verzeichnis aufgenommen werden. Dieses muss die Anschaffungs- oder Herstellungskosten, den Tag der Anschaffung oder Herstellung, die Vorschrift des ausgeübten steuerlichen Wahlrechts und die vorgenommenen Abschreibungen enthalten (§ 5 Abs. 1 S.2 EStG). Entsprechendes gilt vermutlich für die lediglich in der Steuerbilanz zu bildenden steuerfreien Rücklagen.

Ein pfiffiger Steuerpflichtiger könnte nun auf die Idee kommen, eine „steuerfreie" Rücklage zu bilden, um in den Genuss der steuerlichen Vergünstigung zu kommen, ohne die Absicht zu hegen, jemals ein Ersatzwirtschaftsgut anzuschaffen. Um solche Missbräuche auszuschalten, legt R 6.6 Abs. 4 Satz 1 EStR zunächst einmal fest, dass eine solche Rücklage nur dann gebildet werden kann, „wenn zu diesem Zeitpunkt eine Ersatzbeschaffung ernstlich geplant und zu erwarten ist". Darüber hinaus ist die Rücklage nach R 6.6 Abs. 4 Satz 3 EStR „am Schluss des ersten auf ihre Bildung folgenden Wirtschaftsjahrs Gewinn erhöhend aufzulösen, wenn bis dahin ein Ersatzwirtschaftsgut weder angeschafft oder hergestellt noch bestellt worden ist". Diese Frist verdoppelt sich bei Grundstücken oder Gebäuden auf zwei Jahre und kann außerdem bei allen Wirtschaftsgütern in besonders begründeten Einzelfällen noch verlängert werden.

Beispielaufgabe:

Am 31.8.01 wird die Lagerhalle der LowTech durch einen Brand völlig zerstört. Der Buchwert der Halle belief sich am Tage des Brandes auf 93.333 EUR (nach anteiligen Absetzungen für Abnutzung für das Jahr 01). Glücklicherweise besteht ein Feuerversicherungsanspruch in Höhe von 133.333 EUR (= Entschädigungssumme). Wie ist dieser Vorgang in den beiden folgenden Fällen bilanziell zu behandeln und zu verbuchen, wenn die LowTech ihren Steuerbilanzgewinn in 01 minimieren möchte?

a) Noch im Jahr des Brandes wird eine neue Lagerhalle errichtet (Herstellungskosten = 100.000 EUR).
b) Die Lagerhalle wird erst im Folgejahr fertig gestellt (Herstellungskosten = 100.000 EUR).

Lösung:

Fall a): Da das Ersatzwirtschaftsgut noch im Katastrophenjahr fertig gestellt wird, ist eine direkte Übertragung der stillen Reserven möglich.

Durch die Vereinnahmung der Entschädigungssumme der Feuerversicherung werden im Lagergebäude enthaltene stille Reserven aufgedeckt:

Entschädigungssumme	133.333 EUR
– Buchwert der Lagerhalle	– 93.333 EUR
= stille Reserven	= 40.000 EUR

Da die Anschaffungs- oder Herstellungskosten des Ersatzwirtschaftsguts unter der Entschädigungssumme liegen, sind die aufgedeckten stillen Reserven nicht vollständig, sondern nur anteilig im Verhältnis

$$\frac{\text{Anschaffungs- oder Herstellungskosten des Ersatzwirtschaftsguts}}{\text{Entschädigungssumme der Versicherung}}$$

übertragbar (H 6.6 Abs. 3 „Mehrentschädigung" EStH). Dieses Verhältnis beträgt 100.000 EUR : 133.333 EUR = 3/4, so dass auch nur 3/4 der aufgedeckten stillen Reserven auf das Ersatzwirtschaftsgut übertragbar sind, also 30.000 EUR. Falls diese Relation größer als Eins ist, können naturgemäß nicht mehr als die aufgedeckten stillen Reserven übertragen werden.

Die Buchungen sollen entsprechend dem Verrechnungsverbot des § 246 Abs. 2 S. 1 HGB unsaldiert erfolgen. Die zeitanteilige Absetzung für Abnutzung des Gebäudes für 01 bis zum Tag des Brandes ist laut Aufgabenstellung bereits erfolgt.

Buchungssätze:

(1)	Absetzung für außergewöhnliche Abnutzung	93.333 EUR	
	an alte Lagerhalle		93.333 EUR.
(2)	Bank	133.333 EUR	
	an außerordentliche Erträge		133.333 EUR.
(3)	Neue Lagerhalle	100.000 EUR	
	an Bank		100.000 EUR.

Mit diesem Buchungssatz (3) sei der Einfachheit halber die Begleichung sämtlicher Handwerkerrechnungen durch die LowTech GmbH als Bauherrn erfasst.

(4)	Bewertungsabschlag gem. R 6.6 Abs. 1 EStR		
	(Außerplanmäßige Abschreibung)	30.000 EUR	
	an neue Lagerhalle		30.000 EUR.

Ergebnis: Die aufgedeckten stillen Reserven wurden in Höhe von 30.000 EUR auf die neue Lagerhalle übertragen, ein Viertel (= 10.000 EUR) bleibt erfolgswirksam und ist sofort zu versteuern, da die Herstellungskosten des Ersatzwirtschaftsguts nur drei Viertel der Entschädigungssumme betragen.

Fall b): Wird das Ersatzwirtschaftsgut (die neue Lagerhalle) erst im nächsten oder übernächsten Jahr angeschafft oder hergestellt, so kann im Jahr des Brandes zunächst eine „steuerfreie" Rücklage in der Steuerbilanz gebildet werden, um eine sofortige Versteuerung der stillen Reserven zu verhindern. Da in diesem Falle die Höhe der Anschaffungs- oder Herstellungskosten noch nicht feststeht, darf die „steuerfreie" Rücklage für Ersatzbeschaffung in voller Höhe der stillen Reserven gebildet werden (R 6.6 Abs. 4 Satz 1 EStR).

Die zeitanteilige Absetzung für Abnutzung des Gebäudes für 01 bis zum Tag des Brandes ist laut Aufgabenstellung bereits erfolgt.

Buchungssätze:

(1)	Absetzung für außergewöhnliche Abnutzung	93.333 EUR	
	an alte Lagerhalle		93.333 EUR.
(2)	Bank	133.333 EUR	
	an außerordentliche Erträge		133.333 EUR.
(3)	Sonstige betriebliche Aufwendungen	40.000 EUR	
	an steuerfreie Rücklage gemäß R 6.6 Abs. 4 EStR		40.000 EUR.

Auf die Abschlussbuchungen wird der Einfachheit halber verzichtet.

Folgejahr:
Alle Eröffnungsbuchungen seien bereits durchgeführt.

(4)	Neue Lagerhalle	100.000 EUR	
	an Bank		100.000 EUR.

Mit diesem Anschaffungs-Buchungssatz (4) sei vereinfachend die Begleichung sämtlicher Handwerkerrechnungen durch die LowTech GmbH als Bauherr erfasst.

(5)	Steuerfreie Rücklage gemäß R 6.6 Abs. 4 EStR	40.000 EUR	
	an sonstige betriebliche Erträge		40.000 EUR.
(6)	Bewertungsabschlag gem. R 6.6 Abs. 1 EStR (Außerplanmäßige Abschreibung)	30.000 EUR	
	an neue Lagerhalle		30.000 EUR.

Ergebnis: Im ersten Jahr werden die gesamten stillen Reserven der Besteuerung entzogen. Im Folgejahr werden die aufgedeckten stillen Reserven anteilig in Höhe von 30.000 EUR auf das Ersatzwirtschaftsgut übertragen, ein Viertel (= 10.000 EUR) bleibt erfolgswirksam und ist zu versteuern, da die Herstellungskosten des Ersatzwirtschaftsguts nur drei Viertel der Entschädigungssumme betragen.

Frage:
Führt die Übertragung stiller Reserven auf das Ersatzwirtschaftsgut (nach R 6.6 EStR) zu einer dauerhaften Steuerersparnis?

Antwort:
Für abnutzbare Ersatzwirtschaftsgüter gilt, dass die um die übertragbaren stillen Reserven (=Abzugsbetrag) gekürzten Anschaffungs- oder Herstellungskosten die Basis für die planmäßigen Abschreibungen darstellen (R 7.3 Abs. 4 Satz 1 EStR). Das bedeutet, dass die Absetzungen für Abnutzung nach der Übertragung der stillen Reserven niedriger und der laufende steuerpflichtige Gewinn entsprechend höher ausfällt als bei sofortiger Besteuerung der stillen Reserven.

Beispielaufgabe:
Stellen Sie in der vorigen Beispielaufgabe die Beträge der Absetzungen für Abnutzung mit und ohne Übertragung der stillen Reserven einander gegenüber. Die Abschreibung der Lagerhalle soll gemäß § 7 Abs. 4 Nr. 1 EStG erfolgen, also linear in Höhe von 3% p. a. Der Einfachheit halber sollen auch im Zugangs- und Abgangsjahr die vollen Jahresbeträge berücksichtigt werden.

Jahr	AfA ohne Übertragung der stillen Reserven, d. h. bei sofortiger Versteuerung (§ 7 Abs. 4 Nr. 1 EStG) Basis: 100.000 EUR	AfA nach Übertragung der stillen Reserven gem. R 6.6 EStR (§ 7 Abs. 4 Nr. 1 EStG); Basis: 100.000 – 30.000 = 70.000 EUR	AfA-Differenz = Gewinn-differenz
01	3.000	2.100	900
02	3.000	2.100	900
03	3.000	2.100	900
04	3.000	2.100	900
05	3.000	2.100	900
.....	....	....	....
33	3.000	2.100	900
34	1.000	700	300
Summe	100.000	70.000	30.000

Es handelt sich also keineswegs um eine endgültige Steuerersparnis. Vielmehr werden die übertragenen stillen Reserven infolge der verringerten planmäßigen Abschreibungen über die Nutzungsdauer des Ersatzwirtschaftsguts verteilt wieder aufgelöst und versteuert. Bei Rücklagenbildung wird die zinslose Steuerstundung lediglich zeitlich verlängert. Als Hinweis darauf wird hier der Begriff „steuerfreie“ Rücklage immer in Anführungszeichen gesetzt. Allerdings kann bei Einzelkaufleuten und Gesellschaftern von Personengesellschaften aufgrund der Einkommensteuerprogression durchaus eine Steuerersparnis eintreten, wenn Gewinne in Perioden mit geringeren anderen Einkünften verlagert werden. Schließlich können auch Steuersatzsenkungen bei allen Rechtsformen zu Steuerersparnissen führen.

Unabhängig von der Rechtsform führt die Übertragung stiller Reserven auf nicht abnutzbare Ersatzwirtschaftsgüter (Grund und Boden, Beteiligungen, Wertpapiere) nicht zu deren schrittweiser Aufdeckung und Versteuerung, da keine Absetzungen für Abnutzung vorzunehmen sind. Erst bei einer späteren Veräußerung der Ersatzwirtschaftsgüter oder bei Liquidation des Betriebes käme es zu einer Versteuerung der übertragenen stillen Reserven.

Frage:
Kann durch Übertragung stiller Reserven gemäß R 6.6 Abs. 1 EStR ein ***geringwertiges Wirtschaftsgut*** im Sinne von § 6 Abs. 2 oder Abs. 2a EStG entstehen?

Antwort:
Die ist möglich, allerdings nur dann, wenn es sich bei dem Ersatzwirtschaftsgut um ein bewegliches Wirtschaftsgut handelt. Die um den Abzugsbetrag geminderten Anschaffungs- oder Herstellungskosten treten nämlich für die Prüfung der Wertgrenze von 150 bzw. 1.000 EUR (ohne USt) an die Stelle der ursprünglichen Anschaffungs- oder Herstellungskosten (R 6.13 Abs. 2 Nr. 4 EStR).

Beispiel:

Anschaffung eines beweglichen Wirtschaftsguts im Jahr 02;

Anschaffungskosten:	4.150 EUR
– Übertrag nach R 6.6 Abs. 1 EStR im Jahr 02	– 4.000 EUR
= geminderte Anschaffungskosten	= 150 EUR

Da die um den Abzugsbetrag geminderten Anschaffungskosten maßgebend für die Prüfung der Wertgrenze nach § 6 Abs. 2 EStG sind, liegt hier ein geringwertiges Wirtschaftsgut vor, das sofort voll als Aufwand gebucht werden muss.

3. Rücklage für Veräußerungsgewinne gemäß § 6b EStG

Zweck dieser Rücklage zur Übertragung von Veräußerungsgewinnen gemäß § 6b EStG, die auch Re-Investitionsrücklage genannt wird, ist die Förderung von Rationalisierungsinvestitionen, der Umstrukturierung von Unternehmen sowie von Stadtsanierungen. Das Problem entspricht demjenigen bei der Ersatzbeschaffung. Ein (bilanzierender) Unternehmer mit einem alten lärmintensiven Handwerksbetrieb in einer historischen Altstadt beispielsweise hat selbst bei günstigem Veräußerungspreis für sein Areal Schwierigkeiten, im Gewerbegebiet auf der „grünen Wiese" vor der Stadt einen entsprechenden Betrieb neu zu errichten. Aufgrund sehr niedriger Buchwerte der Wirtschaftsgüter wird ein großer Teil des Veräußerungspreises als Gewinn ausgewiesen, was zu einem entsprechend hohen Liquiditätsentzug durch die Steuerzahlung an das Finanzamt führt. Im Falle der Veräußerung eines Gesamtbetriebs oder Teilbetriebs gibt es allerdings gewisse Steuerermäßigungen (§§ 16 und 34 EStG).[1] Bei der Veräußerung von einzelnen Gebäuden und Produktionsanlagen zur Durchführung von Rationalisierungsinvestitionen unterliegen die Veräußerungsgewinne jedoch immer dem vollen Ertragssteuersatz.

Um diesen durch die Besteuerung ausgelösten Bremseffekt abzumildern, gewährt § 6b EStG die Möglichkeit, Gewinne aus der Veräußerung von Gegenständen des Anlagevermögens, also aufgedeckte stille Reserven, auf neu zugehende (d. h. angeschaffte oder hergestellte) Anlagegüter zu übertragen. Dabei muss es sich nicht um Ersatzwirtschaftsgüter handeln, allerdings sind die Übertragungsmöglichkeiten nicht beliebig, sondern in einem Katalog festgelegt, der in der Vergangenheit stark reduziert wurde. Allerdings muss in diesem Zusammenhang auch gesehen werden, dass Gewinne aus der Veräußerung von Anteilen an Kapitalgesellschaften für Einzelkaufleute und Gesellschafter einer Personengesellschaft aktuell zum Anteil von 40% (§ 3 Nr. 40 EStG) und für Kapitalgesellschaften völlig steuerfrei sind (§ 8b Abs. 2 KStG).

Dieser Katalog der Übertragungsmöglichkeiten (§ 6b Abs. 1 EStG) folgt dem Prinzip, dass das Finanzamt nicht schlechter gestellt werden darf als im Falle ohne Veräußerung des (alten) Wirtschaftsguts. Konkret heißt dies, dass die stillen Reserven nur auf solche Wirtschaftsgüter übertragen werden dürfen, bei denen sie sich nicht langsamer als beim veräußerten Wirtschaftsgut auflösen, die also dieselbe oder eine kürzere Nutzungsdauer haben.

Veräußerungsgewinn ist die Differenz zwischen Veräußerungspreis (nach Abzug von Veräußerungskosten) und dem Buchwert des veräußerten Gegenstands im Zeitpunkt der Veräußerung (§ 6b Abs. 2 EStG, R 6b.1 Abs. 2 EStR). Werden die stillen Reserven durch Tausch (= entgeltliche Veräußerung; R 6b.1 Abs. 1 EStR) aufgedeckt, so ergibt sich gemäß § 6 Abs. 6 EStG der Veräußerungsgewinn als Differenz zwischen dem gemeinen Wert und dem Buchwert des hingegebenen Wirtschaftsguts.

Einen Überblick über alle Übertragungsmöglichkeiten aufgedeckter stiller Reserven mittels § 6b EStG gibt folgende Tabelle:

---

[1] Vgl. Zweiter Teil Kapitel B.II.9.

Übertragungsmöglichkeit auf: / Gewinn aus der Veräußerung von:	Grund und Boden (und Aufwuchs in Land- u. Forstwirtschaft)	Gebäude	Binnenschiffe	abnutzbare bewegliche Wirtschaftsgüter	Anteile an Kapitalgesellschaften
Grund und Boden (und Aufwuchs)	100%	100%		-----	-----
Gebäude	-----	100%		-----	-----
Binnenschiffe			100%		
Anteilen an einer Kapitalgesellschaft durch Einzelunternehmen oder Personenhandelsgesellschaften	-----	60%		60%	100%

Die Erweiterung, der Ausbau oder der Umbau von Gebäuden wird einer Anschaffung oder Herstellung gleichgestellt. Der Abzug kann jedoch nur von den entsprechenden Erweiterungskosten etc. vorgenommen werden (§ 6b Ab. 1 S.3 EStG).

Gewinne, die bei Einzelunternehmen und Personenhandelsgesellschaften aufgrund der ***Veräußerung von Anteilen an Kapitalgesellschaften*** anfallen, sind nicht wie bei einer Veräußerung durch Kapitalgesellschaften steuerfrei (§ 8b Abs. 2 KStG), sondern unterliegen dem ***Teileinkünfteverfahren***[1], d. h. sie sind zum Anteil von 60% steuerpflichtig (§ 3 Nr. 40 EStG). Um die Benachteiligung auszugleichen, ist in diesem Falle eine Übertragung des steuerpflichtigen Teils des Veräußerungsgewinns[2] bis zur Höhe von 500.000 EUR auf Gebäude oder bewegliche Wirtschaftsgüter möglich. Bei Übertragung auf neu angeschaffte Anteile an Kapitalgesellschaften muss der Veräußerungsgewinn zu 100% (also einschließlich des steuerbefreiten Anteils) die Anschaffungskosten der neuen Anteile mindern. Damit soll verhindert werden, dass durch Wiederholung der Transaktion unter denselben Bedingungen der steuerpflichtige Gewinn systematisch jeweils um 40% gemindert werden kann. Eine Reinvestitionsrücklage kann in Höhe des vollen Veräußerungsgewinns bis maximal 500.000 EUR gebildet werden[3]. Bei Übertragung der Rücklage auf Gebäude oder abnutzbare bewegliche Wirtschaftsgüter ist die Rücklage in Höhe von 60% zu übertragen und zu 40% steuerfrei aufzulösen. Auch die Nachverzinsung bezieht sich nur auf den 60%igen steuerpflichtigen Teil der Rücklage.

Allgemeine Voraussetzung der Anwendung des § 6b EStG ist, dass das veräußerte Wirtschaftsgut seit mindestens 6 Jahren ununterbrochen zum Anlagevermögen einer inländischen Betriebsstätte gehört hat. Weitere Voraussetzungen enthält § 6b Abs. 4 EStG.

[1] Vgl. Zweiter Teil Kapitel B.II.5.b).
[2] Bei dessen Berechnung dürfen die zugehörigen Veräußerungskosten auch nur zu 60 % abgezogen werden (§ 3c Abs. 2 EStG).
[3] Die Betragsgrenze gilt für jeden Mitunternehmer einer Personengesellschaft, ist also nicht gesellschafts-, sondern personenbezogen. Vgl. OFD Frankfurt/M. Rdvfg. v. 1.9.2003, DStR 2003, S. 2072 f.

Anspruchsberechtigter für die Rücklagenbildung nach § 6b EStG ist der Steuerpflichtige, d. h. die Kapitalgesellschaft, der Einzelunternehmer oder der Gesellschafter einer Personengesellschaft. Somit ist es beispielsweise möglich, Veräußerungsgewinne, die bei einer Personengesellschaft entstanden sind, auf im Einzelunternehmen eines Gesellschafters angeschaffte Wirtschaftsgüter zu übertragen, soweit sie auf diesen Gesellschafter entfallen (R 6b Abs. 7 Nr. 3 EStR).

Je nachdem, wann das neue Wirtschaftsgut, auf das die stillen Reserven übertragen werden sollen, dem Betriebsvermögen zugeht, kann eine der drei folgenden Möglichkeiten gewählt werden:

Möglichkeiten der Übertragung von Veräußerungsgewinnen nach § 6b EStG	steuerrechtliche Vorschrift
(1) direkte Übertragung bei Zugang im Jahr der Veräußerung	§ 6b Abs. 1 und 10 Sätze 1–3 EStG; R 6b.2 Abs. 1 Sätze 3 u. 4 EStR
(2) direkte Übertragung bei Zugang im Jahr vor der Veräußerung	§ 6b Abs. 1 u. 5 EStG; R 6b.2 Abs. 1 Satz 6 EStR
(3) Bildung einer „steuerfreien" Rücklage zur Übertragung von Veräußerungsgewinnen gemäß § 6b EStG und Übertragung in einem Folgejahr	§ 6b Abs. 3 und 10 Sätze 4–9 EStG; R 6b.2 Abs. 2 u. 3 EStR

Durch die Rückübertragungsmöglichkeit (Fall 2) auf einen Zugang des Vorjahres wird den Unternehmen ermöglicht, z. B. ihre Fabrik- und Bürogebäude steuerbegünstigt zu erneuern, ohne den Produktions- bzw. Verwaltungsablauf zu unterbrechen zu müssen. Im dritten Falle sind die stillen Reserven in einer „steuerfreien" Rücklage zu deponieren, bis das Wirtschaftsgut, auf das die stillen Reserven übertragen werden können, angeschafft oder fertig gestellt ist.

Das Wahlrecht in allen drei Fällen kann ***unabhängig von der Handelsbilanz*** ausgeübt werden (§ 5 Abs. 1 S. 1 2.Halbs. EStG). Sonderposten mit Rücklageanteil in der Handelsbilanz als Pendant für die steuerfreien Rücklagen gibt es seit 1.1.2010 nicht mehr. Die Wirtschaftsgüter, die in der Steuerbilanz aufgrund des Bewertungsabschlags (= direkte Übertragung) nicht mit dem handelsrechtlich eigentlich maßgeblichen Wert angesetzt werden, müssen jedoch in ein besonderes, laufend zu führendes Verzeichnis aufgenommen werden. Dieses muss die Anschaffungs- oder Herstellungskosten, den Tag der Anschaffung oder Herstellung, die Vorschrift des ausgeübten steuerlichen Wahlrechts und die vorgenommenen Abschreibungen enthalten (§ 5 Abs. 1 S.2 EStG). Entsprechendes gilt vermutlich für die lediglich in der Steuerbilanz zu bildenden steuerfreien Rücklagen.

Die Übertragung des Veräußerungsgewinns auf ein zugegangenes Wirtschaftsgut erfolgt durch einen Abzug von dessen Anschaffungs- oder Herstellungskosten („Bewertungsabschlag"). Die um den Abzugsbetrag geminderten Anschaffungs- oder Herstellungskosten von Gebäuden stellen dann die Basis für die Absetzungen für Abnutzung dar (§ 6b Abs. 6 EStG; R 7.3 Abs. 4 Satz 1). Im Falle der ***Rückübertragung*** auf ein im Vorjahr angeschafftes oder hergestelltes Gebäude gilt hinsichtlich der planmäßigen Folgeabschreibungen dasselbe (R 7.3 Abs. 4 Satz 2 EStR), der Abzug des Veräußerungsgewinns ist jedoch vom Restbuchwert des Gebäudes am Bilanzstichtag des Vorjahres vorzunehmen (§ 6b Abs. 5 EStG). Im letzteren Falle wird also die Absetzung für Abnutzung nicht zeitanteilig bezogen auf den Zeitpunkt der Veräußerung berücksichtigt, sondern vereinfachend bereits zum vorigen Bilanzstichtag angepasst.

Beispiel für die Rückübertragung auf ein im Vorjahr neu zugegangenes Gebäude:

Zugang Gebäude (neu) am 5.9.01 (lineare AfA gemäß § 7 Abs. 4. Nr.1 EStG); Anschaffungskosten:	1.000.000 EUR
– Abschreibung für 01 (3% p. a.; zeitanteilig für 4 Monate)	– 10.000 EUR
= Buchwert zum 31.12.01	990.000 EUR
Veräußerung Gebäude (alt) am 10.5.02 mit einem Veräußerungsgewinn von 600.000 EUR; Rückübertragung auf Gebäude (neu) (= außerplanmäßige Abschreibung gem. § 6b Abs. 1 und 5EStG)	– 600.000 EUR
	390.000 EUR
– AfA des Gebäudes (neu) im Jahr 02 (0,03 * (1.000.000 EUR – 600.000 EUR)) gemäß § 6b Abs. 6 S. 2 EStG und R 7.3 Abs. 4 S. 2 EStR	– 12.000 EUR
= Buchwert per 31.12.02	378.000 EUR

Durch Übertragung stiller Reserven auf ein bewegliches Wirtschaftsgut gemäß § 6 b Abs. 10 Satz 1 EStG kann ein ***geringwertiges Wirtschaftsgut*** im Sinne von § 6 Abs. 2 oder 2a EStG entstehen, da die um den Abzugsbetrag geminderten Anschaffungs- oder Herstellungskosten auch für der Prüfung der Wertgrenze von 150 bzw. 1.000 EUR (ohne USt) an die Stelle der ursprünglichen Anschaffungs- oder Herstellungskosten treten (§ 6b Abs. 6 EStG und R 6.13 Abs. 2 EStR). Ein Zahlenbeispiel dazu befindet sich im vorhergehenden Kapitel B.VII.2.

Auch im Falle des § 6b EStG wird bei abnutzbaren Wirtschaftsgütern in der Regel nicht eine Steuerersparnis erlangt, sondern nur eine zinslose Steuerstundung (Zinsersparnis). Zur Erläuterung kann auf das vorhergehende Kapitel B.VII.2. verwiesen werden.

Der ***Zeitraum*** bis zur Übertragung einer ***Re-Investitionsrücklage***, in dem die Steuerstundung voll wirksam ist, erfährt durch § 6b Abs. 3 EStG eine Begrenzung. Ist die Rücklage bis zum Ende des vierten auf die Veräußerung folgenden Wirtschaftsjahres nicht übertragen worden, so ist sie Gewinn erhöhend aufzulösen. Dieser Zeitraum verlängert sich bei Gebäuden auf sechs Jahre, sofern mit deren Herstellung bis zum Ende des vierten Jahres begonnen worden ist. Diese Fristen verlängern sich jeweils um 3 Jahre im Falle der Veräußerung an Gebietskörperschaften, Gemeindeverbände, Sanierungsträger u. ä. zum Zwecke der Vorbereitung oder Durchführung von städtebaulichen Sanierungs- oder Entwicklungsmaßnahmen. Die vorausgesetzte Dauer der ununterbrochenen Zugehörigkeit zum Anlagevermögen verkürzt sich in diesen Fällen auf 2 Jahre (§ 6b Abs. 8 EStG).

Um Missbräuche einzuschränken, in denen ohne Übertragungsabsicht eine „steuerfreie" Rücklage gebildet wird, allein um den zinslosen Steuerkredit zu nutzen, verlangt § 6b Abs. 7 EStG in den Fällen, in denen die Rücklage ohne Übertragung der stillen Reserven auf ein zugegangenes Wirtschaftsgut aufgelöst wird, eine ***Nachverzinsung***. Zu diesem Zweck „ist der Gewinn des Wirtschaftsjahrs, in dem die Rücklage aufgelöst wird, für jedes volle Wirtschaftsjahr, in dem die Rücklage bestanden hat, um 6 vom Hundert des aufgelösten Rücklagenbetrags zu erhöhen" (§ 6b Abs. 7 EStG). Soweit es sich um Gewinne aus der Veräußerung von Anteilen an Kapitalgesellschaften durch Einzelunternehmen oder Personenhandelsgesellschaften handelt, ist der Prozentsatz nur auf den nicht nach § 3 Nr. 40 Satz 1 a) u. b) i. V. m. § 3c Abs. 2 EStG steuerbefreiten Rücklagenbetrages zu beziehen. Dieser Gewinnzuschlag erfolgt außerhalb der Steuerbilanz in der Steuererklärung, eine

Buchung ist nicht möglich. Der „Zinssatz" für den gewährten Steuerkredit ist somit abhängig von der Höhe des Ertragsteuersatzes. Er beträgt bei einem Ertragsteuersatz von 40% (Kapitalgesellschaften: Körperschaft- plus Gewerbeertragsteuer) nach Steuern nur 0,4 * 6% = 2,4%. Die Gewinnerhöhung in Höhe von 6% ist bei einer Entscheidungsrechnung mit dem Kreditzinssatz zu vergleichen, z. B. mit 8% für einen mittelfristigen Bankkredit. In der Nach-Steuer-Betrachtung ist letzterer mit (1 – Steuersatz) = (1 – 0,4) = 0,6 zu multiplizieren und beträgt 4,8%, da Kreditzinsen abzugsfähige Betriebsausgaben sind und somit nach Maßgabe des Steuersatzes zu einer Steuerersparnis führen[1].

Aufgabe 46: Steuerfreie Rücklage gem. § 6b EStG

4. Zuschussrücklage

Definition:

> ***Echte verlorene Investitionszuschüsse*** sind einmalige oder wiederkehrende Zahlungen ohne Rückzahlungsverpflichtung und ohne unmittelbaren Zusammenhang mit einer Leistung des Zuschussempfängers. Sie werden als Anreiz und als Finanzierungshilfe für bestimmte Investitionen geleistet.

Hier sollen nur echte verlorene Investitionszuschüsse (Kapitalzuschüsse) behandelt werden. Zu den Abgrenzungen von anderen Zuschussarten vgl. Kapitel B.I.3.a)(2)(d). R 6.5 EStR regelt die steuerliche Behandlung von echten verlorenen Investitionszuschüssen:

Wahlrecht	
↙ sofortige erfolgswirksame Vereinnahmung (R 6.5 Abs. 2 Satz 2 EStR)	↘ 1.)„erfolgsneutrale" Behandlung, d. h. Absetzung von den Anschaffungs-/ Herstellungskosten (R 6.5 Abs. 2 Satz 3 EStR)
	2.) Bildung einer „steuerfreien" Zuschussrücklage, die im Folgejahr „erfolgsneutral" von den Anschaffungs-/ Herstellungskosten abgesetzt wird (R 6.5 Abs. 4 EStR)
Folge: sofortige Versteuerung des Zuschusses	Folge: Versteuerung des Zuschusses über die Nutzungsdauer verteilt (aufgrund geringerer Abschreibungsbeträge)

Die ***„erfolgsneutrale" Behandlung*** ist die übliche und soll hier für unterschiedliche Fälle vorgestellt werden. Die beiden Fälle ohne Notwendigkeit der Bildung einer Zuschussrücklage enthält Kapitel B.I.3.a)(2)(d).

Beispiel:

Zur Anschaffung einer Maschine mit Anschaffungskosten i. H. v. 3.000 EUR wird ein staatlicher Zuschuss von 1.000 EUR gewährt. Die Maschine wird jeweils im Januar angeschafft, hat eine Nutzungsdauer von 10 Jahren und soll linear abgeschrieben werden.

---

[1] Eine genauere Berechnung hat noch zu berücksichtigen, dass die Hälfte der (Dauerschuld-) Zinsen zusätzlich der Gewerbeertragsteuer unterliegt. Bei einem Hebesatz von 400% ergibt sich für eine Kapitalgesellschaft eine Belastung von 0,1667* 0,5 * 8%, die die Steuerersparnis verringert. Der vergleichbare Bankkredit-Zinssatz beträgt somit nach Steuern 4,8% + 0,6668% = 5,47%.

Fall 1: „Zuschuss heute, Maschine morgen"

Der Zuschuss wird im Jahr 01 gezahlt, die Maschine jedoch erst im Januar 02 angeschafft. Ist eine „erfolgsneutrale" Behandlung des Zuschusses beabsichtigt, so besteht im Jahre 01 die Möglichkeit, eine „steuerfreie" Zuschussrücklage zu bilden, um die der steuerpflichtige Gewinn gemindert wird (R 6.5 Abs. 4 EStR). Die „steuerfreie" Zuschuss-Rücklage dient der „Aufbewahrung" des Zuschussbetrages, bis dieser im Folgejahr von den Anschaffungskosten der Maschine abgesetzt werden kann. Die steuerliche Vergünstigung kann unabhängig von der Handelsbilanz gewählt werden (§ 5 Abs. 1 S. 1 u. 2 EStG).

Der Vorgang ist in beiden Jahren erfolgsneutral.

Buchungssätze im Jahr 01:

BS:	Bank	1.000 EUR	
	an sonstige betriebliche Erträge		1.000 EUR.
BS:	Sonstiger betrieblicher Aufwand	1.000 EUR	
	an „Steuerfreie" Zuschussrücklage		
	gemäß R 6.5 Abs. 4 EStR		1.000 EUR.

Buchungssätze im Jahr 02:

BS:	Maschinen	3.000 EUR	
	Vorsteuer	570 EUR	
	an Bank		3.570 EUR.
BS:	„Steuerfreie" Zuschussrücklage		
	gemäß R 6.5 Abs. 4 EStR	1.000 EUR	
	an sonstige betriebliche Erträge		1.000 EUR.
BS:	Bewertungsabschlag		
	(außerplanmäßige Abschreibung)	1.000 EUR	
	an Maschine		1.000 EUR.
BS:	AfA auf Sachanlagen	200 EUR	
	an Maschinen		200 EUR.

Fall 2: Zuschuss ist beantragt, aber noch nicht eingegangen

a) Der Zuschuss ist bereits genehmigt

Falls ein Rechtsanspruch auf den Zuschuss besteht, was hier angenommen werden soll, muss eine Forderung aktiviert werden. Dies gilt handelsrechtlich ebenfalls. Je nachdem, ob die Maschine bereits angeschafft ist oder dies erst im Folgejahr geschieht, ist zu buchen:

BS:	Sonstige Forderung	1.000 EUR	
	an Maschine		1.000 EUR.
BS:	Sonstige Forderung	1.000 EUR	
	an „Steuerfreie" Zuschussrücklage		
	gemäß R 6.5 Abs. 4 EStR)		1.000 EUR.

b) Der Zuschuss ist noch nicht genehmigt

Steuerrechtlich besteht ebenso wie handelsrechtlich die Pflicht zur Aktivierung einer Forderung, wenn die sachlichen Voraussetzungen erfüllt sind, ein Antrag gestellt wurde bzw. (spätestens kurz nach Bilanzaufstellung) gestellt wird und ein Rechtsanspruch auf den Zuschuss besteht.[1]

[1] Vgl. Stellungnahme 1/1984 HFA des IdW, WPg 1984, S. 612, 1990 neu gefasst.

5. Die Gegenrechnungsgewinn-Rücklage

Nach § 6 Abs. 1 Nr. 3a Buchst.c EStG sind bei der Bewertung von Rückstellungen den jeweiligen Verpflichtungen die künftigen Vorteile, die mit der Erfüllung der Verpflichtung voraussichtlich verbunden sein werden, soweit sie nicht als Forderung aktivierbar sind, Wert mindernd gegen zu rechnen. Dabei müssen mehr Gründe für als gegen den Eintritt des Vorteils sprechen. Ein Beispiel ist ein zu erwartendes Kippentgelt bei einer Rückstellung wegen Rekultivierungsverpflichtung. Für Rückgriffsansprüche gilt Entsprechendes.

Um zu starke Gewinnerhöhungen durch die Reduzierung des Wertes der in einem vor dem 1.1.2005 endenden Jahr gebildeten Rückstellungen bei erstmaliger Anwendung der Gegenrechnung zu mindern, gewährt die Finanzverwaltung den Unternehmen das Wahlrecht, in einem vor dem 1.1.2005 endenden Wirtschaftsjahr eine den steuerpflichtigen Gewinn mindernde ***Rücklage*** in Höhe von 9/10 der Gewinnerhöhung zu bilden. Diese ist in den kommenden neun Jahren zu mindestens 1/9 Gewinn erhöhend aufzulösen (R 6.11 Abs. 1 EStR). Wird eine Rückstellung bereits früher verbraucht oder aufgelöst, so ist die Rücklage in vollem Umfang Gewinn erhöhend aufzulösen.

VIII Die Bilanzierung und Bewertung des Fremdkapitals

Lernziele: *Der Leser soll*

- *die inhaltliche Abgrenzung des Rückstellungsbegriffs von den Positionen Verbindlichkeiten erfahren*
- *einen Überblick über verschiedene Rückstellungskategorien und eine Reihe von Rückstellungsarten erhalten*
- *sich mit einigen ausgewählten Rückstellungsarten vertieft vertraut machen*
- **sich die Problematik von Fremdwährungsverbindlichkeiten bewusst machen**

1. Rückstellungen

a) Begriff und Arten

Definition:

> Bei ***Rückstellungen*** handelt es sich um die bilanzielle Vorsorge für zukünftige, hinsichtlich ihres Entstehens oder ihrer Höhe und gegebenenfalls ihres Fälligkeitszeitpunkts ungewisse Auszahlungen oder Verluste, deren wirtschaftliche Ursache bereits vor dem Bilanzstichtag liegt.

Nach Auffassung der Vertreter der älteren so genannten statischen Bilanztheorien sind unter der Position „Rückstellungen" nur am Stichtag bereits juristisch oder wirtschaftlich bestehende Verbindlichkeiten gegenüber Dritten, deren Höhe ungewiss ist, auszuweisen. Dadurch soll vor allem aus Gründen des Gläubigerschutzes ein vollständiger Ausweis aller bestehenden Schulden und des diesen gegenüberstehenden Vermögens in der Bilanz erreicht werden („Schuldendeckungspotential"). Nach Meinung der Vertreter der jüngeren dynamischen Bilanztheorien sind diese so gen. ***Außenverpflichtungen*** um Innenverpflichtungen zu ergänzen. Darunter sind Verpflichtungen des Kaufmanns gegenüber sich selbst zu verstehen, also bislang unterlassene Ausgaben in ungewisser Höhe, die aber wirtschaftlich bereits notwendig gewesen wären. Beispielsweise handelt es sich um Ausgaben für Reparaturen, die im abgelaufenen und/oder in früheren Geschäftsjahren wirtschaftlich verursacht wurden und damit Aufwand dieser Perioden darstellen, die aber aus verschiedenen Gründen verschoben worden sind. Rückstellungen für ***Innenverpflichtungen*** haben die Aufgabe, eine verursachungsgerechte zeitliche Aufwandszuordnung und damit die Ermittlung aussagefähiger Periodengewinne zu gewährleisten. Die zweite Gruppe der Rückstellungen ist bis auf eine Ausnahme noch nie steuerrechtlich zulässig gewesen, durch das BilMoG seit 1.1.2010 aber auch aus dem Handelsrecht verbannt worden.

Die Bildung von Rückstellungen fußt auf dem Vollständigkeitsprinzip, das u. a. den vollständigen Ausweis aller ungewissen Verbindlichkeiten verlangt, und dem allgemeinen Vorsichtsprinzip, das zu einer Vorsorge für bereits verursachte zukünftige Ausgaben verpflichtet. Bei bestimmten Rückstellungsarten wird primär auf das Imparitätsprinzip abgestellt. Das Realisationsprinzip und der Grundsatz der sachlichen Abgrenzung verpflichten ebenfalls zur Bildung von Rückstellungen. Auch bei der Bewertung der Rückstellungen sind die genannten Grundsätze ordnungsmäßiger Buchführung und Bilanzierung zu beachten. Die Bedeutung dieser Prinzipien ist im Einzelnen sehr umstritten (s. unten im folgenden Abschnitt).

Grundsätzlich stellen Rückstellungen Fremdkapital dar, da bereits Ansprüche Dritter bestehen oder Vorsorge für Zahlungen an Dritte getroffen wird. In Ausnahmefällen können Rückstellungen auch Eigenkapitalteile enthalten. Dies ist dann der Fall, wenn sie infolge der Unsicherheit höher bemessen wurden, als sich später als notwendig herausstellt. Der überhöhte Teil der Rückstellung stellt stille Reserven dar und ist Erfolgs erhöhend („sonstige betriebliche Erträge") aufzulösen, wenn die Überhöhung erkennbar wird (§ 249 Abs. 2 Satz 2 HGB). Dagegen wird derjenige Teil der Rückstellung, der der Höhe der tatsächlichen Ausgabe entspricht, „verbraucht", d. h. erfolgsneutral gebucht.

Durch die Bildung, den Verbrauch und die Auflösung von Rückstellungen wird erreicht, dass künftige Ausgaben als Aufwendungen bereits der Periode der wirtschaftlichen Verursachung zugeordnet werden und im späteren Jahr der Zahlung keine Erfolgsauswirkungen mehr eintreten, es sei denn, die Rückstellung war nicht in der letztlich erforderlichen Höhe bemessen. Am ***Beispiel*** der Rückstellungen für ***Wechselobligo*** sollen die notwendigen Buchungen gezeigt werden. Solche Rückstellungen werden als Vorsorge für eine drohende Inanspruchnahme (Regress) aus weitergegebenen Besitz- bzw. Kundenwechseln gebildet.

Buchungssätze:
Bildung der Rückstellung im Jahr der wirtschaftlichen Verursachung, d. h. im Jahr der Wechselweitergabe an einen Gläubiger des Unternehmens, oder später, sobald sich die Möglichkeit der Regress-Inanspruchnahme konkretisiert:

(1)	Sonstige betriebliche Aufwendungen (Aufwendungen aus Regressleistungen)	10.000 EUR	
	an Rückstellung für Wechselobligo		10.000 EUR.

Fall a): (Erfolgsneutraler) Verbrauch der richtig bemessenen Rückstellung im Jahr der tatsächlichen Inanspruchnahme:

(2)	Rückstellung für Wechselobligo	10.000 EUR	
	an Bank		10.000 EUR.

Fall b): Verbrauch bzw. Auflösung der überhöhten Rückstellung im Jahr der tatsächlichen Inanspruchnahme (Auszahlung: 6.000 EUR):

(3)	Rückstellung für Wechselobligo	10.000 EUR	
	an Bank		6.000 EUR
	an sonstige betriebliche Erträge		4.000 EUR.

Fall c): Verbrauch der nicht ausreichenden Rückstellung im Jahr der tatsächlichen Inanspruchnahme (Auszahlung: 15.000 EUR)

(4)	Rückstellung für Wechselobligo	10.000 EUR	
	Aufwendungen aus Regressleistungen (periodenfremd)	5.000 EUR	
	an Bank		15.000 EUR.

Gemäß § 249 Abs. 2 Satz 2 HGB kann eine einmal gebildete Rückstellung (z. B. aus bilanzpolitischen Gründen) nicht willkürlich wieder aufgelöst werden. Andererseits ist eine Auflösung nach dem Grundsatz der Richtigkeit und der Willkürfreiheit verpflichtend, wenn die Gründe für die Rückstellungsbildung weggefallen sind (R 5.7 Abs. 13 EStR; H 5.7 Abs. 13 „Auflösung" EStH). Rückstellungen für andere als die in § 249 Abs. 1 HGB bezeichneten Zwecke zu bilden, ist nicht zulässig (Passivierungsverbot gemäß § 249 Abs. 2 Satz 1 HGB).

Zur Frage der ***Maßgeblichkeit*** der Handelsbilanz für die Steuerbilanz bei Rückstellungen ist auf die materielle Maßgeblichkeit für Passivierungsgebote und -verbote sowie auf die Durchbrechung der Maßgeblichkeit durch den BFH-Beschluss vom 3.2.1969 (BStBl. 1969 II, S. 291) hinzuweisen, der für die Fälle handelsrechtlicher Passivierungswahlrechte ein steuerrechtliches Passivierungsverbot festlegt (H 5.7 Abs. 1 „Handelsrechtliches Passivierungswahlrecht" EStH).

Handelsbilanz	***Steuerbilanz***
Passivierungsgebot	Passivierungsgebot
Passivierungsverbot	Passivierungsverbot
Passivierungswahlrecht	Passivierungsverbot

In einer Reihe von Fällen gibt es jedoch steuerliche Sondervorschriften, die strengere Voraussetzungen der Rückstellungsbildung als im Handelsrecht beinhalten oder bestimmte Rückstellungsarten generell verbieten (R 5.7 Abs. 1 EStR; z. B. § 5 Abs. 4a EStG).

Generell ist keine Rückstellungsbildung zulässig, sofern die künftigen Auszahlungen zum überwiegenden Teil weder Aufwendungen heute noch in der Zukunft darstellen. Für künftige Anschaffungs- oder Herstellungskosten eines Wirtschaftsguts dürfen mithin weder in der Handels- noch in der Steuerbilanz Rückstellungen gebildet werden (§ 5 Abs. 4b EStG; WP-HdB. 2000, Bd. I, Teil E, Tz. 92). Ein Rückstellungsverbot gilt in der Steuerbilanz auch dann, wenn für die zukünftigen Ausgaben ein steuerliches Abzugsverbot besteht (H 5.7 (1) „Abzugsverbot" EStH).

Die Tabelle auf der folgenden Seite soll einen Überblick über die handelsrechtlich zulässigen Arten von Rückstellungen geben, die anschließend ausführlich behandelt werden, sofern sie steuerrechtlich zulässig sind. Mit dem BilMoG und der Angleichung an internationale Bilanzierungsregeln (IFRS) ist seit 1.1.2010 bis auf eine Ausnahme die Passivierungsmöglichkeit von Aufwandsrückstellungen auch handelsrechtlich weggefallen. Mit Aufwandsrückstellungen werden Rückstellungen gemeint, die allein der richtigen Periodengewinnermittlung dienen. Da ihnen keine Verpflichtung gegenüber Dritten zugrunde liegt werden sie auch als Rückstellungen für Innenverpflichtungen bezeichnet. Die Rückstellungen für drohende Verluste aus schwebenden Geschäften werden, wie es üblich ist, den Außenverpflichtungen zugerechnet, da Verpflichtungen gegenüber Dritten die Ursache für die drohenden Verluste sind.

Die ***Bewertung*** von Rückstellungen[1] ist in § 253 Abs. 1 Satz 2 HGB geregelt. Danach sind Rückstellungen in Höhe des nach vernünftiger kaufmännischer Beurteilung notwendigen Erfüllungsbetrags anzusetzen.[2] Dies ist der Betrag, mit dem der Kaufmann voraussichtlich in Anspruch genommen wird bzw. der zur Erfüllung der Verpflichtung aufzubringen ist und damit das bestehende Risiko abdeckt. Damit sind Rückstellungen unter Berücksichtigung zukünftiger Preis- und Kostensteigerungen, soweit sie am Bilanzstichtag konkret zu erwarten sind, zu bewerten. Da dies über den Grundsatz der Maßgeblichkeit auch für das Steuerrecht gelten würde und die Bundesregierung hohe Steuerausfälle befürchtete, wurde im Zuge des BilMoG ein neuer Passus in § 6EStG eingefügt, nach dem künftige Preis- und Kostensteigerungen bei der Bewertungen von Rückstellungen in der Steuerbilanz nicht berücksichtigt werden dürfen (§ 6 Abs. 1 Nr. 3a Buchst. f EStG).

Die Bewertung von Rückstellungen wird vornehmlich vom Vorsichtsprinzip bestimmt. Der Bewertende hat demnach bei der Schätzung des zukünftigen Auszahlungsbetrags den wahrscheinlichsten Wert bzw. den Erwartungswert der Auszahlung zu ermitteln und anzusetzen. Nur wenn es aus seiner Sicht mehrere gleich wahrscheinliche Werte gibt, so besteht faktisch ein Bewertungswahlrecht. Nach „vernünftiger kaufmännischer Beurteilung" kann aber auch heißen, aus Vorsichtsgründen vom Erwartungswert der zukünftigen Ausgaben abzuweichen. Während der Erwartungswert mit 50% Wahrscheinlichkeit unterschritten und mit 50% Wahrscheinlichkeit überschritten wird, könnte ein vernünftiger Kaufmann doch lieber einen höheren Wert auswählen, der z. B. mit 90% Wahrscheinlichkeit erreicht oder unterschritten, dagegen nur in 10 von 100 Fällen überschritten wird. Diese Abweichung vom Erwartungswert, wird von der persönlichen Risikoneigung des Bewertenden abhängen, muss aber dem Grundsatz der Willkürfreiheit entsprechend von einem Dritten nachprüfbar sein.

---

[1] Auf das Abzinsungsgebot von Rückstellungen mit einer Laufzeit von mehr als einem Jahr gem. § 253 Abs. 2 HGB und § 6 Abs. 1 Nr. 3a Buchst. e) EStG wird weiter unten noch ausführlich eingegangen.

[2] Für Rückstellungen für Altersversorgungsverpflichtungen, deren Höhe sich ausschließlich nach dem beizulegenden Zeitwert von Wertpapieren bestimmt, ist dieser zur Bewertung heranzuziehen, soweit er einen garantierten Mindestbetrag übersteigt (§ 253 Abs. 1 S. 3 HGB).

Rückstellungsarten		
Rückstellungen für Außenverpflichtungen		**Rückstellungen für Innenverpflichtungen**
Rückstellungen für ungewisse Verbindlichkeiten *(§ 249 Abs. 1 S. 1 HGB)*	***Rückstellungen für drohende Verluste aus schwebenden Geschäften*** *(§ 249 Abs. 1 S. 1 HGB; § 5 Abs. 4a EStG)*	***Aufwandsrückstellungen*** *(§ 249 Abs. 1 S. 2 Nr. 1 HGB; H 5.7 Abs. 3 „Aufwandsrückstellungen" EStH)*
Rückstellungen für Patentrechtsverletzung (§ 5 Abs. 3 EStG; R 5.7 Abs. 7 EStR)	Schwebende Beschaffungsgeschäfte	Rückstellungen für unterlassene Instandhaltung bei Nachholung innerhalb von 3 Monaten (§ 249 Abs. 1 Satz 2 Nr. 1 HGB; R 5.7 Abs. 11 EStR)
Prozesskostenrückstellungen (H 5.7 Abs. 4 „Prozesskosten" EStH)	Schwebende Absatzgeschäfte	Rückstellungen für unterlassene Abraumbeseitigung, die im Folgejahr nachgeholt wird (§ 249 Satz 2 Nr. 1 HGB; R 5.7 Abs. 11 EStR)
Rückstellungen für Garantieverpflichtungen (H 5.7 Abs. 4 „Garantierückstellungen" EStH)	Dauerrechtsverhältnisse:	
Rückstellungen für Kulanzleistungen (§ 249 Satz 2 Nr. 2 HGB; R 5.7 Abs. 12 EStR)	Miet- und Leasingverträge	
Rückstellungen für Jahresabschluss- und Prüfungskosten (H 5.7 Abs. 3 „Rückstellungen für öffentlich-rechtliche Verpflichtungen" EStH)	Ausbildungsverträge	
Rückstellungen für Handelsvertreterabfindungen (H 5.7 Abs. 4 „Ausgleichsanspruch Handelsvertreter" EStH)	Urlaubsrückstellungen	
Rückstellungen für Wechselobligo	Jubiläumsrückstellungen (§ 5 Abs. 4 EStG)	
Steuerrückstellungen		
Pensionsrückstellungen (§ 6a EStG)		

b) Rückstellungen für ungewisse Verbindlichkeiten

(1) Allgemeine Ansatz- und Bewertungsfragen

(a) Ansatzfragen

Gemäß § 249 Abs. 1 Satz 1 HGB besteht eine Pflicht, in der *Handelsbilanz* Rückstellungen für hinsichtlich ihres Entstehens oder ihrer Höhe ungewisse Verbindlichkeiten zu bilden. Folgende Voraussetzungen müssen zur Bildung von Rückstellungen für ungewisse Verbindlichkeiten erfüllt sein:

Voraussetzungen (R 5.7 Abs. 2 EStR)
1. Bestehen einer rechtlichen oder wirtschaftlichen Verpflichtung gegenüber einem Dritten oder einer öffentlich-rechtlichen Verpflichtung, die den Verpflichteten wesentlich belastet, 2. wirtschaftliche Verursachung im abgelaufenen Wirtschaftsjahr (vor dem Bilanzstichtag), 3. gewisse Wahrscheinlichkeit der Inanspruchnahme, d. h. es muss mit einer Inanspruchnahme ernsthaft zu rechnen sein, 4. die Aufwendungen dürfen nicht in zukünftigen Jahren als Anschaffungs- oder Herstellungskosten eines Vermögensgegenstands oder Wirtschaftsguts zu aktivieren sein.

Liegen alle diese Voraussetzungen am Bilanzstichtag objektiv nachprüfbar vor, so besteht *handels- und steuerrechtlich* (Maßgeblichkeitsgrundsatz) die ***Pflicht***, eine Rückstellung für ungewisse Verbindlichkeiten zu bilden (R 5.7 Abs. 1 u. 2 EStR).

- ***Zu 1.: Verpflichtung gegenüber einem Dritten oder öffentlich-rechtliche Verpflichtung***

Eine gesetzliche oder vertragliche Verpflichtung muss nicht zwingend vorliegen, es genügt eine wirtschaftliche (faktische) Verpflichtung, derer sich der Kaufmann nicht ohne größere wirtschaftliche Nachteile (Schädigung des guten Rufes und Käuferabwanderung) entziehen kann.

Beispiel:

Für eine Rückrufaktion von PKW´s wegen möglicher Getriebeschäden, obwohl sowohl die gesetzliche als auch die vertragliche Gewährleistungsfrist abgelaufen ist, kann eine wirtschaftliche Verpflichtung bestehen. Vgl. auch H 5.7 Abs. 3 „Faktischer Leistungszwang" EStH.

Darüber hinaus wird bei ***öffentlich-rechtlichen Verpflichtungen*** (z. B. Umweltschutzaltlasten) eine Konkretisierung derart verlangt, dass entweder eine Verfügung der zuständigen Behörde oder eine gesetzliche Regelung vorliegen muss, worin ein inhaltlich genau bestimmtes Handeln innerhalb eines bestimmten Zeitraums gefordert wird, verknüpft mit Sanktionen bei Nichterfüllung, so dass sich der Kaufmann einer Erfüllung nicht entziehen kann (R 5.7 Abs. 4 EStR). Andernfalls läge eine unzulässige Aufwandsrückstellung vor. Beispiele sind in H 5.7 Abs. 4 „Rückstellungen für öffentlich-rechtliche Verpflichtungen angegeben".

Verbindlichkeitsrückstellungen sind in Handels- und Steuerbilanz auch dann zu bilden, wenn die Voraussetzungen einer erst künftig entstehenden Verpflichtung im Zeitablauf kontinuierlich geschaffen werden. Entsprechend ist die Rückstellung für Erfüllungsrückstände beispielsweise bei Verpflichtungen zur Erneuerung oder zum Abbruch von Betriebsanlagen gemäß R. 6.11 Abs. 2 S. 2 EStR kontinuierlich über die Jahre anzusammeln (so gen. ***Ansammlungsrückstellung***). Auch bei sog. ***Rekultivierungsverpflichtungen*** von Bodenabbauunternehmen (z. B. Braunkohlen-Tagebau) wird in jedem Geschäftsjahr nur ein der jeweiligen Ausbeutungs- und Verwüstungstätigkeit entsprechender Teil der Gesamtverpflichtung rechtlich und wirtschaftlich verursacht, also etwa derjenige Teil, der dem Anteil der in der abgelaufenen Periode geförderten Menge an der geschätzten Gesamtmenge entspricht[1]. Zudem ist der Wert solcher Rückstellungen durch einen einmaligen Aufstockungsbetrag anzuheben, um auch die früher bereits angesammelten Rückstel-

[1] BFH 5.2.1987, BStBl. 1987 II S. 847; BFH 19.5.1983, BStBl. 1983 II S. 670; BFH 19.2.1975, BStBl. 1975 II S. 480; BFH 16.9.1970, BStBl. 1971 II S. 85.

lungsraten auf das Preis-/Kostenniveau des Bilanzstichtags zu bringen (R 6.11 Abs. 2 S. 4–6 EStR). Ein weiteres Beispiel ist die Verpflichtung zur Stilllegung eines Kernkraftwerks, für die ab dem Zeitpunkt der erstmaligen Nutzung bis zum Zeitpunkt, in dem mit der Stilllegung begonnen werden muss, eine Rückstellung zeitanteilig in gleichen Raten anzusammeln ist. Sollte der Stilllegungszeitpunkt nicht festliegen, so hat steuerrechtlich die Ansammlung über 25 Jahre hinweg zu erfolgen (§ 6 Abs. 1 Nr. 3a Buchst. d EStG). Bei beiden genannten Ansammlungsrückstellungen handelt es sich im Übrigen um sog. ***Sachleistungsverpflichtungen***, also um Verpflichtungen zu einer Leistung, die nicht in der Zahlung eines Geldbetrages besteht.

- ***Zu 2.: Wirtschaftliche Verursachung vor dem Bilanzstichtag***

Die Zuordnung des Aufwands zur gerade abgelaufenen Periode durch Rückstellungsbildung setzt handels- und steuerrechtlich voraus, dass die (ungewisse) Verpflichtung bereits vor dem Bilanzstichtag wirtschaftlich verursacht wurde. Diese relativ unbestimmte Voraussetzung wurde durch die Rechtsprechung des BFH konkretisiert. Danach muss hierzu der Tatbestand, an den das Gesetz oder der Vertrag die Verpflichtung knüpft, vor dem Stichtag wirtschaftlich im Wesentlichen verwirklicht sein (R 5.7 Abs. 5 EStR).[1] Es sind demnach alle, aber auch nur solche Umstände wirtschaftlich zu werten, die für den Tatbestand und die rechtliche Entstehung der Verpflichtung von Bedeutung sind. Da durch die Formulierung „Erfüllung der Tatbestandsmerkmale" auch die rechtliche Entstehung der Schuld mit umfasst wird, erfüllt das so definierte Verursachungskriterium auch den Grundsatz der Vollständigkeit des Schuldenausweises.

Seit 1987 ist der BFH in mehreren Urteilen[2] von dieser Auslegung abgerückt bzw. hat sie ergänzt, indem er verlangt, dass die Erfüllung der Verpflichtung nicht nur an Vergangenes anknüpfen darf, sondern auch Vergangenes abgelten muss. Dies soll heißen, dass ungewisse Verbindlichkeiten, also künftige Ausgaben, nur dann als Rückstellungen passiviert werden dürfen, wenn sie bereits in der Vergangenheit realisierten Erträgen zuzuordnen sind. Der BFH stellt mithin nicht auf die Ursache, sondern auf den Zweck der künftigen Ausgaben ab. Für Verpflichtungen, die mit der künftigen Gewinnsituation des Unternehmens verknüpft sind, dürfen somit erst im späteren Jahr der Entstehung des Gewinns Rückstellungen gebildet werden (vgl. auch Kapitel B.VIII.1.b)(5).

Für die Konkretisierung der wirtschaftlichen Verursachung zieht der BFH somit Moxters sog. ***Alimentationsthese***[3] heran. Nach Moxter ist das ***Realisationsprinzip*** das grundlegende Abgrenzungsprinzip und regelt nicht nur den Zeitpunkt der Entstehung von Erträgen, sondern auch den Zeitpunkt der Berücksichtigung von Ausgaben (Aufwendungen), da diese der Periode zuzuordnen sind, in der diejenigen Erträge erwirtschaftet und erfasst werden, welche durch die in Frage stehenden Ausgaben ermöglicht („alimentiert") werden. In diesem Sinne wird nach Moxter die Periode der wirtschaftlichen Verursachung festgelegt. Rückstellungen sind zwecks richtiger Periodenergebnisdarstellung notwendig für solche künftigen Ausgaben, die in der Vergangenheit erwirtschaftete Erträge alimentieren. Nicht rückstellungsfähig ist danach eine Verpflichtung, wenn sie dazu dient, Erträge in der Zukunft zu erzielen, d. h. wenn die entsprechenden Aufwendungen zukünftige Erträge alimentieren und daher wirtschaftlich noch nicht verursacht sind, selbst wenn die Verbind-

---

[1] Vgl. z. B. BFH 1.8.1984, BStBl. 1985 II S. 44; BFH 10.12.1992, BStBl. 1994 II S 158.
[2] Z. B. BFH 19.5.1987, BStBl. 1987 II S 848; BFH 25.8.1989, BStBl. 1989 II S. 893.
[3] Vgl. Moxter, A., Bilanzrechtsprechung, 4. Aufl., Tübingen 1996, S. 103 f.

lichkeit bereits vor dem Bilanzstichtag rechtlich entstanden ist[1]. Damit wird konsequenterweise einer dynamischen Betrachtungsweise Vorrang eingeräumt vor dem Prinzip des vollständigen Schuldenausweises unter statischen Aspekten.[2] Der BFH scheint allerdings der Auffassung zuzuneigen, dass die rechtliche Entstehung einer Verbindlichkeit für die Passivierung ausreicht, auch wenn die wirtschaftliche Verursachung später liegen sollte, übernimmt die Alimentationsthese somit nicht vollständig[3].

- ***Zu 3. Wahrscheinlichkeit der Inanspruchnahme***

In der Rechtsprechung des Bundesfinanzhofs sind die Voraussetzungen für die Passivierung von Rückstellungen für ungewisse Verbindlichkeiten entwickelt und konkretisiert worden. Die Wahrscheinlichkeit der Inanspruchnahme ist aus Sicht eines sorgfältigen und gewissenhaften Kaufmanns anhand objektiver Tatsachen zu beurteilen (R 5.7 Abs. 6 EStR; BFH 2.10.1992, BStBl. 1993 II S. 153). Die Verpflichtung muss bis zum Bilanzstichtag entstanden sein oder mit einiger Wahrscheinlichkeit noch entstehen. Spätestens bei Bilanzaufstellung muss ernsthaft mit einer Inanspruchnahme gerechnet werden. Es müssen mehr Gründe für als gegen eine Inanspruchnahme sprechen (so gen. ***51%-Regel des BFH***, R 5.7 Abs. 5 letzter Halbsatz EStR). Eine hinreichende Konkretisierung einer wirtschaftlichen Belastung in diesem Sinne ist auch handelsrechtlich vorauszusetzen, da andernfalls der Grundsatz der Willkürfreiheit verletzt werden könnte. Ist die Voraussetzung nicht erfüllt, liegt *rein handelsrechtlich* ohne steuerliche Folgen eine Eventualverbindlichkeit (§ 251 HGB) vor, die „unter dem Strich" der Bilanz bzw. im Anhang zu vermerken ist. Beispielsweise stellen Indossamentverpflichtungen (aus der Weitergabe von Wechseln) so lange Eventualverbindlichkeiten dar, bis konkrete Anhaltspunkte über eine mögliche Zahlungsunfähigkeit des Wechselschuldners (des Bezogenen) auftauchen. Dann ist anstelle der Eventualverbindlichkeit eine Rückstellung für Wechselobligo zu bilden. In jüngerer Zeit scheint der BFH zumindest im Zusammenhang mit Rückstellungen für öffentlich-rechtliche Verpflichtungen aus Umweltaltlasten strengere Maßstäbe für die steuerliche Zulässigkeit von Rückstellungen anzulegen. Danach darf eine Rückstellung erst gebildet werden, wenn der Gläubiger Kenntnis von seinem Anspruch erlangt hat oder dies unmittelbar bevorsteht[4].

- ***Zu 4.: Keine zukünftigen Anschaffungs- oder Herstellungskosten***

Rückstellungen haben die Aufgabe, die Aufwandsbuchung losgelöst vom Auszahlungszeitpunkt in der Periode der wirtschaftlichen Verursachung zu ermöglichen. Liegt kein Aufwandscharakter vor, sondern ein Fall der zukünftigen Aktivierung von Anschaffungs- oder Herstellungskosten, kann keine Rückstellung gebildet werden (§ 5 Abs. 4b EStG).

(b) Bewertungsfragen

Allgemein erfolgt die Bewertung der Rückstellungen für ungewisse Verbindlichkeiten in Höhe ihres ***Erfüllungsbetrags*** (§ 253 Abs. 1 S. 2 HGB). Das ist der Betrag, der nötig ist, um sich der entsprechenden Verpflichtung zu entledigen. Zukünftige Preis- und Kostensteigerungen, soweit sie am Bilanzstichtag konkret absehbar sind (z. B. bevorstehende Lohnerhöhungen), sind *handelsrechtlich* demzufolge einzubeziehen, weil sie den Erfüllungsbetrag beeinflussen. Da es um die Bemessung der zukünftig erforderlichen Ausgaben geht, kann das Stichtagsprinzip hier nur so verstanden werden, dass die Bewertung nach

---

[1] Diese Argumentation Moxters hat die Finanzverwaltung jetzt vollständig übernommen, vgl. H 31c Abs. 4 „Entstandene Verpflichtungen" EStH und BMF 21.1.2003, BStBl. I S.125.

[2] Vgl. Mayer-Wegelin in: Küting/Weber § 249 Tz. 33.

[3] Z. B. BFH 12.12.1991, BStBl. 1992 II S. 600.

[4] Vgl. BFH 19.10.1993, DB 1994, S.19.

den am Stichtag vorhandenen Informationen und konkreten Erwartungen über die zukünftigen Preis- und Kostenverhältnisse zu erfolgen hat. *Steuerrechtlich* dürfen allerdings nur die ***Preis- und Kostenverhältnisse*** des Bilanzstichtags berücksichtigt werden (§ 6 Abs. 1 Nr. 3a Buchst. f EStG).

In sachlich unmittelbarem Zusammenhang mit der Verpflichtung stehende Rückgriffsrechte auf Versicherungen, Subunternehmer etc. sind handels- und steuerrechtlich mindernd zu berücksichtigen. Das gilt im *Steuerrecht* auch für zukünftige Vorteile, soweit diese nicht auf einer vertraglichen Vereinbarung beruhen und als Forderung zu aktivieren sind (§ 6 Abs. 1 Nr. 3a Buchst. c EStG). Sofern mehr Gründe für als gegen den Eintritt des Vorteils sprechen, muss steuerrechtlich eine so gen. ***Gegenrechnung von Vorteilen*** vorgenommen werden. *Handelsrechtlich* steht einer solchen Verrechnung künftiger Vorteile allerdings das Vorsichtsprinzip entgegen.[1]

Bei ***Sachleistungsverpflichtungen***, also bei Verpflichtungen zu einer Leistung, die nicht in der Zahlung eines Geldbetrages besteht, stellt sich das Problem der schätzweisen Bewertung der geschuldeten Sachleistung. Beispiele sind die Verpflichtung zur Rekultivierung von Bodenabbaugebieten, zur Stilllegung eines Kernkraftwerks oder zur Jahresabschlusserstellung. Die Rückstellung umfasst den Erfüllungsbetrag einer solchen Verpflichtung, der dem Geldwert der erforderlichen Aufwendungen entspricht. *Handels- wie steuerrechtlich* hat die Bewertung einer solchen Rückstellung mit den Einzelkosten und angemessenen Teilen der notwendigen Gemeinkosten der Sachleistung zu erfolgen (§ 6 Abs. 1 Nr. 3a Buchst. b EStG).

Gemäß § 6 Abs. 1 Nr. 3a Buchst. e) EStG besteht eine ***Abzinsungspflicht*** für Rückstellungen mit einer Laufzeit von mindestens 12 Monaten, es sei denn, diese beruhen auf einer verzinslichen Verbindlichkeit oder auf einer Anzahlung oder Vorausleistung. Der Abzinsungssatz beträgt zwingend 5,5%. Aufgrund des BilMoG gilt seit 1.1.2010 ebenfalls eine Abzinsungspflicht für Rückstellungen mit einer Rest-Laufzeit von mehr als einem Jahr (ohne weitere Einschränkungen[2]) auch in der Handelsbilanz. Die Abzinsung hat allerdings mit dem Marktzinssatz für die entsprechende Restlaufzeit, der sich als Durchschnitt der vergangenen sieben Geschäftsjahre ergibt und von der Deutschen Bundesbank ermittelt und bekannt gegeben wird, zu erfolgen (§ 253 Abs. 2 S. 1 u. 4 HGB). Insoweit wird es wegen unterschiedlicher Zinssätze praktisch immer Bewertungsdifferenzen in Handels- und Steuerbilanz geben.

Ein Problem stellt in der Praxis insbesondere die Bestimmung des ***Abzinsungszeitraums***, also die Bestimmung der Laufzeit der Rückstellungen dar. Vereinfachende Regeln wurden für Sonderfälle sehr langfristiger Rückstellungen bereits aufgestellt[3]. Bei Sachleistungsverpflichtungen (z. B. behördliche Anordnung zur Dekontaminierung des Bodens) entspricht die Abzinsungsperiode dem Zeitraum bis zum Beginn der Erfüllung der Verpflichtung. Steht bei Kernkraftwerken der Zeitpunkt der Stilllegung nicht fest, so ist über 25 Jahre abzuzinsen (§ 6 Abs. 1 Nr. 3a Buchst. e EStG). Auch Ansammlungsrückstellungen sind

[1] Zur Bildung einer Gegenrechnungsgewinn-Rücklage vgl. Erster Teil Kapitel B.VII.5.

[2] Nur wenn im Rückstellungsbetrag ein (verdeckter) Zinsbetrag enthalten ist, widerspricht die Abzinsung nach h.M. nicht dem Realisationsprinzip.

[3] Vgl. z. B. zur Abzinsung von Rückstellungen für bergrechtliche Verpflichtungen das BMF-Schreiben v. 9.12.1999, BStBl. 1999 I, S. 1127. Eine umfassende Regelung zur Abzinsung von Verbindlichkeiten und Rückstellungen (mit Abzinsungsfaktoren) enthält das BMF-Schreiben v. 26.5.2005, DStR 2005, S. 1005 ff.

nach Auffassung der Finanzverwaltung abzuzinsen (R 6.11 Abs. 2 EStR; BMF-Schreiben v. 9.12.1999, BStBl. I S. 1127). Bei der Verpflichtung zur Erneuerung oder zum Abbruch von Gebäuden oder technischen Anlagen ist der laufende Betrieb ursächlich für die Entstehung der Verpflichtung und daher ist der Erfüllungsbetrag jährlich sukzessive anzusammeln.

Beispielaufgabe:

Die LowTech GmbH hat am 1.1.01 unbebauten Grund und Boden gepachtet und darauf eine Lagerhalle errichtet. Sie ist laut Pachtvertrag verpflichtet, nach Vertragsablauf in 20 Jahren das Grundstück im ursprünglichen Zustand wieder zurückzugeben, muss also die Lagerhalle dann abreißen. Die Abbruch- und Entsorgungskosten werden am 31.12.01 auf 200.000 EUR geschätzt. Die Preis- und Kostensteigerungen in diesem Bereich werden jährlich auf 4% geschätzt. Der durchschnittliche Marktzinssatz für eine Laufzeit von 19 Jahren betrage 5%, für eine Laufzeit von 18 Jahren 4,5% und für 17 Jahre Laufzeit 4%. Welche Höhe hat die Rückstellung in Handels- und Steuerbilanz zum 31.12.01 und an den beiden folgenden Bilanzstichtagen?

Lösung:

Die Bildung einer Rückstellung für ungewisse Verbindlichkeiten ist nach § 249 Abs. 1 Satz 1 HGB in Handels- und Steuerbilanz (§ 5 Abs. 1 Satz 1 EStG) geboten. *Steuerrecht:* Es liegt eine Ansammlungsrückstellung vor, da der laufende Betrieb des Unternehmens wirtschaftlich ursächlich für die Verpflichtung ist. Nur die Preis- und Kostenverhältnisse am Bilanzstichtag dürfen bei der Rückstellungsbewertung berücksichtigt werden. Aufgrund der Langfristigkeit ist eine Abzinsung vorzunehmen (§ 6 Abs. 1 Nr. 3a Buchst. e EStG). *Handelsrecht:* Es handelt sich um eine Sachleistungsverpflichtung, die wirtschaftlich mit Abschluss des Pachtvertrages entstanden ist, also sofort in voller Höhe zu bilden ist. Da sich der Umfang der Verpflichtung im Zeitablauf nicht nach und nach ausweitet, liegt keine Ansammlungsrückstellung vor[1]. Zum Vergleich sind in der Tabellenspalte „Handelsbilanz (a.A.)" auch die Ergebnisse angegeben für den Fall, dass in der Handelsbilanz eine Ansammlungsrückstellung gebildet wird. Eine Abzinsung ist mit dem für die Restlaufzeit von 19 Jahren geltenden durchschnittlichen Marktzins vorzunehmen. Die Rückstellung ist mit dem zukünftigen Erfüllungsbetrag zu bewerten, der die Aufwendungen nach den Preis- und Kostenverhältnissen in 19 Jahren umfasst.

Rückstellung	***Handelsbilanz***	***Handelsbilanz (a.A.)***	***Steuerbilanz***
per 31.12.01	200.000 EUR * $1{,}04^{19}$ = 421.370 EUR; 421.370 EUR * $1{,}05^{-19}$ = 166.750 EUR	166.750 EUR * 1/20 = 8.337,50 EUR	200.000 * $1{,}055^{-19}$ * 1/20 = 3.616 EUR
per 31.12.02	421.370 EUR * $1{,}045^{-18}$ = 190.796 EUR	190.796 EUR * 2/20 = 19.079,60 EUR	200.000 * $1{,}055^{-18}$ * 2/20 = 7.629 EUR
per 31.12.03	421.370 EUR * $1{,}04^{-17}$ = 216.320 EUR	216.320 EUR * 3/20 = 32.448 EUR	200.000 * $1{,}055^{-17}$ * 3/20 = 12.073 EUR

Hinsichtlich der ***Buchungs- und Bilanzierungstechnik der Abzinsung*** gibt es zwei alternative Methoden[2]. Entweder wird die Rückstellung in Höhe des geschätzten Erfüllungsbetrags bemessen und der Zinsbetrag wird aktiv abgegrenzt (sog. Bruttomethode) oder die Rückstellung wird mit dem Barwert bewertet und dann im Zeitablauf auf den Erfüllungsbetrag erhöht (sog. Nettomethode).

[1] Vgl. Mayer-Wegelin/Kessler/Höfer, in: Küting/Weber § 249 Tz. 350(6). In der Literatur wird auch handelsrechtlich eine ratierliche Verteilung des Erfüllungsaufwands vertreten, wohl um Überschuldungsprobleme zu vermeiden, vgl. ADS § 253 Tz. 240.

[2] Siehe auch BMF vom 26.5.2005 DStR 2005, S. 1005, und ADS § 253 Tz. 85.

Beispielaufgabe:

Für eine Rückstellung für ungewisse Verbindlichkeiten, die wirtschaftlich gesehen einen Zinsanteil enthält, wird der in etwa 4 Jahren fällig werdende Erfüllungsbetrag auf 100.000 EUR geschätzt; Diskontierungszinssatz: 8%; Barwert: $100.000 * 1{,}08^{-4} = 73.503$ EUR; Barwert am Ende des Folgejahres: $100.000 * 1{,}08^{-3} = 79.383$ EUR. Zeigen Sie anhand der Buchungssätze für die ersten zwei Jahre die beiden alternativen Bilanzierungstechniken.

Lösung:

1. Möglichkeit (Bruttomethode):

BS:	Sonstige betriebliche Aufwendungen	100.000 EUR	
	an Rückstellungen für ungewisse Verbindlichkeiten		100.000 EUR.
BS:	Aktiver Rechnungsabgrenzungsposten	26.497 EUR	
	an Zinserträge		26.497 EUR.

Folgejahr:

BS:	Zinsaufwendungen	5.880 EUR	
	an Aktiven Rechnungsabgrenzungsposten		5.880 EUR.

2. Möglichkeit (Nettomethode):

BS:	Sonstige betriebliche Aufwendungen	73.503 EUR	
	an Rückstellungen für ungewisse Verbindlichkeiten		73.503 EUR.

Folgejahr:

BS:	Zinsaufwendungen	5.880 EUR	
	an Rückstellungen für ungewisse Verbindlichkeiten		5.880 EUR.

(2) Rückstellungen für Patentrechtsverletzung

Für den Fall, dass ein Unternehmen durch Nutzung eines Produktionsverfahrens oder Herstellung und Vertrieb eines Produktes bewusst oder unbewusst bestehende Patente verletzt und der Patentinhaber dagegen eine Klage anstrengt, können erhebliche Aufwendungen auf das Unternehmen zukommen. Dafür im Jahr der wirtschaftlichen Verursachung, also der Patentverletzung, Vorsorge zu treffen, ist die Aufgabe von Rückstellungen für Patentverletzung. Der Patentinhaber hat die Möglichkeit, den ihm entgangenen Gewinn, eine angemessene Lizenzgebühr oder den Verletzergewinn einzufordern (BFH, BStBl 1970 Teil II S. 802). Die Verletzung fremder Urheber- oder ähnlicher Schutzrechte ist analog zu behandeln.

In § 5 Abs. 3 EStG sind die Voraussetzungen aufgeführt, unter denen eine Rückstellung für Verletzung von Patentrechten (analog bei Urheber- oder ähnlichen Schutzrechten) in der Steuerbilanz gebildet werden darf:

- der Rechtsinhaber muss bereits Ansprüche wegen der Rechtsverletzung geltend gemacht haben oder
- mit einer Inanspruchnahme wegen der Rechtsverletzung muss ernsthaft zu rechnen sein.

Im ersten Fall muss noch nicht Klage erhoben worden sein, es genügt, wenn der Patentinhaber vom Verletzer Schadensersatz verlangt. Im zweiten Fall muss ein Patent objektiv verletzt worden sein, so dass der Patentinhaber begründete Schadensersatzansprüche geltend machen kann. Auch ist erforderlich, dass der Patentinhaber bereits etwas von der der Patentverletzung erfahren hat (H 5.7 Abs. 10 EStH). Eine aufgrund dessen gebildete Rückstellung „ist spätestens in der Bilanz des dritten auf ihre erstmalige Bildung folgenden

Wirtschaftsjahrs Gewinn erhöhend aufzulösen, wenn Ansprüche nicht geltend gemacht worden sind" (§ 5 Abs. 3 Satz 2 EStG). Solange die Schadensersatzforderung ihrer Höhe nach noch nicht konkretisiert ist, muss die Höhe der Rückstellung nach dem Vorsichtsprinzip so bemessen werden, dass sie nach „vernünftiger kaufmännischer Beurteilung" zur Erfüllung ausreicht.

Die Formulierung „dürfen erst gebildet werden" in § 5 Abs. 3 EStG lässt nicht eindeutig erkennen, ob ein steuerliches Wahlrecht oder eine Pflicht zur Rückstellungsbildung besteht. Nach den Grundsätzen der Vorsicht, der sachlichen Abgrenzung und der Vollständigkeit, die nach § 5 Abs. 1 Satz 1 EStG auch im Steuerrecht zu beachten sind, muss in der Steuerbilanz eine Rückstellung gebildet werden, sofern eine der beiden Bedingungen in § 5 Abs. 3 EStG erfüllt ist.

Auch im *Handelsrecht* besteht eine Pflicht zur Rückstellungsbildung, so dass schon allein aufgrund der Maßgeblichkeit in der Steuerbilanz eine entsprechende Rückstellung zu bilden ist, sofern die genannten Bedingungen des § 5 Abs. 3 EStG erfüllt sind. Handelsrechtlich genügt aber auch ein noch geringerer Konkretisierungsgrad. Es wird für zulässig gehalten, bereits dann eine Rückstellung für Patentverletzungen zu bilden, wenn diese wahrscheinlich, aber noch nicht bekannt geworden sind, z. B. bei einer Neuprodukt-Markteinführung. Dann darf pauschal eine Rückstellung gebildet werden, „da die Gefahr einer unbewussten und unbeabsichtigten Verletzung in einer hoch entwickelten Wirtschaft besonders groß ist" (WP-HdB. 2000, Bd. I, Teil E, Tz. 133).

Aufgabe 47: Rückstellungen für Patentrechtsverletzung

(3) Rückstellungen für Prozesskosten

Durch Rückstellungen für Prozesskosten soll für den Fall, dass der Kaufmann einen bestimmten Gerichtsprozess verliert, Vorsorge für nach dem Bilanzstichtag zu zahlende Gerichtskosten getroffen werden. Die Pflicht zur Rückstellungsbildung hängt nicht davon ab, ob der Bilanzierende einen für ihn ungünstigen Prozessausgang erwartet, da jeder Prozessbeteiligte aufgrund der Kompliziertheit der Rechtsvorschriften mit dem Verlieren des Prozesses rechnen muss (BFH, BStBl 1964 Teil III, S. 478). In der Regel beschränkt sich die Prozessrückstellung beim Kläger allerdings auf die Gerichtskosten, die er im Falle des Prozessverlusts tragen müsste. Der Beklagte muss darüber hinaus die geschätzte oder bekannte Schadensersatzforderung des Klägers zurückstellen. Dies kann jedoch auch in einer anderen Rückstellung getrennt erfolgen (z. B. Rückstellung für Patentverletzung, Rückstellung für Schadensersatz).

Für noch nicht anhängige Prozesse dürfen keine Prozessrückstellungen gebildet werden. Außerdem dürfen nur die Kosten bis einschließlich der am Bilanzstichtag angerufenen Instanz zurückgestellt werden (H 5.7 Abs. 5 „Prozesskosten" EStH).

Handelsrechtlich besteht nicht nur die Pflicht zur Bildung einer Prozessrückstellung, wenn der Prozess anhängig ist, sondern auch dann schon, wenn der Prozess nur in Aussicht steht. Die Höhe der Rückstellung umfasst die Prozesskosten aller Instanzen, die voraussichtlich angerufen werden (Vorsichtsprinzip). Die Höhe der Prozesskosten hängt von der Höhe des Streitwerts und der Anzahl der voraussichtlich zu durchlaufenden Instanzen ab.

Merke:

Handelsbilanz	*Steuerbilanz*
Rückstellungspflicht für Kläger und Beklagtem bei hoher Wahrscheinlichkeit für einen Prozess	Rückstellungspflicht bei Kläger und Beklagtem nur für bereits anhängige Prozesse, sonst Verbot
Höhe: Gerichtskosten aller voraussichtlich zu durchlaufenden Instanzen	Nur in Höhe der Gerichtskosten der bis zum Stichtag angerufenen Instanz(en) (H 5.7 Abs. 5 EStH)

Aufgabe 48: Rückstellungen für Prozesskosten

(4) Rückstellungen für Gewährleistungen mit und ohne rechtliche Verpflichtung

Unter dem Begriff „Gewährleistungen" sind Nacharbeiten, Ersatzlieferungen oder gar Schadensersatz wegen Nichterfüllung zusammengefasst, die im Zusammenhang mit einem von Seiten des Unternehmens schlecht erfüllten früheren Rechtsgeschäft stehen. So können z. B. die gelieferten Produkte mit Funktions- und Qualitätsmängeln behaftet sein, deren Beseitigung der Kunde auf Kosten des Unternehmens verlangt. Dabei kann er sich auf gesetzliche Gewährleistungspflichten (z. B. §§ 459–493 BGB), auf vertragliche Gewährleistungspflichten oder auf regelmäßig vom Unternehmen in der Vergangenheit erbrachte Kulanzleistungen ohne rechtliche Verpflichtung (dauernde Übung) berufen.

Kostenlos erbrachte Nacharbeiten und Ersatzlieferungen aufgrund von Gewährleistungen schmälern nachträglich die Erlöse des Unternehmens. Zwecks richtiger Periodenabgrenzung ***muss*** im Geschäftsjahr, in dem die mangelhafte Leistung erbracht wurde und in dem somit die wirtschaftliche Verursachung späterer Ausgaben liegt, der geschätzte Aufwand berücksichtigt, also eine Rückstellung für Gewährleistungen („Garantierückstellung") gebildet werden. Unabhängig davon, ob es sich um eine gesetzliche, eine vertragliche oder eine wirtschaftliche (faktische) Verpflichtung handelt, liegt der Fall einer Rückstellung für ungewisse Verbindlichkeiten vor (§ 249 Abs. 1 S. 1 u. S. 2 Nr. 2 HGB; § 5 Abs. 1 Satz 1 EStG; H 5.7 Abs. 5 „Garantierückstellungen" EStH).

§ 249 Abs. 1 S. 2 Nr. 2 HGB macht unmissverständlich deutlich, dass es bei wirtschaftlicher Betrachtungsweise keinen Unterschied macht, ob eine gesetzliche, eine vertragliche oder eine rein wirtschaftliche (faktische) Verpflichtung zur Gewährleistung vorliegt. In allen Fällen besteht *handelsrechtlich* und wegen des Maßgeblichkeitsprinzips auch *steuerrechtlich* eine ***Pflicht*** zur Bildung von Rückstellungen für ungewisse Verbindlichkeiten. Lt. Finanzverwaltung sind Kulanzrückstellungen nur zulässig, „wenn sich der Kaufmann dem Gewährleistungen aus geschäftlichen Erwägungen nicht entziehen kann" (R 5.7 Abs. 12 EStR; H 5.7 Abs. 12 „Geschäftliche Erwägungen" EStH). Dies ist der Regelfall, denn Gewährleistungen ohne rechtliche Verpflichtung werden erbracht, wenn Mängel an abgesetzten Erzeugnissen nicht zum Abwandern von Stammkunden führen sollen, wenn solche Mängel eine Existenz bedrohende Publizitätswirkung haben können (z. B. in der Automobilbranche; Rückrufaktionen), wenn Nachfragemacht gegeben ist etc.

Die Ermittlung der Garantierückstellungen ist im Einzel- und/oder Pauschalverfahren möglich. Eine Einzelrückstellung bezieht sich auf die zu erwartenden Kosten für Gewährleistungen aus einem ganz bestimmten Absatzvertrag unter Abzug eventueller Rückgriffsmöglichkeiten auf Vorlieferer. Sie wird im Jahr des Umsatzes gebildet, damit in dieser

Periode auch der echte Erfolg aus diesem Geschäft im Jahresabschluss berücksichtigt wird. Werden später Garantieleistungen erbracht, so handelt es sich um einen erfolgsneutralen Verbrauch der Rückstellung, soweit diese ausreichend hoch dotiert ist. Sind gesetzliche und vertragliche Garantiefristen abgelaufen und besteht auch aus wirtschaftlichen Gründen keine Verpflichtung mehr, so ist die Rückstellung, soweit sie noch besteht, erfolgserhöhend aufzulösen.

Die Grundlage für die Berechnung der Garantierückstellungen nach dem ***Pauschalverfahren*** bildet der am Bilanzstichtag noch garantiebehaftete Umsatz. Umsätze, bei denen Rückgriffsrechte auf Vorlieferer (Subunternehmer) bestehen, sind auszusondern ebenso wie Umsätze, bei denen die Garantiezeit bereits abgelaufen ist, sowie die nicht garantiepflichtigen Handelsumsätze. Auf den so ermittelten garantiebehafteten Umsatz ist ein Erfahrungsprozentsatz als Durchschnitt der tatsächlichen prozentualen Kosten in der Vergangenheit anzuwenden (§ 6 Abs. 1 Nr. 3a Buchst. a) EStG). Hier kann es Differenzen zwischen Handels- und Steuerbilanz geben. Während handelsrechtlich aufgrund der Unsicherheit über die zukünftige Entwicklung und wegen des Vorsichtsprinzips eher mit einem höheren Satz gearbeitet wird, muss steuerrechtlich der angewandte Prozentsatz anhand der Erfahrungen bezüglich des tatsächlichen Garantieaufwands der Vergangenheit nachgewiesen werden (§ 6 Abs. 1 Nr. 3a Buchst. a EStG; H 5.7 Abs. 5 „Garantierückstellungen" EStH).

Beispiel:

	Jahr 01	Jahr 02
Umsatz	2.000.000 EUR	2.400.000 EUR
– Umsätze mit Rückgriffsrechten	– 400.000 EUR	– 500.000 EUR
= garantiebehafteter Umsatz	1.600.000 EUR	1.900.000 EUR
davon 3% =	48.000 EUR	57.000 EUR

Der Garantiezeitraum beträgt zwei Jahre. Um das Beispiel möglichst einfach und überschaubar zu halten, sei angenommen, dass die Umsätze alle jeweils zum Ende eines Jahres realisiert werden. Der Stand der Garantierückstellung zum 1.1.01 sei 0,- EUR.

Tatsächlich erbrachte Garantieleistungen:

erbrachte Garantieleistungen im Jahr	02	03	04
für Umsätze aus dem Jahr 01	25.000 EUR	12.000 EUR	---
für Umsätze aus dem Jahr 02	---	30.000 EUR	14.000 EUR

Bezüglich der weiteren Vorgehensweise gibt es zwei Möglichkeiten:

1. Möglichkeit: Die tatsächlichen Garantieaufwendungen werden jeweils rückstellungsmindernd gebucht.

Am Ende des Jahres 01 wird die Garantie-Rückstellung in voller Höhe gebildet (Stand per 31.12.01: 48.000 EUR):

BS:	Sonstige betriebliche Aufwendungen (Garantieaufwand)	48.000 EUR	
	an Garantierückstellungen		48.000 EUR.

Wären im Jahr 01 bereits Garantieleistungen angefallen, so hätte die Höhe der neu gebildeten Rückstellung um die in 01 erbrachten Garantieleistungen gekürzt werden müssen, andernfalls hätte sich eine doppelte Berücksichtigung der Aufwendungen ergeben.

Im Jahr 02 werden Garantieleistungen in Höhe von 25.000 EUR für den Umsatz aus 01 erbracht:

<u>BS:</u> Garantie-Rückstellungen 25.000 EUR
an Bank 25.000 EUR.

Die Zuführung zur Garantie-Rückstellung zur Vorsorge für den Umsatz aus dem Jahre 02 beträgt 57.000 EUR, so dass sich als Stand der Rückstellung per 31.12.02 EUR 80.000 ergibt.

<u>BS:</u> Sonstige betriebliche Aufwendungen
(Garantieaufwand) 57.000 EUR
an Garantierückstellungen 57.000 EUR.

Im Jahr 03 werden 12.000 EUR aus der Rückstellung für das Jahr 01 verbraucht, die restliche Rückstellung in Höhe von 11.000 EUR wird erfolgserhöhend aufgelöst. Die Rückstellung für Umsätze aus dem Jahr 03 wird zu 30.000 EUR verbraucht. Stand der Rückstellung per 31.12.03: EUR 27.000.

<u>BS:</u> Garantierückstellung 23.000 EUR
an Bank 12.000 EUR
an sonstige betriebliche Erträge 11.000 EUR.

<u>BS:</u> Garantierückstellungen 30.000 EUR
an Bank 30.000 EUR.

Im Jahr 04 ist analog folgende Buchung durchzuführen, so dass die Rückstellung per 31.12.04 wieder auf dem Stand 0,- EUR ist.

<u>BS:</u> Garantierückstellung 27.000 EUR
an Bank 14.000 EUR
an sonstige betriebliche Erträge 13.000 EUR.

1. <u>Möglichkeit:</u> Die tatsächlichen Garantieaufwendungen werden jeweils auf einem besonderen Konto erfolgsmindernd verbucht. Diese vom BFH angewandte Methode hat den Vorteil der größeren Übersichtlichkeit und Einfachheit gegenüber der vorigen Methode. Die Rückstellungen werden nach ihrer Bildung schematisch wieder erfolgserhöhend („sonstiger betrieblicher Ertrag“) aufgelöst. Das Auflösungsmodell soll in etwa der tatsächlichen zeitlichen Verteilung der Garantieleistungen entsprechen. Gibt es hierüber keine Informationen oder ist die Inanspruchnahme offenbar zufallsbestimmt, so ist eine zeitliche Gleichverteilung der tatsächlichen Kosten über die Garantiezeit anzunehmen. Im Beispiel sind die erbrachten Garantieleistungen ungefähr im Verhältnis 2:1 über die beiden Garantiejahre verteilt, so dass die Auflösung der Rückstellung diesem Schema folgen soll:

(in EUR)	31.12.01	31.12.02	31.12.03	31.12.04
Stand der Rückstellung für Umsätze aus 01	48.000	16.000	---	---
Stand der Rückstellung für Umsätze aus 02		57.000	19.000	---
Erfolgsauswirkung der Rückstellungsentwicklung (Aufwand: – ; Ertrag: +)	– 48.000	– 25.000	+ 54.000	+ 19.000
tatsächlicher Garantieaufwand		– 25.000	– 12.000 – 30.000	– 14.000
Nettoaufwand	– 48.000	– 50.000	+ 12.000	+ 5.000
Zum Vergleich: Nettoaufwand nach Methode a)	– 48.000	– 57.000	+ 11.000	+ 13.000

Aufgabe 48: Garantie-Rückstellungen

(5) Rückstellungen für Jahresabschlusskosten

Die Kosten der Erstellung des Jahresabschlusses, der Abschlussprüfung, der Veröffentlichung des Jahresabschlusses und der Anfertigung der betrieblichen Steuererklärungen sind wirtschaftlich in dem Geschäftsjahr verursacht, für das der Jahresabschluss erstellt wird. Am Jahresende steht bereits fest, dass alle diese Arbeiten durchgeführt werden. Da aber in dem betreffenden Jahr nur einige Vorbereitungsarbeiten stattfinden und als Aufwand berücksichtigt werden können, fällt der weitaus größte Teil der Ausgaben im Folgejahr an, so dass insoweit in der *Handelsbilanz* Rückstellungen für ungewisse Verbindlichkeiten zu bilden sind.

Steuerrechtlich besteht ebenfalls eine Pflicht zur Passivierung einer Rückstellung für ungewisse Verbindlichkeiten, sofern es sich um hinreichend konkretisierte gesetzliche Verpflichtungen handelt, „d. h. es muss ein inhaltlich genau bestimmtes Handeln durch Gesetz oder Verwaltungsakt innerhalb eines bestimmten Zeitraums vorgeschrieben und an die Verletzung der Verpflichtung müssen Sanktionen geknüpft sein“ (R 5.7 Abs. 4 S. 1 EStR; H 5.7 Abs. 4 „Rückstellungen für öffentlich-rechtliche Verpflichtungen sind u. a. zulässig für“ EStH). Eine Rückstellung für eine freiwillige Jahresabschlussprüfung ist als reine Aufwandsrückstellung daher nicht zulässig (H 5.7 Abs. 3 „Aufwandsrückstellungen“ EStH). Außerdem lehnt der BFH eine Rückstellung für die voraussichtlichen Kosten der Hauptversammlung ab (H 5.7 Abs. 4 „Rückstellungen für öffentlich-rechtliche Verpflichtungen sind u. a. nicht zulässig für“ EStH).

Der Jahresabschluss und oft auch die Steuererklärungen werden bei mittleren und großen Unternehmen meist von eigenen Mitarbeitern erstellt, während die Abschlussprüfung und Veröffentlichung Fremdleistungen darstellen. Bei kleinen Betrieben ist der Anteil der Fremdleistungen in der Regel höher. *Steuerrechtlich* darf die Rückstellung nur die externen Kosten und/oder die internen Einzelkosten plus angemessene Teile der notwendigen Gemeinkosten (§ 6 Abs. 1 Nr. 3a Buchst. b) EStG) umfassen, und zwar nur variable Kosten[1] und ohne Berücksichtigung von Preissteigerungen nach dem Bilanzstichtag (§ 6 Abs. 1 Nr. 3a Buchst. f EStG). *Handelsrechtlich* besteht eine Rückstellungsverpflichtung sowohl für externe als auch für interne Kosten. Bei den internen Kosten sind Einzel- und Gemeinkosten zu berücksichtigen, wobei die Höhe der Zahlung an Dritte für die gleiche Leistung keine Obergrenze darstellt[2]. Ist die Jahresabschlussprüfung nicht gesetzlich vorgeschrieben, sondern wird sie auf freiwilliger Basis durchgeführt, liegt kein Fall einer Rückstellung für ungewisse Verbindlichkeiten vor, sondern es handelte sich um eine Aufwandsrückstellung zur richtigen Periodenabgrenzung, die weder handels- noch steuerrechtlich zulässig ist.

---

[1] BFH 24.11.1983, BStBl. 1984 II S. 301, und BFH 25.2.1986, BStBl. 1986 II S. 788.

[2] Vgl. HFA-Stellungnahme des IdW 2/1973, WPg 1973, S. 503.

Merke:

Handelsbilanz	***Steuerbilanz***
Generelle Rückstellungspflicht, bei gesetzlicher Verpflichtung auch für die Kosten der Jahresabschlussprüfung (§ 249 Abs. 1 Satz 1 HGB)	Generelle Rückstellungspflicht, bei gesetzlicher Verpflichtung auch für die Kosten der Jahresabschlussprüfung (R 5.7 Abs. 4 S. 1 EStR; H 5.7 Abs. 4 „Rückstellungen für öffentlich-rechtliche Verpflichtungen sind u. a. zulässig“ EStH)
Für freiwillige Prüfung und Kosten der Hauptversammlung darf keine Aufwandsrückstellung gebildet werden.	Passivierungsverbot für freiwillige Prüfung und Kosten der Hauptversammlung (H 5.7 Abs. 4 „Aufwandsrückstellungen“ u. „Rückstellungen für öffentlich-rechtliche Verpflichtungen sind u. a. nicht zulässig für“ EStH)

(6) Rückstellungen für Ausgleichsansprüche von Handelsvertretern nach § 89b HGB

Nach § 89b HGB steht einem Handelsvertreter im Falle der Kündigung durch das Unternehmen eine Abfindung höchstens in Höhe einer im Durchschnitt der letzten fünf Jahre der Tätigkeit gezahlten Jahresprovision zu. Eine solche Zahlung an den Handelsvertreter soll einen Ausgleich dafür darstellen, dass der Handelsvertreter während seiner Tätigkeit neue Kunden geworben hat und aus diesen Geschäftsbeziehungen dem Unternehmen auch nach der Kündigung des Handelsvertreters Erfolge erwachsen.

Handelsrechtlich ist eine Pflicht zur Bildung einer Rückstellung für ungewisse Verbindlichkeiten nach § 249 Abs. 1 Satz 1 HGB gegeben. Dies gilt nach h.M. nicht erst nach der erfolgten Kündigung, sondern bereits vorher (vgl. ADS § 253 Tz. 235). Eine Rückstellungsbildung ist jedoch wegen fehlender Konkretisierung so lange nicht zulässig, bis das Unternehmen eine Kündigung für wahrscheinlich hält und bereits konkretere Kündigungspläne ins Auge gefasst wurden. Ist dies gegeben, so muss eine Rückstellung gebildet werden. Die wirtschaftliche Verursachung für die Ausgleichszahlung liegt vor dem Bilanzstichtag, denn die Konkretisierung Kündigungspläne und die Kundenanwerbung durch den Handelsvertreter haben in der Vergangenheit stattgefunden.

Vor Beendigung des Vertrags mit dem Handelsvertreter ist *steuerrechtlich* eine Rückstellung für Ausgleichszahlungen nicht zulässig, danach jedoch verpflichtend (H 5.7 Abs. 5 „Ausgleichsanspruch eines Handelsvertreters“ EStH). Das Urteil des BFH[1] mit diesem Inhalt gründet auf der Überlegung, dass keine wirtschaftliche Verursachung vor dem Bilanzstichtag vorliege, solange keine Kündigung erfolgt sei, weil in § 89b HGB die Verpflichtung zur Ausgleichszahlung von Erfolgen des Unternehmens in der Zukunft, also nach dem Bilanzstichtag, abhängig gemacht werde. Daher werde nicht Vergangenes abgegolten, die zukünftigen Abfindungszahlungen seien also nicht in der Vergangenheit realisierten Erträgen zuzuordnen. Für Verpflichtungen, die mit der künftigen Gewinnsituation des Unternehmens verknüpft seien, dürften erst im späteren Jahr der Entstehung des Gewinns Rückstellungen gebildet werden.[2]

Es ist zwar richtig, dass der Ausgleichsanspruch nach § 89 b Abs. 1 Nr. 1 HGB nur besteht, „wenn und soweit der Unternehmer … auch nach Beendigung des Vertragsverhältnisses erhebliche Vorteile hat“. In der Praxis wird die Ausgleichszahlung jedoch überwie-

[1] BFH 20.1.1983, BStBl. 1983 II S. 375.
[2] Zur Grundsatzfrage der wirtschaftlichen Verursachung vgl. Beginn des Kapitels B.VIII.1.b)(1)(a).

gend als Festbetrag (unabhängig von zukünftigen Gewinnen) vereinbart, der dann ggf. in einigen Raten zu zahlen ist. Folgerichtig lässt das BFH-Urteil vom 24.1.2001[1] in einem solchen Falle, in dem die wirtschaftliche Verursachung eindeutig in der Vergangenheit liegt und die Verbindlichkeit nicht eng mit der zukünftigen Gewinn- oder Ertragssituation verknüpft ist, eine Rückstellungsbildung in der Steuerbilanz zu.

Merke:

Handelsbilanz	*Steuerbilanz*
Pflicht zur Rückstellungsbildung gemäß § 249 Abs. 1 Satz 1 HGB bereits vor Beendigung des Vertragsverhältnisses	Verbot vor Beendigung des Vertragsverhältnisses (H 5.7 Abs. 5 „Ausgleichsanspruch eines Handelsvertreters" EStH); Rückstellungspflicht nach Beendigung des Vertragsverhältnisses (§ 5 Abs. 1 Satz 1 EStG)

(7) Rückstellungen für Wechselobligo und andere Haftungsrisiken

Haftungsrisiken bzw. Eventualverbindlichkeiten sind *handelsrechtlich* gemäß § 251 HGB unter dem Strich der Bilanz zu vermerken, droht jedoch eine Inanspruchnahme, so sind für solche Risiken stattdessen Rückstellungen für ungewisse Verbindlichkeiten gemäß § 249 Abs. 1 Satz 1 HGB zu bilden. Grundsätzlich sind Ansprüche z. B. gegenüber einer Haftpflichtversicherung bei einer Rückstellung wegen drohender Schadensersatzleistung im Falle der Gefährdungshaftung gegenzurechnen. Zwar werden *steuerrechtlich* keine Eventualverbindlichkeiten „unter dem Strich" berücksichtigt, davon abgesehen gelten die genannten Regelungen, die zum Teil von der BFH-Rechtsprechung entwickelt worden sind. Im Einzelnen handelt es sich um:

Wechselobligo
Bürgschaften
Gewährleistungsverträge
Patronatserklärungen
Haftung für Verbindlichkeiten
Produkthaftung
Gefährdungshaftung (z. B. Kfz)

Als Beispiel soll die ***Rückstellung für Wechselobligo*** etwas näher erläutert werden. Dabei handelt es sich um Regressverpflichtungen aus weitergegebenen („indossierten") Besitzwechseln (Kundenwechseln). Sofern konkretere Anhaltspunkte für die mögliche Zahlungsunfähigkeit des Wechselschuldners („Bezogenen") bekannt werden, muss eine entsprechende Rückstellung gebildet werden. Dabei sind die Verhältnisse am Bilanzstichtag maßgebend, d. h. für alle bis dahin eingelösten Kundenwechsel dürfen keine Rückstellungen gebildet werden. Dasselbe gilt für Wechsel, die bis zum Bilanzaufstellungstag eingelöst worden sind, da diese Wert aufhellende Tatsache deutlich macht, dass am Bilanzstichtag aufgrund der Bonität der Kunden kein Risiko bestand.[2] Davon abweichend ist im Ausnahmefall auch bei Einlösung des Wechsels bis zum Bilanzaufstellungstermin eine Rückstellung zu dotieren, wenn es sich nämlich um eine Wert beeinflussende Tatsache handelt, die erst nach dem Bilanzstichtag eingetreten ist (z. B. eine Erbschaft des Bezogenen).

[1] Vgl. BFH 24.1.2001, BFH/NV 2001, S. 1063, und BB 2001, S. 1403. Da das Urteil von der Finanzverwaltung nicht im BStBl. veröffentlicht wurde, hat es nur Geltung für den entschiedenen Einzelfall und wird nicht generell angewandt.

[2] Vgl. BFH 19.12.1972, BStBl. 1973 II S. 218.

Für Risiken aus weitergegebenen Kundenwechseln, die nicht durch eine solche ***Einzelrückstellung*** Berücksichtigung gefunden haben, ist eine ***Pauschalrückstellung*** zu bilden. Die Höhe, z. B. 3% auf die Summe der weitergegebenen Wechsel, für die keine Einzelrückstellung gebildet wurde, richtet sich nach betrieblichen Erfahrungssätzen der Regressinanspruchnahme in der Vergangenheit (§ 6 Abs. 1 Nr. 3a Buchst. a EStG). Sind die weitergegebenen Wechsel, für die eine Pauschalrückstellung gebildet werden soll, bis zum Bilanzaufstellungstag zum Teil bereits schon eingelöst, so darf die Rückstellungshöhe die Gesamtsumme der bis zur Bilanzaufstellung noch nicht eingelösten Wechsel nicht übersteigen[1]. Dieser Betrag stellt die Obergrenze für die Rückstellungshöhe bezogen auf alle am Bilanzstichtag weitergegebenen Wechsel dar, ist also nicht als 100%ige Absicherung der am Aufstellungstag noch nicht eingelösten Wechsel misszuverstehen.

In der Praxis können sich Unterschiede in der Höhe der Pauschalrückstellung für Wechselobligo zwischen Handels- und Steuerbilanz dadurch ergeben, dass der Prozentsatz der üblichen Regressinanspruchnahmen *handelsrechtlich* unter Betonung des Vorsichtsprinzips höher geschätzt wird als er *steuerrechtlich* anerkannt wird. Von der Finanzverwaltung werden nur nachweisliche Erfahrungssätze der Vergangenheit akzeptiert.

Aufgabe 48: Rückstellungen für Wechselobligo

(8) Pensionsrückstellungen

Verpflichtet sich ein Unternehmen durch Einzelzusage, Betriebsvereinbarung oder Tarifvertrag, seinen Mitarbeitern nach deren Pensionierung eine betriebliche Altersrente zu zahlen, so ist es *handelsrechtlich* zur Bildung von Pensionsrückstellungen ***verpflichtet***. Es handelt sich um ungewisse Verbindlichkeiten (§ 249 Abs. 1 Satz 1 HGB), und zwar um eine Außenverpflichtung gegenüber Dritten zur Zahlung einer Rente von der Pensionierung an bis zum Lebensende des Mitarbeiters. Der Gesamtbetrag der Rente ist daher ungewiss. Der Mitarbeiter erwirbt die Rentenansprüche durch seine langjährige Tätigkeit im Betrieb. Demnach stellt die Betriebsrente einen Teil des Lohnes (Lohn- und Gehaltsaufwand) während der aktiven Tätigkeit des Mitarbeiters dar, der vom Arbeitgeber zunächst einbehalten und nach der Pensionierung erst ausgezahlt wird. Begrifflich wird unterschieden zwischen Rückstellungen für *Pensionsanwartschaften* (der Mitarbeiter ist noch im Betrieb tätig) und Rückstellungen für *laufende Pensionen* (der Mitarbeiter ist bereits pensioniert). Diese Unterscheidung ist jedoch nur für die Berechnungstechnik von Bedeutung.

BS: Aufwendungen für Altersversorgung an Pensionsrückstellungen.

Gemäß § 6a EStG besteht *steuerrechtlich* unter bestimmten Bedingungen ein ***Wahlrecht*** zur Bildung von Pensionsrückstellungen. Diese Bedingungen sind:

1. Der Pensionsberechtigte muss einen Rechtsanspruch auf Pensionsleistungen haben.
2. Die Pensionsleistung darf nicht an künftigen gewinnabhängigen Bezügen anknüpfen
3. Die Pensionszusage darf nicht unter einem Vorbehalt gewährt worden sein.
   Die Pensionszusage darf also weder an Bedingungen bezüglich der Leistung des Mitarbeiters noch an bestimmte Entwicklungskennzahlen des Unternehmens geknüpft noch jederzeit widerrufbar sein. Allerdings ist der Vorbehalt, die Pensions-

[1] Vgl. BFH 19.12.1972, BStBl. 1973 II S. 218.

zusage bei geänderten Verhältnissen, also bei nachhaltigen Verlusten unter Abwägung der Interessen der Pensionsberechtigen und der Interessen des Betriebes zu widerrufen, steuerlich nicht schädlich (R 6a Abs. 4 und 5 EStR).
4. Die Pensionszusage muss schriftlich erteilt werden.

Liegen diese Voraussetzungen vor, so darf eine Pensionsrückstellung in der Steuerbilanz erstmalig für das Jahr, in dem die Pensionszusage gegeben wurde (frühestens im 28. Lebensjahr des Pensionsberechtigten), oder für das Jahr, in dem die Anwartschaft unverfallbar wird, gebildet werden.

Hinsichtlich der Bildung von Pensionsrückstellungen für beherrschende Gesellschafter-Geschäftsführer einer Kapitalgesellschaft enthält R 6a Abs. 8 EStR einige Einschränkungen, um Missbräuche zu vermeiden. So muss sich z. B. die Berechnung auf ein geburtsjahrabhängiges Mindestrentenalter beziehen, auch wenn ein früheres Rentenalter vertraglich vorgesehen ist.[1] Für Gesellschafter-Geschäftsführer einer Personengesellschaft ist die Bildung einer Pensionsrückstellung nicht zulässig, da eine solche Pensionszusage als Gewinnverteilungsabrede zwischen den Gesellschaftern anzusehen ist, die den Gewinn der Gesellschaft nicht mindern darf.

Das Passivierungswahlrecht für ***unmittelbare Pensionszusagen*** (ohne Zwischenschaltung eines anderen Rechtsträgers) in der Steuerbilanz wird aufgrund des Maßgeblichkeitsprinzips von der ***Passivierungspflicht*** in der Handelsbilanz generell überlagert, sodass in der Steuerbilanz Pensionsrückstellungen gebildet werden müssen, sofern die Voraussetzungen des § 6a Abs. 1 u. 2 EStG vorliegen.[2] Allerdings gilt für Erhöhungen der vor dem 1.1.1987 begründeten unmittelbaren Rentenansprüche ***(„Altzusagen“)*** in der Handelsbilanz und damit auch in der Steuerbilanz weiterhin ein Wahlrecht (Artikel 28 Einführungsgesetz zum HGB). Für mittelbare Verpflichtungen aus einer Pensionszusage sowie ähnliche unmittelbare und unmittelbare Verpflichtungen besteht ein handelsrechtliches Passivierungswahlrecht (Art. 28 Abs. 1 EGHGB) und steuerrechtlich (gemäß BFH-Beschluss von 1969 zum Maßgeblichkeitsgrundsatz) ein Passivierungsverbot. ***Mittelbare Verpflichtungen*** aus einer Pensionszusage entstehen dadurch, dass Pensionen und Anwartschaften über besondere Rechtsträger gewährt werden, also z. B. über rechtlich selbständige Unterstützungskassen oder Pensionsfonds. Der Arbeitgeber übernimmt in diesem Falle die Verpflichtung, die Unterstützungskasse so zu dotieren, dass sie die gemachten Zusagen erfüllen kann. Nach h. M. ist die Kategorie ***„Ähnliche Verpflichtungen“*** ein restriktiv auszulegender Auffangbegriff, unter dem gegenwärtig nichts zu subsumieren ist[3].

Da *handelsrechtlich* Rückstellungen, also auch Pensionsrückstellungen, nunmehr mit dem Erfüllungsbetrag, der nach vernünftiger kaufmännischer Beurteilung notwendig ist, zu bewerten sind (§ 253 Abs. 1 S. 2 HGB) müssen künftige Preis- und Kostensteigerungen, soweit sie am Bilanzstichtag konkret absehbar sind, berücksichtigt werden. Fraglich ist, ob § 6 Abs. 1 Nr. 3a Buchst. f EStG, der bei der Rückstellungsbewertung in der Steuerbilanz nur die Wertverhältnisse am Bilanzstichtag zulässt, auch auf Pensionsrückstellungen an-

---

[1] Für Geburtsjahrgänge bis 1952 beträgt dieses Mindest-Pensionsalter 65 Jahre, ab Jahrgang 1953 bis 1961 beträgt es 66 Jahre und ab Geburtsjahr 1962 67 Jahre. Zu Rückstellungen für Pensionszusagen an nicht beherrschende Gesellschafter-Geschäftsführer von Kapitalgesellschaften vgl. das BMF-Schreiben v. 7.3.1997, BStBl. 1997 I S. 637.
[2] Vgl. BFH 13.2.2008, BStBl. 2008 II, S. 673.
[3] Vgl. ADS § 249 Tz.114 ff. und Ellroth/Rhiel in: Beck Bil-Komm. § 249 Tz.162 f.

zuwenden ist. Bisher waren bei der Bewertung von Pensionsrückstellungen in der Steuerbilanz bereits künftige Erhöhungen einzubeziehen, wenn sie nach Ausmaß und Zeitpunkt am Bilanzstichtag feststehen (R 6a Abs. 17 EStR). Soll letztere Einschränkung nicht durch die Maßgeblichkeit der handelsrechtlichen Bewertungsvorschrift „überschrieben" werden, müsste der Steuergesetzgeber den § 6a EStG entsprechend ergänzen.

Die Bewertung von bereits laufenden Pensionen hat wie bei allen Rentenverpflichtungen mit dem ***Barwert*** (= auf den Bilanzstichtag abgezinste Summe aller noch zu erbringenden Rentenzahlungen) zu erfolgen (§ 253 Abs. 2 S. 3 HGB[1]), der nach versicherungsmathematischen Grundsätzen zu ermitteln ist. Auch bei den Rückstellungen für Pensionsanwartschaften erfolgt die Ermittlung des nach vernünftiger kaufmännischer Beurteilung notwendigen Erfüllungsbetrags (§ 253 Abs. 1 S. 2 HGB) auf versicherungsmathematischer Basis, also unter Berücksichtigung der in Sterbetafeln enthaltenen Sterbewahrscheinlichkeiten. *Steuerrechtlich* allein zulässig ist das (eingeschränkte) Teilwertverfahren (§ 6a Abs. 4 EStG; R 6a Abs. 11–14 EStR), *handelsrechtlich* kommen noch weitere Verfahren, z. B. das so gen. Gegenwartswertverfahren, in Betracht. Der bedeutendste Unterschied zwischen dem Teilwert- und dem Gegenwartswertverfahren ist, dass bei letzterem der Betrachtungszeitraum im Zeitpunkt der Pensionszusage, bei ersterem im Zeitpunkt des Diensteintritts beginnt. Da bei beiden Methoden eine Rückstellung erst bei Pensionszusage gebildet werden darf, die erst Jahre nach dem Diensteintritt erfolgen kann, muss beim Teilwertverfahren – im Gegensatz zum Gegenwartswertverfahren – den Pensionsrückstellungen zunächst ein hoher Einmalbetrag zugeführt werden, der aber auf drei Wirtschaftsjahre verteilt werden kann (§ 6a Abs. 4 S. 3 EStG).

Die Berechnungsweise kann hier nicht im Einzelnen dargelegt, sondern nur grob plausibel gemacht werden:

1. Schritt:	Berechnung des auf den Pensionszeitpunkt bezogene Barwerts der von dann ab bis zum Tode des Mitarbeiters zu zahlenden Betriebsrente
2. Schritt:	Ermittlung der jährlichen „Ansparsumme", d. h. der jährlichen Zuführung zu den Pensionsrückstellungen so, dass bei Pensionierung des Mitarbeiters der im ersten Schritt berechnete Barwert innerhalb des Unternehmens „angespart" ist.

Als ***Auf- und Abzinsungszinssatz*** ist in § 6 a Abs. 3 Satz 3 EStG ein Satz von 6% fest vorgeschrieben. *Handelsrechtlich* verpflichtend ist die Abzinsung mit einem der Restlaufzeit adäquaten durchschnittlichen Marktzinssatz, wobei bei Pensionsrückstellungen eine Restlaufzeit von 15 Jahren angenommen werden kann (§ 253 Abs. 2 HGB). Dieser wird von der Deutschen Bundesbank ermittelt und bekannt gegeben und könnte höchstens zufällig mit dem steuerrechtlich vorgeschriebenen Zinssatz von 6% übereinstimmen.

Frage:
Wie wirken sich unterschiedliche Zinssätze in Handels- und Steuerbilanz auf den Stand und die jährliche Zuführung (= Aufwand) zu den Pensionsrückstellungen aus?

Antwort:
Eine Erhöhung des Zinssatzes hat mehrere Auswirkungen im komplizierten Berechnungs-Prozess, die jedoch insgesamt hinsichtlich der Richtung mit der direkten barwertmindernden Wirkung einer Erhöhung des Kalkulationszinsfußes übereinstimmen. Dem Barwert

[1] Zu Einzelheiten vgl. HFA des IdW: Stellungnahme 2/1988 „Pensionsverpflichtungen im Jahresabschluss", WPg 1988, S. 403.

entspricht der Stand der Pensionsrückstellungen, der mithin aufgrund der Zinserhöhung sinkt. Folglich sinken auch die jährlichen Zuführungen zu den Pensionsrückstellungen, also die Aufwandsposition in der GuV, und der Jahresgewinn steigt ceteris paribus. Generell darf die Höhe der Pensionsrückstellung in der Steuerbilanz aufgrund des Maßgeblichkeitsprinzips den zulässigen Ansatz in der Handelsbilanz nicht überschreiten (R 6a Abs. 20 EStR).

(9) Steuerrückstellungen

Im Jahresabschluss müssen alle Betriebssteuern, die sich auf das abgelaufene Geschäftsjahr beziehen und eventuelle Nachzahlungen für frühere Jahre, als Steueraufwand berücksichtigt werden, um den richtigen Periodengewinn auszuweisen. In der Regel sind vom Unternehmen vierteljährliche, als Steueraufwand zu buchende Vorauszahlungen auf die geschätzte Steuerschuld zu leisten. Die tatsächliche Steuerschuld des Geschäftsjahres ergibt sich bei den Ertragsteuern (= gewinnabhängige Steuern, wie Körperschaftsteuer und Gewerbeertragsteuer) erst nach Ablauf des Geschäftsjahres und Ermittlung des Jahresüberschusses[1].

Im jeweiligen Jahresabschluss muss also für jede Steuerart, bei der Vorauszahlungen geleistet wurden, nur noch die Rest- oder Abschlusszahlung als Steueraufwand berücksichtigt werden. Zwar kann das Unternehmen die endgültige Steuerschuld exakt berechnen, doch ist dennoch die Abschlusszahlung in ihrer Höhe eine unsichere Größe, weil das Finanzamt in Zweifelsfragen der Steuererklärungen anderer Auffassung als das Unternehmen sein kann. Demzufolge kann keine Steuerverbindlichkeit, sondern nur eine Steuerrückstellung bilanziell berücksichtigt werden. Erst wenn der vom Finanzamt erstellte Steuerbescheid (mit der festgesetzten Steuerschuld) dem Unternehmen vorliegt, handelt es sich um eine auch der Höhe nach festgelegte Schuld, somit also um eine Steuerverbindlichkeit.

Beispiel:

Vom Unternehmen berechnete Jahres-Steuerschuld	680.000 EUR
– bereits geleistete Vorauszahlungen	– 600.000 EUR
= Steuerrückstellung (Zuführung)	= 80.000 EUR

Zu beachten ist, dass es sich bei diesem Rückstellungsbetrag meist um die Erhöhung einer bereits bestehenden Steuerrückstellung handelt, die noch nicht gezahlte ungewisse Steuerschulden z. B. aus dem Vorjahr beinhaltet.

<u>BS:</u> bei Ertragsteuern:

Steuern vom Einkommen und vom Ertrag	80.000 EUR	
an Steuerrückstellungen		80.000 EUR.

<u>BS:</u> bei allen übrigen Steuern (z. B. Kfz-Steuer):

Sonstige Steuern	80.000 EUR	
an Steuerrückstellungen		80.000 EUR.

Die Bildung von Einkommensteuer-Rückstellungen bei Einzelkaufleuten und Personengesellschaften ist nicht zulässig, da es sich jeweils um die private Steuerschuld des Einzelkaufmanns sowie der Gesellschafter bezogen auf deren Gewinnanteil bzw. Vermögensanteil handelt, die nicht in der Bilanz der Gesellschaft erscheinen darf.

---

[1] Zur Berechnung vgl. Zweiter Teil die Kapitel C.III. und D.II.

Liegen Höhe und Fälligkeitstermin einer Steuer fest, da diese bereits rechtskräftig veranlagt ist (Steuerbescheid vorhanden), handelt es sich um eine sonstige Verbindlichkeit und nicht um eine Rückstellung. Dies gilt generell für Steuervorauszahlungen, für die das Finanzamt einen besonderen Vorauszahlungsbescheid erstellt. Eine sonstige Verbindlichkeit ist auch dann zu bilanzieren, wenn die Steuerschulden am Bilanzstichtag exakt berechenbar und sicher sind. Dies ist bei der Umsatzsteuer bei Versteuerung nach vereinbarten Entgelten der Fall.

Handels- und Steuerbilanz stimmen hinsichtlich der Steuerrückstellungen und der Steuerverbindlichkeiten völlig überein. Die Ertragsteuern werden auf Basis des Steuerbilanzgewinns unter Berücksichtigung von Ergänzungen und Korrekturen, die in den steuerlichen Einzelgesetzen vorgeschriebenen sind, ermittelt und in die Handelsbilanz unverändert übernommen. Zu einer Differenz kann es nur bei Rückstellungen für Steuernachzahlungen aufgrund einer Außenprüfung des Finanzamtes kommen. Solche Außenprüfungen (Betriebsprüfungen), die eine genaue Überprüfung der Berechnung der Steuerrückstellungen, insbesondere aber eine Überprüfung der steuerlichen Behandlung betrieblicher Sachverhalte zur Aufgabe haben, erfolgen oft erst mit großer zeitlicher Verzögerung und können zu erheblichen Steuernachzahlungen führen. Für solche Nachzahlungsrisiken innerhalb der Steuerrückstellungen Vorsorge zu treffen, gebietet das Vorsichtsprinzip. Im Gegensatz zur Handelsbilanz sind in der Steuerbilanz diese Risikorückstellungen nicht zulässig, solange keine konkreten Sachverhalte bekannt sind und nicht ernsthaft mit einer Inanspruchnahme gerechnet werden muss.

c) Rückstellungen für drohende Verluste aus schwebenden Geschäften

Definition:

> ***Schwebende Geschäfte*** sind bereits abgeschlossene zweiseitig verpflichtende Verträge, die auf einen Leistungsaustausch gerichtet sind und bei denen der zur Sach-, Dienst- oder Werksleistung Verpflichtete am Bilanzstichtag seine Hauptverpflichtung noch nicht erbracht hat[1].

Es kann also sein, dass am Bilanzstichtag der Vertrag von beiden Vertragsseiten noch nicht erfüllt worden ist oder dass der Käufer zwar den Kaufpreis entrichtet, der Verkäufer aber die (Haupt-)Lieferung oder (Haupt-)Leistung noch nicht erbracht hat. Begründet wird ein schwebendes Geschäft i. d. R. im Zeitpunkt des Vertragsabschlusses oder bereits bei Vorlage eines bindenden Vertragsangebotes, dessen Annahme sicher ist. Der Schwebezustand ist nach h.M. beendet, wenn die Hauptlieferung oder -leistung vom dazu Verpflichteten (i. d. R. Verkäufer genannt) erbracht ist. In diesem Zeitpunkt ist dessen Gewinn bzw. Verlust realisiert. Sollte die andere Vertragspartei (i. d. R. Käufer genannt) ihre Geldverpflichtung dann noch nicht erfüllt haben, so hätte der Verkäufer eine Forderung aus Lieferung und Leistungen einzubuchen. Der Schwebezustand ist demnach noch nicht beendet, wenn der Käufer die gesamte Geldverpflichtung oder einen Teil davon als An- oder Vorauszahlung erfüllt. Diese Vorleistungen aus schwebenden Geschäften sind vor Beendigung des Schwebezustandes gewinnneutral als geleistete bzw. erhaltene Anzahlungen zu buchen.[2]

---

[1] Vgl. IDW RS HFA 4, Tz. 1 ff., WPg 2000, S. 716 ff. und BFH 7.10.1997, BStBl. 1998 II, S. 331; BFH-Beschluss 23.6.1997, BStBl. 1997 II S. 735; BFH 25.10.1994, BStBl. 1995 II, S. 312; BFH 25.8.1989, BStBl. 1989 II, S. 893 ff.

[2] Vgl. z. B. Hoyos/M. Ring, in: Beck Bil.-Komm. § 249 Tz. 56, und IDW RS HFA 4, Tz. 11 f., WPg 2000, S. 716 ff. In der Literatur wird auch vertreten, dass ein schwebendes Geschäft nur dann vorliegt, wenn beide Vertragsseiten ihre Hauptverpflichtungen noch nicht erbracht haben, vgl. ADS § 249, Tz. 139.

Prinzipiell ist davon auszugehen, dass Verträge zwischen fremden Dritten (also nicht Familienangehörigen u. ä.) hinsichtlich der Leistung und der Gegenleistung ausgeglichen sind, da vom Käufer der übliche Marktpreis bzw. der Verkehrswert gezahlt wird (so gen. „Ausgeglichenheitsvermutung"). Denkbar wäre es, dass in der Bilanz jeweils die eigene Leistung des Käufers oder des Verkäufers als Verbindlichkeit und die Gegenleistung als Forderung berücksichtigt würden. Wegen der wertmäßigen Übereinstimmung von Leistung und Gegenleistung wäre die Berücksichtigung erfolgsneutral und stellte nur eine Aufblähung der Bilanz dar. Daher werden schwebende Geschäfte grundsätzlich im Jahresabschluss nicht berücksichtigt.

Das aus dem Vorsichtsprinzip abgeleitete Imparitätsprinzip verlangt jedoch zwingend, absehbare drohende Verluste, die wirtschaftlich bereits (durch Vertragsabschluss etc.) verursacht sind und für deren Eintritt eine gewisse Wahrscheinlichkeit besteht, am Bilanzstichtag erfolgsmindernd vorwegzunehmen. Bei richtiger Schätzung der Höhe des drohenden Verlustes wirkt sich demnach der spätere tatsächliche Eintritt des Verlustes nicht mehr auf das Ergebnis aus. Wird ein Gewinn aus dem abgeschlossenen Geschäft erwartet, so verhindert das Realisationsprinzip dessen Berücksichtigung im Jahresabschluss.

Dies bedeutet im Falle schwebender Geschäfte, dass dann und nur dann eine bilanzielle Berücksichtigung erfolgt, wenn das Gleichgewicht zwischen Leistung und Gegenleistung zuungunsten des Bilanzierenden gestört ist, d. h. wenn ein Verpflichtungsüberhang besteht. Ein solcher drohender Verlust kann in der Regel nur durch eine Rückstellung erfasst werden, da z. B. der zugehörige, eventuell nach dem Niederstwertprinzip abzuwertende Gegenstand noch nicht empfangen bzw. erstellt ist.

Diese *handelsrechtlich* nach § 249 Abs. 1 S. 1 HGB ***verpflichtend*** zu bildenden so gen. Drohverlustrückstellungen gehören nach h.M. zu den Rückstellungen für ungewisse Verbindlichkeiten[1], obwohl die Unterschiede zwischen beiden Arten m.E. deutlich sind. So ist etwa bei den Rückstellungen für ungewisse Verbindlichkeiten der gesamte Erfüllungsbetrag, bei der Drohverlustrückstellung nur die ungünstige Differenz des Wertes der eigenen Leistung und des Wertes der Gegenleistung anzusetzen. Dieser Verlust oder Verpflichtungsüberschuss wird somit nur indirekt durch die Höhe einer Verpflichtung gegenüber Dritten mit bestimmt, er hängt vorrangig von den veränderlichen Marktpreisen bzw. der internen Kostensituation des Unternehmens ab. Im Falle von Dauerschuldverhältnissen umfasst eine Verbindlichkeitsrückstellung nur die bereits entstandenen Erfüllungsrückstände, während die Drohverlustrückstellung für zukünftige Verluste zu bilden ist.

In der Regel ist die ***Saldierung*** entsprechend dem Grundsatz der Einzelbewertung nur innerhalb eines schwebenden Geschäfts vorzunehmen. Dies gilt auch dann, wenn der Kaufmann bewusst ein Verlustgeschäft eingeht in der Hoffnung, an anderer Stelle wirtschaftliche Vorteile zu erzielen. Mehrere Verträge können jedoch dann zu einem einzigen schwebenden Geschäft, also zu einer sog. ***Bewertungseinheit***, zusammengefasst werden, wenn zwischen ihnen ein enger rechtlicher und wirtschaftlicher Zusammenhang besteht. Dies ist etwa der Fall bei miteinander verknüpften Verträgen (sog. Koppelungsgeschäften) oder bei Zins- oder Devisensicherungsgeschäften. Bei vollständiger Absicherung des Risikos würden Ertrags-, Vermögens- und Finanzlage falsch dargestellt, wenn aufgrund des Imparitätsprinzips nur der drohende Verlust durch eine Rückstellung erfasst würde, wegen des Realisationsprinzips nicht aber der kompensierende Gewinn des Sicherungsvertrags.[2] Diese Möglichkeit der Bildung von Bewertungseinheiten wurde durch das BilMoG in

---

[1] Vgl. ADS § 249 Tz. 76 und Mayer-Wegelin/Kessler/Höfer, in: Küting/Weber § 249 Tz. 61.

[2] Vgl. Kapitel B.III.5. und Mayer-Wegelin/Kessler/Höfer, in: Küting/Weber § 249 Tz. 64 und 67.

§ 254 HGB kodifiziert und wird auch über die konkrete Maßgeblichkeit in die Steuerbilanz übernommen (§ 5 Abs. 1a EStG).

Mit Geltung des BilMoG hat sich auch die Diskussion über die ***Abzinsung*** von Drohverlust-Rückstellungen erübrigt. Sie ist nunmehr generell für Rückstellungen mit einer Restlaufzeit von mehr als einem Jahr vorgeschrieben (§ 253 Abs. 2 S. 1 HGB).

Steuerrecht: Seit dem 1.1.1997 ist die Bildung von Rückstellungen für drohende Verluste aus schwebenden Geschäften ***nicht mehr zulässig*** (§ 5 Abs. 4a EStG). Diese Gesetzesänderung setzt sich trotz der Vorschrift des § 5 Abs. 1 Satz 1 EStG allein aus fiskalischen Gründen willkürlich über fundamentale Grundsätze ordnungsmäßiger Buchführung hinweg. In den Fällen, in denen handelsrechtlich eine Drohverlustrückstellung gebildet wird, ergibt sich demnach jeweils ein entsprechend höherer Gewinn in der Steuerbilanz.

Schwebende Geschäfte werden in drei Gruppen eingeteilt:

(1) Schwebende Beschaffungsgeschäfte (Einkaufsgeschäfte)	(2) Schwebende Absatzgeschäfte (Verkaufsgeschäfte)	(3) Dauerschuldverhältnisse (Dauerrechtsverhältnisse)

(1) Schwebende Beschaffungsgeschäfte

Nach Abschluss eines Kaufvertrages über den Kauf von Anlagegütern, insbesondere aber über den Bezug von Roh-, Hilfs- und Betriebsstoffen, Zwischenprodukten oder Waren kann es sein, dass am Bilanzstichtag der Wert der Gegenleistung unter den Wert der eigenen Leistung des Käufers (= vereinbarter Kaufpreis) gesunken ist. Der Wert der Gegenleistung bemisst sich nach den gleichen Bilanzierungsregeln, nach denen dieser Vermögensgegenstand auch bewertet würde, wenn er sich bereits am Lager befände.[1] Wegen der größeren Praxisrelevanz werden hier nur Gegenstände des Umlaufvermögens behandelt. Bei Anlagegegenständen gelten die gleichen Grundsätze mit der Ausnahme, dass bei voraussichtlich vorübergehender Wertminderung keine Rückstellung zu bilden ist.

Wert der Gegenleistung < Wert der eigenen Leistung

Handelsrecht: Umlaufvermögen:

Börsen-/Marktpreis bzw. beizulegender Wert am Bilanzstichtag	<	***vereinbarter Kaufpreis***

↙ ↘

Beschaffungsmarkt:	**Absatzmarkt:**
gesunkene Wiederbeschaffungskosten	gesunkener Nettoveräußerungserlös
bei: - RHB-Stoffen	bei: - Fertigerzeugnissen - Unfertigen Erzeugnissen - Waren

[1] Vgl. Hoyos/M.Ring, in: Beck Bil-Komm. § 249 Tz. 69 ff.; vgl. auch Kapitel B.II.4.c).

Beispielaufgabe:

Fernsehhändler Gert Glotz importiert japanische Geräte und verkauft sie auf dem deutschen Markt. Laut Liefervertrag wird der Hersteller im Folgejahr 1.000 Geräte zum Einkaufspreis von 1.800 EUR pro Stück liefern. Seit Vertragsabschluss ist der Nettoveräußerungserlös in Deutschland von 2.000 EUR auf 1.500 EUR (am Bilanzstichtag) gesunken. Wie ist der Sachverhalt bilanziell zu berücksichtigen?

Lösung:

Der Wert der zur Veräußerung bestimmten Fernsehgeräte ist vom Absatzmarkt herzuleiten. Da der Nettoveräußerungserlös am Bilanzstichtag auf EUR 1.500,- gesunken ist, droht dem Fernsehhändler aus diesem Kontrakt ein Verlust in Höhe von 1.800 EUR – 1.500 EUR = 300 EUR pro Fernsehgerät. Gemäß § 249 Abs. 1 Satz 1 HGB besteht handelsrechtlich die Pflicht zur Bildung einer Rückstellung für drohende Verluste aus schwebenden Beschaffungsgeschäften in Höhe von 300 EUR * 1.000 Stück = 300.000 EUR.

BS:	Sonstige betriebliche Aufwendungen	300.000 EUR	
	an Rückstellungen für drohende Verluste aus schwebenden Beschaffungsgeschäften		300.000 EUR.

In der Steuerbilanz ist eine Rückstellungsbildung nicht zulässig (§ 5 Abs. 4a EStG).

Durch die Rückstellung wird *handelsrechtlich* eine sonst erforderliche außerplanmäßige Abschreibung zeitlich vorweggenommen, da ein abwertbarer Vermögensgegenstand nicht vorhanden ist. Diese Abwertung ist vorzunehmen, wenn die Vermögensgegenstände im Folgejahr angeliefert werden. Infolge der gleichzeitigen Auflösung der Rückstellung ist der Vorgang erfolgsneutral. In der *Steuerbilanz* wird der drohende Verlust auch durch eine Teilwertabschreibung auf die angelieferten Waren im Folgejahr mit zeitlicher Verzögerung gegenüber der Handelsbilanz berücksichtigt. Es handelt sich immer noch um eine Antizipation, da der Verlust erst bei Veräußerung der Waren realisiert werden wird.

Beispielaufgabe:

Im obigen Beispiel sind folgende Buchungen durchzuführen, wenn die Fernsehgeräte im Folgejahr angeliefert werden und am nächsten Bilanzstichtag noch auf Lager liegen:

Buchungssätze:

(1)	Wareneinkauf	1.800.000 EUR	
	Vorsteuer	342.000 EUR	
	an Verbindlichkeiten L.u.L.		2.142.000 EUR.
(2)	Aufwendungen für bezogene Waren (Teilwertabschreibung)	300.000 EUR	
	an Waren(einkauf)		300.000 EUR.
(3)	Rückstellungen für drohende Verluste aus schwebenden Beschaffungsgeschäften	300.000 EUR	
	an Sonstige betriebliche Erträge		300.000 EUR.

Handelsrechtlich werden alle drei Buchungen durchgeführt, die zusammen genommen erfolgsneutral sind. Der drohende Verlust wurde ja bereits im Vorjahr durch die Rückstellungsbildung vorweggenommen. Buchung (2) ist nach dem strengen Niederstwertprinzip zwingend.

Steuerrechtlich entfällt der Buchungssatz (3), da im Vorjahr keine Rückstellung gebildet werden durfte. Der zweite Buchungssatz führt nun zur Verlustvorwegnahme in der Steuerbilanz nach § 6 Abs. 1 Nr. 2 EStG, sofern es sich um eine voraussichtlich dauernde Wertminderung handelt.

Beispielaufgabe:

In der vorigen Beispielaufgabe sei der Nettoveräußerungserlös unverändert bei 2.000 EUR geblieben, der Einstandspreis sei aber bis zum Bilanzstichtag auf EUR 1.400 gesunken. Kann handelsrechtlich eine Rückstellung für drohende Verluste gebildet werden?

Lösung:

Folgt man in diesem Falle streng dem Imparitätsprinzip, so darf in der Handelsbilanz keine Rückstellung gebildet werden, da bei der späteren Veräußerung eines Fernsehgerätes kein Verlust, sondern wie geplant ein Gewinn in Höhe von 200 EUR zu erwarten ist.[1]

(2) Schwebende Absatzgeschäfte

Hat sich das Unternehmen vertraglich verpflichtet, Produkte an den Abnehmer zu liefern, aber bis zum Bilanzstichtag noch nicht mit deren Produktion begonnen, so besteht am Stichtag eine Pflicht zur Rückstellungsbildung, wenn der Wert der Gegenleistung inzwischen unter den Wert der eigenen Leistung gesunken ist. Da die Gegenleistung, der Kaufpreis, vertraglich festgelegt wurde, kann dieser Fall nur aufgrund von Kostensteigerungen im Zusammenhang mit der geplanten Herstellung der Produkte eintreten.

Wert der Gegenleistung	<	**Wert der eigenen Leistung**
vereinbarter Verkaufspreis	<	*Vollkosten*[2] *(ohne allg. Verwaltungs- und Vertriebskosten)*

Bei der Bewertung der eigenen Leistung wird das Imparitätsprinzip im Sinne der Vollkosten bei leistungsbezogener Fixkostenverrechnung interpretiert.[3] Zu den Vollkosten der noch zu erstellenden Absatzleistung gehören somit die Einzel- und Gemeinkosten des Produktionsbereichs (ohne Leerkosten), direkt zurechenbare Sondereinzelkosten des Vertriebs, sonstige direkt zurechenbare Kosten (z. B. Lagerkosten, zukünftige Gewährleistungskosten, zurechenbare Finanzierungsaufwendungen). Allgemeine Verwaltungs- und Vertriebskosten gehören nicht dazu, so dass der gesamte antizipierbare Verlust um diese Komponenten kleiner ist als der Gesamtverlust aus dem Geschäft.

Beispielaufgabe:

Die Maschinenbau-GmbH schloss Ende Oktober 01 einen Vertrag über die Lieferung einer Fräsmaschine bis zum 30.3. des Folgejahres zum Festpreis von 42.000 EUR, mit deren Produktion im Februar 02 begonnen werden soll. Zum Bilanzstichtag erwiesen sich die Erwartungen über die Kostenentwicklung aufgrund der inzwischen eingetretenen extremen Lohn- und Materialpreiserhöhungen als nicht mehr realistisch und mussten revidiert werden.

---

[1] Vgl. Hoyos/M.Ring, in: Beck Bil.-Komm. § 249 Tz. 70.

[2] Vgl. IDW RS HFA 4, Tz. 35 ff., WPg 2000, S. 716 ff. bzw. in der redaktionell geänderten Fassung WPg 2001, S. 216 ff. A. A. sind z. B. ADS § 253 Tz. 254 und Hoyos/ M. Ring, in: Beck Bil.-Komm. § 253 Tz. 169 ff., die mit Blick auf die Herstellungskosten gem. § 255 Abs. 2 HGB und auf die handelsbilanzielle Übung ein Wahlrecht zwischen Teilkosten (= variable Kosten) und Vollkosten zur Bewertung der eigenen Leistung vertreten.

[3] Die Bewertung unterscheidet sich von der Untergrenze der Herstellungskosten gem. § 255 Abs. 2 HGB nur um die Sondereinzelkosten des Vertriebs.

	ursprüngliche Kalkulation	Kalkulation am Bilanzstichtag		
	gesamte Kosten	gesamte Kosten	davon variable Kosten	davon fixe Kosten
Herstellkosten	30.000 EUR	36.500 EUR	20.000 EUR	16.500 EUR
dir. zurechenbare Finanzierungsaufwendungen	3.000 EUR	4.500 EUR	0 EUR	4.500 EUR
Sondereinzelkosten des Vertriebs	5.000 EUR	5.000 EUR	1.500 EUR	3.500 EUR
Summe	38.000 EUR	46.000 EUR	21.500 EUR	24.500 EUR
vereinbarter Festpreis	42.000 EUR	42.000 EUR	42.000 EUR	↓
Deckungsbeitrag			20.500 EUR	↓
Summe Fixkosten			– 24.500 EUR	←↓
kalkulierter Gewinn	4.000 EUR	– 4.000 EUR	– 4.000 EUR	

Lösung:

Handelsrecht: Bei Berücksichtigung der Gesamtkosten droht ein Verlust in Höhe von 4.000 EUR, sodass eine Rückstellung in dieser Höhe zu bilden ist.

BS:	Sonstige betriebliche Aufwendungen	4.000 EUR	
	an Rückstellungen für drohende Verluste aus schwebenden Absatzgeschäften		4.000 EUR.

Da die Rückstellungsbildung in der *Steuerbilanz* nicht zulässig ist, ist der Steuerbilanzgewinn aufgrund der fehlenden Aufwandsbuchung um 4.000 EUR höher als der Handelsbilanzgewinn.

Im Folgejahr wird die Fräsmaschine hergestellt und ausgeliefert. Während der Herstellungsperiode werden die zugehörigen Lohn- und Gehaltsaufwendungen, die Materialverbräuche sowie nach der Auslieferung die Umsatzerlöse verbucht. Die Umsatzsteuer wird der Einfachheit halber vernachlässigt. Die Auflösung der Rückstellung bewirkt, dass der gesamte Vorgang erfolgsneutral ist, sofern die Kostenerwartungen genau eintreten.

Buchungssätze:

(1)	Verschiedene Aufwendungen	46.000 EUR	
	an Finanzkonto (Kasse, Bank, Verbindl.)		46.000 EUR.
(2)	Forderungen L.u.L.	49.980 EUR	
	an Umsatzerlöse		42.000 EUR
	an Umsatzsteuer		7.980 EUR.
(3)	Rückstellungen für drohende Verluste aus schwebenden Absatzgeschäften	4.000 EUR	
	an sonstige betriebliche Erträge		4.000 EUR.

Handelsrechtlich werden alle drei Buchungen durchgeführt, die zusammen genommen erfolgsneutral sind. Der drohende Verlust wurde ja bereits im Vorjahr durch die Rückstellungsbildung vorweggenommen.

Steuerrechtlich entfällt der Buchungssatz (3), da im Vorjahr keine Rückstellung gebildet werden durfte. Aus den Buchungen (1) und (2) resultiert der Verlust von 4.000 EUR, der nun realisiert ist und steuerlich erst zu diesem Zeitpunkt berücksichtigungsfähig ist.

(3) Dauerschuldverhältnisse

(a) Überblick

Definition:

Dauerschuldverhältnisse oder ***Dauerrechtsverhältnisse*** sind langfristige Verträge, die in regelmäßig wiederkehrenden Teilleistungen Zug um Zug erfüllt werden. Es handelt sich insoweit um schwebende Geschäfte, als sie zumindest von der zur Sach-, Dienst- oder Werksleistung verpflichteten Vertragsseite für den in der Zukunft liegenden Teil noch nicht erfüllt sind.

Beispiele:

Miet- und Leasingverträge, Arbeitsverträge, Dienst-, Versicherungs- und Darlehensverträge.

Eine Bilanzierung solcher Dauerschuldverhältnisse erfolgt normalerweise nicht, da Leistung und Gegenleistung der Vertragsparteien quasi „Zug um Zug" erbracht werden und sich daher im Gleichgewicht befinden (so gen. ***Ausgeglichenheitsvermutung***). Falls jedoch ein Ungleichgewicht zuungunsten des Betriebs entstanden ist, ein sog. ***„Verpflichtungsüberschuss"***, sind Rückstellungen für drohende Verluste aus schwebenden Geschäften aufgrund des Imparitätsprinzips zu bilden. Eine solche Unausgewogenheit kann dadurch zustande kommen, dass der Wert der über die Vertragsrestlaufzeit noch zu erbringenden Leistung den Wert des Gegenleistungsanspruchs übersteigt. Es handelt sich nämlich insoweit um ein schwebendes Geschäft, als der Vertrag noch nicht durchgeführt ist.

Bei ***Miet- und Leasingverträgen*** ist zur Bemessung der Rückstellungshöhe dem Zahlungsanspruch des Vermieters aus dem Mietvertrag der Wert der Verpflichtung zur Überlassung und Erhaltung der vermieteten Sache (Selbstkosten, insbesondere AfA, Wartungs- und Reparaturkosten, Finanzierungskosten) gegenüberzustellen[1]. Kalkulatorische Kosten oder ein kalkulierter Gewinn sind bei der Ermittlung des drohenden Verlustes nicht einzubeziehen. Bei einem Leasingnehmer ergibt sich ein ***Verpflichtungsüberschuss***, wenn der Barwert der zu zahlenden Leasingraten den beizulegenden Wert des Leasingobjekts übersteigt[2]. Eine solche Konstellation kann sich ergeben, wenn das Leasingobjekt aufgrund von Modeänderungen oder Nachfrageverschiebungen nicht mehr genutzt werden kann. Drohverlustrückstellungen können gemäß BFH-Rechtsprechung allerdings nur gebildet werden, wenn dem Dauerschuldverhältnis ein negativer Erfolgsbeitrag zugeordnet werden kann. Dies ist oft nicht möglich, da sich einem Absatzgeschäft nur ausnahmsweise ein bestimmtes Beschaffungsgeschäft zuordnen lässt oder – allgemeiner ausgedrückt – da der Unternehmensgesamterfolg sich i. d. R. nicht anteilig einem bestimmten Produktionsfaktor zuordnen lässt. So ist die Verpflichtung des Leasingnehmers zur Zahlung von Leasingraten leicht feststellbar, nicht aber der betriebsinterne Wert des geleasten Grundstücks im Sinne seines Erfolgsbeitrags für das Gesamtunternehmen des Leasingnehmers. Nur im oben genannten extremen Beispiel, wenn nämlich durch Nachfrageverschiebungen das Leasingobjekt nicht mehr nutzbar ist und die Leasingraten nachhaltig nicht mehr erwirtschaftet werden können, ist offenkundig, dass das Leasingobjekt für das Unternehmen keinen Wert mehr hat.

---

[1] Nach BFH 19.7.1983, BStBl. 1984 II S. 56, sind die Barwerte zu vergleichen. Nach BFH 7.10.1997, BStBl. 1998 II, S. 331 sind Mietzahlungsverpflichtungen nur dann abzuzinsen, wenn sie einen Zinsanteil enthalten. IDW RS HFA 4 stellt ebenfalls grundsätzlich auf Barwerte ab, vereinfachend kann auf eine Abzinsung aber auch verzichtet werden, wenn der Diskontierungszinssatz dem voraussichtlichen Fremdfinanzierungszinssatz oder den erwarteten Kostensteigerungen etwa entspricht und deren Höhe dann bei den voraussichtlichen Aufwendungen nicht berücksichtigt wird.

[2] BFH 8.10.1987, BStBl. 1988 II S. 57.

Die Frage nach dem ***Saldierungserfordernis*** zur Ermittlung des drohenden Verlustes oder Verpflichtungsüberschusses stellt sich besonders bei Dauerschuldverhältnissen. Grundsätzlich ist die Saldierung entsprechend dem Grundsatz der Einzelbewertung nur innerhalb eines schwebenden Geschäfts vorzunehmen. Mehrere Verträge können jedoch dann zu einem einzigen schwebenden Geschäft, also zu einer sog. ***Bewertungseinheit***, zusammengefasst werden, wenn zwischen ihnen ein enger rechtlicher und wirtschaftlicher Zusammenhang besteht. Dies ist etwa der Fall bei miteinander verknüpften Verträgen (sog. Koppelungsgeschäften) oder bei Zins- oder Devisensicherungsgeschäften.[1] Diese Möglichkeit der Bildung von Bewertungseinheiten wurde durch das BilMoG in § 254 HGB kodifiziert und wird auch über die konkrete Maßgeblichkeit in die Steuerbilanz übernommen (§ 5 Abs. 1a EStG).

In der neueren Rechtsprechung des BFH wird, z. B. bei Arbeitsverträgen, die Ausgeglichenheitsvermutung stark betont, somit wird auch der Saldierungsbereich weit gezogen. Im sog. Apotheker-Fall wurde allerdings erst mit dem Beschluss des Großen Senats des BFH vom 23.6.1997 (BStBl. 1997 II, S. 735) eine Saldierung des drohenden Verlustes eines Apothekers aus der Vermietung von Praxisräumen an einen Arzt in räumlicher Nähe zur Apotheke mit zukünftig erwarteten wirtschaftlichen Vorteilen des Apothekers aufgrund dieses günstigen Standorts der Arztpraxis für geboten erklärt, so dass grundsätzlich keine Drohverlustrückstellung gebildet werden darf. Dieser Beschluss hat auch Bedeutung für verwandte Fragestellungen, etwa für die Bilanzierung von Finanzinnovationen (s. die weiterführende Literatur am Ende des Kapitels).

Arbeitsverträge sind nach Meinung des BFH i. d. R. ausgeglichen. Dies gilt z. B. auch für Ausbildungsverträge, sofern die Bedingungen als üblich anzusehen sind, also mit tarifvertraglichen Vereinbarungen übereinstimmen. Sollten sich in einzelnen Jahren Ungleichgewichte ergeben, z. B. könnte im ersten Lehrjahr von Auszubildenden deren Leistung für den Betrieb die Vergütung unterschreiten, so gibt es andere Vorteile für den Arbeitgeber, die wieder zu einer Ausgeglichenheit des Vertrags über die Gesamtlaufzeit führen. Dazu gehört z. B. auch der Vorteil für das Unternehmen, aus im eigenen Haus ausgebildeten Fachkräften auswählen zu können[2]. *Handelsrechtlich* besteht ebenfalls grundsätzlich ein Passivierungsverbot, bei Überausbildung über den Eigenbedarf des Unternehmens hinaus wird jedoch in der Literatur[3] eine Rückstellungspflicht wegen Unausgeglichenheit des schwebenden Geschäfts vertreten. Die Rechtsprechung des BFH ließ auch in diesem Falle keine Rückstellungsbildung zu (3.2.1993, BStBl. 1993 II S. 441).

Das *gesetzliche* ***Verbot*** seit dem 1.1.1997 zur Bildung von Rückstellungen für drohende Verluste aus schwebenden Geschäften in der ***Steuerbilanz*** (§ 5 Abs. 4a EStG) gilt auch für Drohverlustrückstellungen bei Dauerschuldverhältnissen. Diese sind also nur in der Handelsbilanz unter Beachtung der dargestellten Grundsätze verpflichtend zu bilden.

Auf zwei wichtige Arten von Dauerschuldverhältnissen, die von § 5 Abs. 4a EStG nicht betroffen sind, da hierbei Verbindlichkeitsrückstellungen zu bilden sind (vgl. R 5.7 Abs. 8 u. 9 EStR), soll nun noch etwas ausführlicher eingegangen werden.

---

[1] Vgl. Mayer-Wegelin/Kessler/Höfer, in: Küting/Weber § 249 Tz. 64 u. 67.

[2] Vgl. BFH 25.1.1984, BStBl. 1984 II, S. 344. Mit gleichem Ergebnis bei Leistungen nach dem Mutterschutzgesetz BFH 2.10.1997, BStBl. 1998 II, S. 205, bei Gehaltsfortzahlungen im Krankheitsfalle BFH 27.6.2001, BStBl. 2001 II, S. 758.

[3] Vgl. Schülen, W. Entwicklungstendenzen bei der Bildung von Rückstellungen, WPg, 1983, S. 658-665.

(b) Urlaubsrückstellungen

Die Ausgeglichenheit der vertraglich voneinander abhängigen Leistungen und Gegenleistungen kann aber nicht nur durch einen in der Restlaufzeit des Vertrages drohenden Verlust, sondern auch dadurch ergeben, dass der Vertragspartner bis zum Bilanzstichtag seine (Teil-)Gegenleistung erbracht hat, das betrachtete Unternehmen aber die entsprechende eigene (Teil-)Leistung noch schuldet und erst nach dem Stichtag erfüllen wird. Für die Verpflichtung zur Nachholung der überfälligen (Teil-) Leistungen (so gen. ***Erfüllungsrückstände***[1]) ist handels- und auch steuerrechtlich (!) gemäß § 249 Abs. 1 S. 1 HGB i. V. m. § 5 Abs. 1 S. 1 HGB eine ***Rückstellung für ungewisse Verbindlichkeiten*** zu bilden. Solche zeitlichen Verschiebungen können durchaus auch vereinbart sein (z. B. bei Arbeitsverträgen). Bauen sich Erfüllungsrückstände im Zeitablauf kontinuierlich auf, dann ist die entsprechende Rückstellung kontinuierlich über die Jahre anzusammeln (sog. ***Ansammlungsrückstellung***, z. B. für Jubiläumszuwendungen, s. u.).

Gerät der Arbeitgeber bei Arbeitsverträgen dadurch in Erfüllungsrückstand, dass der Arbeitnehmer den ihm zustehenden Urlaub bis zum Bilanzstichtag nur zum Teil genommen hat, so besteht die Pflicht zur Bildung einer Verbindlichkeitsrückstellung, einer sog. ***Urlaubsrückstellung***. Die *handelsrechtlich* herrschende Meinung geht davon aus, dass der Erfüllungsrückstand in diesem Falle allein in der Gewährung von Freizeit besteht, da der Arbeitgeber alle Gehaltszahlungen geleistet hat. Zur Bemessung der Urlaubsrückstellung ist der Erfüllungsrückstand, also die noch ausstehenden Urlaubstage („Freizeitgewährung"), am Bilanzstichtag zu bewerten[2]. Die Kosten pro Arbeitstag bzw. pro Urlaubstag sind nach folgendem Schema zu berechnen:

Jahreslohn (unter Berücksichtigung bereits vereinbarter Lohnerhöhungen nach dem Bilanzstichtag)			
+ Einmalzahlungen (13. Monatsgehalt, Weihnachtsgeld, Erfolgsbeteiligung, Urlaubsgeld u. ä.)			
+ Arbeitgeberanteil zur Sozialversicherung			
+ Zuführungen zu den Pensionsrückstellungen		Arbeitstage pro Jahr	
+ anteilige Personalverwaltungsgemeinkosten		- (z. T. geschätzte) Ausfallzeiten (Krankheit, Kur, Mutterschutz, Urlaub)	
= Summe Entgelte	:	**Summe der tatsächlich geleisteten Arbeitstage**	**= Kosten pro Arbeitstag**

Steuerrechtlich ist diese Bewertung der Urlaubsrückstellung nicht zulässig. Der BFH hat die alte Berechnungsweise, die früher auch handelsrechtlich angewandt wurde, in neuerer Zeit bestätigt.[3] Danach handelt es sich bei der Urlaubsrückstellung um eine Rückstellung für ungewisse Verbindlichkeiten gegenüber Dritten, und zwar nicht für Sachleistungen, sondern für Geldleistungen. Daher darf nur der während des noch ausstehenden Urlaubs fortzuzahlende Arbeitslohn und der darauf entfallende Arbeitgeberanteil zur Sozialversicherung zurückgestellt werden. Außerdem sind Kostensteigerungen nach dem Bilanzstich-

---

[1] Vgl. BFH 3.12.1991, BStBl. 1993 II S. 89; R 5.7 Abs. 8 EStR; H 5.7 Abs. 8 „Erfüllungsrückstand" EStH).
[2] Vgl. Olbrich, Chr., Zur Berechnung der Urlaubsrückstellung, WPg 1985, S. 174 ff.; IDW-Schreiben, WPg 1992, S.330.
[3] BFH 6.12.1995, BStBl. 1996 II S. 406; BFH 8.7.1992, DStR 1992, S. 1353.

tag nicht zu berücksichtigen (H 6.11 „Urlaubsverpflichtung" EStH; § 6 Abs. 1 Nr. 3a Buchst. f EStG).

Aufgabe 51: Urlaubsrückstellungen

(c) Jubiläumsrückstellungen

Jubiläumszusagen eines Unternehmens an seine Arbeitnehmer werden für 10-, 15-, 20-, 25- und/oder 30-jährige Betriebszugehörigkeit des Mitarbeiters gegeben, um dessen Betriebstreue durch Geschenke oder Zahlung eines (anteiligen) Monatslohnes zu belohnen. Diese Jubiläumszuwendungen sind erfolgsunabhängig und werden vom Arbeitnehmer durch seine Arbeitsleistung während seiner Betriebsangehörigkeit kontinuierlich verdient. Sie lassen sich als Leistungs- oder ***Erfüllungsrückstand*** des Arbeitgebers auffassen, da der Arbeitnehmer seine Tätigkeit bis zum jeweiligen Bilanzstichtag bereits anteilig erfüllt hat, die entsprechende Jubiläumszahlung jedoch erst in Zukunft erbracht wird. Für diesen Erfüllungsrückstand, der wirtschaftlich vor dem Bilanzstichtag verursacht ist und zeitanteilig bis zum Jubiläumszeitpunkt anwächst, ist nach handelsrechtlicher h.M.[1] eine Rückstellung für ***ungewisse Verbindlichkeiten*** zu bilden (***Ansammlungsrückstellung***). Eine entsprechende Änderung seiner Rechtsprechung vollzog der BFH mit seinem Urteil vom 5.2.1987.[2] Bei der Berechnung der Höhe der Rückstellung sollte nach den Vorstellungen des BFH eine ***Abzinsung*** der Verpflichtungen auf den Bilanzstichtag erfolgen und ein Abschlag für zukünftiges vorzeitiges Ausscheiden von Mitarbeitern, die ihren Jubiläumsanspruch nicht realisieren können („Fluktuationsabschlag"), gemacht werden. Aus rein fiskalischen Gründen mussten die Jubiläumsrückstellungen in der Steuerbilanz am 31.12.1988 zumindest zu einem Drittel wieder aufgelöst werden (§ 52 Abs. 6 EStG), um ab 1.1.1993 unter restriktiven Voraussetzungen wieder aufgebaut werden zu dürfen. § 5 Abs. 4 enthält diese Bedingungen[3]:

- Rückstellungen dürfen nur für nach dem 31.12.1992 erworbene Anwartschaften gebildet werden, eine Nachholung früher verdienter Jubiläumsrückstellungen ist nicht zulässig.
- Rückstellungen dürfen nur gebildet werden, wenn das Dienstverhältnis mindestens 10 Jahre bestanden hat. Damit soll die Fluktuation berücksichtigt werden.
- Rückstellungen dürfen nur für Dienstjubiläen ab 15jähriger Betriebszugehörigkeit gebildet werden. Damit soll dem fiskalischen Ziel gehuldigt werden.
- Rückstellungen dürfen nur gebildet werden, wenn die Zusage schriftlich erteilt ist.

In seinem Urteil vom 18.1.2007 (BStBl. 2008 II, S. 956) entschied der BFH, dass die Bildung der Jubiläumsrückstellungen in der Steuerbilanz nicht voraussetzt, dass sich der Arbeitgeber rechtsverbindlich, unwiderruflich und vorbehaltlos zu der Leistung verpflichtet hat. Die Finanzverwaltung prüft jedoch bei Betriebsvereinbarungen mit Wiederrufsvorbehalten besonders, ob nach der bisherigen betrieblichen Übung oder nach objektiv erkennbaren Tatsachen am jeweiligen Bilanzstichtag die Entstehung der Verbindlichkeit wahrscheinlich ist.

Für die Bewertung der zugesagten Leistungen sind die Wertverhältnisse am Bilanzstichtag maßgebend. Neben der einer Bewertung nach versicherungsmathematischen Grundsätzen ist alternativ ein pauschales Bewertungsverfahren (Tabelle in den BMF-Schreiben) zulässig.

---

[1] Vgl. z. B. Hoyos/M. Ring, in: Beck Bil-Komm. § 249 Tz. 100 „Jubiläumszuwendungen"; Mayer-Wegelin/ Kessler/ Höfer, in: Küting/Weber § 249 Tz. 151.

[2] BFH 5.2.1987, BStBl. 1987 II S. 845.

[3] Vgl. dazu im Einzelnen und zur Bewertung die BMF-Schreiben vom 29.10.1993, BStBl. 1993 I, S. 898, vom 12.4.1999, BStBl. 1999 I, S.434, und vom 8.12.2008, BStBl. 2008 I, S. 1013.

Handelsrechtlich besteht nach dem Imparitätsprinzip eine Pflicht zur Rückstellungsbildung, wobei die Höhe der Rückstellung unabhängig von den Einschränkungen gemäß § 5 Abs. 4 EStG nach den Überlegungen des BFH und ggf. statistischen Methoden zu berechnen ist. Aufgrund des BilMoG sind seit 1.1.2010 auch in der Handelsbilanz Rückstellung mit einer Restlaufzeit von mehr als einem Jahr abzuzinsen, allerdings nicht mit 5,5% wie in der Steuerbilanz, sondern mit dem durchschnittlichen Marktzinssatz für die jeweilige Restlaufzeit, der von der Deutschen Bundesbank ermittelt und bekannt gegeben wird (§ 253 Abs. 2 HGB). Der Maßgeblichkeitsgrundsatz (§ 5 Abs. 1 S. 1 EStG) führt zu einer Passivierungspflicht in der Steuerbilanz, der Bewertungsvorbehalt zu einer drastischen Beschränkung der Rückstellungshöhe zugunsten der Steuereinnahmen des Fiskus.

(4) Rückstellungen für unterlassene Aufwendungen für Instandhaltung oder für Abraumbeseitigung

Handelsrechtlich muss gemäß § 249 Abs. 1 S. 2 Nr. 1 HGB eine Rückstellung für unterlassene Instandhaltung in Höhe der geschätzten späteren Ausgaben gebildet werden, sofern die Instandhaltung in den ersten drei Monaten des folgenden Geschäftsjahrs nachgeholt wird. Nachholung heißt hierbei Fertigstellung der Reparaturarbeiten. Es genügt also nicht, wenn die Arbeiten innerhalb der Dreimonatsfrist zwar begonnen, nicht aber abgeschlossen werden. Werden die unterlassenen Reparaturarbeiten erst nach Ablauf der Dreimonatsfrist fertiggestellt, so ist seit 1.1.2010 keine Rückstellungsbildung mehr zulässig.

Beispiele:
- Beschädigungen von Produktionsanlagen, Gegenständen der Betriebs- und Geschäftsausstattung, Kraftfahrzeugen, Gebäuden u. ä. und Verschiebung der notwendigen Reparatur, um eine Produktionsunterbrechung zu vermeiden,
- Verschiebung einer regelmäßig jährlich erfolgenden Wartung von Produktionsanlagen wegen Terminschwierigkeiten der Handwerker.

Die Rückstellung dient nur der richtigen Periodengewinnermittlung, es handelt sich also um eine reine Innenverpflichtung. Eine Verbindlichkeit gegenüber Dritten besteht nicht, also insbesondere nicht gegenüber einem externen Handwerker. Dieser hat noch keine Leistung erbracht oder es wurde mit ihm noch gar kein Vertrag geschlossen. Man kann nur von einer Verpflichtung des Kaufmanns „gegenüber sich selbst" zur Nachholung der Reparatur sprechen.

Bei unterlassener Abraumbeseitigung im Falle des Abbaus von Braunkohle, Kalk u. ä. im Tagebau oder im Falle von Bauschutt ist die Frist der Nachholung mit Rückstellungspflicht auf das gesamte folgende Geschäftsjahr verlängert. Besteht eine rechtliche Verpflichtung zur Abraumbeseitigung, so ist eine Rückstellung für ungewisse Verbindlichkeiten zu bilden.

Steuerrechtlich besteht aufgrund des Maßgeblichkeitsprinzips genau wie *handelsrechtlich* ein ***Passivierungsgebot*** für Rückstellungen für unterlassene Instandhaltung, sofern die Instandhaltung innerhalb der ersten 3 Monate des folgenden Geschäftsjahrs nachgeholt wird, und ein ***Passivierungsverbot*** im Falle der späteren Nachholung (§ 249 Abs. 1 S. 2 Nr. 1 HGB i. V. m. § 5 Abs. 1 S. 1 EStG; R 5.7 Abs. 11 EStR). Eine solche steuerlich zulässige und sogar verpflichtende Bildung von Aufwandsrückstellungen, die allein der richtigen Periodenabgrenzung dienen, ist ein Ausnahmefall. Die Dreimonatsfrist verhindert jedoch Missbrauch und Manipulation. Bis zum Bilanzaufstellungstag steht nämlich fest, ob die Nachholung erfolgt ist und damit eine Rückstellung zulässig ist und auch die Höhe der

Aufwendungen ist weitgehend konkretisiert. Die BFH-Rechtsprechung[1] hat allerdings zu einer Einschränkung der Passivierungspflicht gegenüber den handelsrechtlichen Möglichkeiten geführt, die darin besteht, dass turnusmäßige, in gleichen Zeitabständen anfallende Erhaltungsarbeiten i. d. R. steuerrechtlich nicht als unterlassene Instandhaltungen angesehen werden (H 5.7 Abs. 11 „Turnusgemäße Erhaltungsarbeiten" EStH).

Rückstellungen für unterlassene Abraumbeseitigung sind in der Steuerbilanz ebenfalls verpflichtend, wenn diese innerhalb des folgenden Geschäftsjahrs nachgeholt werden.

Aufgabe 52: Rückstellung für unterlassene Instandhaltung und Abraumbeseitigung

2. Verbindlichkeiten

Verbindlichkeiten sind *handelsrechtlich* mit dem Erfüllungsbetrag zu bewerten (§ 253 Abs. 1 S. 2 HGB). Der Erfüllungsbetrag ist der Betrag, der zur Erfüllung einer Verbindlichkeit aufgebracht werden muss. Bei Darlehensverbindlichkeiten spricht man vom Rückzahlungsbetrag. *Steuerrechtlich* sind Verbindlichkeiten mit ihren Anschaffungskosten anzusetzen (§ 6 Abs. 1 Nr. 3 i. V. m. Nr. 2 EStG). Als Anschaffungskosten wiederum gilt der Nennwert (Rückzahlungsbetrag) der Verbindlichkeit (H 6.10 „Anschaffungskosten" EStH). Der Rückzahlungsbetrag ist der Betrag, der benötigt wird, damit eine Verbindlichkeit erlischt („Wegschaffungskosten"). Bei Sach- oder Dienstleistungsverpflichtungen ist dies der Geldwert der Aufwendungen (Vollkosten), die mit der Erfüllung der Sach- oder Dienstleistung verbunden sind.

Steuerrechtlich gilt seit 1.1.1999 eine Pflicht zur ***Abzinsung*** aller unverzinslichen Verbindlichkeiten (Geld- und Sachleistungsverbindlichkeiten) mit einer Laufzeit ab 12 Monaten mit Ausnahme solcher, die auf einer Anzahlung oder Vorausleistung beruhen (§ 6 Abs. 1 Nr. 3 EStG). Bei Verbindlichkeiten mit einer Verzinsung nahe Null % könnte die Finanzverwaltung dies als Missbrauch von Gestaltungsmöglichkeiten (§ 42 AO) ansehen und dennoch eine Abzinsung verlangen. Als Diskontierungszinssatz ist der steuerrechtlich übliche Zins in Höhe von 5,5% zu verwenden. Sollten verdeckte Zinsleistungen vorliegen, so ist die Verbindlichkeit nicht abzuzinsen. Beispiele solcher verdeckten Zinsleistungen sind Abnahmeverpflichtungen eines Gaststättenpächters gegenüber der Brauerei, die ihm ein unverzinsliches Darlehen gewährt hat, oder Reduzierung der Leasingraten des Leasingnehmers, wenn dieser dem Leasinggeber ein zinsloses Darlehen gewährt. Fehlt die Vereinbarung einer Laufzeit im Darlehensvertrag, wird diese von der Finanzverwaltung nach den Gesamtumständen des konkreten Einzelfalls ermittelt[2].

Hinsichtlich der Buchungs- und Bilanzierungstechnik der Abzinsung ist auf Kapitel B.VIII.1.b)(1)(b) im Ersten Teil zu verweisen.[3]

In der *Handelsbilanz* wird eine Verbindlichkeit auch dann mit dem Erfüllungsbetrag passiviert, wenn sie tatsächlich ***unverzinslich oder unterverzinslich*** ist, d. h. wenn der Gläubiger z. B. aus marketingpolitischen Erwägungen auf den vollen Marktzins verzichtet (vgl. ADS § 253 Tz. 81). Eine Abzinsung würde dem Realisationsprinzip widersprechen, da es

---

[1] Vgl. BFH 15.2.1955, BStBl. 1955 III S. 172.

[2] Vgl. BMF-Schreiben vom 23.8.1999, BStBl.1999 I, S. 818. Abzinsungsgrundsätze enthält das BMF-Schreiben vom 15.9.1997, BStBl. 1997 I, S. 832.

[3] Siehe auch BMF-Schreiben vom 26.5.2005 Abzinsung von Verbindlichkeiten und Rückstellungen, DStR 2005, S. 1005 ff.

sich bei der Abzinsungs(ertrags)buchung um die Vorwegnahme zukünftiger Zinserträge aus der Verwendung des zinsgünstig zugeflossenen Kreditbetrags handelte. Eine Abzinsung[1] und somit eine Passivierung der un-/unterverzinslichen Verbindlichkeit zum Barwert ist dagegen dann *handelsbilanziell* zulässig und geboten, wenn (weitere) Zinszahlungen verdeckt im Erfüllungsbetrag enthalten sind, es sich also tatsächlich um eine normal verzinsliche Verbindlichkeit handelt (§ 253 Abs. 1 S. 2 HGB analog). Die abgezinste Verbindlichkeit ist dann jeweils am Bilanzstichtag um den zeitraumäquivalenten Zinsbetrag aufzustocken, bis bei Laufzeitende der Rückzahlungsbetrag erreicht ist. Dieser Fall ist etwa bei den sog. Null-Kupon-Anleihen („Zero-Bonds") gegeben, die nicht mit dem Rückzahlungsbetrag, sondern mit dem Ausgabebetrag (= Barwert) plus zeitanteiliger Aufzinsungsbeträge zu passivieren sind (sog. Nettomethode). Für die Bewertung mit dem Barwert spricht, dass Null-Kupon-Anleihen im Falle vorzeitiger Rückzahlung auch zum Barwert eingelöst werden.

Durch den Verweis in § 6 Abs. 1 Nr. 3 EStG auf die Nr. 2, die das steuerliche Abwertungswahlrecht auf den niedrigeren Teilwert und das Beibehaltungswahlrecht beinhaltet, wird deutlich gemacht, dass auch für Verbindlichkeiten das Imparitätsprinzip gilt, nur in einer anderen Konkretisierung als auf der Aktivseite, nämlich in der Form des ***Höchstwertprinzips***. Dieses hat jedoch nur Auswirkungen bei einem Agio und bei Fremdwährungsverbindlichkeiten (Valutaverbindlichkeiten).

Fremdwährungsverbindlichkeiten sind solche Verbindlichkeiten, die in fremder Währung erfüllt werden müssen. Gemäß § 244 HGB ist der Jahresabschluss in Euro aufzustellen, sodass Fremdwährungsverbindlichkeiten mit Hilfe des Wechselkurses in EUR umzurechnen sind.

Bei Entstehen der Valutaverbindlichkeit (Kreditaufnahme oder Eingang einer Importwarenlieferung) ist sie mit ihren Anschaffungskosten zu bewerten. Diese sind mit Hilfe des Geldkurses des Tages, an dem die Verbindlichkeiten entstanden sind, zu ermitteln.

Definition:

> Zum ***Geldkurs*** kaufen die Banken Euro gegen ausländische Devisen und Sorten von ihren Kunden an.
> Der ***Briefkurs*** ist der Wechselkurs, zu dem die Banken dem Publikum Euro gegen ausländische Devisen und Sorten anbieten.
> Der Briefkurs ist um die sog. Marge („Spread") höher als der Geldkurs.

Der Geldkurs ist bei der Bewertung von Fremdwährungsverbindlichkeiten also deshalb relevant, weil der Schuldner am Fälligkeitstag den Erfüllungsbetrag in Fremdwährung von einer Bank gegen Euro ankaufen muss. Er bietet also der Bank Euro an und möchte dafür ausländische Devisen erhalten.[2]

---

[1] Vgl. Hoyos/M.Ring, in: Beck Bil.-Komm. § 253 Tz. 63 ff.

[2] Seit der Euro-Einführung (1.1.1999) haben sich die Begriffe umgekehrt, da die Wechselkursangabe nun in der sog. Mengennotierung mit dem Euro als Basiseinheit erfolgt, also z. B. 1 EUR = 0,95 USD (Geld) und 1 EUR = 0,97 USD (Brief). Der Briefkurs ist nun der Angebotskurs der Bank für Euro und nicht mehr der Angebotskurs für US-Dollar. Dagegen ist der Geldkurs der Nachfragekurs nach Euro aus Sicht der Bank. Bezogen auf die ausländische Währung ist somit der reziproke Euro-Geldkurs der Devisenverkaufskurs der Bank und damit der für Käufe in Fremdwährung relevante Kurs (hier: 1 USD = 1,0526 EUR). Wirtschaftlich hat sich nichts geändert, da die Bank nach wie vor mehr Euro für 1 US-Dollar verlangt, als sie dafür zahlt.

Am Bilanzstichtag ist das ***Höchstwertprinzip*** zu beachten. Die Bewertung am Bilanzstichtag hat handelsrechtlich mit dem zum Mittelkurs umgerechneten Euro-Betrag zu erfolgen, der am Bilanzstichtag nötig ist, um die Verbindlichkeiten in ausländischer Währung zurückzuzahlen (§ 256a HGB). Ist der Euro-Kurs inzwischen gestiegen, der Wert der ausländischen Währung somit gesunken, so ist der Euro-Tilgungsbetrag niedriger als am Entstehungstag der Verbindlichkeit. Eine Abwertung der Fremdwährungsverbindlichkeit unter die Anschaffungskosten verbietet jedoch das Realisationsprinzip, da der Währungsgewinn erst bei der zukünftigen tatsächlichen Tilgung der Verbindlichkeit entstanden („realisiert") ist. Bei kurzfristigen Forderungen ist handelsrechtlich das Anschaffungskostenprinzip jedoch nicht zu beachten (§ 256a S. 2 HGB).

Ist der Euro-Kurs inzwischen gesunken bzw. der Kurs der ausländischen Währung gestiegen, so ist der Tilgungsbetrag in Euro am Bilanzstichtag ebenfalls gestiegen. Dieser drohende Währungsverlust ist nach dem Imparitätsprinzip bereits vor seiner Realisation zu berücksichtigen. Ob eine Aufwertungspflicht oder ein Aufwertungswahlrecht besteht, ist nicht unumstritten. Die herrschende *handelsrechtliche* Meinung vertritt aus Vorsichtsgründen generell das strenge Höchstwertprinzip, also eine Verpflichtung zur Aufstockung der Verbindlichkeit, unabhängig von ihrer Fristigkeit und von der Dauerhaftigkeit der Kursänderung (vgl. ADS § 253 Tz.97).

BS: Sonstige betriebliche Aufwendungen (Währungsverluste) an Valutaverbindlichkeiten.

Steuerrechtlich ist nach § 6 Abs. 1 Nr. 3 EStG die Nr. 2 derselben Vorschrift zu beachten, so dass nur dann ein Wahlrecht besteht, auf den höheren Teilwert (= Rückzahlungsbetrag in Euro) aufzuwerten, wenn es sich um eine voraussichtlich dauernde Werterhöhung handelt. Das Maßgeblichkeitsprinzip führt unter dieser Voraussetzung dazu, dass die handelsrechtliche Aufwertungspflicht das steuerrechtliche Wahlrecht überlagert und daher auch in der Steuerbilanz in diesem Falle ein Gebot zur Höherbewertung besteht.[1] Dagegen ist bei voraussichtlich vorübergehender Werterhöhung in der Steuerbilanz eine Erhöhung des Wertes der Fremdwährungsverbindlichkeiten nach § 6 Abs. 1 Nr. 3 i. V. m. Nr. 2 EStG nicht zulässig (Bewertungsvorbehalt § 5 Abs. 6 EStG). Bei kurzfristigen Fremdwährungsverbindlichkeiten gibt der Devisenkurs am Tag der Bilanzaufstellung ein Indiz für die Dauerhaftigkeit des höheren Teilwerts (Analogie zu Wertpapieren des Umlaufvermögens), bei langfristigen Valutaverbindlichkeiten müssen besondere Gründe (z. B. gesunkene Wettbewerbsfähigkeit der EU) vorliegen, die für eine Dauerhaftigkeit bzw. Nachhaltigkeit der Euro-Abwertung bis zum Tilgungszeitpunkt sprechen. Wechselkursschwankungen stellen nur vorübergehende Teilwertänderungen dar (Analogie zum nicht-abnutzbaren Anlagevermögen)[2].

Beispielaufgabe:

Die LowTech nimmt bei der Schweizerischen Bankgesellschaft am 1.10.01 einen (verzinslichen) Bankkredit in Höhe von 1 Mio Schweizer Franken (SFR) auf. Geldkurs am Tag der Kreditaufnahme: 1 EUR = 1,3491 SFR und Briefkurs am selben Tag: 1 EUR = 1,4285 SFR. Am Bilanzstichtag (31.12.01) betragen die Kurse: 1 EUR = 1,218 SFR (Geldkurs) und 1 EUR = 1,2820 SFR (Briefkurs). Wie kann oder muss die Fremdwährungsverbindlichkeit am Bilanzstichtag in Handels- und Steuerbilanz bewertet werden, wenn es sich

a) um ein langfristiges Darlehen (Laufzeit: 10 Jahre),

b um ein langfristiges Darlehen (Laufzeit: 10 Jahre) mit einem Auszahlungs-Disagio in Höhe von 5% handelt? Geben Sie auch die Buchungssätze an.

---

[1] Nach dem Wortlaut des § 5 Abs. 1 S. 1 2. Halbs. EStG könnte das steuerliche Wahlrecht auch unabhängig von der Handelsbilanz ausgeübt werden.

[2] Vgl. BMF-Schreiben vom 25.2.2000, BStBl. 2000 I, S. 372 ff., Tz. 11 ff.

Lösung:

Zu a): Gemäß § 256a HGB wird in Handels- und Steuerbilanz der Mittelkurs verwendet. Die Verbindlichkeiten gegenüber Kreditinstituten sind mit 720.000 EUR (reziproker Mittelkurs * Fremdwährungsbetrag) einzubuchen. Am Bilanzstichtag ist der Buchwert (= Euro-Erfüllungsbetrag umgerechnet zum Mittelkurs am Tag des Entstehens: 720.000 EUR) mit dem Euro-Erfüllungsbetrag am Bilanzstichtag (umgerechnet zum Mittelkurs am Bilanzstichtag: 800.000 EUR) zu vergleichen.

Handelsrecht: Der höhere Euro-Betrag ist entsprechend dem Höchstwertprinzip, das laut h.M. generell eine Aufwertungspflicht beinhaltet, anzusetzen. Die Fremdwährungsverbindlichkeit ist also am Bilanzstichtag (31.12.01) mit 800.000 EUR zu bewerten.

BS:	Bank	720.000 EUR	
	an Verbindlichkeiten gegenüber Kreditinstituten		720.000 EUR.

BS:	Sonstige betriebliche Aufwendungen		
	(Währungsverluste)	80.000 EUR	
	an Valutaverbindlichkeiten		80.000 EUR.

Steuerrecht: Hier ist zunächst zu prüfen, ob die Euro-Abwertung und damit die Erhöhung des Euro-Erfüllungsbetrags voraussichtlich dauerhaft ist oder nicht. Ist der Teilwert der Verbindlichkeit voraussichtlich dauerhaft höher, so besteht nach § 6 Abs. 1 Nr. 3 i. V. m. Nr. 2 EStG ein Wahlrecht zur Höherbewertung. Über die Maßgeblichkeit (§ 5 Abs. 1 S. 1 EStG) wird dieses Wahlrecht jedoch von der handelsrechtlichen Pflicht zum Ansatz des höheren Werts überlagert. Handelsbilanz und Steuerbilanz sind dann insoweit identisch. (Nach dem Wortlaut des § 5 Abs. 1 S. 1 2. Halbs. EStG könnte das Wahlrecht auch unabhängig von der Handelsbilanz ausgeübt werden). Ist die Euro-Abwertung dagegen voraussichtlich nur vorübergehend, so darf der höhere Teilwert in der Steuerbilanz nicht angesetzt werden, sondern es bleibt bei der Bewertung zu Anschaffungskosten in Höhe von 720.000 EUR (Bewertungsvorbehalt § 5 Abs. 6 EStG).

Zu b): Es gelten die grundsätzlichen Erwägungen wie zu a). Bei der Berücksichtigung des Disagios ergibt sich im Falle von Fremdwährungsverbindlichkeiten keine Besonderheit. Für die handelsrechtliche Rechnungslegung soll von der Buchung des Disagios als sofortigem Zinsaufwand ausgegangen werden (Wahlrecht gemäß § 250 Abs. 3 HGB), steuerlich besteht die Pflicht, einen aktiven Rechnungsabgrenzungsposten zu bilden (§ 5 Abs. 5 Nr. 1 EStG; H 6.10 „Damnum" EStH).

Handelsrecht:

BS:	Bank	684.000 EUR	
	Zinsaufwand	36.000 EUR	
	an Verbindlichkeiten gegenüber Kreditinstituten		720.000 EUR.

BS:	Sonstige betriebliche Aufwendungen		
	(Währungsverluste)	80.000 EUR	
	an Verbindlichkeiten gegenüber Kreditinstituten		80.000 EUR.

Steuerrecht:

BS:	Bank	684.000 EUR	
	Aktiver Rechnungsabgrenzungsposten	36.000 EUR	
	an Verbindlichkeiten gegenüber Kreditinstituten		720.000 EUR.
BS:	Sonstige betriebliche Aufwendungen (Währungsverluste)	80.000 EUR	
	an Verbindlichkeiten gegenüber Kreditinstituten		80.000 EUR.
BS:	Zinsaufwand	900 EUR	
	an Aktiven Rechnungsabgrenzungsposten (Disagio)		900 EUR.

Bei der Bewertung von ***Fremdwährungsverbindlichkeiten*** in den ***Folgejahren*** nach einer Aufwertung nach dem Höchstwertprinzip ist zu beachten, dass die *handelsrechtlichen* Zuschreibungsregeln für Aktiva (§ 253 Abs. 5) nach h.M. für Passiva nicht gelten. Dies wird damit begründet, dass § 253 Abs. 1 Satz 2 HGB eine spezielle Bewertungsvorschrift für Verbindlichkeiten enthält, die losgelöst von der Bewertungskonzeption für die Aktiva ist. Verbindlichkeiten sind danach immer mit dem auf den Bilanzstichtag zu ermittelnden Rückzahlungsbetrag zu bewerten. Somit besteht ein generelles Gebot zur Ermäßigung des Werts der (in einem Vorjahr höher bewerteten) Verbindlichkeit bei wieder gestiegenem Euro-Wechselkurs am folgenden Bilanzstichtag (vgl. ADS § 253 Tz. 97; Tz. 98 ist überholt). Aufgrund des Realisationsprinzips stellen die ursprünglichen Anschaffungskosten die Bewertungsuntergrenze dar. *Steuerrechtlich* gilt dasselbe, solange es sich noch um eine voraussichtlich dauerhafte Erhöhung des Teilwerts der Fremdwährungsverbindlichkeit handelt. Sollte der höhere Teilwert nur noch als vorübergehend eingeschätzt werden, so müssen die Verbindlichkeiten mit den ursprünglichen Anschaffungskosten bewertet werden (siehe dazu Aufgabe 54). Bei Verbindlichkeiten mit einer Restlaufzeit von bis zu 1 Jahr ist allerdings nur handelsrechtlich das Anschaffungskostenprinzip durch § 256a HGB suspendiert.

Aufgabe 53: Abzinsung von Verbindlichkeiten

Aufgabe 54: Fremdwährungsverbindlichkeiten

C GEWINN- UND VERLUSTRECHNUNG

Lernziele:

Der Leser soll

- *sich einen Überblick über Positionen und die Gliederungsalternativen der Gewinn- und Verlustrechnung verschaffen*
- *das Gesamtkostenverfahren und das Umsatzkostenverfahren im Vergleich beurteilen können.*

In der Gewinn- und Verlustrechnung als Zeitraumrechnung werden die Aufwendungen den Erträgen eines Geschäftsjahres gegenübergestellt und auf diese Weise der Jahresüberschuss ermittelt. Durch Aufgliederung nach Ertrags- und Aufwandsarten werden die Komponenten bzw. die Quellen des Jahresergebnisses aufgezeigt.

Für die steuerliche Gewinnermittlung steht nach dem Betriebsvermögensvergleich die Bilanz im Mittelpunkt. Wird keine eigenständige Steuerbilanz aufgestellt, so knüpft die Ermittlung des steuerpflichtigen Gewinns bzw. des Einkommens bei körperschaftsteuerpflichtigen Personen an dem Jahresüberschuss der Gewinn- und Verlustrechnung an. Dieser ist dann (z. B. entsprechend §§ 9 und 10 KStG) zu korrigieren. Daher ist die handelsrechtliche Gewinn- und Verlustrechnung gemäß § 60 Abs. 2 EStDV dem Finanzamt einzureichen, wenn Bücher geführt werden, die den Grundsätzen der doppelten Buchführung entsprechen.

Obwohl die Kontoform übersichtlicher ist, schreibt § 275 Abs. 1 HGB die ***Staffelform*** für Kapitalgesellschaften verbindlich vor. Die Staffelform ermöglicht, mehr oder weniger aussagekräftige Zwischensummen zu bilden. Innerhalb der Staffelform kann zwischen zwei Darstellungsweisen, dem in Deutschland traditionell üblichen Gesamtkostenverfahren und dem im angelsächsischen Raum üblich Umsatzkostenverfahren, gewählt werden.

Für Kapitalgesellschaften ist die ***Gliederung*** der Gewinn- und Verlustrechnung in § 275 Abs. 2 und 3 HGB verbindlich vorgeschrieben. Für Einzelkaufleute und Personengesellschaften existiert keine Gliederungsvorschrift. In § 242 Abs. 2 HGB wird die Gewinn- und Verlustrechnung lediglich definiert als „Gegenüberstellung der Aufwendungen und Erträge des Geschäftsjahrs". Dennoch werden auch diese Gesellschaften die Gliederung in § 275 HGB, eventuell in der verkürzten Form (§ 276 HGB) als Anhaltspunkt für ihre Gewinn- und Verlustrechnung verwenden.

In der nachfolgenden Übersicht werden die Gliederungsvorschriften für das Gesamtkostenverfahren und für das Umsatzkostenverfahren einander gegenüber gestellt. Sie unterscheiden sich nur in den ersten 7 bzw. 8 Positionen.

Gesamtkostenverfahren	***Umsatzkostenverfahren***
1. Umsatzerlöse 2. Erhöhung oder Verminderung des Bestands an fertigen und unfertigen Erzeugnissen 3. andere aktivierte Eigenleistungen 4. Sonstige betriebliche Erträge 5. Materialaufwand: a) Aufwendungen für Roh-, Hilfs- und Betriebsstoffe und für bezogene Waren b) Aufwendungen für bezogene Leistungen 6. Personalaufwand: a) Löhne und Gehälter b) soziale Abgaben und Aufwendungen für Altersversorgung und für Unterstützung, davon für Altersversorgung 7. Abschreibungen: a) auf immaterielle Vermögensgegenstände des Anlagevermögens und Sachanlagen b) auf Vermögensgegenstände des Umlauf vermögens, soweit diese die in der Kapital gesellschaft üblichen Abschreibungen überschreiten 8. sonstige betriebliche Aufwendungen	1. Umsatzerlöse 2. Herstellungskosten der zur Erzielung der Umsatzerlöse erbrachten Leistungen 3. Bruttoergebnis vom Umsatz 4. Vertriebskosten 5. Allgemeine Verwaltungskosten 6. Sonstige betriebliche Erträge 7. Sonstige betriebliche Aufwendungen (Die weiteren Positionen sind in der Nummerierung immer um 1 zu verringern.)

Gesamtkostenverfahren = Umsatzkostenverfahren
9. Erträge aus Beteiligungen, davon aus verbundenen Unternehmen 10. Erträge aus anderen Wertpapieren und Ausleihungen des Finanzanlagevermögens, davon aus verbundenen Unternehmen 11. sonstige Zinsen und ähnliche Erträge, davon aus verbundenen Unternehmen 12. Abschreibungen auf Finanzanlagen und auf Wertpapiere des Umlaufvermögens 13. Zinsen und ähnliche Aufwendungen, davon an verbundene Unternehmen
14. Ergebnis der gewöhnlichen Geschäftstätigkeit
15. außerordentliche Erträge 16. außerordentliche Aufwendungen 17. außerordentliches Ergebnis
18. Steuern vom Einkommen und vom Ertrag 19. sonstige Steuern
20. Jahresüberschuss/Jahresfehlbetrag

Das ***Gesamtkostenverfahren*** stellt den Umsatzerlösen sämtliche in einem Geschäftsjahr angefallenen Aufwendungen, gegliedert nach Aufwandsarten gegenüber. Ein aussagefähiger Periodengewinn ergibt sich bei dieser Rechnung aber nur dann, wenn keine Lagerbildung betrieben wird. Werden die Lagerbestände aufgestockt, so bezieht sich ein Teil der angefallenen Aufwendungen auf die Lagerbestandserhöhung, und nur die übrigen Aufwendungen dürfen den Umsatzerlösen gegenübergestellt werden, um einen aussagefähigen Periodengewinn zu erhalten. Technisch wird eine richtige Gegenüberstellung dadurch erreicht, dass die Lagerbestandserhöhung, bewertet mit Herstellungskosten wie bei den Vorräten in der Bilanz, zusätzlich als Ertrag berücksichtigt wird. Damit wird richtig gestellt, dass die Gesamtleistung des Geschäftsjahres nicht nur aus den verkauften, sondern auch den auf Lager genommenen Produktionsmengen besteht, denen dann insgesamt alle Aufwendungen gegenübergestellt werden. Anders interpretiert, werden die Gesamtaufwendungen der Periode durch die Aufwendungen für die Bestandserhöhung auf der Kontogegenseite korrigiert. Der Saldo entspricht den Aufwendungen für die abgesetzten Leistungen und kann den Umsatzerlösen gegenübergestellt werden. In der Kontoform lässt sich diese Vorgehensweise gut erkennen:

GuV-Konto beim Gesamtkostenverfahren

gesamte Aufwendungen der Periode 1.000 EUR	Umsatzerlöse 800 EUR
	Bestandserhöhung 400 EUR
Jahresüberschuss 200 EUR	

Das Umsatzkostenverfahren setzt eine funktionsfähige Kostenstellenrechnung voraus, in der die Herstellkosten der abgesetzten Leistungen ermittelt werden. Wie in der Zuschlagskalkulation üblich, werden die Aufwendungen nach Funktionsbereichen (Fertigung, Verwaltung, Vertrieb) gegliedert.

GuV-Konto beim Umsatzkostenverfahren

Umsatzaufwendungen 600 EUR	Umsatzerlöse 800 EUR
Jahresüberschuss 200 EUR	

Die Unterscheidungsmerkmale der beiden Darstellungsweisen sind in folgender Tabelle zusammengefasst:

Gesamtkostenverfahren	***Umsatzkostenverfahren***
stellt die gesamten Aufwendungen den gesamten Leistungen einer Periode einschließlich Bestandsveränderungen gegenüber	stellt den abgesetzten Leistungen die entsprechenden Aufwendungen gegenüber
Aufgliederung der Aufwendungen nach den verbrauchten Produktionsfaktoren (Aufwandsarten)	Aufgliederung der Aufwendungen nach betrieblichen Funktionen (vgl. Zuschlagskalkulation); im Anhang Zusatzinformation über Personal- u. Materialaufwand (§ 285 Nr. 8 HGB)
einfache Herleitung aus der Finanzbuchhaltung	setzt eine ausgebaute Kostenstellenrechnung voraus
in Deutschland noch vorherrschende Form	ist international üblich (internationale Vergleichbarkeit)
aussagefähig auch bei langfristiger Fertigung	bei langfristiger Fertigung wenig aussagefähig
Geringe Gestaltungsspielräume	Kostenschlüsselungen erforderlich und Gestaltungsspielräume (Herstellungskosten-Ausweis)

Vergleicht man die beiden Verfahren unter dem Aspekt des Aussagegehalts für einen externen Bilanzleser, so ist festzustellen, dass beim Umsatzkostenverfahren durch die Angabe der Personal- und Materialaufwendungen im Anhang (§ 285 Nr. 8 HGB) und der Angabe der Geschäftsjahresabschreibung in der Bilanz oder im Anhang (meist im Rahmen des Anlagenspiegels, § 268 Abs. 2 HGB) alle Informationen gegeben werden, die auch das Gesamtkostenverfahren enthält. Darüber hinaus erfährt der Bilanzleser die Aufgliederung der Aufwendungen nach Funktionsbereichen, wobei insbesondere das Ausmaß der Verwaltungskosten interessant ist.

Zweiter Teil: Unternehmensbesteuerung

A Grundlagen

Lernziele:

Der Leser soll

- *die Begriffe Steuern, Gebühren, Beiträge und öffentliche Abgaben unterscheiden können*
- *für Unternehmen relevante Steuerarten klassifizieren können*
- *gesellschaftsrechtliche Regelungen sowie buchungsmäßige und bilanzielle Besonderheiten bei OHG und KG kennen lernen*
- *die bilanziellen Folgen des Ausscheidens eines Gesellschafters und die Funktion einer Ergänzungsbilanz beispielhaft erfahren.*

I Einführung in die Unternehmensbesteuerung

In der Abgabenordnung (AO) wird der Begriff „Steuern" in § 3 Abs. 1 definiert:

Definition:

> ***Steuern*** sind Geldleistungen, die nicht eine Gegenleistung für eine besondere Leistung darstellen und von einem öffentlich-rechtlichen Gemeinwesen zur Erzielung von Einnahmen allen Steuerpflichtigen auferlegt werden.

Steuern sind somit nur Geldleistungen, keine Sach-, Natural- oder Dienstleistungen. Auch sind sie keine Gegenleistung für bestimmte Leistungen der Steuer erhebenden Körperschaft. Solche konkreten Gegenleistungen werden ***Gebühren*** genannt. Beispiele sind Beurkundungs- und Müllabfuhrgebühren. ***Beiträge*** stellen Aufwandsersatz für die Möglichkeit der Inanspruchnahme einer angebotenen konkreten Leistung einer öffentlichen Einrichtung dar. Beispiele sind Straßenanlieger- und IHK-Beiträge.

Die Vielzahl der Steuerarten, denen Unternehmen unterworfen sind, kann nach verschiedenen Einteilungskriterien klassifiziert werden. Eine solche Klassifikation kann eine Hilfe zur adäquaten Berücksichtigung von Steuern bei betrieblichen Entscheidungen sein.

1. Kriterium: ***Überwälzbarkeit auf Kunden***

Überwälzung der Steuer	erfolgt nach dem Willen des Gesetzgebers nicht	ist vom Gesetzgeber gewollt
Klasse von Unternehmenssteuern	**direkte Steuern**	**indirekte Steuern**
	Steuerschuldner = Steuerträger	Steuerschuldner = Unternehmer; Steuerträger = Konsument, Endverbraucher
Beispiele	Einkommensteuer Gewerbesteuer Körperschaftsteuer	Umsatzsteuer; Versicherungssteuer, Energiesteuer, Tabaksteuer, Biersteuer

Steuerträger ist derjenige, der aufgrund der Besteuerung belastet wird, also eine Vermögenseinbuße erleidet. Die Einteilung nach der Überwälzbarkeit ist problematisch, da es in der Praxis für die Unternehmen nicht bei jeder Konjunktur- und Wettbewerbslage möglich ist, die indirekten Steuern auf die Kunden zu überwälzen. Andererseits müssen direkte Steuern ebenfalls von den Unternehmen über die Umsatzerlöse erwirtschaftet werden.

2. Kriterium: ***Berücksichtigung persönlicher Verhältnisse des Steuerpflichtigen***

Steueranknüpfung	Persönliche Leistungsfähigkeit	Sachliche Leistungsfähigkeit
Klasse von Unternehmenssteuern	**Personensteuern**	**Realsteuern (Objektsteuern)**
Beispiele	Einkommensteuer Körperschaftsteuer	Gewerbesteuer Grundsteuer

Bei Personensteuern bezieht sich die Besteuerung auf eine natürliche oder juristische Person. Bei der Ermittlung der Steuerschuld werden persönliche Verhältnisse des Steuerpflichtigen berücksichtigt, wie z. B. Familienstand, Zahl der Kinder und Alter (Freibetrag bei Betriebsveräußerung gem § 16 Abs. 4 EStG). Real- oder Objektsteuern knüpfen an ein Steuerobjekt an, ohne die persönlichen Verhältnisse des Eigentümers zu berücksichtigen.

3. Kriterium: ***Besteuerungsgrundlage***

Besteuerungsgrundlage	Gewinn, Ertrag, Überschuss	Vermögen, Reinvermögen	Transaktionen, Umsatz-/Verkehrsvorgänge
Klasse von Unternehmenssteuern	**Ertragsteuern**	**Substanzsteuern**	**Verkehrsteuern**
Beispiele	Einkommensteuer Gewerbesteuer Körperschaftsteuer	Grundsteuer Erbschaft-/ Schenkungsteuer	Umsatzsteuer Grunderwerbsteuer Versicherungsteuer Kraftfahrzeugsteuer

Zwischen den beiden Rechtsformgruppen Einzelunternehmen und Personengesellschaften einerseits und Kapitalgesellschaften andererseits gibt es gravierende Unterschiede in der Besteuerung. Hier soll zunächst nur auf die unterschiedlichen Steuerarten hingewiesen werden, mit denen die beiden Rechtsformgruppen bzw. die Unternehmensgesellschafter belastet werden.

Einzelunternehmen/Personengesellschaften	Kapitalgesellschaften
1. Gewerbesteuer (mit Anrechnung auf die Einkommensteuerschuld)	1. Gewerbesteuer
2. Einkommensteuer der einzelnen Gesellschafter	2. Körperschaftsteuer (= Einkommensteuer der Kapitalgesellschaft
3. Umsatzsteuer	3. Umsatzsteuer

Eine sehr vereinfachte Unterscheidung zwischen Einzelunternehmen und Personengesellschaften einerseits und Kapitalgesellschaften enthält folgende Tabelle:

Einzelunternehmen/Personengesellschaft	Kapitalgesellschaft
• Keine eigene juristische Person • Natürliche Personen, deren Kapitaleinsatz und deren unternehmerische Fähigkeiten stehen im Mittelpunkt • Mindestens eine natürliche Person haftet unbeschränkt auch mit ihrem Privatvermögen	• Eigene Rechtspersönlichkeit • Trennung zwischen Eigenkapitalgebern und angestellten Managern • Auf das Gesellschaftsvermögen beschränkte Haftung
Rechtsformen: e.K., OHG, KG	Rechtsformen: GmbH, AG

Die ***Mischform GmbH & Co. KG*** ist formal eine Personengesellschaft. Allerdings ist die Haftung faktisch beschränkt, da als Vollhafter („Komplementär") der KG eine GmbH mit auf das Gesellschaftsvermögen beschränkter Haftung fungiert.

GmbH & Co. KG	
Komplementär:	Kommanditisten
GmbH Gesellschafter: A B etc.	A B etc.

Der steuerliche Begriff der Personengesellschaft umfasst eigentlich zusätzlich zu den handelsrechtlichen Unternehmensformen (Personenhandelsgesellschaften) offene Handelsgesellschaft (OHG), Kommanditgesellschaft (KG), stille Gesellschaft und u. U. Gesellschaft bürgerlichen Rechts noch die Erbengemeinschaft und die Miteigentümerschaft an einem Grundstück. Da letztere in diesem Lehrbuch nicht behandelt werden, können die Begriffe Personenhandelsgesellschaft und Personengesellschaft hier synonym verwendet werden.

Bevor einige grundlegende bilanzielle Besonderheiten bei Personenhandelsgesellschaften dargestellt werden, sind gesellschaftsrechtliche Begriffe zu klären und gesellschaftsrechtliche Regelungen zu beschreiben.

II Gesellschaftsrechtliche und bilanzielle Besonderheiten bei Personenhandelsgesellschaften

1. Wichtige Begriffsbestimmungen

a) Hafteinlage, Pflichteinlage, tatsächliche Einlage

Die folgenden Begriffe werden für den Fall des Kommanditisten einer Kommanditgesellschaft dargestellt, da an diesem Beispiel alle wichtigen Begriffe erläutert werden können. Der Kommanditist haftet nur begrenzt mit seiner Hafteinlage, während die Komplementäre genauso wie die Gesellschafter einer Offenen Handelsgesellschaft unbeschränkt auch mit ihrem Privatvermögen haften. Dabei ist unter „haften" das Einstehen für Verbindlichkeiten gegenüber den Gläubigern der Gesellschaft zu verstehen.

(1) Hafteinlage (Haftsumme)
Die Hafteinlage (Haftsumme) ist der im Handelsregister eingetragene Betrag, bis zu dem der Kommanditist den Gesellschaftsgläubigern, d. h. im Außenverhältnis unmittelbar, haftet, solange er den Betrag nicht in die KG eingebracht hat (§ 171 Abs. 1 HGB). Die Hafteinlage besteht immer in Geld.

(2) Pflichteinlage (Bedungene Einlage)
Unter der Pflichteinlage (bedungene Einlage) ist der Betrag zu verstehen, den der Kommanditist nach den gesellschaftsrechtlichen Vereinbarungen (Gesellschaftsvertrag), also im Innenverhältnis, zu erbringen hat. Die Pflichteinlage kann in Geld, Sachleistungen, Dienstleistungen oder in einer Unterlassungspflicht bestehen. Hafteinlage und Pflichteinlage sind in der Praxis meistens gleich hoch, können aber auch verschieden sein.

(3) Einlage
Der Begriff Einlage umfasst den Betrag, den der Kommanditist in Erfüllung seiner gesellschaftsrechtlichen Einlageverpflichtung tatsächlich erbracht hat. Sie mindert die Haftung des Kommanditisten im Außenverhältnis. (§ 171 Abs. 1 HGB).

Beispielaufgabe:

B ist als Kommanditist im Handelsregister mit a) 200.000 EUR bzw. alternativ b) mit 300.000 EUR eingetragen. Nach dem Gesellschaftsvertrag soll er ein Grundstück (Wert: 150.000 EUR) und einen Geldbetrag von 100.000 EUR einbringen. Bisher hat er nur 80.000 EUR auf ein Konto der KG überwiesen. Welche Höhe haben seine Einlage, seine Haftsumme und seine Pflichteinlage?

Lösung:

Einlage: 80.000 EUR.
Haftsumme: a) 200.000 EUR
b) 300.000 EUR.

Da der Kommanditist 80.000 EUR einbezahlt hat, haftet er (im Außenverhältnis) den Gesellschaftsgläubigern gegenüber noch unmittelbar in Höhe von a) 120.000 EUR bzw. b) 220.000 EUR.

Pflichteinlage (im Innenverhältnis): 250.000 EUR.

b) Feste und variable Kapitalkonten

Im Gesellschaftsvertrag einer Personenhandelsgesellschaft ist vereinbart, dass jeder Gesellschafter eine bestimmte Pflichteinlage leistet. Die Pflichteinlage soll, wenn sie einmal vollständig erbracht ist, nach Möglichkeit nicht mehr verändert werden. Das somit als fest eingelegt angesehene Kapital wird häufig auf dem Kapitalkonto I gebucht. Somit zeigt das Verhältnis der Kapitalkonten I der Gesellschafter untereinander in der Regel auch die vereinbarte Gewinnverteilung an. Auf einem Kapitalkonto II bucht man den als variabel angesehenen Teil des gesamten Gesellschafterkapitals, also insbesondere die über die Pflichteinlage hinaus stehen gelassenen, also nicht entnommenen Gewinnanteile.

Pflichteinlage =	geleistete Bar-/Sacheinlage + nicht entnommene Gewinnanteile, (soweit nicht mit Verlustanteilen zu verrechnen; § 169 HGB) + ausstehende Einlage

Beispiel :

Fall 1: Die Pflichteinlagen sind noch nicht voll geleistet:

bei variablen Kapitalkonten:

Schlussbilanz OHG 31.12.01 (TEUR)

Anlage-vermögen	60	Kapital	
		Kapitalanteil A:45	
		Kapitalanteil B:35	
			80
Umlauf-vermögen	40	Verbindlichkeiten	20
	100		100

bei festen Kapitalkonten:

Schlussbilanz OHG 31.12.01 (TEUR)

Ausstehende Einlagen		Kapital	
A: 5		Pflichteinlage A: 50	
B: 15		Pflichteinlage B: 50	
	20		100
Anlage-vermögen	60	Verbindlichkeiten	20
Umlauf-vermögen	40		
	120		120

Fall 2: Die Pflichteinlagen sind bereits voll geleistet. Die Gesellschafter haben darüber hinaus weitere Gewinnanteile im Unternehmen belassen, die zum Eigenkapital der OHG rechnen:

bei variablen Kapitalkonten:

Schlussbilanz OHG 31.12.01 (TEUR)

Anlage-vermögen	80	Kapital	
		Kapitalanteil A:65	
		Kapitalanteil B:55	
			120
Umlauf-vermögen	60	Verbindlichkeiten	20
	140		140

bei festen Kapitalkonten:

Schlussbilanz OHG 31.12.01 (TEUR)

Anlage-vermögen	80	Kapital I	
		Pflichteinlage A:50	
		Pflichteinlage B:50	
			100
Umlauf-vermögen	60	Kapital II	
		A: 15	
		B: 5	
			20
		Verbindlichkeiten	20
	140		140

Folgejahr: Verlust in Höhe von 60 TEUR
Verlustanteile: jeweils 30 TEUR
Im Unterschied zu den ausstehenden Einlagen sind die Verlustanteile der Gesellschafter nicht einforderbar. Sie werden durch spätere Gewinne ausgeglichen (§ 169 HGB).

bei variablen Kapitalkonten:

Schlussbilanz OHG 31.12.02 (TEUR)

Anlage-vermögen	60	Kapital Kapitalanteil A:35 Kapitalanteil B:25	60
Umlauf-vermögen	20	Verbindlichkeiten	20
	80		80

bei festen Kapitalkonten:

Schlussbilanz OHG 31.12.02 (TEUR)

Anlage-vermögen	60	Kapital I Pflichteinlage A:50 Pflichteinlage B:50	100
Umlauf-vermögen	20	Verbindlichkeiten	20
Kapital II A: 15 B: 25	40		
	120		120

2. Gesellschaftsrechtliche Regelungen bei der OHG

a) Gewinn- und Verlustverteilung

In der folgenden Tabelle werden die gesellschaftsrechtlichen Gewinn- und Verlustverteilungs-Regelungen für die offene Handelsgesellschaft knapp zusammengefasst. Bei den gesellschaftsrechlichen HGB-Vorschriften handelt es sich um so genanntes ***dispositives Recht***. Das bedeutet, dass im jeweiligen Gesellschaftsvertrag vom Gesetz abweichende Regelungen vereinbart werden können.

§ 120 Abs. 2 HGB	Gewinn sowie Verlust werden dem Kapitalanteil zu- bzw. abgeschlagen.
§ 121 Abs. 1 HGB	4% des Kapitalanteils als Gewinnanteil oder ein entsprechend niedrigerer Prozentsatz, falls die Gewinnhöhe nicht ausreicht.
§ 121 Abs. 3 HGB	Restlicher Gewinn, der über die Verzinsung der Kapitalanteile hinausgeht, wird nach Köpfen verteilt. Im Gesellschaftsvertrag wird oft ein Gewinnverteilungsschlüssel vereinbart, der subtiler die unterschiedlichen Leistungen der Gesellschafter berücksichtigt. Es können Sondervorteile für wertvolles Know-how, für Geschäftsführertätigkeit, für Außendiensttätigkeit etc. oder bei sehr hohem haftendem Privatvermögen gewährt werden.
§ 121 Abs. 2 HGB	Taggenaue zeitanteilige Berücksichtigung von Entnahmen und Einlagen im gerade abgelaufenen Geschäftsjahr. Für die exakte zeitanteilige Ermittlung der Höhe der Kapitalverzinsung ist dann die Zinsstaffelmethode anzuwenden, die auch Banken zur Berechnung der Guthabenverzinsung einsetzen. Im Gesellschaftsvertrag existieren oft andere Vereinbarungen, um den Berechnungsaufwand gering zu halten. So könnten zumindest Dienstleistungs- und Nutzungsentnahmen sowie -einlagen bei der Verzinsungsberechnung unbeachtet bleiben. Darüber hinaus könnte auch von Sachentnahmen und -einlagen abgesehen werden. Die gesetzliche Vorschrift des § 121 Abs. 2 HGB kann jedoch im Gesellschaftsvertrag dadurch völlig abbedungen werden, dass generell der Kapitalkontostand am Geschäftsjahresbeginn Berechnungsgrundlage für die Kapitalverzinsung ist.
§ 121 Abs. 3 HGB	Verlustverteilung gleichmäßig nach Köpfen, da prinzipiell alle OHG-Gesellschafter Geschäftsführer sind und daher gleichermaßen für die Verlusterwirtschaftung verantwortlich sind.

Für die ***Buchung der Gewinn- bzw. Verlustverteilung*** gibt es zwei Möglichkeiten: Entweder wird der Gewinn direkt vom GuV-Konto auf die Kapitalkonten der Gesellschafter gebucht, oder es wird ein Gewinnverteilungskonto eingeschaltet. Im ersten Fall wird der Jahresgewinn in der Bilanz nicht ausgewiesen, im zweiten Fall löst man das Gewinnverteilungskonto erst nach dem Bilanzstichtag auf, dadurch wird ein Gewinnausweis in der Bilanz erreicht.

Beispielaufgabe:

In einer OHG mit den zwei Gesellschaftern A und B erfolgt die Gewinnverteilung nach den handelsrechtlichen Vorschriften. Einlagen und Entnahmen haben nicht stattgefunden. Gesellschafter A ist als Geschäftsführer der OHG tätig und bezieht dafür eine Vergütung von 20.000 EUR. Der Gesamtgewinn beträgt 80.000 EUR.

Lösung:

Gesellschafter	Kapitalanteile	Arbeitsanteil	4% Verzinsung	Gewinnreste	Gesamtgewinn
A	40.000	20.000	1.600	26.000	47.600
B	160.000	---	6.400	26.000	32.400
Summe		20.000	8.000	52.000	80.000

Buchung der Ergebnisverteilung:

Fall 1: ohne Gewinnverteilungskonto

BS:	Gewinn und Verlust	80.000 EUR	
	an Kapital A		47.600 EUR
	an Kapital B		32.400 EUR

Fall 2: mit Gewinnverteilungskonto

BS: Gewinn und Verlust 80.000
an Gewinnverteilungskonto 80.000

Folgejahr:

BS:	Gewinnverteilungskonto	80.000 EUR	
	an Kapital A		47.600 EUR
	an Kapital B		32.400 EUR

Sollten ergänzend zu den gesetzlichen Regelungen die Kapitalkonten in fixe und variable Konten aufgeteilt sein, so sind Gewinne und Verluste stets auf den variablen Konten zu buchen. Vorteil dieser Trennung der Kapitalkonten ist die gleich bleibende Basis für die Gewinnverteilung.

b) Einlagen und Entnahmen

Die gesetzlichen Vorschriften zu Einlagen und Entnahmen bei der OHG enthält folgende Tabelle. Abweichende Regelungen im Gesellschaftsvertrag sind auch hier zulässig (***dispositives Recht***). Einlagen sind mit Zustimmung der übrigen Gesellschafter jederzeit möglich.

§ 122 Abs. 1 HGB	Entnahmemöglichkeit in Höhe von 4% des für das letzte Geschäftsjahr festgestellten Kapitalanteils eines Gesellschafters, auch wenn der Gewinnanteil im gerade abgelaufenen Geschäftsjahr geringer ist oder dem Gesellschafter sogar ein Verlustanteil zugewiesen wurde. Die Zustimmung der übrigen Gesellschafter ist nicht erforderlich.
§ 122 Abs. 1 HGB	Über diese Entnahmehöhe hinaus besteht nur die Berechtigung zu einer Entnahme, wenn und soweit • der Gewinnanteil im gerade abgelaufenen Geschäftsjahr 4% des Kapitalanteils am Ende des letzten Geschäftsjahrs übersteigt und • eine höhere Entnahme als 4% der Gesellschaft keinen offenbaren Schaden zufügt (z. B. Liquiditätsschwierigkeiten).
§ 122 Abs. 2 HGB	Es ist nicht erlaubt, aus dem noch laufenden Geschäftsjahr zu Lasten des Kapitalanteils eine Vorwegentnahme des mutmaßlichen Gewinnanteils vorzunehmen, es sei denn alle übrigen Gesellschafter stimmen zu.

Aufgabe 55: ABC OHG

3. Gesellschaftsrechtliche Regelungen bei der KG

a) Gewinn- und Verlustverteilung

In der folgenden Tabelle werden die gesellschaftsrechtlichen Gewinn- und Verlustverteilungs-Regelungen für die Kommanditgesellschaft zusammengefasst. Auch hier handelt es sich wieder um ***dispositives Recht***.

§ 167 Abs. 1 HGB	§ 120 HGB gilt analog
§ 167 Abs. 2 HGB	Der Gewinnanteil des Kommanditisten wird seinem Kapitalanteil nur solange zugeschrieben, bis die Höhe der Pflichteinlage erreicht ist. Darüber hinaus muss der Gewinnanteil als Sonstige Verbindlichkeit ausgewiesen werden.
§ 167 Abs. 3 HGB	Die Haftung für Verluste ist beim Kommanditisten auf den Kapitalanteil und seine noch rückständige Pflicht-/Hafteinlage beschränkt. Im Gesellschaftsvertrag kann der Kommanditist sogar von der Verlustteilnahme gänzlich befreit sein.
§ 168 Abs. 1 HGB	§ 121 Abs. 1 u. 2 HGB gilt analog
§ 168 Abs. 2 HGB	Restgewinn bzw. Verlust soll „angemessen" verteilt werden, d. h. die unbegrenzte Haftung der Komplementäre im Gegensatz zu den Kommanditisten, eventuell die unterschiedliche Höhe des haftenden Privatvermögens, die Geschäftsführertätigkeit etc. sind zu berücksichtigen. Die Kriterien sollten im Einzelnen im Gesellschaftsvertrag festgelegt werden.

Bei der ***Buchung der Gewinn- und Verlustverteilung*** werden die Komplementäre entsprechend den Regelungen für die OHG behandelt. Die Kapitalanteile der Kommanditisten werden höchstens in ihrer vertraglich vereinbarten Höhe ausgewiesen, Gewinnanteile stellen sonstige Verbindlichkeiten dar. Verlustanteile werden entweder vom Kapitalanteil abgesetzt oder als Verlustanteil bzw. Kapital II aktivisch ausgewiesen.

Beispiel:

Kapitalanteil Kommanditist:	40.000 EUR
Saldo des Kapitalanteils:	35.000 EUR
Gewinnanteil des Kommanditisten:	7.000 EUR.

BS:	Gewinnverteilungskonto	7.000 EUR	
	an Kapital (Kommanditist)		5.000 EUR
	an sonstige Verbindlichkeit (Kommanditist)		2.000 EUR.

b) Einlagen und Entnahmen

In § 169 HGB werden nur Besonderheiten des Kommanditisten geregelt. Die Komplementäre werden wie die Gesellschafter der OHG behandelt. Im Gesellschaftsvertrag kann von den gesetzlichen Vorschriften wieder abgewichen werden (dispositives Recht).

§ 122 HGB	Gilt für die Komplementäre.
§ 169 Abs. 1 HGB	Kommanditisten haben kein Entnahmerecht wie die OHG-Gesellschafter (§ 122 HGB) und damit auch die Komplementäre. Sie haben nur das Recht auf Auszahlung ihres Gewinnanteils. Dieses Recht steht ihnen allerdings dann und solange nicht zu, als ihr Kapitalanteil durch aufgelaufene Verluste „unter den auf die bedungene Einlage geleisteten Betrag herabgemindert ist". Das gleiche gilt, wenn der Kapitalanteil durch eine Auszahlung unter den auf die Pflichteinlage geleisteten Betrag sinken würde. Im Gesellschaftsvertrag ist eine abweichende Regelung möglich.
§ 169 Abs. 2 HGB	Kein Rückgewähranspruch der Gesellschaft auf ausgezahlte Gewinne, was insbesondere im Fall späterer Verluste relevant wäre.

4. Rechtsbeziehungen zwischen Gesellschaft und Gesellschaftern

In die Handels- und die Steuerbilanz einer Personengesellschaft dürfen nur diejenigen Vermögensgegenstände bzw. Wirtschaftsgüter eingehen, die sich im Eigentum der Gesamtheit aller Gesellschafter (***Gesamthandseigentum***) befinden. Dasselbe gilt für die Passivseite. Nur Schulden, die Gesamthandsverbindlichkeiten darstellen, sind zu passivieren. Insbesondere gehören die Einkommensteuerschulden der einzelnen Gesellschafter nicht in die Bilanzen, da sie die jeweilige Privatsphäre der Gesellschafter betreffen.

Werden Vermögensgegenstände von der Gesellschaft genutzt, die sich im ***Alleineigentum eines einzelnen Gesellschafters*** befinden, so sind diese in der Gesellschaftsbilanz nicht aktivierbar. Die entsprechenden Vergütungen an die Gesellschafter (Mieten, Pachten, Zinsen, Honorare, Geschäftsführergehälter) können *handelsrechtlich*, je nach Vertragsgestaltung, Bestandteil der Gewinnverteilung sein (und nicht als Aufwand gebucht werden) oder als Aufwendungen oder Erträge bei der Gewinnermittlung berücksichtigt werden. Im Interesse der zwischenbetrieblichen Vergleichbarkeit des Gewinnausweises sollten jedoch Aufwendungen gebucht werden, wenn im betriebswirtschaftlichen Sinne Aufwendungen vorliegen.

Zur exakten Unterscheidung der Beziehungen zwischen Personengesellschaft und Gesellschaftern auf gesellschaftsrechtlicher Basis von denjenigen auf schuldrechtlicher Basis dürfen letztere nicht auf dem (Eigen-)Kapitalkonto gebucht werden, sondern auf einem Sonderkonto des Gesellschafters. Es handelt sich um ein Unterkonto des Kontos „Sonstige Verbindlichkeiten“, also um ein passives Bestandskonto, dessen Saldo aus Sicht der Gesellschaft Fremdkapital darstellt. Das Sonderkonto könnte z. B. durch folgende Geschäftsfälle berührt werden:

Sonderkonto des Gesellschafters A

• Verbindlichkeiten des A gegenüber der Personengesellschaft	• Gehaltsverbindlichkeit der Gesellschaft gegenüber dem Gesellschafter-Geschäftsführer A • Darlehensverbindlichkeit der Gesellschaft gegenüber Gesellschafter A • Gewinnanteil des Gesellschafters A (falls es sich um einen Kommanditisten handelt und der Stand seines Kapitalkontos seiner Pflichteinlage entspricht)

Während handelsrechtlich keine weitere Berücksichtigung erfolgt, müssen *steuerrechtlich* aus Gründen der Steuergerechtigkeit Wirtschaftsgüter im Alleineigentum eines Gesellschafters, die von der Gesellschaft genutzt werden und notwendiges (Sonder-) Betriebsvermögen darstellen, in einer ***Sonderbilanz*** dieses Gesellschafters aktiviert werden. Die vertraglichen Beziehungen zwischen Gesellschaft und Gesellschaftern (Mietverträge, Pachtverträge, Darlehensverträge, Berater- und Arbeitsverträge) werden steuerrechtlich nicht anerkannt, da die Personengesellschaft weder eine eigenständige juristische Person noch ein selbständiges Steuersubjekt im Bereich der Einkommensteuer darstellen. Die entsprechenden Vergütungen gehören daher zum Gewinnanteil des Gesellschafters (§ 15 Abs. 1 Nr. 2 EStG).[1]

Aufgabe 56: Müller KG

Aufgabe 57: Kaspar Melchior Balthasar KG

[1] Genaueres s. Zweiter Teil Kapitel B.II.4.

5. Ausscheiden eines Gesellschafters einer Personengesellschaft

Eine Vielzahl unterschiedlicher Fallgestaltungen beim Gesellschafterwechsel und beim Ausscheiden eines Gesellschafters einer Personenhandelsgesellschaft macht deren bilanzielle Berücksichtigung schwierig und führt meist zu unterschiedlichen Lösungen in Handels- und Steuerbilanz. Hier sollen nur zwei einfache Fälle erwähnt werden, wobei im zweiten Beispiel die Gleichbehandlung in Handels- und Steuerbilanz möglich ist.

a) Bilanzierung bei Gesellschafterwechsel

Ein Gesellschafterwechsel liegt vor, wenn ein Gesellschafter seinen Anteil an einen Außenstehenden veräußert. Da dem Gesellschafter nicht nur ein Anteil am bilanziellen Reinvermögen zusteht, sondern an den stillen Reserven und dem Firmenwert, also am Wertzuwachs der Gesellschaft, wird der Kaufpreis für den Gesellschafteranteil i. d. R. über dem Buchwert des Kapitalkontos liegen. Die Anschaffungskosten des Käufers für den Gesellschaftsanteil umfassen also auch den für die anteiligen stillen Reserven und den anteiligen Firmenwert gezahlten Betrag. Normalerweise verwandeln sich die beim Verkäufer nicht bilanzierten stillen Reserven eines Vermögensgegenstands durch deren Bezahlung im Rahmen des Kaufpreises in Anschaffungskosten des Käufers, die planmäßig abzuschreiben sind. Im betrachteten Fall ergibt sich jedoch ein Problem, das vom Institut der Wirtschaftsprüfer wie folgt gelöst wurde:

> „Überträgt ein Gesellschafter seinen Kapitalanteil ganz oder teilweise gegen ein über dessen Buchwert liegendes Entgelt auf eine andere Person, so kann der Unterschiedsbetrag nicht in der Bilanz der Gesellschaft aktiviert werden, weil es sich bei diesem Unterschiedsbetrag nicht um Anschaffungskosten der Gesamtheit der Gesellschafter für das Gesellschaftsvermögen handelt.“ (Stellungnahme HFA/IDW 1/1976)

Das bedeutet, dass in der *Handelsbilanz* der Gesellschaft die Buchwerte der Aktiva sich nicht ändern und auch der Buchwert des veräußerten Kapitalanteils unverändert bleibt, auch wenn der neu eingetretene Gesellschafter mehr dafür gezahlt hat.
Steuerrechtlich kann diese Lösung nicht zufrieden stellen. Im Interesse einer gerechten Besteuerung müssen die tatsächlichen Anschaffungskosten des Gesellschafters berücksichtigt werden, damit ein späterer steuerpflichtiger Veräußerungsgewinn in korrekter Höhe ermittelt werden kann. In der steuerlichen Gesellschaftsbilanz selbst kann aber das oben geschilderte Problem nicht gelöst werden. Eine zufrieden stellende Lösung ist nur mit Hilfe einer ***Ergänzungsbilanz des neuen Gesellschafters*** zu erreichen, die die Gesellschaftsbilanz ergänzt.[1]

Beispielaufgabe:

Bilanz der OHG zum 31.12.01 (EUR)

Grund u. Boden	30.000	Kapital A	31.000
Gebäude	90.000	Kapital B	29.000
sonstiges AV	18.000	Kapital C	30.000
Waren	12.000	Verbindlich-	
sonstiges UV	90.000	keiten	150.000
	240.000		240.000

Alle drei Gesellschafter der OHG sind am Gewinn und am Liquidationserlös (stille Reserven und Firmenwert) beteiligt. Der Gesellschafter C veräußert zum 31.12.01 seinen Kapitalanteil zu

[1] Vgl. BFH 18.2.1993, BStBl. 1994 II, S. 224, und generell BMF 11.1.1993, BStBl. 1993 I, S. 62, mit Änderungen durch BMF 5.12.2002, BStBl. 2002 I, S. 1392.

einem Preis von 35.000 EUR an den neu in die Gesellschaft eintretenden X. Der Betrag von 5.000 EUR, der von X über den Buchwert hinaus gezahlt wird, ist begründet durch die stillen Reserven, die im Gebäude (Verkehrswert: 105.000 EUR) stecken und zu einem Drittel dem Gesellschafter X nun zustehen. Im Jahre 02 erwirtschaftet die Gesellschaft einen Gewinn in Höhe von 15.000 EUR, der allein aus dem Verkauf des Gebäudes zum Verkehrswert von 105.000 EUR herrührt.
Wie sind der Gesellschafterwechsel zum 31.12.01 und der Gewinn im Jahre 02 handelsrechtlich und steuerrechtlich zu behandeln?

Lösung:

Handelsrecht: Durch den Gesellschafterwechsel ändert sich in der Gesellschaftsbilanz nichts, außer dass der Kapitalanteil des C mit dem Buchwert von 30.000 EUR nun dem neuen Gesellschafter X gehört. Der Gewinn im Jahr 02 wird nach dem Gewinnverteilungsschlüssel gedrittelt. Der Gewinnanteil von 5.000 EUR wird jeweils dem Kapitalanteil der Gesellschafter zugeschrieben.

Steuerrecht: Um die exakten Anschaffungskosten des X zu dokumentieren wird eine ***Ergänzungsbilanz*** des Gesellschafters X aufgestellt, die die Werte der Gesellschaftsbilanz ergänzt. Auf der Aktivseite werden die von X bezahlten anteiligen stillen Reserven im Gebäude aufgedeckt und planmäßig abgeschrieben. Der Einfachheit halber soll die planmäßige Abschreibung im Weiteren vernachlässigt werden.

Ergänzungsbilanz des Gesellschafters X

Gebäude	5.000 EUR	Mehrkapital	5.000 EUR

Der Gewinn im Folgejahr 02 in Höhe von 15.000 EUR ist allein auf den Veräußerungsgewinn, der sich beim Verkauf des Betriebsgebäudes ergeben hat, zurückzuführen. Er wird auf die Gesellschafter gleichmäßig aufgeteilt. Während die Gesellschafter A und B ihren Gewinnanteil von jeweils 5.000 EUR der Einkommensteuer unterwerfen müssen, hat X seinen Anteil der stillen Reserven, der nun durch den Verkauf des Gebäudes aufgedeckt wurde, bereits im Rahmen des Kaufpreises für den Gesellschaftsanteil bezahlt. Eine Besteuerung seines Gewinnanteils kommt daher nicht in Betracht. Die Ergänzungsbilanz stellt sicher, dass keine Besteuerung erfolgt, da sie anzeigt, dass seine anteiligen Anschaffungskosten für das Gebäude nicht 30.000 EUR – wie bei den Gesellschaftern A und B – beträgt, sondern einschließlich Ergänzungsbilanz 35.000 EUR. Die gesamten Anschaffungskosten des X entsprechen also dem anteiligen Verkaufspreis (105.000 EUR : 3 = 35.000 EUR), sodass sich für X eine Veräußerung zum Buchwert ergibt, der keine Besteuerung nach sich zieht. Dennoch bleibt der gesamte Gewinn aus der Veräußerung des Gebäudes der Einkommensteuer unterworfen, da der ausgeschiedene Gesellschafter C den Gewinn aus der Veräußerung seines Kapitalanteils i. H. v. 5.000 EUR, der inhaltlich dessen Anteil an den stillen Reserven des Gebäudes entspricht, bereits versteuern musste.

b) Bilanzierung bei Abfindung ausscheidender Gesellschafter durch die Personenhandelsgesellschaft

Im Gegensatz zum Gesellschafterwechsel tritt beim Ausscheiden eines Gesellschafters kein neuer Gesellschafter in die Gesellschaft ein. Grundsätzlich müsste nach BGB die Personengesellschaft in diesem Falle aufgelöst werden („Auseinandersetzung"). Sieht der Gesellschaftsvertrag, wie es üblich ist, jedoch die Fortführung mit den verbleibenden Gesellschaftern vor, so wächst bürgerlich-rechtlich diesen der Anteil des ausgeschiedenen Gesellschafters zu (§§ 736, 738 Abs. 1 BGB; §§ 105 Abs. 3, 161 Abs. 2 HGB). Im Gegenzug steht dem ausgeschiedenen Gesellschafter ein ***Abfindungsanspruch*** zu. Dieser entspricht dem Auseinandersetzungsanspruch im Falle der Auseinandersetzung und umfasst den Anteil am wirklichen Wert der Gesellschaft, also den Buchwert des Gesellschaftsanteils sowie den Anteil des ausscheidenden Gesellschafters an den stillen Reserven und dem

Firmenwert. Zur Ermittlung des Abfindungsanspruchs wird eine so genannte ***Abschichtungsbilanz*** erstellt, in der die einzelnen Vermögensgegenstände mit ihrem tatsächlichen Wert (Zeitwert) ausgewiesen werden. Durch Anwendung der Beteiligungsquote des ausscheidenden Gesellschafters kann dann dessen aufgestockter Kapitalanteil ermittelt werden. *Steuerrechtlich* ist der Vorgang als Veräußerung des Gesellschaftsanteils an die verbleibenden Gesellschafter zu interpretieren (§§ 16, 34 EStG).

In Höhe der in der Abfindungssumme enthaltenen Beträge für stille Reserven und eines anteiligen Firmenwerts können *handelsrechtlich* die verbleibenden Gesellschafter bei den entsprechenden Vermögensgegenständen in der Gesellschaftsbilanz, deren Buchwerte unter den Zeitwerten liegen, nachträgliche Anschaffungskosten und einen anteiligen bezahlten Firmenwert aktivieren. Alternativ zulässig ist die sofortige Aufwandsbuchung der entsprechenden Beträge.

In der Stellungnahme HFA des IDW 2/1993 (WPg 1994, S. 24) zu diesem Problem heißt es:

> „Werden ausscheidende Gesellschafter durch die Personenhandelsgesellschaft abgefunden, können die anteilig auf die ausscheidenden Gesellschafter entfallenden und im Rahmen der Abfindung vergüteten ***stillen Reserven*** bei den Vermögensgegenständen aktiviert werden, deren Buchwerte stille Reserven enthalten. Die anteilige Aktivierung von selbst geschaffenen immateriellen Vermögensgegenständen und eines ***Geschäftswerts*** ist zulässig. Bei Veräußerung von Anteilen an Personenhandelsgesellschaften (Sonderrechtsnachfolge) sind derartige Aktivierungen nicht zulässig)".

Diese Stellungnahme der Wirtschaftsprüfer ist in der Literatur scharf kritisiert worden, ist aber bereits seit 1976 insoweit unverändert gültig, eine bessere Lösung ist also nicht gefunden worden. Die Kritik betrifft die Aktivierung nachträglicher Anschaffungskosten bei Vermögensgegenständen, die der Gesellschaft bisher schon in vollem Umfang rechtlich und wirtschaftlich gehört haben, und die Aktivierung eines anteiligen Firmenwerts, der zwar bezahlt wurde, dennoch seinem Wesen nach ein selbst geschaffener (originärer) Firmenwert ist und daher nicht aktivierbar sein dürfte.

In der *Steuerbilanz* wird der Vorgang genauso gelöst, nur dass kein Wahlrecht zur Aktivierung, sondern eine Pflicht dazu besteht. Insofern kann in diesem Falle in Handels- und Steuerbilanz gleich verfahren werden. Der ausscheidende Gesellschafter hat den Abfindungsbetrag zu versteuern, soweit er den Buchwert seines Kapitalanteils überschreitet, also auf die stillen Reserven und den anteiligen Firmenwert entfällt.

Die Auswirkung der Abfindung auf die Kapitalkonten der verbleibenden Gesellschafter hängt davon ab, wie die Abfindungssumme aufgebracht wird. Wird der Betrag aus der Gesellschaftskasse finanziert, ändern sich die Kapitalkonten nicht, nur das Konto des ausscheidenden Gesellschafters fällt weg. Wird die Abfindung durch Privateinlagen der verbleibenden Gesellschafter finanziert, erhöhen sich entsprechend deren Kapitalkonten in der Personengesellschaft sowie der Beteiligungsbuchwert der Gesellschafter, falls sie die Beteiligung in einem eigenen Betriebsvermögen halten.

Sonderfälle:

Ist die Abfindungssumme geringer als die Summe von Buchwert des Kapitalanteils, anteiligen stillen Reserven und anteiligem Firmenwert, so wird zunächst der Firmenwert als Residualgröße nur zum geringeren bezahlten Teil aktiviert. Umfasst die Abfindungssumme nur einen Teil der anteiligen stillen Reserven, so ist eine willkürliche Zuordnung zu bestimmten (insbes. schnell abschreibbaren Wirtschaftsgütern) nach der BFH-Rechtsprechung nicht zulässig. Die Aktivierung der stillen Reserven ist bei allen Wirtschaftsgütern proportional zu reduzieren.

Ist die Abfindungssumme höher als die Summe aus Buchwert des Kapitalanteils, anteiligen stillen Reserven und anteiligem Firmenwert, so könnte dies auf verwandtschaftliche oder freundschaftliche Beziehungen der verbleibenden Gesellschafter zum ausscheidenden Gesellschafter zurückzuführen sein. Da dies die Privatsphäre betrifft, ist der überhöhte Betrag als Entnahme der verbleibenden Gesellschafter und Schenkung innerhalb der Privatsphäre zu behandeln. Der Grund für die überhöhte Abfindung könnte aber auch darin liegen, dass es sich um einen ***lästigen Gesellschafter*** handelt, den man unbedingt loswerden möchte. In diesem Fall ist der überhöhte Betrag betrieblich bedingt und als Aufwand zu buchen. Die wird auch steuerlich anerkannt, wenn die „Lästigkeit" des Gesellschafters insofern nachweisbar ist, dass er durch sein Verhalten in der Vergangenheit der Gesellschaft Schaden zugefügt hat.

Aufgabe 58: Ausscheiden eines Gesellschafters

B Einkommensteuer

Lernziele:

Der Leser soll

- *die wichtigsten Merkmale der Einkommensteuer kennen lernen*
- *die Unterschiede in der Gewinnbesteuerung von Personen- und Kapitalgesellschaften erfahren*
- *die Besteuerung im Falle von Anteilen an Kapitalgesellschaften je nach Art des Anteilseigners unterscheiden lernen*
- *die Systematik der Verlustverrechnung kennen lernen*
- *die Bedeutung der Besteuerungsvergünstigungen im Falle der Veräußerung von (Teil-) Betrieben und Mitunternehmeranteilen beurteilen können.*

I Charakterisierung, Steuerpflicht, Bemessungsgrundlage, Steuertarif

1. Charakterisierung und Steuerpflicht

Die wesentlichen Merkmale der Einkommensteuer seien tabellarisch zusammengefasst:

Die Einkommensteuer ist eine	Ertragsteuer
Die Einkommensteuer ist eine	Personensteuer, da das Steuersubjekt mit seinen persönlichen Einkommensverhältnissen im Vordergrund steht
Steuersubjekt:	Natürliche Personen
Steuerobjekt:	Verschiedene Erwerbstätigkeiten, die zu Einkommen führen
Bemessungsgrundlage:	Zu versteuerndes Einkommen
Steuertarif:	Progressiver Tarif, der durch mit der Höhe des zu versteuernden Einkommens steigende Steuersätze charakterisiert ist

Erhebungsformen:	1.) Veranlagungssteuer, das heißt, dass vom Steuerpflichtigen eine Steuererklärung über die Höhe seines Einkommens im Veranlagungszeitraum abzugeben ist, die vom Finanzamt zur Grundlage der Steuererhebung gemacht wird („Veranlagung"). Veranlagungszeitraum ist das Kalenderjahr. Es sind vierteljährliche Vorauszahlungen zu leisten. 2.) Erhebung im Quellenabzug bei den anderen Formen der Einkommensteuer: Lohnsteuer, Kapitalertragsteuer und Zinsabschlag
Rechtsgrundlagen:	EStG, EStDV; Verwaltungsanweisungen: EStR, EStH

Unbeschränkt einkommensteuerpflichtig sind gemäß § 1 Abs. 1 EStG alle natürlichen Personen, die im Inland einen Wohnsitz oder ihren gewöhnlichen Aufenthalt haben. In diesem Falle erstreckt sich die Einkommensteuerpflicht auf sämtliche inländische und ausländische Einkünfte, soweit nicht für bestimmte Einkünfte abweichende Regelungen bestehen, z. B. aufgrund eines Doppelbesteuerungsabkommens (H 1a „Allgemeines" EStH). ***Sachlich*** unterliegen alle Einnahmen der ***Steuerpflicht*** („Steuerobjekt"), die zu einer der sieben in § 2 Abs. 1 EStG genannten Einkunftsarten gehören. Natürliche Personen, die weder ihren Wohnsitz noch ihren gewöhnlichen Aufenthalt im Inland haben, sind nur ***beschränkt einkommensteuerpflichtig***[1]. Sachlich unterliegen nur die in § 49 EStG genannten Einkünfte in diesem Falle der Steuerpflicht, z. B. Einkünfte aus Vermietung und Verpachtung, wenn das unbewegliche Vermögen im Inland belegen ist (§ 49 Abs. 1 Nr. 6 EStG).

<table>
<tr><th colspan="3">Steuerpflicht im Einkommensteuerrecht</th></tr>
<tr><th colspan="2">Persönliche Einkommensteuerpflicht</th><th>Sachliche Einkommensteuerpflicht</th></tr>
<tr><td colspan="2">Wer muss Steuern zahlen?</td><td>Was unterliegt der Steuerpflicht?</td></tr>
<tr><td colspan="2">Steuersubjekt</td><td>Steuerobjekt</td></tr>
<tr><td colspan="2">Alle natürlichen Personen</td><td rowspan="3">Alle Einnahmen, die zu Einkünften in einer der 7 Einkunftsarten führen (§2 EStG)
Ausnahme: Steuerfreie Einnahmen gemäß §§ 3 u. 3b EStG.</td></tr>
<tr><td>Unbeschränkt steuerpflichtig, falls Wohnsitz oder gewöhnlicher Aufenthalt im Inland (§ 1 Abs. 1 EStG)</td><td>Welteinkommen, aber Freistellungen durch Doppelbesteuerungsabkommen</td></tr>
<tr><td>Beschränkt steuerpflichtig, falls weder Wohnsitz noch gewöhnlicher Aufenthalt im Inland (§ 1 Abs. 4 EStG)</td><td>Nur inländische Einkünfte i. S. d. § 49 EStG</td></tr>
</table>

Bei den sieben Einkunftsarten unterscheidet man Überschusseinkunftsarten und Gewinneinkunftsarten je nachdem, wie die steuerpflichtige Nettogröße zu ermitteln ist.

Überschusseinkunftsarten:	Überschuss = Einnahmen – Werbungskosten
Einkünfte aus nichtselbständiger Arbeit Einkünfte aus Kapitalvermögen Einkünfte aus Vermietung und Verpachtung Sonstige Einkünfte	

[1] Ausnahmen sind in § 1 Abs. 2 u. 3 und in § 1a EStG geregelt.

Definition:

> ***Einnahmen*** sind alle Güter, die in Geld oder Geldeswert bestehen, die dem Steuerpflichtigen im Rahmen der Überschusseinkunftsarten zufließen (§ 8 Abs. 1 EStG).

Definition:

> ***Werbungskosten*** sind Aufwendungen zur Erwerbung, Sicherung und Erhaltung der Einnahmen (§ 9 Abs. 1 EStG).

Gewinneinkunftsarten:	Gewinn = Betriebseinnahmen – Betriebsausgaben
Einkünfte aus Land- und Forstwirtschaft Einkünfte aus Gewerbebetrieb Einkünfte aus selbständiger Arbeit	

Definition:

> ***Betriebseinnahmen*** sind alle in Geld oder Geldeswert bestehenden Wirtschaftsgüter, die dem Steuerpflichtigen im Rahmen der Gewinneinkunftsarten zufließen (§ 8 Abs. 1 EStG).

Definition:

> ***Betriebsausgaben*** sind Aufwendungen, die durch den Betrieb veranlasst sind (§ 4 Abs. 4 EStG) und mit den Gewinneinkunftsarten im Zusammenhang stehen.

Im Folgenden werden nur noch die Einkünfte aus Gewerbebetrieb behandelt. Bei diesen erfolgt die Gewinnermittlung als Einnahmenüberschuss-Rechnung nach § 4 Abs. 3 EStG oder durch Betriebsvermögensvergleich (bzw. Bestandsvergleich) im Sinne des § 4 Abs. 1 bzw. des § 5 Abs. 1 EStG. Der Begriff Betriebsvermögen im Rahmen des Betriebsvermögensvergleichs ist als Reinvermögen zu verstehen, also als Eigenkapitalbestand in der Bilanz.[1]

Betriebsvermögen zum Schluss des Wirtschaftsjahrs – Betriebsvermögen zum Schluss des vorangegangenen Wirtschaftsjahrs
= **Unterschiedsbetrag** + Entnahmen – Einlagen
= **Gewinn** (§ 4 Abs. 1 EStG)

Da hierbei auch Wertveränderungen des Betriebsvermögens berücksichtigt werden, umfasst der Gewinn generell auch Veräußerungsgewinne und -verluste.

2. Bemessungsgrundlage

Die Bemessungsgrundlage der Einkommensteuer ist das ***zu versteuernde Einkommen***, das in § 2 Abs. 5 EStG definiert ist. In R 2 EStR ist die Berechnung des zu versteuernden Einkommens detailliert wiedergegeben. Die folgende Übersicht beschränkt sich auf die wichtigsten Positionen.

[1] Genaueres siehe Erster Teil Kapitel A.II.4.

Einkünfte aus Land- und Forstwirtschaft (§ 13 EStG)
Einkünfte aus Gewerbebetrieb (§ 15 EStG)
Einkünfte aus selbständiger Arbeit (§ 18 EStG)
Einkünfte aus nichtselbständiger Arbeit (§ 19 EStG)
Einkünfte aus Kapitalvermögen (§ 20 EStG)
Einkünfte aus Vermietung und Verpachtung (§ 21 EStG)
Sonstige Einkünfte (§ 22 EStG)
+Hinzurechnungsbetrag (§ 52 Abs. 3 S. 3 EStG) sowie § 8 Abs. 5 S.2 AIG

= **Summe der Einkünfte** (§ 2 Abs. 2 EStG)
- Altersentlastungsbetrag (§ 24a EStG)
- Entlastungsbetrag für Alleinerziehende (§ 24b EStG)
- Freibetrag für Land- und Forstwirte (§ 13 Abs. 3 EStG)

= **Gesamtbetrag der Einkünfte** (§ 2 Abs. 3 EStG)
- Verlustabzug (§ 10d EStG)
- Sonderausgaben (§§ 10, 10a, 10b, 10c EStG)
- Außergewöhnliche Belastungen (§§ 33 bis 33b EStG)
+ zuzurechnendes Einkommen (§ 15 Abs. 1 AStG)

= **Einkommen** (§ 2 Abs. 4 EStG)
- Freibeträge für Kinder (§§ 31, 32 Abs. 6 EStG)
- Härteausgleich nach § 46 Abs. 3 EStG (§ 70 EStDV)

= **zu versteuerndes Einkommen** (§ 2 Abs. 5 EStG)

3. Steuertarif

Man unterscheidet zwei Arten von Steuersätzen:

Grenzsteuersatz (marginaler Steuersatz)	***Durchschnittssteuersatz***
= prozentuale Steuerbelastung des jeweils letzten zusätzlichen Euro zu versteuernden Einkommens $= \frac{\text{Zusätzliche Steuerbelastung}}{\text{Erhöhung des zu verst. Eink. um 1 EUR}}$	= prozentuale Belastung des gesamten zu versteuernden Einkommens $= \frac{\text{Gesamtsteuerschuld (EUR)}}{\text{Gesamtes zu verst. Einkommen}}$
Eingangssteuersatz (2008): 15%	
Spitzensteuersatz (2008): 42% bzw. 45%	

Ist der Grenzsteuersatz bei steigender Bemessungsgrundlage konstant, so ist auch der Durchschnittssteuersatz konstant, es sei denn, es werden Freibeträge gewährt. Steigt der Grenzsteuersatz mit der Bemessungsgrundlage, so steigt auch der Durchschnittssteuersatz, sobald der Grenzsteuersatz ihn übersteigt.

Der ***Einkommensteuertarif*** (System der Steuersätze) ist als Formeltarif in § 32a EStG festgelegt. Die aus der Tarifformel folgende Einkommensteuerbelastung steht jedoch unter dem Vorbehalt, dass keine Sonderberechnungen erforderlich sind.[1] Da der Einkommensteuersatz (Grenzsteuersatz) nicht konstant ist, sondern mit zunehmendem zu versteuernden Einkommen ansteigt, handelt es sich um einen ***progressiven Tarif***. Genauer gesagt ist es ein linear-progressiver Tarif, d. h. der Grenzsteuersatz steigt mit zunehmendem zu versteuernden Einkommen stufenweise linear an, und bleibt ab einem bestimmten (relativ hohen) Einkommen konstant. Durch die Progression soll die wirtschaftliche Leistungsfähigkeit des einzelnen Steuerpflichtigen bei der Besteuerung Berücksichtigung finden.

Bei bestimmten steuerfreien Einnahmen (z. B. Arbeitslosengeld) muss eine besondere Berechnung der Einkommensteuer vorgenommen werden. Im ersten Schritt wird der Steuersatz unter Einbeziehung der steuerfreien Einnahmen ermittelt. Im zweiten Schritt wird der (auf diese Weise erhöhte) besondere Steuersatz auf das zu versteuernde Einkommen, also ohne Berücksichtigung der steuerfreien Einnahmen, angewandt (so genannter ***Progressionsvorbehalt gemäß § 32b EStG***).

Das Existenzminimum wird durch den sog. Grundfreibetrag steuerfrei gestellt. Er beträgt pro Steuerpflichtigem (2008) 7.664 EUR („Nullzone"). Im Jahre 2007 wurde für besonders hohe Einkommen (ab 250.001 EUR) die so genannte Reichensteuer eingeführt. Der Spitzensteuersatz beträgt in diesen Fällen 45% statt bis dahin 42%. Der sich ergebende Steuerbetrag ist jeweils auf den nächsten vollen EUR-Betrag abzurunden.

Es werden folgende Tarifzonen unterschieden (Veranlagungszeitraum 2008):

Tarifzonen (2008)	**Zu versteuerndes Einkommen bei Einzelveranlagung**	**Charakterisierung und Grenzsteuersätze**
Nullzone	bis zu 7.664 EUR	Grundfreibetrag: steuerfreies Existenzminimum
Untere Progressionszone	7.665 EUR bis 12.739 EUR	Eingangssteuersatz: 15%, linear ansteigend bis 23,97%
Obere Progressionszone	12.740 EUR bis 52.151 EUR	Eingangssteuersatz: 23,97%, linear ansteigend bis 42%
Untere Proportionalzone	52.152 EUR bis 250.000 EUR	konstanter Steuersatz: 42% („Spitzensteuersatz")
Obere Proportionalzone	ab 250.001 EUR	konstanter Steuersatz: 45% („erhöhter Spitzensteuersatz")

Die folgende Abbildung zeigt die Grenz- und Durchschnittssteuersätze in Abhängigkeit vom zu versteuernden Einkommen an. Die „Reichensteuer" (Obere Proportionalzone) ist dabei nicht berücksichtigt.

[1] Diese sind jedoch z. B. in folgenden Fällen notwendig: Progressionsvorbehalt gem. § 32b EStG, Progressionsmilderung gem. § 34 EStG, Thesaurierungsbegünstigung gem. § 34a EStG, Anrechnung ausländischer Steuern.

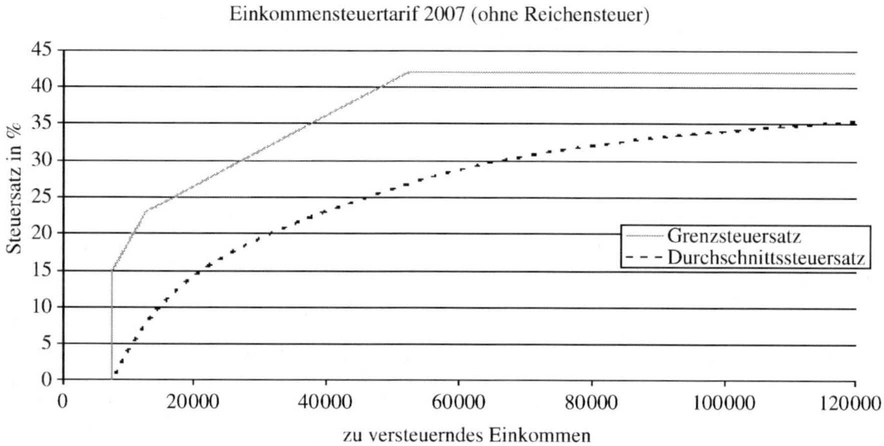

Die Einkommensteuerschuld ist für alternative Höhen der Bemessungsgrundlage („zu versteuerndes Einkommen") in zwei Tabellen, der Grundtabelle und der Splittingtabelle, in einer Anlage zu § 32a Abs. 4 und 5 EStG angegeben. Die ***Grundtabelle*** enthält die nach der Tarifformel in § 32a EStG berechnete Steuerschuld für einen ledigen Steuerpflichtigen. Das ***Splitting-Verfahren*** bezieht sich auf zusammen veranlagte Ehegatten. Danach wird das zu versteuernde Einkommen beider Ehegatten addiert. Die auf die Hälfte der Einkommenssumme entfallende Steuerschuld aus der Grundtabelle wird anschließend verdoppelt und stellt die Steuerschuld beider Ehegatten dar (§ 32a Abs. 5 EStG). Insbesondere bei Einkommen der Ehegatten in sehr unterschiedlicher Höhe wird im Effekt die Progression gekappt und das höhere Einkommen mit einem (auf den Einkommensdurchschnitt bezogenen) niedrigeren Steuersatz besteuert.

Beispiel:

Jan Janssen und Ehefrau Efke Janssen werden in 2008 zusammen veranlagt. Das zu versteuernde Einkommen (zvE) des Ehemanns betrug 68.360 EUR, das der Ehefrau 19.040 EUR.

(in EUR)	***Grundtabelle***	***Splitting-Tabelle***	***Grundtabelle bei getrennter Veranlagung***
Jan Janssen: zvE: 68.360			20.797
Efke Janssen: zvE: 19.040			2.590
Summe zvE: 87.400		21.206	
hälftige Summe: 43.700	10.603		
ESt-Schuld der Eheleute bei Splitting	21.206		
ESt-Schuld der Eheleute bei getrennter Veranlagung			23.387

Der in 2007 gewährte Entlastungsbetrag gem. § 33c EStG zur Milderung der Doppelbelastung von gewerblichen Einkünften mit Einkommen- und Gewerbesteuer ist ab 1.1.2008 endgültig weggefallen. Stattdessen ist die Gewerbesteuer pauschal auf die Einkommensteuerschuld des Einzelkaufmanns oder der Gesellschafter einer Personengesellschaft anrechenbar (§ 35 EStG).

II Einkünfte aus Gewerbebetrieb (§ 15 EStG)

1. Gewerbliche Unternehmen

Ein Gewerbebetrieb bzw. ein gewerbliches Unternehmen im steuerrechtlichen Sinne liegt vor aufgrund:

Gewerblicher Betätigung	*Gewerblicher Prägung*	*Rechtsform*
Einzelunternehmen und Personengesellschaften, die eine gewerbliche Tätigkeit i.S.v. § 1 HGB ausüben, welche die folgende Bedingungen erfüllt (§ 15 Abs. 2 EStG):	Personengesellschaften auch ohne gewerbliche Betätigung (z. B. Vermögensverwaltung), bei denen die folgenden Bedingungen erfüllt sind (§ 15 Abs. 3 EStG):	Kapitalgesellschaften sind Gewerbebetrieb kraft Rechtsform (§ 2 Abs. 2 GewStG)
• Selbständige Tätigkeit (auf eigene Rechnung und Gefahr; nicht weisungsgebunden) • Nachhaltige Tätigkeit (einmal mit Wiederholungsabsicht) • Gewinnerzielungsabsicht (über Steuerersparnis hinaus; auch als Nebenzweck) • Beteiligung am allgemeinen wirtschaftlichen Verkehr • Weder Land- und Forstwirtschaft noch selbständige Arbeit i.S. des ESt-Rechts	• Ausschließlich eine oder mehrere Kapitalgesellschaften sind persönlich haftende Gesellschafter <u>und</u> • Nur diese oder Nichtgesellschafter sind Geschäftsführer der Personengesellschaft	

2. Mitunternehmer(schaften)

Die Begriffe Mitunternehmer und Mitunternehmerschaft sind spezielle steuerrechtliche Begriffe. Grundvoraussetzung ist, dass es sich um Gesellschafter im zivilrechtlichen Sinne handelt, d. h. eine Beteiligung am Vermögen einer Personengesellschaft vorliegt.[1] Ist ein Gesellschafter Mitunternehmer, so hat dies weitreichende steuerliche Konsequenzen. Damit wird nämlich die Einkunftsart, die der Gesellschafter aus seiner Gesellschaft bezieht, als Einkünfte aus Gewerbebetrieb (§ 15 Abs. 1 Nr. 2 EStG) bestimmt. Da es sich dabei um eine Gewinneinkunftsart handelt, ist in der Regel die Gewinnermittlung nach § 5 EStG anzuwenden. Außerdem ist an diese Einkunftsart auch die Gewerbesteuerpflicht (§ 7 GewStG) geknüpft. Zusätzlich müssen noch die oben genannten Voraussetzungen für das Vorliegen eines Gewerbebetriebs gegeben sein.

[1] Ausnahmsweise genügt auch eine verdeckte oder faktische Mitunternehmerschaft, bei der der Mitunternehmer eine einem zivilrechtlichen Gesellschafter vergleichbare wirtschaftliche Stellung einnimmt.

Voraussetzungen: Ein Gesellschafter einer Personengesellschaft ist Mitunternehmer im Sinne von § 15 Abs. 1 Nr. 2 EStG, wenn er

- Unternehmerinitiative entfalten kann und
- Unternehmerrisiko trägt.

Mitunternehmerinitiative ist dann gegeben, wenn der Gesellschafter an unternehmerischen Entscheidungen der Geschäftsleitung mitwirkt. Es genügt bereits, wenn die Möglichkeit zur Ausübung von Stimm-, Kontroll- und Widerspruchsrechten besteht, die einem Kommanditisten gemäß §§ 164, 166 HGB zustehen.[1] ***Mitunternehmerrisiko*** geht der Gesellschafter immer dann ein, wenn er

- an Gewinn und Verlust beteiligt ist
- an den stillen Reserven und dem Firmenwert beteiligt ist. Dies zeigt sich insbesondere bei Ausscheiden oder bei Auflösung der Gesellschaft.[2]

Mitunternehmerschaften sind damit im Regelfall OHG, KG, GmbH & Co. KG und atypische stille Gesellschaft. Dabei müssen nicht alle Voraussetzungen in vollem Umfang erfüllt sein, nach der BFH-Rechtsprechung kommt es auf das Gesamtbild der Verhältnisse an.

Die Besteuerung von Einkünften aus Mitunternehmeranteilen fußt auf drei Grundsätzen, die im Einzelnen nun zu behandeln sind:

- Einheitliche und gesonderte Gewinnfeststellung gem. § 180 Abs. 1 Nr. 2a AO
- Einkommensteuerpflicht der Gesellschafter mit ihren Gewinnanteilen
- Gewerbesteuerpflicht der Mitunternehmerschaft (Personengesellschaft).

3. Unterschiede in der Besteuerung von Personen- und Kapitalgesellschaften

a) Das Verhältnis von Gesellschaftsrecht und Steuerrecht

Bürgerliches, Handels- und Gesellschaftsrecht sehen eine Reihe von Rechtsformen vor, an deren Wahl unterschiedliche Rechtsfolgen, z. B. bezüglich der Haftung, geknüpft sind. Die bürgerlich-rechtliche Gestaltung der Unternehmensform ist grundsätzlich auch für das Steuerrecht maßgeblich. Allerdings können steuerliche Gesetze und Gesichtspunkte eine Abweichung bedingen. So wird etwa die gesellschaftsrechtliche Gewinnverteilungsabsprache grundsätzlich steuerlich anerkannt, sofern sie auch tatsächlich durchgeführt wird. Bei Familiengesellschaften fordert der BFH jedoch eine Angemessenheitsprüfung, da hier die Interessenkonkurrenz fremder Gesellschafter als Regulativ fehlt[3]

b) Unterschiede in der Gewinnbesteuerung

Die ***Personengesellschaft*** (PersG) unterliegt ebenso wie die Einzelunternehmung keiner selbständigen Einkommensteuer (ESt)-Pflicht, da sie keine eigene Rechtspersönlichkeit hat. Lediglich die Gesellschafter sind Steuersubjekte (im Sinne der Personensteuern). Die Personengesellschaft ist wie ein Schleier um die Gesellschafter gehüllt und hat als Einheit

---

[1] Vgl. Beschluss GrS BFH 25.7.1984, BStBl. 1984 II, S. 769: BFH 11.12.1986, BStBl 1987 II, S. 553.
[2] Vgl. BFH 24.9.1991, BStBl. 1992 II, S. 330; Beschluss GrS BFH 25.7.1984, BStBl. 1984 II, S. 769.
[3] Vgl. BFH 1.11.1967, 25.4.1968, 29.5.1972, 4.6.1973.

nur für die Einkünfteerzielung und die Gewinnermittlung eine Bedeutung, nicht aber für die Besteuerung durch Personensteuern selbst. Ihr Gewinn wird den Gesellschaftern gemäß Gewinnverteilungsabsprache zugerechnet und bei ihnen der Einkommensteuer unterworfen, unabhängig davon, ob er entnommen wird oder nicht. Verluste werden den Gesellschaftern unmittelbar anteilig zugerechnet (Verlustausgleich §§ 2 und 10d EStG). Man spricht in diesem Falle von ***Transparenzprinzip*** oder ***Einheitstheorie***, denn eine Unterscheidung im Sinne von Rechts- oder Steuerpersönlichkeit zwischen Personengesellschaft und ihren Gesellschaftern ist nicht möglich.

Die ***Kapitalgesellschaft*** (KapG) ist als juristische Person selbstständiges Steuersubjekt. Da auch ihre Gesellschafter (normalerweise) als natürliche Personen selbständig steuerpflichtig sind, kann eine Trennung der Kapitalgesellschaft einerseits und der Gesellschafter andererseits hinsichtlich der Besteuerung erfolgen (so gen. ***Trennungsprinzip***). Die Gewinne der Kapitalgesellschaft unterliegen der Körperschaftsteuer (KSt), bei den Anteilseignern werden die ihnen zugeflossenen ausgeschütteten Gewinne der Einkommensteuer unterworfen. Insofern erfolgt bezüglich der Ausschüttungen eine doppelte Belastung mit Personensteuern, die auf unterschiedliche Weise abgemildert werden kann.[1] Ein Verlustvortrag/-rücktrag (§ 10d EStG) ist lediglich innerhalb der KapG möglich.

Die Einkunftsart, der die Einkünfte der Gesellschafter von Personen- und Kapitalgesellschaften zugeordnet werden, unterscheidet sich grundsätzlich. Die Anteilseigner von Kapitalgesellschaften erhalten immer ***Einkünfte aus Kapitalvermögen***. Gesellschafter einer Personengesellschaft erzielen dagegen ***Einkünfte aus Gewerbebetrieb***, wenn die Personengesellschaft ein gewerbliches Unternehmen betreibt (§ 15 Abs. 2 EStG) und sie außerdem Mitunternehmer der Gesellschaft sind.

c) Die einheitliche und gesonderte Gewinnfeststellung bei Personengesellschaften (§§ 179, 180 AO)

Der Gewinn einer Personengesellschaft und die Gewinnanteile der Gesellschafter werden nach einheitlichen Kriterien ermittelt und gesondert festgestellt. Eine gesonderte Feststellung der Besteuerungsgrundlage ist deshalb erforderlich, weil mehrere Steuerpflichtige am Gewinn beteiligt und ihnen die Anteile steuerlich zuzurechnen sind (§§ 179 Abs. 1, 180 Abs. 1 Nr. 2a AO). Diese gesonderte Feststellung wird vom Betriebs(stätten)finanzamt (§ 18 Abs. 1 Nr. 2 AO) vorgenommen und den Wohnsitzfinanzämtern der Gesellschafter zwecks Einkommensbesteuerung dieser Einkünfte mitgeteilt.

4. Ermittlung des Gewinns aus Gewerbebetrieb

Zu den Einkünften des Mitunternehmers gehören sein Anteil am Gewinn aus Gewerbebetrieb der Personengesellschaft und die so gen. ***Sondervergütungen*** (§15 Abs. 1 Nr. 2 EStG). Letztere gewährt die Personengesellschaft dem Gesellschafter für seine (Geschäftsführer) Tätigkeit im Dienst der Gesellschaft, für eine Darlehengewährung oder Überlassung von Wirtschaftsgütern zur Nutzung an die Personengesellschaft.

Der Gewinn aus Gewerbebetrieb der Personengesellschaft wird abgeleitet aus der Bilanz der wirtschaftlichen Einheit, die das ***Gesamthandsvermögen*** (notwendiges Betriebsvermö-

[1] So wurden in der Vergangenheit z. B. ausgeschüttete Gewinne mit einem niederigeren Körperschaftsteuersatz belastet als einbehaltene Gewinne.

gen) der Personengesellschaft und die von den Gesellschaftern ihr zur Nutzung überlassenen Wirtschaftsgüter (notwendiges und gewillkürtes Sonderbetriebsvermögen) umfasst.

Wirtschaftsgüter, die im Eigentum eines Gesellschafters stehen und von diesem der Personengesellschaft zur Nutzung überlassen werden, gehören nicht zum Gesamthandsvermögen der Personengesellschaft, sondern zum ***Sonderbetriebsvermögen*** des betreffenden Gesellschafters. Beide zusammen bilden das einheitliche Betriebsvermögen der Personengesellschaft. Eine Trennung beider Bestandteile ist jedoch nötig, da anderenfalls die Gewinnverteilung verfälscht würde (z. B. durch Sonderbetriebsausgaben). Das Sonderbetriebsvermögen der Mitunternehmer ist in ***Sonderbilanzen*** aufzunehmen, die zur Gesellschaftsbilanz hinzutreten, damit das gesamte Betriebsvermögen der Personengesellschaft erfasst wird. Für Sonderbetriebseinnahmen/-ausgaben, die nur einen Gesellschafter betreffen, können zusätzlich auch Sonder-Gewinn- und Verlustrechnungen aufgestellt werden.

Die Gewinnermittlung geschieht zweckmäßigerweise in zwei Stufen:

1. Stufe: Gewinnermittlung auf der Stufe der Personengesellschaft

Auf der Basis der Gesamthandsbilanz im Sinne der Steuerbilanz wird der Gewinn ermittelt (§ 15 Abs. 1 Nr. 2 1. Halbs. EStG). Dabei werden alle schuldrechtlichen Beziehungen zwischen Gesellschaftern und Personengesellschaft wie Beziehungen zwischen Fremden behandelt. Dies gilt auch für Sondervergütungen. Die Gewinnverteilung auf die Gesellschafter erfolgt i. d. R. gemäß dem Gesellschaftsvertrag.

2. Stufe: Ermittlung des Gewinns auf der Stufe der Gesellschafter (Mitunternehmer)

Aus den Leistungsbeziehungen zwischen Gesellschaft und Gesellschaftern ergibt sich dieser Teil des Gewinns als so gen. Sondervergütungen der Gesellschafter. Davon sind Aufwendungen zu deren Erzielung (z. B. Fahrten zum Betrieb, AfA, Reparaturen) als Sonderbetriebsausgaben beim Gesellschafter im Rahmen der einheitlichen Gewinnfeststellung absetzbar.

Stufen der steuerlichen Gewinnermittlung:	
1. Stufe:	Ermittlung des Gewinns der Personengesellschaft unter Anerkennung aller schuldrechtlichen Beziehungen zwischen den Gesellschaftern und der Gesellschaft (Sondervergütungen als Aufwand gebucht); Ergebnis = Grundlage für die Gewinnverteilung nach dem allgemeinen Gewinnverteilungschlüssel
2. Stufe:	Berücksichtigung der Sondervergütung an die Gesellschafter als Gewinnbestandteil (§ 15 Abs. 1 Nr. 2 EStG)
3. Stufe:	Konsolidierung (Zusammenfassung): Ergebnis = gesamter gewerblicher Gewinn der Gesellschaft bzw. der Gesellschafter

Beide Stufen werden zum einheitlichen Gewinn der wirtschaftlichen Einheit zusammengefasst. Nicht nur die Gewinnanteile, sondern auch die Sondervergütungen gehören zu den Einkünften aus Gewerbebetrieb bei den Gesellschaftern (§ 15 Abs. 1 Nr. 2 EStG). Auf diese Weise werden z. B. Einkünfte aus Vermietung und Verpachtung zu Einkünften aus Gewerbebetrieb umqualifiziert. Dies hat für die Gesellschafter jedoch keine materiellen Auswirkungen. Die Zurechnung der der Gesellschaft zur Nutzung überlassenen Wirtschaftsgüter zum (Sonder-)Betriebsvermögen ermöglicht allerdings den Ansatz von AfA als Sonderbetriebsausgaben (nicht nur bei Gebäuden), andererseits werden dadurch die Sondervergütungen zum steuerpflichtigen Gewerbeertrag. Dieser Nachteil gegenüber der

Kapitalgesellschaft wird durch den gewerbesteuerlichen Freibetrag von 24.500 EUR (§ 11 Abs. 1 S. 2 Nr. 1 GewStG) allenfalls bei kleinen Unternehmen hinreichend ausgeglichen. Die Gewinne resultieren aus dem Einsatz des **Betriebsvermögens:**

1. Stufe	Gesellschaftsvermögen bzw. Gesamthandsvermögen (Gesellschaftsbilanz, Steuerbilanz)
2. Stufe	Sonderbetriebsvemögen der Gesellschafter (Sonderbilanz der Gesellschafter)
3. Stufe	Betriebsvermögen + Sonderbetriebsvermögen (Bilanz der wirtschaftlichen Einheit)

Beispiel:

KG mit den Gesellschaftern A (= Komplementär), B und C (= Kommanditisten)

Gesellschafter	A	B	C
Beteiligung	50%	25%	25%
Jahresgehalt	48.000 EUR	---	---
Grundstücksmiete	---	20.000 EUR	---
Darlehenszins p. a.	---	---	1.200 EUR
Sonderbetriebs-ausgaben	1.000 EUR abzugsfähige Fahrtkosten zwischen Wohnung und Betrieb	Abschreibung 1.600 EUR Reparaturen 6.400 EUR	---

Alle Sondervergütungen wurden in handelsrechtlich als Aufwand gebucht und minderten den Handelsbilanz-Gewinn der KG, der für das Geschäftsjahr 160.000 EUR betrug.

(EUR)	Gesellschafter:	A	B	C	Insgesamt
1.Stufe	Gewinn der KG	80.000	40.000	40.000	160.000
2.Stufe	+ Sondervergütungen (§ 15 Abs. 1 Nr. 2 EStG)	+ 48.000	+ 20.000	+ 1.200	+ 69.200
2.Stufe	– Sonderbetriebsausgaben	– 1.000	– 8.000	---	– 9.000
3.Stufe	=Gewinn/Gewerbebetrieb	= 127.000	= 52.000	= 41.200	= 220.200

Der Gewinn aus Gewerbebetrieb einschließlich der Sondervergütungen unterliegt der Gewerbeertragsteuer (Steuerschuldner: KG). Die steuerlichen Gewinnanteile der Gesellschafter einschließlich der jeweiligen Sondervergütung unterliegen beim Gesellschafter der Einkommensteuer. Die Sonderbetriebsausgaben mindern nicht nur die Einkünfte aus Gewerbebetrieb bei den Gesellschaftern, sondern auch den der Gewerbeertragsteuer unterliegenden Gewinn der KG.

Bilanz KG zum 31.12.01

Gesellschafts-vermögen (Gesamthands-vermögen)	Kapitalkonten der Gesellschafter Gesellschafts-schulden

GuV KG für das Jahr 01

Aufwendungen (einschl. Sonder-vergütungen) Gewinn = 160.000	Erträge

Sonderbilanz des B

Grund und Boden 20.000 Gebäude 80.000	Mehrkapital 100.000

Sonder-GuV des B

Abschreibungen Gebäude 1.600 Reparaturauf-wendungen 6.400 Gewinn 12.000	Mieterträge 20.000

Bilanz der wirtschaftlichen Einheit

Das Sonderbetriebsvermögen, das oben behandelt wurde, wird üblicherweise mit dem Begriff „Sonderbetriebsvermögen I" bezeichnet, um es vom so gen. „Sonderbetriebsvermögen II" abzugrenzen.

Definition:

> Zum (steuerrechtlichen) ***Sonderbetriebsvermögen I*** eines Mitunternehmers gehören alle Wirtschaftsgüter und Schulden, die der Mitunternehmerschaft zur Nutzung überlassen werden, nicht aber zum Gesamthandsvermögen der Personengesellschaft gehören, sondern im Alleineigentum einzelner Mitunternehmer stehen und dem Betrieb der Gesellschaft oder der Beteiligung des Gesellschafters zu dienen bestimmt und geeignet sind.

Definition:

> Zum ***Sonderbetriebsvermögen II*** gehören alle Wirtschaftsgüter, die zwar nicht der Personengesellschaft zur Nutzung überlassen werden, jedoch in einem unmittelbaren wirtschaftlichen Zusammenhang mit der Beteiligung eines Mitunternehmers stehen und unmittelbar der Begründung oder Verstärkung der Stellung als Mitunternehmer zu dienen bestimmt sind.
> ***Beispiel:*** Beteiligung eines Kommanditisten an der Komplementär-GmbH bei einer GmbH & Co. KG.

Merke:

> Sonderbetriebsvermögen ist in (steuerrechtlichen) Sonderbilanzen auszuweisen, die von den einzelnen Mitunternehmern zu führen sind.

Aufgabe 59: Alpha & Beta OHG

Bei der Ermittlung des steuerpflichtigen Gewinns eines Einzelunternehmens oder einer Personengesellschaft dürfen nicht alle Betriebsausgaben abgesetzt werden. Die so gen. ***nicht-abziehbaren Betriebsausgaben*** sind in § 4 Abs. 5 Nr. 1–12 EStG genannt. Es handelt sich um Aufwendungen, die zwar im Zusammenhang mit dem Betrieb stehen, die aber z. B. aufgrund ihrer Höhe in die Sphäre der privaten Lebensführung hineinreichen.

Aus Zweckmäßigkeitsgründen hat sich eine besondere Buchungstechnik dieser nichtabziehbaren Betriebsausgaben entwickelt. Diese Aufwendungen werden zunächst im ersten Schritt sowohl in Handels- als auch in Steuerbilanz gewinnmindernd berücksichtigt. Im zweiten Schritt werden sie dann ***außerhalb der (Steuer-)Bilanz*** in der Einkommensteuer- oder Körperschaftsteuererklärung dem Steuerbilanzgewinn wieder ***hinzugerechnet***.

Da die Vorsteuer bei der Ermittlung der Umsatzsteuer-Zahllast gemäß § 15 Abs. 1a Nr. 1 UStG nicht abziehbar ist (Behandlung wie beim Endverbraucher), handelt es sich hier nicht um einen durchlaufenden Posten, sondern um eine Betriebsausgabe (Aufwand) im ertragsteuerlichen Bereich. Diese Betriebsausgabe ist aber gemäß § 12 Nr. 3 EStG bei der Gewinnermittlung nicht abzugsfähig und wird genauso behandelt wie der zugrunde liegende Aufwand. Die nicht abziehbaren Betriebsausgaben sind einzeln und getrennt von den übrigen Betriebsausgaben aufzuzeichnen (§ 4 Abs. 7 EStG).

Nur die wichtigsten Beispiele sollen kurz genannt werden:

Geschenke an Geschäftsfreunde (§ 4 Abs. 5 Nr. 1 EStG)
Aufwendungen für Geschenke an Geschäftsfreunde gehören zu den nicht-abziehbaren Betriebsausgaben, sofern sie den Betrag von 35 EUR (ohne USt) pro Person und pro Jahr überschreiten.

Beispiel:
Geschenkaufwand für den Kunden Meier im Geschäftsjahr: 50 EUR zzgl. USt

1. Schritt:

BS: Geschenkaufwand (> 35 EUR) (einschl. Vorsteuer)	59,50 EUR	
an Bank		59,50 EUR

2. Schritt:
Hinzurechnung zum Steuerbilanzgewinn außerhalb der Bilanz in der Steuererklärung:

Saldo des Kontos „Geschenkaufwendungen > 35 EUR": + 59,50 EUR.

Aufwendungen für die Bewirtung von Geschäftsfreunden (§ 4 Abs.5 Nr. 2 EStG
Aufwendungen für die Bewirtung von Geschäftsfreunden gehören zu den nicht-abziehbaren Betriebsausgaben, soweit sie 70% der nach allgemeiner Auffassung angemessenen Aufwendungen übersteigen. Es werden spezielle Nachweisanforderungen gestellt.

Aufwendungen für Jagd u. ä. (§ 4 Abs. 5 Nr. 4)
Aufwendungen für Jagd oder Fischerei, für Segeljachten oder Motorjachten sowie für ähnliche Zwecke und für die hiermit zusammenhängenden Bewirtungen gehören ebenfalls zu den nicht-abziehbaren Betriebsausgaben.

Andere Aufwendungen (§ 4 Abs. 5 Nr. 7 EStG)
Andere Aufwendungen, die die Lebensführung des Steuerpflichtigen oder anderer Personen berühren, soweit sie nach allgemeiner Verkehrsauffassung als unangemessen anzusehen sind.

5. Anteile an einer Kapitalgesellschaft

a) Anteile im Privatvermögen einer natürlichen Person („Abgeltungsverfahren" gemäß § 32d Abs. 1 EStG)

Im Gegensatz zum Gesellschafter einer Personengesellschaft wird der Gesellschafter einer Kapitalgesellschaft (Aktionär, GmbH-Gesellschafter) nur mit dem ihm zugeflossenen ausgeschütteten Gewinnanteil zur Einkommensbesteuerung herangezogen („Trennungsprinzip"). Dieser Aspekt der Besteuerung des Gesellschafters wird nun im Rahmen der Einkommensteuer beleuchtet, die Besteuerung der Kapitalgesellschaft selbst mit Körperschaftsteuer wird erst später erörtert.[1] Allerdings gibt es große Unterschiede in der Besteuerung beim Gesellschafter je nachdem, ob er die Anteile an der AG, GmbH oder KGaA im Privatvermögen oder im Betriebsvermögen hält.

Einkünfte, die mit Anteilen an einer Kapitalgesellschaft verbunden sind, die im Privatvermögen gehalten werden, gehören zu den Einkünften aus Kapitalvermögen (§ 20 EStG). Für

[1] Siehe Zweiter Teil Kapitel D.

diese gilt seit dem 1.1.2009 das ***Abgeltungsverfahren*** gemäß § 32d Abs. 1 EStG.[1] Die so gen. ***Abgeltungssteuer*** wird durch den Kapitalertragsteuerabzug (§ 43 EStG; Quellenabzugsverfahren) erhoben, der nun 25% (Regelsatz) der ungekürzten Kapitalerträge (z. B. ***Dividenden, Zinsen*** aus Spareinlagen, Zinsen aus festverzinslichen Wertpapieren) beträgt (§ 43a Abs. 1 Nr. 1 EStG). Hinzu kommen der Solidaritätszuschlag von 5,5% der Abgeltungssteuer und gegebenenfalls die Kirchensteuer.[2] Während jedoch der bisherige Kapitalertragsteuerabzug auf die Steuerschuld des Anteilseigners im Rahmen der Veranlagung anrechenbar war, ist nun die Steuerschuld bezüglich der privaten Einkünfte aus Kapitalvermögen endgültig abgegolten, und diese werden bei der Einkommensteuererklärung nicht mehr berücksichtigt (§ 43 Abs. 5 S. 1 EStG). Bei geringem Einkommensteuersatz kann der Anteilseigner allerdings eine Veranlagung der Einkünfte aus Kapitalvermögen zur Durchführung einer Günstigerprüfung beantragen („Veranlagungsoption"; § 32d Abs. 6 EStG).[3] Die günstigere Variante wird dann vom Finanzamt realisiert.

Eine weitere Systemänderung seit 1.1.2009 besteht darin, dass die Abgeltungssteuer auch Wertzuwächse der Anteile selbst erfasst, die sich in einem ***Veräußerungsgewinn*** niederschlagen (§ 20 Abs. 2 EStG). Bislang waren Veräußerungsgewinne im Privatvermögen nur bei wesentlicher Beteiligung (§ 17 EStG) oder innerhalb so genannter Spekulationsfristen steuerpflichtig (§ 23 EStG). Bei Grundstücken bleibt es bei der 10jährigen Frist. Gleiches gilt z. B. für die Veräußerung von Anteilen an einer Grundstücksvermögen verwaltenden (Vermietung oder Verpachtung) Personengesellschaft (§ 23 Abs. 1 S. 4 EStG).

Ein Abzug der tatsächlich angefallenen Werbungskosten ist nicht zulässig (§ 20 Abs. 9 EStG). Dafür wird generell ein Sparer-Pauschbetrag i. H. v. 801 EUR (1.602 EUR bei zusammen veranlagten Ehegatten) abgezogen. Dies gilt auch bei Option zur Veranlagung.

Schuldner der Kapitalertragsteuer (KESt) ist der Gläubiger der Kapitalerträge (§ 44 Abs. 1 S. 1 EStG). In den meisten Fällen sind die inländischen Kreditinstitute oder Finanzdienstleistungsinstitute als auszahlende Stellen zur Abführung der KESt verpflichtet. Liegt der auszahlenden Stelle ein Freistellungsauftrag vor (bis zu 801 EUR bei Ledigen bzw. 1.602 EUR bei Verheirateten), so wird bei Kapitalerträgen bis zu dieser Höhe vom Steuerabzug abgesehen (§ 44 Abs. 1 u. 2 EStG).

Negative Kapitalerträge dürfen nur mit positiven Einkünften aus Kapitalvermögen verrechnet werden („horizontaler ***Verlustausgleich***"; § 20 Abs. 6 EStG).[4] Zu diesem Zweck und zur Berücksichtigung gezahlter Stückzinsen wird von der auszahlenden Stelle (i. d. R. die Bank) für jeden Steuerpflichtigen ein so genannter ***Verlustverrechnungstopf*** geführt (§ 43a Abs. 3 EStG). Verluste, die nicht ausgeglichen werden können, werden auf die nächsten Kalenderjahre vorgetragen und dann unter Beachtung der in § 10d EStG enthaltenen Mindestbesteuerungsregelung mit positiven Kapitaleinkünften verrechnet (§ 20 Abs. 6 S. 2 u. 3 EStG). Bei ***Aktien*** gibt es sogar noch eine weitere Einschränkung. Veräußerungsverluste bei Aktien dürfen nur mit Veräußerungsgewinnen bei Aktien verrechnet werden (§ 20 Abs. 6 S. 5 EStG). Auf Antrag erteilt die auszahlende Stelle eine Bescheinigung über die Verlusthöhe, die dann alternativ zur Übertragung in das Folgejahr in der ESt-Erklärung sofort berücksichtigt werden kann (§ 43a Abs. 3 S. 4 EStG).

---

[1] Ausnahmen enthält § 32d Abs. 2 EStG, z. B. Erträge eines typisch stillen Gesellschafters.

[2] Dabei verringert die Kirchensteuer die Höhe der Abgeltungssteuer.

[3] Gleiches erfolgt ohne Antrag, wenn kein Kapitalertragsteuerabzug vorgenommen wird, z. B. bei Gewinnen aus der Veräußerung von GmbH-Anteilen oder bei ausländischen Kapitalerträgen (§ 32d Abs. 3 EStG).

[4] Als Übergangsregelung können Verluste aus privaten Veräußerungsgeschäften, die bis 31.12.2008 entstanden sein können, auf Antrag bis zum Jahre 2013 mit positiven Einkünften aus Kapitalvermögen verrechnet werden.

In der folgenden Übersicht sollen die Regelungen übersichtlich zusammengefasst werden:

	Einkommensteuersatz bzw. Abziehbarkeit
Steuerliche Behandlung von Beteiligungserträgen/-verlusten	
1) Besteuerung von Dividenden, Gewinnausschüttungen, Veräußerung oder Abtretung von Dividendenscheinen von inländischen und ausländischen Kapitalgesellschaften (§ 43 Abs. 1 u. 5 EStG)	25%
2) Abzug von Werbungskosten (Depotgeb., Zinsen) nicht zulässig	0%
Ausnahme: Sparerpauschbetrag zwingend (§ 20 Abs. 9 EStG)	801 EUR
Steuerliche Behandlung der Beteiligungsveräußerung	
1) Veräußerungsgewinne bei Anteilen an inländischen und ausländischen Kapitalgesellschaften	25%
2) Abzug von Werbungskosten /Veräußerungskosten nicht zulässig	0%
Ausnahme: Sparerpauschbetrag zwingend (§ 20 Abs. 9 EStG) Allerdings nur einmalig (s. o.)	801 EUR
3) Abziehbarkeit von Veräußerungsverlusten Nur Verrechnung innerhalb der Einkünfte aus Kapitalvermögen; bei Aktien sogar nur Verrechnung mit Erträgen/Veräußerungsgewinnen bei Aktien; Verlustverrechnungstopf: Verlustvortrag	eingeschränkt
Wahlrecht, die Einkünfte im Rahmen des Veranlagungs-Verfahrens geltend zu machen (Günstigerprüfung (§ 32d Abs. 6 EStG)	persönlicher ESt-Satz

b) Anteile im Betriebsvermögen eines Einzel-/Personenunternehmens („Teileinkünfteverfahren" gemäß § 3 Nr. 40 EStG, § 3c EStG)

Die Anteile an der Kapitalgesellschaft können sich jedoch auch in einem Betriebsvermögen eines Einzelunternehmers oder Personenunternehmens befinden, d. h. die Anteile dienen betrieblichen Zwecken, z. B. der Festigung der Geschäftsbeziehungen, und sind in der Bilanz des Anteilseigners im Anlage- oder Umlaufvermögen zu aktivieren. Die Einkommensbesteuerung der Ausschüttungen und Veräußerungsgewinne erfolgt in diesem Falle nach dem so gen. ***Teileinkünfteverfahren***. In § 3 Nr. 40 EStG werden 40% der entsprechenden Einnahmen steuerfrei gestellt.

Eine knappe Zusammenfassung des Teileinkünfteverfahrens gibt die folgende Übersicht:

	Einkommensteuer-Pflicht bzw. Abziehbarkeit zum Anteil von
Steuerliche Behandlung von Beteiligungserträgen/-verlusten	
1) Besteuerung von Dividenden, Gewinnausschüttungen, Veräußerung oder Abtretung von Dividendenscheinen inländischer und ausländischer Kapitalgesellschaften (3 Nr. 40 EStG)	60%
2) Abzug von mit 1) zusammenhängenden Betriebsausgaben (auch wenn Dividendeneinnahmen in einem anderen VZ) (§ 3c Abs. 2 EStG)	60%
Steuerliche Behandlung der Beteiligungsveräußerung	
1)Besteuerung von Veräußerungsgewinnen bei Anteilen an inländischen und ausländischen Kapitalgesellschaften (auch falls Organgesellschaften) (§ 3 Nr. 40a,b,c EStG)	60%
(z. B.: Veräußerungspreis = 1.500 EUR; AK = 1.000 EUR; 0,6*Erlös – 0,6*AK = 900 EUR – 600 EUR = 300 EUR)	
Ausnahme: wenn vorher in vollem Umfang Gewinn mindernde Teilwertabschreibung oder Abzug nach § 6b EStG (§ 3 Nr. 40a S. 2 u. 3 EStG)	100%
Ausnahme: normale Wertpapiergeschäfte von Banken/ Börsenmaklern (§ 3 Nr. 40 S. 2 EStG)	100%
2) Abzug von mit 1) zusammenhängenden Betriebsausgaben/ Veräußerungskosten (§ 3c Abs. 2 EStG) (auch wenn Einnahmen in einem anderen VZ)	60%
3) Abziehbarkeit von Veräußerungsverlusten	60%
4) Abziehbarkeit Teilwertabschreibungen auf die Anteile (§ 3c Abs. 2 EStG)	60%
5) Steuerpflicht bei Zuschreibungsgewinnen (§ 6 Abs. 1 Nr. 2)	60%
Ausnahme: wenn vorher in vollem Umfang Gewinn mindernde Teilwertabschreibung oder Abzug nach § 6b EStG (§ 3 Nr. 40a EStG)	100%

Bezweckt wird mit dem Teileinkünfteverfahren eine ***Abmilderung der Doppelbelastung*** der ausgeschütteten Gewinne der Kapitalgesellschaft zum einen mit Körperschaftsteuer auf der Ebene der Kapitalgesellschaft und zum anderen mit Einkommensteuer beim Anteilseigner. Diese partielle Steuerbefreiung hat jedoch die systematische Folge, dass auch die mit den begünstigten Einnahmen in wirtschaftlichem Zusammenhang stehenden Betriebsausgaben und Veräußerungskosten in Höhe von 40% nicht abziehbar sind (§ 3c Abs. 2 EStG). Die Kapitalertragsteuer kommt auch bei Anteilen im Betriebsvermögen

(Teileinkünfteverfahren gemäß § 3 Nr. 40 EStG) weiterhin zur Anwendung (§ 43 Abs. 1 S. 3 EStG). Sie ist in diesem Falle auf die Einkommensteuerschuld des Anteilseigners anrechenbar, da hier die Abgeltungssteuer nicht greift.

Zusammenfassung:		
KapG A erwirtschaftet Gewinn und zahlt darauf 15% KSt => Dividende an =>	**Natürliche Person** zahlt ESt auf die empfangene Dividende	
KapG A	**Natürl. Person** ist beteiligt an KapG A	
	Anteile gehalten im Betriebsvermögen einer EU oder PersG ↓	Anteile gehalten im Privatvermögen ↓
	Teileinkünfteverfahren	**Abgeltungssteuer** (Wahlrecht zur Veranlagung mit persönlichem ESt-Satz)
<u>**Vorschriften:**</u>	§§ 3 Nr. 40, 3c Abs. 2, 20 Abs. 1 Nr. 1 u. 2 EStG	§ 32d Abs. 1 EStG; § 32d Abs. 6 EStG
	ESt nur auf 60% der • Dividenden • Anteilsveräußerungsgewinne	Endgültige Besteuerung mit 25% ESt auf • Dividenden • Anteilsveräußerungsgewinn
	Zugehörige Betriebsausgaben nur zu 60% abzugsfähig	Werbungskostenabzug nur zulässig i.H.d. Sparer-Pauschbetrags (801 EUR)
	§ 6b EStG (= Übertragung von Veräußerungsgewinnen bei Anteilen auf Gebäude und bewegliche Wirtschaftsgüter) bezieht sich nur auf den steuerpflichtigen Teil von 60%	Bei wesentlicher Beteiligung (> 1%) im PV sind 60% der Veräußerungsgewinne ESt-pflichtig (§ 17 i. V. m. § 3 Nr. 40 EStG)
	GewSt-Hinzurechnung der steuerbefreiten Beträge gem. § 8 Nr. 5 GewStG	Ausnahmen: § 32d Abs. 2 EStG, z. B. Einnahmen des typisch stillen Gesellschafters

<u>**Auswirkungen auf die Gewerbesteuer:**</u>
§§ 3 Nr. 40, 3c Abs. 2 EStG beeinflussen über § 7 GewStG die Höhe des Gewerbeertrags. Da das Gewerbesteuersystem von Auswirkungen des Teileinkünfteverfahrens unbeeinflusst bleiben soll, erfolgt eine entgegengerichtete Korrektur des Gewinns aus Gewerbebetrieb durch Hinzurechnung von 40% der Dividenden und Abzug von 40% der Betriebsausgaben (§ 8 Nr. 5 GewStG), sofern keine Kürzung gemäß § 9 Nr. 2a oder Nr. 7 GewStG bei Beteiligung ab 15% möglich ist.

6. Thesaurierungsbegünstigung für Einzel- und Personenunternehmen

a) Prinzipielle Regelung

Ein grundsätzlicher Unterschied in der Besteuerung von Einzelunternehmen und Personengesellschaften einerseits und Kapitalgesellschaften andererseits bestand bis zur Unternehmenssteuerreform 2008 in der unterschiedlichen Berücksichtigung der Gewinnthesaurierung und Ausschüttung bzw. Entnahme bei der steuerlichen Gewinnbelastung. Nach dem sog. Transparenzprinzip unterliegen die erwirtschafteten Gewinne einer Einzelunternehmung bzw. Personengesellschaft (neben der Gewerbesteuer auf Gesellschaftsebene) der Einkommensteuer (zuzügl. SolZ) bei den Gesellschaftern, und dies bislang unabhängig davon, ob die Gewinne entnommen wurden oder nicht. Dagegen fällt nach dem Trennungsprinzip keine Einkommensteuer bei den Anteilseignern an, solange Gewinne bei der Kapitalgesellschaft verbleiben und nicht an die Anteilseigner ausgeschüttet werden, sodass die Belastung auf die Körperschaftsteuer (zuzügl. SolZ und die Gewerbesteuer) bei der Kapitalgesellschaft begrenzt ist. Aufgrund des relativ niedrigen Körpersteuersatzes von bisher 25% ergaben sich bei Gewinnthesaurierung Steuervorteile für die Kapitalgesellschaft, die sich ab 1.1.2008 mit der Senkung des Steuersatzes auf 15% noch vergrößert hätten.

Nun haben aber seit 1.1.2008 Einzelkaufleute und die Gesellschafter von Personengesellschaften gemäß § 34a EStG die Möglichkeit (***Option***), ihre ***nicht entnommenen Gewinne begünstigt zu versteuern***. Durch diese Maßnahme sollen die Besteuerungsunterschiede zwischen Einzelunternehmen und Personengesellschaften einerseits und Kapitalgesellschaften andererseits verringert werden. Bei späterer Entnahme werden die begünstigt besteuerten Gewinnteile jedoch einer Nachversteuerung unterzogen.

Der Begünstigungssteuersatz beträgt 28,25% (zuzüglich SolZ) und bezieht sich auf die nicht entnommenen Gewinne aus Gewerbebetrieb (sowie aus Land- und Forstwirtschaft und aus selbständiger Arbeit), die im zu versteuernden Einkommen enthalten sind. Steuerpolitisches Ziel ist die Stärkung der Eigenkapitalquote und damit die Verbesserung der Investitionsfinanzierung durch Eigenkapital. Schließlich will der Fiskus dadurch der Rechtsformneutralität der Unternehmensbesteuerung näher kommen.

b) Ermittlung des begünstigten Gewinnes

Der begünstigte nicht entnommene Gewinn ist der nach § 4 Abs. 1 S.1 EStG oder § 5 EStG ermittelte Gewinn vermindert um den positiven Saldo der Entnahmen und Einlagen des Geschäftsjahres. Da die durch außerbilanzielle Hinzurechnung entstandenen Gewinne bereits verausgabt sind und daher nicht mehr thesauriert werden können, sind sie auch nicht begünstigt. Dazu gehören z. B. die nicht abzugsfähigen Aufwendungen für Geschenke über 35 EUR und seit 1.1.2008 auch die Gewerbesteuerschuld. Der nicht begünstigte Teil des Gewinns wird mit dem persönlichen Einkommensteuersatz des Gesellschafters belastet. Eine Abmilderung der Einkommensteuerbelastung ergibt sich jedoch durch die Gewerbesteueranrechnung.[1]

Die Option der Thesaurierungsbesteuerung steht nur natürlichen Personen offen, nicht dagegen Kapitalgesellschaften, die als Mitunternehmer an einer Personengesellschaft beteiligt sind. Deren Gewinnanteil unterliegt nämlich der Körperschaftsteuer. Einzelkaufleute und Gesellschafter müssen für ihren Betrieb bzw. Mitunternehmeranteil die Steuerbegünstigung nach § 34a EStG für jeden Veranlagungszeitraum beim zuständigen Finanzamt be-

[1] Siehe das folgende Kapitel B.II.7.

antragen. Da das Verfahren also nicht auf der Ebene der Personengesellschaft, sondern auf der Ebene der Mitunternehmer greift, kann jeder Mitunternehmer, dessen Gewinnanteil 10% oder 10.000 EUR übersteigt, frei entscheiden, ob er die Thesaurierungsbegünstigung wählen möchte oder nicht.

c) Nachversteuerung des begünstigt besteuerten Gewinns

Werden die begünstigt besteuerten Gewinne in späteren Geschäftsjahren aus dem Betrieb entnommen, entfällt der Begünstigungsgrund, und es ist nach § 34a Abs. 4 EStG eine Nachversteuerung durchzuführen. Der Betrag, um den die Entnahmen den nach § 4 Abs. 1 S. 1 EStG oder § 5 EStG ermittelten Gewinn und die erfolgten Einlagen übersteigen, ist, vermindert um die bereits erfolgte Belastung mit begünstigter Einkommensteuer und Solidaritätszuschlag, mit 25% plus SolZ nachzuversteuern. Verluste sind nicht zu berücksichtigen. Dabei wird angenommen, dass zuerst der begünstigte Gewinn entnommen wird und nachzuversteuern ist, bevor thesaurierte und normal besteuerte Gewinne („Alt-Rücklagen" oder thesaurierte Beträge, für die kein Begünstigungsantrag gestellt wurde) entnommen werden können.

Gemäß § 34a Abs. 6 EStG ist außerdem eine Nachversteuerung vorzunehmen, wenn der Betrieb im Sinne der §§ 14 u. 16 Abs. 1 u. 3 EStG aufgegeben oder veräußert wird oder wenn ein Betrieb oder Mitunternehmeranteil in eine Kapitalgesellschaft nach § 20 UmwStG eingebracht wird. Das Gleiche gilt, wenn der Gewinn nicht mehr nach § 4 Abs. 1 S. 1 EStG oder nach § 5 EStG (sondern z. B. nach § 4 Abs. 3 EStG) ermittelt wird oder wenn der Steuerpflichtige die Nachversteuerung beantragt.

Ob und in welcher Höhe eine Nachversteuerung vorzunehmen ist, richtet sich nach dem so gen. ***nachversteuerungspflichtigen Betrag (NVPB)*** und dem so gen. ***Nachversteuerungsbetrag (NVB)***. Der nachversteuerungspflichtige Betrag entspricht dem begünstigt besteuerten Gewinn, der noch keiner Nachversteuerung unterlegen hat, und wird vom Finanzamt jährlich neu festgestellt. Grundsätzlich wird der Nachversteuerungsbetrag nachversteuert, maximal kann jedoch nur der nachversteuerungspflichtige Betrag des Vorjahres nachversteuert werden.

Beispiel:

Begünstigter Gewinn im Jahr 01: 100 TEUR
a) Nachversteuerungsbetrag 02: 200 TEUR
b) Nachversteuerungsbetrag 02: 50 TEUR

(TEUR)	*01*	*Fall a) 02*	*Fall b) 02*
NVPB zum 1.1.	0,-	70,20	70,20
begünstigter Betrag abzügl. ermäßigte ESt (28,25%) abzügl. SolZ	100,00 – 28,25 – 1,55	0,00 – 0,00 – 0,00	0,00 – 0,00 – 0,00
NVB	0,00	200,00	50,00
Nachzuversteuern ist NVB, max. NVPB Nachversteuerung mit 25% ESt Nachversteuerung mit SolZ	 0,00 0,00 0,00	 70,20 17,55 0,97	 50,00 12,50 0,69
Steuerbelastung Nachversteuerung	0,00	18,51	13,19
NVPB zum 31.12.	70,20	0,00	20,20

7. Gewerbesteueranrechnung gemäß § 35 EStG

Da die Einkünfte aus Gewerbebetrieb im Gegensatz zu den anderen Einkunftsarten generell zusätzlich noch der Gewerbesteuer unterworfen werden, ergibt sich eine Doppelbelastung derselben Einkünfte mit Ertragsteuern. Diese Doppelbelastung wird weitgehend wieder eliminiert durch die pauschale Anrechnung (= Abzug) der Gewerbesteuer auf Einkommensteuerschuld des Einzelkaufmanns bzw. der Gesellschafter einer Personengesellschaft gemäß § 35 EStG. Allerdings sorgt ein Ermäßigungshöchstbetrag dafür, dass die Anrechnung nur entsprechend dem Anteil der positiven Einkünfte aus Gewerbebetrieb zur Summe aller positiven Einkünfte wirksam wird.

Die Anrechnung erfolgt unabhängig von der Höhe des Hebesatzes ***pauschal in Höhe des 3,8-Fachen des Gewerbesteuer-Messbetrags***. Die einfachste Berechnungsweise besteht darin, die Gewerbesteuerschuld durch den tatsächlich angewandten Hebesatz zu dividieren und anschließend mit 3,8 zu multiplizieren. Bei Personengesellschaften ist der Anrechnungsbetrag nach dem allgemeinen Gewinnverteilungsschlüssel (ohne Sondervergütungen) auf die einzelnen Gesellschafter zu verteilen. Bis zu einem Hebesatz von 380% kommt es durch die Gewerbesteueranrechnung praktisch zu einer kompletten Neutralisierung der Gewerbesteuer.[1]

8. Verlustberücksichtigung

a) Allgemeine Regelungen zur Verlustberücksichtigung im Einkommensteuerrecht

Die einkommensteuerrechtliche Berücksichtigung von Verlusten, die innerhalb einer Einkunftsart entstanden sind, vollzieht sich in mehreren genau hinsichtlich der Abfolge festgelegten Schritten.

Schritt 1: Horizontaler Verlustausgleich

Negative Einkünfte sind mit positiven Einkünften derselben Einkunftsart zu saldieren (§ 2 Abs. 2 EStG).

Beispiel:

> Herr Jan Janssen ist Mitunternehmer der JKL-OHG sowie der HIJ-OHG. Während er in der JKL-OHG im Veranlagungszeitraum 02 einen steuerlichen Gewinnanteil von 30.000 EUR erwirtschaften konnte, wurde ihm in der HIJ-OHG ein steuerlicher Verlustanteil von 50.000 EUR zugewiesen. Zunächst erfolgt ein horizontaler Verlustausgleich innerhalb der Einkünfte aus Gewerbebetrieb (§ 15 EStG). Es verbleibt in 02 ein negativer Saldo von 20.000 EUR bei den Einkünften aus Gewerbebetrieb.

Schritt 2: Vertikaler Verlustausgleich

Negative Salden einzelner Einkunftsarten werden mit positiven Salden anderer Einkunftsarten ausgeglichen. Ergebnis ist die Summe der Einkünfte (§ 2 Abs. 3 EStG).

Beispiel:

> Herr Janssen hat außerdem im gleichen Veranlagungszeitraum 02 Einkünfte aus Kapitalvermögen i. H. v. 5.000 EUR erzielt. Mit diesem Betrag wird der negative Saldo der Einkünfte aus

[1] Die Frage nach dem verbleibenden Sinn der Gewerbesteuer kann man dahingehend beantworten, dass das Gewerbesteueraufkommen den Betriebsstättengemeinden zur Finanzierung der Infrastruktur zugute kommt und dass außerdem bei Kapitalgesellschaften keine Anrechung auf die Körperschaftsteuerschuld möglich ist.

Gewerbebetrieb ausgeglichen. Der Verlustausgleich ist in diesem Falle nur unvollkommen, es verbleibt in 02 eine negative Summe der Einkünfte i. H. v. 15.000 EUR.

Schritt 3: Verlustabzug nach § 10d EStG

Sollte sich bei der Ermittlung des Gesamtbetrags der Einkünfte immer noch ein negativer Betrag ergeben, so ist zunächst ein Verlustrücktrag und – wenn erforderlich – anschließend ein Verlustvortrag vorzunehmen.

Schritt 3a): Verlustrücktrag:

Dieser beinhaltet eine Verringerung des Gesamtbetrags der Einkünfte des vorhergehenden Veranlagungszeitraums um den Verlust des betrachteten Veranlagungszeitraums. Das Finanzamt erstattet dem Steuerpflichtigen die nach Berücksichtigung des Verlustrücktrags im Vorjahr zuviel gezahlten Steuern. Um die Haushaltskasse zu schonen, ist der Verlustrücktrag begrenzt auf 511.500 EUR bei Ledigen und auf 1.023.000 EUR bei zusammen veranlagten Verheirateten.

Beispiel:

Der Gesamtbetrag der Einkünfte von Herrn Janssen im Veranlagungszeitraum 01 betrug nur 7.000 EUR. Somit ist für ihn im Jahr 02 ein Verlustrücktrag in das Jahr 01 nur in dieser Höhe möglich mit der Folge der sofortigen entsprechenden Steuererstattung für das Jahr 01.

Schritt 3b): Verlustvortrag (§ 10d Abs. 2 ESG):

Sollte der negative Gesamtbetrag der Einkünfte im betrachteten Veranlagungsjahr höher sein als der positive Gesamtbetrag im Vorjahr oder höher als der maximal zulässige Verlustrücktrag, so erfolgt anschließend ein zeitlich unbegrenzter Verlustvortrag auf zukünftige Veranlagungsjahre. Betragsmäßig ergibt sich zum einen natürlicherweise eine Beschränkung auf die Höhe des jeweiligen positiven Gesamtbetrags der Einkünfte. Sollte dieser sehr hoch sein, greift eine gesetzliche Beschränkung wiederum zwecks Schonung der Haushaltskasse („***Mindestbesteuerung***“). Der Gesamtbetrag der Einkünfte im Folgejahr kann um Verlustvorträge bis zu 1 Mio. EUR bei Ledigen (bzw. bis zu 2 Mio. EUR bei Verheirateten) unbeschränkt gemindert werden. Darüber hinaus dürfen nur bis zu 60% des 1 Mio. EUR (bzw. 2 Mio. EUR) übersteigenden Gesamtbetrags der Einkünfte des Folgejahres Verluste abgezogen werden.

Beispiel:

Herr Janssen verfügt noch über einen steuerlich nicht verwerteten Verlust i. H. v. 8.000 EUR, den er in das Jahr 03 vortragen kann. Ist der Gesamtbetrag seiner Einkünfte in 03 geringer als 8.000 EUR, so kann er den restlichen Verlust in das Jahr 04 vortragen.

Beispiel:

Der ledige Einzelkaufmann Störtebeker verfügt nach dem Verlustrücktrag in das Jahr 01 über noch nicht ausgeglichene Verluste aus dem Jahr 02 i. H. v. 3 Mio. EUR (Gesamtbetrag der Einkünfte). Der positive Gesamtbetrag der Einkünfte im Folgejahr 03 ergibt sich als 4 Mio. EUR.

Gesamtbetrag der Einkünfte im Folgejahr 03 Verlustabzug unbeschränkt (§ 10d Abs. 2 S. 1 EStG)	4 Mio. EUR – 1 Mio. EUR
= verbleibender Betrag für den beschränkten Verlustabzug Beschränkter Verlustabzug: 60% von 3 Mio. EUR	= 3 Mio. EUR – 1,8 Mio EUR
Berechnungsgrundlage für die weitere Ermittlung des Einkommens für 03	= 1,2 Mio EUR
Verbleibender Verlustvortrag: 3 Mio. EUR – 2,8 Mio. EUR	0,2 Mio EUR

Im Einkommensteuerrecht gibt es noch weitere Beschränkungen der Verlustberücksichtigung. Für Unternehmen relevant sind die Folgenden:

- Verluste im Zusammenhang mit steuerfreien Einnahmen (§ 3c EStG)
- Beschränkung bei beschränkter Haftung des Mitunternehmers (§ 15a EStG).

b) Verlustberücksichtigung bei beschränkter Haftung des Mitunternehmers (§ 15a EStG)

Eine spezielle Einschränkung der Verlustberücksichtigungsmöglichkeiten gibt es bei der Besteuerung von Mitunternehmern, deren Haftung beschränkt ist. Dies betrifft normalerweise den Kommanditisten einer KG, eine Anwendung könnte aber auch beim atypisch stillen Gesellschafter in Betracht kommen. Im Folgenden wird nur noch der Kommanditist erwähnt.

Der Kommanditist einer KG haftet gesellschaftsrechtlich nur beschränkt mit seiner Einlage für auf ihn entfallende Anteile am Verlust der KG. Die entsprechende Vorschrift im HGB (§ 167 Abs. 3 HGB) wird jedoch nach Rechtsprechung und herrschender Meinung so ausgelegt, dass diese Regelung nur die endgültige Verlusttragung bei Ausscheiden des Kommanditisten oder Auflösung der KG regelt, dass das Kapitalkonto des Kommanditisten zuvor aber durchaus negativ werden kann.

Dies eröffnete früher die Möglichkeit, durch Zuweisung von Verlusten der KG an ihre Kommanditisten, die die Kapitaleinlage weit überstiegen und mit anderen Einkunftsarten ausgeglichen werden konnten, steuerliche Vorteile zu erzielen und die Rendite auf diese Weise stark zu erhöhen. Um die Aktivitäten dieser so genannten „Verlustzuweisungsgesellschaften" einzudämmen, wurden die Verlustverrechnungsmöglichkeiten in diesen Fällen durch die Schaffung des § 15a EStG beschränkt.

Der Verlustanteil des Kommanditisten darf nur insoweit mit anderen Einkünften aus Gewerbebetrieb („horizontal") bzw. mit Einkünften aus anderen Einkunftsarten („vertikal") ausgeglichen werden oder nach § 10d EStG zurück- oder vorgetragen werden, als das Kapitalkonto des Kommanditisten durch den Verlustanteil nicht negativ wird (§ 15a Abs. 1 S. 1 EStG). Maßgebend für die Verlustberücksichtigung ist jedoch die tatsächlich vereinbarte Haftsumme, die durchaus die Höhe der Pflichteinlage übersteigen kann. Ist der Kommanditist im Handelsregister eingetragen, das Bestehen der Haftung nachgewiesen und eine Vermögensminderung durch die Haftung nicht ausgeschlossen oder unwahrscheinlich, so ist eine Verlustberücksichtigung im Jahr der Verlustentstehung bis zur Höhe der im Handelsregister eingetragenen Hafteinlage möglich, auch wenn das Kapitalkonto bereits negativ ist (§ 15a Abs. 1 S. 2 u. 3 EStG).

Wird durch den Verlustanteil das Kapitalkonto des Kommanditisten negativ bzw. die Hafteinlage überschritten, so ist der überschießende Verlustanteil nur mit Gewinnanteilen aus der Kommanditbeteiligung in zukünftigen Jahren verrechenbar. Weder ein Ausgleich mit anderen positiven Einkünften noch ein Verlustrücktrag ist möglich (§ 15a Abs. 2 EStG).

Beispielaufgabe:

Kapital des Komplementärs P der P&K KG zum 31.12.01: 100.000 EUR,
Kapital des Kommanditisten K der P&K KG zum 31.12.01: 100.000 EUR.
Der Verlustanteil beider Gesellschafter in 02 beträgt jeweils 150.000 EUR, der Gewinnanteil in 03 jeweils 50.000 EUR. Wie stellt sich die steuerliche Verlustausgleichsmöglichkeit der beiden Gesellschafter dar?

Lösung:

Zum 31.12.02 weisen die Kapitalkonten der beiden Gesellschafter in der Steuerbilanz aufgrund des Verlustanteils 02 jeweils einen Stand von – 50.000 EUR auf. Während der Vollhafter P in seiner Einkommensteuererklärung einen Verlustausgleich mit anderen positiven Einkünften (horizontaler und vertikaler Verlustausgleich) in voller Höhe durchführen kann und somit den Verlust steuerlich sofort nutzen kann, ist dem Kommanditisten K eine solche Möglichkeit nur bis zu einer Verlusthöhe von 100.000 EUR gegeben, bis sein Kapitalkonto also einen Stand von 0,- EUR erreicht hat. Der restliche Verlustanteil aus 02 i. H. v. 50.000 EUR ist nur mit zukünftigen positiven Gewinnanteilen des K aus der P&K KG verrechenbar („verrechenbarer Verlust" gem. § 15a Abs. 2 EStG). Die Begründung ist, dass er über seine Einlage hinaus auch nur mit künftigen Gewinnanteilen haftet.

Da K im Jahre 03 einen Gewinnanteil i. H. v. 50.000 EUR erzielt, kann der „verrechenbare Verlust" aus dem Vorjahr voll verwertet werden und K zahlt keine ESt auf seinen Gewinnanteil in 03. Der Komplementär P muss dagegen seinen Gewinnanteil 03 voll versteuern, da er seinen gesamten Verlustanteil aus 02 bereits im Jahre 02 steuermindernd nutzen konnte, sofern seine weiteren positiven Einkünfte in 02 dazu ausreichten.

Beispielaufgabe:

Variante: Kommanditist K der P&K KG hat auf seine im Handelsregister unter seinem Namen eingetragene Hafteinlage i. H. v. 100.000 EUR tatsächlich nur 50.000 EUR eingezahlt (per 31.12.01). Sein Verlustanteil in 02 beträgt 80.000 EUR. Die Haftung über die Höhe der Einlage hinaus ist nicht vertraglich ausgeschlossen, eine Haftungsinanspruchnahme ist nicht unwahrscheinlich. Welche Verlustausgleichsmöglichkeit hat der Kommanditist? Welche Bedeutung hat die Höhe der Pflichteinlage?

Lösung:

Auch wenn die tatsächliche Einlage des Kommanditisten nur 50.000 EUR beträgt, ist für den einkommensteuerlichen Verlustausgleich die Höhe der vereinbarten Hafteinlage maßgeblich (§ 15a Abs. 1 S. 2 EStG i. V. m. § 171 Abs. 1 HGB). Obwohl sein Kapitalkonto per 31.12.02 negativ ist (Stand: 50.000 EUR – 80.000 EUR = – 30.000 EUR) kann K also seinen Verlustanteil sofort und vollständig ausgleichen, wenn er über andere positive Einnahmen aus Gewerbebetrieb oder weitere positive Einkünfte aus anderen Einkunftsarten verfügt. Auch ein Verlustrücktrag nach § 10d EStG wäre möglich. Weitere Verluste in 03 könnten noch bis zu 20.000 EUR sofort ausgeglichen werden (Verlustausgleichspotential in 03 = Hafteinlage 100.000 EUR – Verlust in 02 80.000 EUR = 20.000 EUR.

Die Pflichteinlage entspricht i. d. R. in ihrer Höhe der Hafteinlage und ist somit über § 171 Abs. 1 HGB auch für die Verlustberücksichtigung gemäß § 15a Abs. 1 EStG maßgebend. Übersteigt die Hafteinlage die Pflichteinlage, so richtet sich der Verlustausgleichsmöglichkeit nach der Höhe der Hafteinlage, sofern die genannten formalen Voraussetzungen erfüllt sind.

Die Regelung des § 15a Abs. 1 u. 2 EStG kann jedoch dadurch umgangen werden, dass kurz vor dem Bilanzstichtag vom Kommanditisten eine Einlage erbracht wird, um das Kapitalkonto möglichst positiv zu halten und damit das Verlustausgleichspotential zu erhöhen. Nach dem Bilanzstichtag wird der Betrag sofort wieder entnommen. Eine weitere Umgehungsmöglichkeit ist, dass kurz vor dem Stichtag eine Erhöhung der Hafteinlage vorgenommen wird, um höhere Verluste sofort ausgleichen zu können, die Haftsumme danach aber gleich wieder reduziert wird, um das Risiko wieder zu verringern. Beide missbräuchlichen Gestaltungen sollen durch folgende Regelung eingedämmt werden. Nach § 15a Abs. 3 EStG werden Entnahmen, durch die ein negatives Kapitalkonto entsteht oder sich erhöht, als laufender Gewinn behandelt und in gleicher Höhe entsteht zur Kompensation ein Verlust, der mit zukünftigen Gewinnen verrechnet werden kann. Gleiches gilt auch, wenn die (erhöhte) Haftsumme nach der Verlustverrechnung gemindert wird. Somit bewirkt § 15a Abs. 3 EStG, dass im Folgejahr nach der missbräuchlichen Verlustberücksichtigung diese durch Gewinnhinzurechnung wieder rückgängig gemacht wird und in das Verlustverrechnungssystem des § 15a Abs. 2 EStG transformiert wird. Mithin stellt sich dasselbe Ergebnis ein, wie wenn die Einlage kurz vor dem Bilanzstichtag nicht erfolgt wäre bzw. die Außenhaftung nicht erst nach dem Stichtag, sondern bereits vor dem Bilanzstichtag wieder reduziert worden wäre.

Beispielaufgabe:

Die geleistete Pflichteinlage (= Hafteinlage) des Kommanditisten K zum 31.12.01 beträgt 100.000 EUR. Kurz vor Ende des Jahres 02 lässt der Kommanditist K seine Haftsumme durch Eintrag im Handelsregister auf 200.000 EUR erhöhen. Der Verlustanteil für das Jahr 02 ergibt sich als 200.000 EUR. Kurz nach dem Stichtag lässt K in 03 seine Haftsumme wieder auf 100.000 EUR verringern, sein Verlustanteil 03 beträgt 25.000 EUR. Wie kann K seine Verlustanteile einkommensteuerlich berücksichtigen?

Lösung:

Da die Haftsumme des K zum 31.12.02 200.000 EUR beträgt, kann der Verlustanteil in voller Höhe im Jahr 02 mit positiven Einkünften horizontal und vertikal ausgeglichen werden bzw. ein Verlustabzug gemäß § 10d EStG getätigt werden. Die Haftungsminderung in 03 um 100.000 EUR hat zur Folge, dass im Jahr 03 bei K einkommensteuerlich eine Gewinnhinzurechnung ebenfalls i. H. v. 100.000 EUR gemäß § 15a Abs. 3 S. 3 EStG vorzunehmen. Gleichzeitig mindert dieser Hinzurechnungsbetrag die von K zu versteuernden Gewinnanteile an der KG in den Folgejahren (§ 15a Abs. 3 S.4 EStG). Als verrechenbarer Verlust zum 31.12.03 wird daher ein Betrag von 125.000 EUR festgestellt.

Eine Gewinnhinzurechnung nach § 15a Abs. 3 S. 1 EStG unterbleibt jedoch, wenn durch die Entnahme des Kommanditisten dessen Außenhaftung gemäß § 172 Abs. 4 HGB wieder auflebt. Dies ist der Fall, wenn Einlagen an den Kommanditisten zurückbezahlt werden oder wenn dieser Gewinnanteile (satzungsgemäß) entnimmt, obwohl der Stand seines Kapitalkontos durch Verluste unter die geleistete Einlage herabgemindert wurde.

Beispielaufgabe:

Die Pflichteinlage (= Hafteinlage = tatsächliche Einlage) des Kommanditisten K betrage zum 31.12.01 100.000 EUR, der Verlustanteil für das Jahr 02 ebenfalls 100.000 EUR. In 03 wird durch K eine Entnahme i. H. v. 30.000 EUR getätigt, sein Verlustanteil 03 beträgt 25.000 EUR. Wie entwickelt sich die Außenhaftung von K, wie kann eine seine Verlustanteile einkommensteuerlich berücksichtigen?

Lösung:

Per 31.12.02 ist der Stand des Kapitalkontos von K gleich Null. Das bedeutet, dass der Verlustanteil aus 02 im selben Jahr durch andere positive Einkünfte voll ausgleichsfähig ist (§ 15a Abs. 1 u. 2 EStG). Zum 31.12.03 ergibt sich ein Stand von – 55.000 für das Kapitalkonto von K. Trotz des negativen Kapitalkontos wird der Verlustanteil 03 nicht den „verrechenbaren Verlusten“ gemäß § 15a Abs. 2 EStG zugeordnet, sondern kann sofort ausgeglichen oder abgezogen werden. Der Grund ist, dass nach § 172 Abs. 4 HGB die Außenhaftung des Kommanditisten gegenüber Gläubigern entsprechend ansteigt, wenn die Einlage des Kommanditisten (teilweise) an diesen zurückgezahlt wird. Die Außenhaftung steigt im vorliegenden Falle also durch die Entnahme in 03 von 0,- EUR auf 30.000 EUR an, sodass hier keine Gewinnhinzurechnung i.H.d. Einlage gem. § 15a Abs. 3 EStG erfolgen muss. Da der Verlustanteil 03 aber das negative Kapitalkonto noch erhöht, ist er nicht ausgleichsfähig, sondern gehört zu den verrechenbaren Verlusten (§ 15a Abs. 1 i. V. m. Abs. 2 EStG).

Mit dem Jahressteuergesetz 2009 wurde der Absatz 1a in den § 15a EStG eingefügt. Danach führen ***nachträgliche Einlagen*** nicht zu einer nachträglichen Ausgleichs- oder Abzugsfähigkeit des vorhandenen verrechenbaren Verlustes. Nachträgliche Einlagen sind in diesem Zusammenhang solche, die nach Ablauf eines Wirtschaftsjahrs, in dem ein nicht ausgleichs- oder abzugsfähiger Verlust i.S.v. § 15a Abs. 1 EStG entstanden ist, geleistet werden. Zweck der Vorschrift ist es, Gestaltungspielräume in Form willkürlicher Einlagen zur Schaffung von Verlustausgleichsvolumen einzuschränken. Diese Möglichkeit hatte sich als Folge der neueren BFH-Rechtsprechung[1] ergeben, die zur bisherigen Auffassung der Finanzverwaltung im Widerspruch steht, dass nachträgliche Einlagen des Kommanditisten einen für frühere Zeiträume festgestellten verrechenbaren Verlust nicht zu einem ausgleichsfähigen umqualifizieren können. Die Neuregelung schreibt die Verwaltungsauffassung fest. Auch kann bei einem negativen Kapitalkonto durch eine Einlage kein Verlustausgleichsvolumen für zukünftige Wirtschaftsjahre geschaffen werden. Allerdings trifft der Gesetzgeber mit der Neuregelung nicht nur Gestaltungsfälle, sondern auch die Fälle, in denen die Gesellschafter durch zusätzliche Einlagen das Überleben eines Unternehmens mit schlechter Ertragslage sichern wollen.

Beispielaufgabe:

Bei einer geleisteten Pflichteinlage (= Hafteinlage) von 100.000 EUR beträgt aufgrund von zugewiesenen Verlusten i. H. v. 150.000 EUR in 01 der Stand des Kapitalkontos des Kommanditisten K zum 31.12.01 – 50.000 EUR. Aufgrund eines Gesellschafterbeschlusses erbringt K im Jahre 2002 eine zusätzliche Einlage i. H. v. 50.000 EUR. Für 02 und 03 werden ihm Verluste von jeweils 15.000 EUR zugewiesen. Wie kann K seine Verlustanteile einkommensteuerlich berücksichtigen? Was passiert mit den Verlusten, wenn K anschließend seine Beteiligung zum Preis von 5.000 EUR veräußert?

Lösung:

Der Verlustanteil des K in 01 ist zum Betrag von 100.000 EUR ausgleichs- oder abzugsfähig. Die restlichen 50.000 EUR stellen einen verrechenbaren Verlust dar, da das Kapitalkonto per 31.12.01 in dieser Höhe negativ ist. Durch die weitere Einlage von 50.000 EUR in 02 wird der Stand des Kapitalkontos wieder auf Null gebracht. Nur der Verlustanteil 02 i. H. v. 15.000 EUR im Jahr der zusätzlichen Einlage ist voll ausgleichs- und abzugsfähig, reduziert aber den Kapitalkontostand auf – 15.000 EUR.[2] Nach § 15a Abs. 1a EStG ist der Verlust von 15.000 EUR im Folgejahr 03, der zu einem Kapitalkontostand von – 30.000 EUR führt, nur als verrechenbarer Verlust festzustellen, obwohl der noch nicht verbrauchte Betrag der nachträglichen Einlage 35.000 EUR beträgt. Damit sind bis zum 31.12.03 nur Verluste i. H. v. 115.000 EUR bei K steuerlich wirksam geworden, obwohl seine Gesamteinlage 150.000 EUR beträgt. Wenn K anschließend seine Beteiligung zum Preis von 5.000 EUR veräußert, entsteht aufgrund des negativen Stands seines Kapitalkontos ein Veräußerungsgewinn in Höhe von 5.000 – (– 30.000) = 35.000 EUR. Nach Abzug des verrechenbaren Verlusts von insgesamt 65.000 EUR verbleibt noch ein Verlust von 30.000 EUR, der im Zeitpunkt der Veräußerung bis zur Höhe der nachträglichen Einlagen i.S.v. § 15a Abs. 1a EStG steuerlich zu berücksichtigen ist.

Die Verlustverrechnung gemäß § 15a EStG bezieht sich nur auf Verluste bzw. Gewinne sowie auf den Stand der Kapitalkonten der Steuerbilanz der Personengesellschaft (Gesamthand) einschließlich eventueller Ergänzungsbilanzen. Gewinne, Verluste und Sondervergü-

---

[1] Vgl. BFH 26.6.2007, BStBl. 2007 II, S. 934; BMF 19.11.2007, BStBl. 2007 I, S. 823; BFH 14.10.2003, BStBl. 2004 II, S. 359; BMF 14.4.2004, BStBl. 2004 I, S. 463.

[2] Vgl. auch OFD Frankfurt/Main, Vfg. vom 17.1.2002, StuB 2002, S. 445.

tungen sowie der Stand der Kapitalkonten in den ***Sonderbilanzen*** der einzelnen Gesellschafter werden im Rahmen des § 15a EStG ***nicht berücksichtigt*** und erhöhen somit auch nicht die Verlustausgleichsmöglichkeiten. Das gleiche gilt für Eigenkapital ersetzende Gesellschafterdarlehen, die im Rahmen des § 15a EStG als Fremdkapital angesehen werden.

9. Veräußerung von (Teil-)Betrieben und Mitunternehmeranteilen

Die einkommensteuerliche Behandlung der Veräußerungsgewinne bei der Veräußerung von Betrieben (Einzelunternehmen oder Personengesellschaften), von Teilbetrieben und von Mitunternehmeranteilen enthält § 16 EStG.

Definition:

Veräußerungsgewinn = Veräußerungspreis – Buchwert – Veräußerungskosten

Anwendungsfälle:

1. Eine ***Betriebsveräußerung im Ganzen*** liegt vor, wenn alle wesentlichen Betriebsgrundlagen (z. B. die Produktionsanlage des Industriebetriebs oder die Ausstellungshallen eines Möbelhändlers) veräußert werden.

2. Die ***Veräußerung eines Teilbetriebs*** ist nur gegeben, wenn dieser selbständig lebensfähig ist, also wenn es sich um eine Filiale oder Zweigniederlassung handelt.

3. Als Teilbetrieb gilt aber auch die ***im Betriebsvermögen gehaltene 100%ige Beteiligung an einer Kapitalgesellschaft*** (§ 16 Abs. 1 S. 2 EStG). In diesem Fall ist jedoch § 34 EStG nicht anwendbar. Nach dem Teileinkünfteverfahren ist aber sowieso nur 60% des Veräußerungsgewinns steuerpflichtig (§ 3 Nr. 40 Buchst. b EStG). Der Freibetrag nach § 16 Abs. 4 EStG ist voll abziehbar. Für den steuerfreien Teil gilt kein Progressionsvorbehalt.

4. Veräußerung von ***Mitunternehmeranteilen.***

Rechtsfolgen:

- ***Freibetrag gemäß § 16 Abs. 4 EStG:*** In diesen 4 Fällen wird einem Steuerpflichtigen, der das 55. Lebensjahr vollendet hat oder berufsunfähig ist, einmalig ein Veräußerungs-Freibetrag in Höhe von 45.000 EUR gewährt, um den der Veräußerungsgewinn gekürzt wird. Übersteigt allerdings der Veräußerungsgewinn 136.000 EUR, so verringert sich dieser Freibetrag um den übersteigenden Betrag.

- ***Tarifbegünstigung gemäß § 34 EStG:*** Da es sich um eine Zusammenballung von außerordentlichen Einkünften handelt, kann der Steuerpflichtige die Tarifbegünstigung des § 34 EStG in Anspruch nehmen. Diese besteht in der Fünftelung des steuerpflichtigen Veräußerungsgewinns mit anschließender Verfünffachung der darauf entfallenden Einkommensteuerschuld. Auf diese Weise wird das Ansteigen des Steuersatzes aufgrund der geballt anfallenden Einnahmen verringert, die Progression also gemindert. Hat der Steuerpflichtige das 55. Lebensjahr vollendet oder ist er berufsunfähig und überschreitet der Veräußerungsgewinn nicht den Betrag von 5 Mio. EUR, so kann statt der Fünftelung eine Besteuerung mit 56% des durchschnittlichen Steuersatzes, der sich auf das Gesamteinkommen ergäbe, mindestens jedoch 15%, gewählt werden. Diese Möglichkeit kann der Steuerpflichtige nur einmal im Leben in Anspruch nehmen. Beim Verkauf von Anteilen an Kapitalgesellschaften, die als Teilbetrieb gelten, ist der ermäßigte Steuersatz jedoch nicht zulässig.

C Gewerbesteuer

Lernziele:

Der Leser soll

- *die wichtigsten Merkmale der Gewerbesteuer erfahren*
- *das System der Gewerbesteuer verstehen und die wichtigsten Hinzurechnungen und Kürzungen kennen lernen*
- *sich mit der Berechnung der Gewerbesteuer-Rückstellung vertraut machen*
- *die Bedeutung der Gewerbesteuer für die Gemeinden und die Problematik für ertragsschwache Unternehmen beurteilen lernen*
- *Funktionsweise und Wirkungen des Konstrukts der körperschaftsteuerlichen Organschaft im Grundsatz kennen lernen.*

I Charakterisierung, Steuertarif, Steuerpflicht

Die Gewerbesteuer ist eine	Ertragsteuer, da ihre Bemessungsgrundlage zum Teil gewinnabhängig ist.
Die Gewerbesteuer ist eine	Gemeindesteuer, da das Aufkommen überwiegend den Gemeinden zusteht.
Die Gewerbesteuer ist eine	Realsteuer (Objektsteuer), da das objektive Betreiben eines Gewerbes besteuert wird, grundsätzlich unabhängig von individuellen Unterschieden und von persönlichen Verhältnissen des Inhabers (z. B. Lebensalter, Familienstand).
Steuersubjekt/-schuldner:	Der Unternehmer, auch die Personengesellschaft, sofern sie eine gewerbliche Tätigkeit ausübt (§ 5 GewStG). Kapitalgesellschaften immer, da sie kraft Rechtsform gewerblich tätig sind (§ 2 Ab. S. 2 GewStG).
Steuerobjekt:	Betreiben eines Gewerbes im Inland (stehender Gewerbebetrieb mit inländischer Betriebsstätte (§ 2 Abs. 1 GewStG) sowie inländischer Reisegewerbebetrieb (§35a GewStG)).
Bemessungsgrundlage:	Gewerbeertrag.
Steuertarif:	Einheitliche Steuermesszahl 3,5% * Hebesatz der Gemeinde.
Erhebungsform:	Veranlagungssteuer, das heißt, dass vom Steuerpflichtigen eine Steuererklärung über die Höhe seines Gewerbeertrags im Veranlagungszeitraum abzugeben ist, die vom Finanzamt zur Grundlage der Steuererhebung gemacht wird („Veranlagung"). Veranlagungszeitraum ist das Kalenderjahr. Vierteljährlich sind Vorauszahlungen zu leisten (§ 19 GewStG).
Rechtsgrundlagen:	GewStG, GewStDV; Verwaltungsanweisungen: GewStR.

Das Gewerbesteueraufkommen fließt überwiegend den Gemeinden, in denen die Betriebsstätten liegen, zu und soll die Finanzierung von Infrastrukturinvestitionen, die durch die Gewerbeansiedlungen erforderlich sind, ermöglichen. Entsprechend haben die Gemeinden durch die ***autonome Festlegung des Hebesatzes*** die Möglichkeit der Einflussnahme auf die Höhe der Gewerbesteuer. Die Steuermesszahl von 3,5% ist dagegen in § 11 GewStG einheitlich fixiert. Der Begriff Gewerbesteuersatz kommt im GewStG nicht vor: Ein faktischer Steuersatz kann aber durch Multiplikation der Steuermesszahl mit dem Hebesatz ermittelt werden.

Durch die Entscheidung über die Höhe des Hebesatzes können Gemeinden die Ansiedlung von Gewerbebetrieben fördern oder erschweren. Arme Gemeinden stecken dabei in dem Dilemma, dass sie einerseits höhere Einnahmen benötigen, andererseits durch einen niedrigen Hebesatz Gewerbebetriebe anlocken müssten. Im Durchschnitt liegt der Hebesatz in Deutschland bei etwa 390 Prozentpunkten. Der Schwankungsbereich liegt bei 300% bis 490% (München).

Häufig kommt es vor, dass ein Betrieb zahlreiche inländische Betriebsstätten (insbesondere Fabrikations- oder Werkstätten, Zweigniederlassungen, § 12 AO) an verschiedenen Orten unterhält. Würde die gesamte Gewerbesteuer nur der Gemeinde, in der sich der rechtliche Sitz des Unternehmens befindet, zugute kommen, könnten Infrastrukturinvestitionen in den übrigen Gemeinden mit Betriebsstätten des Unternehmens nicht finanziert werden. Daher wird der gesamte Gewerbesteuer-Messbetrag eines Unternehmens in solchen Fällen auf die einzelnen Gemeinden, in denen sich Betriebsstätten des Unternehmens befinden verteilt (***„Zerlegung“***, §§ 28–34 GewStG). Als Aufteilungsmaßstab dient die Summe der Arbeitslöhne, die in den Betriebsstätten der einzelnen Gemeinden gezahlt wurde.

Ein ***steuerpflichtiger Gewerbebetrieb*** bzw. ein gewerbliches Unternehmen im Sinne der Gewerbesteuer wie auch der Einkommensteuer liegt vor aufgrund:

Gewerblicher Betätigung	***Gewerblicher Prägung***	***Rechtsform***
Einzelunternehmen und Personengesellschaften, die eine gewerbliche Tätigkeit i.S.v. § 1 HGB ausüben, die folgende Bedingungen erfüllt (§ 15 Abs. 2 EStG, § 2 Abs. 1 GewStG):	Personengesellschaften auch ohne gewerbliche Betätigung (z. B. Vermögensverwaltung), bei denen die folgenden Bedingungen erfüllt sind (§ 15 Abs. 3 EStG):	Kapitalgesellschaften sind Gewerbebetrieb kraft Rechtsform (§ 2 Abs. 2 GewStG)
• Selbständige Tätigkeit (auf eigene Rechnung und Gefahr; nicht weisungsgebunden) • Nachhaltige Tätigkeit (einmal mit Wiederholungsabsicht) • Gewinnerzielungsabsicht (über Steuerersparnis hinaus; auch als Nebenzweck) • Beteiligung am allgemeinen wirtschaftlichen Verkehr • Weder Land- und Forstwirtschaft noch selbständige Arbeit i.S. des ESt-Rechts	• Ausschließlich eine oder mehrere Kapitalgesellschaften sind persönlich haftende Gesellschafter <u>und</u> • Nur diese oder Nichtgesellschafter sind Geschäftsführer der Personengesellschaft	

II Grundprinzipien der Besteuerung des Gewerbebetriebs

Grundprinzip 1:

Besteuerung eines objektivierten Gewerbeertrags des Gewerbebetriebs, unabhängig von individuellen Unterschieden.

So wird z. B. bei der Besteuerung der mit dem eingesetzten Gewerbekapital erwirtschafteten Erträge grundsätzlich kein Unterschied gemacht zwischen einer Finanzierung mit Eigen- oder mit Fremdkapital. Folglich wird nicht nur der dem Eigenkapital zuzurechnende Gewinn, sondern es werden auch die an Fremdkapitalgeber gezahlten Schuldzinsen (nach Abzug eines Freibetrags) besteuert. Es liegt somit keine reine Ertragsteuer vor, da auch mit Auszahlungen verbundene Aufwendungen besteuert werden. In Zeiten ungünstiger Konjunktur oder schlechter betriebsindividueller Ertragslage stellt dies eine kaum tragbare Belastung der Unternehmen dar. Andererseits wird auf diese Weise das Steueraufkommen der Gemeinden stabilisiert.

Grundprinzip 2:

Keine Doppelbelastung mit Realsteuern (bzw. Objektsteuern)

Realsteuern sind die Gewerbesteuer und die Grundsteuer. Um dies zu erreichen, werden bestimmte Kürzungen der Bemessungsgrundlage vorgenommen.

III Ermittlung des Gewerbeertrags, der Steuerschuld und der Gewerbesteuer-Rückstellung

1. Prinzipielle Berechnung

Bislang war als wichtiger Posten die Hälfte der Entgelte auf langfristige Schulden dem Gewinn aus Gewerbebetrieb wieder hinzuzurechnen, da das langfristige Fremdkapital genauso wie das investierte Eigenkapital besteuert werden sollte. Seit 1.1.2008 umfasst die Hinzurechnung Entgelte aus kurz- und langfristigen Schulden, allerdings nur in Höhe von 25% und unter Berücksichtigung eines Freibetrags in Höhe von 100.000 EUR (§ 8 Nr. 1a GewStG).

Bei der Hinzurechnung gemäß § 8 Nr. 1 GewStG[1] (also z. B. auch bei Mieten und Leasingraten) bleibt die steuerliche Behandlung beim Gläubiger der jeweiligen Entgelte – im Gegensatz zu früher – nunmehr ohne Beachtung. So kann es sein, dass sowohl der Mieter als auch der Vermieter auf denselben Betrag Gewerbesteuer zahlen müssen. Zu den Entgelten für Schulden gehören Zinsen, Bankgebühren, ein Disagio und auch der Aufwand aus einem nicht dem gewöhnlichen Geschäftsverkehr entsprechenden Skonto.

Seit 1.1.2008 ist die Gewerbesteuer keine abziehbare Betriebsausgabe mehr. Sie mindert also weder ihre eigene Bemessungsgrundlage noch die der Einkommensteuer und der Körperschaftsteuer. Auf diese Weise wird die Berechnung der Gewerbesteuerschuld zwar sehr vereinfacht, aber die Belastung der Unternehmen erhöht sich. Als Ausgleich wurde die

[1] Vgl. koordinierter Ländererlass der Finanzverwaltung zu § 8 Nr. 1 GewStG vom 4.7.2008.

sog. Steuermesszahl auf 3,5% einheitlich gesenkt. Andererseits wurde der bisherige Staffeltarif für Einzelunternehmen und Personengesellschaften abgeschafft, der Freibetrag in Höhe von 24.500 EUR für diese Rechtsformen dagegen beibehalten.

Nach den handelsrechtlichen GoB ist im handels- und steuerrechtlichen Jahresabschluss als Gewerbesteueraufwand der Betrag zu berücksichtigen, der im betrachteten Wirtschaftsjahr wirtschaftlich verursacht wurde, also die gesamte Gewerbesteuerschuld. Da jedoch nur die vierteljährlichen Vorauszahlungen gezahlt und als Steueraufwand gebucht wurden, muss die restliche Steuerschuld einer ***Gewerbesteuer-Rückstellung*** zugeführt und ebenfalls als Steueraufwand gebucht werden. Seit 1.1.2008 ist die Gewerbesteuer jedoch keine den steuerlichen Gewinn mindernde Betriebsausgabe mehr (§ 4 Abs. 5b EStG). Der gesamte Gewerbesteueraufwand muss daher außerhalb der Steuerbilanz dem Gewinn wieder hinzugerechnet werden.

Beispiel:

Berechnung der Gewerbesteuer-Rückstellungen	**(EUR)**
Gewinn aus Gewerbebetrieb (bzw. KSt-Einkommen)	150.000
+ Hinzurechnungen	+ 250.000
– Kürzungen	– 75.500
= Gewerbeertrag (= GewE)	= 324.500
– Freibetrag (nur für EU/PersG)	– 24.500
= maßgeblicher Gewerbeertrag	= 300.000
* 0,035 GewSt-Messzahl= GewSt-Messbetrag	10.500
*4,00 Hebesatz = Gewerbesteuerschuld	42.000
– Gewerbesteuervorauszahlungen (quartalsweise)	– 28.000
= Zuführung zu den Gewerbesteuer-Rückstellungen	= 14.000

<u>BS:</u> EE-Steueraufwand an Bank (quartalsweise) 28.000 EUR.

<u>BS:</u> EE-Steueraufwand an Gewerbesteuer-Rückstellungen 14.000 EUR.

2. Die Ermittlung im Einzelnen

a) Das gesetzliche Schema zur Ermittlung von Gewerbeertrag und Gewerbesteuerschuld

Ausgangsgröße: Gewinn (Verlust) aus Gewerbebetrieb bzw. KSt-Einkommen (Verlust) (§7 GewStG)

+ Hinzurechnungen (§ 8 GewStG)

- Ein Viertel der Summe aus folgenden Aufwendungen
  - Entgelte für Schulden (einschl. außergewöhnl. Skonti) (§ 8 Nr. 1a GewStG)
  - Renten und dauernde Lasten (§ 8 Nr. 1b GewStG)
  - Gewinnanteile des stillen Gesellschafters (§ 8 Nr. 1c GewStG)
  - Miet- u. Pachtzinsen (inkl. Leasingraten) für bewegl. WG (20%) (§ 8 Nr. 1d)
  - Miet- u. Pachtzinsen (inkl. Leasingraten) für unbewegl. WG (65%) (§ 8 Nr. 1e)
  - Aufwendungen für die befristete Überlassung von Rechten (insbes. Konzessionen und bestimmte Lizenzen) (1/4) (§ 8 Nr. 1f GewStG)

  - - Freibetrag 100.000 EUR

- Gewinnanteile persönlich haftender Gesellschafter einer KGaA (§ 8 Nr. 4 GewStG)
- Freistellungen durch Teileinkünfte- u. Freistellungsverfahren (§ 8 Nr. 5 GewStG)
- Verlustanteile aus Mitunternehmerschaften (§ 8 Nr. 8 GewStG)
- Spenden von Kapitalgesellschaften i.S.v. § 9 Abs. 1 Nr. 2 KStG (§ 8 Nr. 9 GewStG)
- Bestimmte Gewinnminderungen aus Teilwertabschreibungen oder Veräußerung/ Entnahme von Anteilen an Kapitalgesellschaften oder Kapitalherabsetzungen (§ 8 Nr. 10 GewStG)
- Angerechnete ausländische Steuern auf gewerbesteuerfreie Gewinnanteile (§ 8 Nr. 12 GewStG)

- Kürzungen (§ 9 GewStG)

- Pauschale Erträge aus Grundbesitz (0,012 * 1,4 * Einheitswert Grundstücke) (§ 9 Nr. 1 GewStG)
- Gewinnanteile aus Mitunternehmerschaften (§ 9 Nr. 2 GewStG)
- Schachtelerträge (§ 9 Nr. 2a GewStG)
- Nach § 8 Nr. 4 hinzugerechnete Gewinnanteile einer KGaA, wenn sie in der Ausgangsgröße enthalten sind (§ 9 Nr. 2b GewStG)
- Gewerbeertrag ausländischer Betriebsstätten (§ 9 Nr. 3 GewStG)
- Spenden aus Mitteln des GewB bis 0,2 * (Gewinn+Hinzur. § 8 Nr. 9) oder bis 4/1000 * (Umsätze+Löhne+Gehälter) zzgl. bis zu 1 Mio. EUR von EU/PersG an Stiftungen (§ 9 Nr. 5 GewStG)
- Erträge aus der Beteiligung (mind. zu 15%; mind. seit 12 Monaten) an ausländischen Kapitalgesellschaften, die gem. AStG aktiv tätig sind (§ 9 Nr. 7 GewStG)
- Gewinne aus Anteilen (mind. 15%) an einer ausländischen Gesellschaft, die nach einem DBA von der Gewerbesteuer befreit sind (§ 9 Nr. 8 GewStG)

= Gewerbeertrag vor Verlustabzug
– Gewerbeverlustabzug gemäß § 10a GewStG
= Gewerbeertrag (auf ganze 100 EUR gerundet) (§ 11 Abs. 1 GewStG)
– Freibetrag 24.500 EUR (Einzelkaufleute u. Personengesellschaften) (§ 11 Abs. 1 Nr. 1)
= maßgebender Gewerbeertrag
* Steuermesszahl nach dem Gewerbeertrag (3,5%) (§ 11 Abs. 2 GewStG)
= Gewerbesteuermessbetrag
* Hebesatz (der Gemeinde)
= Gewerbesteuerschuld

b) Die Ausgangsgröße (§ 7 GewStG)

Die Ausgangsgröße bei der Ermittlung des Gewerbeertrags ist der nach dem EStG oder dem KStG zu ermittelnde Gewinn aus Gewerbebetrieb des entsprechenden Veranlagungszeitraums (§ 7 S. 1 GewStG).

Gewinne, die bei der Veräußerung oder Aufgabe eines Betriebs, Teilbetriebs, eines Mitunternehmeranteils oder des Anteils eines Komplementärs einer KGaA anfallen, sind grundsätzlich gewerbesteuerfrei, da nur die laufenden Gewinne eines Gewerbebetriebs von der Gewerbesteuer erfasst werden. Entsprechend dürfen Veräußerungsverluste nicht den Gewerbeertrag mindern. Um Missbräuche zu vermeiden, beschränkt der Gesetzgeber diesen Grundsatz in § 7 S.2 GewStG nur auf die Fälle und auf den Umfang, in dem der Veräußerungsgewinn auf eine natürliche Person, die unmittelbar beteiligter Mitunternehmer ist, entfällt. Erfolgt die Veräußerung durch eine Kapitalgesellschaft oder durch eine Personengesellschaft, besteht Gewerbesteuerpflicht.

Gewinne aus der Veräußerung von Anteilen an Kapitalgesellschaften werden dagegen von der Gewerbesteuer erfasst, selbst wenn eine 100%ige Beteiligung veräußert wird[1]. Grund ist, dass es sich dabei nicht um eine Betriebsveräußerung oder -aufgabe durch einen Unternehmer oder Mitunternehmer handelt, sondern dass nur Anteile veräußert werden. In diesem Falle wirken sich das Freistellungsverfahren gemäß § 8b KStG und das Teileinkünfteverfahren gemäß § 3 Nr. 40 und § 3c EStG direkt auf die Ausgangsgröße der Gewerbeertragsermittlung aus. Die Hinzurechnungsvorschrift § 8 Nr. 5 GewStG greift bei Veräußerungsgewinnen nicht.

c) Die Hinzurechnungen (§ 8 GewStG)

Entgelte für Schulden (einschl. außergewöhnlicher Skonti) (§ 8 Nr. 1a GewStG)
Während im alten Recht die Hälfte der Entgelte für Dauerschulden dem Gewinn aus Gewerbebetrieb wieder hinzugefügt werden mussten, umfasst die Hinzurechnung ab 1.1.2008 jegliche Entgelte aus Schulden, jedoch nur noch in Höhe von 25%. Zuvor wird noch ein Freibetrag von 100.000 EUR abgezogen, der allerdings für sämtliche Hinzurechnungen nach § 8 Nr. 1 GewStG gilt.

Durch den Wegfall der Abgrenzung der Dauerschuldentgelte, sind nun die Umgehungsmöglichkeiten durch finanzielle Gestaltungsmaßnahmen geschlossen, mit denen sich bisher Heere von Steuerexperten in den Unternehmen beschäftigt haben. Seltsamerweise hat der Gesetzgeber sofort eine neue Ursache für Abgrenzungsstreitigkeiten geschaffen. Der Entgeltbegriff ist nämlich – offenbar zur Abwehr von Gestaltungsmaßnahmen – um den Aufwand aus ***nicht dem gewöhnlichen Geschäftsverkehr entsprechenden Skonti*** erweitert worden. Dieser Aufwand entsteht dadurch, dass üblicherweise dem Kunden ein Preisabschlag gewährt wird, wenn er das vereinbarte Zahlungsziel nicht nutzt, sondern innerhalb weniger Tage nach Rechnungsempfang den Betrag begleicht. Dieser als Erlösberichtigung oder Skontoaufwand gebuchte Betrag soll nach dem Verständnis des Gesetzgebers im Wesentlichen die Geschäftsbeziehung fördern, wenn er geschäftsüblich ist. Geschäftsübliche Skonti unterliegen nicht der Hinzurechnungspflicht. Welches Skonto nicht dem gewöhnlichen Geschäftsverkehr entspricht, muss im Einzelfall bestimmt werden und ist von Branche zu Branche verschieden. Eine Hinzurechnung des gewährten Skontos muss erfolgen, wenn die Finanzierungsfunktion im Vordergrund steht und nicht die Kundenbindung an das eigene Unternehmen. Davon ist z. B. dann auszugehen, wenn ein ungewöhnlich langes Zahlungsziel mit Skontoabzug gewährt wird. Nicht von der Hinzurechnungsvorschrift erfasst werden Aufwendungen, soweit sie durch die Anwendung steuerlicher Abzinsungsvorschriften bei Verbindlichkeiten gem. § 6 Abs. 1 Nr. 3 EStG anfallen. Weiterhin gehören die Diskontbeträge bei der Veräußerung von Wechseln und Forderungspapieren aus schwebenden Geschäften zu den hinzuzurechnenden Entgelten.

Kreditinstituten wird in § 19 GewStDV ein ***Privileg*** bei der Hinzurechnung von Entgelten für Schulden eingeräumt. Sie müssen nur die Entgelte für diejenigen Schulden hinzurechnen, um den der Wert ihres Anlagevermögens (Grundstücke, Gebäude, Betriebs- und Geschäftsausstattung u. ä.) das Eigenkapital übersteigt. Damit bleiben Entgelte für die Fremdfinanzierung der eigentlichen Bankgeschäfte gewerbesteuerfrei. Zwecks Förderung des

[1] Nach § 16 EStG wird dieser Fall allerdings genauso wie eine Betriebsveräußerung behandelt.

Finanzplatzes Deutschland sind seit 2003 so genannte Zweckgesellschaften gemäß § 19 Abs. 3 Nr. 2 u. 3 GewStDV völlig von der Hinzurechnung von Schuldzinsen befreit. Die Tätigkeit solcher Zweckgesellschaften beschränkt sich ausschließlich auf den Ankauf von Kreditforderungen der Banken oder von Kreditrisiken und auf die Emission von Schuldtiteln zur Finanzierung dieser Ankäufe. Die emittierten Schuldtitel sind durch die Kreditforderungen gedeckt (Asset Backed Securities) oder deren Rückzahlung ist an die Entwicklung der Kreditforderungen gebunden (Credit Linked Notes). Interessant ist, dass die Aktivitäten solcher Zweckgesellschaften die Ursache für die Ausweitung der amerikanischen Hypothekenkrise zu der internationalen Finanzmarktkrise 2007/2008 waren.

Renten und dauernde Lasten (§ 8 Nr. 1b GewStG)
Auch wenn es keine Beschränkung mehr auf Renten und dauernde Lasten gibt, die auf Gründung oder Erwerb des Betriebs zurückzuführen sind, dürften so genannte Kaufpreisrenten der Hauptanwendungsfall sein. Ein Gewerbebetrieb oder bestimmte Rechte werden also gegen (Leib-)Rentenzahlungen erworben. Eine Hinzurechnung erfolgt nur dann, wenn der Empfänger der Zahlung nicht der Gewerbesteuer unterliegt. Bei (Leib-) Rentenzahlungen wird nur der versicherungsmathematisch zu berechnende so genannte Ertragsanteil hinzugerechnet. Er richtet sich nach dem Alter des Rentenempfängers und entspricht der Verzinsung des Rentenstammrechts (Barwert der Rente). Somit werden also nach dem Grundprinzip I die aus dem investierten Kapital erwirtschafteten Zinsen besteuert. Der übrige Teil der Rentenzahlung entspricht der jährlichen Änderung des Rentenbarwerts, also der Tilgung des Passivpostens und ist daher kein Aufwand (R 49 Abs. 3 GewStR).

Bei dauernden Lasten, also bei laufenden Unterhaltsleistungen, die z. B. aus einem Vermächtnis im Zusammenhang mit einem ererbten Betrieb stammen, ist der Gesamtbetrag hinzuzurechnen. Nicht zu den Hinzurechnungen gehören die Pensionszahlungen auf Grund einer vom Arbeitgeber erteilten Versorgungszusage.

Gewinnanteile des stillen Gesellschafters (§ 8 Nr. 1c GewStG)
Die Gewinnanteile des ***typisch stillen Gesellschafters*** werden zu 100% hinzugerechnet. Sie haben zuvor als Aufwand den Gewinn gemindert. Der typische stille Gesellschafter ist nicht an den stillen Reserven und nicht am Firmenwert der Gesellschaft beteiligt. Er hat die Stellung eines Gläubigers und erzielt Einkünfte aus Kapitalvermögen. Im alten Recht erfolgte keine Hinzurechnung, wenn der Gewinnanteil zum Gewerbeertrag des inländischen Gewerbebetriebs des stillen Gesellschafters gehörte. Seit 1.1.2008 muss immer eine Hinzurechnung erfolgen, unabhängig davon, ob der Gewinnanteil beim stillen Gesellschafter der Gewerbesteuer unterlag oder nicht. Im ersteren Falle wird das Grundprinzip 2 verletzt, das eine Doppelbelastung mit Realsteuern ausschließt. Offenbar will der Gesetzgeber den Objektcharakter der Gewerbesteuer (Grundprinzip 1) auch auf Kosten des Grundprinzips 2 durchsetzen.

Der Gewinnanteil des ***atypisch stillen Gesellschafters*** ist nicht hinzuzurechnen, weil der atypisch stille Gesellschafter Mitunternehmer ist. Sein Gewinnanteil ist demnach im Rahmen der einheitlichen Gewinnfeststellung gemäß § 15 Abs. 1 Nr. 2 EStG bereits im Gewinn aus Gewerbebetrieb, der Ausgangsgröße für die Ermittlung der Gewerbesteuer (§ 7 GewStG), enthalten[1].

---

[1] Genaueres zur stillen Gesellschaft s. Zweiter Teil Kapitel E.II.

Miet- und Pachtzinsen (einschließlich Leasingraten) (20%) für bewegliche Wirtschaftsgüter (§ 8 Nr. 1d GewStG)

Auch diese Hinzurechnung musste im alten Recht nur vorgenommen werden, wenn der Empfänger der Zahlungen nicht der inländischen Gewerbesteuer unterworfen war, also bei Vermietung von Privatvermögen, bei rein vermögensverwaltenden Betrieben oder ausländischen Gewerbebetrieben als Vermieter. Die Neuregelung seit 1.1.2008 nimmt darauf keine Rücksicht mehr, nimmt also zugunsten der Haushaltseinnahmen in Kauf, dass Prinzipien verletzt werden und eine Doppelbelastung desselben Betrags mit Gewerbesteuer erfolgt. Damit soll jedoch auch ein Urteil des EuGH[1] berücksichtigt werden, das in der Hinzurechnungsvorschrift nach altem Recht eine unzulässige Diskriminierung ausländischer Vermieter, Verpächter oder Leasing-Geber mit Sitz in einem EU-Staat sah. Die Hinzurechnung von nur 20% der Mieten, Pachten und Leasingraten will typisierend nur den Zinsanteil an den Zahlungen erfassen.

Miet- und Pachtzinsen (einschließlich Leasingraten) (65%) für unbewegliche Wirtschaftsgüter (§ 8 Nr. 1e GewStG)

In diesem Falle unterstellt der Gesetzgeber einen Zinsanteil in Höhe von 65% der Gesamtzahlungen. Für die Hinzurechnungspflicht ist es ebenfalls unerheblich, ob der Zahlungsempfänger gewerbesteuerpflichtig ist oder nicht.

Aufwendungen für die befristete Überlassung von Rechten (insbesondere Konzessionen und Lizenzen) (25%) (§ 8 Nr. 1f GewStG)

Die Aufwendungen für die befristete Überlassung von Rechten ist eine Ausweitung der Bemessungsgrundlage gegenüber dem alten Recht. Der Gesetzgeber will durch diese Erweiterung alle aus dem investierten Sachkapital als auch aus genutzten Rechten erwirtschafteten Erträge mit Gewerbesteuer belasten. Beispielsweise handelt es sich um Produkt- oder Verfahrenslizenzen zur Nutzung von Patenten oder ungeschütztem Know how oder um Werknutzungsverträge im Verlagswesen. Ausgenommen von der Hinzurechnungspflicht sind jedoch solche Lizenzen, die ausschließlich dazu berechtigen, daraus abgeleitete Rechte an Dritte zu überlassen. Ebenso unterbleibt auch eine Hinzurechnung bei Lizenzen von an Dritten überlassenen Rechten (z. B. Computerprogramme, Sprachwerke), die nicht weiterveräußert werden können. Schließlich sind Aufwendungen nicht hinzuzurechnen, die zur Bemessungsgrundlage für die Künstlersozialabgabe gehören. Damit sind alle Honorarzahlungen von Verlagen oder Galerien an Künstler und Publizisten ausgenommen, die für die Nutzung ihrer Werke geleistet werden. Grund ist, dass die Verträge mit den Künstlern wirtschaftlich reine Vertriebsverträge sind, in denen der Lizenznehmer wirtschaftlich die Stellung eines Handelsvertreters einnimmt und eine Hinzurechnung insoweit nicht gerechtfertigt ist.

Der Zinsanteil bei der Überlassung von Rechten ist aufgrund sehr verschiedener Laufzeiten im Einzelfall sehr unterschiedlich, wird aber vom Gesetzgeber einheitlich auf 25% typisierend festgelegt.

---

[1] Vgl. EuGH-Urteil vom 26.10.1999, BStBl. 2000 I S. 486.

Gewinnanteile persönlich haftender Gesellschafter einer KGaA (§ 8 Nr. 4 GewStG)
Die KGaA wird steuerlich quasi aufgeteilt in eine Kapitalgesellschaft (Kommanditaktionäre), deren Gewinn nach dem KStG erfasst wird (§ 1 Abs. 1 Nr. 1 KStG), und eine Personengesellschaft (Komplementäre), deren Gewinn nach § 15 Abs. 1 Nr. 3 EStG als Einkünfte aus Gewerbebetrieb einkommensteuerlich erfasst wird. Da aber die Komplementäre selbst keinen Gewerbebetrieb nach § 2 Nr. 1 GewStG haben, müssen deren Gewinne (= Einkünfte aus Gewerbebetrieb), um die das körperschaftliche Einkommen im Sinne der Aufteilung der KGaA gemäß § 9 Nr. 1 KStG verringert wurde, über § 8 Nr. 4 GewStG dem Gewerbebetrieb der KGaA und damit dessen Gewerbeertrag wieder hinzugefügt werden[1].

Freistellungen durch Teileinkünfte- u. Freistellungsverfahren (§ 8 Nr. 5 GewStG)
Durch die Hinzurechnung gemäß § 8 Nr. 5 GewStG[2] soll die Gewerbeertragsermittlung vom Teileinkünfteverfahren (§ 3 Nr. 4 EStG) und Freistellungsverfahren (§ 8b KStG) abgeschottet werden. Das heißt, alle Maßnahmen zur Steuerfreistellung von Dividendenerträgen werden durch die Hinzurechnung wieder rückgängig gemacht, sodass die Dividendenerträge und die zugehörigen Betriebsausgaben in voller Höhe bei der Gewerbeertragsermittlung berücksichtigt sind und im Anschluss die gewerbesteuerlichen Vorschriften unbeeinflusst durch die beiden Verfahren Anwendung finden können (z. B. die Kürzung nach § 9 Nr. 2a GewStG).

Verlustanteile aus Mitunternehmerschaften (§ 8 Nr. 8 GewStG)
Die Hinzurechnung von Verlustanteilen aus Mitunternehmerschaften soll verhindern, dass ein Verlustbetrag zweimal die Gewerbesteuerschuld reduziert, einmal bei der Mitunternehmerschaft selbst, zum anderen gegebenenfalls bei dem Gewerbebetrieb eines Gesellschafters. Zwar wird der Gewinn aus Gewerbebetrieb des Gesellschafters durch den Verlustanteil gemindert, damit aber der Gewerbeertrag nicht auch durch den Verlustanteil gemindert wird, hat der Gesellschafter die Hinzurechnung vorzunehmen. Es handelt sich um die systematische „Kehrseite der Medaille“ der Kürzung von Gewinnanteilen aus Mitunternehmerschaften gemäß § 9 Nr. 2 GewStG.[3]

Spenden von Kapitalgesellschaften i.S.v. § 9 Abs. 1 Nr. 2 KStG (§ 8 Nr. 9 GewStG)
Auf den ersten Blick scheint diese Hinzurechnungsvorschrift, die nur für Kapitalgesellschaften gilt, eine Diskriminierung für diese Rechtsformgruppe zu sein, zumal die entsprechende Kürzungsvorschrift § 9 Nr. 5 GewStG rechtsformunabhängig ist. Tatsächlich ist es aber keine Diskriminierung, sondern die Ursache für die Ungleichbehandlung der Rechtsformen liegt daran, dass geleistete Spenden einkommensteuerlich und körperschaftsteuerlich systematisch an verschiedenen Stellen berücksichtigt werden. Bei Kapitalgesellschaften wird der Gewinn um den gesamten Spendenaufwand gemindert, gegebenenfalls wird der Teil, der die abziehbaren Höchstbeträge gemäß § 9 Abs. 1 Nr. 2 KStG übersteigt, außerhalb der Steuerbilanz im Rahmen der Körperschaftsteuererklärung dem Gewinn wieder hinzugerechnet. Die Hinzurechnungsvorschrift bewirkt nun, dass der Teil der Spenden, der nach § 9 Abs. 1 Nr. 2 KStG abziehbar blieb, sozusagen in einem Zwischenschritt zunächst einmal den Gewerbeertrag wieder erhöht. Dies ist erforderlich, da eine der beiden Bezugsgrößen für den Spendenabzug der nicht durch gezahlte Spenden geminderte Gewinn aus

[1] Siehe Genaueres s. Zweiter Teil Kapitel E.III.

[2] Eine genauere Erläuterung dieser Hinzurechnungsvorschrift, auch mit Zahlenbeispielen, findet sich in Zweiter Teil Kapitel C.III.2.h) und Kapitel D.II.3.

[3] Ein anschauliches Beispiel ist bei Behandlung dieser Kürzungsvorschrift weiter unten angegeben.

Gewerbebetrieb ist. Außerdem kann auf diese Weise der Spendenabzug im Rahmen der Gewerbeertragsermittlung für alle Rechtsformen vereinheitlicht werden. Nach der Hinzurechnung bei den Kapitalgesellschaften werden bei allen Gewerbebetrieben die gesamten geleisteten Spenden auf ihre Abzugsfähigkeit nach dem Gewerbesteuergesetz geprüft. Der abziehbare Teil wird schließlich nach § 9 Nr. 5 GewStG gekürzt.

Bei Einzelkaufleuten und Personengesellschaften ist eine Hinzurechnung vor der Prüfung der Abzugsfähigkeit nach dem GewStG nicht erforderlich, da der Gewinn bzw. die Einkünfte aus Gewerbebetrieb noch gar nicht um gezahlte Spenden vermindert worden sind. Die Spendenberücksichtigung erfolgt einkommensteuersystematisch erst im Rahmen des Sonderausgabenabzugs.

Bestimmte Gewinnminderungen aus Teilwertabschreibungen oder Veräußerung/ Entnahme von Anteilen an Kapitalgesellschaften oder Kapitalherabsetzungen (§ 8 Nr. 10 GewStG)

Diese Hinzurechnungsvorschrift soll das so genannte „doppelte Frühstücken“ verhindern. Eine solche Konstruktion wurde früher bei Unternehmenskäufen häufig angewandt, um mehrere steuerliche Vorteile gleichzeitig zu erzielen. Vereinfacht und auf die Gewerbesteuer beschränkt, kann ein Gesellschafter, vor allem ein beherrschender (> 50% der Stimmrechte) Gesellschafter bei einer Kapitalgesellschaft (Tochtergesellschaft) einen Beschluss zur Ausschüttung des Gewinns, des Gewinnvortrags und aller freien Gewinnrücklagen bewirken, der den Wert der Tochtergesellschaft drastisch, im Extremfall auf 0,- EUR, vermindert. Da diese Wertminderung als dauerhaft anzusehen ist, muss handelsrechtlich und über das Maßgeblichkeitsprinzip auch in der Steuerbilanz eine Teilwertabschreibung auf den Beteiligungsbuchwert, im Extremfall auf 1,- EUR, vorgenommen werden. Die Teilwertabschreibung auf die Beteiligung minderte über § 7 GewStG auch den Gewerbeertrag des Gesellschafters. Andererseits empfängt er die überdimensionierte Ausschüttung aufgrund der Kürzungsvorschrift § 9 Nr. 2a GewStG gewerbesteuerfrei, sofern eine Schachtelbeteiligung vorliegt. Die Hinzurechnung hat den Zweck, den Gewerbesteuervorteil durch die Teilwertabschreibung zunichte zu machen.

Aufgrund des Freistellungsverfahrens[1] bei Gesellschaftern an Kapitalgesellschaften, die selbst eine Kapitalgesellschaft sind, entfaltet die Teilwertabschreibung auf die Beteiligung bei der Mutter-Kapitalgesellschaft gemäß § 8b Abs. 3 KStG körperschaftsteuerlich und über § 7 GewStG auch gewerbesteuerlich keine Wirkung mehr. Die Hinzurechnung gemäß § 8 Nr. 5 GewStG erfasst nur erhaltene Dividenden abzüglich damit zusammenhängender Betriebsausgaben, die nicht Teilwertabschreibungen der Beteiligung sind. Somit ist bei einer beteiligten Kapitalgesellschaft auch keine Hinzurechnung gemäß § 8 Nr. 10 GewStG erforderlich. Bei einem beteiligten Einzelunternehmen oder einer Personengesellschaft wirkt sich die Teilwertabschreibung auf die Beteiligung nach dem Teileinkünfteverfahren in Höhe von 60% gewinnmindernd aus und über § 7 GewStG im gleichen Maße auf den Gewerbeertrag. In diesem Falle muss die Gewinnminderung i. H. v. 60% der Teilwertabschreibung nach § 8 Nr. 5 GewStG hinzugerechnet werden.

Wird keine Teilwertabschreibung vorgenommen, mindert sich aber ausschüttungsbedingt der Gewinn bei der Veräußerung oder der Entnahme der Beteiligung gilt Entsprechendes.

[1] Genaueres zum Freistellungsverfahren und zum Teileinkünfteverfahren im Zweiten Teil Kapitel B.II.5.

Angerechnete ausländische Steuern auf gewerbesteuerfreie Gewinnanteile (§ 8 Nr. 12 GewStG)
Nur in Ausnahmefällen werden ausländische Steuern gewinnmindernd abgezogen, sodass die Ausgangsgröße für die Ermittlung des Gewerbeertrags nach § 7 GewStG gemindert ist. Sind die entsprechenden Gewinnanteile gewerbesteuerfrei, so dürfen damit im Zusammenhang stehende ausländische Steuern auch nicht den Gewerbeertrag mindern. Um dieses Ergebnis zu erhalten, ist die Hinzurechnung vorzunehmen.

d) Die Kürzungen (§ 9 GewStG)

Pauschale Erträge aus Grundbesitz (§ 9 Nr. 1 GewStG)
Durch diese Kürzung soll eine gewerbesteuerliche Entlastung von Grundbesitz erreicht werden, da Grundbesitz bereits mit Grundsteuer belastet ist. Dies entspricht dem Gewerbesteuer-Grundprinzip 2. Die Kürzung erfolgt in Höhe von 1,2% des Einheitswerts des zum Betriebsvermögen des Unternehmers gehörenden Grundbesitzes. Maßgebend ist dabei der Stand zu Beginn des Kalenderjahres (§ 20 Abs. 1 S. 2 GewStDV). Bei Grundbesitzerwerb im Laufe des Jahres erfolgt also für das Zugangsjahr noch keine Kürzung. Außerdem verweist § 20 Abs. 1 S. 1 GewStDV bei der Frage der Zugehörigkeit des betrachteten Grundstücks zum Betriebsvermögen (z. B. bei gemischt-genutzten Grundstücken) des Gewerbebetriebs auf die Vorschriften des EStG und des KStG. Nach Absatz 2 derselben Vorschrift bezieht sich die Kürzung gemäß § 9 Nr. 1 GewStG nur auf den Teil des zum Betriebsvermögen gehörenden Grundbesitzes. Dabei werden allerdings auch Grundstücksteile von untergeordneter Bedeutung, die nach § 8 EStDV und R 13 EStR nicht als Betriebsvermögen behandelt werden, berücksichtigt (Abschnitt 59 Abs. 1 S. 3 bis 5 GewStR).

Maßgebend ist der auf den letzten Feststellungszeitpunkt vor dem Ende des Veranlagungszeitraums lautende Einheitswert. Der Einheitswertbescheid ist Grundlagenbescheid und damit für die Kürzung bindend. Der Einheitswert ist jedoch nach § 121a BewG um 40% generell zu erhöhen. Der Zuschlag wurde festgelegt, um die auf den 1.1.1964 bezogenen Einheitswerte auf den 1.1.1974 hochzurechnen, da die Ermittlung der Einheitswerte so lange dauerte.

Die Berechnung lautet also:

Kürzung = 0,012 * 1,4 * Einheitswert Grundstücke

Seit 1.1.2008 ist diese Kürzung nicht mehr zulässig, wenn der Grundbesitz von der Grundsteuer befreit ist.

Beispielaufgabe:
Zum Betriebsvermögen der LowTech GmbH gehört ein Grundstück, das mit einer Fabrikhalle bebaut ist. Der zuletzt festgestellte Einheitswert der Betriebsgrundstücke beträgt 500.000 EUR. Wie hoch ist die Kürzung gemäß § 9 Nr. 1 S.1 GewStG?

Lösung:
Die Kürzung beträgt 0,012 * 1,4 * 500.000 EUR = 8.400 EUR.

Beispielaufgabe:
Einzelkaufmann Klaus Störtebeker betreibt in Dangast eine florierende Bäckerei. Grundstück und Backstubengebäude (Einheitswert: 400.000 EUR) stehen im Alleineigentum von Klaus

Störtebeker und gehören zu 100% zum notwendigen Betriebsvermögen. Der Bäckereiladen dagegen befindet sich im Erdgeschoss eines Gebäudes, das den Eheleuten Störtebeker zu jeweils 50% gehört. Die beiden über dem Laden liegenden Stockwerke des Gebäudes werden von der Familie Störtebeker privat zu eigenen Wohnzwecken genutzt. Die Aufteilung nach der Fläche ergibt, dass das Grundstück zu 30% betrieblich und zu 70% privat genutzt wird. Der Einheitswert des gesamten Grundstücks beträgt 220.000 EUR.

Lösung:

§ 20 Abs. 1 S. 1 GewStDV verweist hinsichtlich der Zugehörigkeit zum Betriebsvermögen auf die Vorschriften des EStG. Somit gehört der zu Wohnzwecken genutzte Teil des den Eheleuten zu gleichen Anteilen gehörenden Gebäudes zum notwendigen Privatvermögen. Zum Betriebsvermögen des Einzelkaufmanns Störtebeker gehört daher nur die ihm gehörende Hälfte des betrieblich genutzten Grundstücksteils, also 0,5 * 0,3 = 0,15 bzw. 15% des Grundstücks.

Kürzungsbetrag gemäß § 9 Nr. 1 S.1 GewStG:

Backstube: 0,012 * 1,4 * 400.000 EUR =	6.720,00 EUR
Laden: 0,012 * 1,4 * 0,15 * 220.000 EUR =	554,40 EUR
Summe	7.274,40 EUR.

Grundstücksunternehmen können auf Antrag eine ***erweiterte Kürzung*** gemäß § 9 Nr. 1 S. 2 GewStG vornehmen. Die Kürzung umfasst dann den Teil des Gewerbeertrags, der auf die Verwaltung und Nutzung des eigenen Grundbesitzes entfällt. Grundstücksunternehmen sind solche, die ausschließlich eigenen Grundbesitz oder daneben nur noch eigenes Kapitalvermögen verwalten und nutzen oder daneben noch Wohnungsbauten betreuen, errichten und veräußern. Diese Grundstücksunternehmen sollen durch die Kürzung den rein vermögensverwaltenden Personen bzw. Betrieben, die nicht gewerbesteuerpflichtig sind, gleichgestellt werden.

Gewinnanteile aus Mitunternehmerschaften (§ 9 Nr. 2 GewStG)

Da die Mitunternehmerschaft (z. B. OHG, KG) gemäß § 2 GewStG Schuldner der Gewerbesteuer auf den Gewerbeertrag der Gesellschaft ist, kann sich ein Problem der Doppelbelastung desselben Gewerbeertrags mit Gewerbesteuer ergeben, was dem Grundprinzip 2 widersprechen würde. Das Problem entsteht dann, wenn die Beteiligung an der Mitunternehmerschaft beim Gesellschafter im Betriebsvermögen eines inländischen Gewerbebetriebs gehalten wird. Der Gesellschafter kann also ein Einzelunternehmer sein, eine Personengesellschaft oder eine Kapitalgesellschaft. Das Problem tritt unabhängig von der Höhe der Entnahme des Gewinnanteils auf, da der Gewinnanteil mit Ablauf des Wirtschaftsjahres dem Gesellschafter in vollem Umfang zugerechnet wird. Um die Doppelbelastung des Gewinnanteils mit Gewerbesteuer zu verhindern, kann der Gesellschafter bei der Gewerbeertragsermittlung in seinem Gewerbebetrieb eine Kürzung durchführen.

Beispielaufgabe:

Die ABC OHG besteht aus den Gesellschaftern A, B und C, die zu jeweils 1/3 am Gewinn der OHG beteiligt sind. A betreibt außerdem selbst als Einzelkaufmann einen Gewerbebetrieb, in dessen Betriebsvermögen er die Beteiligung an der ABC OHG hält. Der Gewinn aus Gewerbebetrieb der OHG im Jahre 01 beträgt 300.000 EUR. Der Gewinn aus Gewerbebetrieb des Einzelkaufmanns A beträgt 190.000 EUR. Weitere Hinzurechnungen oder Kürzungen gibt es weder bei der OHG noch bei der Einzelunternehmung.

Lösung:

Gewinn aus Gewerbebetrieb der OHG

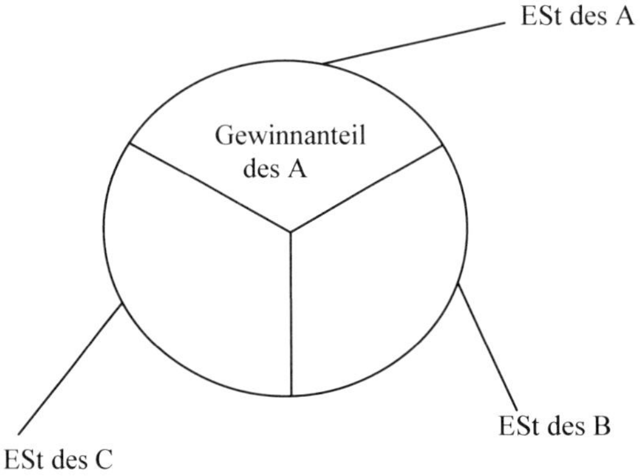

Gewinn aus GewB der OHG:	300.000,- EUR	
+ Hinzurechnungen:	0,- EUR	
– Kürzungen:	0,- EUR	
= Gewerbeertrag der OHG:	300.000,- EUR	==> Gewerbesteuer der OHG

Bilanz des Einzelunternehmers A

………………….	
Beteiligung an OHG	
…………………..	
…………………..	

Gewinn aus Gewerbebetrieb des Einzelunternehmers A: (einschl. des Gewinnanteils der OHG: 100.000 EUR)	190.000 EUR	
+ Hinzurechnungen:	0 EUR	
– Kürzungen (Anteil am Gewinn der OHG)	100.000 EUR	
= Gewerbeertrag des Einzelkaufmanns A	90.000 EUR	=> GewSteuer des A

Schachtelerträge (§ 9 Nr. 2a GewStG)

Befindet sich die Beteiligung an einer Kapitalgesellschaft im Betriebsvermögen eines inländischen Gewerbebetriebs, so ergibt sich – wie im vorigen Falle bei Gewinnanteilen aus Mitunternehmerschaften – ebenfalls das Problem der Doppelbelastung mit Gewerbesteuer, also ein Verstoß gegen das Grundprinzip 1. In diesem Falle tritt das Problem jedoch nur bei Ausschüttungen der Kapitalgesellschaft an ihre Gesellschafter auf. Die Ausschüttung erfolgt erst nach dem Ausschüttungsbeschluss der Kapitalgesellschaft, also i. d. R. im Jahr nach Erwirtschaftung des (teilweise) ausgeschütteten Gewinnes. Auch wenn die Kapitalgesellschaft vom Gesellschafer aufgrund einer Stimmrechtsmehrheit beherrscht wird, ist eine so genannte phasengleiche (also bereits im Jahr der Gewinnerwirtschaftung) Aktivierung eines Dividendenanspruchs beim Gesellschafter nicht zulässig.[1] Die Kürzung des Beteiligungsertrags bei der Gewerbeertragsermittlung des Gesellschafters gemäß § 9 Nr. 2a

[1] Vgl. BFH-Beschluss GrS 2/99 vom 7.8.2000, BStBl. II 2000 S. 632.

GewStG soll die Doppelbelastung verhindern. Der Gesetzgeber lässt die Kürzung jedoch nur bei einem größeren Anteil an der Kapitalgesellschaft, bei so genannten Schachtelbeteiligungen, zu. Der Anteil muss mindestens 15% am Grund- oder Stammkapital betragen. Bei geringeren Anteilen hält der Gesetzgeber die Doppelbelastung offenbar für verkraftbar. Gekürzt werden darf nur der Nettobeteiligungsertrag, also nach Abzug von Aufwendungen, die mit den Gewinnanteilen in unmittelbarem Zusammenhang stehen. Auch die nach § 8b Abs. 5 KStG nicht abziehbaren Betriebsausgaben dürfen nicht gekürzt werden.

Nach § 8 Nr. 4 hinzugerechnete Gewinnanteile einer KGaA, wenn sie in der Ausgangsgröße enthalten sind (§ 9 Nr. 2b GewStG)

Ist der Komplementär der KGaA ein Gewerbebetrieb, z. B. eine Kapitalgesellschaft mit dem Zwecke, endgültig die Haftung zu beschränken, so unterliegt der Gewinnanteil der Komplementär-Kapitalgesellschaft bei dieser der Gewerbesteuer. Die Hinzurechnungsvorschrift § 8 Nr. 4 GewStG, die den Gewinnanteils des Komplementärs dem Gewerbeertrag der KGaA zuordnet, würde in diesem Falle zu einer Doppelbelastung mit Gewerbesteuer führen. § 9 Nr. 2b GewStG führt zur entsprechenden Kürzung bei der Komplementär-Kapitalgesellschaft selbst.

Gewerbeertrag ausländischer Betriebsstätten (§ 9 Nr. 3 GewStG)

Da nach § 2 Abs. 1 S.1 GewStG nur im Inland betriebene stehende Gewerbebetriebe mit Gewerbesteuer zu belasten sind, dürfen weder Gewinne noch Hinzurechnungen, soweit sie anteilig auf die ausländischen Betriebsstätten entfallen, im Gewerbeertrag enthalten sein. Die Kürzungsvorschrift hat somit nur klarstellende Bedeutung.

Bestimmte Spenden innerhalb von Höchstgrenzen (§ 9 Nr. 5 GewStG)

Im Gegensatz zur Hinzurechnungsvorschrift § 8 Nr. 9 GewStG ist die Kürzungsvorschrift § 9 Nr. 5 GewStG rechtsformunabhängig. Die Kürzung kann grundsätzlich nur erfolgen, wenn die Zuwendungen aus Mitteln des Gewerbebetriebs, also aus der Gesellschaftskasse bzw. vom Gesellschaftskonto und nicht etwa aus dem Privatvermögen von Gesellschaftern, stammen. Inhaltlich geht es um Spenden und Mitgliedsbeiträge zur Förderung steuerbegünstigter Zwecke i. S. d. §§ 52 bis 54 AO (z. B. wissenschaftliche, kulturelle, mildtätige und kirchliche Zwecke) an inländische juristische Personen des öffentlichen Rechts, öffentliche Dienststellen oder an eine nach § 5 Abs 1 Nr. 9 KStG steuerbefreite Körperschaft, Personenvereinigung oder Vermögensmasse. Eine Kürzung ist demnach bei Spenden und Beiträgen an politische Parteien oder freie Wählervereinigungen gewerbesteuerlich nicht zulässig. Darin besteht der Hauptunterschied zu den Spendenabzugsmöglichkeiten im EStG. Gemäß § 34g EStG erfolgt bei natürlichen Personen, also auch bei Gesellschaftern einer Personengesellschaft, eine Ermäßigung der Einkommensteuerschuld um 50% der Ausgaben an politische Parteien und freie Wählervereinigungen bis maximal 825 EUR (1.650 EUR bei zusammen veranlagten Ehegatten) oder ein Sonderausgabenabzug gemäß § 10b Abs. 2 EStG um bis zu 1.650 EUR (3.300 EUR bei zusammen veranlagten Ehegatten). Kapitalgesellschaften können dagegen durch Spenden an Parteien ihr körperschaftsteuerpflichtiges Einkommen nicht mindern, da andernfalls die natürlichen Personen, die hinter ihnen stehen, eine zusätzliche Möglichkeit einer vom Staat geförderten Einflussnahmen auf die politische Willensbildung hätten.

Die Höhe des Spendenabzugs ist wahlweise in Abhängigkeit vom Gewinn aus Gewerbebetrieb oder von Umsatz, Löhnen und Gehältern zu bestimmen.

Höchstgrenzen des Spendenabzugs:

a) 20% des um die Hinzurechnung gemäß § 8 Nr. 9 GewStG erhöhten Gewinns aus Gewerbebetriebs (§ 7 GewStG)
b) 0,4% der Summe aus Umsätzen, Löhnen und Gehältern des Wirtschaftsjahrs

Der Teil der geleisteten Zuwendungen, der oberhalb der Höchstgrenzen liegt, kann in Folgejahren innerhalb der Höchstgrenzen gekürzt werden.

Zusätzlich können Einzelunternehmen und Personengesellschaften auf Antrag einmal innerhalb eines Zehnjahreszeitraums eine Kürzung um Spendenzahlungen in den Vermögensstock einer Stiftung des öffentlichen Rechts oder einer nach § 5 Abs. 1 Nr. 9 KStG steuerbefreiten privaten Stiftung von bis zu 1 Mio. EUR vornehmen.

Eine Kürzung ist weiterhin ausgeschlossen, wenn es sich bei der Spendenzahlung um eine verdeckte Gewinnausschüttung oder eine verdeckte Einlage handelt und § 8 Abs. 3 KStG daher anwendbar ist. Außerdem muss eine Kürzung unterbleiben, soweit es um Mitgliedsbeiträge an Körperschaften, die den Sport, kulturell orientierte Freizeitgestaltung, die Heimatpflege, die Kleingärtnerei, den Modellflug und andere in § 53 Abs. 2 Nr. 23 AO genannte Zwecke fördern. Somit erfolgt eine Gleichstellung mit Privatpersonen, die Mitgliedsbeiträge an Vereine zahlen. Schließlich sind die Vorschriften 10b Abs. 3 u. 4 S. 1 EStG (Bewertung von zugewendeten Wirtschaftsgütern; Richtigkeitsvermutung von Spendenbestätigungen, Haftung für Missbrauch), § 10d Abs. 4 EStG (Verlustabzug) und § 9 Abs. 2 S. 2 bis 5 und Abs. 3 S. 1 KStG (Bewertung von zugewendeten Wirtschaftsgütern; Verzicht von Aufwandserstattungen als Spende; Richtigkeitsvermutung von Spendenbestätigungen, Haftung für Missbrauch) entsprechend anzuwenden.

Beispielaufgabe:

Die ABC OHG leistete im Veranlagungszeitraum 01 aus Mitteln ihrer Gesellschaftskasse jeweils eine Spende an das Rote Kreuz (2.000 EUR), an die Kammersinfonie Oldenburg e.V. (1.000 EUR), an die ev. Kirchengemeinde Oldenburg-Eversten (500 EUR) und an die CDU 1.500 EUR. Im Wirtschaftsjahr 01 (= Kalenderjahr 01) betrug der Gewinn aus Gewerbebetrieb der OHG 120.000 EUR, die Summe der Umsätze, Löhne und Gehälter 480.000 EUR. In welcher Höhe sind die getätigten Spenden gewerbesteuerlich abziehbar?

Lösung:

Grundsätzlich können alle Spenden außer der Zahlung an die CDU im Rahmen der Höchstbeträge des § 9 Nr. 5 GewStG im Rahmen der Gewerbeertragsermittlung gekürzt werden.

Berechnung der Höchstgrenzen des Spendenabzugs:

a) 20% des um die Hinzurechnung gemäß § 8 Nr. 9 GewStG erhöhten Gewinns aus Gewerbebetriebs (§ 7 GewStG). Personengesellschaften brauchen die Hinzurechnung allerdings nicht vorzunehmen. Höchstbetrag a) = 0,2 * 120.000 EUR = 24.000 EUR.
b) 0,4% der Summe aus Umsätzen, Löhnen und Gehältern des Wirtschaftsjahrs Höchstbetrag b) = 0,004 * 480.000 EUR = 1.920 EUR.

Da es sich um alternative Berechnungsmöglichkeiten handelt, kann der höhere der beiden Höchstbeträge vom Steuerpflichtigen in Anspruch genommen werden, also 24.000 EUR. Somit können sämtliche getätigten Spenden außer den Parteispenden, insgesamt 3.500 EUR, gekürzt werden.

Erträge aus der mind. 12-monatigen ununterbrochenen Beteiligung (mind. zu 15%) an ausländischen Kapitalgesellschaften, die gem. AStG aktiv tätig sind (§ 9 Nr. 7 GewStG)

Analog zu den anteiligen Gewinnen, die auf ausländische Betriebsstätten entfallen (§ 9 Nr. 3 GewStG), werden durch diese Kürzungsvorschrift von ausländischen Kapitalgesellschaften an inländische Gewerbebetriebe ausgeschüttete Gewinn erfasst, wenn die Dividendenerträge im Gewinn aus Gewerbebetrieb (§ 7 GewStG) enthalten sind. Voraussetzung ist, dass die inländische Muttergesellschaft seit Beginn des Erhebungszeitraums ununterbrochen mindestens zu 15% an der ausländischen Kapitalgesellschaft beteiligt ist. Außerdem darf die ausländische Tochtergesellschaft ihre Bruttoerträge ausschließlich oder fast ausschließlich aus einer aktiven Tätigkeit im Sinne von § 8 Abs. 1 Nr. 1 bis 6 AStG (z. B. Landwirtschaft, Industrieproduktion, Handel, Dienstleistung) und aus ganz bestimmten Beteiligungen beziehen. Der Anwendungsbereich dieser Kürzungsvorschrift überschneidet sich teilweise mit dem Anwendungsbereich von § 9 Nr. 8 GewStG.

Gewinne aus Anteilen (mind. 15%) an einer ausländischen Gesellschaft, die nach einem DBA von der Gewerbesteuer befreit sind (§ 9 Nr. 8 GewStG)

Die Kürzungsvorschrift § 9 Nr. 8 GewStG erfasst Beteiligungserträge (abzüglich damit unmittelbar zusammenhängender Aufwendungen) aus ausländischen Gesellschaften, sofern diese ihren Sitz ein einem Staat haben, mit dem ein Doppelbesteuerungsabkommen (DBA) besteht, das diesen Beteiligungsertrag in Deutschland unter der Voraussetzung einer Mindestbeteiligung gewerbesteuerfrei stellt. Voraussetzung ist, dass die Beteiligung mindestens 15% beträgt oder einer niedrigeren, im DBA geforderten Mindestquote entspricht. Außerdem darf die Kürzungsvorschrift nur angewandt werden, wenn der Beteiligungsertrag Bestandteil des Gewinns aus Gewerbebetrieb gemäß § 7 GewStG ist.

Da Verträge mit anderen Staaten, also z. B. Doppelbesteuerungsabkommen, gegenüber dem nationalen Recht gemäß § 2 AO vorrangig sind, sind bei Vorliegen der im DBA geforderten Mindestbeteiligung und sonstiger Voraussetzungen das Freistellungsverfahren (§ 8b KStG) und die Hinzurechnungsvorschrift § 8 Nr. 5 GewStG nicht relevant. Da der

Gewinn aus Gewerbebetrieb (§ 7 GewStG) die ausländischen Beteiligungserträge nicht enthält, ist auch die Anwendung der Kürzungsvorschrift § 9 Nr. 8 GewStG nicht möglich und nicht erforderlich.

Die Kürzungsvorschrift kann also nur zur Anwendung kommen, wenn die im DBA verlangte Mindestbeteiligungsquote höher als 15%, z. B. bei 25%, liegt und der Gesellschafter nur einen Anteil hält, der über 15%, aber unter 25% liegt. Da das Freistellungsverfahren auch von ausländischen Gesellschaften bezogene Dividendenerträge bei der empfangenden Kapitalgesellschaft körperschaftsteuerfrei stellt, sind diese im Gewinn aus Gewerbebetrieb nicht enthalten, so dass die Hinzurechnung gemäß § 8 Nr. 5 GewStG durch die Kürzung gemäß § 9 Nr. 8 nicht kompensiert werden kann. Bei Einzelunternehmen und Personengesellschaften sind die ausländischen Beteiligungserträge dagegen nach dem Teileinkünfteverfahren zu 60% im Gewinn aus Gewerbebetrieb enthalten. In diesem Falle sind die Voraussetzungen für die Anwendung der Kürzung gemäß § 9 Nr. 8 GewStG erfüllt. Nach dem Zweck der Vorschrift darf die Kürzung auch nur die im Gewinn enthaltenen 60% umfassen, wenn auch der Gesetzeswortlaut die Formulierung „wenn" und nicht „soweit" enthält. Die wörtliche Auslegung der Kürzungsvorschrift würde also eine Diskriminierung von Kapitalgesellschaften als Anteilseigner im betrachteten Fall beinhalten. Nach dem Zweck der Vorschrift ausgelegt müsste die Kürzung auch anwendbar sein, wenn der ausländische Beteiligungsertrag zwar nicht im Gewinn aus Gewerbebetrieb, sondern im Hinzurechnungsbetrag gemäß § 8 Nr. 5 GewStG enthalten ist. Der Gesetzgeber hat es leider versäumt, in diesem Punkt gesetzliche Klarheit herzustellen.

e) Steuermesszahl, Steuermessbetrag, Freibetrag

Nach Berechnung des Gewerbeertrags ist dieser auf volle Hundert Euro nach unten abzurunden (§ 11 Abs. 1 S. 3 GewStG).
Nur bei Einzelunternehmen und Personengesellschaften, nicht aber bei Kapitalgesellschaften[1], ist der Gewerbeertrag um einen Freibetrag i. H. v. 24.500 EUR zu kürzen. Ein negativer Gewerbeertrag darf dadurch jedoch nicht entstehen. Der Freibetrag wird nur den genannten Rechtsformgruppen gewährt, da diese gegenüber vergleichbaren Kapitalgesellschaften dadurch gewerbesteuerlich schlechter gestellt sind, dass die gesamten an Gesellschafter gezahlten Sondervergütungen nach § 15 Abs. 1 Nr. 2 EStG zu den Einkünften aus Gewerbebetrieb gehören und damit der Gewerbesteuer unterliegen. Bei Kapitalgesellschaften sind die Vergütungen grundsätzlich abzugsfähige Betriebsausgaben und mindern mithin auch die Gewerbesteuerschuld. Nur der überhöhte Teil dieser Vergütungen („verdeckte Gewinnausschüttung"[2]) unterliegt der Gewerbesteuer. Der Freibetrag kann den Gewerbesteuernachteil freilich nur bei kleineren Einzelunternehmen und Personengesellschaften vollständig kompensieren.

Während die Gemeinden autonom den Hebesatz (§16 GewStG) der Gewerbesteuer festlegen, ist gesetzlich die Steuermesszahl bestimmt. Sie beträgt für Gewerbebetriebe aller Rechtsformen einheitlich 3,5% (§ 11 Abs. 2 GewStG).

---

[1] Der Freibetrag i. H. v. 3.900 EUR gemäß § 11 Abs. 1 S. 3 Nr. 2 GewStG gilt z. B. für Vereine, Stiftungen und Unternehmen von juristischen Personen des öffentlichen Rechts, nicht aber für die hier allein betrachteten Kapitalgesellschaften.

[2] Vgl. Zweiter Teil Kapitel D.II.1.a) und III.

Steuermessbetrag = Steuermesszahl * Gewerbeertrag (§ 11 Abs. 1 GewStG)

Gewerbesteuerschuld = Hebesatz der Gemeinde * Steuermessbetrag

Faktisch ergibt sich somit als „Steuersatz"[1] das Produkt aus Steuermesszahl und Hebesatz.

f) Gewerbeverlust (§ 10a GewStG)

Die Verlustausgleichsregelung bei der Gewerbesteuer entspricht inhaltlich weitgehend der Regelung in § 10d EStG. Allerdings ist ein Verlustrücktrag gewerbesteuerlich nicht zulässig. Die vortragsfähigen Fehlbeträge sind gesondert festzustellen. Der Verlustvortrag kann bis zum Betrag von 1 Mio. Euro unbeschränkt, darüber hinaus nur noch in Höhe von 60% des über 1 Mio. Euro hinausgehenden positiven Gewerbeertrags eines Folgejahrs. Bei Mitunternehmerschaften ist der Verlustbetrag nach dem allgemeinen Gewinnverteilungsschlüssel den Gesellschaftern zuzuordnen. Bei Unternehmensübertragungen gilt die Mantelkaufsregelung des § 8c KStG auch für die Nutzung von Gewerbeverlusten.

g) Die Gewerbesteuerzerlegung (§§ 28 ff. GewStG)

Da die Gewerbesteuereinnahmen überwiegend den Gemeinden zur Finanzierung der Infrastrukturlasten, die aus der Gewerbeansiedlung resultieren, zugute kommen sollen, ist es notwendig, dass die Einnahmen auch bei den Gemeinden ankommen, die die Last der Gewerbeansiedlung zu tragen haben. Dieses Ziel würde ohne eine Zerlegung der Gewerbesteuer nicht erreicht werden können. Hat ein gewerbliches Unternehmen mehrere Betriebsstätten (Werke), die in unterschiedlichen Gemeinden angesiedelt sind, so würde ohne eine Zerlegung die gesamte Gewerbesteuer allein der Gemeinde zufließen, in der sich der Sitz des Unternehmens befindet. Gemäß § 28 Abs. 1 GewStG sorgt jedoch dafür, dass der gesamte Gewerbesteuermessbetrag des Unternehmens den einzelnen Gemeinden, in denen sich die Betriebsstätten des Unternehmens befinden, zugeordnet werden. Als Schlüsselgröße (Zerlegungsmaßstab) fungiert der Anteil der in den Betriebsstätten einer bestimmten Gemeinde gezahlten Arbeitslöhne an der Gesamtsumme aller von diesem Unternehmen gezahlten Arbeitslöhne (§ 29 Abs. 1 GewStG). Zeitliche Bezugsgröße ist der Erhebungszeitraum. Jede Gemeinde wendet anschließend ihren spezifischen Hebesatz auf den ihr zugewiesenen Steuermessbetrag an.

Eine Zerlegung findet ebenfalls statt, wenn eine Betriebsstätte sich über mehrere Gemeinden erstreckt (§ 28 Abs. 1 S. 2 GewStG). Der Zerlegungsmaßstab ist in § 30 GewStG nur allgemein festgelegt. Der Steuermessbetrag ist nach Lage der örtlichen Verhältnisse unter Berücksichtigung der den Gemeinden aufgrund der Betriebsstätten erwachsenden Lasten zu zerlegen.

[1] Den Begriff Steuersatz gibt es im Gewerbesteuerrecht nicht.

h) Beispiel zur Ermittlung der Gewerbesteuer-Rückstellung einer Einzelunternehmung bzw. Personengesellschaft

Beispiel:

Die Gewerbeertragsteuer-Vorauszahlungen in Höhe von 60 TEUR wurden als Aufwand gebucht und haben somit den vorläufigen Handelsbilanz-Jahresüberschuss gemindert.
Hebesatz = 300%

	(TEUR)
Vorläufiger Handelsbilanz-Jahresüberschuss (vor Gewerbesteuer-RSt)	**2.000**
+ Differenzen Steuerbilanz : Handelsbilanz (z. B.: Mehrgewinn in StB wegen Disagio)	+ 300
= ***vorläufiger Steuerbilanz-Jahresüberschuss*** (vor Ertragsteuern)	= 2.300
+/– Korrekturen außerhalb der Bilanz:	
+ nicht-abzugsfähige Betriebsausgaben einschl. darauf entfallender Umsatzsteuer (§ 4 Abs. 5 EStG, §§ 15 I S. 2 u. 3 Abs. 9a Nr. 2 UStG)	+ 119
+ Nachverzinsung steuerfreier Rücklagen (§ 6b Abs. 7 EStG), Hinzurechnung Investitionsabzugsbetrag (§ 7g Abs. 2 u. 3 EStG)	+ 101
+ GewSt-Vorauszahlungen (§ 4 Abs. 5b EStG)	+ 60
– Investitionsabzugsbetrag (§ 7g Abs. 1 EStG)	– 70
+ ***Sondervergütungen*** (Sonderbetriebseinnahmen): Tätigkeitsvergütungen, Mieten, Zinsen an Gesellschafter (§ 15 Abs. 1 Nr. 2 EStG)	+ 320
– Sonderbetriebsausgaben	– 20
– ***steuerfreie Betriebseinnahmen*** (z. B. Investitionszulagen, ausländische Beteiligungserträge lt. DBA)	– 100
= **Zwischensumme**	**2.710**
+ Schuldzinsen (§ 8 Nr. 1 GewStG) nach Abzug des Freibetrags von 100	+ 345
– Kürzungen (nach § 9 GewStG)	– 30,5
= ***Gewerbeertrag***	**3.024,5**
– Freibetrag (§ 11 GewStG)	– 24,5
= maßgebender Gewerbeertrag	= 3.000
maßg. Gewerbeertrag * Steuermesszahl * Hebesatz = Gewerbesteuerschuld	
3.000 * 0,035 * 3,00 =	= 315
– Gewerbesteuer-Vorauszahlungen	– 60
= Zuführung zur Gewerbesteuer-Rückstellung	= 255

Beispiel zu § 8 Nr. 5 GewStG:

Einzelkaufmann oder Personengesellschaft als Anteilseigner einer Kapitalgesellschaft
Die Beteiligung wird im Betriebsvermögen gehalten.

	(TEUR)
Vorläufiger Gewinn (HB=StB)	940
+ Beteiligungserträge (Dividenden) in HB und StB	+ 100
– zugehörige Betriebsausgaben (Depotgebühren, Kreditzinsen)	– 40
= Gewinn (Handels- u. Steuerbilanz)	= 1.000
Korrektur außerhalb der Handels- und Steuerbilanz in der ESt-Erklärung	
– Korrektur der Beteiligungserträge zu Steuerzwecken (Teileinkünfteverfahren gem. § 3 Nr. 40 EStG	– 40
+ Korrektur der zugehörigen Betriebsausgaben (§ 3c Abs. 2 EStG)	+ 16
= zu versteuerndes Einkommen (= Ausgangsgröße für die GewSt)	= 976
Korrektur zu Gewerbesteuerzwecken	
+ Hinzurechnung der bei ESt nicht berücksichtigten Beträge (§ 8 Nr. 5 GewStG)	+ 24 (=+ 40 – 16)
= ***Gewerbeertrag***	= 1.000

Bei Beteiligungen von mindestens 15% des Gezeichneten Kapitals der Kapitalgesellschaft („Schachtelbeteiligungen") erfolgt zusätzlich wieder die Kürzung der zunächst in den Gewerbeertrag einbezogenen Netto-Beteiligungserträge oder Veräußerungsgewinne nach § 9 Nr. 2a GewStG, um die Doppelbelastung mit Gewerbesteuer zu beseitigen. Bei niedrigeren Beteiligungsquoten („Streubesitz") wird die Doppelbelastung vom Gesetzgeber im Kauf genommen.

Die Berücksichtigung von Dividendenerträgen

Beispiel:

Die Gewerbeertragsteuer-Vorauszahlungen in Höhe von 60 TEUR wurden als Aufwand gebucht und haben somit den vorläufigen Handelsbilanz-Jahresüberschuss gemindert. Dieser umfasst im Vergleich zum vorigen Beispiel zusätzlich Dividendenerträge in Höhe von 100 TEUR und wurde um damit zusammenhängende Betriebsausgaben in Höhe von 10 TEUR (z. B. Depotgebühren) geschmälert. Die Beteiligung an der Kapitalgesellschaft beträgt 10%.
Hebesatz = 300%.

	(TEUR)
Vorläufiger Handelsbilanz-Jahresüberschuss (vor Gewerbesteuer-RSt)	**2.090**
+ Differenzen Steuerbilanz : Handelsbilanz (z. B.: Mehrgewinn in StB wegen Disagio)	+ 300
= ***vorläufiger Steuerbilanz-Jahresüberschuss*** (vor Ertragsteuern)	= 2.390
+/– Korrekturen außerhalb der Bilanz:	
+ nicht-abzugsfähige Betriebsausgaben einschl. darauf entfallender Umsatzsteuer (§ 4 Abs. 5 EStG, §§ 15 I S. 2 u. 3 Abs. 9a Nr. 2 UStG)	+ 119
+ Nachverzinsung steuerfreier Rücklagen (§ 6b Abs. 7 EStG), Hinzurechnung Investitionsabzugsbetrag (§ 7g Abs. 2 + 3 EStG)	+ 101
+ GewSt-Vorauszahlungen (§ 4 Abs. 5b EStG)	+ 60
– Investitionsabzugsbetrag (§ 7g Abs. 1 EStG)	– 70
+ ***Sondervergütungen*** (Sonderbetriebseinnahmen): Tätigkeitsvergütungen, Mieten, Zinsen an Gesellschafter (§ 15 Abs. 1 Nr. 2 EStG)	+ 320
– Sonderbetriebsausgaben	– 20
– ***steuerfreie Betriebseinnahmen*** (z. B. Investitionszulagen)	– 100
– Dividendenerträge (40%) (§ 3 Nr. 40 EStG) gem. Teileinkünfteverfahren	– 40
+ damit zusammenhängende Betriebsausgaben (40%) (§ 3c Abs. 2 EStG)	+ 4
= **Zwischensumme**	**2.764**
+ Schuldzinsen (§ 8 Nr. 1 GewStG) nach Abzug des Freibetrags von 100	+ 345
+ Hinzurechnung wg. Teileinkünfteverfahrens (§ 8 Nr.5 GewStG)(= +40–4)	+ 36
– Kürzungen (nach § 9 GewStG)	– 30,5
= ***Gewerbeertrag***	**3.114,5**
– Freibetrag (§ 11 Abs. 1 GewStG)	– 24,5
= maßgebender Gewerbeertrag	= 3.090
maßg. Gewerbeertrag * Steuermesszahl * Hebesatz = Gewerbesteuerschuld 3.090 * 0,035 * 3,00 =	= 324,45
– Gewerbesteuer-Vorauszahlungen	– 60,00
= Zuführung zur Gewerbesteuer-Rückstellung	= 264,45

Sollte die Beteiligung an der Kapitalgesellschaft mindestens 15% betragen, so wird eine Kürzung der Netto-Beteiligungserträge (***„Schachtelerträge“***) gemäß § 9 Nr. 2a GewStG durchgeführt, um die Doppelbelastung mit Realsteuern zu vermeiden. Die Gewerbesteuerberechnung würde dadurch wie folgt geändert:

= **Zwischensumme**	**2.704**
+ GewSt-Vorauszahlungen	+ 60
+ Schuldzinsen (§ 8 Nr. 1 GewStG) nach Abzug des Freibetrags von 100	+ 345
+ Hinzurechnung wg. Teileinkünfteverfahren (§ 8 Nr. 5 GewStG) (= +40–4)	+ 36
– Kürzungen (nach § 9 GewStG)	– 30,5
– Kürzung von Schachteldividendenerträgen (§ 9 Nr. 2a GewStG) (=100–10)	– 90
= ***Gewerbeertrag***	= **3.024,5**

= ***Gewerbeertrag***	= **3.024,5**
– Freibetrag (§ 11 Abs. 1 GewStG)	– 24,5
= maßgebender Gewerbeertrag	= 3.000
maßg. Gewerbeertrag * Steuermesszahl * Hebesatz = Gewerbesteuerschuld 3.000 * 0,035 * 3,00 =	= 315
– Gewerbesteuer-Vorauszahlungen	– 60
= Zuführung zur Gewerbesteuer-Rückstellung	= 255

Die ***Anrechnung (= Abzug) der Gewerbesteuer*** bei der Einkommensteuerschuld des Einzelunternehmers gemäß § 35 EStG erfolgt unabhängig von der Höhe des Hebesatzes pauschal in Höhe des 3,8-Fachen des Gewerbesteuer-Messbetrags. Sie ist im vorliegenden Beispiel folgendermaßen zu berechnen. Die Gewerbesteuerschuld wird durch den tatsächlich angewandten Hebesatz dividiert und anschließend mit 3,8 multipliziert. Bei Hebesätzen unter 380% begrenzt allerdings die tatsächliche Gewerbesteuerschuld die Höhe des Anrechnungsbetrags. Bei Hebesätzen über 380% ist der anrechenbare Betrag kleiner als die tatsächliche Gewerbesteuerschuld.

$$\frac{\text{Gewerbesteuerschuld}}{\text{Hebesatz}} * 3{,}8 = \frac{315 \text{ TEUR}}{3{,}00} * 3{,}8 = 399 \text{ TEUR, maximal } 315 \text{ TEUR.}$$

Bei Personengesellschaften ist der ermittelte Gesamtanrechnungsbetrag nach dem allgemeinen Gewinnverteilungsschlüssel (ohne Sondervergütungen) zu verteilen.

IV Die gewerbesteuerliche Organschaft

Grundsätzlich wird im Gewerbesteuerrecht jede Kapitalgesellschaft als selbständiges Steuersubjekt behandelt. Ein Ausnahmefall ist dann gegeben, wenn ein Unternehmenszusammenschluss in der Form eines Unterordnungsverhältnisses besteht. Da in diesem Falle ein oder mehrere wirtschaftlich unselbständige Kapitalgesellschaften in eine Obergesellschaft wie unselbständige Betriebsabteilungen („wie Organe") eingegliedert sind, also mit dieser eine wirtschaftliche Einheit bilden, werden sie auch unter bestimmten Voraussetzungen wie ein einziges Steuersubjekt als so genannte Organschaft behandelt. Nach § 2 Abs. 2 S. 2 GewStG gelten dieselben Voraussetzungen wie bei der körperschaftsteuerlichen Organschaft mit der Folge, dass die Organgesellschaft gewerbesteuerlich als Betriebsstätte des Organträgers behandelt wird.

Voraussetzungen:

(1) Rechtsform:		
	Obergesellschaft („Organträger")	= gewerbliches Unternehmen jeglicher Rechtsform mit Geschäftsleitung im Inland (§ 14 Abs. 1 KStG)
	Untergesellschaft („Organgesellschaft")	= Kapitalgesellschaft mit Sitz und Geschäftsleitung im Inland

(2) Finanzielle Eingliederung: Die Obergesellschaft verfügt von Beginn des Wirtschaftsjahres an ununterbrochen über die Mehrheit der Stimmrechte. Unmittelbare und mittelbare Beteiligungen werden dabei zusammengerechnet, sofern die mittelbare Beteiligung über eine Zwischengesellschaft besteht, an der die Obergesellschaft ebenfalls die Mehrheit der Stimmrechte besitzt (§ 14 Nr. 1 KStG).

(3) Abschluss eines ***Ergebnisabführungsvertrags*** mit mindestens 5 Jahren Laufzeit und dessen tatsächliche und ununterbrochene Durchführung (Ausnahme: Kündigung aus wichtigem Grund). Damit verpflichtet sich die Untergesellschaft, ihren Gewinn vollständig an die Obergesellschaft abzuführen, andererseits wird der gesamte Verlust von der Obergesellschaft übernommen (§ 14 Nr. 4 KStG). Eine Rücklagenbildung der Untergesellschaft ist demnach grundsätzlich nicht zulässig.

Wirkungen der gewerbesteuerlichen Organschaft:[1]

1. Keine Gewerbesteuerpflicht der Zinsen (im Sinne von § 8 Nr. 1 GewStG) bei Ausleihungen zwischen Organträger und Organgesellschaft.
2. Keine Gewerbesteuerpflicht der Mieten und Pachten (im Sinne von § 8 Nr. 1 GewStG) bei Verträgen zwischen Organträger und Organgesellschaft.
3. Gewerbeverluste der Organgesellschaft sind beim Organträger steuerlich verwertbar, obwohl die Organgesellschaft eine Kapitalgesellschaft ist, bei der normalerweise das Trennungsprinzip gilt („Abschirmwirkung"). Dies gilt nicht für vororganschaftliche Verluste.
4. Phasengleiche Übertragung des Ergebnisses der Organgesellschaft auf den Organträger.

Aufgabe 60: Olga Qualle e.K.

Aufgabe 61: Plisch & Plum OHG

D Körperschaftsteuer

Lernziele:

Der Leser soll

- *die wichtigsten Merkmale der Körperschaftsteuer erfahren*
- *den Kern des Körperschaftsteuersystems mit der Funktionsweise des steuerlichen Einlagenkontos verstehen und spezielle nicht-abziehbare Ausgaben kennen lernen*
- *sich mit der Berechnung der Körperschaftsteuer-Rückstellung vertraut machen*
- *die Problematik der verdeckten Gewinnausschüttung verstehen lernen*
- *Funktionsweise und Wirkungen des Konstrukts der körperschaftsteuerlichen Organschaft im Grundsatz kennen lernen.*

[1] Zu den Wirkungen der körperschaftsteuerlichen Organschaft s. Zweiter Teil Kapitel D.V.

I Charakterisierung, Steuertarif, Steuerpflicht

Die Körperschaftsteuer ist eine	Ertragsteuer
Die Körperschaftsteuer ist eine	Personensteuer, da das Steuersubjekt mit seinen persönlichen Einkommensverhältnissen im Vordergrund steht
Steuersubjekt/-schuldner:	Juristische Personen und sonstige Körperschaften
Steuerobjekt:	Verschiedene Erwerbstätigkeiten, die zu Einkommen führen
Bemessungsgrundlage:	Zu versteuerndes Einkommen
Steuertarif:	Fester Steuersatz, unabhängig von der Gewinnverwendung: 15%.
Erhebungsformen:	Veranlagungssteuer, das heißt, dass vom Steuerpflichtigen eine Steuererklärung über die Höhe seines Einkommens im Veranlagungszeitraum abzugeben ist, die vom Finanzamt zur Grundlage der Steuererhebung gemacht wird („Veranlagung"). Veranlagungszeitraum ist das Kalenderjahr. Vierteljährlich sind Vorauszahlungen zu leisten.
Rechtsgrundlagen:	KStG, KStDV; Verwaltungsanweisungen: KStR, KStH

Der ***Körperschaftsteuersatz*** ist konstant und beträgt 15% auf die Bemessungsgrundlage „zu versteuerndes Einkommen" unabhängig davon, ob dieses ausgeschüttet oder thesauriert wird. Auf die Körperschaftsteuerschuld wird zusätzlich ein ***Solidaritätszuschlag*** in Höhe von 5,5% erhoben.

Schüttet eine Kapitalgesellschaft Gewinn an ihre Anteilseigner (natürliche und juristische Personen) aus, so hat sie oder die Depotbank ***Kapitalertragsteuer (KESt)*** in Höhe von 25% einzubehalten (§§ 43 Abs. 1 Nr. 1, 43a Abs. 1 Nr.1 EStG). Außerdem ist der auf die KESt zusätzlich entfallende Solidaritätszuschlag i. H. v. 5,5% der KESt einzubehalten. Je nachdem, ob sich die Anteile an der Kapitalgesellschaft im Privatvermögen oder im Betriebsvermögen befinden,[1] gilt hierbei das Abgeltungsverfahren (§ 32d Abs. 1 EStG; § 43 Abs. 5 EStG) oder Kapitalertragsteuer und Solidaritätszuschlag sind auf die Einkommensteuerschuld des Anteilseigners anrechenbar.

<table>
<tr><th colspan="3">Steuerpflicht im Körperschaftsteuerrecht</th></tr>
<tr><td colspan="2">Persönliche Einkommensteuerpflicht</td><td>Sachliche Einkommensteuerpflicht</td></tr>
<tr><td colspan="2">Wer muss Steuern zahlen?</td><td>Was unterliegt der Steuerpflicht?</td></tr>
<tr><td colspan="2">Steuersubjekt</td><td>Steuerobjekt</td></tr>
<tr><td colspan="2">Körperschaften/Personenvereinigungen/Vermögensmassen
• Kapitalgesellschaften
• Erwerbs-/Wirtschaftsgenossenschaften
• Versicherungsvereine aG
• Nicht rechtsfähige Vereine, Anstalten, Stiftungen, andere Zweckvermögen, sonstige juristischen Personen des privaten Rechts (z. B. eingetragene Vereine)
• Betriebe gewerblicher Art von juristischen Personen des öffentlichen Rechts</td><td rowspan="3">Alle Einnahmen, die zu Einkünften führen</td></tr>
<tr><td>Unbeschränkt steuerpflichtig, falls Geschäftsleitung oder Sitz im Inland</td><td>Beschränkt steuerpflichtig</td></tr>
<tr><td>Welteinkommen, aber Freistellungen durch Doppelbesteuerungsabkommen</td><td>Nur inländische Einkünfte i. S. d. § 49 EStG</td></tr>
</table>

[1] Genaueres siehe Zweiter Teil Kapitel B.II.5.

Die persönliche Körperschaftsteuerpflicht

Die Körperschaftsteuerpflicht hat einen personenbezogenen Aspekt, der das sog. Steuersubjekt betrifft. ***Steuersubjekte*** der Körperschaftsteuer sind alle nicht-natürlichen Personen, also alle Körperschaften, Personenvereinigungen und Vermögensmassen (§ 1 Abs. 1 KStG). Vereinfachend sollen im Folgenden davon nur die Kapitalgesellschaften (Europäische Gesellschaft, GmbH, AG, KGaA) genannt werden. ***Unbeschränkt steuerpflichtig*** sind jedoch nur solche Kapitalgesellschaften, die ihre Geschäftsleitung oder ihren Sitz im Inland haben (§ 1 KStG). In diesem Falle umfasst die Steuerpflicht sowohl die im Inland als auch die im Ausland erzielten Einkünfte (§ 1 Abs. 2 KStG). Zur Vermeidung einer Doppelbelastung ausländischer Einkünfte werden häufig zwischen zwei Staaten bilaterale Doppelbesteuerungsabkommen geschlossen, in denen die völlige oder partielle Steuerbefreiung dieser Einkünfte vereinbart ist.

Beschränkt steuerpflichtig sind Kapitalgesellschaften, die weder ihre Geschäftsleitung (= Mittelpunkt der geschäftlichen Oberleitung, § 10 AO) noch ihren Sitz (§ 11 AO) im Inland haben (§ 2 KStG). Die Steuerpflicht erstreckt sich in diesem Falle nur auf die in § 49 EStG aufgeführten Einkünfte, die im Inland ihren Ursprung haben.

Beginn der persönlichen Körperschaftsteuerpflicht ist der Zeitpunkt der Gründung der Kapitalgesellschaft, also des Abschlusses des Gesellschaftsvertrags (Satzung). Ende der Körperschaftsteuerpflicht ist die Liquidation oder Umwandlung der Kapitalgesellschaft.

Die sachliche Körperschaftsteuerpflicht

Das Körperschaftsteuerrecht nimmt grundsätzlich auf das EStG Bezug (§ 8 Abs. 1 KStG) und ergänzt es durch Spezialregelungen für juristische Personen. Ebenso wie die Einkommensteuerpflicht bezieht sich demnach die Körperschaftsteuerpflicht unter sachlichem Aspekt auf verschiedene Erwerbstätigkeiten, die zu Einkünften in einer der 7 Einkunftsarten (§ 2 EStG) führen. Anders als bei natürlichen Personen kommen jedoch Einkünfte aus nicht selbständiger Arbeit (§ 19 EStG) und Abgeordnetenbezüge (§ 22Abs. 4 EStG) nicht in Betracht. Somit umfasst die Körperschaftsteuerpflicht alle steuerbaren und nach § 2 Abs. 1 i. V. m. §§ 3 u. 3b EStG steuerpflichtigen Einkünfte („Steuerobjekt" bzw. „Steuergegenstand"). Allerdings werden gemäß § 8 Abs. 2 KStG alle Einkünfte der Kapitalgesellschaft in Einkünfte aus Gewerbebetrieb umqualifiziert. Kapitalgesellschaften haben im Gegensatz zu natürlichen Personen keine Privatsphäre, so dass eine entsprechende Abgrenzung der sachlichen Steuerpflicht nicht erforderlich ist. Die Bemessungsgrundlage der Körperschaftsteuer, also die Größe auf die der Steuersatz angewandt wird, ist das in einer Periode erzielte zu versteuernde Einkommen (§ 7 Abs. 1 KStG). Auf dieses wird ein einheitlicher Steuersatz von 15% angewandt (§ 23 KStG).

II Ermittlung des zu versteuernden Einkommens, der Körperschaftsteuerschuld und der Körperschaftsteuer-Rückstellung

1. Systematik der Ermittlung

a) Unterschiede in der Besteuerung von Personen- und Kapitalgesellschaften

Kapitalgesellschaften sind juristische Personen und unterliegen daher als selbständige Steuersubjekte mit ihrem Einkommen der Körperschaftsteuer. Die Körperschaftsteuer ist also die „Einkommensteuer der juristischen Personen". Zusätzlich werden deren ausgeschüttete Gewinne bei den Anteilseignern, die natürliche Personen sind, der Einkommensteuer (Abgeltungssteuer, Teileinkünfteverfahren) unterworfen. Außerdem unterliegen Kapitalgesellschaften der Gewerbesteuer und der Umsatzsteuer.

Im Rahmen der Gewinnermittlung sind bei der Kapitalgesellschaft im Gegensatz zur Personengesellschaft ***Geschäftsführergehälter*** und unter bestimmten Bedingungen Pensionszusagen an Gesellschafter, ebenso Vergütungen an Anteilseigner für die Überlassung von Wirtschaftsgütern oder die Hingabe von Darlehen ***als Betriebsausgaben abzugsfähig***. Sie werden bei den Gesellschaftern in der entsprechenden Einkunftsart (nichtselbständige Tätigkeit, Vermietung und Verpachtung, Kapitalvermögen) erfasst und mit Einkommensteuer belastet. Somit gehen sie auch nicht in den Gewerbeertrag ein. Andererseits werden über die in § 4 Abs. 5 EStG genannten Betriebsausgaben hinausgehend in § 10 KStG weitere Aufwendungen für nicht abzugsfähig erklärt (z. B. die Hälfte der Aufsichtsratsvergütungen).

Bei Gewinnen aus der Veräußerung von Anteilen an einer Kapitalgesellschaft tritt eine Steuerpflicht durch die Abgeltungssteuer nach § 32d Abs. 1 i. V. m. § 43 Abs. 5 EStG (Privatvermögen), bei wesentlicher Beteiligung (> 1%) nach § 17 EStG (Privatvermögen) oder nach § 15 EStG i. V. m. § 20 Abs. 8 EStG (Betriebsvermögen) ein.

Ein wesentlicher Unterschied zwischen der Besteuerung von Kapitalgesellschaften und Mitunternehmerschaften resultiert daraus, dass Kapitalgesellschaften juristische Personen sind und daher mit steuerlicher Wirkung Verträge mit ihren Gesellschaftern schließen können.

Merke:

Schuldrechtliche Verträge zwischen Kapitalgesellschaften und deren Gesellschaftern werden grundsätzlich steuerrechtlich anerkannt

- Arbeitsverträge
- Miet- und Pachtverträge
- Darlehensverträge

Folge: Die entsprechenden Vergütungen mindern das körperschaftsteuerpflichtige Einkommen der Kapitalgesellschaft ebenso wie den Gewerbeertrag. Andererseits müssen diese Vergütungen bei den Gesellschaftern in der jeweiligen Einkunftsart der Einkommensteuer unterworfen werden. Damit ist jedoch in der Regel keine Gewerbesteuerpflicht verbunden, so dass die Minderung der Gewerbesteuerschuld bestehen bleibt.

Da bei Einzelunternehmen und Personengesellschaften diese Vergütungen den Gewinn aus Gewerbebetrieb gemäß § 15 Abs. 2 EStG nicht mindern dürfen, unterliegen diese der Gewerbesteuer. Begründung ist, dass diese Rechtsformen keine selbständigen Steuersubjekte im Rahmen der Einkommensteuer darstellen und dass faktisch eine große Manipulationsgefahr besteht. Insofern werden diese Rechtsformen im Vergleich zu den Kapitalgesellschaften gewerbesteuerlich diskriminiert. Zum Ausgleich erhalten Einzelunternehmen und Personengesellschaften den gewerbesteuerlichen Freibetrag in Höhe von 24.500 EUR. Nur bei kleinen Gesellschaften kann auf diese Weise die Benachteiligung gegenüber den Kapitalgesellschaften ausgeglichen werden.

Manipulationsmöglichkeiten bestehen jedoch auch bei Kapitalgesellschaften. Auch hier ist es möglich, dass sich die Geschäftsführer jeweils ein extrem hohes Gehalt gewähren, das ausreicht, um so die Gewerbesteuerschuld zu minimieren. Dies soll das Konstrukt der so gen. ***„verdeckten Gewinnausschüttung“*** verhindern. Im Kern wird bei überhöhten Vergütungen an Gesellschafter der unangemessen hohe Teil dem Gewinn und damit auch dem Gewerbeertrag der Kapitalgesellschaft wieder hinzuaddiert und als an den Gesellschafter geflossene Dividende interpretiert.[1] Vereinfacht lässt sich der Begriff wie folgt abgrenzen:

Definition:

> Eine ***verdeckte Gewinnausschüttung*** liegt vor, wenn eine Kapitalgesellschaft ihren Gesellschaftern einen Vermögensvorteil gewährt, der seine Ursache im Gesellschaftsverhältnis hat, den sie also einem Nicht-Gesellschafter nicht gewährt hätte.

Weitere ***Beispiele*** sind:

- Die Kapitalgesellschaft zahlt an einen Gesellschafter, der ihr ein Darlehen gewährt hat, einen Zinssatz, der über dem Marktzinssatz liegt.
- Der Gesellschafter zahlt an die Kapitalgesellschaft für ein ihm gewährtes Darlehen einen unterhalb des Marktzinses liegenden Zinssatz.
- Die Kapitalgesellschaft zahlt an den Gesellschafter, der ihr ein ihm gehörendes Gebäude als Bürogebäude vermietet hat, eine Miete, die über der ortsüblichen Miete liegt.

b) Das zu versteuernde Einkommen

Die Bemessungsgrundlage der Körperschaftsteuer ist das „zu versteuernde Einkommen“, das eine Kapitalgesellschaft innerhalb eines Kalender- oder Wirtschaftsjahres erzielt hat (§ 7 Abs. 1 und 2 KStG). Die Ermittlung des Einkommens erfolgt sowohl nach den Vorschriften des Einkommensteuergesetzes als auch des Körperschaftsteuergesetzes (§ 8 Abs. 1 KStG).

Vereinfacht ergibt sich folgendes Schema zur Ermittlung des körperschaftsteuerpflichtigen Einkommens einer Kapitalgesellschaft[2]:

Vorläufiger Steuerbilanz-Jahresüberschuss (vor Körperschaftsteuer) + nicht abziehbare Aufwendungen – steuerfreie Erträge + verdeckte Gewinnausschüttungen – verdeckte Einlagen
= Zu versteuerndes Einkommen (vor Verlustabzug) – Verlustabzug
= Zu versteuerndes Einkommen

[1] Genaueres zur verdeckten Gewinnausschüttung siehe Zweiter Teil Kapitel D.III.
[2] Ein detaillierteres Schema findet sich in Kapitel D.II.2. und in R 29 KStR.

Auf das zu versteuernde Einkommen wird der für ausgeschüttete und für einbehaltene Gewinne einheitliche Körperschaftsteuersatz i. H. v. 15% angewandt (§ 23 Abs. 1 KStG). Es ergibt sich die Körperschaftsteuerschuld.

Zu versteuerndes Einkommen   **** Steuersatz (15%)***
= Körperschaftsteuerschuld   – Körperschaftsteuer-Vorauszahlungen (quartalsweise)
= Zuführung zu den Körperschaftsteuer-Rückstellungen

BS: EE-Steueraufwand an Bank (quartalsweise)

BS: EE-Steueraufwand an Körperschaftsteuer-Rückstellungen

Verlustabzug:
Ein vertikaler Verlustausgleich nach § 2 Abs. 3 EStG ist für Kapitalgesellschaften nicht möglich, da diese lediglich Einkünfte aus Gewerbebetrieb erzielen. Für Kapitalgesellschaften gelten aber die Regeln des Verlustabzugs nach § 10d EStG, nach dem zunächst ein Verlustrücktrag bis zu 511.500 EUR und darüber hinaus ein zeitlich unbegrenzter Verlustvortrag möglich ist. Dabei ist die Mindestbesteuerung zu beachten, nach der ein Verlustvortrag in ein Folgejahr bis zu 1 Mio. EUR unbeschränkt, darüber hinaus jedoch nur bis zu 60% des 1 Mio. EUR übersteigenden zu versteuernden Einkommens (Gesamtbetrag der Einkünfte) des jeweiligen Folgejahrs.[1]

c) Abziehbare Aufwendungen gemäß § 9 KStG

In § 9 Abs. 1 KStG werden zwei besondere Aufwandsarten als körperschaftsteuerlich abziehbar genannt. Es handelt sich um den Gewinnanteil der Komplementäre einer KGaA und um Spenden und Mitgliedsbeiträge der Kapitalgesellschaft unterhalb der Höchstbeträge.

Der Teil des ***Gewinns einer KGaA***, der auf die ***Komplementäre*** entfällt, und die Vergütungen, die an die Komplementäre für ihre Geschäftsführertätigkeit gezahlt wurden § 9 Abs. 1 Nr. 1 KStG) mindern das körperschaftsteuerliche Einkommen. Diese Beträge werden aus dem Kapitalgesellschaftsteil der KGaA herausgelöst und dem Personengesellschaftsteil zugeordnet (§ 15 Abs. 1 Nr. 3 EStG).[2]

Auch ***Spenden und Mitgliedsbeiträge*** (= Zuwendungen) sind innerhalb der Höchstbeträge (§ 9 Abs. 1 Nr. 2 KStG) an inländische juristische Personen des öffentlichen Rechts, öffentliche Dienststellen oder an eine nach § 5 Abs 1 Nr. 9 KStG steuerbefreite Körperschaft, Personenvereinigung oder Vermögensmasse zur Förderung steuerbegünstigter Zwecke i. S. d. §§ 52 bis 54 AO (z. B. wissenschaftliche, kulturelle, mildtätige und kirchliche Zwecke) abziehbare Aufwendungen. Spenden und Beiträgen an politische Parteien oder freie Wählervereinigungen sind jedoch körperschaftsteuerlich nicht abzugsfähig, da andernfalls die natürlichen Personen, die hinter ihnen stehen, eine zusätzliche Möglichkeit einer vom Staat geförderten Einflussnahmen auf die politische Willensbildung hätten.

---

[1] Ein Zahlenbeispiel findet sich im Zweiten Teil Kapitel B.II.8.
[2] Vgl. Zweiter Teil Kapitel E.III.

Die Höhe des Spendenabzugs ist wahlweise in Abhängigkeit vom Gewinn aus Gewerbebetrieb oder von Umsatz, Löhnen und Gehältern zu bestimmen.

Höchstgrenzen des Spendenabzugs (§ 9 Abs. 1 Nr. 2 KStG):

a) 20% des Einkommens
b) 0,4% der Summe aus Umsätzen, Löhnen und Gehältern des Kalenderjahrs

Maßgebend zur Ermittlung der Höchstgrenze a) ist das Einkommen vor Abzug der Zuwendungen und vor Verlustabzug (§ 9 Abs. 2 KStR). Zweckmäßigerweise sind daher sämtliche gezahlten und als Aufwand gebuchten Spenden dem Einkommen zunächst wieder hinzuzurechnen und anschließend nach Berechnung der Höchstgrenzen der abziehbare Teil der Spenden wieder zu kürzen. Der Teil der geleisteten Zuwendungen, der oberhalb der Höchstgrenzen liegt, kann in Folgejahren innerhalb der Höchstgrenzen gekürzt werden.

Beispielaufgabe:

Die LowTech GmbH hat im Jahre 01 folgende Zuwendungen geleistet:
- Spende an Unicef: 15.000 EUR
- Spende an die katholische Kirchengemeinde St. Marien Oldenburg: 8.000 EUR
- Spende an die SPD: 5.000 EUR
- Spende an die Universitätsgesellschaft Oldenburg: 10.000 EUR.

Das Einkommen 01 nach Abzug der Zuwendungen beträgt 175.000 EUR.
Im Jahre 01 gezahlte Löhne und Gehälter: 450.000 EUR. Umsatz 01: 700.000 EUR.
Welcher Spendenbetrag ist körperschaftsteuerlich abziehbar?

Lösung:

Einkommen nach Abzug der Zuwendungen	120.000 EUR
+ geleistete Zuwendungen	+ 38.000 EUR
= Einkommen vor Zuwendungen (gem. § 9 Abs. 2 KStG)	= 158.000 EUR
– abzugsfähige Zuwendungen (gem. § 9 Abs. 1 Nr. 2 KStG)	– 31.600 EUR
= Einkommen der LowTech GmbH	126.400 EUR

Höchstgrenzen des Spendenabzugs (§ 9 Abs. 1 Nr. 2 KStG)

a) 20% des Einkommens von 155.000 EUR = 31.600 EUR
b) 0,4% der Umsätzen, Löhnen und Gehältern 1.150.000 EUR =4.600 EUR.

Spenden und Mitgliedsbeiträge an politische Parteien sind bei Kapitalgesellschaften nicht abziehbar. Da die höhere Grenze maßgebend ist, sind 1.400 EUR der übrigen geleisteten Spenden in 01 nicht abzugsfähig. Eine Berücksichtigung in einem Folgejahr ist im Rahmen der Höchstgrenzen möglich.

Eine Kürzung ist weiterhin ausgeschlossen, wenn es sich bei der Spendenzahlung um eine verdeckte Gewinnausschüttung oder eine verdeckte Einlage handelt und § 8 Abs. 3 KStG daher anwendbar ist. Außerdem muss eine Kürzung unterbleiben, soweit es um Mitgliedsbeiträge an Körperschaften, die den Sport, kulturell orientierte Freizeitgestaltung, die Heimatpflege, die Kleingärtnerei, den Modellflug und andere in § 53 Abs. 2 Nr. 23 AO genannte Zwecke fördern.

d) Nicht abziehbare Aufwendungen gemäß § 10 KStG

Bei der Ermittlung des zu versteuernden Einkommens der Kapitalgesellschaft ist insbesondere zu berücksichtigen, dass neben den im § 4 Abs. 5 EStG aufgeführten nicht abzugsfähigen Betriebsausgaben weitere Aufwendungen nach § 10 KStG nicht abziehbar sind:

Nicht abziehbare Aufwendungen nach dem KStG	
• Aufwendungen zur Erfüllung von Zwecken, die durch Stifungsgeschäft oder Satzung vorgeschrieben sind	§ 10 Nr. 1 KStG
• Steuern vom Einkommen und sonstige Personensteuern (KSt, SolZ, KESt, ausländische Quellensteuer)	§ 10 Nr. 2 KStG
• Umsatzsteuer für Umsätze, die Entnahmen oder verdeckte Gewinnausschüttungen sind	§ 10 Nr. 2 KStG
• Vorsteuerbeträge auf Aufwendungen, für die das Abzugsverbot des § 4 Abs. 5 S. 1 Nr. 1–4 und 7 oder § 4 Abs. 7 EStG gilt	§ 10 Nr. 2 KStG
• In einem Strafverfahren festgesetzte Geldstrafen	§ 10 Nr. 3 KStG
• Die Hälfte der Aufsichtsrats- und Beiratsvergütungen	§ 10 Nr. 4 KStG
• Spenden über die Höchstbeträge (5% des Einkommens plus 5% für wissenschaftliche Zwecke oder: 2‰ der Jahresumsätze, Löhne und Gehälter) hinaus	§ 9 Abs. 1 Nr. 2 KStG

Diese Aufwendungen haben in der Regel den Gewinn in Handels- und Steuerbilanz gemindert und müssen daher außerhalb der (Steuer-)Bilanz in der Körperschaftsteuer-Erklärung dem Gewinn wieder hinzugerechnet werden.

e) Steuerfreie Erträge

Daneben gibt es aber auch Erträge, die körperschaftsteuerfrei vereinnahmt werden können. In der Regel werden diese in der Handels- und der Steuerbilanz gewinnerhöhend verbucht und dann außerhalb der (Steuer-)Bilanz in der Körperschaftsteuer-Erklärung wieder abgezogen und somit steuerfrei gestellt.

Steuerfreie Erträge einer Kapitalgesellschaft	
Investitionszulagen	InvZulG i. V. m. § 3 EStG; H 2 EStH
Beteiligungserträge und Veräußerungsgewinne im Zusammenhang mit Anteilen an einer anderen Kapitalgesellschaft („Freistellungsverfahren“)	§ 8b KStG
Ausländische Beteiligungserträge, die nach einem bilateralen Doppelbesteuerungsabkommen im Inland steuerfrei sind	DBA i. V. m. § 2 AO

f) Die Freistellungsmethode gemäß § 8b KStG

Sind Kapitalgesellschaften Anteilseigner einer Kapitalgesellschaft so gilt die so gen. Freistellungsmethode gemäß § 8b EStG, die in folgender Übersicht dargestellt wird.

	Körperschaftsteuer-Pflicht bzw. Abziehbarkeit zum Anteil von
<u>Steuerliche Behandlung von Beteiligungserträgen/-verlusten</u>	
1) Besteuerung von Dividenden, Gewinnausschüttungen, Veräußerung oder Abtretung von Dividendenscheinen von inländischen und ausländischen Kapitalgesellschaften (§ 8b Abs. 1 KStG) <u>Zweck der Freistellung:</u> Vermeidung einer Mehrfachbelastung in einer Beteiligungskette	0%
2) Betriebsausgabenabzug im Zusammenhang mit steuerfreien Beteiligungserträgen von in- und ausländ. Kapitalgesellschaften; außerhalb der Steuerbilanz ist ein Pauschalbetrag von 5% der Dividenden als n.a.BA wieder hinzurechnen (§ 8b Abs. 5 KStG)	100% minus 5% der Div.
<u>Steuerliche Behandlung der Beteiligungsveräußerung</u>	
1) Besteuerung von Veräußerungsgewinnen bei Anteilen an inländischen und ausländischen Kapitalgesellschaften (auch falls Organgesellschaften)	0%
<u>Begründung:</u> Rücklagen sind bereits versteuert und werden jetzt verkauft; die Veräußerung ist einer Totalausschüttung gleichzustellen (§8b Abs. 2 KStG)	
<u>Ausnahme:</u> Handelsgeschäfte in Aktien von Banken/ Finanzdienstleistern (§ 8b Abs. 7 KStG)	100%
<u>Ausnahme:</u> wenn vorher in vollem Umfang Gewinn mindernde Teilwertabschreibung oder Abzug nach § 6b EStG (§ 8b Abs. 2 KStG)	100%
2) Betriebsausgabenabzug bei Anteilsveräußerung (§ 8b Abs. 3 KStG)	100% minus 5% des Veräußerungsgewinns
3) Abziehbarkeit von Veräußerungsverlusten	0%
4) Abziehbarkeit Teilwertabschreibungen auf die Anteile (§ 8b Abs. 3 S. 3 KStG)	0%

	Körperschaftsteuer-Pflicht bzw. Abziehbarkeit zum Anteil von
5) Steuerpflicht bei Gewinnen aus der Wertaufholung einer Beteiligung (§ 6 Abs.1 Nr.2 S. 3 EStG)	0%
Ausnahme: wenn vorher in vollem Umfang Gewinn mindernde Teilwertabschreibung (Altfälle) oder Abzug nach § 6b EStG (§ 8b Abs. 2 KStG)	100%
6) Steuerpflicht bei Gewinnen aus der Auflösung oder der Herabsetzung des Nennkapitals einer Kapitalgesellschaft	0%

Auswirkungen auf die Gewerbesteuer

§ 8b KStG beeinflusst über § 7 GewStG die Höhe des Gewerbeertrags. Da das Gewerbesteuersystem von Auswirkungen des Freistellungsverfahrens unbeeinflusst bleiben soll, erfolgt eine entgegengerichtete Korrektur des Gewinns aus Gewerbebetrieb durch Hinzurechnung der vollen Dividenden und Abzug der nicht berücksichtigten Betriebsausgaben (§ 8 Nr. 5 GewStG), sofern keine Kürzung gemäß § 9 Nr. 2a oder Nr. 7 GewStG bei Beteiligung ab 15% möglich ist.

Durch die völlige Freistellung der ausgeschütteten Dividenden von der Körperschaftsteuerpflicht soll verhindert werden, dass sich in einer Beteiligungskette von Kapitalgesellschaften bei Ausschüttung desselben Gewinns eine kumulative Körperschaftsteuerbelastung ergibt. Die Freistellung von Veräußerungsgewinnen wird damit begründet, dass die Wertsteigerung von Kapitalgesellschaften auf der Einbehaltung von bereits besteuerten Gewinnen beruht. Die völlige Steuerbefreiung hat jedoch die systematische Folge, dass auch die mit den begünstigten Einnahmen in wirtschaftlichem Zusammenhang stehenden Betriebsausgaben und Veräußerungskosten nicht abziehbar sind (§ 3c Abs. 1 EStG). Aus Praktikabilitätsgründen hat der Gesetzgeber hier eine pauschale Regelung geschaffen: 5% der Dividende gelten als nicht abziehbare Betriebsausgaben und die tatsächlichen Betriebsausgaben können in voller Höhe abgesetzt werden. Analog gelten bei Veräußerungen von Anteilen an Kapitalgesellschaften 5% des Veräußerungserlöses als nicht abziehbare Betriebsausgaben. Ein Veräußerungsverlust kann systemgerecht ebenfalls nicht steuerlich verwertet werden.

Zum Vergleich mit natürlichen Personen als Anteilseigner sei die Besteuerung von Ausschüttungen und Veräußerungen bei Beteiligung an einer Kapitalgesellschaft noch einmal zusammenfassend dargestellt:

Zusammenfassung:			
KapG X Erwirtschaftet Gewinn und zahlt darauf 15% KSt => Dividende an =>	**KapG A** Zahlt 0% KSt auf die Div. und schüttet sie weiter aus => Dividende an =>	**Natürliche Person** Zahlt ESt auf die empfangene Dividende	
KapG X (inl./ausl.)	**KapG A** ist beteiligt an KapG X	Natürl. Person ist beteiligt an KapG A	
		Anteile gehalten im Betriebsvermögen einer EU oder PersG ↓	Anteile gehalten im Privatvermögen ↓
	Freistellungs-verfahren	**Teileinkünfte-verfahren**	**Abgeltungssteuer** (Wahlrecht zur Veranlagung mit persönlichem ESt-Satz)
Vorschriften:	§ 8b Abs. 1–3, 5 KStG	§§ 3 Nr. 40, 3c Abs. 2, 20 Abs. 1 Nr. 1 u. 2 EStG	§ 32d Abs. 1 i. V. m. § 43 Abs. 5 EStG; § 32d Abs. 6 EStG
	Keine KSt auf • Dividenden • Anteils-veräußerungs-gewinne	ESt nur auf 60% der • Dividenden • Anteils-veräußerungs-gewinne	Endgültige Besteuerung mit 25% ESt auf • Dividenden • Anteilsveräußerungsgewinn
	Zugehörige Betriebsausgaben nicht abzugsfähig i. H. v. 5% der Dividende bzw. der Veräußerungsgewinne	Zugehörige Betriebsausgaben nur zu 60% abzugsfähig	Werbungskostenabzug nur zulässig i.H.d. Sparer-Pauschbetrags (801 EUR)
		§ 6b EStG (= Übertragung von Veräußerungsgewinnen bei Anteilen auf Gebäude und bewegliche Wirtschaftsgüter) bezieht sich nur auf den steuerpflichtigen Teil von 60%	Bei wesentlicher Beteiligung (> 1%) im PV sind 60% der Veräußerungsgewinne ESt-pflichtig (§ 17 i. V. m § 3 Nr. 40 EStG)
	GewSt-Hinzurechnung der steuerbefreiten Beträge gem. § 8 Nr. 5 GewStG	GewSt-Hinzurechnung der steuerbefreiten Beträge gemäß § 8 Nr. 5 GewStG	Ausnahmen: § 32d Abs. 2 EStG, z. B. Einnahmen des typisch stillen Gesellschafters

2. Das steuerliche Eigenkapital

Ausschüttungen einer Kapitalgesellschaft sind beim Anteilseigner, sofern es sich um eine natürliche Person handelt, steuerpflichtige Einnahmen. Befinden sich die Anteile im Privatvermögen, wird Abgeltungssteuer (§ 32d EStG) ausgelöst, befinden sie sich im Betriebsvermögen, so führt das Teileinkünfteverfahren (§ 3 Nr. 40 EStG) zu Einkünften aus Gewerbebetrieb im Umfang von 60% der Ausschüttung. Gewährt die Kapitalgesellschaft jedoch Einlagen an die Gesellschafter zurück, so ist diese Zahlung beim Anteilseigner (genau wie die ursprüngliche Einlage in die Kapitalgesellschaft) nicht steuerbar.

Wegen der unterschiedlichen steuerlichen Behandlung dieser beiden Arten von Auszahlungen an die Anteilseigner, muss bei der Kapitalgesellschaft zwischen den Quellen der Ausschüttung unterschieden werden.

Steuerliches Eigenkapital			
Einlagen		Ausschüttbarer Gewinn	
Nennkapital (Gezeichnetes Kapital)	Einlagen, die nicht in das Nennkapital geleistet wurden (steuerliches Einlagekonto)	Rücklagen (einbehaltene Gewinne)	Jahresgewinn

Das ***Nennkapital*** umfasst den festen Teil des Eigenkapitals, der nur durch eine formale Kapitalerhöhung oder Kapitalherabsetzung geändert werden kann. Bei einer Aktiengesellschaft umfasst das Nennkapital (= Grundkapital) die Summe der Nennbeträge aller ausgegebenen Aktien. Einlagen der Gesellschafter, die nicht in das Nennkapital geleistet wurden, sind z. B. Zuschüsse des Gesellschafters, um die Finanzkraft der Kapitalgesellschaft zu stärken. Bei der Aktiengesellschaft handelt es sich um die Summe aller Aufgelder (Agio), die von den Anteilseignern bei Ersterwerb („Zeichnung") der neu ausgegebenen Aktien (Gründung, Kapitalerhöhung) über den Nennwert hinaus gezahlt worden sind. Handelsrechtlich fließen die genannten Zahlungen in die so genannte Kapitalrücklage. Das steuerliche Einlagekonto umfasst darüber hinaus noch als steuerrechtliche Besonderheit die verdeckten Einlagen.[1] Der ausschüttbare Gewinn wird im Körperschaftsteuerrecht – unabhängig vom Handelsrecht – in folgender Weise ermittelt (§ 27 Abs. 1 S. 5 KStG):

Eigenkapital in der Steuerbilanz
– Nennkapital (Gezeichnetes Kapital)
– steuerliches Einlagekonto (positiver Bestand)
= ausschüttbarer Gewinn (= 0, wenn negativ)

Das Eigenkapital in der Steuerbilanz („steuerliches Eigenkapital") setzt sich aus dem Gezeichneten Kapital, den nicht in das Gezeichnete Kapital geleisteten Einlagen (= steuerliches Einlagekonto), den sonstigen Rücklagen (= einbehaltene Steuerbilanzgewinne) und dem im betrachteten Wirtschaftsjahr erzielten Steuerbilanzgewinn zusammen.

Das ***steuerliche Einlagekonto*** ist nicht ein Konto der Buchführung, sondern eine außerhalb der Steuerbilanz von jeder Kapitalgesellschaft zu führende Nebenrechnung. Es wird jeweils um die Zu- und Abgänge eines Wirtschaftsjahrs fortgeschrieben und der Bestand zum Schluss des Wirtschaftsjahrs wird auf Basis der jährlichen abzugebenden „Erklärung zur gesonderten Feststellung von Besteuerungsgrundlagen" gesondert festgestellt (§ 27 Abs. 1 u. 2 KStG). Offene und verdeckte Einlagen erhöhen das steuerliche Einlagekonto zum Schluss des laufenden Wirtschaftsjahrs. Ausschüttungen aus dem steuerlichen Einlagekonto sind nicht steuerbar und unterliegen daher auch nicht dem 25%igen Kapitalertragsteuerabzug.

[1] Genaueres zu verdeckten Einlagen s. Zweiter Teil Kapitel D.IV.

Die Zuordnung der getätigten offenen Ausschüttungen ebenso wie der verdeckten Gewinnausschüttungen zu den Eigenkapitalquellen erfolgt durch eine gesetzlich unterstellte Verwendungsreihenfolge („Verwendungsfiktion“) des steuerlichen Eigenkapitals. Das Körperschaftsteuerrecht verwendet den Begriff ***Leistungen*** im Sinne jeglicher Zahlungen an die Anteilseigner. Die Rückzahlung von Nennkapital soll aber zunächst – wie im KStG – ausgeklammert werden. Nach § 27 Abs. 1 S. 3 KStG mindern Leistungen der Kapitalgesellschaft unabhängig von ihrer handelsrechtlichen Einordnung

1. zunächst den auf den Schluss des vorangegangenen Wirtschaftsjahrs ermittelten ausschüttbaren Gewinn (= Gewinnrücklagen und Jahresgewinn) und danach
2. das steuerliche Einlagekonto („Einlagenrückgewähr“).

Diese Leistungen führen bei den Empfängern zu Bezügen i. S. d. § 20 Abs. 1 Nr. 1 EStG, von denen die Leistungen aus der Minderung des steuerlichen Einlagekontos jedoch keine Einnahmen aus Kapitalvermögen darstellen (§ 20 Abs. 1 Nr. 1 S. 3 EStG), sondern nicht steuerbare Einlagenrückgewähr an die Gesellschafter[1]. Dabei ist es unerheblich, welche Gesellschafter die Einlagen zuvor erbracht haben. Beim Anteilseigner vermindern sich in dem Maße, in dem er eine Ausschüttung aus dem steuerlichen Einlagekonto empfängt, die Anschaffungskosten der Beteiligung (erfolgsneutral).[2] Der Kapitalertragsteuerabzug (erfolgt nur bei dem Teil der Ausschüttungen[3], der durch ausschüttbare Gewinne gespeist wird und damit einkommensteuerpflichtig ist. Zwecks Unterscheidung der beiden Fälle ist die Kapitalgesellschaft oder das mit der Abwicklung beauftragte inländische Kreditinstitut bei Ausschüttungen, die zu einer Minderung des steuerlichen Einlagekontos führen, verpflichtet, den einzelnen Anteilseignern die Höhe der Leistungen, soweit das steuerliche Einlagekonto gemindert wurde, nach amtlichem Muster zu bescheinigen (§ 27 Abs. 3 u. 4 KStG). Durch Leistungen kann der Bestand des steuerlichen Einlagekontos nicht negativ werden (§ 27 Abs. 1 S. 4 KStG).

Beispielaufgabe:

Die LowTech GmbH weist zum 31.12.01 in der Steuerbilanz ein Eigenkapital (ohne Gewinn 01) von 750.000 EUR aus. Davon gehören 300.000 EUR zum Nennkapital und 220.000 EUR zum steuerlichen Einlagekonto. Im Wirtschaftsjahr 01 (= Kalenderjahr) wurde ein Steuerbilanzgewinn (nach Steuern) i. H. v. 250.000 EUR erwirtschaftet,

a) von dem in 02 ein Betrag von 200.000 EUR ausgeschüttet werden soll,

b) der in 02 vollständig ausgeschüttet werden soll.

Außerdem wurden im Jahre 02 durch die Gesellschafter Einlagen in Höhe von 80.000 EUR geleistet. Wie hoch ist der ausschüttbare Gewinn am 31.12.01 und am 31.12.02?

---

[1] Solche Minderungen des steuerlichen Einlagekontos haben Auswirkungen auf die Höhe der Körperschaftsteuer, die sich aus dem Übergang des alten Anrechnungsverfahrens auf das neue System ergeben. Auf deren Darstellung wird hier verzichtet.

[2] Ist der Anteilseigner eine Kapitalgesellschaft oder eine Personengesellschaft oder ein Einzelkaufmann, so erfolgt ein Aktivtausch (BS: Bank an Beteiligungen). Handelt es sich um eine wesentlich beteiligte natürliche Person, so sinken die Anschaffungskosten der im Privatvermögen gehaltenen Beteiligung nach § 17 Abs. 4 S. 1 EStG). Im letzteren Falle kann sich allerdings ein steuerpflichtiger Veräußerungsgewinn nach § 17 Abs. 1 EStG ergeben (Einnahmen aus Gewerbebetrieb), soweit die Minderung die tatsächlichen Anschaffungskosten übersteigt. Ist der Anteilseigner eine nicht wesentlich beteiligte natürliche Person (Beteiligung im Privatvermögen), so erhält diese insoweit einen steuerfreien Bezug.

[3] Bei verdeckten Gewinnausschüttungen erfolgt im Regelfall jedoch kein Kapitalertragsteuerabzug, da die KESt zeitgleich mit der Aufdeckung der vGA beim Gesellschafter wieder angerechnet werden würde.

Lösung:

	a) und b)
Eigenkapital in der Steuerbilanz zum 31.12.01	750.000 EUR
– Nennkapital zum 31.12.01	– 300.000 EUR
– steuerliches Einlagekonto zum 31.12.01	– 220.000 EUR
= ausschüttbarer Gewinn zum 31.12.01	= 230.000 EUR

Zu a) Die Ausschüttungen im Jahr 02 i.Hv. können vollständig aus dem ausschüttbaren Gewinn finanziert werden. Sie sind bei den Anteilseignern ESt-pflichtige Einnahmen aus Kapitalvermögen (§ 20 Abs. 1 Nr. 1 EStG).

Zu b) Die Ausschüttungen im Jahr 02 in Höhe von 250.000 EUR übersteigen den ausschüttbaren Gewinn zum 13.12.01 um 20.000 EUR. Die Ausschüttung gilt als i. H. v. 230.000 EUR aus ausschüttbaren Gewinnen finanziert, die zu steuerpflichtigen Einkünften aus Kapitalvermögen führen. Die restlichen 20.000 EUR stellen eine nicht steuerbare Einlagenrückgewähr dar. Somit mindert sich das steuerliche Einlagekonto durch die Ausschüttung in 02 um 20.000 EUR. Die Anschaffungskosten der Gesellschaftsanteile mindern sich in gleicher Höhe. Durch die Gesellschaftereinlagen in 02 von 80.000 EUR erhöht es sich.

	a)	b)
Steuerliches Einlagekonto zum 31.12.01	220.000 EUR	220.000 EUR
– Abgänge im Jahr 02	– 0 EUR	– 20.000 EUR
+ Zugänge im Jahr 02	+ 80.000 EUR	+ 80.000 EUR
= Steuerliches Einlagekonto zum 31.12.02	= 300.000 EUR	= 280.000 EUR

	a)	b)
Eigenkapital in der Steuerbilanz zum 31.12.01	750.000 EUR	750.000 EUR
+ Steuerbilanzgewinn im Jahre 01	+ 250.000 EUR	+ 250.000 EUR
– Ausschüttung des Gewinns aus 01	– 200.000 EUR	– 250.000 EUR
+ Gesellschafter-Einlagen in 02	+ 80.000 EUR	+ 80.000 EUR
= Eigenkapital in der Steuerbilanz zum 31.12.02	= 880.000 EUR	= 830.000 EUR
– Nennkapital zum 31.12.02	– 300.000 EUR	– 300.000 EUR
– steuerliches Einlagekonto zum 31.12.02	– 300.000 EUR	– 280.000 EUR
= ausschüttbarer Gewinn zum 31.12.02	280.000 EUR	= 250.000 EUR

Umwandlung von Rücklagen in Nennkapital (§ 28 Abs. 1 KStG)

Ist der Umfang der Rücklagen aus einbehaltenen Gewinnen (Gewinn-Rücklage) im Laufe der Jahre stark angewachsen im Verhältnis zum Gezeichneten Kapital, führen Kapitalgesellschaften von Zeit zu Zeit eine Kapitalerhöhung aus Gesellschaftsmitteln durch. Dabei wird kein neues Kapital von außen dem Unternehmen zugeführt. Vielmehr handelt es sich um eine reine Umbuchung. Ein Teil der Gewinnrücklagen wird in Nennkapital umgewandelt. Somit muss auch die Zahl der umlaufenden Aktien erhöht werden. Diese Berichtigungsaktien werden den Aktionären gratis zugeteilt (Gratisaktien), da die Aktionäre ja auch vorher schon Anspruch auf einen entsprechenden Teil der Rücklagen hatten.

Körperschaftsteuerlich ergibt sich die Notwendigkeit einer weiteren Unterteilung des steuerlichen Eigenkapitals. Nach § 28 Abs. 1 S. 1 KStG wird die Reihenfolge der in Nennkapital umzuwandelnden Eigenkapitalbestandteile festgelegt. Zuerst ist der positive Bestand des steuerlichen Einlagekontos umzuwandeln. Dabei ist der Bestand am Ende des Jahres der Rücklagenumwandlung maßgebend, der sich ohne Rücklagenumwandlung ergeben hätte (§ 28 Abs. 1 S. 2 KStG). An zweiter Stelle ist der ausschüttbare Gewinn („sonstige Rücklagen") in Nennkapital umzuwandeln, falls der positive Bestand des steuerlichen Einlagekontos nicht ausreichen sollte. Gemäß § 28 Abs. 1 S. 3 KStG ist der in Nennkapital umgewandelte Betrag aus ausschüttbaren Gewinnen („sonstige Rücklagen") getrennt auszuweisen und gesondert festzustellen („Sonderausweis"). Dieser Sonderausweis wird fortgeschrieben gemäß § 28 Abs. 1 S. 4 i. V. m. § 27 Abs. S 2 KStG. Er verringert sich um offene oder verdeckte Einlagen der Anteilseigner (= positiver Bestand des steuerlichen Einlagekontos zum Stichtag) in den Folgejahren nach der Rücklagenumwandlung (§ 28 Abs. 3 KStG).

Beispielaufgabe:

Die LowTech GmbH weist zum 31.12.03 in der Steuerbilanz ein Eigenkapital von 600.000 EUR aus. Davon gehören 300.000 EUR zum Nennkapital und 180.000 EUR zum steuerlichen Einlagekonto. Außerdem wurden im Jahre 03 durch die Gesellschafter verdeckte Einlagen (vE) in Höhe von 30.000 EUR geleistet. Die Gesellschafter beschließen für 03 eine Kapitalerhöhung aus Gesellschaftsmitteln in Höhe von 270.000 EUR. Wie hoch ist der ausschüttbare Gewinn am 31.12.03?

Lösung:

Ohne Berücksichtigung der Kapitalerhöhung aus Gesellschaftsmitteln:

Eigenkapital in der Steuerbilanz zum 31.12.03 einschl. vE	630.000 EUR
– Nennkapital zum 31.12.03	– 300.000 EUR
– steuerliches Einlagekonto zum 31.12.03 einschl. vE	– 230.000 EUR
= ausschüttbarer Gewinn zum 31.12.03	= 100.000 EUR

Der Sonderausweis gemäß § 28 KStG entspricht dem Betrag, um den die Rücklagenumwandlung das steuerliche Einlagekonto am Ende des Wirtschaftsjahres übersteigt:

270.000 EUR – 230.000 EUR = 40.000 EUR.

Der ausschüttbare Gewinn („sonstige Rücklagen") verringert sich also um 40.000 EUR auf 60.000 EUR.

Mit Berücksichtigung der Kapitalerhöhung aus Gesellschaftsmitteln:

Eigenkapital in der Steuerbilanz zum 31.12.03 einschl. vE	630.000 EUR
– Nennkapital zum 31.12.03 (davon Sonderausweis: 40.000 EUR)	– 570.000 EUR
– steuerliches Einlagekonto zum 31.12.03 einschl. v.E.	– 0 EUR
= ausschüttbarer Gewinn zum 31.12.03	= 60.000 EUR

Herabsetzung des Nennkapitals (§ 28 Abs. 2 KStG)

Wird später die Kapitalgesellschaft aufgelöst oder erfolgt eine Kapitalherabsetzung mit Rückzahlung an die Anteilseigner (natürliche Personen) so wird zuerst der Sonderausweis gemindert. Diese Zahlung gilt als Gewinnausschüttung und stellt beim Empfänger Bezüge i. S. d. § 20 Abs. 1 Nr. 2 EStG dar und ist somit ESt-pflichtig, da die Beträge ursprünglich aus ausschüttbaren Gewinnen („sonstigen Rücklagen") stammen.

Übersteigt der Betrag der Rückzahlung des Nennkapitals den Sonderausweis, so wird der positive Betrag des steuerlichen Einlagekontos entsprechend gemindert. Dieser Betrag ist als Rückgewähr von Einlagen einkommensteuerfrei. Sollte dieser ebenfalls nicht zur Abdeckung des Nennwertherabsetzungsbetrags ausreichen, so gilt im dritten Schritt der Restbetrag ebenfalls als Gewinnausschüttung, die beim Anteilseigner zu Bezügen i. S. d. § 20 Abs. 1 Nr. 2 EStG führt.

Beispielaufgabe:

Die LowTech GmbH weist zum 31.12.04 in der Steuerbilanz ein Eigenkapital von 700.000 EUR aus. Davon gehören 570.000 EUR zum Nennkapital und 20.000 EUR zum steuerlichen Einlagekonto. Die Gesellschafter beschließen für das Jahr 04 eine Kapitalherabsetzung und Rückzahlung an die Anteilseigner in Höhe von 70.000 EUR. Wie hoch ist der von den Anteilseignern insgesamt zu versteuernde Betrag?

Lösung:

Die Rückgewähr von Nennkapital an die Anteilseigner wird in einer Höhe von 40.000 EUR aus dem Sonderausweis gespeist (= „Gewinnausschüttung"), zu weiteren 20.000 EUR aus dem steuerlichen Einlagekonto (= Einlagenrückgewähr) und die restlichen 10.000 EUR stellen ebenfalls Gewinnausschüttung dar. Somit erzielen die Anteilseigner i. H. v. 50.000 EUR einkommensteuerpflichtige Bezüge i.S.v. § 20 Abs. 1 Nr.2 EStG. Die restlichen 20.000 EUR, die aus dem steuerlichen Einlagekonto stammen sind bei den Empfängern einkommensteuerfrei.

3. Beispiel zur Ermittlung der Körperschaftsteuer- und der Gewerbesteuer-Rückstellung einer Kapitalgesellschaft

Beispiel: Die Körperschaftsteuer-Vorauszahlungen i. H. v. 100 TEUR sowie die Gewerbeertragsteuer-Vorauszahlungen i. H. v. 60 TEUR wurden als Aufwand gebucht und haben somit den vorläufigen Handelsbilanz-Jahresüberschuss gemindert. Hebesatz = 300%

	(TEUR)
Vorläufiger Handelsbilanz-Jahresüberschuss (vor Ertragsteuer-Rückst.)	**2.000**
+ Differenzen Steuerbilanz : Handelsbilanz (z. B.: Mehrgewinn in StB wegen Disagio)	+ 300
= ***vorläufiger Steuerbilanz-Jahresüberschuss*** (vor Ertragsteuer-Rückst.)	= 2.300
+/– Korrekturen außerhalb der Bilanz nach EStG:	
+ nicht-abzugsfähige Betriebsausgaben einschl. darauf entfallender Umsatzsteuer (§ 4 Abs. 5 EStG, §§ 15 I S. 2 u. 3 Abs. 9a Nr. 2 UStG)	+ 238
+ Nachverzinsung steuerfreier Rücklagen (§ 6b Abs. 7 EStG), Hinzurechnung Investitionsabzugsbetrag (§ 7g Abs. 2 u. 3 EStG)	+ 112
+ GewSt-Vorauszahlungen (§ 4 Abs. 5b EStG)	+ 60
– Investitionsabzugsbetrag (§ 7g Abs. 1 EStG)	– 70
+ ***Differenzen KSt-Einkommen : Steuerbilanz nach KStG***	
+ KSt-Vorauszahlungen (§ 10 Nr. 2 KStG)	+ 100
+ Hälfte der Aufsichtsratsvergütungen (§ 10 Nr. 4 KStG)	+ 40
– ***steuerfreie Betriebseinnahmen*** (z. B. Investitionszulagen ausländische Beteiligungserträge lt. DBA)	– 80
= ***zu versteuerndes Einkommen***	**2.700**
Zu verst. Einkommen * KSt-Satz = Körperschaftsteuer-Schuld	
2700 * 0,15 =	405
– Körperschaftsteuer-Vorauszahlungen	– 100
= Zuführung zur Körperschaftsteuer-Rückstellung	305
zu versteuerndes Einkommen (als Ausgangsgröße für die Gewerbesteuer)	**2.700**
+ Schuldzinsen (§ 8 Nr. 1 GewStG) nach Abzug des Freibetrags von 100	+ 345
– Kürzungen (nach § 9 GewStG)	– 45
= ***Gewerbeertrag***	**3.000**

Gewerbeertrag * Steuermesszahl * Hebesatz = Gewerbesteuerschuld	
3.000 * 0,035 * 3,00 =	= 315
– Gewerbesteuer-Vorauszahlungen	– 60
= Zuführung zur Gewerbesteuer-Rückstellung	= 255

(TEUR)	**Handels-bilanz**	**Steuer-bilanz**
Vorläufiger Jahresüberschuss (nach Abzug der Vorauszahlungen)	2.000	2.300
– Zuführung zu den Körperschaftsteuer-Rückstellungen	– 305	– 305
– Zuführung zu den Gewerbesteuer-Rückstellungen	– 255	– 255
= Endgültiger Jahresüberschuss (nach Ertragsteuern)	1.440	1.740

Beispiel zu § 8 Nr. 5 GewStG:

Kapitalgesellschaft als Anteilseigner einer Kapitalgesellschaft

	(TEUR)
Vorläufiger Gewinn (HB=StB)	940
+ Beteiligungserträge (Dividenden) in HB und StB	+ 100
– zugehörige Betriebsausgaben (Depotgebühren, Kreditzinsen)	– 40
= Gewinn (Handels- u. Steuerbilanz)	= 1.000
Korrektur außerhalb der Handels- und Steuerbilanz in der KSt-Erklärung	
– Korrektur der Beteiligungserträge zu Steuerzwecken (Freistellungsverfahren gem. § 8b KStG	– 100
+ Korrektur der zugehörigen Betriebsausgaben (§ 8b Abs. 5 KStG): 5% der Dividenden	+ 5
= zu versteuerndes Einkommen (= Ausgangsgröße für die GewSt)	= 905
Korrektur zu Gewerbesteuerzwecken	
+ Hinzurechnung der bei KSt nicht berücksichtigten Beträge (§ 8 Nr. 5 GewStG)	+ 95 (= + 100–5)
= ***Gewerbeertrag***	= 1.000

Bei Beteiligungen von mindestens 15% des Gezeichneten Kapitals der Kapitalgesellschaft („Schachtelbeteiligungen") erfolgt zusätzlich wieder die Kürzung der zunächst in den Gewerbeertrag einbezogenen Netto-Beteiligungserträge oder Veräußerungsgewinne nach § 9 Nr. 2a GewStG, um die Doppelbelastung mit Gewerbesteuer zu beseitigen. Bei niedrigeren Beteiligungsquoten („Streubesitz") wird die Doppelbelastung vom Gesetzgeber im Kauf genommen.

ESt- bzw. KSt-freie Gewinne aus der Veräußerung von Anteilen an Kapitalgesellschaften sind bei der Ermittlung des Gewerbeertrags nicht hinzuzurechnen.

Die Berücksichtigung von Dividendenerträgen

Beispiel:

Die Körperschaftsteuer-Vorauszahlungen in Höhe von 100 TEUR sowie die Gewerbeertragsteuer-Vorauszahlungen in Höhe von 60 TEUR wurden als Aufwand gebucht und haben somit den vorläufigen Handelsbilanz-Jahresüberschuss gemindert. Dieser umfasst im Vergleich zum vorigen Beispiel zusätzlich Dividendenerträge in Höhe von 100 TEUR und wurde um damit zusammenhängende Betriebsausgaben in Höhe von 10 TEUR (z. B. Depotgebühren) geschmälert. Die Beteiligung an der Kapitalgesellschaft beträgt 10%. Hebesatz = 300%.

	(TEUR)
Vorläufiger Handelsbilanz-Jahresüberschuss (vor Ertragsteuer-Rückst.)	**2.090**
+ Differenzen Steuerbilanz : Handelsbilanz (z. B.: Mehrgewinn in StB wegen Disagio)	+ 300
= ***vorläufiger Steuerbilanz-Jahresüberschuss*** (vor Ertragsteuer-Rückst.)	= 2.390
***+/– Korrekturen außerhalb der Bilanz nach EStG*:**	
+ nicht-abzugsfähige Betriebsausgaben einschl. darauf entfallender Umsatzsteuer (§ 4 Abs. 5 EStG, §§ 15 I S. 2 u. 3 Abs. 9a Nr. 2 UStG)	+ 238
+ Nachverzinsung steuerfreier Rücklagen (§ 6b Abs. 7 EStG), Hinzurechnung Investitionsabzugsbetrag (§ 7g Abs. 2 u. 3 EStG)	+ 112
+ GewSt-Vorauszahlungen (§ 4 Abs. 5b EStG)	+ 60
– Investitionsabzugsbetrag (§ 7g Abs. 1 EStG)	– 70
+ *Differenzen KSt-Einkommen : Steuerbilanz nach KStG*	
+ KSt-Vorauszahlungen (§ 10 Nr. 2 KStG)	+ 100
+ Hälfte der Aufsichtsratsvergütungen (§ 10 Nr. 4 KStG)	+ 40
– ***steuerfreie Betriebseinnahmen*** (z. B. Investitionszulagen)	– 80
– Dividendenerträge (Freistellungsverfahren § 8b Abs. 1 KStG)	– 100
+ Korrektur der zugehörigen Betriebsausgaben (§ 8b Abs. 5 KStG)	+ 5
= ***zu versteuerndes Einkommen***	**2.695**
Zu verst. Einkommen * KSt-Satz = Körperschaftsteuer-Schuld 2695 * 0,15 =	404,25
– Körperschaftsteuer-Vorauszahlungen	– 100,00
= Zuführung zur Körperschaftsteuer-Rückstellung	304,25
zu versteuerndes Einkommen (als Ausgangsgröße für die Gewerbesteuer)	**2.695**
+ Schuldzinsen (§ 8 Nr. 1 GewStG) nach Abzug des Freibetrags von 100	+ 345
+ Hinzurechnung wg. Freistellungsverfahren (§ 8 Nr. 5 GewStG) (+100–5)	+ 95
– Kürzungen (nach § 9 GewStG)	– 45
= ***Gewerbeertrag***	**3.090**
Gewerbeertrag * Steuermesszahl * Hebesatz = Gewerbesteuerschuld 3.090 * 0,035 * 3,00 =	= 324,45
– Gewerbesteuer-Vorauszahlungen	– 60,00
= Zuführung zur Gewerbesteuer-Rückstellung	= 264,45

Sollte die Beteiligung an der Kapitalgesellschaft mindestens 15% betragen, so wird im Rahmen der Berechnung des Gewerbeertrags eine Kürzung der Netto-Beteiligungserträge („Schachtelerträge") gemäß § 9 Nr. 2a GewStG durchgeführt, um die Doppelbelastung mit Realsteuern zu vermeiden. Die Gewerbesteuerberechnung würde dadurch wie folgt geändert:

zu versteuerndes Einkommen (als Ausgangsgröße für die Gewerbesteuer)	**2.695**
+ Schuldzinsen (§ 8 Nr. 1 GewStG) nach Abzug des Freibetrags von 100 + Hinzurechnung wg. Freistellungsverfahren (§ 8 Nr. 5 GewStG) (+100–5) – Kürzungen (nach § 9 GewStG) – Kürzung von Schachteldividendenerträgen (§ 9 Nr. 2a GewStG) (=100–10)	+ 345 + 95 – 45 – 90
= ***Gewerbeertrag***	**3.000**
Gewerbeertrag * Steuermesszahl * Hebesatz = Gewerbesteuerschuld 3.000 * 0,035 * 3,00 = – Gewerbesteuer-Vorauszahlungen	 = 315 – 60
= Zuführung zur Gewerbesteuer-Rückstellung	= 255

III Verdeckte Gewinnausschüttungen

Kapitalgesellschaften sind eigenständige juristische Personen, führen daher sowohl zivilrechtlich als auch steuerrechtlich als selbständiges Steuersubjekt ein von ihren Gesellschaftern unabhängiges Eigenleben.

Somit werden schuldrechtliche Verträge zwischen Kapitalgesellschaften und deren Gesellschaftern grundsätzlich steuerrechtlich anerkannt

- Arbeitsverträge
- Miet- und Pachtverträge
- Darlehensverträge
- Beraterverträge auf Honorarbasis

Folge: Die entsprechenden Vergütungen mindern das körperschaftsteuerpflichtige Einkommen der Kapitalgesellschaft ebenso wie den Gewerbeertrag. Andererseits müssen diese Vergütungen bei den Gesellschaftern in der jeweiligen Einkunftsart der Einkommensteuer unterworfen werden. Damit ist jedoch in der Regel keine Gewerbesteuerpflicht verbunden, so dass die Minderung der Gewerbesteuerschuld bestehen bleibt.

Manipulationsmöglichkeiten bestehen jedoch auch bei Kapitalgesellschaften. Auch hier ist es möglich, dass sich die Geschäftsführer jeweils ein extrem hohes Gehalt gewähren, das ausreicht, um so die Gewerbesteuerschuld zu minimieren. Dies soll das Konstrukt der sog. ***„verdeckten Gewinnausschüttung“*** verhindern. Im Kern wird bei überhöhten Vergütungen an Gesellschafter der unangemessen hohe Teil dem Gewinn und damit auch dem Gewerbeertrag der Kapitalgesellschaft wieder hinzuaddiert und als an den Gesellschafter geflossene Dividende interpretiert. § 8 Abs. 3 KStG fordert, dass verdeckte Gewinnausschüttungen das Einkommen nicht mindern dürfen.

Vereinfacht kann man die verdeckte Gewinnausschüttung wie folgt abgrenzen:

Definition:

Eine ***verdeckte Gewinnausschüttung*** liegt vor, wenn eine Kapitalgesellschaft ihren Gesellschaftern einen Vermögensvorteil gewährt, der seine Ursache im Gesellschaftsverhältnis hat, den sie also einem Nicht-Gesellschafter nicht gewährt hätte.

Weitere ***Beispiele*** sind:

- Die Kapitalgesellschaft zahlt an einen Gesellschafter, der ihr ein Darlehen gewährt hat, einen Zinssatz, der über dem Marktzinssatz liegt.
- Der Gesellschafter zahlt an die Kapitalgesellschaft für ein ihm gewährtes Darlehen einen unterhalb des Marktzinses liegenden Zinssatz.
- Die Kapitalgesellschaft zahlt an den Gesellschafter, der ihr ein ihm gehörendes Gebäude als Bürogebäude vermietet hat, eine Miete, die über der ortsüblichen Miete liegt.
- Die Kapitalgesellschaft vermietet an den Gesellschafter eine Wohnung zu einem Preis, der unterhalb der ortsüblichen Miete liegt.
- Ein Gesellschafter erhält für eine Beratungsleistung an die Kapitalgesellschaft ein unangemessen hohes Honorar.
- Ein Gesellschafter liefert an die Gesellschaft Waren zu einem ungewöhnlich hohen Preis.

Die in R 36 Abs. 1 KStR enthaltene und von der Rechtsprechung des BFH entwickelte genauere Definition ist wesentlich abstrakter:

Definition:

Eine ***verdeckte Gewinnausschüttung*** ist eine bei einer Kapitalgesellschaft eingetretene Vermögensminderung oder verhinderte Vermögensmehrung, die durch das Gesellschaftsverhältnis veranlasst ist, sich auf die Höhe des Gewinns dieser Kapitalgesellschaft ausgewirkt hat und nicht auf einem gesellschaftsrechtlichen Gewinnverteilungsbeschluss (=> offene Gewinnausschüttung) beruht (R 36 Abs. 1 S. 1 KStR).

Eine Veranlassung durch das Gesellschaftsverhältnis liegt nach H 36 KStH vor, „wenn ein ordentlicher und gewissenhafter Geschäftsleiter die Vermögensminderung oder verhinderte Vermögensmehrung gegenüber einer Person, die nicht Gesellschafter ist, unter sonst gleichen Umständen nicht hingenommen hätte (Fremdvergleich)".

Insbesondere bei Geschäftsführergehältern ist die Angemessenheit schwer festzustellen. Die Finanzverwaltung richtet sich nach jährlich von einer Unternehmensberatungsgesellschaft neu ermittelteten, nach Branchen differenzierten Durchschnittsgehältern.

Eine ***verdeckte Gewinnausschüttung*** liegt auch dann vor,

- wenn nicht der Gesellschafter selbst, sondern eine ihm nahe stehende Person begünstigt ist (R 36 Abs. 1 S. 3 KStR). Bei der nahe stehenden Person kann es sich z. B. um den Ehegatten handeln oder um eine andere Kapitalgesellschaft, jedenfalls muss eine familien-, gesellschafts- oder schuldrechtliche oder eine rein tatsächliche Beziehung zum Gesellschafter vorliegen, die vermuten lässt, dass der Gesellschafter die Vorteilsgewährung entsprechend beeinflusst hat. Die verdeckte Gewinnausschüttung wird in diesem Falle dem Gesellschafter zugerechnet.
- wenn es bei Zahlung eines Entgelts an einen Gesellschafter, der die Mehrheit der Stimmrechte besitzt („beherrschender Gesellschafter"), an einer zivilrechtlich wirksamen, klaren, eindeutigen und im Voraus abgeschlossenen Vereinbarung fehlt oder wenn zugunsten des Gesellschafters von einer solchen abgewichen wird (R 36 Abs. 2 KStR). Bei der Vereinbarung darf es keine Berechnungs- bzw. Ermessensspielräume geben. Rückwirkende Vereinbarungen sind steuerrechtlich unmaßgeblich. In diesem Falle kommt es nicht darauf an, ob das Entgelt angemessen ist oder nicht.

Beispielaufgabe:

An der B-GmbH sind der Gesellschafter A mit 60% und die C-Bank mit 40% beteiligt. Im Anstellungsvertrag des Gesellschafter-Geschäftsführers A bei der B-GmbH ist vereinbart, dass erfolgsabhängige Tantiemen zwischen 2% und 6% des Jahresergebnisses vor Ertragsteuern und Tantiemen zu zahlen sind. Die exakte Festlegung der Höhe der Tantiemen erfolgt letztendlich durch die Gesellschafterversammlung.
Wie ist eine derartige Vertragsklausel steuerlich zu werten?

Lösung:

Dem A ist es aufgrund seines Beteiligungsumfangs letztlich über die Gesellschafterversammlung möglich, auf die exakte Höhe seines Tantiemeanspruches jedes Jahr maßgeblich einzuwirken. Diese nachträglichen Vereinbarungen schließt A somit indirekt mit sich selber ab. Vor diesem Hintergrund ist das Gebot einer im Voraus getroffenen klaren und eindeutigen Vereinbarung bezüglich einzelner Gehaltsbestandteile insbesondere beim beherrschenden Gesellschafter-Geschäftsführer notwendig.

Die Auswirkungen verdeckter Gewinnausschüttungen seien am folgenden Beispiel gezeigt:

Gehalt an Gesellschafter = 250.000, davon angemessen: 100.000; Ann.: Hinzurechnungen = Kürzungen = 0; (in EUR)	**ohne Solidaritätszuschlag**		**mit Solidaritätszuschlag**		**Verlust bei KapG (ohne SolZ)**	
	Ausgangssituation	**vGA**	**Ausgangssituation**	**vGA**	**Ausgangssituation**	**vGA**
Ebene der Kapitalgesellschaft						
Gewerbeertrag	60.000	60.000	60.000	60.000	– 250.000	– 250.000
+ vGA (= überhöhtes Gehalt)	---	+150.000	---	+150.000	---	+ 150.000
– GewSt	– 8.400	– 29.400	– 8.400	– 29.400	0	0
– KSt (15%)	– 9.000	– 31.500	– 9.000	– 31.500	0	0
– SolZ (5,5% von KSt)	---	---	– 495	– 1.732,50	0	0
= endgültiger Jahresüberschuss nach Steuern	42.600	149.100	42.105	147.367,50	– 250.000	– 100.000
Gesamtsteuerbelastung der Kapitalgesellschaft	17.400	60.900	17.895	62.632,50	0	0
Mehrsteuern durch vGA		+ 43.500		+ 44.737,50		0
Ebene des Anteilseigners (= natürliche Person)						
Zu versteuerndes Gehalt	250.000	100.000	250.000	100.000	250.000	100.000
– AbgeltungsSt auf vGA (25%)	---	– 37.500	---	– 37.500		–37.500
– ESt (40%)	– 100.000	– 40.000	– 100.000	– 40.000	– 100.000	–40.000
– SolZ (5,5% von ESt u. AbgSt)	---	---	– 5.500	–4262,50	---	---
= Nettoeinkommmen	= 150.000	= 172.500	= 145.000	168.237,50	= 150.000	= 172.500
Gesamtsteuerbelastung des Anteilseigners	100.000	77.500	105.500	81.762,50	100.000	77.500
Gesamtsteuerbelastung von KapG + Anteilseigner	117.400 (37,87%)	138.400 (44,65%)	123.395 (39,8%)	144.395 (46,58%)	100.000 (40%)	77.500 (31%)
Mehrsteuern durch vGA		+ 21.000		+ 21.000		–22.500

IV Verdeckte Einlagen

Im umgekehrten Fall zur verdeckten Gewinnausschüttung entstehen verdeckte Einlagen. Auch dieses Konstrukt ist von der Finanzrechtsprechung entwickelt worden.

Definition:

> Eine ***verdeckte Einlage*** liegt vor, wenn eine Kapitalgesellschaft von ihrem Gesellschafter aufgrund eines schuldrechtlichen Vertrags einen Vermögensvorteil erhält, der seine Ursache im Gesellschaftsverhältnis hat, den sie also von einem Nicht-Gesellschafter nicht erhalten hätte.

Analog zur verdeckten Gewinnausschüttung, kann die Vorteilsgewährung durch eine verdeckte Einlage auch von einer dem Gesellschafter nahestehenden natürlichen oder juristischen Person erfolgen.

Die Veranlassung durch das Gesellschaftsverhältnis wird analog zur verdeckten Gewinnausschüttung durch einen Fremdvergleich festgestellt. Sie ist gegeben, wenn ein Nicht-Gesellschafter den Vermögensvorteil der Kapitalgesellschaft bei Anwendung der Sorgfalt eines ordentlichen Kaufmanns nicht eingeräumt hätte.

Speziell ist jedoch zu beachten, dass eine verdeckte Einlage nur dann vorliegt, wenn es sich um einen einlagefähigen Vermögensvorteil handelt, also um eine Vermögensmehrung, die sich als Ansatz bzw. Erhöhung eines bilanziellen Aktivpostens oder als Wegfall bzw. Verringerung eines bilanziellen Passivpostens niederschlägt. Dabei kann es sich hier ausnahmsweise sogar um einen sonst nicht bilanzierbaren nicht entgeltlich erworbenen Firmenwert handeln (H 40 „Einlagefähiger Vermögensvorteil" KStH). Nicht einlagefähige Nutzungsvorteile liegen dagegen in folgenden Fällen vor (H 40 „Nutzungsvorteile" KStH):

- unentgeltliche oder verbilligte Gebrauchs- oder Nutzungsüberlassung eines Wirtschaftsguts
- ganz oder teilweise unentgeltliche Dienstleistung
- Zinsvorteil bei unverzinslicher oder gering verzinslicher Darlehensgewählung.

Die ***Beispiele*** sind weitgehend dieselben wie im Falle der verdeckten Gewinnausschüttung, die Vorteilsgewährung fließt nur in die umgekehrte Richtung, also vom Gesellschafter an die Kapitalgesellschaft:

- Der Gesellschafter, der als Geschäftsführer tätig ist, erhält ein unangemessen niedriges Gehalt.
- Die Kapitalgesellschaft zahlt an einen Gesellschafter, der ihr ein Darlehen gewährt hat, einen Zinssatz, der unter dem Marktzinssatz liegt.
- Die Kapitalgesellschaft zahlt an den Gesellschafter, der ihr ein ihm gehörendes Gebäude als Bürogebäude vermietet hat, eine Miete, die unterhalb der ortsüblichen Miete liegt.
- Ein Gesellschafter erhält für eine Beratungsleistung an die Kapitalgesellschaft ein unangemessen niedriges Honorar.
- Ein Gesellschafter liefert an die Gesellschaft Waren zu einem ungewöhnlich niedrigen Preis.

Die Rückgewähr einer verdeckten Gewinnausschüttung aufgrund einer Steuerklausel im Gesellschaftsvertrag führt zu einer verdeckten Einlage.

Nach § 8 Abs. 3 S. 3 KStG erhöhen verdeckte Einlagen das Einkommen der Kapitalgesellschaft nicht. Soweit im ersten Schritt der Steuerbilanzgewinn der Kapitalgesellschaft aufgrund eines unangemessenen Entgelts erhöht worden ist, muss bei der Ermittlung des körperschaftsteuerlichen Einkommens daher außerbilanziell eine Kürzung in Höhe der verdeckten Einlage erfolgen. Die Bewertung verdeckter Einlagen hat grundsätzlich mit dem Teilwert zu erfolgen (R 40 Abs. 4 KStR; § 6 Abs. 1 Nr. 5 u. Abs. 6 EStG). Ein Ertragszuschuss einer Muttergesellschaft an ihre Tochter-Kapitalgesellschaft führt zwar handelsrechtlich zum angestrebten Ziel einer Erhöhung des Jahresüberschusses, nicht aber zu einer Erhöhung des Steuerbilanzgewinns bzw. des körperschaftlichen Einkommens (§ 8 Abs. 1 KStG i. V. m. § 4 Abs. 2 S. 1 u. 5 EStG). Steuerliche Gewinnverschiebungen sind auf diese Weise also nicht möglich. Eine (erkannte) verdeckte Einlage wird vielmehr wie eine offene Einlage behandelt. Sie erhöht einerseits erfolgsneutral die Rücklagen der Kapitalgesellschaft. Andererseits stellt die verdeckte Einlage nachträgliche Anschaffungskosten der Beteiligung dar und erhöht somit ebenfalls erfolgsneutral den Beteiligungsbuchwert beim Gesellschafter.

V Die körperschaftsteuerliche Organschaft (§§ 14–18 KStG)

Grundsätzlich wird im Körperschaftsteuerrecht jede Körperschaft als selbständiges Steuersubjekt behandelt. Ein Ausnahmefall ist dann gegeben, wenn ein Unternehmenszusammenschluss in der Form eines Unterordnungsverhältnisses besteht. Da in diesem Falle ein oder mehrere wirtschaftlich unselbständige Kapitalgesellschaften in eine Obergesellschaft wie unselbständige Betriebsabteilungen („wie Organe") eingegliedert sind, also mit dieser eine wirtschaftliche Einheit bilden, werden sie auch unter bestimmten Voraussetzungen wie ein einziges Steuersubjekt als so genannte Organschaft behandelt.

Voraussetzungen:

(1) Rechtsform:		
	Obergesellschaft („Organträger")	= gewerbliches Unternehmen jeglicher Rechtsform mit Geschäftsleitung im Inland (§ 14 Abs. 1 KStG)
	Untergesellschaft („Organgesellschaft")	= Kapitalgesellschaft mit Sitz und Geschäftsleitung im Inland

(2) Finanzielle Eingliederung: Die Obergesellschaft verfügt von Beginn des Wirtschaftsjahres an ununterbrochen über die Mehrheit der Stimmrechte. Unmittelbare und mittelbare Beteiligungen werden dabei zusammengerechnet, sofern die mittelbare Beteiligung über eine Zwischengesellschaft besteht, an der die Obergesellschaft ebenfalls die Mehrheit der Stimmrechte besitzt (§ 14 Nr. 1 KStG).

(3) Abschluss eines ***Ergebnisabführungsvertrags*** mit mindestens 5 Jahren Laufzeit und dessen tatsächliche und ununterbrochene Durchführung (Ausnahme: Kündigung aus wichtigem Grund). Damit verpflichtet sich die Untergesellschaft, ihren Gewinn vollständig an die Obergesellschaft abzuführen, andererseits wird der gesamte Verlust von der Obergesellschaft übernommen (§ 14 Nr. 4 KStG). Eine Rücklagenbildung der Untergesellschaft ist demnach grundsätzlich nicht zulässig. In Ausnahmefällen, wenn und soweit dies bei vernünftiger kaufmännischer Beurteilung wirtschaftlich begründet ist, kann die Finanzverwaltung die Rücklagenbildung gestatten (§ 14 Nr. 5 KStG). Die Organschaft beginnt jedoch nicht sofort nach Abschluss des Ergebnisabführungsvertrags, sondern erst in dem Kalenderjahr, in dem das Wirtschaftsjahr endet, in dem er in das Handelsregister eingetragen und damit wirksam wird (§ 14 Abs. 1 S. 2 KStG).

Wirkungen der körperschaftsteuerlichen Organschaft:
(1) Das steuerpflichtige Einkommen der Organgesellschaft wird dem Organträger zugerechnet und bei diesem besteuert. Gleichzeitig wird die handelsrechtliche Gewinnabführung bzw. Verlustübernahme wieder rückgängig gemacht, um keine Doppelberücksichtigung zu erhalten.

(2) ***Phasengleiche Übertragung*** des Ergebnisses der Organgesellschaft auf den Organträger. Eine bilanzielle Übernahme des Gewinns einer Tochtergesellschaft im Jahr der Gewinnerwirtschaftung ist normalerweise nicht zulässig. Die Ausschüttung des Gewinnanteils und dessen bilanzielle Berücksichtigung bei der Obergesellschaft erfolgt üblicherweise erst im Jahr nach der Gewinnerwirtschaftung.

(3) Bei Kapitalgesellschaften, die selbständige Steuersubjekte sind, gilt grundsätzlich das Trennungsprinzip, nach dem Gesellschaft und Gesellschafter getrennt besteuert werden und somit Verluste der Kapitalgesellschaft nur durch sie selbst, nicht aber durch Gesellschafter steuerlich verwertet werden können („Abschirmwirkung"). Ein besonderer Vorteil der Organschaft ist, dass ***Verluste*** der Organgesellschaft beim Organträger sofort steuerlich ***verwertbar*** sind. Die steuerpflichtigen Gewinne des Organträgers werden durch die steuerliche Zurechnung des Verlustes der Organgesellschaft vermindert. Die dadurch geminderten Steuerzahlungen erhöhen die Rentabilität und Liquidität des Organträgers. Diese Möglichkeit besteht jedoch nicht für vororganschaftliche Verluste. Diese sind erst nach Beendigung der Organschaft von der Organgesellschaft verwertbar (§ 15 Nr. 1 KStG).

VI Der Mantelkauf

Für Kapitalgesellschaften gelten im Rahmen des Körperschaftsteuerrechts die in § 10d EStG verankerten Verlustabzugsregeln (§ 8 Abs. 1 KStG). Dabei ist zu beachten, dass alle Einkünfte einer Kapitalgesellschaft zu den Einkünften aus Gewerbebetrieb zählen und somit ein unbeschränkter horizontaler Verlustausgleich möglich ist.

Speziell für Kapitalgesellschaften gibt es jedoch noch weitere Beschränkungen der Verlustverrechnung. Gemäß § 8c KStG ist eine unbeschränkter Verlustabzug, also Verlustrücktrag oder Verlustvortrag, nur dann möglich, wenn kein schädlicher Beteiligungswechsel stattfindet. Diese Vorschrift soll einen missbräuchlichen Handel mit Verlustvorträgen vermögensloser Kapitalgesellschaften („Rechtsmäntel") verhindern. Die Käufer der Anteile des Rechtsmantels beabsichtigen, durch wirtschaftliche Reaktivierung des Mantels die Verlustvorträge steuerlich zu nutzen.

Die frühere Mantelkaufregelung besagte, dass die Voraussetzungen für einen Verlustabzug gemäß § 10d EStG nur dann vorliegen, wenn die Köperschaft nicht nur rechtlich, sondern auch wirtschaftlich mit der Körperschaft, die den Verlust erlitten hat, identisch ist. Wirtschaftliche Identität lag aber nicht mehr vor, wenn mehr als die Hälfte der Anteile übertragen wurden und die Kapitalgesellschaft ihren Geschäftsbetrieb mit überwiegend neu zugeführtem Betriebsvermögen fortführte. Die Prüfung dieser Voraussetzungen hat in der Vergangenheit oft zu Prozessen vor den Finanzgerichten geführt. Um weitere Streitigkeiten zu vermeiden, wird in der Neuregelung auf das Merkmal der Zuführung überwiegend neuen Betriebsvermögens verzichtet. Bei der Neuregelung ab 1. 1. 2008 liegt das entscheidende Kriterium für eine Beschränkung des Verlustabzugs im Anteilseignerwechsel.[1] § 8c KStG regelt nun zwei Fälle:

[1] Nachträglich hat der Gesetzgeber befristet auf 2008 und 2009 Erleichterungen zur Verlustnutzung bei Übernahmen zum Zwecke der Sanierung geschaffen (§ 8c Abs. 1a KStG).

Fall 1:
Werden innerhalb eines Zeitraums von 5 Jahren mittelbar oder unmittelbar durch einen oder mehrerer Verkaufsvorgänge mehr als 25% der Anteile an einen Erwerber oder an diesem nahe stehende oder verbundene Personen übertragen, so geht der Verlustvortrag quotal in Höhe des schädlichen Anteilseignerwechsels unter (§ 8c S. 1 KStG). Die Rechtsfolge tritt ein, wenn die Quote von 25% erstmals überschritten wird. Bei weiteren Anteilsverkäufen an dieselbe Person in Folgejahren beginnt die Prozentkumulation wieder neu.

Beispiel:
Werden in einem Veranlagungszeitraum 30% der Anteile an einen Außenstehenden verkauft, geht in diesem Fall der Verlust auch quotal i. H. v. 30% unter. Werden dem Außenstehenden im darauf folgenden Jahre weitere 10% übertragen, so wird der Verlust nicht weiter gekürzt, da die Quote von 25% durch diesen Anteilsverkauf nicht erreicht wird.

Fall 2:
Werden innerhalb eines Zeitraums von 5 Jahren mittelbar oder unmittelbar durch einen oder mehrere Verkaufsvorgänge mehr als 50% der Anteile an einen Erwerber oder an diesem nahe stehende oder verbundene Personen übertragen, so geht der Verlustvortrag vollständig unter (§ 8c S. 2 KStG).

Gewerbesteuerrechtlich gilt dieselbe Regelung, da § 10a GewStG auf § 8c KStG verweist.

Aufgabe 62: VOX-GmbH
Aufgabe 63: LowTech GmbH
Aufgabe 64: Zug AG
Aufgabe 65: Plisch & Plum GmbH
Aufgabe 66: Hau & Ruck GmbH
Aufgabe 67: Pseudo GmbH

E Steuerbelastungsvergleich:

Lernziele: *Der Leser soll*

- *die wichtigsten Einflussgrößen beim steuerlichen Belastungsvergleich zwischen Personen- und Kapitalgesellschaften kennen lernen*
- *sich ein Bild der tendenziellen Belastungsunterschiede bei unterschiedlichem Ausschüttungsverhalten machen*
- *sich mit der Besteuerung der stillen Gesellschaft, der KGaA und der GmbH & Co. KG beschäftigen und modellhaft die Belastungsunterschiede erfahren.*

I Personengesellschaft (OHG) – Kapitalgesellschaft (GmbH)

Die wichtigsten Unterschiede in der Ertragsbesteuerung von Personen- und Kapitalgesellschaften sollen hier in einer Übersicht noch einmal zusammengestellt werden:

	Personengesellschaft (z. B. OHG)	Kapitalgesellschaft (z. B. GmbH)
Steuerpflicht der Gesellschaft	GewSt (und USt)	KSt, GewSt (und USt)
Entstehen der ESt-Schuld der Gesellschafter	Die ESt-Schuld der Gesellschafter bezüglich des Gewinnanteils entsteht mit Ablauf des Geschäftsjahres der Personengesellschaft unabhängig von der Entnahme. Aber Thesaurierungsbegünstigung: 28,25%.	ESt-Schuld der Gesellschafter entsteht erst im Jahr der Ausschüttung (i. d. R. Jahr nach der Gewinnerwirtschaftung) und bezogen auf die Höhe der Ausschüttung. Abgeltungssteuer (Anteile im Privatvermögen) oder Teileinkünfteverfahren (Anteile im Betriebsvermögen)
Gehalts-, Miet-, Pacht-, Zins-, Berarungshonorarzahlungen an Gesellschafter	Diese Sondervergütungen (Sonderbetriebseinnahmen) dürfen den steuerlichen Gewinn nicht mindern und gehören zu den Einkünften aus Gewerbebetrieb (§ 15 Abs. 1 Nr. 2 EStG). Somit unterliegen sie auch der Gewerbesteuer.	Solche Zahlungen mindern grundsätzlich den steuerpflichtigen Gewinn der Kapitalgesellschaft und unterliegen nicht der Gewerbesteuer. Zahlungen, die über die angemessenen Beträge hinausgehen stellen allerdings verdeckte Gewinnausschüttungen dar und müssen dem steuerpflichtigen Gewinn wieder hinzugerechnet werden. VGA unterliegen somit der Gewerbesteuer.
Entgelte für Schulden: GewSt-Hinzurechnung	Zinszahlungen an Gesellschafter gehören nicht zu den Hinzurechnungen bei der GewSt, da sie bereits in der Ausgangsgröße (steuerlicher Gewinn der PersG) enthalten sind.	Zinszahlungen an Gesellschafter werden auch von der Hinzurechnungsvorschrift bei der Gewerbesteuer erfasst (§ 8 Nr. 1 GewStG). Dies gilt nicht für den überhöhten Teil (= vGA).
Dividendenerträge	a) Anteile im Privatvermögen: Abgeltungssteuer b) Anteile im Betriebsvermögen: Teileinkünfteverfahren	Freistellungsverfahren
GewSt-Freibetrag	Höhe: 24.500 EUR	Höhe: 0 EUR
GewSt-Anrechnung	Anrechnung des 3,8fachen des GewSt-Messbetrages auf die ESt-Schuld der Gesellschafter. Bis zu einem Hebesatz von 380% kommt es praktisch zu einer Neutralisierung der GewSt.	Keine Anrechnung der GewSt

Die tatsächlichen Steuerbelastungsunterschiede müssen jeweils im Einzelfall berechnet werden. Ein vereinfachtes vergleichbares ***Beispiel*** beinhalten die Aufgaben 61 (Plisch & Plum OHG) und 65 (Plisch & Plum GmbH). Die Gesamtsteuerbelastungen, die sich in den entsprechenden Lösungen ergeben haben (GewSt und ggf. KSt sind den Gesellschaftern nach dem Gewinnverteilungsschlüssel zugerechnet), sollen in folgender Tabelle noch einmal einander gegenübergestellt werden:

Gesamtsteuerbelastungsvergleich (Aufgaben 61 und 65) (EUR)			
Rechtsform	**Gesellschafter:**	**Plisch (50%)**	**Plum (50%)**
GmbH	Anteile im Betriebsvermögen (BV)	278.390,87	236.579,11
GmbH	Anteile im Privatvermögen (PV)	281.720,82	239.909,06
GmbH	Vollthesaurierung (BV oder PV)	151.590	151.590
PersG	Maximalthesaurierung	188.620,36	158.816,61
PersG	Vollausschüttung (Entnahme)	253.018,88	210.818,88

Es wird deutlich, dass es beim Steuerbelastungsvergleich besonders auf die Höhe der Ausschüttung (Entnahme) ankommt. Diese Größe ist jedoch für die Zukunft schwer zu prognostizieren, sodass sich allein steuerlich orientierte Rechtsformentscheidungen schnell als falsch herausstellen können. Eine weitere wichtige Bestimmungsgröße der relativen Vorteilhaftigkeit einer Rechtsform ist die Höhe der Sondervergütungen an die Gesellschafter, die bei Personengesellschaften Gewerbesteuer auslösen. Die Wirkung der Gewerbesteueranrechnung ist dabei abhängig von der Höhe des Hebesatzes und vom Anteil der gewerblichen Einkünfte an der Summe der Einkünfte. Solche individuellen Verhältnisse sind in die Belastungsrechnungen als Grundlage für eine Rechtsformentscheidung einzubeziehen.

Die folgenden Berechnungen abstrahieren von den unterschiedlichen Verhältnissen im Einzelfall. Sie sollen nur einen modellhaften Rechtsformenvergleich anhand von Steuerbelastungs-Prozentsätzen ermöglichen. Die genannten weiteren Einflussgrößen sind im realen Einzelfall einzubeziehen und können zu stark abweichenden Ergebnissen führen.

(ESt-Satz: 42%) GewSt-Hebesatz = 400%	**Personenunternehmen**			**Kapitalgesellschaften**	
(TEUR)	**Entnahme**	**„Thesaurierung"**	**Folgeentnahme**	**Vollausschüttung**	**Thesaurierung**
Gesellschaftsebene					
Gewinn vor Ertragsteuern (EBT) = Gewerbeertrag – GewSt – KSt (15%) – SolZ (5,5%)	 100,00 – 14,00	 100,00 – 14,00		 100,00 – 14,00 – 15,00 – 0,83	 100,00 – 14,00 – 15,00 – 0,83
= Gewinn nach Steuern	86,00	86,00		= 70,18	= 70,18
Gesellschafterebene					
Thesaurierter Gewinn – ESt (28,25%) auf thesaur. Gewinn		86,00 – 24,30			70,18
Entnommener/ausgeschütteter Gewinn – ESt (42%) auf entnom. Gewinn + GewSt-Anrechnung – SolZ (5,5%)	100,00 – 42,00 + 13,30 – 1,58	 – 5,88 – 13,30 – 0,93		70,18	
= Einkommen nach ESt-Veranlagung	= 55,72	= 68,20		= 70,18	= 70,18
Entnahme/ Ausschüttung	55,72	0,00	86,00	70,18	0,00
– Nachversteuerung (25%) – AbgeltungsSt (25%) – SolZ (5,5%)			– 15,09 – 0,83	 – 17,54 – 0,96	
= Zufluss	55,72	0,00	= 70,08	= 51,67	0,00
Belastung Gesellschaft **Belastung Gesellschafter**	**– 14,00** **– 30,28**	**– 14,00** **– 17,81**	**– 14,00** **– 33,73**	**– 29,83** **– 18,51**	**– 29,83** **0,00**
Gesamtbelastung	**– 44,28**	**– 31,81**	**– 47,73**	**– 48,33**	**– 29,83**
Selbstfinanzierungsquote		**68,19**			**70,17**

Der Gesamtsteuerbelastungsvergleich bei einem persönlichen Steuersatz des Anteilseigners von 45% ergibt folgendes Bild:

(ESt-Satz: 45%) GewSt-Hebesatz = 400%	**Personenunternehmen**			**Kapitalgesellschaften**	
(TEUR)	**Ent-nahme**	**„The-saurie-rung"**	**Folge-entnahme**	**Vollaus-schüttung**	**Thesau-rierung**
Gesellschaftsebene					
Gewinn vor Ertragsteuern (EBT) = Gewerbeertrag – GewSt – KSt (15%) – SolZ (5,5%)	 100,00 – 14,00 	 100,00 – 14,00 		 100,00 – 14,00 – 15,00 – 0,83	 100,00 – 14,00 – 15,00 – 0,83
= Gewinn nach Steuern	86,00	86,00		= 70,18	= 70,18
Gesellschafterebene					
Thesaurierter Gewinn – ESt (28,25%) auf thesaur. Gewinn		86,00 – 24,30			70,18
Entnommener/ausgeschütteter Gewinn – ESt (42%) auf entnom. Gewinn + GewSt-Anrechnung – SolZ (5,5%)	100,00 – 45,00 + 13,30 – 1,74	 – 6,30 – 13,30 – 0,95		70,18	
= Einkommen nach ESt-Veranlagung	= 52,56	= 67,75		= 70,18	= 70,18
Entnahme/ Ausschüttung	52,56	0,00	86,00	70,18	0,00
– Nachversteuerung (25%) – AbgeltungsSt (25%) – SolZ (5,5%)			– 15,09 – 0,83	 – 17,54 – 0,96	
= Zufluss	52,56	0,00	= 70,08	= 51,67	0,00
Belastung Gesellschaft	**– 14,00**	**– 14,00**	**– 14,00**	**– 29,83**	**– 29,83**
Belastung Gesellschafter	**– 33,44**	**– 18,25**	**– 34,17**	**– 18,51**	**0,00**
Gesamtbelastung	**– 47,44**	**– 32,25**	**– 48,17**	**– 48,33**	**– 29,83**

Gesamtsteuerbelastung einer Kapitalgesellschaft nach Ausschüttung in das Betriebsvermögen des Gesellschafters und dortiger Gewinnthesaurierung:

	(TEUR)
Gewinn vor Ertragsteuern – Ertragsteuern	100.00 – 29,825
Dividendenbezüge – Steuerfrei gem. § 3 Nr. 40 S. 1 Buchst. d) i. V. m. S. 2 EStG	70,175 – 28,07
= steuerpflichtiger Gewinn	= 42,105
= begünstigter Gewinn gem. § 34a Abs. 1 EStG – ESt (28,25%) – SolZ (5,5%)	= 42,105 – 11,89 – 0,65
Dividendenbezüge nach persönlichen Steuern	= 57,635
Gesamtsteuerbelastung auf Gesellschafts- und Gesellschafterebene bezogen auf 100 TEUR Vorsteuergewinn	42,365
Gesamtsteuerbelastung in %	42,37%

Gesamtsteuerbelastung einer Kapitalgesellschaft bei Ausschüttung in das Betriebsvermögen des Gesellschafters und späterer Gewinnentnahme (nach Thesaurierung):

	(TEUR)
Dividendenbezüge davon 60% (Teileinkünfteverfahren) = 42,105	70,175
Dividendenbezüge = begünstigter Gewinn gem. § 34a Abs.1. EStG – darauf entfallende ESt (28,25%) – darauf entfallender SolZ (5,5%)	42,105 – 11,89 – 0,65
= Nachversteuerungsbetrag gem. § 34a Abs. 3 u. 4 EStG – ESt (25%) – SolZ (5,5%)	= 29,565 – 7,39 – 0,41
= Gewinn nach Steuern (57,635 – 7,39 – 0,41) (s. obige Abb.)	= 49,83
Gesamtsteuerbelastung auf Gesellschafts- und Gesellschafterebene bezogen auf 100 TEUR Vorsteuergewinn	50,17
Gesamtsteuerbelastung in %	50,17%

Gesamtsteuerbelastung einer Kapitalgesellschaft bei Ausschüttung in das Betriebsvermögen des Gesellschafters und sofortiger Gewinnentnahme:

	(TEUR)
Dividendenbezüge – steuerfrei gem. § 3 Nr. 40 S. 1 Buchst. D) i. V. m. S.2 EStG	70,175 – 28,07
= Einkünfte aus Gewerbebetrieb gem. § 15 Abs. 1 EStG – ESt (45%) – SolZ (5,5%)	42,105 – 18,95 – 1,04
= Dividendenbezüge nach persönlichen Steuern (70,175 – 18,95 – 1,04)	= 50,18
Gesamtsteuerbelastung auf Gesellschafts- und Gesellschafterebene bezogen auf 100 TEUR Vorsteuergewinn	49,82
Gesamtsteuerbelastung in %	49,82%

Die Gesamtsteuerbelastung bei einem Einkommensteuersatz von 42% beträgt 48,48%.
Berechnung: 70,175 * 0,42 * 0,42 * 1,055 + 29,83 = 48,48.

Überblick über die Belastungsunterschiede:

	ESt-Spitzensatz: 42%	**ESt-Spitzensatz: 45%**
Personengesellschaft		
bei Entnahme	44,28%	47,44%
bei Thesaurierung	31,80%	32,25%
Folgeentnahme	47,73%	48,17%
Kapitalgesellschaft		
bei Ausschüttung	48,33%	48,33%
bei Thesaurierung	29,83%	29,83%
Ausschüttung ins BV		
ohne Begünstigung	49,82%	49,82%
mit Begünstigung	42,37%	42,37%
bei Folgeentnahme	50,17%	50,17%

Gesamtsteuerbelastungen (in %) bei verschiedenen Thesaurierungsquoten:

Thesaurierungsquote	0%	20%	40%	60%	80%	100%
Gesamtsteuerbelastung einer PersG (Fall 1)	44,28	42,23	39,73	37,24	34,74	31,81
Gesamtsteuerbelastung einer PersG (Fall 2)	47,44	44,40	41,36	38,33	35,25	32,25
Ertragsteuerbelastung einer KapG	29,83	29,83	29,83	29,83	29,83	29,83
+ AbgeltungsSt + SolZ des Gesellschafters	+ 18,51	+ 18,51	+ 18,51	+ 18,51	+ 18,51	+ 18,51
= Gesamtsteuerbelastung einer KapG	48,34	48,34	48,34	48,34	48,34	48,34

Fall 1: bei einem Spitzensteuersatz von 42% und ermäßigter Steuerbelastung (28,25%) auf den begünstigten Teil
Fall 2: bei einem Spitzensteuersatz von 45% und ermäßigter Steuerbelastung (28,25%) auf den begünstigten Teil

Steuerbelastung von Personengesellschaften (in EUR bzw. % vom Gewinn vorErtragsteuern) bei verschiedenen Hebesätzen und Gewinnthesaurierung:

GewSt-Hebesatz	250%	300%	350%	380%	400%	450%
Gewinn vor Ertragsteuern	100,00	100,00	100,00	100,00	100,00	100,00
GewSt	8,75	10,50	12,25	13,30	14,00	15,75
Gewinn nach GewSt	91,25	89,50	87,75	86,70	86,00	84,25
ESt (28,25%)	25,78	25,28	24,79	24,49	24,30	23,80
ESt (45%)	3,94	4,73	5,51	5,99	6,30	7,09
GewSt-Anrechnung	8,75	10,50	12,25	13,30	13,30	13,30
ESt nach Anrechnung	20,97	19,51	18,05	17,18	17,30	17,59
SolZ	1,15	1,07	0,99	0,94	0,95	0,97
Summe GewSt + ESt +SolZ	30,87	31,08	31,29	31,42	32,25	34,31

Steuerbelastung von Kapitalgesellschaften (in EUR bzw. % vom Gewinn vor Ertragsteuern) bei verschiedenen Hebesätzen und Gewinnthesaurierung:

GewSt-Hebesatz	250%	300%	350%	380%	400%	450%
Gewinn vor Ertragsteuern	100,00	100,00	100,00	100,00	100,00	100,00
GewSt	8,75	10,50	12,25	13,30	14,00	15,75
KSt	15,00	15,00	15,00	15,00	15,00	15,00
SolZ	0,83	0,83	0,83	0,83	0,83	0,83
Summe GewSt + KSt +SolZ	24,58	26,33	28,08	29,13	29,83	31,58

Aufgabe 68: Kabel und Röhre: OHG versus GmbH

II Die stille Gesellschaft

Die stille Gesellschaft. die zu jeder anderen Rechtsform (= Hauptgesellschafter) hinzutreten kann, ist eine reine ***Innengesellschaft***, d. h. sie tritt nicht nach außen in Erscheinung. Sie hat kein eigenes Vermögen, die Einlage des stillen Gesellschafters geht in das Vermögen des Hauptgesellschafters über. Rechtlich hat der stille Gesellschafter eine Gläubigerposition, was insbesondere im Insolvenzfalle relevant wird. Seine Einlage stellt somit eine Verbindlichkeit des Hauptgesellschafters dar. Bei Auflösung der Gesellschaft hat der stille Gesellschafter einen Anspruch auf Abfindung zum Buchwert seiner Einlage, korrigiert um Gewinn- bzw. Verlustanteile. Die Ausschüttung an den stillen Gesellschafter kann gewinnabhängig sein, eine Verlustbeteiligung besteht nur bis zum Betrag seiner Einlage, sie ist aber vertraglich ausschließbar. Der bislang charakterisierte ***typisch stille Gesellschafter*** wird auch ertragsteuerlich als Gläubiger behandelt. Das bedeutet, dass die Ausschüttungen an ihn beim Hauptgesellschafter Betriebsausgaben darstellen, die den steuerpflichtigen Gewinn mindern. Gewerbesteuerlich sind die Ausschüttungen Teil der Hinzurechnungen gemäß § 8 Nr. 1 GewStG. Der typisch stille Gesellschafter erzielt Einkünfte aus Kapitalvermögen.

Übernimmt der stille Gesellschafter Geschäftsführerfunktionen, wird er vertraglich am Wertzuwachs der Gesellschaft beteiligt (Anteil an den stillen Reserven, Anteil am Firmenwert) und tritt er mit seiner Forderung im Rang (Insolvenzfall) hinter die andern Gläubiger zurück (Rangrücktritt; Nachrangigkeit), so spricht man von einem ***atypisch stillen Gesellschafter.*** Dieser ist zwar immer noch juristisch ein Gläubiger, wirtschaftlich ist er jedoch zum Eigenkapitalgeber geworden und steuerrechtlich zum Mitunternehmer, vergleichbar einem Kommanditisten. Nach der BFH-Rechtsprechung kommt es bei der steuerlichen Klassifizierung auf das Gesamtbild der Verhältnisse an, d. h. für das Vorliegen der Mitunternehmereigenschaft müssen nicht alle genannten Kriterien 100%ig erfüllt sein. Analog z. B. dem Gewinnanteil eines OHG-Gesellschafters sind Ausschüttung und Geschäftsführervergütung an den atypisch stillen Gesellschafter Teil des steuerlichen Gewinns der Gesellschaft und beim Gesellschafter Einkünfte aus Gewerbebetrieb (§ 15 Abs. 1 Nr. 2 EStG). Somit ist sein Gewinnanteil bereits in der Ausgangsgröße für die Ermittlung des Gewerbeertrags enthalten, sodass eine Hinzurechnung nicht in Frage kommt.

Aufgabe 69: Einzelkaufmann, stille Gesellschaft, OHG, GmbH

III Die Kommanditgesellschaft auf Aktien

Die Kommanditgesellschaft auf Aktien (KGaA) ist eine eigenständige Rechtsform, eine Mischform zwischen einer Personen- und einer Kapitalgesellschaft. Steuerrechtlich ist die KGaA eine Kapitalgesellschaft und unterliegt somit der Körperschaftsteuer und kraft Rechtsform auch der Gewerbesteuer. Die Besonderheit gegenüber der Aktiengesellschaft besteht darin, dass es mindestens eine Person geben muss, die als Komplementär persönlich unbeschränkt haftet. Das Kapital der Gesellschaft besteht also aus dem Grundkapital der Aktionäre und den Einlagen des Komplementärs. Der Komplementär der KGaA hat wirtschaftlich die gleiche Stellung wie der Komplementär einer KG. Er ist grundsätzlich Geschäftsführer der KGaA.

Nach herrschender Meinung hat die Aufstellung des Jahresabschlusses im Sinne des § 278 Abs. 2 AktG zweistufig zu erfolgen. Zuerst wird im Innenverhältnis ein Jahresabschluss nach den Vorschriften für die KG aufgestellt, um den Gewinnanteil des Komplementärs zu ermitteln. Im zweiten Schritt folgt der Jahresabschluss der KGaA als Kapitalgesellschaft nach HGB und Aktienrecht. Der Gewinnanteil des Komplementärs und eventuelle Vergütungen der KGaA an ihren Komplementär sind dabei als Aufwand anzusetzen. Der (Rest-) Gewinn ist an die Kommanditaktionäre verteilbar.

Im Steuerrecht wird entsprechend die Gesellschaft in einen Kapitalgesellschafts- und einen Personengesellschaftsteil zerlegt. Im Personengesellschaftsteil wird der Komplementär als Mitunternehmer der KGaA behandelt. Dessen Gewinnanteil sowie die von der KGaA an ihn gezahlten Geschäftsführer-Vergütungen, Mieten, Pachten und Zinsen werden gemäß § 15 Abs. 1 Nr. 3 i. V. m. Nr. 2 EStG als Einkünfte aus Gewerbebetrieb der Einkommensteuer unterworfen. Eine gewerbesteuerliche Erfassung bei den Komplementären erfolgt nicht, da diese nicht den Gewerbebetrieb unterhalten, sondern die KGaA. Im Kapitalgesellschaftsteil der KGaA bleiben die Vergütungen an Gesellschafter abzugsfähige Betriebsausgaben. Allerdings darf grundsätzlich der Gewinnanteil des Komplementärs das Einkommen der KGaA nicht mindern (§ 8 Abs. 3 KStG). Damit es aber nicht zu einer erneuten Besteuerung des Gewinnanteils des Komplementärs (jetzt mit Körperschaftsteuer) kommt, ist der Gewinnanteil bei der Ermittlung des KSt-Einkommens der KGaA gemäß § 9 Abs. 1 Nr. 1 KStG eine abzugsfähige Betriebsausgabe.

Die Hinzurechnungsvorschrift § 8 Nr. 4 GewStG stellt sicher, dass Gewinnanteil und Vergütungen für die Geschäftsführung, die an die Komplementäre gezahlt wurden, bei der KGaA auch der Gewerbesteuer unterworfen werden. Die Gewerbesteuer als Objektsteuer soll den gesamten Gewerbeertrag erfassen und nicht nur den auf die Kommanditaktionäre entfallenden. Gezahlte Mieten, Pachten und Zinsen werden nach § 8 Nr. 1 GewStG hinzugerechnet. Eine Doppelbelastung aufgrund der Hinzurechnungsvorschrift in Fällen zu vermeiden, in denen nach § 7 GewStG die Ausgangsgröße zur Ermittlung des Gewerbeertrags bereits erhöht wurde, ist Aufgabe der Kürzungsvorschrift § 9 Nr. 2b GewStG. Dies wäre etwa bei einer Komplementär-Kapitalgesellschaft gegeben, die von der KGaA für die Geschäftsführung eine Vergütung erhalten hat, die ihren Gewinn und ihren Gewerbeertrag erhöht. Die Kürzung bei der Komplementär-Kapitalgesellschaft verhindert eine Doppelbelastung mit Gewerbesteuer.

Falls der Komplementär nicht eine unmittelbar beteiligte natürlich Person ist, gehört auch der Veräußerungsgewinn des Anteils an der KGaA zum Gewerbeertrag (§ 7 S. 2 GewStG).

Aufgabe 70: Josef Böckelmann KGaA

IV Die GmbH & Co. KG

Die GmbH & Co. KG ist eine Mischform zwischen Kapital- und Personengesellschaft. Formal handelt es sich um eine Personengesellschaft, nämlich eine KG. Die Besonderheit liegt darin, dass der Vollhafter (Komplementär) der KG eine GmbH ist, sodass auch der Vollhafter nur mit seinem begrenzten Geschäftsvermögen haftet. Da die Kommanditisten generell nur mit ihrer Einlage haften, ist die Haftung der GmbH & Co. KG endgültig beschränkt. Dies ist eigentlich das Charakteristikum einer Kapitalgesellschaft. Wegen der faktischen Nähe zu einer Kapitalgesellschaft wird die GmbH & Co. KG im Handelsrecht wie eine Kapitalgesellschaft behandelt. Primäres Motiv bei der Wahl dieser Rechtsform ist auch meist die Haftungsbegrenzung. Ob die steuerliche Behandlung als Personengesellschaft vorteilhaft ist oder nicht, hängt jedoch vom Einzelfall ab.

Eine GmbH & Co. KG kann z. B. folgende einfache Struktur mit zwei Gesellschaftern A und B aufweisen:

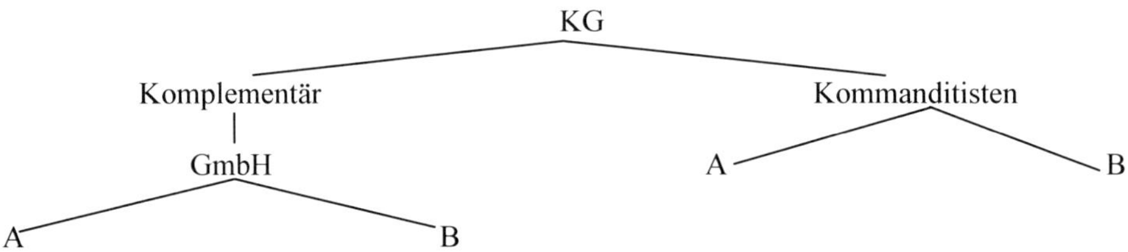

Dabei muss die GmbH kapitalmäßig nicht an der KG beteiligt sein, es genügt, dass sie die Rechtsstellung als persönlich haftende Gesellschafterin und die Geschäftsführung der KG übernimmt. Tatsächlich ausgeübt wird die Geschäftsführung der KG durch den oder die Geschäftsführer der GmbH.

Steuerrechtlich wird die GmbH & Co. KG grundsätzlich wie eine KG behandelt. Der Gewinn wird also einheitlich und gesondert für alle Gesellschafter festgestellt (§§ 179 Abs. 2, 180 Abs. 1 Nr. 2a AO). Der Gewinnanteil der Komplementär-GmbH unterliegt allerdings der Körperschaftsteuer.

Nach dem so genannten ***Geprägegesetz*** (§ 15 Abs. 3 EStG) gilt die Tätigkeit einer GmbH & Co. KG immer und in vollem Umfang als gewerbliche Tätigkeit, falls nur die Komplementär-GmbH und gegebenenfalls außerdem nur natürliche Personen, die nicht Gesellschafter sind, zur Geschäftsführung berechtigt sind. Diese Vorschrift führt zu Gewerbesteuerpflicht auch dann, wenn die GmbH & Co. KG tatsächlich nur vermögensverwaltend (Vermietung, Verpachtung, Wertpapierverwaltung) tätig ist.

Kompliziert ist die steuerrechtliche Behandlung der Vergütungen und der Pensionszusagen für die Geschäftsführer der GmbH, die für die GmbH die Geschäftsführungsfunktion bei der KG ausüben. Bei reinen Kapitalgesellschaften sind diese Vergütungen an Gesellschafter abziehbare Betriebsausgaben (Ausnahme: verdeckte Gewinnausschüttung). Bei reinen Personengesellschaften sind sie nicht abzugsfähig und gehören zum Gewinnanteil und den Einkünften aus Gewerbebetrieb (§ 15 Abs. 1 Nr. 2 EStG). Bei der GmbH & Co. KG sind die beiden folgenden Fälle zu unterscheiden:

	Die Geschäftsführer der GmbH sind Kommanditisten der KG	**Die Geschäftsführer der GmbH sind keine Kommanditisten der KG**
KG	Von der KG an die Komplementär-GmbH gezahlte ***Geschäftsführer-Vergütungen*** sind bei der KG nicht als Betriebsausgaben abzugsfähig, sondern im Rahmen der gesonderten und einheitlichen Gewinnfeststellung Sonderbetriebseinnahmen (Einkünfte aus Gewerbebetrieb, Vorabgewinn) der Komplementär-GmbH (§ 15 Abs. 1 Nr. 2 EStG). Werden diese Vergütungen von der GmbH an die Geschäftsführer in gleicher Höhe weitergegeben, stellen sie Sonderbetriebsausgaben der Komplementär-GmbH dar. Per Saldo sind sie bei der KSt und der GewSt der GmbH insoweit nicht zu berücksichtigen.	
GmbH	Der ***KG-Gewinnanteil der GmbH*** unterliegt bei der GmbH nicht noch einmal der GewSt, sondern ist gemäß § 9 Nr. 2 GewStG zu kürzen.	
GmbH und GmbH-Gesellschafter	***Gewinnausschüttungen der GmbH*** an Gesellschafter, die gleichzeitig Kommanditisten der KG sind, gehören in dem Jahr, in dem die Ausschüttung beschlossen wird, als Sonderbetriebseinnahmen des/der Kommanditisten zum steuerlichen Gewinn der KG. Begründung: Die GmbH-Anteile der Kommanditisten der GmbH & Co. KG gehören zu deren notwendigem ***Sonderbetriebsvermögen II***, das in deren ***Sonderbilanz*** jeweils zu aktivieren ist. Durch die Beteiligung an der GmbH können die Kommanditisten nämlich bestimmenden Einfluss auf die Geschäftsführung der KG ausüben (BFH 1991, BStBl. 1991 II S. 510; BFH 1993, BStBl. 1993 II S. 792). Die Ausschüttungen der GmbH sind gemäß § 3 Nr. 40 EStG zu 40% ESt-frei. Zwar wird diese Teilbefreiung durch § 8 Nr. 5 GewStG rückgängig gemacht, eine doppelte Belastung mit Gewerbesteuer wird jedoch durch die Kürzung gem. § 9 Nr. 2a GewStG bei der KG verhindert, sofern die Kommanditisten mindestens 15% der Anteile der GmbH halten. Veräußerungsgewinne werden nach §§ 16, 34 EStG besteuert.	***Gewinnausschüttungen der GmbH*** an Gesellschafter und Gesellschafter-Geschäftsführer, die nicht Kommanditisten der KG sind, stellen bei diesen im Jahr der Ausschüttung Einkünfte aus Kapitalvermögen dar, die der Abgeltungssteuer unterliegen. Dies gilt für den Fall, dass die Anteile an der GmbH im Privatvermögen gehalten werden. In diesem Falle richtet sich die Besteuerung von Veräußerungsgewinnen der GmbH-Anteil nach §§ 17, 34 EStG. Werden sie in einem Betriebsvermögen des Gesellschafters gehalten, gilt das Teileinkünfteverfahren (40% steuerfrei gemäß § 3 Nr. 40 EStG). Im letzteren Falle werden die Ausschüttungen aufgrund der Kürzungsvorschrift § 9 Nr. 1a GewStG ebenfalls nicht der Gewerbesteuer unterworfen. Veräußerungsgewinne werden dann nach §§ 16, 34 EStG besteuert.
GmbH und KG	Für ***Pensionszusagen*** der GmbH an ihre beiden Gesellschafter ist in der Handelsbilanz der GmbH eine Pensionsrückstellung zu bilden (§ 249 Abs. 1 HGB). Da diese Zusage unmittelbar mit der Beteiligung der GmbH an der KG zusammenhängt, handelt es sich steuerrechtlich um eine Sonderbetriebsausgabe der GmbH gemäß § 15 Abs. 1 Nr. 2 EStG, die im Rahmen der steuerlichen Gewinnermittlung der KG berücksichtigt werden muss. Damit kann aber auch die Pensionsrückstellung nur in der Sonderbilanz der GmbH passiviert werden, nicht aber in deren Steuerbilanz.	Für ***Pensionszusagen*** der GmbH an ihre beiden Gesellschafter ist in Handels- und Steuerbilanz der GmbH eine Pensionsrückstellung zu bilden (§ 249 Abs. 1 HGB; § 6a EStG).
Geschäftsführer der GmbH	Die ***Bezüge der GmbH-Geschäftsführer,*** die gleichzeitig Kommanditisten sind, einschl. der Zuführungen zu Pensionsrückstellungen sind Sonderbetriebseinnahmen der Geschäftsführer als Kommanditisten der KG und somit gemäß § 15 Abs. 1 Nr. 2 EStG Einkünfte aus Gewerbebetrieb, die auch der Gewerbesteuer unterliegen. Begründung: Die Kommanditistenfunktion und die GmbH-Geschäftsführertätigkeit der Gesellschafter sind untrennbar miteinander verknüpft (BFH-Urteil v. 6.7.1999, BStBl. 1999 II S. 720).	Die ***Geschäftsführerbezüge*** sind Einkünfte aus nicht selbständiger Arbeit. Der Gewerbesteuer unterliegen diese nicht. Dasselbe gilt für die Pensionszusagen in den Jahren, in denen die Pensionszahlungen den (ehemaligen) Geschäftsführern zufließen.

Merke:

> Zum (steuerrechtlichen) ***Sonderbetriebsvermögen I*** eines Mitunternehmers gehören alle Wirtschaftsgüter und Schulden, die der Mitunternehmerschaft zur Nutzung überlassen werden, nicht aber zum Gesamthandsvermögen der Personengesellschaft gehören, sondern im Alleineigentum einzelner Mitunternehmer stehen und dem Betrieb der Gesellschaft oder der Beteiligung des Gesellschafters zu dienen bestimmt und geeignet sind.

Merke:

> Zum ***Sonderbetriebsvermögen II*** gehören alle Wirtschaftsgüter, die zwar nicht der Personengesellschaft zur Nutzung überlassen werden, jedoch in einem unmittelbaren wirtschaftlichen Zusammenhang mit der Beteiligung eines Mitunternehmers stehen und unmittelbar der Begründung oder Verstärkung der Stellung als Mitunternehmer zu dienen bestimmt sind. Beispiel: Beteiligung eines Kommanditisten an der Komplementär-GmbH bei einer GmbH & Co. KG.

Merke:

> Sonderbetriebsvermögen ist in (steuerrechtlichen) Sonderbilanzen auszuweisen, die von den einzelnen Mitunternehmern zu führen sind.

Übersicht über die wichtigsten ***Vor- und Nachteile der GmbH & Co.*** KG im Vergleich zur GmbH und zur KG:

	GmbH & Co. KG	GmbH	KG
Gesellschafter-Geschäftsführergehälter	Nicht abziehbar bei der KG, sondern Sonderbetriebseinnahmen gem. § 15 Abs. 1 Nr. 2 EStG, sofern der Geschäftsführer der GmbH auch Kommanditist der KG ist.	Abziehbar als Betriebsausgaben (Ausnahme: vGA).	Nicht abziehbar bei der KG, sondern Sonderbetriebseinnahmen gemäß § 15 Abs. 1 Nr. 2 EStG.
Zuführung zu den Pensionsrückstellungen	Nicht zulässig, d. h. Gewinnbestandteil, sofern der Geschäftsführer der GmbH auch Kommanditist der KG ist.	Abziehbar als Betriebsausgaben (Ausnahme: vGA).	Nicht zulässig, d. h. Gewinnbestandteil.
Verlustausgleich	Verluste der GmbH & Co. KG können sofort bei den Gesellschaftern mit anderen positiven Einkünften verrechnet werden bzw. nach § 10d EStG verwertet werden.	Verluste der GmbH können nur durch Rücktrag oder Vortrag bei der GmbH genutzt werden.	Verluste der KG können sofort bei den Gesellschaftern mit anderen positiven Einkünften verrechnet werden bzw. nach § 10d EStG verwertet werden.
Haftung	Beschränkt auf die Kommanditeinlagen und das Haftungskapital der GmbH.	Beschränkt auf das Haftungskapital der GmbH.	Beschränkt auf die Kommanditeinlagen. Komplementäre haften jedoch unbeschränkt mit ihrem Privatvermögen.

Bei der GmbH & Co. KG kann eine spezielle Art der ***verdeckten Gewinnausschüttung*** auftreten. Dies ist dann der Fall, wenn die Gesellschafter der GmbH gleichzeitig Kommanditisten der KG sind und die Komplementär-GmbH einen zu geringen Anteil am Gewinn der KG erhält. Der vereinbarte Gewinnverteilungsschlüssel muss also zu einer angemessenen Gewinnverteilung führen. Der GmbH muss in ihrem Gewinnanteil ein angemessenes Entgelt für ihre Tätigkeit, ihr Haftungsrisiko und ihren Kapitaleinsatz gewährt werden. Das bedeutet, dass der GmbH von der KG ihre Auslagen für die Geschäftsführung vollständig ersetzt werden müssen und sie eine Avalprovision i. H. v. etwa 3–6% sowie eine angemessene Verzinsung ihres in der KG eingesetzten Kapitals (etwa 10%) erhält.[1]

Die Avalprovision bezieht sich auf das Stammkapital der GmbH und ist dann gerechtfertigt, wenn das Stammkapital der GmbH ihre Einlage in der KG übersteigt, da sie als Komplementär mit ihrem gesamten Betriebsvermögen haftet. Ist der Gewinnanteil der GmbH geringer als der so zu bestimmende angemessene Anteil, so liegt in Höhe der Differenz eine verdeckte Gewinnausschüttung zugunsten der GmbH-Gesellschafter vor. Da diese gleichzeitig Kommanditisten sind, erfolgt die Aufdeckung der vGA im Rahmen der einheitlichen und gesonderten Gewinnfeststellung der KG. Der Gewinnanteil der Komplementär-GmbH wird erhöht und mit Körperschaftsteuer belastet, da das KSt-Einkommen der GmbH entsprechend ansteigt (§ 8 Abs. 3 KStG). Die Gewerbesteuer der GmbH erhöht sich aufgrund der Kürzungsvorschrift § 9 Nr. 2a GewStG nicht. Gleichzeitig wird auch die Ausschüttung an die GmbH-Gesellschafter erhöht, was sich bei diesen als Sonderbetriebseinnahmen (§ 15 Abs. 1 Nr. 2 EStG; § 20 Abs. 1 Nr. 1 i. V. m. § 20 Abs. 3 EStG) niederschlägt, da die GmbH-Anteile Sonderbetriebsvermögen II der Kommanditisten darstellen. Zahlungsmäßig verändert sich nichts, da die verdeckte Gewinnausschüttung den Kommanditisten bereits als zu hoher KG-Gewinnanteil zugeflossen ist. Allerdings ergibt sich bei den Gesellschaftern ein Einkommensteuervorteil, da nach dem Teileinkünfteverfahren 40% der GmbH-Gewinnausschüttung steuerfrei ist (§ 3 Nr. 40d i. V. m. § 20 Abs. 1 Nr. 1 EStG).

Aufgabe 71: Plastik GmbH & Co. KG

F Auswirkungen der Besteuerung auf Finanzierungsentscheidungen eines Unternehmens

Lernziele: *Der Leser soll*

- *sich ein Bild darüber machen, wie stark das Selbstfinanzierungspotenzial bei verschiedenen Rechtsformgruppen durch die Ertragsbesteuerung eingeschränkt wird*
- *zwei Betrachtungsweisen zur Quantifizierung der unterschiedlichen Steuerbelastung der Eigen- und Fremdfinanzierung handhaben lernen*
- *spezielle steuerrechtliche Regelungen, die betriebliche Finanzierungsentscheidungen betreffen, kennen lernen.*

[1] Vgl. BFH 1964, BStBl. 1964 III S. 619; BFH 1968, BStBl. 1968 II S. 152; BFH 1977, BStBl. 1977 II S 346; OFD Hannover 27.5.1969. GmbHR 1970, S.3.

I Steuerliche Belastung der offenen Selbstfinanzierung

	Ertragsbesteuerung				
GewSt-Hebesatz: 400%	**Einzelunternehmen/ Personengesellschaft** Annahme: Gewinn vor ErtragSt = 500.000 EUR		**Kapitalgesellschaft**		
	Freibetrag = 24.500 EUR; Annahme: individ. ESt-Satz des/ der Gesellschafter(s) = 45% pauschale Anrechnung der GewSt gemäß § 35 EStG (= 3,8 * GewSt-Messbetrag)		Annahme: individ. ESt-Satz der Gesellschafter = 40%		
Gesellschaftsebene					
	Vollausschüttung	***Thesaurierung***	***Vollausschüttung***		***Thesaurierung***
Gewinn vor ErtragSt – GewSt	100 – 13,31	100 – 13,31	100 – 14		100 – 14
= Gewinn nach GewSt – KSt (15%) – SolZ (5,5%)	= 86,69 – –	= 86,69 – –	= 86 –15 – 0,83		= 86 – 15 – 0,83
= Verfügb. Betrag zur Entn./ Ausschüttung/Selbstfinanz. (vor ESt)	**= 86,69**	**= 86,69**	**= 70,17**		**= 70,17**
Die Anteile an der Kapitalgesellschaft werden gehalten im			Betriebsvermögen	Privatverm.	
– KESt bzw. AbgeltungsSt (25%) – SolZ (5,5%)			– 17,54 – 0,96	– 17,54 – 0,96	
Gesellschafterebene					
Thesaurierter Gewinn – ESt (28,25%) auf thes. Gewinn		86,69 – 24,49			70,17
Nettodividende (20 Abs. 1 Nr. 1) + KESt (§ 20 Abs. 1 Nr. 1 EStG)			51,67 + 18,50	51,67	
Entnommener Gewinn/Ausschüttg. EStpfl. lt. Teileinkünfteverf. 60% – ESt (45%) auf entn. Gewinn + GewSt-Anrechnung (3,8*Messb) – SolZ (5,5%) + KESt/SolZ-Anrechnung	100,00 – 45,00 + 12,65 – 1,78	 – 5,99 + 12,65 – 0,98	70,17 42,10 – 18,95 – 1,04 + 18,5		
= Einkommen nach ESt-Veranlagung	= 52,56	= 67,88 *)			= 70,17
Zufluss aus Entnahme/Ausschüttg.	52,56	0,00	68,68	51,67	0,00
Belastung Gesellschaft **Belastung Gesellschafter**	**– 13,31** **– 34,13**	**– 13,31** **– 18,81**	**– 29,83** **– 19,99**	**– 29,83** **– 18,50**	**29,83**
Gesamtbelastung	**– 47,44**	**– 32,12**	**– 49,82**	**– 48,33**	
Selbsfinanzierungsquote		**67,88**			**70,17**

*) Berechnung: Einnahme	86,69
– thesaurierungsbegünstigte ESt	– 24,49 (= 0,2825 * 86,69)
– normaler ESt-Satz auf GewSt	– 5,99 (= 0,45 * 13,31)
+ pauschale GewSt-Anrechnung	+ 12,65 (= 13,31 : 4 * 3,8)
– SolZ	– 0,98 (= 0,055 * (24,49 + 5,99 – 12,65))
	67,88

Unter ***offener Selbstfinanzierung*** versteht man die Einbehaltung ausgewiesener und versteuerter Gewinne zu Zwecken der Finanzierung von z. B. Investitionvorhaben. Finanzierung ist die Beschaffung von Zahlungsmitteln für betriebliche Zwecke. Ein echter Finanzierungseffekt tritt demnach nur auf, wenn die Gewinne auch als liquide Mittel zugeflossen sind. Besteht der Gewinn im Extremfall nur aus Zuschreibungserträgen, dann ist eine Selbstfinanzierung nicht möglich. Der Begriff ***stille oder verdeckte Selbstfinanzierung*** bezeichnet die Finanzierung durch Bildung stiller Reserven. Dies geschieht durch überhöhte Aufwandsbuchung (Abschreibungen, Rückstellungen) und eine Verringerung des Gewinnausweises. Werden die überhöhten Aufwendungen über den Markt verdient, d. h. sind sie in die Produktpreise einkalkuliert und fließen sie liquide zu, so können die Mittel zu Finanzierungszwecken verwendet werden. Der Vorteil gegenüber der offenen Selbstfinanzierung ist, dass keine Ertragsteuern gezahlt werden müssen, falls die stillen Reserven auch in der Steuerbilanz gebildet werden können.

Die Belastung durch Ertragsteuern, die von der Rechtsform abhängig ist, bestimmt das Potenzial zur offenen Selbstfinanzierung. Die Selbstfinanzierungsquote nach Abzug der Steuerbelastungsquote soll modellhaft für die beiden Gruppen Einzelunternehmen und Personengesellschaften sowie Kapitalgesellschaften in der folgenden Tabelle ermittelt werden. Um die (geringe) Bedeutung des Gewerbesteuerfreibetrags deutlich zu machen, wurde bei der Gruppe EU/PersG unterstellt, dass der Gewinn vor Ertragsteuern 500.000 EUR beträgt. Der Effekt des Freibetrags steigt mit abnehmender Gewinnhöhe an.

Die Selbstfinanzierungsquote als Komplement der Steuerbelastungsquote bei Thesaurierung ohne die Berücksichtigung des Gewerbesteuerfreibetrags bei Einzelunternehmen und Personengesellschaften im Falle eines Einkommensteuersatzes von 42% und von 45% enhalten die Berechnungstabellen im Zweiten Teil Kapitel E.I.

II Die Beeinflussung der Eigen- und Fremdkapitalkosten durch die Ertragsbesteuerung

1. Vergleich der Eigen- und Fremdkapitalkosten nach Steuern

Eigenfinanzierung	Fremdfinanzierung
Zahlung einer Dividende (KapG) von 100 EUR bzw. Gewinnentnahme bei EU/PersG nicht als Betriebsausgabe abziehbar Zahlung aus dem versteuerten Gewinn	Zahlung von 100 EUR Fremdkapitalzinsen als Betriebsausgabe abziehbar mindert den zu versteuernden Gewinn
Kapitalkosten nach Steuern = 100 EUR	***Kapitalkosten nach Steuern*** < 100 EUR
Kapitalkosten = Dividende bzw. Gewinnentnahme	***Kapitalkosten*** = Zinsen minus Steuerersparnis

a) Fremdkapitalkosten einer Kapitalgesellschaft

Beispiel:

15% KSt; Gewerbesteuer: Hebesatz = 400%; keine Berücks. des FB (§ 8 Nr. 1 GewStG) von 100.000 EUR.

Die Steuerersparnis ergibt sich durch Multiplikation des Zinsbetrags (=Betriebsausgabe) mit dem Ertragsteuersatz (KSt + GewSt).

Wegen der Hinzurechnung von 25% der Schuldzinsen ist die Gewerbesteuerersparnis jedoch um 25% geringer. Der Steuerersparnis-Prozentsatz, der auf die Schuldzinsen angewandt wird, lässt sich daher ermitteln auf Basis des 75%igen Gewerbesteuersatzes.

Gewinn vor Ertragsteuern	100,00 EUR	
– GewSt (0,75 * 14%)	– 10,50 EUR	***25,5%***
– 15% KSt	– 15,00 EUR	
= Gewinn nach Ertragsteuern	= 74,50 EUR	
Gesamtsteuerbelastung =	25,50 EUR	
Steuerersparnis = 0,255 * 100 EUR = ***25,5 EUR***		
Effektive Kapitalkosten nach Steuern =		
100 EUR – 25,50 EUR = ***74,50 EUR***		

Berechnungsbeispiel: (in EUR):

	Ohne Schuldzinsen	Schuldzinsen = 100
zu versteuernder Gewinn	10.000	9.900,00
– Gewerbesteuer	– 1.400	(auf 9.925) – 1.389,50
– Körperschaftsteuer	– 1.500	– 1.485,00
= Gewinn nach Ertragsteuern	= 7.100	7.025,50
Gesamtsteuerbelastung	= 2.900	= 2.874,50
Steuerersparnis		***25,50 EUR***

b) Fremdkapitalkosten einer Einzelunternehmung bzw. Personengesellschaft

Beispiel:
ESt-Satz: 45% (= Annahme); Gewerbesteuerhebesatz = 400% (= Annahme).
GewSt-Satz: 13,31% (bei einem GewErtrag von 500.000 EUR; FB = 24.500 EUR).
effektiver ESt-Satz unter Berücks. der Anrechnung der GewSt: ***34,13% (18,81% bei Thesaurierung).***
Berechnung: 45 + 1,78 – 12,65 = 34,13 bei Vollausschüttung bzw.
24,49 + 5,99 + 0,98 – 12,65 = 18,81 bei Vollthesaurierung.
Die effektiven Steuersätze stammen aus dem Berechnungsbeispiel im vorigen Kapitel F.I.

Fall I: Vollausschüttung	**Fall II: Vollthesaurierung unter Berücks. des Begünstigungs-Steuersatzes von 28,25% zzgl. SolZ**
Die Steuerersparnis ergibt sich durch Multiplikation des Zinsbetrags (=Betriebsausgabe) mit dem Ertragsteuersatz (KSt + GewSt). Wegen der Hinzurechnung von 25% der Schuldzinsen ist die Gewerbesteuerersparnis jedoch um 25% geringer. Der Steuerersparnis-Prozentsatz, der auf die Schuldzinsen angewandt wird, lässt sich daher ermitteln auf Basis des 75%igen Gewerbesteuersatzes.	
Gewinn vor Ertragsteuern 100,00 EUR – GewSt (0,75 * 13,31%) – 9,98 EUR – ESt (34,13% effektiv) – 34,13 EUR = Gewinn nach ErtragSt = 55,89 EUR Gesamtsteuerbelastung = 44,11 EUR	Gewinn vor Ertragsteuern 100,00 EUR – GewSt (0,75 *13,31%) – 9,98 EUR *28,79%* – ESt (18,81% effektiv) – 18,81 EUR = Gewinn nach ErtragSt = 71,21 EUR Gesamtsteuerbelastung = 28,79 EUR
Steuerersparnis = 0,4411 * 100 EUR = ***44,11 EUR*** ***Effektive Kapitalkosten nach Steuern*** = 100 EUR – 44,11 EUR = ***55,89 EUR***	***Steuerersparnis*** = 0,2879 * 100 EUR = ***28,79 EUR*** ***Effektive Kapitalkosten nach Steuern*** = 100 EUR – 28,79 EUR = ***71,21 EUR***

Berechnungsbeispiel:

(in EUR)	**Ausschüttungsfall Zinsen = 100**		**Thesaurierungsfall Zinsen = 100**	
zu versteuernder Gewinn	10.000,00	9.900,00	10.000,00	9.900,000
– Gewerbesteuer (13,31%)	(auf 10.000)	(auf 9.925)	(auf 10.000)	(auf 9.925)
	– 1.331,00	– 1.321,02	– 1.331,00	– 1.321,02
– ESt (34,13% bzw. 18,81%)	(auf 10.000)	(auf 9.900)	(auf 10.000)	(auf 9.900)
	– 3.413,00	– 3.378,87	– 1.881,00	– 1.862,19
= Gewinn nach Steuern	= 5.256,00	= 5.200,11	= 6.784,67	= 6.716,79
Gesamtsteuerbelastung	4.744,00	4.699,89	3.212,00	3.183,21
Steuerersparnis		***44,11 EUR***		***28,79 EUR***

2. Vergleich der Eigen- und Fremdkapitalkosten vor Steuern

Die Kapitalgesellschaft muss vor Ertragsteuern x EUR verdienen, um .....

100 EUR thesaurieren oder ausschütten zu können		100 EUR Schuldzinsen zahlen zu können	
Rücklage oder Dividende	100,00	Zinsen	100,00
+ KSt (100*15/71)	21,13	+ GewSt (0,25*14/0,86)	4,07
+ GewSt (100*14/71)	19,72		
Summe	**140,85**	Summe	**104,07**

Im-Hundert-Rechnung: (es wird von „unten nach oben" gerechnet):
a) Die ***Körperschaftsteuer*** beträgt 15% bezogen auf den Gewinn vor Abzug der Körperschaftsteuer, aber 17,65% bezogen auf den (verfügbaren) Gewinn nach Abzug der KSt („im Hundert").

Gewinn (Einkommen) vor KSt 100
Körperschaftsteuer (15%) 15

$$\frac{15}{100-15} * 100 = 17{,}65\%$$

Beispiel:
Welcher Gewinn (Einkommen) vor KSt muss erwirtschaftet werden, um eine Dividende (oder KSt oder halbe Aufsichtratsvergütung) in Höhe von 85 EUR (nach KSt) ausschütten zu können?

Lösung:
85 EUR Div. * (100% Div. + 17,65% KSt) = 85 EUR * 117,65% = 100 EUR Gewinn vor KSt.

Probe: 100 EUR Gewinn – 15 EUR KSt (25%) = 85 EUR verfügbar für die Dividendenzahlung.

b) Werden ***Körperschaftsteuer und Gewerbesteuer*** gemeinsam betrachtet, so ist zu berücksichtigen, dass keine der beiden Steuern bei der Bemessungsgrundlage abzugsfähig ist. Der Im-Hundert-Ertragsteuersatz ist daher zunächst zu ermitteln und dann in seine beiden Bestandteile aufzusplitten.

$$\frac{14 + 15}{100 - 29} * 100 = 40{,}85\%$$

Der Gewinn vor Ertragsteuern muss also 140,85 EUR betragen. Wird dieser mit 0,14 multipliziert ergibt sich die Höhe der Gewerbesteuer (19,72 EUR), wird er mit 0,15 multipliziert, ergibt sich die Höhe der Körperschaftsteuer (21,13 EUR).

c) Im ***Beispiel*** zur Ermittlung der ***Gewerbesteuer*** auf die ***Schuldzinsen***, ist zu berücksichtigen, dass von dem erzielten Gewerbeertrag (Gewinn) nur 75% der Schuldzinsen abzugsfähig sind und auf die Restgröße der „Gewerbesteuersatz" anzuwenden ist. Der Im-Hundert- Gewerbesteuersatz ergibt sich als 14/(100–14) * 100 = 16,28%. Körperschaftsteuerlich stellen die Schuldzinsen abzugsfähige Betriebsausgaben dar.

Lösung: Um 100 EUR Schuldzinsen zahlen zu können, muss ein Gewinn vor Ertragsteuern in Höhe von 100 EUR * (100% Schuldzinsen + 0,25*16,28% GewSt) = 100 EUR * 104,07% = 104,07 EUR erwirtschaftet werden.

Probe: (104,07 EUR – 0,75*100) * 0,14 = 4,07 EUR.

III Die Abziehbarkeit von Schuldzinsen gemäß § 4 Abs. 4a EStG

Durch die Bestätigung des Mehrkontenmodells durch den BFH ergibt sich für findige Einzelunternehmer und Personengesellschaften die Möglichkeit tatsächlich privat veranlasste Zinsen in Betriebsausgaben „umzuwandeln".

Beispiel: Ein Zwei-Konten-Modell hat im Prinzip folgende Funktionsweise:

Konto Nr. 1	(EUR)
sämtliche Betriebseinnahmen	+ 150.000
– Privatentnahmen + Einlagen	– 120.000 + 20.000
= Kontostand am 31.12.	+ 50.000

Konto Nr. 2	(EUR)
Sämtliche Betriebsausgaben	– 140.000
= Kontostand am 31.12.	– 140.000

Alle mit dem negativen Saldo des Kontos Nr. 2 zusammenhängenden Schuldzinsen können in voller Höhe als Betriebsausgaben steuerlich berücksichtigt werden, da eine offensichtliche betriebliche Veranlassung besteht, obwohl bei gedanklicher Zusammenfassung der beiden Konten ein Teil der Zinsaufwendungen durch die Privatentnahmen veranlasst ist.

Um Missbräuchen Einhalt zu gebieten, hat der Gesetzgeber in § 4 Abs. 4a EStG festgelegt, dass bei Einzelunternehmen und Personengesellschaften Schuldzinsen nicht als Betriebsausgaben abziehbar sind, sofern sie 6% der so genannten ***„Überentnahmen"*** ausmachen, also des Betrags, um den die Entnahmen die Gewinne des Unternehmens zuzüglich etwaiger Einlagen übersteigen.

Bei der Bestimmung der Überentnahmen sind Entnahmen und Einlagen der letzten drei Monate des Wirtschaftsjahrs nicht zu berücksichtigen, soweit sie in den ersten drei Monaten des folgenden Jahres wieder ausgeglichen werden. Dadurch sollen Umschichtungen um den Bilanzstichtag herum zur Beeinflussung der Höhe der Überentnahmen wirkungslos gemacht werden.

Überentnahmen der vorangegangenen Wirtschaftsjahre erhöhen die Überentnahmen des aktuellen Jahres als Bemessungsgrundlage der nicht abziehbaren Schuldzinsen. Umgekehrt mindern in den Vorjahren nicht vollständig entnommene Gewinne (***„Unterentnahmen"***) die Überentnahmen des aktuellen Jahres. Der gleiche Effekt ergibt sich, wenn im Vorjahr die Einlagen höher als die Entnahmen waren.

Von der Regelung zur Nichtabziehbarkeit von Schuldzinsen sind diejenigen Zinsen ausgenommen, die für die Finanzierung von Investitionen des Betriebs in das Anlagevermögen vorgenommen werden (§ 4 Abs. 4a S. 5 und 6 EStG). Außerdem gibt es einen Zinsen-Bagatellbetrag von 2.400 EUR, der in jedem Falle als Betriebsausgaben abgezogen werden darf (§ 4 Abs. 4a S. 5 EStG).

Ermittlung des nicht abziehbaren Teils der Schuldzinsen:

1. Schritt: Alle gezahlten Schuldzinsen werden auch steuerlich als Betriebsausgaben Gewinn mindern berücksichtigt.

2. Schritt: Überprüfung der betrieblich veranlassten Schuldzinsen auf ihre Abzugsfähigkeit gemäß § 4 Abs. 4a EStG. Der nicht abziehbare Betrag ist außerhalb der Steuerbilanz dem steuerpflichtigen Gewinn wieder hinzuzurechnen.

a) Im Falle der Überentnahme ist der betriebliche Schuldzinsenabzug eingeschränkt. Eine ***Überentnahme*** liegt vor, wenn gilt:

Entnahmen des Wj. > (Gewinn + Einlagen) des Wj.

Eine ***Unterentnahme*** liegt vor, wenn gilt:

Entnahmen des Wj. < (Gewinn+Einlagen) des Wj.

b) Hinzurechnungsbetrag (außerhalb der Steuerbilanz) =
= 6% der (Überentnahmen des Wj.
+ Überentnahmen der Vorjahre
– Unterentnahmen der Vorjahre)

c)

im Wj. angefallene Schuldzinsen
– Schuldzinsen zur Finanzierung der AK/HK von Wirtschaftsgütern des Anlagevermögens
– Sockelbetrag i. H. v. 2.050 EUR.
= ***Höchstbetrag der Hinzurechnung***

Beispielaufgabe:

Der Einzelkaufmann Störtebeker hat im Jahre 01 insgesamt 15.000 EUR Schuldzinsen gezahlt. Davon standen 6.000 EUR in unmittelbarem Zusammenhang mit Investitionen in das Anlagevermögen. Im Wj. 01 sind Betriebseinnahmen i. H. v. 150.000 EUR und Betriebsausgaben i. H. v. 140.000 EUR angefallen. Außerdem wurden von Störtebeker Einlagen i. H. v. 20.000 EUR und Entnahmen i. H. v. 120.000 EUR getätigt. Die zum 31.12.01 festgestellten Übernahmen früherer Jahre betrugen 60.000 EUR. Welcher Teil der Schuldzinsen des Wj. 01 ist gemäß § 4 Abs. 4a EStG ist nicht abziehbar?

Lösung:

	(EUR)
Entnahmen 01	120.000
– Gewinn 01 (= 150.000 – 140.000)	– 10.000
– Einlagen 01	– 20.000
= Überentnahme 01	90.000
+ Überentnahmen Vorjahre	+ 60.000
= verbleibende Überentnahme	= 150.000
* 6% = grundsätzlich nicht-abziehbare Schuldzinsen	9.000

Ermittlung des Höchstbetrags der nicht abziehbaren Schuldzinsen:

	(EUR)
Schuldzinsen 01 insgesamt	15.000
– Schuldzinsen im Zusammenhang mit Investitionen in das Anlagevermögen	– 6.000
– Sockelbetrag	– 2.050
= Höchstbetrag der Hinzurechnung	= 6.950

Somit sind im Wirtschaftsjahr 01 Schuldzinsen i. H. v. 8.050 EUR steuerrechtlich abziehbare Betriebsausgaben. Der nicht abziehbare Betrag von 6.950 EUR erhöht den Vortrag der Überentnahmen von 60.000 EUR auf 66.950 EUR.

IV Die Zinsschranke gemäß § 4h EStG

Im deutschen Steuersystem mindern grundsätzlich Zinsen auf das Fremdkapital (Verbindlichkeiten) der Unternehmung als Aufwandsposten den steuerpflichtigen Gewinn, während Dividenden und sonstige Ausschüttungen als Verzinsung des eingesetzten Eigenkapitals nicht als Betriebsausgaben absetzbar sind, sondern aus dem versteuerten Gewinn gezahlt werden müssen. Diese steuerrechtliche Begünstigung der Fremdfinanzierung verlockt die Unternehmen, die Fremdfinanzierung der Eigenfinanzierung vorzuziehen, auch wenn aus Risikogesichtspunkten eine Eigenfinanzierung betriebswirtschaftlich günstiger wäre. Insbesondere auch ausländische Gesellschafter sehen eine weitere Zuführung von Fremdkapital als attraktiver an als eine Zuführung von Eigenkapital, zumal ihre Zinserträge in vielen bilateralen Doppelbesteuerungsabkommen steuerbefreit, ihre Dividendenerträge jedoch mit Körperschaftsteuer und (gegebenenfalls anrechenbarer) Kapitalertragsteuer belastet sind.

In Sorge um seine Steuereinnahmen hat der Steuergesetzgeber daher an verschiedenen Stellen (vgl. auch Kapitel F.III.) eine Begrenzung der Abziehbarkeit von Fremdkapitalzinsen vorgenommen. Ab 1.1.2008 wurde die so genannte Zinsschranke (§ 4h EStG) eingeführt, die bewirkt, dass ein Teil der tatsächlichen Zinsaufwendungen unter bestimmten Bedingungen als nicht abziehbare Betriebsausgaben den steuerpflichtigen Gewinn nicht mindern darf. Die Höhe der nicht abziehbaren Zinsaufwendungen eines Unternehmens hängt von dessen jeweils erwirtschaftetem Gewinn ab. Die Zinsschranke gilt über § 8 Abs. 1 S. 1 KStG auch für Kapitalgesellschaften, wird aber für diese Rechtsformen durch § 8a KStG noch verschärft bzw. modifiziert (siehe Kapitel F.V.).

Zweck der Zinsschranke ist es also, Gewinnverlagerungen in Niedrigsteuerländer durch hohe Fremdkapitalzinszahlungen der inländischen Gesellschaft an den ausländischen Gesellschafter zu erschweren. Aber es geht nicht nur um Gesellschafterdarlehen. Es soll ganz grundsätzlich einer Flucht in die Fremdfinanzierung aus steuerlichen Gründen entgegengewirkt werden. Durch die ab 1.1.2009 geltende Abgeltungssteuer werden nämlich Dividenden unter Berücksichtigung der Vorbelastung mit Körperschaft- und Gewerbesteuer weit höher belastet als Zinszahlungen. Dadurch, dass die Zinsschranke gewinnabhängig ausgestaltet ist, soll außerdem erreicht werden, dass die Betriebe ihre Gewinne wieder eher ins Inland verlagern, um durch Ausweitung der Bezugsgröße die Abzugsmöglichkeit der Fremdkapitalzinsen zu erhöhen. Schließlich ist zu erwähnen, dass eine relativ zu hohe Finanzierung mit Fremdkapital auch betriebswirtschaftlich gesehen ungünstig ist, da das Insolvenzrisiko dadurch steigt.

Die Zinsschranke gilt für jede Art der Fremdfinanzierung. Sie gilt für alle Zinszahlungen und für alle Rechtsformen. Kapitalgesellschaften haben zusätzlich noch § 8a KStG zu beachten (siehe Zweiter Teil Kapitel F.V.)

Ermittlung des nicht abziehbaren Teils des Zinsaufwands:

Regel 1: Bis zur Höhe der Zinserträge können die Zinsaufwendungen stets abgezogen werden (§ 4h Abs. 1 S. 1 EStG).

Regel 2: Der übersteigende Teil der Zinsaufwendungen (= negativer Zinssaldo) darf bis zu einem Betrag von 30% des maßgeblichen Gewinns des Betriebs abgezogen werden.

Die Bezugsgröße „maßgeblicher Gewinn“ entspricht nach § 4h Abs. 3 S. 1 EStG einem erweiterten steuerpflichtigen Gewinn nach EStG. Konkret geht es um die operative Bruttogewinngröße EBITDA („earnings before interest, tax, depreciation and amortization“). Ausgehend von dem Gewinn aus dem gewöhnlichen Geschäftsverkehr müssen Zinsaufwand, Steueraufwand und Abschreibungen auf Sachanlagen und immaterielles Vermögen (insbes. Firmenwerte) wieder addiert werden.

Regel 3: Der übersteigende Teil des Zinssaldos bleibt bis zu einer Freigrenze von 1 Mio. EUR abziehbar (§ 4h Abs. 2 S. 1 Buchst. a EStG).[1] Ein Betrag von 1.000.001 EUR ist also in voller Höhe nicht abziehbar, wenn die Escape-Klausel (s. Regel 4) nicht greift.

Regel 4: Stellt sich heraus, dass das Unternehmen bestimmte Voraussetzungen erfüllt, kann es der Zinsschranke entkommen und sämtliche Zinsaufwendungen sind abziehbar (so genannte ***„Escape-Klausel“***). Die Voraussetzungen werden im Einzelnen weiter unten aufgeführt.

Beispiel:

Ein Betrieb mit einem EBITDA von 4 Mio EUR weist im Jahre 01 folgende Zinserträge und Zinsaufwendungen auf, die als solche auch gebucht werden.

Zinsaufwendungen 3 Mio. EUR
– Zinserträge 1 Mio. EUR

= Zinssaldo 2 Mio. EUR

In diesem Falle ist die Freigrenze i. H. v. 1 Mio. EUR überschritten und die Zinsaufwendungen sind höchstens bis zu 30% des EBITDA abziehbar.

Zinssaldo 2,0 Mio. EUR
davon abziehbar: 0,3 * 4 Mio. EUR = 1,2 Mio. EUR

Nicht abzugsfähig: 0,8 Mio. EUR ===> dieser Betrag ist als nicht abziehbare Betriebsausgabe außerhalb der Steuerbilanz wieder hinzuzurechnen!

Der Betrag der nach § 4h Abs. 1 S. 2 u. 3 EStG nicht abziehbaren Zinsaufwendungen („Zinsvortrag“) wird gesondert festgestellt und unbeschränkt (analog zu § 10d Abs. 4 EStG bzw. § 8c KStG) auf die Folgejahre vorgetragen (§ 4h Abs. 4 EStG). Die Nicht-Abziehbarkeit gilt also nur für das laufende Jahr, ist aber nicht endgültig. Der Zinsvortrag erhöht in den folgenden Wirtschaftsjahren die Zinsaufwendungen, hat jedoch dann keine Auswirkungen auf den maßgeblichen Gewinn des Unternehmens (§ 4h Abs. 1 S. 3 EStG). Ein nicht verbrauchter Zinsvortrag geht im Falle einer Betriebsaufgabe oder Betriebsübertragung unter. Zu einem quotalen Untergang kommt es bei Ausscheiden eines Gesellschafters aus einer Mitunternehmerschaft (§ 4h Abs. 5 EStG).

Der Zinsschranke kann ein Einzelunternehmen oder eine Personengesellschaft nur entgehen („Escape-Klausel“), wenn folgende Bedingungen erfüllt sind. Bei Kapitalgesellschaften sind die Bedingungen durch § 8a Abs. 2 u. 3 KStG noch verschärft (siehe Kapitel F.V.).

---

[1] Zur steuerlichen Entlastung mittlerer Unternehmen in der Finanzkrise wird die Freigrenze bis 31.12.2009 auf 3 Mio. angehoben (§ 52 Abs. 12d EStG).

Escape-Klausel	
Konzernzugehörige Unternehmen (§ 4h Abs. 2 S. 1 Buchst. c EStG)	**Nicht konzernzugehörige Unternehmen (§ 4h Abs. 2 S. 1 Buchst. b EStG)**
Ein solches Unternehmen liegt vor, falls es Bestandteil eines Konzernabschlusses ist bzw. sein könnte oder falls seine Finanz- und Geschäftspolitik mit einem oder mehreren anderen Betrieben einheitlich bestimmt werden kann (§ 4h Abs. 3 S. 6 u. 7 EStG). Primär wird auf die IFRS-Regelungen abgestellt (§ 4h Abs. 2 S. 8 EStG).	Ein solches Unternehmen ist auch dann gegeben, wenn die Beteiligungsquote unter 50% liegt oder wenn bei einem 50:50 joint venture eine Quotenkonsolidierung erfolgt, also 50% der Bilanzpositionswerte in den Konzernabschluss einbezogen werden.
Konzerninterner Fremdvergleich: Die Zinsaufwendungen sind voll abziehbar, falls die Eigenkapitalquote des Betriebs am vorangegangenen Abschluss-Stichtag die durchschnittliche Eigenkapitalquote des Konzerns übersteigt (Toleranzbreite: 1%) (§ 4h Abs. 2 S. 1 EStG).	Die Zinsaufwendungen sind voll abziehbar.

Nicht konzerngebundene Unternehmen sind also völlig von der Zinsschranken-Regelung ausgenommen. Bei konzerngebundenen Unternehmen will der Gesetzgeber dagegen verhindern, dass durch steuermotivierte Fremdfinanzierungsmaßnahmen Gewinne in andere Konzerngesellschaften, vornehmlich ins steuergünstige Ausland, verlagert werden. Er geht davon aus, dass dies nicht der Fall ist, wenn die Eigenkapitalquote (Eigenkapital : Bilanzsumme) der betrachteten Konzerngesellschaft nicht geringer als die durchschnittliche Quote im gesamten Konzern bzw. die Fremdkapitalquote (Fremdkapital : Bilanzsumme) nicht höher ist als der Durchschnitt im Konzern. In begrenztem Maße bleiben somit noch Gestaltungsmöglichkeiten erhalten, indem die Zinsaufwendungen gleichmäßig auf alle Konzerngesellschaften weltweit verteilt werden.

Von der Zinsschranke nicht betroffen sind also insbesondere:

- Einzelunternehmen und Personengesellschaften in Streubesitz, die keine Beteiligungen halten
- Unternehmen, deren negativer Zinssaldo maximal 1 Mio. EUR beträgt
- konzerngebundene Einzelunternehmen und Personengesellschaften, die die Escape-Klausel (keine unterdurchschnittliche Eigenkapitalquote) erfüllen
- Organkreise (§ 15 S. 1 Nr. 3 KStG).

V Gesellschafterfremdfinanzierung (§ 8a KStG)

Ursprünglich hatte § 8a KStG lediglich die Aufgabe, die Fremdkapitalzuführung inländischer Kapitalgesellschaften durch wesentlich (> 25%) beteiligte ausländische Anteilseigner zu beschränken. Die Abziehbarkeit der Fremdkapitalzinsen als Betriebsausgaben und die Diskriminierung ausländischer Eigenkapitalgeber im früheren KSt-Anrechnungsverfahren hatten aus Sicht des Steuergesetzgebers zu missbräuchlich überhöhter Fremdfinanzierung durch ausländische Gesellschafter geführt. Aufgrund eines Urteils des EuGH (vom 12.12.2002, GmbHR 2003, S. 44), der die Vorschrift wegen der Diskriminierung ausländischer EU-Bürger als nicht mit EU-Recht vereinbar erklärte, wurde die Regelung auch auf die Fremdfinanzierung durch wesentlich beteiligte inländische Gesellschafter ausgedehnt. Seit 1.1.2008 gilt die so genannte Zinsschranke für alle Rechtsformen (siehe Kapitel F.IV.), und § 8a KStG hat nur noch eine ergänzende Bedeutung. Tatsächlich wird durch die Vorschrift die Zinsschrankenregelung für Kapitalgesellschaften verschärft und modifiziert.

Es bestehen zwei ***Ergänzungen zur Zinsschrankenregelung***:

(1) Die Beschränkung der Abziehbarkeit von Fremdkapitalzinsen knüpft nach § 4h EStG am EBITDA an, das auf dem maßgeblichen Gewinn basiert. Für Kapitalgesellschaften wird jedoch als Basis das maßgebliche körperschaftsteuerliche Einkommen festgelegt (§ 8a Abs. 1 S.1 KStG). Dieses ist i. d. R. höher als der maßgebliche Gewinn (z. B. um verdeckte Gewinnausschüttungen), wodurch der zulässige Zinsabzug erhöht wird.

(2) Nach § 8a KStG muss im Falle der Gesellschafter-Fremdfinanzierung zwischen nicht konzernzugehörigen und konzernzugehörigen Kapitalgesellschaften unterschieden werden.

<table>
<tr><th colspan="2">Gesellschafter-Fremdfinanzierung</th></tr>
<tr><th>Konzernzugehörige Kapitalgesellschaften (§ 8a Abs. 3 KStG)</th><th>Nicht konzernzugehörige Kapitalgesellschaften (§ 8a Abs. 2 KStG)</th></tr>
<tr><td>Konzernzugehörige Kapitalgesellschaften können sich der Zinsschranke nur entziehen („Escape-Klausel“), wenn
(1) die Eigenkapitalquote der Kapitalgesellschaft mindestens der des Konzerndurchschnitts entspricht (Toleranzbreite: 1%) (§ 4h Abs. 2 S. 1 EStG) und
(2) bei keinem der dem Konzern zugehörenden Rechtsträger eine schädliche Gesellschafter-Fremdfinanzierung vorliegt.</td><td>Im Gegensatz zur Regelung in § 4h EStG können sich konzernfreie Kapitalgesellschaften der Zinsschranke nur entziehen („Escape-Klausel“), wenn bei ihnen keine schädliche Gesellschafter-Fremdfinanzierung vorliegt.</td></tr>
<tr><td colspan="2">Eine schädliche Gesellschafter-Fremdfinanzierung liegt dann nicht vor,
wenn nachgewiesen wird, dass die an einen spezifischen Fremdkapitalgeberkreis gezahlten Zinsen höchstens 10% des negativen Zinssaldos betragen.
Zu dem spezifischen Fremdkapitalgeberkreis gehören
• Anteilseigner, die zur mehr als 25% unmittelbar oder mittelbar beteiligt sind
• diesen Anteilseignern nahe stehende Personen (i.S.v. § 1 Abs. 2 AStG)
• Dritte (insbes. Sicherungsnehmer des Anteilseigners, Banken), die auf eine der beiden genannten Gruppen zurückgreifen können.</td></tr>
</table>

Dritter Teil: Aufgaben und Lösungen

A Aufgaben

Aufgabe 1: Vermögensgegenstand – Wirtschaftsgut

Die LowTech GmbH erwarb ein bebautes Grundstück im Stadtzentrum, um das Ladenlokal zur Ausstellung und zum Vertrieb ihrer Produkte zu nutzen. Leider hatte man beim Kauf übersehen, dass das Grundstück verpachtet war und die Restlaufzeit des Pachtvertrags noch 4 Jahre betrug. Um das Grundstück früher nutzen zu können, bot die GmbH kurz nach dem Erwerb dem Pächter Paul Päch eine Abstandszahlung in Höhe von 48.000 EUR für die Räumung des Grundstücks vor Ablauf der Pachtzeit an, die dieser akzeptierte.

Der Buchhalter der LowTech GmbH, Herr Ärmel, ist unschlüssig, wie die Zahlung handels- und steuerrechtlich zu behandeln ist. Wie ist zu bilanzieren?

Aufgabe 2: Entnahmen

Der Radio-Einzelhändler Enno Hifi schenkte am 24.12.01 seinem Sohn Dolby ein Farbfernsehgerät, das er am Tag zuvor seinem Warenlager entnommen hatte. Die AK dieses Gerätes betrugen im August 01 2.000 EUR zzgl. USt, der Brutto-Verkaufspreis 3.000 EUR zzgl. USt. Anfang Dezember 01 änderte der Lieferant die Preise für dieses Gerät, wodurch sich auch der Einzelhandels-Verkaufspreis verschob. Preise ab 1.12.01:

a) Einkaufspreis: 2.200 EUR zzgl. USt; Verkaufspreis: 3.300 EUR zzgl. USt.

b) Einkaufspreis: 1.800 EUR zzgl. USt, Verkaufspreis: 2.900 EUR zzgl. USt.

Geben Sie jeweils die Buchungssätze, die steuerrechtlichen Vorschriften und die Gewinnauswirkung der Entnahme an.

Aufgabe 3: Entnahmen

Im Betriebsvermögen des Einzelunternehmers Norbert Nett befand sich ein alter PKW, Marke Opel Corsa, der bis auf einen Erinnerungswert von 1 EUR abgeschrieben war. Diesen PKW schenkte Nett seinem Sohn als Belohnung für die bestandene Bilanzsteuerrechtsklausur. Zum Zeitpunkt der Übergabe an den Sohn wurden PKWs dieses Typs noch mit 400 EUR zzgl. USt gehandelt. Geben Sie jeweils die Buchungssätze, die steuerrechtlichen Vorschriften und die Gewinnauswirkung der Entnahme an.

Aufgabe 4: Entnahmen

Malermeister Quast, der ein Maler- und Tapeziergeschäft betreibt, beauftragt seinen Gesellen damit, während seiner normalen Arbeitszeit die Wohnräume im Einfamilienhaus der Familie Quast zu tapezieren. Lohn- und sonstige Aufwendungen für Arbeitsgeräte sind in dieser Zeit i. H. v. 520 EUR angefallen. Die verwendeten Materialien (Kleister, Tapeten u. ä.) haben insgesamt einen Wert von 680 EUR (Einkaufspreise) bzw. 900 EUR (Verkaufspreise), jeweils ohne USt. Geben Sie jeweils die Buchungssätze, die steuerrechtlichen Vorschriften und die Gewinnauswirkung der Entnahme an.

Aufgabe 5: Entnahmen

Zum Betriebsvermögen des Einzelkaufmanns Hans Hurtig gehört ein PKW, der am 31.12.01 mit 16.000 EUR und am 31.12.02 mit 8.000 EUR zu Buche stand. Der Nettolistenpreis bei Erstzulassung betrug 40.000 EUR, die Umsatzsteuer betrug damals 16%. Laut dem ordnungsgemäß geführten Fahrtenbuch ergibt sich, dass der Anteil der privat gefahrenen km 30% beträgt. Die im Jahr 02 neben der Abschreibung angefallenen Kfz-Kosten für dieses Fahrzeug betrugen:

Benzin: 2.000 EUR

Reparaturen: 2.400 EUR

Kfz-Steuer: 480 EUR

Kfz-Versicherung: 520 EUR

a) Welchen Wert hat die private Nutzungsentnahme, wenn dieser auf Basis des ordnungsgemäß geführten Fahrtenbuchs ermittelt wird?

b) Welchen Wert hat die private Nutzungsentnahme nach der 1%-Regelung?

Geben Sie jeweils die Buchungssätze, die steuerrechtlichen Vorschriften und die Gewinnauswirkung der Entnahme für das Jahr 02 an.

Aufgabe 6: Einlagen

Kaufmann Gustav Gans führt am 1.12.02 einen Pkw seinem Betriebsvermögen zu. Den Pkw hatte er am 1.6.01 zunächst für private Zwecke angeschafft. Ab dem 1.12.02 dient das Fahrzeug zu 100% eigengewerblichen Zwecken des Kaufmanns. Für die Anschaffung am 1.6.01 wurden einschl. USt 23.800 EUR aufgewendet. Das Fahrzeug hat insgesamt eine Nutzungsdauer von 5 Jahren und soll nach der Einlage linear abgeschrieben werden.

Der Teilwert am 1.12.02 beträgt Fall a) 18.000 EUR
Fall b) 14.000 EUR.

Geben sie jeweils den Wert der Einlage, den Einlagebuchungssatz und den Bilanzansatz (Buchwert) zum 31.12.02 an.

Aufgabe 7: Grundsätze ordnungsmäßiger Buchführung und Bilanzierung

Buchhalter Ärmel der LowTech GmbH hat seine Schwierigkeiten mit den Grundsätzen ordnungsmäßiger Buchführung und Bilanzierung. Gegen welche GoB verstoßen die folgenden von Ärmel vorgenommenen Buchungs- und Bilanzierungsmaßnahmen?

a) Die im Vorjahr unter „Rückstellungen" in der Bilanz ausgewiesenen ungewissen Verbindlichkeiten ordnet er ohne Begründung und ohne im Anhang eine Erläuterung zu geben, in der aktuellen Bilanz dem Posten „Verbindlichkeiten" zu.

b) Das Finanzamt verrechnet am 3.1.02 einen Einkommensteuer-Erstattungsanspruch des Einzelkaufmanns Klein mit einer Umsatzsteuerverbindlichkeit seines Unternehmens. Ärmel gibt seinem Freund Klein den Rat, am besten gar nichts zu buchen und auch nichts in der Bilanz zum 31.12.01 auszuweisen, da ja alles verrechnet sei.

c) Eine zu Beginn des abgelaufenen Geschäftsjahres angeschaffte Maschine wird linear abgeschrieben. Alle bisher vorhandenen Maschinen des gleichen Typs (art-, funktions- und kostengleich) wurden degressiv abgeschrieben. Eine Begründung wird nicht gegeben.

d) Die LowTech GmbH besitzt im Zentrum ihres Hauptsitzes Leer/Ostfriesland noch ein Lagergebäude, das zur Hälfte abgeschrieben ist. Aufgrund der stark gestiegenen Grundstückspreise liegt der Wert des Grundstücks und des Lagergebäudes inzwischen weit oberhalb der früheren Anschaffungskosten. Ärmel möchte in der Bilanz ein den tatsächlichen Verhältnissen entsprechendes Bild der Vermögenslage zeichnen und bewertet Grundstück und Gebäude mit den aktuellen Verkehrswerten.

e) Die Miete für das Bürogebäude zahlt die GmbH an den Vermieter jeweils halbjährlich nachträglich am 1. Februar und am 1. August jeden Jahres. Ärmel bucht den Mietaufwand jeweils direkt nach der Zahlung. Die Bilanz wird seiner Meinung nach davon nicht berührt.

f) Buchhalter Ärmel glaubt, einen guten Weg zur Aufbesserung des Jahresüberschusses gefunden zu haben. Zwei Drehmaschinen im Fertigungsbereich sind im abgelaufenen Geschäftsjahr kaum genutzt worden. Ärmel meint, ein einmaliger Verzicht auf die planmäßige Abschreibung der beiden Maschinen sei vertretbar.

g) Unter Eigentumsvorbehalt bezogene Steuerungsbauteile gehen im Dezember 01 bei der LowTech ein. Da sowohl Rechnungseingang als auch die Zahlung nach dem Bilanzstichtag (31.12.01) erfolgen, glaubt Ärmel, den Zugang erst nach dem Stichtag buchen zu dürfen.

h) Eine Tochtergesellschaft der LowTech GmbH, die Techno Vertriebs-GmbH mit Sitz in Dinkelsbühl, kündigt schriftlich an, wahrscheinlich Anfang des Jahres 02 etwa 200 Stück elektrische Zahnbürsten bei der Muttergesellschaft bestellen zu wollen. Ärmel hält das Geschäft und den Gewinn nach eigener fester Überzeugung für sehr sicher und bewertet am 31.12.01 die Geräte mit ihren Verkaufspreisen.

i) Die LowTech hat vor zwei Jahren ein Patent erworben, das eine bestimmte Löttechnik zum Gegenstand hat und dessen Buchwert am 31.12.01 noch 80.000 EUR beträgt. Kurz vor Ende der Aufstellung der Bilanz, am 25.3.02 erfährt Ärmel, dass Anfang März 02 eine neue Turbo-Löttechnik zum Patent angemeldet wurde. Er vermutet, dass die alte Löttechnik damit überholt und das eigene Patent wertlos ist. In der Bilanz zum 31.12.01 schreibt er das Patent daher bis auf den Erinnerungswert ab.

k) Die LowTech GmbH hat auch einen Geschäftsbereich „Fasern und Textilien". Dort liegt seit einigen Jahren ein größerer Posten Midi-Röcke auf Lager. Die Röcke werden immer noch mit den damaligen hohen Anschaffungskosten bewertet, als die Midi-Mode en vogue war. Ärmel ist subjektiv fest davon überzeugt, dass früher oder später diese Mode wieder kommen wird und sieht keinen Grund dafür, die Röcke mit einem niedrigeren Wert anzusetzen.

Aufgabe 8: Anschaffungskosten

Die LowTech GmbH erwarb im Dezember 01 eine Blechschneidemaschine zum Preis von 45.220 EUR (einschl. 19% abzugsfähiger USt), für die von der Bau OHG am 20.12.01 ein Fundament errichtet wurde (Kosten: 1.428 EUR einschl. 19% abzugsfähiger USt; Rechnungseingang und Bezahlung erfolgten erst im Januar des Folgejahres). Der Transport der Maschine im Dezember 01 wurde vom Frachtführer Blitz ausgeführt, dessen Rechnung über 476 EUR (einschl. 19% abzugsfähiger USt) noch in demselben Monat bezahlt wurde. Mit welchem Wert ist die Maschine in der Bilanz zum 31.12.01 anzusetzen, wenn
a) die Zahlung des Rechnungsbetrags für die Maschine am 24.12.01 unter Abzug von 2% Skonto erfolgte,
b) die Zahlung des Rechnungsbetrags für die Maschine am 2.1.02 unter Abzug von 2% Skonto erfolgte?

Aufgabe 9: Anschaffungskosten

Die LowTech GmbH erwarb außerdem nach sechsmonatigen Auswahlaktivitäten der Beschaffungsabteilung (anteilige Kosten: 15.000 EUR) in Oldenburg ein bebautes Grundstück als Außenlager für ihre Produkte zum Preis von 500.000 EUR. Davon entfielen auf den Grund und Boden 150.000 EUR. Die Maklerkosten betrugen 23.800 EUR (einschl. 19% abzugsfähiger USt), als Disagio wurden mit der Nordbank 25.000 EUR vereinbart, an Bankspesen berechnete die Nordbank 357 EUR (einschl. abzugsfähiger USt). Gerichtskosten für die Eintragung ins Grundbuch fielen in Höhe von 1.500 EUR an (davon 1.000 EUR für den Eigentumsübergang und 500 EUR für die Hypothek), Notargebühren (einschl. abziehbarer USt) in Höhe von 7.140 EUR (davon 4.760 EUR für den Eigentumsübergang und 2.380 EUR für die Hypothek), sowie die Grunderwerbsteuer in Höhe von 3,5% auf den Kaufpreis. Um die Lastwagen besser be- und entladen zu können, wurde außerdem ein fahrbares Förderband mit Anschaffungskosten von 59.500 EUR (einschl. abziehbarer USt) erworben und von außen unterhalb eines Tores an das Lagergebäude festgeschraubt. Zur Sicherung wurde von der Herstellerfirma des Förderbands außerdem ein spezielles, wieder entfernbares Haltegestell gebaut und installiert. Die Rechnung lautete über 500 EUR für das Gestell und 600 EUR für die Installation jeweils plus 19% USt. Welcher Betrag ist in der Bilanz zu aktivieren?

Aufgabe 10: Abbruchkosten

Einzelkaufmann Klaus Störtebeker erwarb im Januar 01 ein zu Wohnzwecken vermietetes bebautes Grundstück, das er zu 100% betrieblich nutzen möchte. Die Anschaffungskosten betrugen 400.000 EUR, die je zur Hälfte auf Grund und Boden sowie das 75 Jahre alte Gebäude, das sich in schlechtem Zustand befand, entfielen. Die AfA beträgt 2% p. a. auf den Gebäudewert. Da das Gebäude nur mit erheblichem Renovierungsaufwand hätte erhalten werden können, entschloss sich Störtebeker im Dezember 01, das Gebäude abreißen zu lassen. Die Abbruchkosten betrugen 40.000 EUR zuzügl. USt. Abfindungszahlungen, um die Mieter zum schnellen Auszug zu bewegen, wurden im Jahre 01 in Höhe von 30.000 EUR gezahlt. Der Neubau wurde im Mai 02 fertig gestellt (zusätzliche Herstellungskosten: 600.000 EUR) und wird als Bürogebäude genutzt. Wie sind das neue Bürogebäude und der Grund und Boden im Zeitpunkt der Fertigstellung des Gebäudes zu bewerten?

Aufgabe 11: Anschaffungskosten bei Kauf in Fremdwährung

Eine Einfädelmaschine wird von der LowTech GmbH in den USA zum Preis von 2.000 USD erworben. Bei Lieferung am 15.6.01 betrug der Wechselkurs 1 EUR – 1,3333 USD. Am Tag der Rechnungsausstellung (21.6.01) lag der Kurs bei 1 EUR – 1,4284 USD.
Fall a): Am Bilanzstichtag 31.12.01 beträgt der Kurs 1 EUR – 1 USD.
Fall b): Am Bilanzstichtag 31.12.01 beträgt der Kurs 1 EUR – 1,6666 USD.

Wie hoch sind die Anschaffungskosten der Maschine und wie ist sie am Bilanzstichtag 31.12.01 zu bewerten?
Das Zahlungsziel von 9 Monaten wird voll ausgenutzt. Wie ist diese Verbindlichkeit in den beiden Fällen a) und b) in der Bilanz zum 31.12.01 zu bewerten?

Aufgabe 12: Anschaffungskosten bei Tausch

Das von der LowTech GmbH zu Beginn des Jahres 01 erworbene Individual-Software-Paket wurde auf Vermittlung des EDV-Händlers am 11. Oktober 01 mit Software eines anderen Unternehmens getauscht. Von diesem Tausch versprechen sich beide Unternehmen Effizienzvorteile. Auch wenn der Zeitwert der hingegebenen Software höher ist als derjenige der empfangenen, verspricht sich LowTech einen großen Vorteil beim Einsatz im eigenen Unternehmen, geht also von einem höheren (subjektiven) Ertragswert aus. Buchhalter Ärmel hat jedoch Schwierigkeiten mit der Buchung der Transaktion und der Bewertung der neu zugegangenen Software. Die angegebenen Werte beziehen sich alle auf den Zeitpunkt des Tausches:

Buchwert der hingegebenen Software	34.000 EUR
Zeitwert der hingegebenen Software	38.000 EUR
Restnutzungsdauer der hingegebenen Software	4 Jahre
Buchwert der empfangenen Software	35.000 EUR
Zeitwert der empfangenen Software	36.000 EUR
Restnutzungsdauer der empfangenen Software	4 Jahre.

Wie hoch sind die Anschaffungskosten? Die Software soll linear und zeitanteilig (volle und angefangene Monate) abgeschrieben werden Geben Sie bitte alle Buchungssätze und den Bilanzwert der Software per 31.12.01 an. Die Umsatzsteuer ist zu vernachlässigen.

Aufgabe 13: Anschaffungskosten bei Zuschüssen

Die LowTech GmbH erhält von einem ihrer Lieferanten einen Investitionszuschuss in Höhe von 19.000 EUR zur Anschaffung einer Container-Ladebrücke (= bewegliches Wirtschaftsgut; Anschaffung am 10.7.01, Anschaffungskosten: 200.000 EUR, betriebsgewöhnliche Nutzungsdauer: 10 Jahre; lineare AfA). Konkrete Verpflichtungen der LowTech sind mit der Annahme des Zuschusses nicht verbunden. Wie ist der Zuschuss von der LowTech GmbH zu behandeln, wenn diese einen möglichst niedrigen Gewinn anstrebt und der Zuschuss
a) am 20.7.01,
b) am 20.1.02
geleistet wird? Mit welchem Wert ist die Container-Ladebrücke in der Bilanz am 31.12.01 und im Falle b) auch am 31.12.02 anzusetzen? Geben Sie alle Buchungssätze an.

Aufgabe 14: Herstellungskosten

Die LowTech GmbH hat in ihrem Produktionsprogramm einen formschönen und leistungsstarken Haarfön Modell „Turbo". Bei der Produktion einer Mengeneinheit des Haarföns fallen folgende Kosten an:

a) Arbeitslohn (Akkordlohn): 40 EUR
b) Anteilige Mietkosten für Fertigungsgebäude 20 EUR, für das Verwaltungsgebäude 10 EUR und für die Vertriebsstellen 20 EUR (davon jeweils die Hälfte an Fremde gezahlt und die Hälfte kalkulatorisch für eigene Gebäude)
c) Kunststoffgranulat 10 EUR
d) Anteilige Gehaltskosten von Außendienstmitarbeitern: 10 EUR
e) Anteilige Stromkosten der Produktionsanlagen: 5 EUR
f) Anteilige Lagerkosten für das Kunststoffgranulat: 15 EUR
g) Anteilige Reparaturkosten der Haarfön-Fertigungsmaschinen: 10 EUR
h) Kosten für eine Stoß absichernde, isolierende und Wasser abweisende Spezial-Transportverpackung der Fertigerzeugnisse: 5 EUR
i) Anteilige zeitabhängige Abschreibungen der Haarfön-Fertigungsmaschinen: 35 EUR (berechnet auf Basis der Wiederbeschaffungskosten; auf Basis der Anschaffungskosten würden die Abschreibungen 20 EUR betragen.
j) Anteiliges Gehalt des Meisters für die Beaufsichtigung der Produktion: 10 EUR
k) Anteilige zeitabhängige Abschreibungen des Bürogebäudes und der Computer im Personalbüro sowie im Rechnungs- und Finanzwesen: 15 EUR
l) Anteilige Kosten einer Werbekampagne für den Verkauf des Haarföns „Turbo": 20 EUR
m) Spezialwerkzeuge, die ausschließlich für die Fertigung des Haarföns angeschafft wurden (anteilig): 5 EUR

n) Anteilige Kosten der allgemeinen Grundlagenforschung zwecks Suche nach LowTech-Produkten der Zukunft: 15 EUR
o) Anteilige Personalkosten des Personalbüros und des Rechnungswesens: 15 EUR
p) Anteilige Kapitalkosten: 25 EUR (davon 10 EUR anteilige Fremdkapitalzinsen, die auf den Fertigungsbereich und den Fertigungszeitraum entfallen und nachweislich in unmittelbarem Zusammenhang mit der Fertigung des Haarföns stehen; sowie 15 EUR anteilige kalkulatorische Eigenkapitalzinsen)
q) Gewinnaufschlag: 25 EUR
r) Anteilige Steuern: Körperschaftsteuer 5 EUR, Gewerbesteuer 3 EUR, Umsatzsteuer 22,50 EUR.

Geben Sie an, zu welcher Kostenkategorie der Zuschlagskalkulation jede der aufgeführten Kostenarten gehört und ob handelsrechtlich bzw. steuerrechtlich eine Pflicht, ein Wahlrecht oder ein Verbot der Einbeziehung in die Herstellungskosten besteht.
Ermitteln Sie außerdem die steuerliche Herstellungskosten-Untergrenze und -Obergrenze.

Aufgabe 15: Herstellungskosten

Um die Kapazitäten besser auszulasten, übernahm die LowTech einen Auftrag über 100 vergoldete Tiefkühltruhen (Sonderanfertigung) für den Palast von Scheich Ibn Bin Reich von Saudi-Arabien. Die Auslieferung soll erst im Januar 02 erfolgen. Buchhalter Ärmel hat die Aufgabe, mit Hilfe der Kosteninformationen aus der Kostenrechnungsabteilung die Fertigproduktbestände am 31.12.01 zu bewerten.

	EUR
Material-Einzelkosten	16.000
+ Fertigungs-Einzelkosten	8.000
+ freiwillige soziale Kosten (Fertigung)	500
+ Aufwendungen für Einkauf	300
+ Aufwendungen für Wareneingang	200
+ Marktforschung	700
+ Raumkosten des Materiallagers	200
+ Fertigungslizenzgebühr	1.000
+ anteilige Kosten des Rechnungswesens	500
+ kalkulatorischer Eigenkapitalzins	800
+ sonstige Material-Gemeinkosten	3.800
+ sonstige Fertigungs-Gemeinkosten	9.000
(kalkulatorische Abschreibungen)	(5.000)
(bilanzielle planmäßige Abschreibungen)	(4.000)
+ sonstige Sonder-Einzelkosten der Fertigung	3.000
+ sonstige Verwaltungs-Gemeinkosten	2.500
+ sonstige Vertriebs-Gemeinkosten	5.300
= Herstellungskosten-Untergrenze in der Steuerbilanz	
= Herstellungskosten-Obergrenze in der Steuerbilanz	

In den Fertigungsgemeinkosten sind die (in Klammern angegebenen) kalkulatorischen Abschreibungen enthalten, die bilanziellen Abschreibungen jedoch nicht, sie sind nur zur Information (ebenfalls in Klammern) angegeben. Unterstützen Sie Buchhalter Ärmel bei der Berechnung der steuerlichen Bewertungsunter- und Bewertungsobergrenzen der Herstellungskosten.

Aufgabe 16: Herstellungskosten

Im Absatzlager der LowTech GmbH befinden sich am 31.12.01 Fertigerzeugnisse, für die in der Kostenrechnungsabteilung folgende angefallene Kosten ermittelt wurden:

	EUR
Materialeinzelkosten	122.000,-
Materialgemeinkosten (20%)	
Fertigungseinzelkosten	65.000.-
Fertigungsgemeinkosten (250%)	
Sondereinzelkosten der Fertigung	8.100.-
Verwaltungsgemeinkosten (10% der Herstellkosten)	

Fremdkapitalzinsen in Höhe von 6.000 EUR sind nicht wie allgemein üblich in den Fertigungsgemeinkosten, sondern als Sondereinzelkosten der Fertigung erfasst worden, da sie aufgrund einer im Darlehensvertrag mit der Bank vereinbarten Zweckbindung auf die Herstellung der Erzeugnisse sachlich und zeitlich direkt zurechenbar sind. In den Fertigungsgemeinkosten sind 12.000 EUR gesetzliche Sozialkosten (in Verbindung mit den Gehältern) enthalten. Im Übrigen sind von den Materialgemeinkosten 60% auf Lagerung und Materialprüfung, 40% auf den Einkauf zurückzuführen.

a) Berechnen Sie jeweils die steuerrechtliche Unter- und Obergrenze der Herstellungskosten.

b) Was ändert sich an der Lösung zu a), wenn durch Anwendung der kostenrechnerischen Zuschlagssätze in den Fertigungsgemeinkosten 3.000 EUR anteilige kalkulatorische Eigenkapitalzinsen und 110.000 EUR anteilige kalkulatorische Abschreibungen enthalten sind? Nach den Angaben der Buchhaltung betragen die entsprechenden bilanziellen Abschreibungen 92.000 EUR. Die Verwaltungsgemeinkosten enthalten lediglich auf Grund der durch kalkulatorische Kosten erhöhten Bezugsbasis (= Herstellkosten) ebenfalls kalkulatorische Kosten.

Aufgabe 17: Herstellungskosten

Die Herstellungskosten einer fertig gestellten Kartoffelschälmaschine werden von Buchhalter Ärmel der LowTech GmbH folgendermaßen ermittelt:

Materialeinzelkosten (einschl. 19% abziehbarer USt)	66.640 EUR
+ Materialgemeinkosten (25%)	16.660 EUR
+ Fertigungseinzelkosten	40.500 EUR
+ Fertigungsgemeinkosten (350%)	141.750 EUR
= Herstellkosten	265.550 EUR
+ Verwaltungsgemeinkosten (12% der Herstellkosten)	31.866 EUR
+ Vertriebsgemeinkosten (16% der Herstellkosten)	42.488 EUR
= Herstellungskosten in Handels- und Steuerbilanz	339.904 EUR

Die Gemeinkostenzuschlagssätze wurden in der Kostenrechnungsabteilung unter Einbeziehung kalkulatorischer Zusatz- und Anderskosten ermittelt. In einem gesondert erstellten Betriebsabrechnungsbogen auf der Basis von Aufwendungen ergaben sich folgende Zuschlagssätze: Materialgemeinkosten 20%, Fertigungsgemeinkosten 280%, Verwaltungs- und Vertriebsgemeinkosten jeweils 10%. Für die Erstellung der Konstruktionspläne dieser speziellen Schälmaschine musste ein Ingenieur eingeschaltet werden. Der Rechnungsbetrag von EUR 10.000 (ohne USt) wurde als allgemeiner Forschungsaufwand gebucht.

Berechnen Sie die steuerrechtliche Unter- und Obergrenze der Herstellungskosten.

Aufgabe 18: Herstellungskosten/Leerkosten

Variante zu Aufgabe 16: Die dort angegebenen Werte beziehen sich auf eine Kapazitätsauslastung von 40% der Normalauslastung (m.a.W. die tatsächliche Auslastung unterschreitet die Normalauslastung um 60%). Zusätzliche Angaben: Die Materialgemeinkosten sind zu 60% fix, die Fertigungsgemeinkosten zu 50% fix und die Verwaltungsgemeinkosten sind zu 100% fix.

Aufgabe 19: Herstellungskosten

Am 31.12.01 befindet sich am Lager der LowTech GmbH eine größere Menge von fertigen Zahnpasta-Tuben, für die die Abteilung Kostenrechnung folgende Kosten ermittelt hat (EUR):

Materialeinzelkosten	100.000
Kosten des Materiallagers	80.000
Kosten der Einkaufsabteilung	70.000
Akkordlöhne (Fertigung)	250.000
zugehörige gesetzliche Sozialkosten	150.000
kalkulatorische Abschreibungen (übersteigen die bilanziellen Abschreibungen um EUR 20.000,-)	80.000
kalkulatorische Eigenkapitalzinsen	30.000
Gehälter der Außendienstmitarbeiter	200.000
Fremdkapitalzinsen	80.000
Kosten der Innenverpackung (Zahnpasta-Tuben)	20.000
(Außen-) Verpackungskosten	30.000
Kosten des Rechnungswesens	120.000

a) Bestimmen Sie für die gelagerten Fertigprodukte die Wertunter- und Wertobergrenzen der Herstellungskosten in der Steuerbilanz. Beachten Sie dabei, dass die Fremdkapitalzinsen für einen größeren Betriebsmittelkredit zu zahlen sind, der zur Deckung des Kapitalbedarfs des gesamten Geschäftsbereichs „Mundhygiene“ verwendet wird, insbesondere zur Finanzierung der Einkäufe von Roh-, Hilfs- und Betriebsstoffen, der Lohn-, Energie- und Reparaturzahlungen und von kleineren Ersatzinvestitionen. Der oben angegebene, auf die Herstellung der Zahncreme-Tuben entfallende Betrag stellt eine Schätzung dar.
b) Variante: Die oben angegebenen Werte beziehen sich auf einen Auslastungsgrad von 60% (im Verhältnis zur Normalauslastung). Während die Einzelkosten ausschließlich variabel sind, enthalten die Gemeinkosten folgende Fixkostenanteile: Material 50%, Fertigung 80%, Verwaltung 100%, Vertrieb 75%, Kosten der Einkaufsabteilung 50%, Fremdkapitalzinsen 100%. Diese Anteile gelten sowohl für die gesamten Gemeinkosten als auch für die kalkulatorischen Zusatzkosten. Bestimmen Sie auch für diesen Fall die Wertunter- und Wertobergrenzen der Herstellungskosten in der Steuerbilanz.

Aufgabe 20: Herstellungskosten

Am 31.12.01 befindet sich am Lager der LowTech International GmbH eine größere Menge von fertigen sprachgesteuerten Mikrowellen, für die die Abteilung Kostenrechnung folgende Kosten ermittelt hat:

	EUR
Materialeinzelkosten	100.000
anteilige Gemeinkosten des Rohstofflagers	20.000
Akkordlöhne (Fertigung)	150.000
anteilige Materialgemeinkosten (nur Einkauf; Wareneingang)	25.000
anteilige kalkulatorische Abschreibungen der Fertigungsanlagen (übersteigen die bilanziellen Abschreibungen um 20.000 EUR)	80.000
anteilige Gehälter der Meister im Bereich Produktion	15.000
Kosten der Zwischenlagerung im Produktionsprozess	3.000
kalkulatorische Eigenkapitalzinsen	30.000
Kosten des innerbetrieblichen Transports	5.000
Fertigungsgemeinkosten (Betriebsstoffe, Werkzeuge)	20.000
anteilige Gehälter der Außendienstmitarbeiter	70.000
anteilige Aufwendungen in der Grundlagenforschung	35.000
den Erzeugnissen direkt zurechenbare Verwaltungskosten, die nötig waren, um Transport, Entwicklung, Konstruktion und Produktion zu gewährleisten	30.000
auf den Zeitraum der Fertigung entfallende Fremdkapitalzinsen (für einen der Fertigung der Erzeugnisse sachlich zurechenbaren zweckgebundenen Bankkredit)	40.000
anteilige Kosten des Absatzlagers	10.000
Kosten für freiwillige soziale Leistungen einschl. betrieblicher Altersversorgung für Beschäftigte im Produktionsbereich	35.000
Verpackungskosten	30.000
anteilige verbrauchsbedingte Reparaturkosten der Fertigungsmaschinen	15.000
anteilige Kosten der allgemeinen Verwaltung (ohne Kosten der Verwaltung des Produktionsbereichs, die den Fertigungsgemeinkosten zugeordnet werden)	50.000

Bestimmen Sie für die gelagerten Fertigprodukte die Wertunter- und Wertobergrenzen der Herstellungskosten in der Steuerbilanz.

Aufgabe 21: Teilwert

Da die LowTech GmbH für das Jahr 02 einen Boom beim Absatz von Heimstrickmaschinen erwartete, bestellte sie Mitte des Jahres 01 noch 2 vollautomatische Fertigungsanlagen für die Herstellung von Heimstrickmaschinen zum Preis von jeweils 200.000 EUR. Bei Lieferung der Fertigungsanlagen im Dezember 01 war die Heimstrick-Modewelle bereits vorüber, so dass die Kapazität völlig überdimensioniert war und beide Anlagen nicht mehr benötigt wurden. Die immer hervorragende Gewinnsituation der LowTech erfuhr aufgrund der starken Diversifikation des Produktionsprogramms durch diesen Flop keine nennenswerte Beeinträchtigung, die Rentabilität blieb weiterhin über dem Branchendurchschnitt. Ist der Teilwert der beiden gerade gelieferten Fertigungsanlagen unter die Anschaffungskosten gesunken, so dass eine Teilwertabschreibung möglich wird?

Aufgabe 22: Tageswert und Teilwert von Wertpapieren

Zu Beginn des Jahres 01 erwarb die LowTech GmbH 200 Stück Aktien der Papenburger Kammgarnspinnerei AG zum Börsenkurs von 220 EUR pro Aktie mit Nebenkosten von insgesamt 660 EUR. Aufgrund der stark verschlechterten Ertragslage der AG sank der Börsenkurs bis zum Bilanzstichtag 31.12.01 auf 88 EUR pro Aktie. Wie hoch ist der (handelsrechtliche) Tageswert und wie hoch der Teilwert des gesamten Aktienbestandes, wenn die Aktien

a) als Wertpapiere des Anlagevermögens einer dauernden Kapitalanlage dienen sollen,
b) nur zu spekulativen Zwecken mit baldiger Veräußerungsabsicht im Umlaufvermögen gehalten werden sollen?

Aufgabe 23: Bewertungskonzeption beim Anlagevermögen (Handelsrecht und Steuerrecht)

a) Der Einzelunternehmer Klaus Störtebeker erwirbt im Jahre 01 börsennotierte Aktien der Ramschhaus AG, des größten Abnehmers seiner Importartikel, im Börsenwert von 150.000 EUR (ohne Berücksichtigung von Nebenkosten), mit dem die Papiere auch in der Bilanz zum 31.12.01 bewertet wurden. Die Wertpapiere sollen dauernd dem Geschäftsbetrieb dienen. Am Bilanzstichtag 31.12.02 ist der Börsenwert der Aktien auf 80.000 EUR gesunken. Mitte Juni 03, kurz vor Bilanzaufstellung, liegt der Börsenwert bei a) 140.000 EUR,
b) 75.000 EUR.

Mit welchem Wert sind die Aktien in den beiden Fällen jeweils in der Handelsbilanz und in der Steuerbilanz des Einzelunternehmens anzusetzen?

b) Im Jahre 03 ergibt sich aufgrund einer Turn-around-Situation der Ramschhaus AG ein drastischer Kursanstieg des Börsenwerts auf 180.000 EUR am Bilanzstichtag. Welche Konsequenzen hat diese Entwicklung auf die Bewertung der Aktien in Handels- und Steuerbilanz bei der Einzelunternehmung Störtebeker per 31.12.03?

Aufgabe 24: Bewertungskonzeption beim Anlagevermögen für Kapitalgesellschaften (Handelsrecht und Steuerrecht)

Am 2.1.01 erwarb die LowTech GmbH eine Stanzmaschine mit einer voraussichtlichen Nutzungsdauer von 5 Jahren (lineare Abschreibung) zu Anschaffungskosten von 20.000 EUR. Im Jahre 02 gelangt infolge technischen Fortschritts eine gleichartige Maschine auf den Markt, deren Anschaffungskosten nur 10.000 EUR betragen. Am Ende des Folgejahrs erweist sich diese neue Maschine als Fehlkonstruktion und verschwindet wieder vom Markt. Die Anschaffungskosten der vorhandenen Anlage sind gleichzeitig auf 25.000 EUR angestiegen.

Wie ist die Stanzmaschine zum 31.12.02 und zum 31.12.03 in Handels- und Steuerbilanz zu bewerten und wie lauten die nötigen Buchungen, wenn als bilanzpolitisches Ziel ein möglichst niedriger Gewinnausweis angestrebt wird:

Aufgabe 25: Anlaufverluste bei Beteiligungen (Handels- und Steuerbilanz)

Im Jahre 01 gründet die LowTech GmbH in Aurich /Ostfriesland die SlowFood GmbH als 100%ige Tochtergesellschaft (Anschaffungskosten: 2 Mio. EUR). Da von der Slow Food in den beiden ersten Jahre Verluste in Höhe von jeweils 100.000 EUR erwirtschaftet wurden und weitere Verluste in der Zukunft erwartet werden, ist Buchhalter Ärmel fest entschlossen, die Beteiligung zum 31.12.02 in Handels- und Steuerbilanz auf den Erinnerungswert abzuschreiben. Im Jahr 03 wird wider Erwarten jedoch ein ausgeglichenes Ergebnis erzielt und im Jahre 04 macht die SlowFood GmbH einen Gewinn in Höhe von 250.000 EUR, der auch für die folgenden Jahre in gleicher Höhe erwartet wird. Der Kalkulationszinsfuß betrage 10%.

Wie hat Buchhalter Ärmel an den Bilanzstichtagen 31.12.02 und 31.12.04 die Beteiligung in Handels- und Steuerbilanz zu bewerten, wenn die LowTech GmbH ihren Gewinn in Handels- und Steuerbilanz so niedrig wie möglich ausweisen möchte?

Aufgabe 26: Bewertungskonzeption beim Umlaufvermögen (Handelsrecht und Steuerrecht)

Am 15.10.00 kauft die LowTech GmbH aus kurzfristiger Spekulationsabsicht 1000 Stück Aktien der Schnur und Seil AG zum Börsenkurs von 130 EUR pro Stück plus Nebenkosten von insgesamt 1.625 EUR. Der Börsenkurs besteht am Bilanzstichtag 31.12.00 unverändert. Am Bilanzstichtag 31.12.01 beträgt der Tagesbörsenkurs 84 EUR pro Aktie, bis zum Tag der Bilanzaufstellung, am 31.3.02, ist er weiter auf 80 EUR gefallen. Am folgenden Bilanzstichtag

(31.12.02) beträgt der Kurs nach der Jahresend-Rallye 120 EUR, am Bilanzaufstellungstag 31.3.03 sogar 140 EUR pro Aktie.
Wie sind die Aktien zum 31.12.01 und zum 31.12.02 in Handels- und Steuerbilanz zu bewerten und wie lauten die nötigen Buchungen?

Aufgabe 27: Bewertungskonzeption beim Umlaufvermögen (Handelsrecht und Steuerrecht)
Die LowTech GmbH hat am 2.11.01 Rohstoffe zu Anschaffungskosten von 22.000 EUR eingekauft, die am 31.12.01 noch auf Lager liegen. Bis zum Bilanzstichtag sind die Marktpreise auf 20.000 EUR gefallen, bis zur Bilanzaufstellung am 31.3.02 sogar auf 15.000 EUR.
Mit welchem Wert müssen/können die Rohstoffe in Handels- und Steuerbilanz angesetzt werden?

Aufgabe 28: Bewertungskonzeption beim Umlaufvermögen (Handelsrecht und Steuerrecht)
Am Bilanzstichtag befinden sich nicht marktfähige unfertige Erzeugnisse auf Lager (bislang angefallene Herstellungskosten im Sinne der steuerrechtlichen Untergrenze = 460 EUR pro Stück), die noch zu Hörfunkgeräten weiterverarbeitet werden sollen. Für diese Fertigprodukte rechnet die LowTech GmbH mit einem auf Dauer nachweisbar gesunkenen Marktpreis von 640 EUR pro Stück.
Die bis zur Fertigstellung noch anfallenden Produktionskosten (im Sinne der Herstellungskosten-Untergrenze) werden mit 115 EUR veranschlagt, für die noch anfallenden anteiligen Verwaltungskosten 10 EUR. Bis zur Verkaufsreife wird noch mit Kosten für Transportverpackung in Höhe von 10 EUR, Ausgangsfrachten von 10 EUR und sonstigen Vertriebskosten von 15 EUR gerechnet. Die Erlösschmälerungen werden auf 40 EUR geschätzt, der kalkulierte Unternehmergewinn beträgt 30 EUR.
a) Wie sind die unfertigen Erzeugnisse in Handels- und Steuerbilanz zu bewerten, wenn der Gewinn jeweils so niedrig wie möglich ausgewiesen werden soll?
b) Wie müssten sie bewertet werden, wenn die unfertigen Erzeugnisse von Dritten beziehbar wären und der Wiederbeschaffungspreis am Bilanzstichtag 395 EUR betragen würde?

Aufgabe 29: Bewertungskonzeption beim Umlaufvermögen (Handelsrecht und Steuerrecht)
Auch gelagerte fertige Hörfunkgeräte sind am Bilanzstichtag bei der LowTech GmbH zu bewerten. Am 31.12.01 und 31.12.02 sollen folgende Wertekonstellationen gelten. Die Wertminderung am 31.12.01 wird als voraussichtlich dauerhaft eingeschätzt und nachgewiesen. Die Werte zum 31.12.02 und zum 31.3.03, dem Tag der Aufstellung der Bilanz per 31.12.02, seien alle nachweisbar.

(Werte in EUR)	31.12.01	31.12.02	31.3.03	31.3.03
Herstellungskosten (bzw. Buchwert)	780	780	**Fall a)**	**Fall b)**
Verkaufserlös am Bilanzstichtag	840	860	1050	850
Rabatt und Skonto	40	40	40	40
noch anfallende betriebliche Aufwendungen	75	75	75	75
durchschnittlicher Unternehmergewinn	25	25	25	25

Der Gewinn in Handels- und Steuerbilanz soll an beiden Stichtagen so niedrig wie möglich ausgewiesen werden.
Wie sind die Fertigerzeugnisse an den beiden Bilanzstichtagen 31.12.01 und 31.12.02 in Handels- und Steuerbilanz zu bewerten? Geben Sie auch die Buchungssätze zur Ab- und Aufwertung an.

Aufgabe 30: Immaterielle Vermögensgegenstände
Am 14.4.01 erwarb die LowTech GmbH das Standard-Software-Paket „Lohn- und Gehaltsabrechnung“ zum Preis von 3.900 EUR (zuzügl. 19% abziehbarer USt). Betriebsgewöhnliche Nutzungsdauer: 3 Jahre. Am Bilanzstichtag betragen die (fortgeführten) Wiederbeschaffungskosten für die Software 2.500 EUR, im März 02 – kurz vor Aufstellung der Bilanz – nur noch 2.000 EUR.
a) Unter welcher Steuerbilanzposition ist die Software auszuweisen?
b) Welche Höhe hat die Absetzung für Abnutzung?
c) Mit welchem Wert muss/darf die Software zum 31.12.01 in der Steuerbilanz angesetzt werden?

Aufgabe 31: Geschäfts- oder Firmenwert

Erstellen Sie auf der Grundlage der angegebenen Bilanzen die Bilanz des Käufers unmittelbar nach dem Kauf („asset deal"), der auch die Übernahme der Schulden mit einschließt. Ein eventueller Firmenwert soll aktiviert werden. Der Kaufpreis beträgt 1.000 TEUR und soll, soweit wie möglich, aus der Kasse des Käufers bezahlt werden, der Rest wird fremdfinanziert.

Bilanz des Käufers (vor Kauf) (in TEUR)

Gebäude	1.000	Eigenkapital	1.500
Maschinen	600		
Vorräte	400		
Ford. LuL.	700	Verbind-lichkeiten	1.500
Kasse	300		
	3.000		3.000

Bilanz des Verkäufers (vor Kauf) (in TEUR)

Gebäude	500	Eigenkapital	250
Maschinen	300		
Vorräte	100		
Ford. LuL	300	Verbind-lichkeiten	1.000
Kasse	50		
	1.250		1.250

Bilanz des Verkäufers (nach Auflösung stiller Reserven) (in TEUR)

Gebäude	800	Eigenkapital	750
Maschinen	400		
Vorräte	200	Verbind-lichkeiten	1.000
Ford. LuL	300		
Kasse	50		
	1.750		1.750

Bilanz des Käufers (nach Kauf) (in TEUR)

Firmenwert		Eigenkapital	
Gebäude			
Maschinen		Verbind-lichkeiten	
Vorräte			
Ford. LuL.			
Kasse			

Aufgabe 32: Geschäfts- oder Firmenwert

Am 1.3.01 erwarb die LowTech GmbH einen Zulieferbetrieb, die Bolzen-GmbH in Rhauderfehn/Ostfriesland, zum Kaufpreis von 5,0 Mio EUR. Der Buchwert des übernommenen Anlagevermögens betrug 7,0 Mio EUR (Zeitwert zum 1.3.01: 9 Mio EUR), der Buchwert der Gegenstände des Umlaufvermögens 4,0 Mio EUR (Zeitwert: 5,1 Mio EUR). Außerdem wurden Verbindlichkeiten von insgesamt 10 Mio EUR übernommen. Wie hoch ist der Firmenwert und mit welchem Wert ist er in der Steuerbilanz am 31.12.01 anzusetzen, wenn der Steuerbilanzgewinn möglichst niedrig ausgewiesen werden soll?

Aufgabe 33: Gebäude

Das Wohn- und Geschäftshaus des Herrn Pfennigmeier wird in den einzelnen Stockwerken unterschiedlich genutzt. Wie sind die Gebäudeteile dem Betriebs- und dem Privatvermögen zuzuordnen und wie sind die aufgeführten Gegenstände bilanziell zu behandeln?

3. Obergeschoss: vermietete Wohnungen an fremde Privatleute und an Angestellte des Pfennigmeier (250 qm, davon 150 qm an Angestellte)
2. Obergeschoss: Steuerberaterpraxis des Mieters Pfiffig, der Pfennigmeier steuerlich berät (250 qm)
1. Obergeschoss: Kaufhaus; Personenaufzug; wieder entfernbare und weiter nutzbare Zwischenwände; Entlüftung; Heizung (250 qm)
Erdgeschoss: Kaufhaus, das vom Hauseigentümer Pfennigmeier betrieben wird; Schaufensteranlage; Rolltreppe, Personenaufzug und Lastenaufzug in das 1. Obergeschoss; Heizung (250 qm)
Keller: Wohnung des Hauseigentümers Pfennigmeier (100 qm)

Aufgabe 34: Unverzinsliche Forderungen

Buchhalter Ärmel der LowTech GmbH hat Schwierigkeiten bei der bilanziellen Behandlung einer zinslosen Darlehensforderung gegenüber einem anderen Unternehmen. Nennwert des Darlehens: 300.000 EUR, Laufzeit: 5 Jahre, marktüblicher Zinssatz: 10%.

a) Wie ist das Darlehen in Handels- und Steuerbilanz am 31.12.01 und am 31.12.02 zu bewerten? Geben Sie auch alle Buchungssätze an.
b) Wie ändert sich die Beantwortung der Frage a), wenn es sich um ein zinsloses Darlehen an einen Arbeitnehmer der LowTech handelte?
c) Wie ändert sich die Beantwortung der Frage a), wenn die Forderung aus einem Exportgeschäft stammt und ein Zinsbetrag als Entgelt für die Stundung des Kaufpreises enthalten ist? Die Umsatzsteuer soll nicht berücksichtigt werden.

Aufgabe 35: Geometrisch-degressive AfA

Die von der LowTech im Jahre 01 (= 2010) neu angeschaffte Spinnmaschine (Anschaffungskosten: 100.000 EUR, Nutzungsdauer 8 Jahre) soll nach der geometrisch-degressiven AfA abgeschrieben werden. Buchhalter Ärmel ist davon überzeugt, dass ein Abschreibungssatz in Höhe von 30% die jährliche Wertminderung der Maschine am exaktesten abbildet. Daher möchte er diesen Satz in Handels- und Steuerbilanz anwenden. Der Übergang auf die lineare Abschreibung soll in Handels- und Steuerbilanz zum günstigsten Zeitpunkt vorgenommen werden, d. h. wenn der lineare Abschreibungsbetrag den degressiven übersteigt.

Aufgabe 36: Gebäudeabschreibungen in Handels- und Steuerbilanz

Die selbst hergestellte neue Lagerhalle der LowTech GmbH für Lampen ist im April 01 fertiggestellt worden (Herstellungskosten: 150.000 EUR). Die Nutzungsdauer des Gebäudes wird nach vernünftiger kaufmännischer Beurteilung auf 60 Jahre geschätzt, die Abschreibung in der Handelsbilanz demzufolge linear mit 1,667% festgesetzt. Wie ist die Lagerhalle in Handels- und Steuerbilanz zum 31.12.01 zu bewerten?

Aufgabe 37: AfA und Teilwertabschreibung

Eine Knopfloch-Bohrmaschine, die die LowTech im Januar 01 erworben hat, muss (gemäß Maßgeblichkeitsprinzip) am 31.12.02 auf den gesunkenen Teilwert von 2.100 EUR abgeschrieben werden, weil der Hersteller dauerhaft den Preis dieser Maschine gesenkt hat. Die Anschaffungskosten betrugen 5.000 EUR, die Gesamt-Nutzungsdauer 5 Jahre, lineare AfA. Wie hoch sind die AfA-Beträge während der Nutzungsdauer?

Aufgabe 38: Sonderabschreibungen nach § 7g Abs. 5 EStG

Die LowTech GmbH möchte eine Seilaufrollmaschine zu Anschaffungskosten von 24.000 EUR erwerben. Buchhalter Ärmel soll der Geschäftsleitung die bilanziellen Konsequenzen dieser Akquisition darlegen. Die betriebsgewöhnliche Nutzungsdauer der Maschine betrage 8 Jahre, die AfA soll linear sein. Außerdem möchte die Geschäftsleitung, dass eine Sonderabschreibung gemäß § 7g Abs. 5 EStG für kleine und mittlere Betriebe in Höhe von 20% der Anschaffungskosten im ersten Jahr der Nutzungsdauer vorgenommen wird. Alle Voraussetzungen dafür (§ 7g Abs. 6 EStG) seien erfüllt. Ärmel soll außerdem aufzeigen,

a) wie der Abschreibungsplan alternativ aussieht, wenn die Sonderabschreibung auf alle Jahre des Begünstigungszeitraumes gleichmäßig verteilt wird, und
b) welche Konsequenzen sich für die Handelsbilanz ergeben.

Aufgabe 39: Erhöhte Absetzungen bei Gebäuden

Das Verwaltungsgebäude (Baujahr: 1950) der LowTech GmbH, das sich in einem städtebaulichen Sanierungsgebiet in Leer/Ostfriesland befindet, wurde vor genau 10 Jahren für 1,2 Mio. EUR erworben und wird nach § 7 Abs. 4 Nr. 1 EStG abgeschrieben. Die Geschäftsführung hat zu Beginn des aktuellen Jahrs 01 beschlossen, umfangreiche Modernisierungs- und Instandsetzungsmaßnahmen für dieses Gebäude zu ergreifen, die noch in demselben Jahr abgeschlossen werden. Da es sich um eine wesentliche Verbesserung des Gebäudes handelt, ist ein sofortiger Betriebsausgabenabzug nicht möglich. Die (nachträglichen) Herstellungskosten dieser Maßnahmen betragen 200.000 EUR. Die steuerlichen Vergünstigungen des § 7h EStG sollen in Anspruch genommen werden, die Voraussetzungen dafür seien erfüllt. Zuschüsse aus Sanierungsförderungsmitteln erhält die LowTech GmbH nicht. Der Gewinn in Handels- und Steuerbilanz soll jeweils so niedrig wie möglich ausgewiesen werden.
Wie entwickelt sich der Buchwert des Gebäudes in der Steuerbilanz in den kommenden 13 Jahren und wie in der Handelsbilanz (geschätzte Nutzungsdauer: 60 Jahre, lineare Abschreibung)?

Aufgabe 40: Investitionsabzug

Die LowTech GmbH plant die Anschaffung einer Fertigungsanlage, deren Anschaffungskosten voraussichtlich 250.000 EUR zuzüglich 19% USt betragen werden, für Januar 04. Die Anlage soll linear über die betriebsgewöhnliche Nutzungsdauer von 10 Jahren abgeschrieben werden, und zusätzlich ist die Sonderabschreibung gemäß § 7g Abs. 5 EStG in Anspruch zu nehmen. Die in § 7g Abs. 1 S. 2 EStG genannten Voraussetzungen seien erfüllt. Der Steuerbilanzgewinn vor Berücksichtigung der Angaben in dieser Aufgabe betrage in allen Jahren 400.000 EUR.

a) Kann die geplante Anschaffung der Anlage bereits im Jahr 01 berücksichtigt werden? Welche Maßnahmen sind dazu nötig? Es werde ein möglichst niedriger steuerpflichtiger gewerblicher Gewinn (Einkommen) angestrebt.

b) Welche Buchungen und außerbilanziellen Maßnahmen sind im Jahre 04 vorzunehmen, wenn die Anschaffung der Anlage am 31.1.04 erfolgt, die Anschaffungskosten jedoch 300.000 EUR zuzüglich 19% USt betragen?

c) Variante: Welche Folgen ergeben sich, wenn aus vorrangigen betrieblichen Gründen am 31.1.04 die Anschaffung eines neuen LKW (betriebsgewöhnliche Nutzungsdauer: 8 Jahre) für 200.000 EUR zuzüglich 19% USt erfolgt und aus finanziellen Gründen die geplante Anschaffung der Fertigungsanlage auf das Jahr 05 verschoben werden muss?

Aufgabe 41: Leasing

Die LowTech GmbH schließt als Leasing-Nehmer mit der Deutschen Produktionsanlagen-Leasing GmbH einen Finanzierungs-Leasing-Vollamortisationsvertrag mit einer Kaufoption ab. Das Leasing-Objekt ist eine CNC-Fräsmaschine. Als Grundmietzeit werden 4 Jahre vereinbart, als jährliche Leasing-Raten 120.000 EUR (fällig jeweils am Jahresende), außerdem eine einmalige Zahlung bei Abschluss des Vertrages von 12.000 EUR. Die Anschaffungskosten des Leasing-Objekts, die vom Leasing-Geber der Berechnung der Leasingraten zugrunde gelegt wurden, betragen 320.000 EUR. Die CNC-Fräsmaschine, die eine betriebsgewöhnliche Nutzungsdauer von 8 Jahren besitzt und linear abgeschrieben wird, wurde am 2.1.01 geliefert und in Betrieb genommen. Die Kaufoption beinhaltet einen festen Kaufpreis am Ende der Grundmietzeit in Höhe von a) 160.000 EUR und b) 32.000 EUR.

Wie ist der Leasingvertrag bei Leasing-Nehmer und Leasing-Geber in den Fällen a) und b) zu behandeln? Geben Sie sämtliche Buchungssätze an. Auf eine Berücksichtigung der Umsatzsteuer ist zu verzichten.

Aufgabe 42: Fremdwährungsforderungen

Die LowTech GmbH exportiert am 15.10.01 einen Posten Nähmaschinen an die Firma Elvi´s in San Francisco/ Kalifornien. Der Rechnungsbetrag lautet auf 250.000 US-$, das Zahlungsziel beträgt 9 Monate. Der Mittelkurs entwickelte sich wie folgt:

15.10.01: 1 EUR = 0,625 $
31.12.01: 1 EUR = 0,80 $
31.12.02: 1 EUR = 0,50 $.

Wie lautet die Buchung per 15.10.01? Wie ist die Forderung L.u.L. am 31.12.01 und am 31.12.02 zu bewerten? Welche Buchungen sind durchzuführen?

Aufgabe 43: Festwert

Für die technisch aufeinander abgestimmten und genormten Gerüst- und Schalungsteile seines Anlagevermögens hat ein Bauunternehmer zum 31.12.01 einen zulässigen Festwert in Höhe von 100.000 EUR gebildet. Die Inventur ergab zum 31.12.04 folgendes Ergebnis (alternativ):

		a) 120.000 EUR
		b) 92.000 EUR.
Die Zugänge betrugen:	in 02	EUR 10.000 zzgl. USt
	in 03	EUR 6.000 zzgl. USt
	in 04	EUR 12.000 zzgl. USt
	in 05	EUR 15.000 zzgl. USt.

Gebucht wurde jeweils: Abschreibungen und Vorsteuer an Bank.

Im Jahre 03 wurden Gerüst- und Schalungsteile für 4.000 EUR zzgl. USt veräußert. Gebucht wurde:

Bank	4.760 EUR
an Sonstige betriebliche Erträge	4.000 EUR
an Umsatzsteuer	760 EUR.

Sind die Buchungen zutreffend? Welcher Betrag ist zum 31.12.04 als Festwert anzusetzen?

Aufgabe 44: Vorratsbewertungsverfahren

Die Lagerbewegungen bei einem Rohstoff ergaben folgendes Bild:

Anfangsbestand 1.1.	15 t	à 400 EUR/t
Zugang 20.1.	25 t	à 420 EUR/t
Abgang 20.3.	10 t	
Zugang 20.6.	20 t	à 380 EUR/t
Abgang 20.7.	40 t	
Zugang 20.9.	15 t	à 430 EUR/t
Abgang 20.11.	5 t	

Der Marktpreis am Bilanzstichtag beträgt 410 EUR/t.
Berechnen Sie die Werte des Endbestandes und des Verbrauchs nach allen Varianten der Durchschnittspreis-, der fifo- und der lifo-Methode.

Aufgabe 45: Disagio

Die LowTech GmbH nimmt zu Beginn des Jahres 01 bei der Ostfriesischen Bank AG ein langfristiges Darlehen in Höhe von 500.000 EUR auf. Der laufende Zinssatz beträgt 8%, als Disagio werden 8,8% vereinbart, die Laufzeit ist 10 Jahre. Die LowTech möchte ihren Gewinn sowohl handels- als auch steuerrechtlich so niedrig wie möglich ausweisen. Alternativ handele es sich bei diesem Darlehen
a) um ein Fälligkeitsdarlehen (Tilgung in einem Betrag am Ende der Laufzeit),
b) um ein (Raten-)Tilgungsdarlehen (Tilgung in gleichen Jahresraten jeweils am Jahresende).
Beachten Sie steuerrechtlich die Empfehlungen des BFH und geben Sie für die Jahre 01 und 02 alle Buchungssätze an.

Aufgabe 46: Steuerfreie Rücklage gem. § 6b EStG

Die LowTech GmbH veräußerte am 24.1.02 ein altes Bürogebäude, das seit mehr als 6 Jahren ununterbrochen betrieblich genutzt wurde, zum Preis von 200.000 EUR. Der Restbuchwert betrug zu diesem Zeitpunkt 50.000 EUR. Eine neues Bürogebäude (Anschaffungskosten: 750.000 EUR; lineare Absetzung für Abnutzung gemäß § 7 Abs. 4 Nr. 1 EStG; der zugehörige Grund und Boden soll hier außer Acht gelassen werden) wurde erworben
a) am 8. 8.02
b) am 12. 3.01
c) am 15.10.03.

Wie wird die Buchhalter Ärmel steuerrechtlich bilanzieren, wenn die GmbH einen möglichst niedrigen Steuerbilanzgewinn anstrebt? Alle steuerrechtlichen Voraussetzungen gemäß § 6b Abs. 4 EStG für die Übertragung der stillen Reserven seien erfüllt. Geben Sie die Buchungssätze und die erste AfA für das neue Bürogebäude an. Die Umsatzsteuer soll der Übersichtlichkeit halber außer Acht bleiben.

Aufgabe 47: Rückstellungen für Patentrechtsverletzung

Die LowTech GmbH hat Ende des Jahres 01 ein neues Produkt auf den Markt gebracht. Da es eine Vielzahl von Mitanbietern auf dem Markt gibt, die ähnliche Produkte anbieten, muss die GmbH damit rechnen, dass sie mit ihrer Produktinnovation bestehende Patente verletzt und ggf. Schadensersatz leisten muss. Konkretere Erkenntnisse gibt es noch nicht. Buchhalter Ärmels Erfahrungen aus der Vergangenheit lassen ihn mit Zahlungen i. H. v. ca. 200.000 EUR rechnen. Die LowTech GmbH möchte den Gewinn in Handels- und Steuerbilanz so niedrig wie möglich ausweisen. Geben Sie im Falle einer vorzunehmenden Buchung den Buchungssatz an.

Aufgabe 48: Rückstellungen für Prozesskosten

Die LowTech GmbH führt seit mehreren Monaten des Jahres 01 einen Prozess gegen einen Kunden, der öffentlich erklärte, die Produkte der LowTech seien funktionsuntüchtig und sicherheitsgefährdend. Die Prozesskosten sind bisher mit 40.000 EUR zu veranschlagen, sollte der

Prozess im Folgejahr in die nächste Instanz gehen, würden sie sich auf 60.000 EUR erhöhen. Die LowTech geht davon aus, dass für sie keinerlei Risiko besteht und der Kunde auf jeden Fall die Kosten tragen muss.
Wie ist in Handels- und Steuerbilanz in 01, 02 und 03 zu bilanzieren? Geben Sie alle Buchungssätze an für die Fälle, dass
a) die GmbH den Prozess im Folgejahr 02 gewinnt und keine Berufung eingelegt wird,
b) die GmbH den Prozess im Folgejahr 02 verliert, sofort in Revision geht und den Prozess im Jahr 03 endgültig verliert. Die tatsächlichen Prozesskosten in 03 überschreiten die veranschlagten um 10.000 EUR.

Aufgabe 49: Garantie-Rückstellungen

Die LowTech GmbH sichert ihren Kunden vertraglich 3 Jahre Garantie bzgl. des Durchrostens ihrer Produkte zu. Im gerade abgelaufenen Jahr 03 betrug der Umsatz EUR 5 Mio, für 0,8 Mio EUR davon bestehen Rückgriffsrechte gegenüber Lieferanten bzw. Subunternehmen. Erfahrungsgemäß entstehen Garantieleistungskosten (Selbstkosten ohne kalkulatorische Kosten) in Höhe von 8% des Umsatzes. Zu den Umsätzen des gerade abgelaufenen Jahres wurden in 03 bereits Garantieleistungen im Werte von 81.000 EUR erbracht. Die Umsätze der Jahre 01 und 02 beliefen sich auf 4 Mio EUR und 4,4 Mio EUR, es bestanden Rückgriffsrechte von jeweils EUR 0,6 Mio.
Die tatsächlich erbrachten Garantieleistungen betrugen:

- für Umsätze in 01: jeweils 70.000 EUR in 01, 02 und 03,
- für Umsätze in 02: EUR 64.000 in 02, EUR 90.000 in 03.

Der Stand der Garantierückstellung zum 1.1.01 sei 0,- EUR. Aus Vereinfachungsgründen soll von der steuerrechtlichen Abzinsungspflicht gemäß § 6 Abs. 1 Nr. 3a Buchst. e) EStG abgesehen werden, so dass die Lösung für Handels- und Steuerrecht identisch ist. Wie hoch sind die Garantie-Rückstellungen per 31.12.03 und wie lauten die Buchungen der Bildung und Auflösung von Pauschalrückstellungen in den Jahren 01 bis 03, wenn die tatsächlichen Garantieaufwendungen
a) jeweils rückstellungsmindernd,
b) auf einem besonderen Konto erfolgsmindernd verbucht werden? Es ist davon auszugehen, dass die Garantieleistungs-Inanspruchnahmen sich gleichmäßig auf die 3 Garantiejahre verteilen. Da sich die Umsätze jeweils über das ganze Jahr verteilen, soll dabei angenommen werden, dass im Umsatzjahr nur die Hälfte der Inanspruchnahmen stattfinden, die Rückstellung also zu einem Sechstel aufzulösen ist. Das übrige Sechstel wird im vierten Jahr aufgelöst. Schema: 1/6, 1/3, 1/3, 1/6.

Aufgabe 50: Rückstellungen für Wechselobligo

Die LowTech GmbH hat bis zum 31.12.03 insgesamt Kundenwechsel im Werte von 220.000 EUR weitergegeben. Erfahrungsgemäß wird die GmbH in Höhe von 4% dieser Summe in Regress genommen. Am Tag der Bilanzaufstellung (31.3.04) sind Wechsel im Umfang von 6.600 EUR noch nicht eingelöst worden. In welcher Höhe ist eine Pauschalrückstellung für Wechselobligo zu bilden?

Aufgabe 51: Urlaubsrückstellungen

Die Urlaubsrückstellungen der LowTech GmbH zum 31.12.01 sind noch nicht gebildet worden. Berechnen Sie die Urlaubsrückstellung in Handels- und Steuerbilanz für einen Angestellten unter Berücksichtigung folgender Angaben:

Monatsgehalt (brutto)	5.000 EUR
Arbeitgeberanteil zur Sozialversicherung (insges.)	20%
rückständige Urlaubstage	10 Tage
Arbeitstage pro Monat	21 Tage
erwartete Lohnerhöhung nach dem Bilanzstichtag	4%
Urlaubsgeld (wird im Juli generell in voller Höhe ausbezahlt)	1.000 EUR
Einmalzahlung pro Jahr (13. Monatsgehalt)	5.000 EUR
Sonstige feste Einmalzahlung pro Jahr	3.000 EUR
Zuführung zu den Pensionsrückstellungen pro Jahr	9.500 EUR
Anteilige Personalverwaltungsgemeinkosten pro Jahr	400 EUR
Brutto-Arbeitstage pro Jahr	250 Tage
Ausfalltage (Krankheit, Urlaub etc.) pro Jahr	50 Tage.

Aufgabe 52: Rückstellung für unterlassene Instandhaltung und Abraumbeseitigung

Im Dezember 01 wurden von der LowTech GmbH Schäden am Dach der Lagerhalle festgestellt. Der vom Dachdeckermeister eingeholte Kostenvoranschlag beläuft sich auf 15.000 EUR zuzügl. abziehbare USt. Aufgrund der ungünstigen Witterung und der bereits vorliegenden anderen Aufträge können die Handwerker mit den Reparaturarbeiten erst Ende März 02 beginnen. Mit der Fertigstellung ist Ende April zu rechnen. Da das Dachdeckerunternehmen gleichzeitig einen LKW-Containerdienst betreibt, wird der Abtransport mehrerer Ladungen Bauschutts eines abgerissenen Gebäudes, in dem früher die Dampferzeugung untergebracht war, ebenfalls ins nächste Jahr verschoben und erst im April 02 erledigt. Die Transport- und Aufladungskosten werden 5.000 EUR betragen. Wie hat Buchhalter Ärmel, der die Bilanz per 31.12.01 bis zum 31.3.01 aufgestellt haben muss, den Vorgang handels- und steuerrechtlich zu berücksichtigen, wenn der Gewinnausweis möglichst niedrig erfolgen soll? Geben Sie auch die Buchungssätze an.

Aufgabe 53: Abzinsung von Verbindlichkeiten

Am 1.1.01 erwirbt die LowTech GmbH eine Verpackungsmaschine, deren Bezahlung in 2 jährlichen Raten von jeweils 24.000 EUR (am 31.12.01 und am 31.12.02) erfolgt. Der Marktzinssatz für Kredite mit einer Laufzeit von 2 Jahren beträgt 10%. Es ist davon auszugehen, dass beide Parteien ein zusätzliches Kreditgeschäft gewollt haben und im Rechnungsbetrag ein Zinsanteil enthalten ist, da die Summe der Raten den üblichen Barpreis überschreitet. Wie hoch sind die Anschaffungskosten der Maschine? Wie ist die Verbindlichkeit an den Bilanzstichtagen 31.12.01 und 31.12.02 in Handels- und Steuerbilanz zu bewerten? Verwenden Sie dazu die Nettomethode. Geben Sie auch alle Buchungssätze an. Die Umsatzsteuer ist zu vernachlässigen.

Aufgabe 54: Fremdwährungsverbindlichkeiten

Am 1.7.01 nimmt die LowTech GmbH einen Dollarkredit bei der Chase Manhattan Bank, New York, auf: Höhe 500.000 US-$, Laufzeit 8 Jahre, 96% Auszahlung, Tilgung am Ende der Laufzeit, jeweils am 31.12. zu zahlender laufender Zins 5%. Der Wechselkurs (Mittelkurs) am 1.7.01 beträgt 1 EUR = 0,6666 $.

a) Am folgenden Bilanzstichtag (31.12.01) sinkt der Wechselkurs (Mittelkurs) (begründbar) voraussichtlich dauerhaft auf 1 EUR = 0,50 $. Am nächsten Bilanzstichtag (31.12.02) beträgt er (begründbar) voraussichtlich dauerhaft 1 EUR = 0,625 $. Wie ist die Kreditaufnahme zu buchen? Wie ist die Fremdwährungsverbindlichkeit an den beiden Bilanzstichtagen in Handels- und Steuerbilanz zu bewerten? Dabei ist davon auszugehen, dass sowohl der handels- als auch der steuerrechtliche Jahresüberschuss so niedrig wie möglich ausgewiesen werden soll. Geben Sie alle Buchungssätze an.

b) Was ändert sich an der Beantwortung von Frage a), wenn die beiden Stichtagswechselkurse als voraussichtlich vorübergehend eingeschätzt werden?

Aufgabe 55: ABC-OHG

Die ABC-OHG hat drei Gesellschafter A, B und C. Der Gesellschaftsvertrag sieht vor, dass 50% des Gewinns nach Köpfen und die übrigen 50% des Gewinns nach der Höhe des Kapitalanteils zum 1.1. des gerade abgelaufenen Geschäftsjahrs. Der Gesamtgewinn des Geschäftsjahres 01 beträgt 420.000 EUR. Ermitteln Sie die Gewinnanteile der drei Gesellschafter, wenn zum 1.1.01 die Kapitalanteile folgende Werte aufwiesen (variable Kapitalkonten):

Gesellschafter	Kapitalanteil zum 1.1.01 (EUR)	Pro-Kopf-Anteil am Gewinn des Gj. 01 (EUR)	Zinsanteil am Gewinn des Gj. 01 (EUR)	Summe (EUR)
A	300.000			
B	750.000			
C	350.000			
Summe				

Verbuchen Sie die Gewinnanteile der Gesellschafter unter Verwendung eines Gewinnverteilungskontos und schließen Sie die Kapitalkonten der Gesellschafter auf das Schlussbilanzkonto der OHG ab. Berücksichtigen noch folgende Angaben:

gesamte Aufwendungen: 2.580.000 EUR
gesamte Umsatzerlöse: 3.000.000 EUR
Entnahme des A: 100.000 EUR
Entnahme des B: 232.500 EUR.

Aufgabe 56: Müller KG

Bei der Müller KG ist Herr Müller mit einer Kapitaleinlage von 90.000 EUR Komplementär und Herr Schulze mit einer Pflichteinlage (= Hafteinlage) i. H. v. 20.000 EUR, von der er jedoch bisher nur 15.000 EUR eingezahlt hat, Kommanditist. Die Beträge beziehen sich auf den 1.1.01. Der Gesamtgewinn des Geschäftsjahrs 01 beträgt 50.000 EUR, von dem laut Gesellschaftsvertrag 40.000 EUR auf Herrn Müller und 10.000 EUR auf Herrn Schulz entfallen. Die gesamten Aufwendungen des Geschäftsjahres belaufen sich auf 150.000 EUR, die gesamten Erträge betragen 200.000 EUR. Der Komplementär entnimmt im Jahr 01 sofort 30.000 EUR.
Verbuchen Sie die Gewinnanteile ohne Verwendung eines Gewinnverteilungskontos und zeigen Sie, wie die Kapitalanteile in der Eröffnungsbilanz und in der Schlussbilanz des Geschäftsjahrs 01 ausgewiesen werden können.

Aufgabe 57: Kaspar Melchior Balthasar KG

Die Kaspar Melchior Balthasar (KMB) KG besteht aus 3 Gesellschaftern: Kaspar ist als Komplementär mit 210.000 EUR beteiligt; mit den beiden Kommanditisten Melchior und Balthasar wurden Pflichtanteile i. H. v. 60.000 bzw. 40.000 EUR im Gesellschaftsvertrag vereinbart. Melchior hat seine bedungene Einlage voll geleistet, jedoch besteht für ihn noch eine Verlustaufholungspflicht von 2.000 EUR, die auf seinem Verlustanteilskonto ausgewiesen ist.Balthasar hat seine Pflichteinlage von 40.000 EUR noch nicht voll geleistet; 8.000 EUR davon stehen noch aus, jedoch wurde vertraglich festgelegt, dass zur Auffüllung seiner bedungenen Einlage jeweils die Hälfte seines Gewinnanteils verwendet wird und die andere Hälfte ausbezahlt werden kann.
Der Jahresgewinn von 60.000 EUR ist gemäß den vertraglichen Vereinbarungen folgendermaßen zu verteilen: Kaspar erhält für seine Geschäftsführertätigkeit einen Vorabgewinn von 20.000 EUR, anschließend sind die am Jahresanfang ausgewiesenen Kapitalanteile mit 5% zu verzinsen, und der verbleibende Restgewinn ist im Verhältnis 70:20:10 aufzuteilen.
Buchen Sie die Gewinnverteilung. Beim Abschluss der Kapitalkonten ist eine Entnahme von Kaspar i. H. v. 28.000 EUR zu berücksichtigen.

Aufgabe 58: Ausscheiden eines Gesellschafters

Eine OHG, die den Handel von Baustoffen betreibt, hat drei Gesellschafter A, B und C, die jeweils zu einem Drittel an den stillen Reserven und am Gewinn beteiligt sind.

Bilanz der OHG zum 31.12.05 (EUR)

Grund u. Boden	30.000	Kapital A	31.000
Gebäude	90.000	Kapital B	29.000
Sonstiges AV	18.000	Kapital C	30.000
Waren	12.000	Verbindlichkeiten	150.000
Sonstiges UV	90.000		
	240.000		240.000

Angaben zur Bilanz der OHG per 31.12.05:
1) Es besteht ein nicht ausgewiesener originärer Firmenwert in Höhe von 15.000 EUR.
2) Die stillen Reserven betragen zum 31.12.05:

Grund und Boden	18.000 EUR
Gebäude	12.000 EUR
Sonstiges Anlagevermögen	9.000 EUR
Warenbestand	3.000 EUR
Geringwertige Wirtschaftsgüter	3.000 EUR

Die Anschaffungskosten sämtlicher geringwertiger Wirtschaftsgüter haben bis zu 150 EUR betragen.
3) Das Gebäude wurde am 2.1.01 fertiggestellt, die Herstellungskosten betrugen 100.000 EUR. Da es teilweise Wohnzwecken dient, wurde es linear mit 2% abgeschrieben (§ 7 Abs.4 EStG).

4) Die historischen Anschaffungskosten der Betriebs- und Geschäftsausstattung ("Sonstiges Anlagevermögen") betragen 30.000 EUR, die betriebsgewöhnliche Nutzungsdauer beträgt 5 Jahre, die Abschreibung erfolgt linear.

a) Zum 1.1.06 scheidet Gesellschafter C aus und erhält von den verbleibenden Gesellschaftern eine Barabfindung von 50.000 EUR aus der Gesellschaftskasse. Stellen Sie die Abschichtungsbilanz zum 31.12.05, die Bilanz der OHG nach Ausscheiden des Gesellschafters C per 1.1.06 und die Bilanz der OHG zum 31.12.06 auf. Generell soll eine Einheitsbilanz (Handelsbilanz = Steuerbilanz) erstellt werden.
Berücksichtigen Sie dabei, dass die Waren, die die stillen Reserven enthalten, im Jahre 06 vollständig veräußert werden. Die Umsatzerlöse des Jahres 06 betragen 23.346 EUR. Entnahmen oder Einlagen der Gesellschafter haben in 06 nicht stattgefunden.
b) Was ändert sich an der Lösung zu a), wenn die Abfindung 40.000 EUR beträgt?
c) Was ändert sich an der Lösung zu a), wenn C ein lästiger Gesellschafter ist und eine Abfindung in Höhe von 60.000 EUR erhält?

Aufgabe 59: Alpha & Beta OHG

Die beiden Gesellschafter der Alpha & Beta OHG haben jeweils eine Einlage von 300.000 EUR geleistet. Die Gewinnverteilung efolgt entsprechend 50:50. Herr Alpha erhält außerdem eine jährliche Vergütung für seine Geschäftsführertätigkeit von 100.000 EUR (abzugsfähige Fahrtkosten von der Wohnung zum Betrieb = 2.000 EUR) und Miete von 50.000 EUR p. a. für ein von ihm an die OHG vermietetes Gebäude (AfA = 10.000 EUR, sonstige jährliche Gebäudeaufwendungen = 8.000 EUR).
Die Sondervergütungen werden im handelsrechtlichen Jahresabschluss als Aufwand behandelt, der Jahresüberschuss beträgt 350.000 EUR. Ermitteln Sie den steuerlichen Gewinn der OHG und die den beiden Gesellschaftern zuzurechnenden Einkünfte aus Gewerbebetrieb.

Aufgabe 60: Olga Qualle e.K.

Anhand der Hauptabschlussübersicht ist für das Jahr 01 ein vorläufiger Gewinn des Einzelunternehmens Olga Qualle, Textilien, Fürth, von 200.000 EUR ermittelt worden. Die Gewerbesteuer-Vorauszahlungen sind in Höhe von 8.000 EUR gewinnmindernd berücksichtigt. Die im Jahr 01 gezahlten Zinsen für Bankkredite betrugen 116.080 EUR. Das Betriebsgrundstück hat einen Einheitswert von 41.000 EUR. Der Hebesatz für die Gewerbesteuer beträgt in der Gemeinde Fürth 300%. Berechnen Sie die Höhe der Gewerbesteuer-Rückstellung und den endgültigen steuerlichen Gewinn aus Gewerbebetrieb.

Aufgabe 61: Plisch & Plum OHG

An der Plisch & Plum OHG sind die beiden Gesellschafter Plisch und Plum zu jeweils 50% beteiligt (Pflichteinlagen bzw. Kapitalkonto I). Der Schlüssel zur Aufteilung des Gewinns, des Verlustes sowie des Liquidationserlöses (einschl. der stillen Reserven) beträgt laut Gesellschaftsvertrag ebenfalls 50:50. Gesellschafter Plisch ist Geschäftsführer der OHG.

Weitere Angaben (alle Beträge in EUR):

(1) Der Handelsbilanz-Jahresüberschuss 01 beträgt 980.000. Dabei sind alle betrieblichen Steuern bereits als Aufwand gebucht mit Ausnahme der Gewerbesteuer.
(2) Im Jahre 01 erhielt die Gesellschaft eine steuerfreie Investitionszulage (Banküberweisung) in Höhe von 50.000, die handelsrechtlich als sonstiger betrieblicher Ertrag gebucht wurde.
(3) Das Betriebsgebäude (historische Anschaffungskosten = 6.000.000) wird handelsrechtlich über eine Nutzungsdauer von 40 Jahren linear abgeschrieben; der Betrag für 01 in Höhe von 150.000 ist bereits gebucht worden. Das Gebäude dient nicht Wohnzwecken. Der Bauantrag ist nach dem 31.3.1985 gestellt worden.
(4) Ein Bankdarlehen (Fälligkeitsdarlehen) wurde am 2.1.01 in Höhe von 1.000.000 aufgenommen (Laufzeit: 10 Jahre); das Disagio betrug 5% und wurde handelsrechtlich voll als sofortiger Aufwand gebucht.
(5) Handelsrechtlich wurde eine Rückstellung für drohende Verluste aus schwebenden Geschäften in Höhe von 55.000 gebildet.
(6) Eine Tätigkeitsvergütung an den Gesellschafter-Geschäftsführer Plisch in der angemessenen Höhe von 100.000 wurde als Gehaltsaufwand gebucht.
(7) Entgelte für Schulden: 426.600.

(8) Einheitswert der Betriebsgrundstücke = 500.000.
(9) Hebesatz der Gemeinde: 400%.
(10) Gewerbesteuer-Vorauszahlungen wurden nicht geleistet.

a) Leiten Sie aus den obigen Angaben das Steuerbilanzergebnis ab. Handels- und steuerrechtliche Wahlrechte sollen immer so ausgeübt werden, dass der Jahresüberschuss möglichst gering ausgewiesen wird. Geben Sie jeweils die wichtigsten anzuwendenden handels- und steuerrechtlichen Vorschriften an. Latente Steuern sollen dabei unberücksichtigt bleiben.
b) Berechnen Sie die (Zuführung zu der) Gewerbesteuer-Rückstellung für 01.
c) Ermitteln Sie in einer Nebenrechnung die handels- und steuerrechtlichen Gewinnanteile nach Gewerbesteuer für die beiden Gesellschafter.
d) Gehen Sie von einem relevanten Einkommensteuersatz der beiden Gesellschafter in Höhe von 40% aus und ermitteln Sie deren Einkommensteuerschuld, soweit sie sich aus den vorstehenden Sachverhalten ergibt
Fall I: bei Vollausschüttung,
Fall II: bei Maximalthesaurierung.
Dabei sollen außer den Werbungskosten- bzw. Sparer-Pauschbeträgen keine einkommensteuerrechtlichen Besonderheiten berücksichtigt werden.
e) Berechnen Sie für Zwecke des Rechtsformenbelastungsvergleichs die gesamte Steuerbelastung, die auf die beiden Gesellschafter entfällt, wenn die Gewerbesteuer nach den Gesellschaftsanteilen aufgeteilt wird.

Aufgabe 62: VOX-GmbH

Die VOX-GmbH weist für das Geschäftsjahr (= Kalenderjahr) 01 einen vorläufigen Steuerbilanzgewinn in Höhe von 500.000 EUR aus. Dieser ist bereits um die KSt-Vorauszahlungen für 01, die als Steueraufwand gebucht wurden, um 20.000 EUR gemindert worden. Gleiches gilt für die Vorauszahlung auf den Solidaritätszuschlag in Höhe von 1.100 EUR. Noch nicht berücksichtigt wurde ein Beteiligungsertrag in Höhe von 20.000 EUR (= Bankgutschrift). Dieser resultiert aus der Dividendenausschüttung der SUPERVOX AG, an der die VOX-GmbH einen Anteil von 10% hält. Wegen Verletzung von Kartellvorschriften wurde die VOX-GmbH von einem Gericht zu einer Geldstrafe von 50.000 EUR verurteilt, die bereits als Aufwand gebucht wurde. Ermitteln und buchen Sie die Höhe der jeweiligen Zuführung zur KSt- und zur SolZ-Rückstellung. Berechnen Sie außerdem den endgültigen Steuerbilanzgewinn nach Körperschaftsteuer.

Aufgabe 63: LowTech GmbH

Die LowTech GmbH ermittelt für das abgelaufene Geschäftsjahr ein körperschaftsteuerpflichtiges Einkommen in Höhe von 420.000 EUR. Die Gewinn- und Verlustrechnung zeigt Zinsaufwendungen in Höhe von 200.000 EUR sowie Aufwendungen für eine Produktionslizenz von 80.000 EUR. Außerdem wurden im Geschäftsjahr Leasingraten für Hardware und betriebliche PKW in Höhe von 125.000 EUR gezahlt und Mieten für das Bürogebäude von 30.000 EUR. Die Fabrikhalle gehört jedoch der LowTech GmbH. Zuletzt wurde für dieses bebaute Grundstück ein Einheitswert von 200.000 EUR festgestellt. Schließlich ist die GmbH an der Lonely-KG als Kommanditistin beteiligt und erhielt einen Gewinnanteil von 66.000 EUR zugewiesen. Ermitteln Sie die Gewerbesteuerschuld für die LowTech GmbH (Hebesatz = 400%).

Aufgabe 64: Zug AG

Wie hoch ist die jährliche prozentuale Belastung einer von der Zug AG emittierten Industrieobligation (Volumen: 10 Mio. EUR) mit Gewerbeertragsteuer, wenn der Zinssatz 9% und der Hebesatz der Gemeinde 400% beträgt?

Aufgabe 65: Plisch & Plum GmbH

An der Plisch & Plum GmbH sind die beiden Gesellschafter Plisch und Plum zu jeweils 50% beteiligt. Plisch ist Geschäftsführer der GmbH. Der gesamte Handelsbilanzgewinn nach Ertragsteuern soll im Verhältnis ihrer Beteiligung an die Gesellschafter ausgeschüttet werden.

Weitere Angaben (alle Beträge in EUR):
(1) Der Handelsbilanz-Jahresüberschuss 01 beträgt 874.500. Dabei sind die Steuervorauszahlungen bereits als Aufwand gebucht.
(2) Im Jahre 01 erhielt die Gesellschaft eine steuerfreie Investitionszulage (Banküberweisung) in Höhe von 50.000, die handelsrechtlich als sonstiger betrieblicher Ertrag gebucht wurde.
(3) Das Betriebsgebäude (histor. Anschaffungskosten = 6.000) wird handelsrechtlich über eine Nutzungsdauer von 40 Jahren linear abgeschrieben; der Betrag für 01 in Höhe von 150 ist bereits gebucht worden. Das Gebäude dient nicht Wohnzwecken. Der Bauantrag ist nach dem 31.3.1985 gestellt worden.
(4) Ein Bankdarlehen (Fälligkeitsdarlehen) wurde am 2.1.01 aufgenommen in Höhe von 1.000 (Laufzeit: 10 Jahre); das Disagio betrug 5% und wurde handelsrechtlich voll als sofortiger Aufwand gebucht.
(5) Handelsrechtlich wurde eine Rückstellung für drohende Verluste aus schwebenden Geschäften in Höhe von 55.000 gebildet.
(6) Eine Tätigkeitsvergütung an den Gesellschafter-Geschäftsführer Plisch in der angemessenen Höhe von 100.000 wurde als Gehaltsaufwand gebucht.
(7) Entgelte für Schulden: 426.600.
(8) Einheitswert der Betriebsgrundstücke = 500.000.
(9) Hebesatz der Gemeinde: 400%
(10) Gewerbesteuer-Vorauszahlungen wurden nicht geleistet.
(11) Die bereits handelsrechtlich als Aufwand gebuchten Körperschaftsteuer-Vorauszahlungen betrugen 100.000.

a) Leiten Sie aus den obigen Angaben das Steuerbilanzergebnis ab. Geben Sie jeweils die anzuwendenden handels- und steuerrechtlichen Vorschriften an. Latente Steuern sollen dabei unberücksichtigt bleiben.
b) Berechnen Sie die Steuerschuld und die Zuführung zu den Rückstellungen für Gewerbesteuer, Körperschaftsteuer und den Solidaritätszuschlag.
c) Ermitteln Sie den Jahresüberschuss nach Ertragsteuern für die Handelsbilanz und die Steuerbilanz.
d) Gehen Sie von einem relevanten Einkommensteuersatz der beiden Gesellschafter in Höhe von 40% aus und ermitteln Sie deren Einkommensteuerschuld, soweit sie sich aus den vorstehenden Sachverhalten ergibt. Unterscheiden Sie dabei
Fall I: Anteile werden im Betriebsvermögen gehalten und
Fall II: Anteile werden im Privatvermögen gehalten.
Es sollen außer dem Sparer-Pauschbetrag keine steuerrechtlichen Besonderheiten berücksichtigt werden. Auch die Kapitalertragsteuer ist zu vernachlässigen.
e) Berechnen Sie für Zwecke des Rechtsformenbelastungsvergleichs die gesamte Steuerbelastung, die auf die beiden Gesellschafter entfällt, wenn die Ertragsteuern der GmbH nach den Gesellschaftsanteilen aufgeteilt werden.

Aufgabe 66: Hau & Ruck GmbH

Die Hau & Ruck GmbH hat Sitz und Geschäftsleitung in Dornum/Ostfriesland. Nach dem zum 31.12.01 erstellten vorläufigen Jahresabschluss erzielte die Gesellschaft einen vorläufigen handelsrechtlichen Jahresüberschuss in Höhe von EUR 300.000. Hiervon sollen insgesamt EUR 150.000 anteilig an die beiden Gesellschafter Hans Hau (60%) und Rudi Ruck (40%) ausgeschüttet werden.

- Auf die Inanspruchnahme der steuerlichen Vergünstigung für kleine und mittlere Betriebe gemäß § 7g EStG soll verzichtet werden.
- Im Vorjahr war die Steuerbilanz mit der Handelsbilanz identisch.
- Der handels- und steuerrechtliche Gewinn 01 der GmbH soll so niedrig wie möglich ausgewiesen werden.

Weitere Angaben:	EUR
Der vorläufige Handelsbilanz-Jahresüberschuss (vor Zuführung zur Körperschaftsteuer- und Gewerbeertragsteuer-Rückstellung und nach Abzug (Aufwandsbuchung) der Körperschaftsteuer- und Gewerbesteuer-Vorauszahlungen) für das Jahr 01 beträgt	300.000

Im handelsrechtlichen Jahresabschluss 01 wurden u. a. folgende Sachverhalte bereits ergebniswirksam berücksichtigt:

(1) Disagio eines am 1.1.01 aufgenommenen Fälligkeitsdarlehens (Laufzeit: 4 Jahre) wurde handelsrechtlich voll als Aufwand gebucht	40.000
(2) Am 10.11.01 wurde eine neue Lagerhalle für 1,2 Mio EUR angeschafft. Die Abschreibung soll linear über eine geschätzte Nutzungsdauer von 80 Jahren erfolgen und wurde für 01 (handelsrechtlich) bereits zeitanteilig gebucht	....
Der Einheitswert des bebauten Grundstücks beträgt 625.000 EUR.	
(3) In der Handelsbilanz wurden Rückstellungen für drohende Verluste aus schwebenden Absatzgeschäften gebildet (bereits gebucht)	100.500
(4) Die GmbH erhielt eine Gewinnausschüttung von der 100%igen Tochtergesellschaft Torfstoß GmbH mit Sitz in Rhauderfehn i. H. v.	25.000
Der Betrag wurde in Handels- und Steuerbilanz bereits gebucht ebenso wie die damit zusammenhängenden Betriebsausgaben in Höhe von 8.000 EUR.	
(5) Erhalt einer Investitionszulage (Werk in Sachsen), die in Handels- und Steuerbilanz bereits als Ertrag gebucht wurde	50.000
(6) Der Gewinnanteil für 01 aus einer Beteiligung an der Baustoff-OHG mit Sitz in Jeddeloh I betrug 30.000 EUR und wurde bereits in Handels- und Steuerbilanz gebucht	30.000
(7) Der geschäftsführende Gesellschafter der GmbH, Herr Ruck, erhielt in 01 ein Gehalt für seine Tätigkeit in Höhe von	120.000
In Handel- und Steuerbilanz wurde „Lohn- und Gehaltsaufwand" gebucht. Angemessen wären 100.000 EUR gewesen.	
(8) Gegenüber dem Gesellschafter Hans Hau besteht eine langfristige Darlehensverbindlichkeit (Restlaufzeit: 5 Jahre). Die angemessenen Zinsen betragen für das Jahr 01 insgesamt 72.000 EUR und wurden als Aufwand gebucht	72.000
(9) Sachgeschenke an Geschäftsfreunde in Höhe von 125 EUR pro Person; der Gesamtbetrag einschließlich Vorsteuer wurde als Aufwand gebucht	16.550
(10) Der stille Gesellschafter Max Ruh erhielt eine Gewinnausschüttung, die in Handels- und Steuerbilanz als Aufwand gebucht wurde in Höhe von	90.000
(11) In 01 angefallene und gebuchte Zinsen für Bankdarlehen	268.000
(12) In 01 gezahlte Pachten für einen freien Lagerplatz (bereits gebucht)	80.000
(13) Leasingratenzahlung in 01 für eine CNC-Maschine (bereits gebucht)	220.000
(14) Als Aufwand gebuchte Gewerbeertragsteuer-Vorauszahlungen in 01	48.000
(15) Als Aufwand gebuchte Körperschaftsteuer-Vorauszahlungen in 01	40.000
(16) Als Aufwand gebuchte Solidaritätszuschlags-Vorauszahlung in 01	2.200
(17) Hebesatz in Dornum/Ostfriesland: 400%	

a) Leiten Sie aus den obigen Angaben das Steuerbilanzergebnis 01 (vor Ertragsteuer-Rückstellungen) ab. Geben Sie bitte jeweils die anzuwendenden handels- und steuerrechtlichen Vorschriften an. Latente Steuern sollen dabei unberücksichtigt bleiben.
b) Berechnen Sie für 01 die Steuerschuld und die Zuführung zu den Rückstellungen für Gewerbesteuer, Körperschaftsteuer und den Solidaritätszuschlag.
c) Ermitteln Sie den endgültigen Handelsbilanz- und den Steuerbilanzgewinn 01 der Gesellschaft nach Gewerbesteuer und nach Körperschaftsteuer.

d) Gehen Sie von einem relevanten Einkommensteuersatz der beiden Gesellschafter in Höhe von 40% aus und ermitteln Sie deren Einkommensteuerschuld für 01, soweit sie sich aus den vorstehenden Sachverhalten ergibt. Die Anteile der beiden Gesellschafter an der GmbH werden im Privatvermögen gehalten. Es sollen keinerlei Freibeträge und Werbungskostenpauschalen angewandt werden.

Aufgabe 67: Pseudo GmbH

Die Pseudo GmbH weist zum 31.12.02 folgenden vorläufigen handelsrechtlichen Jahresabschluss auf:

Vorläufige Handelsbilanz der Pseudo GmbH zum 31.12.02 (in TEUR)

Geschäfts- oder Firmenwert	90	Gezeichnetes Kapital	1.500
Selbst erstellte Patente	38	Gewinnrücklage (Vorjahr: 290)	....
Beteiligung an der Y-AG	550	Bilanzgewinn	210
Grundstücke und Gebäude	630	Pensionsrückstellungen	138
Maschinen	800	Steuerrückstellungen	....
Geschäftsausstattung	340	Sonstige Rückstellungen	40
Vorräte	420	Bank-Verbindlichkeiten	470
Sonstige Vermögensgegenstände	250	Sonstige Verbindlichkeiten	530
Rechnungsabgrenzungsposten	60	Rechnungsabgrenzungsposten	10
	3.178		3.178

Weitere Angaben zum Jahresabschluss der Pseudo GmbH per 31.12.02:

(1) Der vorläufige Handelsbilanz-Jahresüberschuss (vor eventuell erforderlichen Änderungen, nach Steuervorauszahlungen, vor Zuführung zu den Ertragsteuer-Rückstellungen) beträgt 200.000 EUR.

(2) Differenzen zwischen Handels- und Steuerbilanz zum 31.12.01:

(EUR)	Handelsbilanz	Steuerbilanz
Beteiligungen	550.000	650.000
Vorräte	350.000	450.000

(3) Bei den Beteiligungen gab es gegenüber dem Vorjahr weder in der Handelsbilanz noch in der Steuerbilanz eine Wertänderung.

(4) In der Handelsbilanz wurden selbst erstellte Patente aktiviert und mit Herstellungskosten in zulässiger Höhe von 38.000 EUR bewertet.

(5) Der derivative Geschäfts- oder Firmenwert, der aus der Übernahme eines Konkurrenten („asset deal") stammt, wurde nach 5 jähriger planmäßiger Abschreibung am vorigen Bilanzstichtag (31.12.01) in Handels- und Steuerbilanz aufgrund als nachhaltig angesehener Ertragseinbrüche des übernommenen Teilbetriebs außerplanmäßig um 150.000 EUR auf 100.000 EUR abgeschrieben. Eine erneute Wertermittlung dieses Teilbetriebs zum 31.12.02 ergab, dass der Ertragseinbruch nur vorübergehend war und damit die Gründe für die außerplanmäßige Abschreibung des derivativen Geschäfts- oder Firmenwerts nicht mehr existieren. Auch in der Handelsbilanz wird der GFW planmäßig über 15 Jahre abgeschrieben.

(6) Handelsrechtlich wurden die Vorräte nach der fifo-Methode bewertet. Da die Preise imLaufe des Jahres stark gefallen sind, führt die steuerlich zulässige Durchschnittsbewertung zu einem höheren Vorrätewert von 582.000 EUR.

(7) Im Jahre 02 wurden 20 Bürostühle zu Anschaffungskosten von je 500 EUR erworben und handelsrechtlich per 31.12.02 sofort voll abgeschrieben.

(8) In der Steuerbilanz wurde zum 31.12.02 die Möglichkeit genutzt, die durch den Brand in einem Lagergebäude aufgelösten stillen Reserven in Höhe von 90.000 EUR Gewinn mindernd in eine steuerfreie Rücklage gemäß R 6.6 EStR einzustellen.

(9) Im Jahre 02 wurden Steuervorauszahlungen, die als Aufwand gebucht wurden, in folgender Höhe gezahlt:

Körperschaftsteuer: 78.000 EUR
Solidaritätszuschlag: 4.290 EUR
Gewerbesteuer: 40.000 EUR.

(10) Ein Dividendenertrag in Höhe von 83.463,16 EUR aus einer 20%igen Beteiligung an der Y-AG mit Sitz in Bremen ist handelsrechtlich bereits gebucht worden.

(11) Auf die (langfristigen) Bankverbindlichkeiten ist ein Zinssatz von 10% p. a. zu zahlen, auf die (kurzfristigen) Sonstigen Verbindlichkeiten aufgrund der inversen Zinsstrukturkurve ein Zinssatz von 12% p. a.

(12) Die GmbH hat im Vorjahr ihr Bürogebäude veräußert und anschließend einen Leasingvertrag geschlossen („sale-and-lease-back"). Die Leasingraten betragen 60.000 EUR p. a.

(13) Der Einheitswert der Betriebsgrundstücke beträgt 500.000 EUR.
(14) Gewerbesteuer-Hebesatz: 400%.

a) Leiten Sie aus den obigen Angaben das Steuerbilanzergebnis ab. Geben Sie jeweils die anzuwendenden handels- und steuerrechtlichen Vorschriften an. Latente Steuern sollen dabei unberücksichtigt bleiben.
b) Berechnen Sie die Körperschaftsteuerschuld, den Solidaritätszuschlag und die Gewerbesteuerschuld der GmbH. Berücksichtigen Sie die entsprechenden bilanziellen Auswirkungen. Aus den Vorjahren bestehen keinerlei Steuerrückstellungen oder Erstattungsforderungen.
c) Ermitteln Sie den endgültigen Handelsbilanz- und den Steuerbilanzgewinn 02 der Gesellschaft nach Erstagsteuern.
d) Vervollständigen Sie Handels- und Steuerbilanz zum 31.12.02, indem Sie die Gewinnrücklagen in der Handels- und Steuerbilanz sowie den steuerlichen Ausgleichsposten in der Steuerbilanz ermitteln.

Aufgabe 68: Kabel und Röhre: OHG versus GmbH

An der „Kabel und Röhre OHG", die in Rastede Radiogeräte produziert und vertreibt, sind die Gesellschafter Karl Kabel mit 60% und Rolf Röhre mit 40% beteiligt. Steuervorauszahlungen wurden nicht geleistet. Der handelsrechtliche Jahresüberschuss vor Ertragsteuern beträgt 280.000 EUR. In dieser Größe sind bereits die folgenden Sachverhalte berücksichtigt:

(1) Karl Kabel ist kaufmännischer Geschäftsführer der OHG und erhält ein Jahresgehalt in Höhe von 200.000 EUR (als Aufwand gebucht). Angemessen für diese Tätigkeit ist jedoch nur ein Gehalt von 150.000 EUR.
(2) Rolf Röhre ist technischer Geschäftsführer der OHG und erhält ein angemessenes Jahresgehalt von 120.000 EUR (als Aufwand gebucht).
(3) Die Miete für das Betriebsgebäude beträgt 100.000 EUR und wurde als Aufwand gebucht.
(4) Die OHG hat vom Gesellschafter Rolf Röhre ein unbebautes Grundstück gepachtet, das als Kundenparkplatz dient und einen Buchwert (= Teilwert) von 400.000 EUR hat. Der Einheitswert des Grundstücks beträgt 200.000 EUR. Die OHG zahlt dafür an Rolf Röhre eine Pacht in Höhe von jährlich 60.000 EUR (als Aufwand gebucht).
(5) Zur Finanzierung einer neuen Produktionsanlage hat die OHG bei der Friesenbank ein langfristiges Fälligkeitsdarlehen zu einem festen Zinssatz von 10% in Höhe von 800.000 EUR aufgenommen. Die Zinsen wurden als Aufwand gebucht.
(6) Darüber hinaus besteht eine langfristige Darlehensschuld mit gleichem Zinssatz von 10% gegenüber dem Gesellschafter Karl Kabel in Höhe von 400.000 EUR. Die Zinsen wurden als Aufwand gebucht.
(7) Im Gesellschaftsvertrag ist vereinbart, dass die Gesellschafter über die Tätigkeitsvergütungen hinaus jährlich Geldentnahmen auf den Gewinn tätigen können: Karl Kabel in Höhe von 60.000 EUR, Rolf Röhre in Höhe von 40.000 EUR. Beide Beträge sind voll in Anspruch genommen worden. Der restliche Jahresgewinn soll zur Investitionsfinanzierung thesauriert werden.
(8) Der Gewerbesteuer-Hebesatz der Gemeinde Rastede beträgt 400%.
(9) Die durchschnittlichen Steuersätze der Gesellschafter betragen 40% für Karl Kabel und 30% für Rolf Röhre. Kirchensteuer ist nicht zu berücksichtigen, wohl aber der Solidaritätszuschlag.

a) Ermitteln Sie die Gewerbesteuerschuld der OHG und (vereinfacht) die Einkommensteuerschuld der beiden Gesellschafter, wie sie sich aus den angegebenen Daten ergibt. Außer den Werbungskosten-Pauschalen sind keine einkommensteuerrechtlichen Besonderheiten zu berücksichtigen.
b) Unterstellen Sie, es handelte sich um die Rechtsform einer GmbH. Ermitteln Sie auch für diesen Fall die Gewerbesteuerschuld, die Körperschaftsteuerschuld und den Solidaritätszuschlag der GmbH sowie (vereinfacht) die Einkommensteuerschuld für die beiden Gesellschafter. Gehen Sie von einem relevanten Einkommensteuersatz der beiden Gesellschafter in Höhe von 40% aus und ermitteln Sie deren Einkommensteuerschuld, soweit sie sich aus den vorstehenden Sachverhalten ergibt. Unterscheiden Sie dabei
Fall I: Anteile werden im Betriebsvermögen gehalten und
Fall II: Anteile werden im Privatvermögen gehalten.

Die Entnahmen sind als Ausschüttungen im Folgejahr zu interpretieren. Außer den Werbungskosten- bzw. Sparer-Pauschbeträgen sind keine einkommensteuerrechtlichen Besonderheiten zu berücksichtigen.

Aufgabe 69: Einzelkaufmann, stille Gesellschaft, OHG, GmbH

Bilanz des Einzelunternehmens A zum 31.12.01 (EUR)

Beteiligung an der X-GmbH	180.000	Kapital	996.100
(40%)	80.000	Wertberichtigungen auf Forderun-	30.000
Grundstücke	375.000	gen	
Gebäude	87.500	Rückstellungen	187.500
Gebäude auf fremden Grundstü-	112.500	– Gewerbesteuer	19.500
cken	15.000	– Gewährleistungen	1.000.000
Betriebsausstattung	1	Darlehen des B	845.000
Kraftfahrzeuge	1.500.000	Verbindlichkeiten L.u.L.	8.400
Geringwertige Wirtschaftsgüter	650.000	Sonstige Verbindlichkeiten	
Forderungen L.u.L.	84.999		
Kasse, Bank	1.500		
Sonstige Forderungen			
Akt. RAP (Kfz-Steuer)			
	3.086.500		3.086.500

Weitere Angaben (EUR):

Hebesatz Gewerbesteuer = 400%
Durchschnittlicher persönlicher Steuersatz des A = 50%
Durchschnittlicher persönlicher Steuersatz des B = 40%
Einheitswert der Grundstücke und Gebäude . 280.000
Einheitswert der Gebäude auf fremden Grundstücken = 60.000
Teilwert der Betriebsausstattung = 130.800
Teilwert der Kraftfahrzeuge = 20.000
Teilwert der Geringwertigen Wirtschaftsgüter = 15.200
Beteiligung an der X-GmbH (40%)
    Buchwert = Nominalkapital = 180.000
    Gemeiner Wert = 580%
Voraussichtlicher Gewinn für das Jahr 02 = 500.000
    vor Einkommensteuer
    vor Afa Gebäude 15.000
    vor Schuldzinsen 92.000
    enthalten sind Gewinnausschüttungen der X-GmbH i. H. v. 48.000

Vergleichen Sie folgende 4 Rechtsform-Alternativen hinsichtlich ihrer Belastung mit Einkommen- bzw. Körperschaftsteuer und Gewerbesteuer:
a) Einzelunternehmung des A wird fortgeführt
b) B wird als typisch stiller Gesellschafter aufgenommen:
    Kapitaleinlage = 1.000.000 (statt Darlehen)
    Gewinnverteilung: B = 40% vor Gewerbesteuer, mindestens aber 8% auf die Einlage
c) Gründung OHG:
Gewinnverteilung: A = 60%; B = 40% (Einlage = 1.000.000, statt Darlehen)
A behält Grundstück und Gebäude (Sonderbetriebsvermögen)
Pacht = 57.600; AfA = 15.000 p. a.; B erhält Tätigkeitsvergütung von 80.000 p. a.
Fahrten des B zwischen Wohnung und Betrieb: 2.000 p. a.
d) Gründung GmbH:
Einbringung gemäß § 20 UmwStG ==> Fortführung der Buchwerte
Anteile: A = 600.000; B = 400.000 ==> Gewinnverteilung: a = 60%; B = 40%
Freie Rücklagen = 996.100
Gehalt des A = 100.000 p. a.; Gehalt des B = 80.000 p. a.; Pacht an A = 57.600 p. a.

Aufgabe 70: Josef Böckelmann KGaA

Die Josef Böckelmann KGaA produziert modische Accessoires für Damen und Herren. Josef Böckelmann ist Komplementär und Geschäftsführer der KGaA. Die Kommanditaktien sind breit gestreut. Der auf Herrn Böckelmann entfallende Gewinnanteil im Wirtschaftsjahr 01 (=Kalenderjahr) beträgt 1 Mio EUR, zusätzlich hat er 0,5 Mio. EUR als Geschäftsführergehalt (Sondervergütung) erhalten, die handelsrechtlich als Aufwand gebucht wurde. Der Gesamtgewinn der KG beträgt einschließlich der Sondervergütung 3,5 Mio. EUR. Der Gewerbesteuerhebesatz beträgt 300%.

Wie hoch ist die Einkommensteuerschuld des Herrn Böckelmann (ESt-Satz: 40%) und die Körperschaftsteuer- und Gewerbesteuerschuld der KGaA?

Aufgabe 71: Plastik GmbH & Co. KG

Die Plastik GmbH & Co. KG stellt Kunststoffteile als Zulieferer für die Automobilindustrie her. Persönlich haftende Gesellschafterin und einzige Geschäftsführerin ist die Stöpsel GmbH. Sitz beider Gesellschaften ist Friesoythe/Friesland. Die GmbH unterhält keinen eigenen Geschäftsbetrieb. Ihre beiden Gesellschafter Friedo Friese und Ubbo Ubben haben ihre Stammeinlagen von jeweils 25.000 EUR voll geleistet. Sie sind gleichzeitig Kommanditisten mit einer voll geleisteten Einlage von jeweils 100.000 EUR, die GmbH als Komplementärin hat eine Einlage von 50.000 EUR ebenfalls voll erbracht. Nach dem Gesellschaftsvertrag erfolgt die Gewinn- und Verlustverteilung der KG im Verhältnis der Einlagen. Die Gewinnverteilungsabrede ist angemessen. Außerdem regelt der Gesellschaftsvertrag, dass beide Gesellschafter Geschäftsführer der GmbH sind und dafür eine angemessene Vergütung von je 72.000 EUR pro Jahr erhalten. An beide Geschäftsführer wurde von der GmbH eine Pensionszusage gegeben, die dem Grunde und der Höhe nach angemessen ist und deren Erhöhungsbetrag in 01 für beide Geschäftsführer insgesamt 10.000 EUR beträgt. Alle Voraussetzungen des § 6a EStG sind erfüllt. Gleichfalls ist im Gesellschaftsvertrag geregelt, dass die KG alle Aufwendungen der GmbH für die Geschäftsführung mit schuldbefreiender Wirkung übernimmt.

Gegeben sind die folgenden vorläufigen Einheitsbilanzen (Handelsbilanz = Steuerbilanz) und Gewinn- und Verlustrechnungen. Die handelsrechtlichen Beteiligungsbuchwerte sollen der Einfachheit halber mit der steuerlichen Spiegelbildmethode übereinstimmen. Im Jahre 01 erfolgten weder Entnahmen noch Einlagen.

Bilanz der Plastik GmbH & Co. KG zum 31.12.01 (EUR)

Verschiedene Aktiva	410.820	Kapital I Stöpsel GmbH	50.000
Forderung /Finanzamt	4.180	Kapital II GmbH (Gewinnanteil 01)	…..
(Vorsteuer)		Kapital I Friedo Friese	100.000
		Kapital II Friese (Gewinnanteil 01)	…..
		Kapital I Ubbo Ubben	100.000
		Kapital II Ubben (Gewinnanteil 01)	…..
		Steuerrückstellungen (GewSt)	…..
		Verbindlichkeiten L.u.L.	89.820
		Sonstige Verbindlichkeiten	26.180
	415.000		415.000

GuV der Plastik GmbH & Co. KG für das Jahr 01 (EUR)

Verschiedene Aufwendungen	182.000	Verschiedene Erlöse	385.000
Geschäftsführervergütung an GmbH (Ersatzleistung an GmbH)	144.000		
Zuführung zu Pensionsrückstellungen für die Geschäftsführer der GmbH (Ersatzleistungen an GmbH)	10.000		
	…..		
Zuführungen /GewSt-Rückstellung	…..		
Jahresüberschuss			
	385.000		385.000

Bilanz der Stöpsel GmbH zum 31.12.01 (EUR)

Beteiligung /Plastik GmbH&Co.KG	54.000	Gezeichnetes Kapital	50.000
Sonstige Forderungen	80.000	Jahresüberschuss	…..
		Pensionsrückstellungen	80.000
		Steuerrückstellungen (KSt)	…..
		Rückstellungen /Jahres-abschlusskosten	2.000
	134.000		134.000

GuV der Stöpsel GmbH für das Jahr 01 (EUR)

Pensionsaufwendungen	10.000	Beteiligungserträge	4.000
Rechts- und Beratungskosten	2.000	Aufwendungsersatz durch KG	10.000
KSt-Aufwand	…..		
Jahresüberschuss	…..		
	14.000		14.000

Die Plastik GmbH & Co. KG zahlt die Gehälter der beiden Geschäftsführer der GmbH der Einfachheit halber unmittelbar an diese aus. Daher bucht die GmbH diesen Posten weder als Aufwand noch als Ertrag in ihrer GuV. Die GmbH erbringt somit eine umsatzsteuerpflichtige sonstige Leistung und stellt die Beträge der KG als Aufwandsersatz mit offen ausgewiesener USt in Rechnung. Dies ist umsatzsteuerlich korrekt, der KG steht somit der Vorsteuerabzug zu. Die Dezembergehälter der beiden Geschäftsführer i. H. v. 12.000 EUR zzgl. 2.280 EUR USt werden jedoch erst Anfang Januar 02 ausgezahlt und sind als sonstige Verbindlichkeiten der KG zu buchen. Dasselbe gilt auch für den Aufwandsersatz der KG an die GmbH infolge der Pensionszusage an die beiden Geschäftsführer i. H. v. zusammen 10.000 EUR zzgl. 1.900 EUR USt, da erst im Folgejahr die Überweisung erfolgt.

Die Verteilung des Gewinns der KG nach Gewerbesteuer erfolgt im Verhältnis der Kapitalkonten I zu 20% an die GmbH und zu jeweils 40% an die beiden Kommanditisten. Steuervorauszahlungen wurden nicht geleistet. Der Solidaritätszuschlag soll vereinfachend außer Acht bleiben. Der Gewerbesteuer-Hebesatz betrage 400%. Es wurden weder Gewerbesteuer- noch Körperschaftsteuervorauszahlungen in 01 geleistet. Die GmbH schüttet ihren Gewinn 01 nicht aus.

1) Berechnen Sie die Körperschaftsteuer- und die Gewerbesteuer-Rückstellungen sowie den Jahresüberschuss der Stöpsel GmbH und tragen Sie die entsprechenden Werte in die Bilanz und die GuV der GmbH ein. Der Solidaritätszuschlag soll vereinfachend außer Acht bleiben. Der Gewerbesteuer-Hebesatz betrage 400%.
2) Stellen Sie die steuerlichen Sonderbilanzen und Sonder-GuV auf und ermitteln Sie den steuerlichen Gesamtgewinn der Plastik GmbH & Co. KG für das Wirtschaftsjahr 01. Der Gewerbesteuer-Hebesatz betrage 400%. Die Gewerbesteuer-Rückstellung soll auf volle Hundert Euro aufgerundet werden.
3) Wie ist der steuerliche Gesamtgewinn auf die Gesellschafter der Plastik GmbH & Co. KG zu verteilen?
4) Wie erfolgt prinzipiell die Besteuerung der Gewinnanteile der Gesellschafter an der KG und der Ausschüttungen der GmbH?

B Lösungen zu den Aufgaben

Lösung zu Aufgabe 1: Vermögensgegenstand – Wirtschaftsgut

Fraglich ist, ob die Abstandszahlung, die kurz nach dem Erwerb des Grundstücks geleistet wurde zu den *Anschaffungskosten des Gebäudes* gehört. Da Anschaffungskosten nur die Kosten sind, die aufgewendet werden, um ein Wirtschaftsgut von der fremden in die eigene wirtschaftliche Verfügungsgewalt zu bringen, und der Erwerbsvorgang bereits abgeschlossen war, ist dies nicht der Fall. Die Abstandszahlung dient nur dazu, die eigengewerbliche Nutzung des Grundstücks vor Ablauf des Pachtverhältnisses zu ermöglichen.

Zu prüfen ist weiterhin, ob handelsrechtlich ein selbständiger immaterieller *Vermögensgegenstand* vorliegt. Eine selbständige Verkehrsfähigkeit (Einzelveräußerbarkeit) dieser vorzeitigen Nutzungsmöglichkeit (losgelöst vom Gesamtbetrieb und vom Grundstück) ist nicht gegeben. Ein Vermögensgegenstand liegt somit nicht vor. (Der GrS des BFH ist anderer Ansicht und hält die Zahlung handelsrechtlich für „zumindest aktivierungsfähig"). Herr Ärmel muss m.E. in der Handelsbilanz einen Aktiven Rechnungsabgrenzungsposten bilden, da sich die Aufwendungen auf eine ganz bestimmte Zeit nach dem Bilanzstichtag beziehen. Der RAP ist gleichmäßig über die Restlaufzeit (4 Jahre) des Pachtvertrags zu verteilen.

Liegt denn ein selbständiges immaterielles *Wirtschaftsgut* vor? Die Abstandszahlung der LowTech GmbH an den Pächter Paul Päch in Höhe von 48.000 EUR ist eine einmalige abgrenzbare Aufwendung, die der GmbH einen greifbaren Nutzen über mehrere Jahre verschafft, da sie das Grundstück für eigene Zwecke 4 Jahre (früher) nutzen kann. Diese Nutzungsmöglichkeit stellt zudem einen wirtschaftlichen Vorteil für die GmbH dar, den ein gedachter Erwerber des Unternehmens bei der Bemessung des Gesamtkaufpreises berücksichtigen würde. Es handelt sich somit um ein selbständig bewertbares immaterielles Wirtschaftsgut „Vorzeitige Möglichkeit der Nutzung zu gewerblichen Zwecken". Herr Ärmel hat demnach den Betrag der Abstandszahlung in der Steuerbilanz als immaterielles Wirtschaftsgut zu aktivieren und (ab dem vereinbarten Räumungstermin) über die Restlaufzeit des Pachtvertrages (4 Jahre) linear abzuschreiben (BFH-GrS 1/69 vom 2.3.1970, BStBl. II S.382).

Lösung zu Aufgabe 2: Entnahmen

a) *BS:*	Privatentnahmen (oder „Unentgeltliche Wertabgaben")	2.618 EUR	
	an Erlöskonto „Entnahmen von Gegenständen und sonstigen Leistungen"		2.200 EUR
	an Umsatzsteuer (gem. § 3 Abs. 1b Nr. 1 UStG)		418 EUR.

Vorschriften: § 4 Abs. 1 EStG; § 6 Abs. 1 Nr. 4 EStG; § 3 Abs. 1b Nr. 1 UStG; § 10 Abs. 4 Nr. 1 UStG; § 12 Nr. 1 und 3 EStG. Gewinnauswirkung: + 200 EUR.

b) *BS:*	Privatentnahmen (oder „Unentgeltliche Wertabgaben")	2.142 EUR	
	an Erlöskonto „Entnahmen von Gegenständen und sonstigen Leistungen"		1.800 EUR
	an Umsatzsteuer (gem. § 3 Abs. 1b Nr. 1 UStG)		342 EUR.

Vorschriften: wie a). Gewinnauswirkung: – 200 EUR.

Lösung zu Aufgabe 3: Entnahmen

BS:	Privatentnahmen (oder „Unentgeltliche Wertabgaben")	476 EUR	
	an Erlöskonto „Entnahmen von Gegenständen und sonstigen Leistungen"		400 EUR
	an Umsatzsteuer (gem. § 3 Abs. 1b Nr. 1 UStG)		76 EUR.

BS:	Anlagenabgänge (Aufwandskonto)	1 EUR	
	an Fuhrpark"		1 EUR

oder:

BS:	Privatentnahmen (oder „Unentgeltliche Wertabgaben")	476 EUR	
	an Fuhrpark		1 EUR
	an Erlöskonto „Entnahmen von Gegenständen und sonstigen Leistungen"		399 EUR
	an Umsatzsteuer (gem. § 3 Abs. 1b Nr. 1 UStG)		76 EUR.

Bei dieser Buchungsweise ist jedoch von Nachteil, dass der Saldo des Erlöskontos nicht der Bemessungsgrundlage der Umsatzsteuer entspricht und somit die Umsatzsteuerautomatik der EDV-Buchführung nicht genutzt werden kann und außerdem die Nachweispflichten gemäß § 22 Abs. 2 UStG mit Hilfe des Kontos nicht erfüllt werden.

Vorschriften: § 4 Abs. 1 EStG; § 6 Abs. 1 Nr. 4 EStG; § 3 Abs. 1b Nr. 1 UStG; § 10 Abs. 4 Nr. 1 UStG; § 12 Nr. 1 und 3 EStG. Gewinnauswirkung: + 399 EUR.

Lösung zu Aufgabe 4: Entnahmen

BS:	Privatentnahmen (oder „Unentgeltliche Wertabgaben")	1428 EUR	
	an Erlöskonto „Entnahmen von Gegenständen und sonstigen Leistungen"		1.200 EUR
	an Umsatzsteuer (gem. § 3 Abs. 9a Nr. 2 UStG)		228 EUR.

Vorschriften: § 4 Abs. 1 EStG; § 6 Abs. 1 Nr. 4 EStG; § 3 Abs. 9a Nr. 2 UStG; § 10 Abs. 4 Nr. 3 UStG; Abschn. 155 Abs. 2 UStR; § 12 Nr. 1 und 3 EStG. Gewinnauswirkung: 0,- EUR. Die Erlöse entsprechen den anteiligen Selbstkosten.

Lösung zu Aufgabe 5: Entnahmen

a) BS:	Privatentnahmen (oder „Unentgeltliche Wertabgaben")	4.726,80 EUR	
	an Erlöskonto „Entnahmen von Gegenständen u. sonstigen Leistungen"		4.020,00 EUR
	an Umsatzsteuer (gem. § 3 Abs. 9a Nr. 1 UStG)		706,80 EUR.

Anteilige Aufwendungen der Privatnutzung:
0,3 * (8.000 + 2.000 + 2.400 + 480 + 520) = 0,3 *13.400 EUR = 4.020 EUR.
Bemessungsgrundlage der USt: 0,3 * (8.000+2.000+2.400) = 0,3 * 12.400 EUR = 3.720 EUR.
Die Kfz-Steuer und die Kfz-Versicherung enthalten keine Umsatzsteuer, somit war auch kein Vorsteuerabzug möglich. USt = 0,19 * 3.720 = 706,80 EUR.
Vorschriften: § 4 Abs. 1 EStG; § 6 Abs. 1 Nr. 4 EStG; § 3 Abs. 9a Nr. 1 UStG; § 10 Abs. 4 Nr. 2 UStG; § 12 Nr. 1 und 3 EStG. Gewinnauswirkung: 0,- EUR. Die Erlöse entsprechen den anteiligen Aufwendungen.

b) Bruttolistenpreis = 40.000 EUR * 1,16 = 46.400 EUR. Eine Abrundung auf ganze Hundert Euro ist nicht erforderlich. Wert der Nutzungsentnahme. 46.400 EUR * 0,01 = 464 EUR pro Monat. Im Kalenderjahr beträgt die private Nutzungsentnahme somit 464 EUR * 12 Monate = 5.568 EUR. Davon unterliegen jedoch nur 80% der USt, also 4.454,40 EUR. Die USt beträgt somit 4.454,40 EUR *0,19 = 846,34 EUR.

BS:	Privatentnahmen (oder „Unentgeltliche Wertabgaben")	6.414,34 EUR	
	an Erlöskonto „Entnahmen von Gegenständen u. sonstigen Leistungen"		5.568,00 EUR
	an Umsatzsteuer (gem. § 3 Abs. 9a Nr. 1 UStG)		846,34 EUR.

Lösung zu Aufgabe 6: Einlagen

Zwar sind Einlagen grundsätzlich mit dem Teilwert zum Zeitpunkt der Zuführung zu bewerten (§ 6 Abs. 1 Nr. 5 EStG). Dieser entspricht im Regelfalle den fortgeführten Anschaffungskosten, also den um die zeitanteiligen Abschreibungen (Absetzungen für Abnutzung) geminderten Anschaffungskosten. Es kann aber sein, dass der Wert seit der Anschaffung gestiegen ist. Dennoch stellen auch dann die fortgeführten Anschaffungskosten die Einlagewertobergrenze dar, wenn der Einlagegegenstand erst innerhalb der letzten drei Jahre vor der Einlage angeschafft worden ist.

Fiktive fortgeführte Anschaffungskosten per 1.12.02 (Privatvermögen): AK 23.800 EUR – Abschreibung (Absetzung für Abnutzung) (vom 1.6.01 bis 30.11.02) 7.140 EUR = 16.660 EUR

a) Die Einlage ist maximal mit 16.660 EUR zu bewerten, der Teilwert insofern nicht relevant.

BS:	Fuhrpark	16.660 EUR	
	an Privateinlagen"		16.660 EUR.

Lineare Abschreibung: Restbuchwert : Restnutzungdauer = 16.660 EUR : 3,5 Jahre = 4.760 EUR.

Bilanzansatz zum 31.12.02 = 16.660 EUR – 4.760 EUR * 1/12 = 16.660 EUR – 396,67 = 16.263,33 EUR. Die Abschreibung (Absetzung für Abnutzung) kann nur zeitanteilig für den Monat Dezember 02 berücksichtigt werden.

b) Einlagewert = Teilwert = 14.000 EUR

<u>BS</u>:	Fuhrpark	14.000 EUR	
	an Privateinlagen“		14.000 EUR.

Lineare Abschreibung: 14.000 EUR : 3,5 Jahre = 4.000 EUR.
Bilanzansatz zum 31.12.02 = 14.000 EUR – 4.000 EUR * 1/12 = 14.000 EUR – 333,33 = 13.666,67 EUR. Die Abschreibung (Absetzung für Abnutzung) kann nur zeitanteilig für den Monat Dezember 02 berücksichtigt werden.

<u>Lösung zu Aufgabe 7: Grundsätze ordnungsmäßiger Buchführung und Bilanzierung</u>

a) Verstoß gegen den Grundsatz der formalen Bilanzkontinuität (§ 265 Abs. 1 HGB), den Grundsatz der (formalen) Richtigkeit sowie den Grundsatz der Klarheit und Übersichtlichkeit (§ 243 Abs. 2 HGB).

b) Der Einkommensteuer-Erstattungsanspruch betrifft die private Sphäre des Klein, gehört also nicht zum Betriebsvermögen von Kleins Einzelunternehmen (Auslegung des Vollständigkeitsprinzips lt. h.M.; § 246 Abs. 1 HGB). Überdies hätte Ärmel zu einer unzulässigen Saldierung zwischen Forderung und Verbindlichkeit geraten (§ 246 Abs. 2 HGB).

c) Verstoß gegen den Grundsatz der Bewertungsstetigkeit (§ 252 Abs. 1 Nr. 6 HGB).

d) Verstoß gegen das Realisationsprinzip (§ 252 Abs. 1 Nr. 4 HGB) bzw. das Anschaffungskostenprinzip (§ 253 Abs. 1 HGB).

e) Verstoß gegen den Grundsatz der zeitlichen Abgrenzung (§ 252 Abs. 1 Nr. 5 HGB). Es ist in der Bilanz eine Sonstige Verbindlichkeit in Höhe des Anteils der Mietzahlung am 1. Februar zu passivieren, der auf das gerade abgelaufene Jahr entfällt.

f) Dies ist nicht zulässig. Es handelt sich um einen Verstoß gegen den Grundsatz der sachlichen Abgrenzung bzw. gegen die Planmäßigkeit der Abschreibung (§ 253 Abs. 2 HGB).

g) Es kommt weder auf das Datum des Rechnungseingangs noch auf den Zeitpunkt der Zahlung an. Der Zugang ist zu buchen, gleichermaßen eine Verbindlichkeit aus Lieferungen und Leistungen. Ärmel verstößt gegen das Vollständigkeitsprinzip.

h) Verstoß gegen das Realisationsprinzip (§ 252 Abs. 1 Nr. 4 HGB).

i) Verstoß gegen das Stichtagsprinzip. Am 31.12.01 gab es noch keinen Grund, das Patent außerplanmäßig abzuschreiben. Die neue Erfindung wurde erst nach dem Stichtag gemacht bzw. war erst im neuen Jahr so ausgetüftelt, dass die Anmeldung zum Patent möglich wurde.

k) Die Röcke sind ausdauernde Ladenhüter, ein Wiederaufleben der Nachfrage ist objektiv nicht absehbar und auch nicht zu erwarten, da die Modeschöpfer nie genau dieselben Schnitte wieder herausbringen. Der Wert der Röcke ist wegen ihrer „Ungängigkeit“ stark gemindert, genaugenommen sind sie völlig wertlos. Das Vorsichtsprinzip gebietet eine Abwertung, da der Kaufmann sich nicht reicher machen darf, als er ist.

<u>Lösung zu Aufgabe 8: Anschaffungskosten</u>

Nach § 255 Abs. 1 HGB gehören zu den Anschaffungskosten der Maschine:

	EUR
Anschaffungspreis (ohne USt)	38.000
+ Kosten des Fundaments (ohne USt)	1.200
+ Kosten des Transports (ohne USt)	400
– Anschaffungspreisminderung (Skonto)	– 760
= Anschaffungskosten der Maschine	38.840

a) Bei der Berücksichtigung der Kosten des Fundaments kommt es nicht auf den Zeitpunkt der Zahlung, sondern auf die Beendigung der Leistung an. Die Buchung muss daher im laufenden Geschäftsjahr erfolgen unter Passivierung einer Verbindlichkeit gegenüber der Bau OHG.

b) Erfolgt die Zahlung erst im Januar des Folgejahres unter Abzug von Skonto, so betragen die Anschaffungskosten der Maschine per 31.12.01 EUR 39.600 (ohne Berücksichtigung von Abschreibungen). Der Skontoabzug wirkt sich erst im Folgejahr als nachträgliche Anschaffungskostenminderung aus (H 6.2 „Skonto" EStH).

Lösung zu Aufgabe 9: Anschaffungskosten

Gemäß § 255 Abs. 1 betragen die Anschaffungskosten des bebauten Grundstücks (in EUR):

	insgesamt	Gebäude	Boden
Kaufpreis	500.000	350.000	150.000
+ Maklerkosten (ohne USt)	20.000	14.000	6.000
+ Notariatsgebühren (nur bzgl. Eigentumsübergang) (ohne USt)	4.000	2.800	1.200
+ Gerichtskosten (Grundbucheintragung des Eigentumsübergangs)	1.000	700	300
+ Grunderwerbsteuer (3,5% des Kaufpreises)	17.500	12.250	5.250
= Anschaffungskosten bebautes Grundstück	542.500	379.750	162.750

Der Gesamtkaufpreis ist auf den Grund und Boden einerseits und auf das Gebäude zu verteilen. Anders wäre es nicht möglich, die planmäßigen Abschreibungen auf das Gebäude richtig zu bemessen. Bei der Aufteilung ist das Verhältnis der Verkehrswerte (Teilwerte) des Grund und Bodens sowie des Gebäudes maßgeblich, zu deren Ermittlung z. B. Bodenrichtwerttabellen Anhaltspunkte liefern können. Auch die Nebenkosten, sofern sie sich nicht nur auf eines der beiden Wirtschaftsgüter beziehen, müssen entsprechend aufgeteilt werden. Laut Aufgabenstellung beträgt der Verkehrswert des Grund und Bodens 150.000 EUR.
Die Herausrechnung der USt aus dem Bruttorechnungsbetrag erfolgt durch Multiplikation mit 19/119 * 100 = 15,97%.

Die Finanzierungskosten gehören nicht zu den Anschaffungskosten des Grundstücks. Die Bankspesen sind als Aufwand („Kosten des Geldverkehrs") zu buchen, das Disagio) bzw. muss (H 6.10 „Damnum" EStH) mittels eines aktiven Rechnungsabgrenzungspostens über die Laufzeit des Darlehens verteilt werden. Die Notargebühren sowie die Gerichtskosten der Eintragung einer Hypothek ins Grundbuch stellen ebenfalls Aufwand dar.

Die anteiligen Kosten der Beschaffungsabteilung sind dem bebauten Grundstück nicht direkt zurechenbar, da die Leistungen der Beschaffungsabteilung grundsätzlich für verschiedene Abteilungen, aber auch für verschiedene Güter erfolgen (Gemeinkosten). Die zugeschlüsselten Kosten sind daher als Aufwand (Gehaltsaufwand, Büromaterial, Telefonkosten) zu verbuchen.

Das Förderband ist ein selbständiger Vermögensgegenstand, der weder notwendig ist, um das Lagergebäude „in einen betriebsbereiten Zustand zu versetzen" (§ 255 Abs. 1 HGB), noch mit dem Gebäude eine Bewertungseinheit (Funktionseinheit) bildet. Das Förderband steht nicht in unmittelbarem Nutzungs- und Funktionszusammenhang mit dem Gebäude, sondern mit der betrieblichen Funktion Transport und Lagerhaltung. Das Förderband ist daher ein bewegliches Wirtschaftsgut (sog. Betriebsvorrichtung). Es kommt nicht darauf an, ob die Verbindung der beiden Gegenstände fest oder jederzeit lösbar ist. Das Förderband ist mit folgenden Anschaffungskosten (§ 255 Abs. 1 HGB) zu aktivieren (Einzelbewertung):

	EUR
Kaufpreis	50.000
+ Installationskosten (einschl. Gestell; ohne USt)	1.100
= Anschaffungskosten Förderband	51.100

Lösung zu Aufgabe 10: Abbruchkosten

Der Beweis des ersten Anscheins spricht dafür, dass Störtebeker das Gebäude in Abbruchabsicht erworben hat, da mit dem Abbruch innerhalb von drei Jahren nach dem Erwerb begonnen wurde.

Eine Entkräftung ist laut Aufgabenstellung nicht möglich, da der schleche Zustand des Gebäudes im Erwerbszeitpunkt bereits bestand und Störtebeker bekannt war. Aufgrund des engen Zusammenhangs mit der Herstellung des neuen Gebäudes gehören der Buchwert des alten Gebäudes, die Abfindungszahlungen und die Abbruchkosten zu den Herstellungskosten des neuen Gebäudes. Die Nutzungsdauer des mit 2% p. a. (gemäß § 7 Abs. 4 S. 1 Nr. 2a EStG) abzuschreibenden Gebäudes darf nicht wegen des beabsichtigten Abbruchs verkürzt werden.

Altes Gebäude:	
Anschaffungskosten	200.000 EUR
- AfA 01 (2%)	– 4.000 EUR
= Buchwert bei Abbruch	= 196.000 EUR
+ Abbruchkosten	+ 40.000 EUR
+ Abfindungszahlungen	+ 30.000 EUR
+ zusätzliche Herstellungskosten	+ 600.000 EUR
= Herstellungskosten des neuen Gebäudes	= 866.000 EUR.
Buchwert des Grund und Bodens	= 200.000 EUR.

Lösung zu Aufgabe 11: Anschaffungskosten bei Kauf in Fremdwährung

Der Umrechnungskurs ist der Mittelkurs am Tag der Lieferung, auf den Zeitpunkt der Rechnungsausstellung oder der tatsächlichen Bezahlung kommt es nicht an. Somit betragen die Anschaffungskosten der Maschine in beiden Fällen a) und b) 2.000 USD * 0,75 EUR/USD = 1.500 EUR.

Die Verbindlichkeit ist „angeschafft" zum Mittelkurs (bzw. Geldkurs) des Tages, an dem die Verbindlichkeit entstanden ist, also ebenfalls bei Eingang der Lieferung, sie beträgt daher 1.500 EUR. Am Bilanzstichtag ist aufgrund des Imparitätsprinzips der Rückzahlungsbetrag in EUR zum Mittelkurs am Bilanzstichtag zu ermitteln und mit den „Anschaffungskosten" der Verbindlichkeit zu vergleichen (Höchstwertprinzip).

Fall a): Aufgrund der Abwertung des Euro ist nach den Verhältnissen am Bilanzstichtag mit einem höheren Rückzahlungsbetrag der Verbindlichkeit in EUR zu rechnen. Es droht ein Währungsverlust, der bei (kurzfristigen) Verbindlichkeiten nach dem Höchstwertprinzip (Imparitätsprinzip) vorwegzunehmen ist. Die Verbindlichkeiten sind zum 31.12.01 mit 2.000 EUR zu bewerten.

BS:	Sonstige betriebliche Aufwendungen	500 EUR	
	an Verbindlichkeiten aus Lieferungen u. Leistungen		500 EUR.

Fall b): Eine Abwertung der Verbindlichkeit unter die „Anschaffungskosten" von 1.500 EUR würde die Berücksichtigung eines unrealisierten Währungsgewinnes bedeuten und ist aufgrund des Realisationsprinzips in der Steuerbilanz (anders als in der Handelsbilanz) nicht zulässig.

Lösung zu Aufgabe 12: Anschaffungskosten bei Tausch

Der Ansatz des Zeitwertes (gemeinen Wertes) des hingegebenen Wirtschaftsguts ist verpflichtend (§ 6 Abs. 6 EStG). Am Bilanzstichtag ergäbe sich ein Wert von 38.000 – 2.375 = 35.625 EUR. Allerdings ist noch zu prüfen, ob nicht die empfangene Software einen geringeren Teilwert (Zeitwert) hat. Dies ist der Fall. Der Vergleichswert (Teilwert) beträgt zum Zeitpunkt des Tausches 36.000 EUR und am Bilanzstichtag nach linearer Abschreibung über die Restnutzungsdauer 36.000 – 2.250 = 33.750 EUR und wird angesetzt, da er niedriger ist. Ob die Teilwertabschreibung vorgenommen werden kann oder muss, soll an dieser Stelle nicht geklärt werden, da aufgrund des bilanzpolitischen Ziels der LowTech in jedem Falle eine Abschreibung vorgenommen wird.

BS:	Software	38.000 EUR	
	an Software		34.000 EUR
	an Sonstige betriebliche Erträge		4.000 EUR.
BS:	Abschreibungen	2.375 EUR	
	an Software (neu)		2.375 EUR.

BS:	Außerplanmäßige Abschreibung	1.875 EUR	
	an Software (neu)		1.875 EUR.

Bewertung der Software am 31.12.01 in der Steuerbilanz: 33.750 EUR.

Anmerkung: Da es sich um den Tausch zweier immaterieller Güter mit unterschiedlichen Zeitwerten handelt, ist es realitätsnäher anzunehmen, dass ein Zahlungsausgleich zwischen den Unternehmen stattfindet. In diesem Falle müsste die LowTech GmbH eine Zahlung von 2.000 EUR zusätzlich erhalten. Um diesen Betrag würden sich die oben ermittelten Anschaffungskosten der LowTech GmbH verringern.

Lösung zu Aufgabe 13: Anschaffungskosten bei Zuschüssen

Das Wahlrecht gemäß R 34 Abs. 2 EStR ist zugunsten der „erfolgsneutralen" Behandlung des I-vestitionszuschusses auszuüben, wenn die Gesellschaft einen möglichst niedrigen Gewinn anstrebt. Die lineare AfA gem. § 7 Abs. 1 EStG hat im Zugangsjahr zeitanteilig nach angefangenen Monaten zu erfolgen (vgl. Erster Teil Kapitel B.III.2.a)(1)).

a) BS:	Technische Anlagen	200.000 EUR	
	Vorsteuer	38.000 EUR	
	an Bank		238.000 EUR.
BS:	Bank	19.000 EUR	
	an Technische Anlagen		19.000 EUR.
BS:	AfA auf Sachanlagen	9.050 EUR	
	an Technische Anlagen		9.050 EUR.

Bilanzansatz zum 31.12.01: 171.950 EUR.

ad b) Buchungen in 01 (Bilanzansatz zum 31.12.01: 114.000 EUR):

BS:	Technische Anlagen	200.000 EUR	
	Vorsteuer	38.000 EUR	
	an Bank		238.000 EUR.
BS:	AfA auf Sachanlagen	10.000 EUR	
	an Technische Anlagen		10.000 EUR.

ad b) Buchungen in 02
Abschreibungsbetrag: (190.000 – 19.000) : Rest-Nutzungsdauer 9,5 Jahre = 18.000 EUR;
Bilanzansatz zum 31.12.02: 153.000 EUR):

BS:	Bank	19.000 EUR	
	an Technische Anlagen		19.000 EUR.
BS:	AfA auf Sachanlagen	18.000 EUR	
	an Technische Anlagen		18.000 EUR.

Lösung zu Aufgabe 14: Herstellungskosten

a) Fertigungseinzelkosten; Einbeziehungspflicht; 40 EUR.
b) Kalkulatorische Mietkosten dürfen nicht in die Herstellungskosten einbezogen werden.
   Fertigungsgemeinkosten; Einbeziehungspflicht; 10 EUR.
   Verwaltungsgemeinkosten; Wahlrecht; 5 EUR.
   Vertriebsgemeinkosten; Verbot.
c) Materialeinzelkosten; Einbeziehungspflicht; 10 EUR.
d) Vertriebsgemeinkosten; Verbot.
e) Unechte Fertigungsgemeinkosten, Einbeziehungspflicht; 5 EUR.
   Unechte Gemeinkosten werden aus wirtschaftlichen Gründen pauschal als Gemeinkosten erfasst, sie sind ihrer Natur nach jedoch Einzelkosten. Bei Stromkosten könnte die Erfassung als Einzelkosten durch Anbringen von Stromzählern an jeder Maschine (Kostenstelle) erfolgen.

f) Materialgemeinkosten; Einbeziehungspflicht; 15 EUR.
g) Fertigungsgemeinkosten; Einbeziehungspflicht; 10 EUR.
h) Sondereinzelkosten des Vertriebs; Verbot.
i) Kalkulatorische Kosten (hier bei Anderskosten: die Differenz zwischen den kalkulatorischen Kosten und den Aufwendungen) dürfen in die Herstellungskosten nicht einbezogen werden; Fertigungsgemeinkosten; Einbeziehungspflicht; 20 EUR.
j) Fertigungsgemeinkosten; Pflicht; 10 EUR.
k) Verwaltungsgemeinkosten; Wahlrecht; 15 EUR.
l) Vertriebsgemeinkosten; Verbot.
m) Sondereinzelkosten der Fertigung; Pflicht; 5 EUR.
n) Verbot.
o) Verwaltungsgemeinkosten; Wahlrecht; 15 EUR.
p) Kalkulatorische Kosten dürfen in die Herstellungskosten nicht einbezogen werden. Fremdkapitalzinsen dürfen nur unter bestimmten, hier erfüllten Voraussetzungen als Bewertungshilfe in die handels- und steuerrechtlichen Herstellungskosten einbezogen werden. Sie werden i. d. R. zu den Fertigungsgemeinkosten gezählt, stellen hier aber ausnahmsweise Fertigungseinzelkosten dar. Wahlrecht in HB und StB (Maßgeblichkeitsprinzip); 10 EUR.
q) Es handelt sich nicht um Aufwand, somit besteht ein Bilanzierungsverbot. Eine Einbeziehung in die Herstellungskosten würde dem Realisationsprinzip widersprechen.
r) Körperschaftsteuer: Verbot.
Gewerbeertragsteuer: Verbot.
Umsatzsteuer: Verbot.

Steuerbilanz: Untergrenze: 125 EUR; Obergrenze: 170 EUR.
Die Wahlrechte werden aufgrund des Maßgeblichkeitsprinzips bereits in der Handelsbilanz für die Steuerbilanz mit ausgeübt. Nach dem Gesetzeswortlaut könnten die Wahlrechte auch unabhängig voneinander ausgeübt werden (§ 5 Abs. 1 S. 1 2. Halbs. EStG).

Lösung zu Aufgabe 15: Herstellungskosten

	EUR	EUR
Material-Einzelkosten	16.000	16.000
+ Fertigungs-Einzelkosten	8.000	8.000
+ freiwillige soziale Kosten (Fertigung)	---	500
+ Aufwendungen für Einkauf	---	300
+ Aufwendungen für Wareneingang	---	200
+ Marktforschung (700 EUR)	---	---
+ Raumkosten des Materiallagers	200	200
+ Fertigungslizenzgebühr	1.000	1.000
+ anteilige Kosten des Rechnungswesens	---	500
+ kalkulatorischer Eigenkapitalzins (800 EUR)	---	---
+ sonstige Material-Gemeinkosten	3.800	3.800
+ sonstige Fertigungs-Gemeinkosten	9.000	9.000
(kalkulatorische Abschreibungen)	(5.000)	(5.000)
(bilanzielle planmäßige Abschreibungen)	(4.000)	(4.000)
– Differenz (kalkulatorische – bilanzielle Abschreibg.)	– 1.000	– 1.000
+ sonstige Sonder-Einzelkosten der Fertigung	3.000	3.000
+ sonstige Verwaltungs-Gemeinkosten	---	2.500
+ sonstige Vertriebs-Gemeinkosten (5.300 EUR)	---	---
= Herstellungskosten-Untergrenze in der Steuerbilanz	40.000	
= Herstellungskosten-Obergrenze in der Steuerbilanz		44.000

Anmerkungen (vgl. R 6.3 EStR): Die freiwilligen sozialen Kosten (Fertigung) sind Wahlrechtsbestandteile der Herstellungskosten; die Aufwendungen für Einkauf und Wareneingang gelten (umstritten) als Verwaltungskosten; Marktforschungskosten sind Vertriebsgemeinkosten (Verbot); die Fertigungslizenzgebühr gehört zu den Sondereinzelkosten der Fertigung (Pflicht); Kosten des

Rechnungswesens gehören zu den Verwaltungsgemeinkosten (Wahlrecht); kalkulatorische Eigenkapitalzinsen dürfen nicht einbezogen werden; nur die bilanziellen Abschreibungen gehen in die Herstellungskosten ein (Fertigungsgemeinkosten).

Lösung zu Aufgabe 16: Herstellungskosten

a)

	EUR	EUR
Materialeinzelkosten	122.000	
+ Materialgemeinkosten (20%)		24.400
+ Fertigungseinzelkosten	65.000	
+ Fertigungsgemeinkosten (250%)		162.500
+ Sondereinzelkosten der Fertigung	8.100	
= Herstellkosten	382.000	
Verwaltungsgemeinkosten (10% der Herstellkosten)	38.200	

In der StB (wie auch in der HB) zählen die mit Gehältern zusammenhängenden Sozialkosten, soweit es sich um gesetzliche handelt, zu den Fertigungsgemeinkosten. Gemäß R 6.3 Abs. 4 EStR werden die Kosten für Einkauf und Wareneingang wegen ihres Mischcharakters den Verwaltungsgemeinkosten zugerechnet, obwohl es sich eigentlich um Materialgemeinkosten handelt. Da die Fremdkapitalzinsen in sachlicher und zeitlicher Hinsicht auf die Fertigung des Wirtschaftsguts zurechenbar sind, dürfen sie handelsrechtlich und steuerrechtlich aktiviert werden.

- *Steuerrechtliche* Wertuntergrenze der Herstellungskosten (R 6.3 Abs. 1–4 EStR):

Materialeinzelkosten	122.000 EUR
+ Materialgemeinkosten (60% Lagerung und Materialprüfung)	14.640 EUR
+ Fertigungseinzelkosten	65.000 EUR
+ Fertigungsgemeinkosten	162.500 EUR
+ Sondereinzelkosten der Fertigung	2.100 EUR
= Wertuntergrenze Herstellungskosten (StB)	366.240 EUR

oder:

Herstellkosten aus der Kostenrechnung	382.000 EUR
– Kosten des Einkaufs (40% der Materialgemeinkosten)	– 9.760 EUR
– Fremdkapitalzinsen	– 6.000 EUR
= Wertuntergrenze Herstellungskosten (StB)	366.240 EUR

- *Steuerrechtliche* Wertobergrenze der Herstellungskosten (R 6.3 EStR):

= Wertuntergrenze Herstellungskosten (StB)	366.240 EUR
+ Verwaltungsgemeinkosten	38.200 EUR
+ Kosten des Einkaufs (40% der Materialgemeinkosten)	+ 9.760 EUR
+ FK-Zinsen (zurechenbare)	6.000 EUR
= Wertobergrenze Herstellungskosten (StB)	420.200 EUR.

b) In der StB (wie auch in der HB) dürfen keine kalkulatorischen Kosten angesetzt werden. Somit ist hier nur der Wert der bilanziellen Abschreibungen zu berücksichtigen und die Differenz zwischen höherer kalkulatorischer und niedrigerer bilanzieller Abschreibung herauszurechnen. Auch die kalkulatorischen Eigenkapitalzinsen dürfen im Rahmen der Herstellungskostenermittlung nicht in die Fertigungsgemeinkosten einbezogen werden. Da in die Verwaltungsgemeinkosten nur auf Grund der durch kalkulatorische Kosten überhöhten Bezugsbasis kalkulatorische Kostenbestandteile hineingerechnet wurden, ergibt sich durch Anwendung des Zuschlagssatzes auf die um kalkulatorische Kosten bereinigte Bezugsbasis in diesem Falle auch die bereinigte Höhe der Verwaltungsgemeinkosten.

	EUR	EUR
Materialeinzelkosten	122.000	
+ Materialgemeinkosten		24.400
+ Fertigungseinzelkosten	65.000	
+ Fertigungsgemeinkosten (ohne kalk. Kosten) (= 162.500 – 3.000 – 18.000)		141.500
+ Sondereinzelkosten der Fertigung	8.100	
= Herstellkosten	361.000	
Verwaltungsgemeinkosten (10% der Herstellkosten)	36.100	

- *Steuerrechtliche* Wertuntergrenze der Herstellungskosten (R 6.3 Abs. 1–4 EStR):

Materialeinzelkosten	122.000 EUR
+ Materialgemeinkosten (60% Lagerung und Materialprüfung)	14.640 EUR
+ Fertigungseinzelkosten	65.000 EUR
+ Fertigungsgemeinkosten (ohne kalk. Eigenkapitalzinsen, nur bilanzielle Abschreibungen)	141.500 EUR
+ Sondereinzelkosten der Fertigung (ohne Fremdkapitalzinsen)	2.100 EUR
= Wertuntergrenze Herstellungskosten (StB)	345.240 EUR

oder:

Herstellkosten aus der Kostenrechnung (ohne kalk. Kosten)	361.000 EUR
– Kosten des Einkaufs (40% der Materialgemeinkosten)	– 9.760 EUR
– Fremdkapitalzinsen	– 6.000 EUR
= Wertuntergrenze Herstellungskosten (StB)	345.240 EUR

- *Steuerrechtliche* Wertobergrenze der Herstellungskosten (R 6.3 EStR):

= Wertuntergrenze Herstellungskosten (StB)	345.240 EUR
+ Verwaltungsgemeinkosten	36.100 EUR
+ Kosten des Einkaufs (40% der Materialgemeinkosten)	+ 9.760 EUR
+ FK-Zinsen (zurechenbare)	6.000 EUR
= Wertobergrenze Herstellungskosten (StB)	397.100 EUR.

Lösung zu Aufgabe 17: Herstellungskosten

Bestimmung der Herstellungskostenuntergrenze und -obergrenze gemäß R 6.3 EStR:

Materialeinzelkosten (ohne USt)	56.000 EUR
+ Materialgemeinkosten (20% der Materialeinzelkosten ohne USt)	11.200 EUR
+ Fertigungseinzelkosten	40.500 EUR
+ Fertigungsgemeinkosten (280% der Fertigungseinzelkosten)	113.400 EUR
+ Sondereinzelkosten der Fertigung	10.000 EUR
= Wertuntergrenze Herstellungskosten (StB)	231.100 EUR
+ Verwaltungsgemeinkosten (10% auf Herstellungskosten)	23.110 EUR
= Wertobergrenze Herstellungskosten (StB)	254.210 EUR

Anmerkungen: Kalkulatorische Kosten dürfen in die Herstellungskosten nicht einbezogen werden. Daher ist ein zusätzlicher Betriebsabrechnungsbogen aufzustellen zum Zwecke der Ermittlung der bilanziellen Herstellungskosten. Die Zuschlagssätze sind auf der Grundlage von Aufwandsgrößen (ohne kalkulatorische Kosten) zu errechnen. Die Kosten der Erstellung der Konstruktionspläne für diese spezielle Maschine gehören nicht zum allgemeinen Forschungs- und Entwicklungsaufwand, sondern zu den Sondereinzelkosten der Fertigung. Die Umsatzsteuer stellt keine Kosten dar.

Lösung zu Aufgabe 18: Herstellungskosten/Leerkosten

Da die Kapazitätsauslastung nur 40% der Normalauslastung beträgt, liegt sowohl handels- als auch steuerrechtlich eine Pflicht zur Eliminierung der Leerkosten aus den fixen Gemeinkosten vor. Gemäß § 255 Abs. 2 HGB dürfen nur angemessene Teile der notwendigen Material- und Fertigungsgemeinkosten in die Herstellungskosten einbezogen werden. Somit sind aus beiden Komponenten die fixen Bestandteile zu bestimmen und daraus die Leerkosten herauszurechnen. Dies gilt entsprechend dem Maßgeblichkeitsprinzip und R 6.3 Abs. 6 EStR sowie H 6.3 „Ausnutzung von Produktionsanlagen" EStH auch steuerrechtlich.

Materialgemeinkosten: 11.200 * 0,6 * 0,6 = 4.032 EUR Leerkosten sind herauszurechnen. Anders ausgedrückt sind 7.168 EUR = 11.200 EUR – 4.032 EUR in die Herstellungskosten einzubeziehen. Die Herstellungskosten umfassen also die variablen MGK (11.200 EUR * 0,4 = 4.480 EUR) sowie die (fixen) Material-Nutzkosten (11.200 EUR * 0,6 – 4.032 Leerkosten = 2.688 EUR).

Fertigungsgemeinkosten (einschließlich Abschreibungen): 113.400 * 0,5 * 0,6 = 34.020 EUR Leerkosten sind herauszurechnen. Anders ausgedrückt sind 79.380 EUR = 113.400 EUR – 34.020 EUR in die Herstellungskosten einzubeziehen. Die Herstellungskosten umfassen also die variablen FGK (113.400 EUR * 0,5 = 56.700 EUR) sowie die (fixen) Fertigungs-Nutzkosten (113.400 * 0,5 – 34.020 Leerkosten = 22.680 EUR).

Ergebnis:

Steuerbilanz:	Untergrenze =	231.100 EUR – 38.052 EUR Leerkosten = 193.048 EUR
	Obergrenze =	254.210 EUR – 38.052 EUR Leerkosten = 216.158 EUR.

Lösung zu Aufgabe 19: Herstellungskosten

ad a) Wertuntergrenze der Herstellungskosten in der Steuerbilanz (in EUR):

Materialeinzelkosten einschließlich Kosten der Innenverpackung	120.000
+ Fertigungseinzelkosten (Akkordlöhne und zugehörige gesetzliche Sozialkosten)	400.000
+ Materialgemeinkosten (Materiallager)	80.000
+ Fertigungsgemeinkosten (bilanzielle Abschreibungen)	60.000
= Herstellungskosten (StB)	660.000

Wertobergrenze der Herstellungskosten in der Steuerbilanz:

	EUR
Herstellungskosten-Untergrenze (StB)	660.000
+ Kosten der Einkaufsabteilung	70.000
+ Kosten des Rechnungswesens	120.000
= Herstellungskosten (StB)	850.000

Eine Einbeziehung der Fremdkapitalzinsen in die Herstellungskosten kommt nicht in Frage, da eine sachliche Zurechenbarkeit der Zinsen auf die Herstellung der Zahncreme-Tuben im geforderten strengen Sinne (Objektfinanzierung; Zuordnungs-Hinweise im Kreditvertrag) hier nicht möglich ist.

ad b) Da die Unterauslastung 40% der Normalauslastung beträgt, besteht sowohl handels- als auch steuerrechtlich bei den Fertigungs- und bei den Materialgemeinkosten eine Pflicht zur Leerkosteneliminierung. Herausrechnung aus den fixen Bestandteilen der Material- und der Fertigungsgemeinkosten in der Steuerbilanz (vgl. § 255 Abs. 2 HGB; R 6.3 Abs. 6 EStR; H 6.3 „Ausnutzung von Produktionsanlagen" EStH):

Materialgemeinkosten:	Leerkosten: 0,5 * 80.000 EUR * 0,40 =	16.000 EUR
Fertigungsgemeinkosten:	Leerkosten: 0,8 * 60.000 EUR * 0,40 =	19.200 EUR
Summe Leerkosten =		35.200 EUR

Ergebnis:
Steuerbilanz: Untergrenze = 660.000 EUR – 35.200 EUR Leerkosten = 624.800 EUR
Obergrenze = 850.000 EUR – 35.200 EUR Leerkosten = 814.800 EUR.

Würden die (fixen) Fremdkapitalzinsen aktivierbar, so wäre auch aus diesen der auf die Unterauslastung entfallende Teil herauszurechnen.

Lösung zu Aufgabe 20: Herstellungskosten

(in EUR)	*StB*	*StB*
Materialeinzelkosten (MEK)	100.000	100.000
anteilige Gemeinkosten des Rohstofflagers (= MGK)	20.000	20.000
Akkordlöhne (Fertigung) (= FEK)	150.000	150.000
anteilige Materialgemeinkosten (nur Einkauf; Wareneingang)	---	25.000
anteilige kalk. Abschreibungen der Fertigungsanlagen von 80.000 (übersteigen die bilanziellen AfA um 20.000 EUR) (= FGK)	60.000	60.000
anteilige Gehälter der Meister im Bereich Produktion (= FGK)	15.000	15.000
Kosten der Zwischenlagerung im Produktionsprozess (= FGK)	3.000	3.000
kalkulatorische Eigenkapitalzinsen (30.000 EUR)	---	---
Kosten des innerbetrieblichen Transports (= FGK)	5.000	5.000
Fertigungsgemeinkosten (Betriebsstoffe, Werkzeuge)	20.000	20.000
anteilige Gehälter der Außendienstmitarbeiter (70.000 EUR)	---	---
ant. Aufwendungen in der Grundlagenforschung (35.000 EUR)	---	---
den Erzeugnissen direkt zurechenbare Verwaltungskosten, die nötig waren, um Transport, Entwicklung, Konstruktion und Produktion zu gewährleisten (= FGK)	30.000	30.000
auf den Zeitraum der Fertigung entfallende Fremdkapitalzinsen (für einen der Fertigung der Erzeugnisse sachlich zurechenbaren zweckgebundenen Bankkredit)	---	40.000
anteilige Kosten des Absatzlagers (10.000 EUR) (= VertrGK)	---	---
Kosten für freiwillige soziale Leistungen einschl. betrieblicher Altersversorgung für Beschäftigte im Produktionsbereich	---	35.000
Verpackungskosten (30.000 EUR)	---	---
anteilige verbrauchsbedingte Reparaturkosten der Fertigungsmaschinen (= FGK)	15.000	15.000
anteilige Kosten der allg. Verwaltung (ohne Verwaltung des Produktionsbereichs)	---	50.000
= Herstellungskosten-Untergrenze in der Steuerbilanz	**418.000**	
= Herstellungskosten-Obergrenze in der Steuerbilanz		**568.000**

Die Fremdkapitalzinsen erfüllen die strengen Zuordnungsvoraussetzungen der Wirtschaftsprüfer (vgl. IDW: HFA 5/1991, WPg 1992, S. 95) und dürfen daher in die Herstellungskosten nach § 255 Abs. 3 HGB und damit auch in die Steuerbilanz (R 6.3 Abs. 4 EStR; H 6.3 „Zinsen für Fremdkapital" EStH) einbezogen werden. Zwar wird dort primär auf eine Objektfinanzierung, also z. B. im Anlagenbau bezogen auf eine größere technische Anlage, abgestellt, jedoch ist auch in anderen Fällen eine Aktivierung möglich, sofern eine sachliche und zeitliche Zuordnung eindeutig gegeben ist.

Lösung zu Aufgabe 21: Teilwert

Der Teilwert der beiden Fertigungsanlagen ist tatsächlich bereits bei der Lieferung unter deren Anschaffungskosten gesunken, da es sich von Anfang an um eine Fehlmaßnahme handelte. Die Anschaffung der beiden Anlagen ist aufgrund der geänderten Nachfragesituation völlig unwirtschaftlich geworden, so dass ein gedachter Erwerber des gesamten Betriebes dies im Kaufpreis nicht honorieren würde. Da eine Wiederkehr des Nachfragebooms nicht absehbar ist, handelt es sich um eine nachhaltige und gravierende Einschränkung der Nutzung der Fertigungsanlagen, die voraussichtlich für den weitaus überwiegenden Teil der technischen Restnutzungsdauer der Anlagen anhalten wird. Einer Teilwertabschreibung der Anlagen steht die gute allgemeine Ertragslage der LowTech GmbH nicht entgegen. Der Teilwert entspricht in diesem Falle den Wiederbeschaffungskosten für eine dem betrieblichen Bedarf angepasste kleinere Anlage, wobei jedoch der Einzelveräußerungspreis (ggf. Schrottwert) der Anlagen nicht unterschritten werden darf (vgl. BFH 17.9.1987, BStBl. 1988 II, S. 488). Da im vorliegenden Falle auch keine kleinere Fertigungsanlage wirtschaftlich eingesetzt werden kann, entspricht der Teilwert dem Einzelveräußerungspreis.

Lösung zu Aufgabe 22: Tageswert und Teilwert von Wertpapieren

zu a) Es handelt sich um Wertpapiere des Anlagevermögens, für die keine Veräußerungsabsicht besteht. *Handelsrechtlich* ist der am Bilanzstichtag beizulegende Wert (Tageswert) vom Beschaffungsmarkt abzuleiten, d. h. die Frage lautet: Was müsste die LowTech am Bilanzstichtag für die Wiederbeschaffung der Aktien zahlen? Zum gesunkenen Börsenkurs sind daher noch die proportionalisierten Anschaffungsnebenkosten zu zählen:

660 EUR : 44.000 EUR = 0,015, d. h. 1,5%.

88 EUR * 200 Stück =	17.600 EUR
+ 1,5% von 17.600 EUR =	264 EUR
= Tageswert am 31.12.01	17.864 EUR

Der *steuerrechtliche Teilwert* entspricht den Wiederbeschaffungskosten und weist daher dieselbe Höhe auf.

zu b) Der *(handelsrechtliche) Tageswert* von Wertpapieren des Umlaufvermögens (baldige Veräußerungsabsicht) bestimmt sich als der Wert, den die LowTech am Bilanzstichtag bei Veräußerung der Wertpapiere, also auf dem Absatzmarkt bekäme. Die proportionalisierten Veräußerungskosten vermindern den Börsenkurs:
660 EUR : 44.000 EUR = 0,015, d. h. 1,5%.

88 EUR * 200 Stück =	17.600 EUR
– 1,5% von 17.600 EUR =	– 264 EUR
= Tageswert am 31.12.01	17.336 EUR

Da der *steuerrechtliche Teilwert* immer den Wiederbeschaffungskosten entspricht, ergibt sich derselbe Wert wie unter a). Aufgrund des Bewertungsvorbehalts weichen Handels- und Steuerbilanzwert voneinander ab:

Handelsbilanz	***Steuerbilanz***
Wertpapiere des Umlaufvermögens 17.336 EUR	Wertpapiere des Umlaufvermögens 17.864 EUR

Lösung zu Aufgabe 23: Bewertungskonzeption beim Anlagevermögen (Handelsrecht und Steuerrecht)

Es handelt sich um Wertpapiere des Anlagevermögens, da sie dauernd dem Geschäftsbetrieb zu dienen bestimmt sind. Gemäß § 253 Abs. 3 S. 3 u. 4 HGB greift das eingeschränkt gemilderte Niederstwertprinzip.

Zu a): Fall 1: In diesem Falle ist der Börsenwert nach dem Bilanzstichtag wieder gestiegen, so dass von einer nur vorübergehenden Wertminderung der Aktien auszugehen ist. Demnach besteht *handelsrechtlich* ein Abwertungswahlrecht auf den Stichtagswert von 80.000 EUR. Je nach bilanzpolitischem Ziel kann aber auch der bisherige Buchwert von 150.000 EUR beibehalten werden. *Steuerrechtlich* ist gemäß § 6 Abs. 1 Nr. 2 Satz 2 EStG bei voraussichtlich vorübergehender Wertminderung keine Abschreibung auf den niedrigeren Teilwert zulässig. Es sind die (fortgeführten) Anschaffungskosten anzusetzen (Bewertungsvorbehalt § 5 Abs. 6 EStG).

Handelsbilanz 31.12.02	***Steuerbilanz 31.12.02***
Wertpapiere des Anlagevermögens 150.000 EUR	Wertpapiere des Anlagevermögens 150.000 EUR

oder:

Handelsbilanz 31.12.02	***Steuerbilanz 31.12.02***
Wertpapiere des Anlagevermögens 80.000 EUR	Wertpapiere des Anlagevermögens 150.000 EUR

Zu a) Fall 2: Da der Börsenwert am Stichtag um mehr als 40% unter die Anschaffungskosten und nach dem Bilanzstichtag weiter gesunken ist, handelt es sich handels- und steuerrechtlich um eine voraussichtlich dauerhafte Wertminderung. In diesem Falle besteht für Störtebeker in der *Handelsbilanz* eine Pflicht zur außerplanmäßigen Abschreibung. Die Aktien müssen am 31.12.02 mit dem Stichtagswert von 80.000 EUR bewertet werden. Eine Abwertung auf 75.000 EUR ist nach dem Stichtagsprinzip nicht zulässig.

<u>BS:</u>	Außerplanmäßige Abschreibungen auf Finanzanlagen	70.000 EUR	
	an Wertpapiere des Anlagevermögens		70.000 EUR.

In der *Steuerbilanz* besteht ein Wahlrecht der Abschreibung auf den niedrigeren Teilwert (§ 6 Abs. 1 Nr. 2 Satz 2 EStG). Dieses Bewertungswahlrecht wird aufgrund des Maßgeblichkeitsprinzips (§ 5 Abs. 1 EStG) von der handelsrechtlichen Pflicht zur außerplanmäßigen Abschreibung überlagert.

Handelsbilanz 31.12.02	***Steuerbilanz 31.12.02***
Wertpapiere des Anlagevermögens 80.000 EUR	Wertpapiere des Anlagevermögens 80.000 EUR

Zu b) Fall 1: Sofern das Abschreibungswahlrecht in der Handelsbilanz nicht genutzt wurde, entspricht der Buchwert in Handels- und Steuerbilanz den Anschaffungskosten i. H. v. 150.000 EUR. Damit sind die Aktien per 31.12.03 unverändert mit dem Buchwert von 150.000 EUR Handels- und Steuerbilanz anzusetzen. Eine Bewertung oberhalb der Anschaffungskosten verbietet das Realisationsprinzip.
Sofern das Abschreibungswahlrecht in der Handelsbilanz genutzt wurde, muss Störtebeker gemäß § 253 Abs. 5 HGB auf die Anschaffungskosten von 150.000 EUR zuschreiben.

<u>BS:</u>	Wertpapiere des Anlagevermögens	60.000 EUR	
	an Sonstige betriebliche Erträge (Zuschreibungserträge)		60.000 EUR.

Steuerrechtlich war eine Teilwertabschreibung im Vorjahr in diesem Falle nicht zulässig, sodass jetzt die Werte in Handels- und Steuerbilanz wieder übereinstimmen.

Handelsbilanz 31.12.03	***Steuerbilanz 31.12.03***
Wertpapiere des Anlagevermögens 150.000 EUR	Wertpapiere des Anlagevermögens 150.000 EUR

Zu b) Fall 2: Sowohl Tageswert als auch Teilwert liegen mit 180.000 EUR über den Anschaffungskosten. In der Handelsbilanz muss Störtebeker daher gemäß § 253 Abs. 5 HGB auf die Anschaffungskosten zuschreiben. *Steuerrechtlich* sind die Wertpapiere automatisch wieder mit den Anschaffungskosten anzusetzen und anschließend ist zu prüfen, ob eine erneute Teilwertabschreibung zulässig ist (§ 6 Abs. 1 Nr. 2 Satz 3 EStG). Da der Teilwert nicht unter den Anschaffungskosten liegt, ist letzteres nicht der Fall (faktisches Zuschreibungsgebot gemäß § 6 Abs. 1 Nr. 2 S. 3 i. V. m. Nr. 1 S. 4 EStG; Bewertungsvorbehalt § 5 Abs. 6 EStG).

Handelsbilanz 31.12.03	***Steuerbilanz 31.12.03***
Wertpapiere des Anlagevermögens 150.000 EUR	Wertpapiere des Anlagevermögens 150.000 EUR

Lösung zu Aufgabe 24: Bewertungskonzeption beim Anlagevermögen (Handelsrecht und Steuerrecht)

Die Stanzmaschine gehört zum abnutzbaren Anlagevermögen, sodass das eingeschränkt gemilderte Niederstwertprinzip nach § 253 Abs. 3 S. 3 u. 4 HGB anzuwenden ist. Eine Abwertung bei vorübergehender Wertminderung ist danach bei Sachanlagen nicht zulässig. Im vorliegenden Fall handelt es sich jedoch um eine voraussichtlich dauernde Wertminderung, auch wenn diese tatsächlich letztlich nicht von Dauer ist. *Handelsrechtlich* besteht daher eine Verpflichtung zur Abwertung auf den vom Beschaffungsmarkt abzuleitenden beizulegenden Wert der Maschine. Die Maschine ist durch die neu entwickelte billigere Maschine wirtschaftlich entwertet. Vergleichbar ist jedoch nur der Wert der neu entwickelten Maschine mit einem (fiktiv) gleichen Abnutzungsgrad wie ihn die vorhandene aufweist. Da es sich um eine voraussichtlich dauernde Wertminderung handelt (der Teilwert liegt die halbe Restnutzungsdauer unter dem planmäßigen Restbuchwert), besteht *steuerrechtlich* ein Wahlrecht, den niedrigeren Teilwert anzusetzen (§ 6 Abs. 1 Nr. 1 Satz 2 EStG), das von der handelsrechtlichen Verpflichtung zur Abschreibung aufgrund des Maßgeblichkeitsprinzips (§ 5 Abs. 1 S. 1 EStG) überlagert wird.

	vorhandene Stanzmaschine	fiktive Abschreibung der neu entwickelten Maschine
Anschaffungskosten (Januar 01)	20.000 EUR	10.000 EUR
– planmäßige Abschreibung 01	– 4.000 EUR	– 2.000 EUR
– planmäßige Abschreibung 02	– 4.000 EUR	– 2.000 EUR
= Zwischensumme 31.12.02	12.000 EUR	6.000 EUR
– außerplanmäßige Abschreibung 02	– 6.000 EUR	----
= Buchwert am 31.12.02	6.000 EUR	⇦ ⇦ 6.000 EUR

<u>BS:</u> Außerplanmäßige Abschreibungen auf Sachanlagen 6.000 EUR
an Maschinen 6.000 EUR.

Handelsbilanz zum 31.12.02	*Steuerbilanz zum 31.12.02*
6.000 EUR	6.000 EUR
§ 253 Abs. 3 Satz 3 HGB	§ 6 Abs. 1 Nr. 1 Satz 2 i. V. m. § 5 Abs. 1 S. 1 EStG

Die planmäßige Abschreibung in den Folgejahren soll den geminderten Restbuchwert gleichmäßig (linear) auf die Restnutzungsdauer von 3 Jahren verteilen. Sie beträgt also 6.000 EUR : 3 Jahre = 2.000 EUR. Am Bilanzstichtag (31.12.03) ist allerdings wegen des Verschwindens der neu entwickelten Anlage vom Markt der Grund für die außerplanmäßige Abschreibung entfallen. Es stellt sich die Frage der Zuschreibung auf die durch planmäßige Abschreibungen fortgeführten Anschaffungskosten der vorhandenen Stanzmaschine in Höhe von 20.000 EUR – 3 ∗ 4.000 EUR = 8.000 EUR. *Handelsrechtlich* besteht gemäß § 253 Abs. 5 HGB ein rechtsformunabhängiges Zuschreibungsgebot. *Steuerrechtlich* ist die Maschine zum 31.12.03 gem. § 6 Abs. 1 Nr. 1 Satz 4 EStG „automatisch" mit den fortgeführten Anschaffungskosten i. H. v. 8.000 EUR zu bewerten und anschließend ist zu prüfen, ob eine erneute Teilwertabschreibung möglich ist. Da dafür aber keine Gründe mehr existieren, bleibt es bei diesem Ansatz.

<u>BS:</u> Planmäßige Abschreibungen auf Sachanlagen 2.000 EUR
an Maschinen 2.000 EUR.

<u>BS:</u> Maschinen 4.000 EUR
an Erträge aus Werterhöhungen von Gegenständen des Anlagevermögens („Zuschreibungserträge") 4.000 EUR.

Handelsbilanz zum 31.12.03	***Steuerbilanz zum 31.12.03***
8.000 EUR	8.000 EUR
§ 253 Abs. 5 HGB Zuschreibungsgebot	§ 6 Abs. 1 Nr. 1 Satz 4 EStG Zuschreibungsgebot

Da es keinerlei Wahlrechte gibt, spielt das bilanzpolitische Ziel des Unternehmens in diesem Fall keine Rolle.

Lösung zu Aufgabe 25: Anlaufverluste bei Beteiligungen (Handels- und Steuerbilanz)
Die außerplanmäßige Abschreibung per 31.12.02 kann lediglich in der *Handelsbilanz* durchgeführt werden. Da die erwirtschafteten Verluste als nachhaltig eingeschätzt werden und der Ertragswert = = –100.000 EUR/0,10 = –1 Mio. EUR weit unter den Anschaffungskosten der Beteiligung liegt, ist die Abschreibung bis auf den Erinnerungswert sogar geboten (§ 253 Abs. 3 S. 3 HGB). *Steuerrechtlich* darf die Beteiligung nicht abgeschrieben werden mit der Begründung, dass es normal sei, in den ersten 3 oder im außereuropäischen Ausland gar in den ersten 5 Jahren nach der Unternehmensgründung Verluste zu erwirtschaften („Anlaufverluste"). Der Teilwert werde dadurch nicht verändert, es sei denn, es handele sich um eine Fehlmaßnahme[1].

Im Jahre 03 hat sich die Ertragssituation der Tochtergesellschaft erheblich und voraussichtlich dauerhaft so verbessert, dass der Ertragswert wieder ansteigt, hier sogar über die Anschaffungskosten hinaus auf 2,5 Mio EUR = 250.000 EUR/0,10. Nach § 253 Abs. 5 HGB ist eine Zuschreibung bis zum Ertragswert verpflichtend, jedoch höchstens bis zu den Anschaffungskosten (§ 253 Abs. 1 Satz 1 HGB. In der Steuerbilanz entspricht der Beteiligungsbuchwert immer noch den Anschaffungskosten.

Jahr 02		Jahr 04	
Handelsbilanz	***Steuerbilanz***	***Handelsbilanz***	***Steuerbilanz***
2 Mio EUR Anschaffungskosten	2 Mio EUR (AK) = Buchwert per 31.12.02	Zuschreibung auf 2 Mio EUR per 31.12.03	2 Mio EUR = Buchwert per 31.12.03
↓		↑	
↓		↑	
Abschreibung auf 1,- EUR per 31.12.02		Buchwert 1,- EUR per 31.12.02	

Lösung zu Aufgabe 26: Bewertungskonzeption beim Umlaufvermögen (Handelsrecht und Steuerrecht)
Handelsrecht: Es handelt sich um Wertpapiere des Umlaufvermögens, da sie in Spekulationsabsicht erworben wurden. Dementsprechend gilt das strenge Niederstwertprinzip nach § 253 Abs. 4 HGB, nach dem unabhängig von der voraussichtlichen Dauer der Wertminderung abgeschrieben werden muss. Da Veräußerungsabsicht besteht ist der Tageswert vom Absatzmarkt her abzuleiten, d. h. die Nebenkosten sind zu proportionalisieren und mindern den fiktiven Nettoveräußerungserlös am Bilanzstichtag.

Buchwert am 31.12.00 = Anschaffungskosten einschließlich Nebenkosten = 131.625 EUR.
1.625 EUR : 130.000 EUR = 0,0125, d. h. 1,25%.
84.000 EUR ∗ 0,0125 = 1.050 EUR.

[1] Vgl. BFH 27.7.1988, BStBl. 1989 II S. 274, und BFH 3.10. 1978, BStBl. 1979 II S. 108.

Modifizierter Nettoveräußerungserlös am Bilanzstichtag 31.12.01 (Tageswert) =
= 84.000 EUR – 1.050 EUR = 82.950 EUR.

BS: Außerplanmäßige Abschreibungen 48.675 EUR
an Wertpapiere des Umlaufvermögens 48.675 EUR.

Steuerrecht: Der Börsenkurs ist am Bilanzstichtag deutlich unter die Anschaffungskosten eingebrochen. Da er bis zum Bilanzaufstellungstag weiter gesunken ist, liegen genügend Anhaltspunkte dafür vor, dass es sich hier um eine voraussichtlich dauernde Wertminderung handelt. Lt. BMF-Schreiben vom 25.2.2000 (BStBl. I S. 372) muss im Umlaufvermögen keine bestimmte Mindestunterschreitung der Anschaffungskosten vorliegen. Es besteht also ein steuerrechtliches Wahlrecht (§ 6 Abs. 1 Nr. 2 Satz 2 EStG), die Aktien auf den niedrigeren Teilwert abzuschreiben, das aufgrund des Maßgeblichkeitsprinzips durch die handelsrechtliche Abwertungspflicht überlagert wird.

Der Teilwert zum Bilanzstichtag bei Wertpapieren ist immer (auch im Umlaufvermögen) als Wiederbeschaffungskosten zu interpretieren, d. h. die zu proportionalisierenden Nebenkosten stellen immer einen Aufschlag dar. Der Teilwert ergibt damit als 84.000 + 1.050 = 85.050 EUR.

BS: Teilwertabschreibung 46.575 EUR
an Wertpapiere des Umlaufvermögens 46.575 EUR.

Wertansätze:

Handelsbilanz zum 31.12.01	***Steuerbilanz zum 31.12.01***
82.950 EUR	85.050 EUR
§ 253 Abs. 4 HGB	§ 6 Abs. 1 Nr. 2 Satz 2 i. V. m. § 5 Abs. 1 S. 1 und § 5 Abs. 6 EStG

Folgejahr:
Handelsrecht: Am folgenden Bilanzstichtag (31.12.02) ist aufgrund des Wiederanstiegs des Börsenkurses der Grund für die außerplanmäßige Abschreibung entfallen. Gemäß § 253 Abs. 5 HGB besteht eine Zuschreibungspflicht auf den gestiegenen Tageswert 120.000 * 1,0125 = 121.500 EUR.

BS: Wertpapiere des Umlaufvermögens 38.550 EUR
an Erträge aus Zuschreibungen 38.550 EUR.

Steuerrecht: Zum 31.12.02 erfolgt „automatisch" eine Werterhöhung auf die Anschaffungskosten in Höhe von 131.625 EUR gemäß § 6 Abs. 1 Nr. 2 Satz 3 EStG i. V. m. § 6 Abs. 1 Nr. 1 S. 4 EStG. Anschließend ist zu prüfen, ob eine erneute Abschreibung auf den gestiegenen, aber immer noch unter den Anschaffungskosten liegenden Teilwert vorgenommen werden darf. Da der weiter angestiegene Börsenkurs am Bilanzaufstellungstag (31.3.03) anzeigt, dass es sich um eine voraussichtlich vorübergehende Wertminderung handelt, ist keine erneute Teilwertabschreibung zulässig.

BS: Wertpapiere des Umlaufvermögens 46.575 EUR
an Erträge aus Zuschreibungen 46.575 EUR.

Handelsbilanz zum 31.12.02	***Steuerbilanz zum 31.12.02***
121.500 EUR	131.625 EUR
§ 253 Abs. 5 HGB Wertaufholungsgebot	§ 6 Abs. 1 Nr. 2 Satz 3 i. V. m. § 6 Abs. 1 Nr. 1 S. 4 EStG

Lösung zu Aufgabe 27: Bewertungskonzeption beim Umlaufvermögen (Handelsrecht und Steuerrecht)

Handelsrecht: Die Rohstoffe gehören zum Umlaufvermögen, so dass aufgrund des strengen Niederstwertprinzips (§ 253 Abs. 4 HGB) eine Pflicht zur Abwertung auf 20.000 EUR besteht.

Steuerrecht: Das nach § 6 Abs. 1 Nr. 2 EStG bestehende Wahlrecht, bei der hier vorliegenden voraussichtlich dauernden Wertminderung auf den niedrigeren Teilwert abzuwerten, wird durch die handelsrechtliche Abwertungspflicht i. V. m. dem Maßgeblichkeitsprinzip (§ 5 Abs. 1 S. 1 EStG) überlagert. Der niedrigere Teilwert beträgt 20.000 EUR.

Handelsbilanz zum 31.12.01	***Steuerbilanz zum 31.12.01***
20.000 EUR	20.000 EUR
§ 253 Abs. 4 HGB	§ 6 Abs. 1 Nr. 2 EStG i. V. m. § 5 Abs. 1 S. 1 EStG

Lösung zu Aufgabe 28: Bewertungskonzeption beim Umlaufvermögen (Handelsrecht und Steuerrecht)

Zu a):

Da das unfertige Erzeugnis nicht marktfähig ist, existiert kein direkter Marktpreis. Es muss daher der am Bilanzstichtag beizulegende Wert ermittelt werden, der mit den bis dahin angefallenen Herstellungskosten verglichen werden kann. Der *handelsrechtlich* beizulegende Wert kann aus dem Marktpreis des Fertigerzeugnisses abgeleitet werden, denn auch bei dem unfertigen Erzeugnis handelt es sich letztlich um ein absatzbestimmtes Gut, auch wenn erst noch eine weitere Bearbeitung erfolgen muss.

Retrograde Ermittlung des beizulegenden Wertes (Tageswerts) (Werte in EUR)	
voraussichtlicher Verkaufserlös (Fertigerzeugnis)	640
– Erlösschmälerungen	– 40
= Nettoveräußerungserlös (Fertigerzeugnis)	= 600
– noch anfallende Produktionskosten	– 115
– noch anfallende anteilige Verwaltungsgemeinkosten	– 10
– noch anfallende Transport- und Verpackungskosten	– 20
– noch anfallende sonstige Vertriebskosten	– 15
= dem Unfertigen Erzeugnis am Bilanzstichtag beizulegender Wert (Tageswert des Unfertigen Erzeugnisses)	= 440

Da der beizulegende Wert (= 440 EUR) niedriger ist als die bisher angefallenen Herstellungskosten (= 460 EUR), muss dieser angesetzt werden (§ 253 Abs. 4 HGB).

Steuerrechtlich ist zu beachten, dass der auf Basis des Absatzmarkts ermittelte Teilwert dem um den durchschnittlichen Unternehmergewinn geminderten modifizierten Nettoveräußerungserlös entspricht. Der durchschnittliche Unternehmergewinn wird in der Praxis meist als prozentualer Aufschlagssatz berücksichtigt. Aus Vereinfachungsgründen wird hier ein absoluter Betrag verwendet: 30 EUR pro Stück. Dieser muss nach dem Urteil des BFH vom 7.9.2005 (DStR 2005, S. 1975 ff.) bei der Ermittlung des Teilwerts des unfertigen Erzeugnisses in voller Höhe berücksichtigt werden.

Retrograde Ermittlung des Teilwertes des Unfertigen Erzeugnisses (Werte in EUR)	
= dem Unfertigen Erzeugnis am Bilanzstichtag *handelsrechtlich* beizulegender Wert (Tageswert des Unfertigen Erzeugnisses)	= 440
– durchschnittlicher Unternehmergewinn (Fertigerzeugnis) (R 6.8 Abs. 2 Satz 3 EStR)	– 30
= Teilwert des unfertigen Erzeugnisses am Bilanzstichtag	= 410

Bei der Berechnung des Teilwerts muss gemäß R 6.8 Abs. 2 Satz 3 EStR auch der kalkulierte durchschnittliche Unternehmergewinn abgezogen werden, der nach dem Prinzip der verlustfreien Bewertung in der *Handelsbilanz* nicht subtrahiert werden darf, da die Minderung um den Gewinnzuschlag nicht der Vorwegnahme eines drohenden Verlustes, sondern der Gewährleistung der formalen Gewinnerzielung bei der späteren Veräußerung dient. Wird das unfertige Erzeugnis mit 440 EUR bewertet (Pflicht in der *Handelsbilanz*), so ergibt sich bei der späteren Veräußerung ein Gewinn/Verlust von 0 EUR. Bei Bewertung mit 410 EUR (Wahlrecht in der *Steuerbilanz*), ergibt sich bei der späteren Veräußerung genau der kalkulierte Unternehmergewinn von 30 EUR (um diesen Betrag unterschreitet der Teilwert den Tageswert), sofern die geschätzten Daten in dieser Höhe tatsächlich auch eintreten. Dieses steuerliche Abschreibungswahlrecht wird durch die handelsrechtliche Abwertungspflicht bis zum Tageswert von 440 EUR überlagert (Maßgeblichkeitsprinzip gemäß § 5 Abs. 1 S. 1 EStG).

<u>BS:</u>	Bestandsänderungen an Unfertigen Erzeugnissen	20 EUR	
	an Unfertige Erzeugnisse		20 EUR.

Der niedrigere Teilwert (410 EUR) darf unabhängig von der Handelsbilanz in der Steuerbilanz angesetzt werden (Wahlrecht gemäß § 6 Abs. 1 Nr. 2 Satz 2 EStG; § 5 Abs. 1 S. 1 2. Halbs. EStG). Aufgrund des bilanzpolitischen Ziels ist das Wahlrecht zu nutzen

<u>BS:</u>	Bestandsänderungen an Unfertigen Erzeugnissen	50 EUR	
	an Unfertige Erzeugnisse		50 EUR.

Handelsbilanz zum 31.12.01	*Steuerbilanz zum 31.12.01*
440 EUR	410 EUR
§ 253 Abs. 4 HGB strenges Niederstwertprinzip Pflicht zur Abschreibung	§ 6 Abs. 1 Nr. 2 S. 2 EStG i. V. m. § 5 Abs. 1 S. 1 2. Halbs. EStG; R 6.8 Abs. 2 Satz 3 EStR

Zu b)
Handelsrechtlich ändert sich nichts, da es wegen des Prinzips der verlustfreien Bewertung nur auf den vom Absatzmarkt abgeleiteten Wert ankommt.

Steuerrechtlich entspricht der Teilwert gemäß R 6.8 Abs. 2 Satz 1 EStR jetzt den gesunkenen Wiederbeschaffungskosten i. H. v. 395 EUR, auch wenn durch eine Abwertung auf diesen Wert entgangene Gewinne (Fremdbezug der unfertigen Erzeugnisses wäre billiger gewesen als Selbsterstellung) vorweggenommen werden. Nach § 6 Abs. 1 Nr. 2 Satz 2 EStG besteht ein Wahlrecht, auf den niedrigeren Teilwert abzuwerten, das in der Steuerbilanz unabhängig von der Bewertung in der Handelsbilanz ausgeübt werden kann (§ 5 Abs. 1 S. 1 2. Halbs. EStG).

Handelsbilanz zum 31.12.01	*Steuerbilanz zum 31.12.01*
440 EUR	395 EUR
§ 253 Abs. 4 HGB strenges Niederstwertprinzip	§ 6 Abs. 1 Nr. 2 S. 2 EStG i. V. m. § 5 Abs. 1 S. 1 EStG

Lösung zu Aufgabe 29: Bewertungskonzeption beim Umlaufvermögen (Handelsrecht und Steuerrecht)

Ermittlung des Tageswerts 31.12.01 (EUR)	
voraussichtlicher Verkaufserlös	840
– Erlösschmälerungen	– 40
= Nettoveräußerungserlös	= 800
– noch anfallende betriebliche Aufwendungen	– 75
= Tageswert des Fertigen Erzeugnisses am Bilanzstichtag	= 725

Da der vom Absatzmarkt her abgeleitete Tageswert (725 EUR) niedriger ist als die aktivierten Herstellungskosten des Fertigerzeugnisses (780 EUR), muss er in der Handelsbilanz angesetzt werden (strenges Niederstwertprinzip; § 253 Abs. 4 HGB). Die Abwertung beträgt 55 EUR und ist als Bestandsminderung bei Fertigerzeugnissen zu buchen.

<u>BS:</u> Bestandsänderungen bei Fertigen Erzeugnissen 80 EUR
an Fertige Erzeugnisse 80 EUR.

Ermittlung des Teilwertes 31.12.01 (EUR)	
voraussichtlicher Verkaufserlös	840
– Erlösschmälerungen	– 40
= Nettoveräußerungserlös	= 800
– noch anfallende betriebliche Aufwendungen	– 75
– durchschnittlicher Unternehmergewinn	– 25
= Teilwert des Fertigen Erzeugnisses am Bilanzstichtag	= 700

Bei der Berechnung des Teilwerts muss gemäß R 6.8 Abs. 2 Satz 3 EStR auch ein kalkulierter durchschnittlicher Unternehmergewinn abgezogen werden, der nach dem Prinzip der verlustfreien Bewertung im Handelsrecht nicht subtrahiert werden darf, da das Imparitätsprinzip die Vorwegnahme entgangener Gewinn nicht abdeckt. Auch die nach dem Bilanzstichtag anfallenden betrieblichen Aufwendungen sind zu subtrahieren (R 6.8 Abs. 2 Satz 3 EStR).

Da es sich lt. Angabe um eine voraussichtlich dauernde Wertminderung handelt, besteht gemäß § 6 Abs. 1 Nr. 2 S. 2 EStG ein Wahlrecht zur Teilwertabschreibung in der Steuerbilanz. Dieses wird durch die handelsrechtliche Abwertungspflicht bis zum Tageswert von 725 EUR überlagert (Maßgeblichkeitsprinzip gem. § 5 Abs. 1 S. 1 EStG). Wegen des bilanzpolitischen Ziels ist das steuerliche Wahlrecht, weiter unter den Tageswert bis zum Teilwert i. H. v. 700 EUR abzuschreiben zu nutzen. Dies ist unabhängig von der Bewertung in der Handelsbilanz möglich (§ 5 Abs. 1 S. 1 2. Halbs. EStG), sofern die Wirtschaftsgüter in ein besonderes, laufend zu führendes Verzeichnis aufgenommen werden (§ 5 Abs. 1 S. 2 EStG).

<u>BS:</u> Bestandsänderungen bei Fertigen Erzeugnissen 80 EUR
an Fertige Erzeugnisse 80 EUR.

Handelsbilanz zum 31.12.01	***Steuerbilanz zum 31.12.01***
725 EUR	700 EUR
§ 253 Abs. 4 (Pflicht) Strenges Niederstwertprinzip	§ 6 Abs. 1 Nr. 2 S. 2 EStG i. V. m. § 5 Abs. 1 EStG; R 6.8 Abs. 2 Satz 3 EStR

<u>Folgejahr Fall a):</u>

Am folgenden Bilanzstichtag sind Tageswert und Teilwert des Fertigen Erzeugnisses wieder angestiegen. Sie betragen jetzt:

Ermittlung des Tageswerts 31.12.02 (EUR)	
voraussichtlicher Verkaufserlös	860
– Erlösschmälerungen	– 40
= Nettoveräußerungserlös	= 820
– noch anfallende betriebliche Aufwendungen	– 75
= Tageswert des Fertigen Erzeugnisses am Bilanzstichtag	= 745

Ermittlung des Teilwertes 31.12.02 (EUR)	
voraussichtlicher Verkaufserlös	860
– Erlösschmälerungen	– 40
= Nettoveräußerungserlös	= 820
– noch anfallende betriebliche Aufwendungen	– 75
– durchschnittlicher Unternehmergewinn	– 25
= Teilwert des Fertigen Erzeugnisses am Bilanzstichtag	= 720

Handelsrechtlich besteht für die LowTech GmbH, da die Gründe für die frühere außerplanmäßige Abschreibung teilweise entfallen sind, ein Wertaufholungsgebot gemäß § 253 Abs. 5 HGB bis auf 745 EUR. Bei der handelsrechtlichen Frage einer Zuschreibung kommt es nicht darauf an, ob die Wertminderung voraussichtlich vorübergehend oder voraussichtlich dauerhaft ist.
Steuerrechtlich sind zunächst einmal die Fertigerzeugnisse mit ihren Herstellungskosten in Höhe von 780 EUR zu bewerten (§ 6 Abs. 1 Nr. 2 Satz 3 EStG). Anschließend ist zu prüfen, ob eine erneute Abwertung auf den immer noch unter den Herstellungskosten liegenden Teilwert von 720 EUR zulässig ist. Da der Teilwert im Falle a) bis zum Tag der Bilanzaufstellung (31.3.03) bis auf 1.050 EUR – 40 EUR – 75 EUR – 25 EUR = 910 EUR weiter angestiegen ist, handelt es sich zum Bilanzstichtag 31.12.02 nicht mehr um eine voraussichtlich dauernde, sondern um eine voraussichtlich vorübergehende Wertminderung. Eine Teilwertabschreibung ist daher nicht zulässig, somit sind die Fertigerzeugnisse mit den Herstellungskosten zu bewerten (Bewertungsvorbehalt § 5 Abs. 6 EStG).

Handelsrecht:

BS:	Fertige Erzeugnisse	20 EUR	
	an Bestandsänderungen bei Fertigen Erzeugnissen		20 EUR.

Steuerrecht:

BS:	Fertige Erzeugnisse	80 EUR	
	an Bestandsänderungen bei Fertigen Erzeugnissen		80 EUR.

Handelsbilanz zum 31.12.02	***Steuerbilanz zum 31.12.02***
745 EUR	780 EUR
§ 253 Abs. 5 HGB Wertaufholungsgebot	§ 6 Abs. 1 Nr. 2 Satz 3 EStG; § 5 Abs. 6 EStG

Folgejahr Fall b):
Im Unterschied zu Fall a) liegt zum 31.12.02 immer noch eine voraussichtlich dauernde Wertminderung vor, sodass in der *Steuerbilanz* gemäß § 6 Abs. 1 Nr. 2 Satz 3 EStG eine erneute Abschreibung auf den niedrigeren Teilwert (720 EUR) vorgenommen werden kann (Wahlrecht). Aufgrund des Maßgeblichkeitsprinzips wird das steuerrechtliche Wahlrecht zur Teilwertabschreibung bis zum Wert von 745 EUR zur Pflicht. Das Wahlrecht zur weiteren Abschreibung bis auf den Teilwert von 720 EUR kann unabhängig von der Handelsbilanz ausgeübt werden (falls die Wirtschaftsgüter in ein besonderes, laufend zu führendes Verzeichnis aufgenommen werden) und wird wegen des bilanzpolitischen Ziels genutzt (§ 5 Abs. 1 EStG).

Handelsrecht:

BS:	Fertige Erzeugnisse	20 EUR	
	an Bestandsänderungen bei Fertigen Erzeugnissen		20 EUR.

Steuerrecht:

BS:	Fertige Erzeugnisse	80 EUR	
	an Bestandsänderungen bei Fertigen Erzeugnissen		80 EUR.
BS:	Bestandsänderungen bei Fertigen Erzeugnissen	60 EUR	
	an Fertige Erzeugnisse		60 EUR.

Die ***faktische Zuschreibung*** in der Steuerbilanz beträgt also wie in der Handelsbilanz 20 EUR.

Handelsbilanz zum 31.12.02	***Steuerbilanz zum 31.12.02***
745 EUR	720 EUR
§ 253 Abs. 5 HGB Zuschreibungspflicht	§ 6 Abs. 1 Nr. 2 Satz 3 EStG; § 5 Abs. 1 EStG

Lösung zu Aufgabe 30: Immaterielle Vermögensgegenstände

Zu a): Die entgeltlich erworbene Software ist unter den immateriellen Wirtschaftsgütern auszuweisen, da es sich nicht um ein Trivialprogramme handelt (R 5.5 Abs. 1 EStR; H 5.5 „Immaterielle Wirtschaftsgüter" EStH).

Zu b): Steuerrechtlich ist bei immateriellen Wirtschaftsgütern, die keine beweglichen Güter sind (H 7.2 „Bewegliche Wirtschaftsgüter" EStH) nur die lineare Abschreibungsmethode zulässig. Im Zugangsjahr ist die planmäßige Abschreibung generell zeitanteilig zu berechnen (§ 7 Abs. 1 Satz 4 EStG). Die Absetzung für Abnutzung für das Jahr 01 beträgt somit 3.900 EUR : 3 Jahre = 1.300 EUR, zeitanteilig für 9 Monate: 1.300 EUR * 9/12 = 975 EUR.

Zu c): Am Bilanzstichtag 31.12.01 betragen die Wiederbeschaffungskosten 2.500 EUR, im März 02 nur noch 2.000 EUR. Es handelt sich daher um eine voraussichtlich dauerhafte Wertminderung. In der Steuerbilanz kann auf den niedrigeren Teilwert abgeschrieben werden (§ 6 Abs. 1 Nr. 1 S. 2 EStG). Dieses Wahlrecht wird jedoch infolge des Maßgeblichkeitsprinzips (§ 5 Abs. 1 S. 1 EStG) von der handelsrechtlichen Abschreibungspflicht (eingeschränkt gemildertes Niederstwertprinzip gemäß § 253 Abs. 3 S. 3 HGB; Beschaffungsmarkt, da keine Veräußerungsabsicht) überlagert.

<u>*BS:*</u>	Absetzung für Abnutzung auf		
	Immaterielle Vermögensgegenstände	975 EUR	
	an Immaterielle Vermögensgegenstände		975 EUR.

<u>*BS:*</u>	Teilwertabschreibung auf		
	Immaterielle Vermögensgegenstände	425 EUR	
	an Immaterielle Vermögensgegenstände		425 EUR.

Steuerbilanz zum 31.12.01
Immaterielle Wirtschaftsgüter 2.500 EUR

Lösung zu Aufgabe 31: Geschäfts- oder Firmenwert

Gemäß § 246 Abs. 1 S. 4 HGB ist der Wert der einzelnen Vermögensgegenstände des erworbenen Unternehmens im Zeitpunkt der Übernahme, also der Zeitwert nach Auflösung der enthaltenen stillen Reserven, zu ermitteln. Das Eigenkapital des Käufers ändert sich nicht, da die Gesellschafter des Käuferunternehmens diesem kein Kapital aus dem Privatvermögen zugeführt haben. Eine Berücksichtigung des Eigenkapitals des übernommenen Unternehmens wäre eine Doppelzählung, da dessen bilanzielles Komplement („die andere Seite derselben Medaille"), nämlich alle Vermögensgegenstände abzüglich der Schulden in die Bilanz des Käufers aufgenommen werden. Außerdem wird durch den Kaufpreis den Eigentümern des übernommenen Unternehmens ihre Kapitaleinlage zurückgezahlt.

Kaufpreis	1.000 TEUR
– Wert der einzelnen Wirtschaftsgüter im Zeitpunkt der Übernahme	1.750 TEUR
+ (übernommene) Schulden	1.000 TEUR
= Geschäfts oder Firmenwert	250 TEUR

oder:

Kaufpreis	– Reinvermögen nach Auflösung der stillen Reserven (= Wert des übernommenen Nettovermögens = 1.750 TEUR – 1.000 TEUR)	= Firmenwert
1.000 TEUR	– 750 TEUR	= 250 TEUR

Die Übernahme der Verbindlichkeiten des Unternehmens kann auch als Erhöhung des Kaufpreises für die erworbenen Wirtschaftsgüter angesehen werden.

BS:	Verschiedene Wirtschaftsgüter	1.750 TEUR	
	Firmenwert	250 TEUR	
	an Kasse		300 TEUR
	Verbindlichkeiten (vom Verkäufer übernommen)		1.000 TEUR
	Verbindlichkeiten		700 TEUR.

Bilanz des Käufers (nach Kauf) (in TEUR)

Firmenwert	250	Eigenkapital	1.500
Gebäude	1.800	Verbindlichkeiten	3.200
Maschinen	1.000		
Vorräte	600		
Forderungen LuL.	1.000		
Kasse	50		
	4.700		4.700

Lösung zu Aufgabe 32: Geschäfts- oder Firmenwert

	Mio EUR
Kaufpreis	5,0
– Wert der einzelnen Wirtschaftsgüter im Zeitpunkt der Übernahme	– 14,1
+ (übernommene) Schulden	+ 10,0
= Geschäfts- oder Firmenwert	0,9

Gemäß § 5 Abs. 2 EStG besteht eine Aktivierungspflicht für das Wirtschaftsgut „derivativer Firmenwert". Nach H 7.2 „Bewegliche Wirtschaftsgüter" EStH sind immaterielle Wirtschaftsgüter keine beweglichen Güter, so dass nur die lineare Abschreibung zulässig ist. Die betriebsgewöhnliche Nutzungsdauer von 15 Jahren ist in § 7 Abs. 1 Satz 3 EStG generell vorgeschrieben, da eine Schätzung nur unter großer Unsicherheit möglich wäre. Im Zugangsjahr ist generell zeitanteilig abzuschreiben (§7 Abs. 1 Satz 4 EStG).
Abschreibungshöhe: 1/15 von 0,9 Mio EUR = 0,06 Mio EUR,
zeitanteilig: 10/12 von 60.000 EUR = 50.000 EUR.

Steuerbilanz zum 31.12.01
Firmenwert: 850.000 EUR

Lösung zu Aufgabe 33: Gebäude

3. Obergeschoss: zu fremden Wohnzwecken genutzt ohne Zusammenhang zum Betrieb: Privatvermögen; an eigene Arbeitnehmer vermietet: notwendiges Betriebsvermögen (R 4.2 Abs. 4 EStR)
2. Obergeschoss: fremdbetrieblich genutzt: gewillkürtes Betriebs- oder Privatvermögen
1. Obergeschoss: eigenbetrieblich genutzt: notwendiges Betriebsvermögen; Personenaufzug, Entlüftung und Heizung = unselbständige Gebäudeteile, die Teil der Bewertungseinheit Gebäude sind; Zwischenwände = Scheinbestandteile zu vorübergehendem Zweck eingefügt und noch werthaltig nach dem Ausbau: bewegliches selbständiges Wirtschaftsgut („Betriebs- und Geschäftsausstattung"), Abschreibung gemäß § 7 Abs. 1 oder 2 EStG über die betriebsgewöhnliche Nutzungsdauer
Erdgeschoss: eigenbetrieblich genutzt: notwendiges Betriebsvermögen; Personenaufzug, Rolltreppe und Heizung = unselbständige Gebäudeteile, die Teil der Bewertungseinheit Gebäude sind; Lastenaufzug = Betriebsvorrichtung, da nicht in einheitlichem Nutzungs- und Funktionszusammenhang mit dem Gebäude stehend;
Keller: zu eigenen Wohnzwecken genutzt: notwendiges Privatvermögen

Betriebsvermögen: 900 qm, Privatvermögen 200 qm.

Lösung zu Aufgabe 34: Unverzinsliche Forderungen

Zu a): *Steuerrechtlich* ist eine Teilwertabschreibung nicht zulässig, da die Wertminderung nur vorübergehender Natur ist (§ 6 Abs. 1 Nr. 2 S. 2 EStG). Das Darlehen wird mit dem Nennbetrag bewertet. Es gilt der Bewertungsvorbehalt (§ 5 Abs. 6 EStG).

Nach herrschender *handelsrechtlicher* Meinung ist die Darlehensforderung auf ihren Barwert als beizulegenden Wert abzuschreiben. Bei einem marktüblichen Zinssatz von 10% und einer Laufzeit von 5 Jahren beträgt der Abzinsungsfaktor 0,620921 und das Darlehen ist am 31.12.01 mit 186.276,30 EUR zu bewerten.

BS:	Ausleihungen	300.000,00 EUR	
	an Bank		300.000,00 EUR.

BS:	Abschreibungen auf Finanzanlagen	113.723,70 EUR	
	an Ausleihungen		113.723,70 EUR.

Am Ende des Folgejahres muss *handelsrechtlich* nach § 253 Abs. 5 HGB eine Zuschreibung vorgenommen werden, die einer fiktiven Verzinsung über ein Jahr entspricht. Anders ausgedrückt, wird die Darlehensforderung nun nur noch über die Restlaufzeit von 4 Jahren abgezinst. Das Darlehen wird am 31.12.02 mit 204.903,90 EUR bewertet (Abzinsungsfaktor 0,683013; Aufzinsungsfaktor: 0,1).

BS:	Ausleihungen	18.627,60 EUR	
	an sonstige betriebliche Erträge (Zuschreibungserträge)		18.627,60 EUR.

Zu b): Steuerlich ist eine Teilwertabschreibung nicht zulässig (BFH-Urteil vom 30.11.1988). Das Darlehen ist somit am 31.12.01 sowie am 31.12.02 mit 300.000 EUR zu bewerten. Handelsrechtlich ist wie unter a) vorzugehen.

Zu c): Die Forderung ist in der Steuerbilanz mit dem Nennwert anzusetzen und die Differenz zwischen dem Barwert, der dem Wert der erbrachten Lieferung entspricht, und dem Nennwert ist passivisch abzugrenzen.

BS:	Forderung	300.000,00 EUR	
	an Umsatzerlöse		229.540,31 EUR
	an passiven Rechnungsabgrenzungsposten		70.459,69 EUR.

BS:	Passiver Rechnungsabgrenzungsposten	12.624,71 EUR	
	an Zinserträge		12.624,71 EUR.

Die Abzinsung darf nur mit Hilfe des steuerlich üblichen Zinssatzes von 5,5% vorgenommen werden. Der Abzinsungsfaktor beträgt 0,765134, der Teilwert des Darlehens am 31.12.01 EUR 229.540,31. In der Steuerbilanz wird das Darlehen per 31.12.02 mit 242.165,02 EUR bewertet, die vorzunehmende Auflösung des passiven Rechnungsabgrenzungspostens beträgt im Jahr 02 12.624,71 EUR. *Handelsrechtlich* kann, ggf. mit einem anderen Abzinsungszinssatz, ebenso vorgegangen werden.

Lösung zu Aufgabe 35: Geometrisch-degressive AfA

Handelsbilanz: Ein Abschreibungssatz i. H. v. p = 30% ist zulässig.
Steuerbilanz: Für Zugänge von beweglichen Wirtschaftsgütern des Anlagevermögens in den Jahren 2009 und 2010 ist die AfA in fallenden Jahresbeträgen gemäß § 7 Abs. 2 u. 3 EStG anwendbar.
Maximal zweieinhalbfacher linearer Satz = 2,5 ∗ 0,125 = 0,3125, d. h. 31,25%
⇒ wirksam ist die niedrigere absolute Obergrenze = 25% (Bewertungsvorbehalt, § 5 Abs. 6 EStG).
Übergang zur linearen Abschreibung, wenn Rest-Nutzungsdauer < 100/p
Handelsbilanz: Rest-Nutzungsdauer< 3,33 Jahre, die letzten 3 Jahre werden linear abgeschrieben.
Steuerbilanz: Rest-Nutzungsdauer < 4 Jahre, d. h. die letzten 3 Jahre werden linear abgeschrieben.
Der planmäßige Übergang von der geometrisch-degressiven zur linearen Methode widerspricht nicht dem Grundsatz der Bewertungsstetigkeit, da diese Kombination als eine besondere Abschreibungsmethode aufgefasst wird. Es besteht somit Maßgeblichkeit der Abschreibungsmethode mit

Übergang. In der Praxis scheut man meist den hohen Arbeitsaufwand unterschiedlicher Abschreibungssätze und wird meist in der Handelsbilanz denselben Abschreibungssatz verwenden wie in der Steuerbilanz.

	Handelsbilanz		*Steuerbilanz*	
Jahr	Abschreibungsbetrag A_t (in EUR)	Restwert R_t (in EUR)	AfA-Betrag A_t (in EUR)	Restwert R_t (in EUR)
01	30.000	70.000	25.000	75.000
02	21.000	49.000	18.750	56.250
03	14.700	34.300	14.063	42.187
04	10.290	24.010	10.547	31.640
05	7.203	16.807	7.910	23.730
06	5.602	11.205	7.910	15.820
07	5.602	5.603	7.910	7.910
08	5.603	---	7.910	---

Lösung zu Aufgabe 36: Gebäudeabschreibungen in Handels- und Steuerbilanz

Handelsbilanz: Die zeitanteilige Abschreibung beträgt 0,01667 ∗ 150.000 ∗ 3/4 Jahr = 1.875 EUR. Lagerhalle ist zum 31.12.01 mit 148.125 EUR zu bewerten.

Steuerbilanz: Die geschätzte Nutzungsdauer von 60 Jahren ist steuerrechtlich nicht zulässig, da § 7 Abs. 4 Satz 1 EStG für die vorliegende Gebäudekategorie eine Nutzungsdauer von 33 1/3 Jahren zwingend vorschreibt. Steuerlicher Abschreibungsbetrag = 0,03 ∗ 150.000 EUR ∗ 3/4 Jahr = 3.375 EUR. Bewertung der Lagerhalle in der Steuerbilanz zum 31.12.01: 146.625 EUR (Bewertungsvorbehalt gemäß § 5 Abs. 6 EStG).

Handelsbilanz zum 31.12.01	*Steuerbilanz zum 31.12.01*
148.125 EUR	146.625 EUR
§ 253 Abs. 3 HGB	§ 7 Abs. 4 S.1 EStG i. V. m. § 5 Abs. 6 EStG

Lösung zu Aufgabe 37: AfA und Teilwertabschreibung

Jahr	*AfA-Betrag A_t (lineare AfA)*	*Teilwert-abschreibung*	*tatsächlicher Restbuchwert*
01	5.000 EUR : 5 Jahre = 1.000 EUR		4.000 EUR
02	1.000 EUR	900 EUR	2.100 EUR
03	2.100 EUR : 3 Jahre = 700 EUR		1.400 EUR
04	700 EUR		700 EUR
05	700 EUR		------------

Lösung zu Aufgabe 38: Sonderabschreibungen nach § 7g Abs. 5 EStG

Zu a):

Jahr	*Lineare AfA und Sonderabschreibung im ersten Jahr der Nutzungsdauer*		*Lineare AfA und gleichmäßig verteilte Sonderabschreibung (EUR)*	
	AfA-Betrag	Restbuchwert	AfA-Betrag	Restbuchwert
01	3.000+4.800	16.200	3.000+960	20.040
02	3.000	13.200	3.000+960	16.080
03	3.000	10.200	3.000+960	12.120
04	3.000	7.200	3.000+960	8.160
05	3.000	4.200	3.000+960	4.200
06	1.400	2.800	1.400	2.800
07	1.400	1.400	1.400	1.400
08	1.400	------	1.400	------

Zu b): Konsequenzen für die *Handelsbilanz* ergeben sich nicht. Steuerliche Wahlrechte können in der Steuerbilanz unabhängig von der Handelsbilanz ausgeübt werden, sofern die Wirtschaftsgüter mit abweichenden Werten in ein besonderes, laufend zu führendes Verzeichnis aufgenommen werden (§ 5 Abs. 1 S. 1 2. Halbs. und S. 2 EStG). Sollte in der Handelsbilanz eine kürzere Nutzungsdauer angesetzt oder eine andere Abschreibungsmethode gewählt werden, greift der steuerliche Bewertungsvorbehalt (§ 5 Abs. 6 EStG) und führt zwingend zur Lösung unter a). Ausnahme: Für Zugänge in den Jahren 2009 und 2010 würde die Verwendung der geometrisch-degressiven Abschreibung in der Handelsbilanz dazu führen, dass in der Steuerbilanz ebenfalls die dann zulässige AfA in fallenden Jahresbeträgen nach § 7 Abs. 2 EStG anzuwenden wäre.

Lösung zu Aufgabe 39: Erhöhte Absetzungen bei Gebäuden

Steuerbilanz: Nach § 7h EStG können die Herstellungskosten der Modernisierungsmaßnahmen im Jahr der Herstellung und in den folgenden sieben Jahren jeweils bis zu 9% und in den folgenden 4 Jahren bis zu 7% der Herstellungskosten (erhöht) absetzen. Dieses steuerliche Wahlrecht kann unabhängig von der Handelsbilanz ausgeübt werden, sofern das Wirtschaftsgut in ein besonderes, laufend zu führendes Verzeichnis aufgenommen wird (§ 5 Abs. 1 EStG). Nach Ablauf dieses 12jährigen Begünstigungszeitraums ist ein Restwert den AK/HK des Gebäudes hinzuzurechnen. Die weiteren Absetzungen für Abnutzung sind einheitlich für das gesamte Gebäude mittels des für dieses geltenden Prozentsatzes (3% gem. § 7 Abs. 4 Nr. 1 EStG) vorzunehmen. Der Restwert ist jedoch Null, falls in jedem Jahr der Höchstbetrag abgesetzt wurde. Dies war hier aufgrund des bilanzpolitischen Ziels zwingend.

Handelsbilanz: Die Handelsbilanz wird von der erhöhten Absetzung nicht berührt, da diese steuerrechtlichen Wahlrechte unabhängig von der Handelsbilanz ausgeübt werden können. Hier ist das Gebäude linear über die Nutzungsdauer abzuschreiben. Die Modernisierungsmaßnahmen stellen nachträglich zu aktivierende Herstellungskosten dar, die über die Restnutzungsdauer linear abgeschrieben werden. Es kann vereinfachend angenommen werden, dass die Maßnahmen zu Jahresbeginn erfolgt sind. (Steuerrechtlich ist diese Annahme generell zwingend, R 7.4 Abs. 9 S. 3 EStR).

Jahr	**Steuerbilanz (EUR)**		**Handelsbilanz (EUR)**	
	AfA-Betrag	Restbuchwert	AfA-Betrag	Restbuchwert
00	36.000	840.000	20.000	1.000.000
01	36.000+18.000	786.000	20.000+4.000	976.000
02	36.000+18.000	732.000	24.000	952.000
03	36.000+18.000	678.000	24.000	928.000
04	36.000+18.000	624.000	24.000	904.000
05	36.000+18.000	570.000	24.000	880.000
06	36.000+18.000	516.000	24.000	856.000
07	36.000+18.000	462.000	24.000	832.000
08	36.000+18.000	408.000	24.000	808.000
09	36.000+14.000	358.000	24.000	784.000
10	36.000+14.000	308.000	24.000	760.000
11	36.000+14.000	258.000	24.000	736.000
12	36.000+14.000	208.000	24.000	712.000
13	36.000	172.000	24.000	688.000

Lösung zu Aufgabe 40: Investitionsabzug gemäß § 7g Abs. 1 EStG

Zu a): Da die Voraussetzungen gemäß § 7g Abs. 1 S.2 EStG laut Aufgabenstellung erfüllt sind, darf im Jahre 01 Gewinn mindernd ein Investitionsabzug in Höhe von 100.000 EUR außerhalb der Steuerbilanz in der Steuererklärung vorgenommen werden.

Steuererklärung 01 (Körperschaftsteuer):	
Steuerbilanzgewinn	400.000 EUR
– Investitionsabzug gemäß § 7g Abs. 1 EStG	– 100.000 EUR
= steuerpflichtiges Einkommen 01	= 300.000 EUR

Zu b): Im Jahr 04 wird die Fertigungsanlage angeschafft und in Höhe von 40% der tatsächlichen Anschaffungskosten von 300.000 EUR außerhalb der Steuerbilanz eine Hinzurechnung gemäß § 7g Abs. 2 EStG vorgenommen. Der Hinzurechnungsbetrag darf jedoch nicht den Investitionsabzugsbetrag im Jahre 01 übersteigen und beträgt somit nur 100.000 EUR. Gleichzeitig erfolgt eine Gewinn mindernde Herabsetzung der Anschaffungskosten um maximal 0,4*300.000 EUR = 120.000 EUR. Neben der AfA auf Basis der herabgesetzten Anschaffungskosten wird die Möglichkeit einer Sonderabschreibung von 20% auf die herabgesetzten AK gemäß § 7g Abs. 5 EStG genutzt, um den steuerpflichtigen Gewinn so niedrig wie möglich auszuweisen.

Steuererklärung 04 (Körperschaftsteuer):	
Steuerbilanzgewinn	400.000 EUR
– Hinzurechnung gemäß § 7g Abs. 2 EStG	+ 100.000 EUR
= steuerpflichtiges Einkommen 04	= 500.000 EUR

Herabsetzung der Anschaffungskosten um höchstens 40% der Anschaffungs- oder Herstellungskosten = 0,40 * 300.000 EUR = 120.000 EUR. Die geminderten AK* betragen somit 300.000 EUR – 120.000 EUR = 180.000 EUR.
Planmäßige AfA = 180.000 EUR * 1/10 = 18.000 EUR.

_BS:_	Technische Anlagen		300.000 EUR	
	Vorsteuer	57.000 EUR		
	an Sonstige Verbindlichkeiten			357.000 EUR.

_BS:_	Bewertungsabschlag auf AK	120.000 EUR	
	an Technische Anlagen		120.000 EUR.

_BS:_	AfA	18.000 EUR	
	an Technische Anlagen		18.000 EUR.

Inanspruchnahme der Sonderabschreibung gemäß § 7g Abs. 5 EStG in Höhe von maximal 0,20 * 180.000 EUR = 36.000 EUR.

_BS:_	Sonderabschreibungen gem. § 7 Abs. 5 EStG	36.000 EUR	
	an Technische Anlagen		36.000 EUR.

Zu c): Bei Vornahme des Investitionsabzugs nach § 7g Abs. 1 EStG im Jahre 01 in Höhe von 100.000 EUR muss der Steuerpflichtige seine Investitionsabsicht konkretisieren. Dazu ist es nötig, das Wirtschaftsgut nach seiner Funktion zu benennen, die Höhe der voraussichtlichen Anschaffungs- oder Herstellungskosten und ggf. den beabsichtigten Investitionszeitpunkt anzugeben, um die gesetzlich geforderte eigenständige Rücklage für jedes Investitionsvorhaben abgrenzen zu können.

Im Jahr 04 wird nun jedoch nicht das beabsichtigte Wirtschaftsgut, sondern ein LKW angeschafft (Anschaffungskosten: 200.000 EUR). Die Funktionsgleichheit ist somit nicht erfüllt. Die geplante Investition wird erst nach Ablauf des dreijährigen Investitionszeitraums vorgenommen.

Somit ist der Investitionsabzugsbetrag außerhalb der Steuerbilanz rückwirkend im Jahre 01 in voller Höhe rückgängig zu machen. Die Veranlagung im Jahre 01 ist entsprechend zu korrigieren, die Steuernachforderung löst eine Verzinsung gemäß § 233a AO aus.

Steuererklärung 01 (Körperschaftsteuer):	
Steuerbilanzgewinn	400.000 EUR
– Investitionsabzug gemäß § 7g Abs. 1 EStG	– 100.000 EUR
– Hinzurechnung gemäß § 7g Abs. 2 EStG	+ 100.000 EUR
= steuerpflichtiges Einkommen 01	= 400.000 EUR

Für die Anschaffung des LKW kann jedoch eine Sonderabschreibung gemäß § 7g Abs. 5 EStG vorgenommen werden, da die Inanspruchnahme des Investitionsabzugsbetrags keine Voraussetzung dafür darstellt. Als AfA ergibt sich ein Betrag von 200.000 EUR : 8 Jahre = 25.000 EUR. Die Sonderabschreibung für kleine und mittlere Betriebe beträgt höchstens 0,20*200.000 EUR = 40.000 EUR. Der Restbuchwert des LKW beträgt also zum 31.12.04 135.000 EUR. Die AfA-Beträge in den Folgejahren bleiben zunächst unverändert (§ 7a Abs. 9 EStG). Erst nach Ablauf des Begünstigungszeitraums erfolgt eine Anpassung. Ab dem 6. Jahr der Nutzungsdauer des LKW beträgt die jährliche AfA Restbuchwert : Restnutzungsdauer = 35.000 EUR : 3 Jahre = 11.667 EUR.

Außerdem kann im Jahre 04 ein neuer Investitionsabzug gemäß § 7g Abs. 1 EStG für die geplante Anschaffung der neuen Fertigungsanlage in Höhe von 40% der voraussichtlichen Anschaffungskosten gebildet werden. Damit heben sich im Jahre 04 die Gewinnerhöhung durch Hinzurechnung des Investitionsabzugs vom Jahre 01 und die Gewinnminderung durch den neuen Investitionsabzug im Jahr 04 auf. Die Verzinsung der Steuernachzahlung bleibt jedoch bestehen.

Lösung zu Aufgabe 41: Leasing

Die Grundmietzeit beträgt im vorliegenden Falle 50% der betriebsgewöhnlichen Nutzungsdauer. Im Falle a) entspricht der vereinbarte Preis bei Nutzung der Kaufoption dem Restbuchwert (lineare Abschreibung) nach Ablauf der Grundmietzeit und ist somit angemessen, so dass wirtschaftlicher Eigentümer der Leasing-Geber ist. Im Falle b) beträgt der Kaufpreis bei Nutzung der Kaufoption nur 20% des Restbuchwertes nach Ablauf der Grundmietzeit und liegt somit unter dem (laut Erlass) angemessenen Betrag. Nach dem Leasing-Erlass ist das wirtschaftliche Eigentum dem Leasing-Nehmer zuzuordnen.

Zu a):
Der Leasing-Geber aktiviert die fremdfinanzierte Maschine und schreibt sie linear ab. Die erhaltenen Leasing-Raten verbucht er als Mieterträge (Betriebseinnahmen). Die Sonderzahlung stellt eine Mieteinnahme dar, die sich wirtschaftlich auf die gesamte Grundmietzeit bezieht und mittels passivem Rechnungsabgrenzungsposten (§ 250 Abs. 1 HGB, § 5 Abs. 5 EStG) linear zu verteilen ist

(1)	Maschine	320.000 EUR	
	an Verbindlichkeiten gegenüber Kreditinstituten		320.000 EUR.
(2)	AfA an auf Sachanlagen	40.000 EUR	
	an Maschine		40.000 EUR.
(3)	Bank	120.000 EUR	
	an Mieterträge		120.000 EUR.
(4)	Bank	12.000 EUR	
	an passiven Rechnungsabgrenzungsposten		12.000 EUR.
(5)	Passiver Rechnungsabgrenzungsposten	3.000 EUR	
	an Mieterträge		3.000 EUR.
(6)	Schlussbilanzkonto	280.000 EUR	
	an Maschine		280.000 EUR.
(7)	Passiver Rechnungsabgrenzungsposten	9.000 EUR	
	an Schlussbilanzkonto		9.000 EUR.

Der Leasing-Nehmer bucht:

(1)	Mietaufwand	120.000 EUR	
	an Bank		120.000 EUR.
(2)	Aktiver Rechnungsabgrenzungsposten	12.000 EUR	
	an Bank		12.000 EUR.

(3)	Mietaufwand an aktiven Rechnungsabgrenzungsposten	3.000 EUR	 3.000 EUR.
(4)	Schlussbilanzkonto an aktiven Rechnungsabgrenzungsposten	9.000 EUR	 9.000 EUR.

Zu b): ***„Verunglücktes Leasing“*** wird bilanziell wie ein Kauf auf Raten behandelt:

Der Leasing-Nehmer ist wirtschaftlicher Eigentümer des Leasing-Objekts und hat dieses zu aktivieren. Gleichzeitig ist eine Leasingverbindlichkeit zu passivieren, die durch die künftigen Leasing-Raten getilgt wird. Neben den Abschreibungen fallen beim Leasing-Nehmer Zins- und Verwaltungsaufwendungen (des Leasing-Gebers) an, die der Leasing-Geber in den Leasing-Raten an ihn überwälzt. Der restliche Teil der Leasing-Raten stellt Tilgung der Leasing-Verbindlichkeiten dar. Die Aufteilung der Leasing-Raten in einen Zins- und Verwaltungskostenanteil einerseits sowie einen Tilgungsanteil andererseits kann finanzmathematisch oder entsprechend der Empfehlung des BFH arithmetisch-degressiv („Zinsstaffelmethode“) erfolgen. Hier soll nur die letztgenannte Aufteilungsmöglichkeit gezeigt werden, mit der der im Zeitablauf sinkende Zinsanteil und der im Zeitablauf steigende Tilgungsanteil bei einem Annuitätendarlehen nachempfunden wird. Die Sonderzahlung zu Beginn der Grundmietzeit hat hier den Charakter eines Einmalzinses (Disagio) und ist gemäß § 5 Abs. 5 EStG (handelsrechtlich: Wahlrecht, § 250 Abs. 3 HGB) analog auf die Grundmietzeit zu verteilen.

<u>Buchungen beim Leasing-Nehmer:</u>

(1)	Maschine 320.000 EUR an Leasingverbindlichkeiten			 320.000 EUR.
(2)	AfA auf Sachanlagen an Maschine		40.000 EUR	 40.000 EUR.
(3)	Zins- und Verwaltungsaufwand Leasingverbindlichkeit an Bank	 56.000 EUR	64.000 EUR	 120.000 EUR.

Die Aufteilung der Leasing-Raten erfolgt folgendermaßen (vgl. arithmetisch-degressive Zinsstaffelmethode):

Summe der Leasingraten Über die Grundmietzeit	480.000 EUR
– Anschaffungskosten des Leasing-Objekts	– 320.000 EUR
= Zins- und Verwaltungsaufwand	= 160.000 EUR

$\Rightarrow$: n * (n+1)/ 2 =16.000 EUR = Degressionsbetrag D

(n = Dauer der Grundmietzeit)

Zins- und Verwaltungskostenanteil an der Leasing-Rate:	***Verteilung der Sonderzahlung (Disagio):***
1. Jahr: 4 * D = 64.000 EUR	1. Jahr: 4/10 = 4.800 EUR
2. Jahr: 3 * D = 48.000 EUR	2. Jahr: 3/10 = 3.600 EUR
3. Jahr: 2 * D = 32.000 EUR	3. Jahr: 2/10 = 2.400 EUR
4. Jahr: 1 * D = 16.000 EUR.	4. Jahr: 1/10 = 1.200 EUR

(4)	Aktiver Rechnungsabgrenzungsposten (Disagio) an Bank	12.000 EUR	 12.000 EUR.
(5)	Zins- und Verwaltungsaufwand an aktiven Rechnungsabgrenzungsposten (Disagio)	4.800 EUR	 4.800 EUR.

(6)	Schlussbilanzkonto	280.000 EUR	
	an Maschine		280.000 EUR.
(7)	Leasingverbindlichkeiten	264.000 EUR	
	an Schlussbilanzkonto		264.000 EUR.
(8)	Schlussbilanzkonto	7.200 EUR	
	an aktiven Rechnungsabgrenzungsposten (Disagio)		7.200 EUR.

Buchungen beim Leasing-Geber:

(1)	Bank	320.000 EUR	
	an Verbindlichkeiten gegenüber Kreditinstituten		320.000 EUR.
(2)	Maschine	320.000 EUR	
	an Bank		320.000 EUR.
(3)	Leasingforderungen (Kaufpreisforderung)	320.000 EUR	
	an Maschine		320.000 EUR.
(4)	Bank	120.000 EUR	
	an Zins- und Verwaltungserträge		64.000 EUR
	an Leasingforderung		56.000 EUR.
(5)	Bank	12.000 EUR	
	an passiven Rechnungsabgrenzungsposten (Disagio)		12.000 EUR.
(6)	Passiver Rechnungsabgrenzungsposten (Disagio)	4.800 EUR	
	an Zins- und Verwaltungserträge		4.800 EUR.
(7)	Schlussbilanzkonto	264.000 EUR	
	an Leasingforderungen		264.000 EUR.
(8)	Passiver Rechnungsabgrenzungsposten (Disagio)	7.200 EUR	
	an Schlussbilanzkonto		7.200 EUR.

Lösung zu Aufgabe 42: Fremdwährungsforderungen

Buchung per 15.10.01 (Lieferung; Erstverbuchung):

BS:	Forderungen L.u.L.	400.000 EUR	
	an Umsatzerlöse		400.000 EUR.

Bewertung am 31.12.01 mit 312.500 EUR. Aufgrund des strengen Niederstwertprinzips (§ 253 Abs. 4 HGB; § 6 Abs. 1 Nr. 2 i. V. m. § 5 Abs. 1 Satz 1 EStG) besteht handelsrechtlich eine Abwertungspflicht und steuerrechtlich ebenso, da das Abwertungswahlrecht überlagert wird.

BS:	Sonstige betriebliche Aufwendungen (Währungsverluste)	87.500 EUR	
	an Forderungen L.u.L.		87.500 EUR.

Handelsrechtlich gilt für die GmbH per 31.12.02 eine Zuschreibungspflicht gemäß § 253 Abs. 5 HGB bis 500.000 EUR unter Suspendierung des Anschaffungskostenprinzips (§ 256a S. 2 HGB). Steuerrechtlich besteht ein Zuschreibungsgebot auf die Anschaffungskosten gemäß § 6 Abs. 1 Nr. 2 Satz 3 EStG. Die Buchung der Zuschreibung lautet:

BS:	Forderungen L.u.L.	87.500 EUR	
	an Sonstige betriebliche Erträge		87.500 EUR.

Eine Zuschreibung über die Anschaffungskosten hinaus bis auf 500.000 EUR ist nicht zulässig, da in Höhe von 100.000 EUR unrealisierte Gewinne berücksichtigt würden. Eine Zuschreibung auf die ursprünglichen Anschaffungskosten vor Erhalt der Kundeneinzahlung widerspricht dagegen nach herrschender Meinung nicht dem Realisationsprinzip.

Lösung zu Aufgabe 43: Festwert

Zu a): Bei den Gerüst- und Schalungsteilen handelt es sich nicht um geringwertige Wirtschaftsgüter, da die Einzelteile nicht selbständig nutzbar sind (R 6.13 Abs. 1 EStR; H 6.13 „ABC der nicht selbständig nutzungsfähigen Wirtschaftsgüter" EStH).

Die Buchungen bei Zugängen haben auf dem Konto „Sonstige betriebliche Aufwendungen" und nicht auf dem Abschreibungskonto zu erfolgen. Der Buchungssatz bei Veräußerung ist richtig.

Da es sich um eine Erhöhung des Festwerts von mehr als 10% handelt, besteht sowohl handels- als auch steuerrechtlich eine Pflicht zur Aufstockung des Festwerts (R 5.4 Abs. 4 EStR). Dazu sind die Zugänge im Jahr 04 und, wenn erforderlich, im Jahr 05 zu nutzen. Die Aufwandsbuchungen der Zugänge im Jahr 04 werden zu Zugangsbuchungen auf das Festwertkonto umgebucht.

BS:	Festwertkonto „Gerüst- und Schalungsteile"	12.000 EUR	
	an Sonstige betriebliche Aufwendungen		12.000 EUR.

Umbuchungen im Jahr 05:

BS:	Festwertkonto „Gerüst- und Schalungsteile"	8.000 EUR	
	an Sonstige betriebliche Aufwendungen		8.000 EUR.

Sollten die Zugänge im Jahr 05 noch nicht (als Aufwand) gebucht worden sein, so wäre zu buchen:

BS:	Festwertkonto „Gerüst- und Schalungsteile"	8.000 EUR	
	an Bank		8.000 EUR.

Zu b): Da der tatsächliche Wert unter dem Festwert liegt, darf der Festwert steuerlich auf den tatsächlichen Wert vermindert werden (R 5.4 Abs. 4 EStR), handelsrechtlich besteht nach h.M. eine Pflicht zur Herabsetzung, die das steuerliche Wahlrecht überlagert.

Um den Festwert auf 92.000 EUR zu verringern ist im Jahre 04 zusätzlich zu der Aufwandsbuchung bezüglich der Zugänge i. H. v. 12.000 EUR zu buchen:

BS:	Abschreibungen	8.000 EUR	
	an Festwertkonto „Gerüst- und Schalungsteile"		8.000 EUR.

Lösung zu Aufgabe 44: Vorratsbewertungsverfahren

(1) Berechnung des Wertes des Endbestandes und des Verbrauchs nach der ***Durchschnittspreismethode*** (§ 240 Abs. 4 HGB i. V. m. § 256 HGB; R 6.8 Abs. 3 und 4 EStR)

a) Gewogener Durchschnittspreis (Perioden-Variante):

Anfangsbestand	15t * 400 EUR/t =	6.000 EUR
Zugang	25t * 420 EUR/t =	10.500 EUR
Zugang	20t * 380 EUR/t =	7.600 EUR
Zugang	15t * 430 EUR/t =	6.450 EUR
Summe	75t	30.550 EUR

Durchschnittspreis = 30.550 EUR : 75t = 407,33 EUR/t.
Bewertung des Endbestandes: 20t * 407,33 EUR/t = 8.146,67 EUR
Verbrauch: 55t * 407,33 EUR/t = 22.403,33 EUR.

Der Verbrauch in der abgelaufenen Periode ergibt sich auch aus:

Anfangsbestand + Zugänge	30.550,00 EUR
– Endbestand	– 8.146,67 EUR
= Verbrauch	= 22.403,33 EUR

Der gewogene Durchschnittswert liegt unter dem Marktpreis von 410 EUR. Somit ist eine Abwertung nach dem strengen Niederstwertprinzip (§ 253 Abs. 3 HGB) nicht erforderlich.

b) Gleitende Durchschnittsbewertung (Permanente Durchschnittsbewertung):

Anfangsbestand + Zugang 20.1.	15t * 400 EUR/t = + 25t * 420 EUR/t =	6.000 EUR + 10.500 EUR
= Bestand	= 40t	= 16.500 EUR
gewogener Durchschnittspreis	16.500 EUR : 40t = 412,50 EUR/t	
– Abgang 20.3.	– 10t * 412,50 EUR/t	–4.125 EUR
= Bestand + Zugang 20.6.	= 30t + 20t * 380 EUR/t =	= 12.375 EUR + 7.600 EUR
=Bestand	= 50t	= 19.975 EUR
gewogener Durchschnittspreis	19.975 EUR : 50t = 399,50 EUR/t	
– Abgang 20.7.	– 40t * 399,50 EUR/t =	– 15.980 EUR
= Bestand + Zugang	= 10t + 15t * 430 EUR/t =	= 3.995 EUR + 6.450 EUR
= Bestand	= 25t	= 10.445 EUR
gewogener Durchschnittspreis	10.445 EUR : 25t = 417,80 EUR/t	
– Abgang 20.11.	– 5t * 417,80 EUR/t	– 2.089 EUR
= Endbestand	= 20t	= 8.356 EUR

Der Verbrauch in der abgelaufenen Periode ergibt sich auch aus:

Anfangsbestand + Zugänge	30.550 EUR
– Endbestand	– 8.356 EUR
= Verbrauch	= 22.194 EUR

Durchschnittspreis = 8.356 EUR : 20t = 417,80 EUR/t.
Der Wert pro Tonne liegt über dem Marktpreis von 410 EUR. Somit ist eine Abwertung nach dem strengen Niederstwertprinzip (§ 253 Abs. 3 HGB) verpflichtend:

<u>BS:</u>	Aufwendungen für Rohstoffe	156 EUR	
	an Rohstoffe		156 EUR.

Der Verbrauch beträgt damit insgesamt 22.350 EUR, der Endbestand wird mit 8.200 EUR (= 410 EUR/t) bewertet.

(2) Berechnung des Wertes des Endbestandes und des Verbrauchs nach der ***lifo-Methode*** (§ 256 HGB; § 6 Abs. 1 Nr. 2a EStG; R 6.9 EStR):

a) Perioden-lifo

Anfangsbestand	15t * 400 EUR/t =	6.000 EUR
Zugang	5t * 420 EUR/t =	2.100 EUR
Endbestand	20t	8.100 EUR

Der Verbrauch in der abgelaufenen Periode ergibt sich auch aus:

Anfangsbestand + Zugänge	30.550 EUR
– Endbestand	– 8.100 EUR
= Verbrauch	= 22.450 EUR

Durchschnittspreis = 8.100 EUR : 20t = 405 EUR/t.
Der lifo-Wert pro Tonne liegt unter dem Marktpreis von 410 EUR. Somit ist eine Abwertung nach dem strengen Niederstwertprinzip (§ 253 Abs. 3 HGB) nicht erforderlich.

b) Permanentes lifo

Anfangsbestand + Zugang 20.1.	15t * 400 EUR/t = + 25t * 420 EUR/t =	6.000 EUR + 10.500 EUR
= Bestand – Abgang 20.3.	= 40t – 10t * 420 EUR/t	= 16.500 EUR – 4.200EUR
= Bestand + Zugang 20.6.	= 30t + 20t * 380 EUR/t =	= 12.300 EUR + 7.600 EUR
= Bestand – Abgang 20.7.	= 50t – 20t * 380 EUR/t = – 15t * 420 EUR/t = – 5t * 400 EUR/t =	= 19.900 EUR – 7.600 EUR – 6.300 EUR – 2.000 EUR
= Bestand + Zugang	= 10t + 15t * 430 EUR/t =	= 4.000 EUR + 6.450 EUR
= Bestand – Abgang 20.11.	= 25t – 5t * 430 EUR/t	= 10.450 EUR – 2.150 EUR
= Endbestand	= 20t	= 8.300 EUR

Der Verbrauch in der abgelaufenen Periode ergibt sich auch aus:

Anfangsbestand + Zugänge	30.550 EUR
– Endbestand	– 8.300 EUR
= Verbrauch	= 22.250 EUR

Durchschnittspreis = 8.300 EUR : 20t = 415 EUR/t.
Der Wert pro Tonne liegt über dem Marktpreis von 410 EUR. Somit ist eine Abwertung nach dem strengen Niederstwertprinzip (§ 253 Abs. 3 HGB) verpflichtend:

BS:	Aufwendungen für Rohstoffe	100 EUR	
	an Rohstoffe		100 EUR.

Der Verbrauch beträgt damit insgesamt 22.350 EUR, der Endbestand wird mit 8.200 EUR (= 410 EUR/t) bewertet.

(3) Berechnung des Wertes des Endbestandes und des Verbrauchs nach der ***fifo-Methode*** (§ 256 HGB; nach R 6.9 Abs. 1 Satz 2 EStR in der Steuerbilanz nicht zulässig):

Perioden-fifo (entspricht im Ergebnis der Permanenten fifo):

Zugang	15t * 430 EUR/t =	6.450 EUR
Zugang	5t * 380 EUR/t =	1.900 EUR
Endbestand	20t	8.350 EUR

Der Verbrauch in der abgelaufenen Periode ergibt sich auch aus:

Anfangsbestand + Zugänge	30.550 EUR
– Endbestand	– 8.350 EUR
= Verbrauch	= 22.200 EUR

Durchschnittspreis = 8.350 EUR : 20t = 417,5 EUR/t.
Der fifo-Wert pro Tonne liegt über dem Marktpreis von 410 EUR. Somit ist eine Abwertung nach dem strengen Niederstwertprinzip (§ 253 Abs. 3 HGB) verpflichtend:

BS:	Aufwendungen für Rohstoffe	150 EUR	
	an Rohstoffe		150 EUR.

Der Verbrauch beträgt damit insgesamt 22.350 EUR, der Endbestand wird mit 8.200 EUR (= 410 EUR/t) bewertet.

(4) **Zusammenfassung:**

Verfahren	*Verbrauch*	*Endbestand*	*Wert pro t (vor Abwertung)*	*Abwertung auf niedrigeren Tageswert*
gewogener Durchschnittspreis	22.403,33 EUR	8.146,67 EUR	407,33 EUR/t	
gleitender gewogener Durchschnittspreis	22.194 EUR	8.356 EUR	417,80 EUR/t	410 EUR/t
Perioden-lifo	22.450 EUR	8.100 EUR	405 EUR/t	
Permanentes lifo	22.250 EUR	8.300 EUR	415 EUR/t	410 EUR/t
fifo-Verfahren	22.200 EUR	8.350 EUR	417,50 EUR/t	410 EUR/t

Lösung zu Aufgabe 45: Disagio

Handelsrecht: Generell ist eine Verbindlichkeit mit dem Erfüllungsbetrag zu passivieren (§ 253 Abs. 1 HGB). Die laufenden Zinsen stellen Zinsaufwand dar, jährlich in Höhe von 40.000 EUR.

BS:	Zinsaufwand (laufender)	40.000 EUR	
	an Bank		40.000 EUR.

Aufgrund des bilanzpolitischen Ziels wird das Wahlrecht, einen Rechnungsabgrenzungsposten zu bilden (§ 250 Abs. 3 HGB), nicht genutzt. Das Disagio wird vielmehr sofort aus Zinsaufwand gebucht.

BS:	Bank	456.000 EUR	
	Zinsaufwand	44.000 EUR	
	an Verbindlichkeiten gegenüber Kreditinstituten		500.000 EUR.

Buchung im Folgejahr 02:

BS:	Zinsaufwand (laufender)	40.000 EUR	
	an Bank		40.000 EUR

Steuerrecht: Die laufenden Zinsen stellen Zinsaufwand dar, jährlich in Höhe von 40.000 EUR. Die Möglichkeit der sofortigen Aufwandsverbuchung gibt es im Steuerrecht nicht. Nach § 5 Abs. 5 Nr. 1 EStG ist das in einen aktiven Rechungsabgrenzungsposten einzustellen und über die Laufzeit des Darlehens erfolgswirksam zu verteilen.

Zu a): Fälligkeitsdarlehen ⇨ lineare Verteilung

BS:	Bank	456.000 EUR	
	Aktiver Rechnungsabgrenzungsposten 44.000 EUR		
	an Verbindlichkeiten gegenüber Kreditinstituten		500.000 EUR.

Am Ende des ersten Jahres der Laufzeit ist der Rechnungsabgrenzungsposten zu einem Zehntel aufzulösen.

BS:	Zinsaufwand an aktiven Rechnungsabgrenzungsposten	4.400 EUR	 4.400 EUR.
BS:	Zinsaufwand (laufender) an Bank	40.000 EUR	 40.000 EUR.

Buchungen im Folgejahr 02:

BS:	Zinsaufwand an aktiven Rechnungsabgrenzungsposten	4.400 EUR	 4.400 EUR.
BS:	Zinsaufwand (laufender) an Bank	40.000 EUR	 40.000 EUR.

Zu b): Tilgungsdarlehen ⇨ arithmetisch-degressive (digitale) Verteilung

Disagiobetrag in EUR	⇒ : n ∗ (n+1)/ 2 =	44.000 EUR:55
		= Degressionsbetrag D = 800 EUR

(n = Darlehenslaufzeit)

Auflösungsbetrag des aktiven Rechnungsabgrenzungspostens
1. Jahr: 10 ∗ D = 8.000 EUR
2. Jahr: 9 ∗ D = 7.200 EUR
3. Jahr: 8 ∗ D = 6.400 EUR
....
10. Jahr: 1 ∗ D = 800 EUR

BS:	Bank Aktiver Rechnungsabgrenzungsposten 44.000 EUR an Verbindlichkeiten gegenüber Kreditinstituten	456.000 EUR	 500.000 EUR.

Am Ende des ersten Jahres der Laufzeit ist der Rechnungsabgrenzungsposten zu 10/55 aufzulösen.

BS:	Zinsaufwand an aktiven Rechnungsabgrenzungsposten	8.000 EUR	 8.000 EUR.
BS:	Zinsaufwand (laufender) an Bank	40.000 EUR	 40.000 EUR.
BS:	Verbindlichkeiten gegenüber Kreditinstituten an Bank	50.000 EUR	 50.000 EUR.

Buchungen im Folgejahr 02:

BS:	Zinsaufwand an aktiven Rechnungsabgrenzungsposten	7.200 EUR	 7.200 EUR.
BS:	Zinsaufwand (laufender) an Bank	36.000 EUR	 36.000 EUR.
BS:	Verbindlichkeiten gegenüber Kreditinstituten an Bank	50.000 EUR	 50.000 EUR.

Der laufende Zinsaufwand in 02 errechnet sich unter Berücksichtigung der Tilgung als 0,08 * (500.000 EUR – 50.000 EUR) = 36.000 EUR.

Lösung zu Aufgabe 46: Steuerfreie Rücklagen gem. § 6b EStG

Die Lösung gilt nur für die Steuerbilanz. Das steuerliche Wahlrecht kann unabhängig von der Handelsbilanz ausgeübt werden, wenn die betreffenden Wirtschaftsgüter in ein besonderes, laufend zu führendes Verzeichnis aufgenommen werden (§ 5 Abs. 1 EStG). Die Handelsbilanz wird von der Übertragung der stillen Reserven nicht berührt.

Fall a): Übertragung auf einen Zugang in demselben Jahr (§ 6b Abs. 1 EStG)

Der Veräußerungsgewinn in Höhe von 150.000 EUR ist zu 100% übertragbar, alle Voraussetzungen nach § 6b Abs. 1 und 4 EStG sind erfüllt.

Buchungssätze

(1)	Bank	200.000 EUR	
	an Gebäude (alt)		50.000 EUR
	an Sonstige betriebliche Erträge		150.000 EUR.
oder: (1a)	Bank	200.000 EUR	
	an Erlöse aus Anlagenabgängen		200.000 EUR.
(1b)	Aufwand aus Anlagenabgängen	50.000 EUR	
	an Gebäude (alt)		50.000 EUR.
(2)	Gebäude (neu)	750.000 EUR	
	an Bank		750.000 EUR.
(3)	Bewertungsabschlag (außerplanmäßige Abschreibung) auf Sachanlagen	150.000 EUR	
	an Gebäude (neu)		150.000 EUR.
(4)	AfA auf Sachanlagen	7.500 EUR	
	an Gebäude (neu)		7.500 EUR.

Abschreibungsbasis für das neue Bürogebäude ist 750.000 EUR – 150.000 EUR = 600.000 EUR. Die zeitanteilige Abschreibung für das Jahr 02 beträgt: 600.000 EUR * 0,03 * 5/12 = 7.500 EUR. Der Buchwert des neuen Bürogebäudes beträgt dann in Steuerbilanz per 31.12.02 592.500 EUR (§ 6b Abs. 6 Satz 2 EStG).

Fall b): Übertragung auf einen Zugang im Vorjahr (6b Abs. 1 und 5 EStG)

Der Veräußerungsgewinn in Höhe von 150.000 EUR ist zu 100% übertragbar, alle Voraussetzungen nach § 6b Abs. 1 und 4 EStG sind erfüllt.

Buchungssätze

(1)	Gebäude (neu)	750.000 EUR	
	an Bank		750.000 EUR.
(2)	AfA auf Sachanlagen	18.750 EUR	
	an Gebäude (neu)		18.750 EUR.

Berechnung der zeitanteiligen AfA für das Gebäude (neu) im Jahr 01:
750.000 EUR * 0,03 * 10/12 = 18.750 EUR.
Buchwert 31.12.01 = 750.000 EUR – 18.750 EUR = 731.250 EUR.

Buchungen im Folgejahr:

(3)	Bank	200.000 EUR	
	an Gebäude (alt)		50.000 EUR
	an Sonstige betriebliche Erträge		150.000 EUR.

(4) Bewertungsabschlag (außerplanmäßige Abschreibung) auf Sachanlagen 150.000 EUR
an Gebäude (neu) 150.000 EUR.
(5) AfA auf Sachanlagen 18.000 EUR
an Gebäude (neu) 18.000 EUR.

		Bemerkungen:
Buchwert 31.12.01	731.250 EUR	
– § 6b EStG – Übertrag	– 150.000 EUR	§ 6b Abs. 1 u. § 6b Abs.5 EStG
	= 581.250 EUR	
– AfA 02	– 18.000 EUR	= 0,03 * (750.000 EUR – 150.000 EUR); § 6b Abs. 6 S. 2 EStG; R 7.3 Abs.4 S. 2 EStR
= Buchwert 31.12.02	563.250 EUR	nur Steuerbilanz

Fall c): Übertragung auf einen Zugang im Folgejahr mit Bildung einer steuerfreien Rücklage gemäß § 6b Abs. 3 EStG) in der Steuerbilanz

Der Veräußerungsgewinn in Höhe von 150.000 EUR ist zu 100% übertragbar, alle Voraussetzungen nach § 6b Abs. 1 und 4 EStG sind erfüllt.
Es wird im Jahr 02 eine steuerfreie Rücklage in der Steuerbilanz gebildet und im Folgejahr 03 auf den Neuzugang übertragen.

Buchungssätze
(1) Bank 200.000 EUR
an Gebäude (alt) 50.000 EUR
an Sonstige betriebliche Erträge 150.000 EUR.

(2) Sonstige betriebliche Aufwendungen 150.000 EUR
an steuerfreie Rücklage gem. § 6b Abs. 3EStG 150.000 EUR.

Buchungen im Folgejahr 03:
(3) Gebäude (neu) 750.000 EUR
an Bank 750.000 EUR.

(4) Steuerfreie Rücklage gem. § 6b Abs. 3 EStG 150.000 EUR
an Sonstige betriebliche Erträge 150.000 EUR.

(5) Bewertungsabschlag (außerplanmäßige Abschreibung) auf Sachanlagen 150.000 EUR
an Gebäude (neu) 150.000 EUR.

(6) AfA auf Sachanlagen 4.500 EUR
an Gebäude (neu) 4.500 EUR.

Zum 31.12.02 weist die steuerfreie Rücklage in der Steuerbilanz (§ 6b Abs. 3 EStG) eine Höhe von 150.000 EUR auf. Per 15.10.03 wird die Rücklage auf das neue Gebäude übertragen, dessen Abschreibungsbasis sich dann als 750.000 EUR – 150.000 EUR = 600.000 EUR (§ 6b Abs. 6 Satz 2 EStG) errechnen lässt. Die zeitanteilige AfA für das Jahr 03 beträgt: 600.000 EUR * 0,03 * 3/12 = 4.500 EUR. Der Buchwert des neuen Gebäudes zum 31.12.03 ergibt sich dann als 595.500 EUR.

Lösung zu Aufgabe 47: Rückstellungen für Patentrechtsverletzung

Handelsrecht: In diesem Falle ist noch keine Rechtsverletzung bekannt geworden, die zu einer Schadensersatzleistung führen könnte. Es besteht allerdings eine gewisse Wahrscheinlichkeit für eine Rechtsverletzung und demzufolge für eine Inanspruchnahme. Lt. WP-Handbuch (2000, Bd. I, Teil E, Tz. 133) besteht dann handelsrechtlich mindestens ein Wahlrecht zur Bildung einer Rückstellung für Patentverletzung. Entsprechend dem bilanzpolitischen Ziel der GmbH wird eine Rückstellung passiviert. Die geschätzte Höhe basiert auf Erfahrungen und entspricht demnach „vernünftiger kaufmännischer Beurteilung".

<u>BS:</u> Sonstige betriebliche Aufwendungen 200.000 EUR
an Rückstellungen für Patentverletzung 200.000 EUR.

Steuerrecht: § 5 Abs. 3 EStG verbietet die Bildung einer Rückstellung für Patentverletzung, da es bislang noch keine Anhaltspunkte dafür gibt, dass mit einer Inanspruchnahme wegen einer Rechtsverletzung ernsthaft zu rechnen ist (außerdem: BFH-Beschluss 1969). Also erfolgt keine Buchung.

Lösung zu Aufgabe 48: Rückstellungen für Prozesskosten

Steuerrecht: Für rechtshängig gewordene Streitsachen muss eine Rückstellung gebildet werden, denn jeder Prozessbeteiligte muss damit rechnen, den Rechtsstreit zu verlieren. Die Höhe ist nach dem Streitwert am Bilanzstichtag unter Berücksichtigung der in diesem Zeitpunkt angerufenen Instanzen zu berechnen (40.000 EUR; Bewertungsvorbehalt gemäß § 5 Abs. 6 EStG).

<u>Jahr 01:</u>
<u>BS:</u> Sonstige betriebliche Aufwendungen
(Rechtskosten) 40.000 EUR
an Prozessrückstellungen 40.000 EUR.

<u>Zu a): Folgejahr 02:</u>
<u>BS:</u> Prozessrückstellungen 40.000 EUR
an Sonstige betriebliche Erträge 40.000 EUR.

<u>Zu b): Folgejahr 02:</u>
<u>BS:</u> Sonstige betriebliche Aufwendungen
(Rechtskosten) 20.000 EUR
an Prozessrückstellungen 20.000 EUR.

<u>Zu b): Folgejahr 03:</u>
<u>BS:</u> Prozessrückstellungen 60.000 EUR
Sonstige betriebliche Aufwendungen
(Rechtskosten) 10.000 EUR
an Bank 70.000 EUR.

Handelsrechtlich sind nach dem Vorsichtsprinzip bereits im Jahr 01 auch die Kosten weiterer Instanzen zu berücksichtigen. Die Rückstellungshöhe beträgt somit 60.000 EUR zum 31.12.01. Im Jahre 02 ist die Rückstellung im Fall a) aufzulösen und im Fall b) erfolgt keine Buchung. Die steuerrechtliche Buchung in 03 gilt auch für den handelsrechtlichen Jahresabschluss.

Lösung zu Aufgabe 49: Garantie-Rückstellungen

	Jahr 01	*Jahr 02*	*Jahr 03*
Umsatz	4.000.000 EUR	4.400.000 EUR	5.000.000 EUR
– Umsätze mit Rückgriffsrechten	– 600.000 EUR	– 600.000 EUR	– 800.000 EUR
= garantiebehafteter Umsatz	3.400.000 EUR	3.800.000 EUR	4.200.000 EUR
davon 8% =	272.000 EUR	304.000 EUR	336.000 EUR

Tatsächlich erbrachte Garantieleistungen im Jahre	***01***	***02***	***03***
für Umsätze aus dem Jahr 01	70.000 EUR	70.000 EUR	70.000 EUR
für Umsätze aus dem Jahr 02	-----	64.000 EUR	90.000 EUR
für Umsätze aus dem Jahr 03	-----	-----	81.000 EUR

<u>1. Möglichkeit:</u> Die tatsächlichen Garantieaufwendungen werden jeweils rückstellungsmindernd verbucht.
Am Ende des Jahres 01 wird die Garantie-Rückstellung in Höhe des aufgrund des Erfahrungssatzes errechneten Betrages abzüglich der bis dahin bereits erbrachten Garantieleistungen gebildet (Stand per 31.12.01: 202.000 EUR):

BS: Sonstige betriebliche Aufwendungen
(Garantieaufwand) 202.000 EUR
an Garantie-Rückstellungen 202.000 EUR.

Im Jahr 02 werden ebenfalls Garantieleistungen in Höhe von 70.000 EUR für den Umsatz aus 01 erbracht (=Rückstellungsverbrauch):

BS: Garantie-Rückstellungen 70.000 EUR
an Bank 70.000 EUR.

Die Zuführung zur Garantie-Rückstellung zur Vorsorge für den Umsatz aus dem Jahre 02 beträgt 304.000 EUR abzüglich der bereits erbrachten Garantieleistungen von 64.000 EUR = 240.000 EUR, so dass sich 372.000 EUR (= 132.000 EUR für 01 plus 240.000 EUR für 02) als Stand der Rückstellung per 31.12.02 ergibt.

BS: Sonstige betriebliche Aufwendungen
(Garantieaufwand) 240.000 EUR
an Garantie-Rückstellungen 240.000 EUR.

Im Jahr 03 werden 70.000 EUR aus der Rückstellung für Umsätze aus dem Jahr 01 verbraucht, die restliche Rückstellung in Höhe von 62.000 EUR für Umsätze aus 01 wird erfolgserhöhend aufgelöst. Die Rückstellung für Umsätze aus dem Jahr 02 wird zu 90.000 EUR verbraucht. Die Zuführung zur Garantie-Rückstellung für den Umsatz aus dem Jahre 03 beträgt 255.000 EUR (= 336.000 EUR abzüglich der bereits erbrachten Garantieleistungen von 81.000 EUR), Stand der Rückstellung per 31.12.03: EUR 405.000 (= 150.000 EUR für 02 plus 255.000 EUR für 03).

BS: Garantie-Rückstellungen 132.000 EUR
an Bank 70.000 EUR
an Sonstige betriebliche Erträge 62.000 EUR.

BS: Garantie-Rückstellungen 90.000 EUR
an Bank 90.000 EUR.

BS: Sonstige betriebliche Aufwendungen
(Garantieaufwand) 255.000 EUR
an Garantie-Rückstellungen 255.000 EUR.

2. Möglichkeit: Die tatsächlichen Garantieaufwendungen werden jeweils auf einem besonderen Konto erfolgsmindernd verbucht. Die Rückstellungen werden schematisch (1/6, 1/3, 1/3, 1/6) wieder erfolgserhöhend aufgelöst.

	31.12.01	31.12.02	31.12.03
Stand der Rückstellung für Umsätze aus 01	272.000 – 45.333 = 226.667	226.667 – 90.667 = 136.000	136.000 – 90.667 = 45.333
Stand der Rückstellung für Umsätze aus 02		304.000 – 50.667 = 253.333	253.333 – 101.333 = 152.000
Stand der Rückstellung für Umsätze aus 03			336.000 – 56.000 = 280.000
Erfolgsauswirkung der Rückstellungsentwicklung (Aufwand:–; Ertrag: +)	– 226.667	– 253.333 + 90.667 – 162.666	– 280.000 + 90.667 + 101.333 – 88.000
tatsächlicher Garantieaufwand	– 70.000	– 134.000	– 241.000
Nettoaufwand nach Methode b)	– 296.667	– 296.666	– 329.000
Nettoaufwand nach Methode a) zum Vergleich	– 202.000	– 240.000	– 255.000 + 62.000 – 193.000

Stand der Garantie-Rückstellung am 31.12.03 nach der Methode a): 405.000 EUR, nach der Methode b): 477.333 EUR.

Lösung zu Aufgabe 50: Rückstellungen für Wechselobligo

Bildung einer Pauschalrückstellung für Wechselobligo i. H. v. 4% von 220.000 EUR = 8.800 EUR. Nach der Wertaufhellungstheorie darf die Rückstellung die Gesamtsumme der bei Bilanzaufstellung noch nicht eingelösten Kundenwechsel nicht übersteigen. ⇨ Rückstellungspflicht i. H. v. 6.600 EUR (Handelsbilanz = Steuerbilanz).

BS:	Sonstige betriebliche Aufwendungen	6.600 EUR	
	an Rückstellung für Wechselobligo		6.600 EUR.

Lösung zu Aufgabe 51: Urlaubsrückstellungen

Bruttomonatsgehalt 5.000 EUR * 12 Monate	60.000 EUR		
+ Einmalzahlung pro Jahr (13. Monatsgehalt)	5.000 EUR		
= Zwischensumme 1	65.000 EUR	65.000 EUR	
+ erwartete Lohnerhöhung nach dem Bilanzstichtag (4%)		2.600 EUR	
+ Sonstige feste Einmalzahlung pro Jahr		3.000 EUR	
+ Urlaubsgeld		1.000 EUR	
= Zwischensumme 2		71.600 EUR	
+ Arbeitgeberanteil zur Sozialversicherung (insges. 20%)		14.320 EUR	
= Zwischensumme 3		85.920 EUR	85.920 EUR
+ Zuführung zu den Pensionsrückstellungen pro Jahr			9.500 EUR
+ anteilige Personalverwaltungsgemeinkosten pro Jahr			400 EUR
= Summe			95.820 EUR

Brutto-Arbeitstage pro Jahr	250 Tage
– Ausfalltage (Krankheit, Urlaub etc.) pro Jahr	50 Tage
= tatsächliche Arbeitstage	200 Tage

Kosten pro Arbeitstag = 95.820 EUR : 200 Tage = 479,10 EUR.
Höhe der Urlaubsrückstellung in der *Handelsbilanz:* 479,10 EUR * 10 Tage = 4.791,00 EUR.

Höhe der Urlaubsrückstellung in der *Steuerbilanz:* (5.000 EUR Bruttomonatsgehalt + 1.000 EUR Arbeitgeberanteil zur Sozialversicherung) * 10/21 = 2.857,14 EUR. Das Urlaubsgeld ist nicht einzubeziehen, da es im Juli 01 bereits vollständig ausgezahlt wurde. Sollte dies unterlassen worden sein, so wäre eine Sonstige Verbindlichkeit zu bilden.

Lösung zu Aufgabe 52: Rückstellung für unterlassene Instandhaltung u. Abraumbeseitigung

Handelsrecht: Da die Reparaturarbeiten bis zum Ende des Dreimonatszeitraums im neuen Geschäftsjahr noch nicht abgeschlossen sind, ist eine Rückstellungsbildung gemäß § 249 Abs. 1 S. 2 Nr. 1 HGB nicht zulässig.

Steuerrecht: Werden die Reparaturarbeiten erst nach dem Dreimonatszeitraum abgeschlossen, so besteht steuerrechtlich aufgrund des Maßgeblichkeitsprinzips ebenfalls ein Passivierungsverbot (§ 249 Abs. 1 S. 2 Nr. 1 HGB i. V. m. § 5 Abs. 1 S. 1 EStG; R 5.7 Abs. 11 EStR).

Da der Nachholzeitraum für unterlassene Abraumbeseitigung das gesamte folgende Geschäftsjahr umfasst, besteht sowohl handels- als auch steuerrechtlich eine Pflicht zur Rückstellungsbildung (§ 249 Abs. 1 S. 2 Nr. 1 HGB i. V. m. § 5 Abs. 1 S. 1 EStG; R 5.7 Abs. 11 EStR).

BS:	Sonstige betriebliche Aufwendungen an Rückstellungen für unterlassene Aufwendungen für Abraumbeseitigung	5.000 EUR	 5.000 EUR.

Lösung zu Aufgabe 53: Abzinsung von Verbindlichkeiten

a) Handelsbilanz: (Nettomethode):
Buchung beim Kauf 1.1.01: Da die Kaufpreisverbindlichkeit (= Summe der Kaufpreisraten) einen Zinsanteil enthält, ist sie handelsrechtlich mit dem adäquaten Marktzins von 10% abzuzinsen (§ 253 Abs. 1 S. 2 HGB analog). Die Anschaffungskosten der Maschine entsprechen dem Barwert der Verbindlichkeit per 1.1.01, der durch Multiplikation der Rate mit dem Diskontierungssummenfaktor (Rentenbarwertfaktor; s. finanzmathematische Tabellen) für 2 Jahre Laufzeit zu ermitteln ist: 24.000 EUR * 1,735537 = 41.653 EUR.

Der Barwert der Kaufpreisverbindlichkeit per 31.12.01 beträgt analog (1 Jahr Laufzeit; identisch mit dem Abzinsungsfaktor): 24.000 EUR * 0,909091 = 21.818 EUR.

Nach der Nettomethode ist die Verbindlichkeit mit dem Barwert einzubuchen und jährlich aufzuzinsen. Im Falle von Kaufpreisraten ist die Verbindlichkeit um den Tilgungsanteil jeweils zu reduzieren. Bei der alternativ denkbaren Bruttomethode wird die Verbindlichkeit mit dem Rückzahlungsbetrag bewertet und in Höhe der Differenz zu ihrem Barwert ein aktiver Rechnungsabgrenzungsposten gebildet, der über die Laufzeit analog aufzulösen ist.

BS:	Maschine an Verbindlichkeiten	41.653 EUR	 41.653 EUR.

Der Barwert am folgenden Bilanzstichtag 31.12.01 beträgt 21.818 EUR und ist um die Verzinsung erhöht, aber um den getilgten Betrag verringert. Beide Effekte sind für die Verbuchung zu trennen. Eine Möglichkeit ist, die Verbindlichkeit erst einmal um die Verzinsung aufzustocken und dies als Zinsaufwand zu buchen. 41.653 EUR * 0,1 = 4.165 EUR. Die Kaufpreisrate ist dann in voller Höhe als Tilgung zu buchen.

BS:	Zinsaufwand an Verbindlichkeiten	4.165 EUR	 4.165 EUR.
BS:	Verbindlichkeiten an Bank	24.000 EUR	 24.000 EUR.

Alternativ kann die Kaufpreisrate von 24.000 EUR auch aufgeteilt werden. Die Barwertdifferenz wird dann als Tilgungsanteil angesehen: 41.653 EUR – 21.818 EUR = 19.835 EUR. Der restliche Betrag der Kaufpreisrate muss der Zinsanteil sein: 24.000 EUR – 19.835 EUR = 4.165 EUR. Das Ergebnis ist dasselbe.

BS:	Verbindlichkeiten Zinsaufwand an Bank	19.835 EUR 4.165 EUR	 24.000 EUR.

Bewertung der Verbindlichkeiten per Bilanzstichtag 31.12.01: 21.818 EUR.

Genauso ist im Folgejahr zu verfahren. Die Verzinsung der Verbindlichkeit 21.818 EUR * 0,1 = 2.182 EUR ist als Zinsaufwand und Aufstockung der Verbindlichkeit zu buchen. Die Kaufpreisrate ist dann wiederum voll als Tilgung zu buchen und die Kaufpreisverbindlichkeit ist getilgt.

BS:	Zinsaufwand an Verbindlichkeiten	2.182 EUR	 2.182 EUR.
BS:	Verbindlichkeiten an Bank	24.000 EUR	 24.000 EUR.

Alternativ kann die Kaufpreisrate von 24.000 EUR auch aufgeteilt werden. Die Barwertdifferenz wird dann als Tilgungsanteil angesehen: 21.818 EUR – 0 = 21.818 EUR. Der restliche Betrag der Kaufpreisrate muss der Zinsanteil sein: 24.000 EUR – 21.818 EUR = 2.182 EUR. Das Ergebnis ist dasselbe.

<u>BS:</u>	Verbindlichkeiten	21.818 EUR	
	Zinsaufwand	2.182 EUR	
	an Bank		24.000 EUR.

Bewertung der Verbindlichkeiten per Bilanzstichtag 31.12.02: 0 EUR.

b) Steuerbilanz: (Nettomethode):
Buchung beim Kauf 1.1.01: Steuerrechtlich hat die Abzinsung gemäß § 6 Abs. 1 Nr. 3 EStG mit einem Zinssatz von 5,5% zu erfolgen. Die Anschaffungskosten der Maschine entsprechen dem Barwert der Verbindlichkeit per 1.1.01, der durch Multiplikation der Rate mit dem Diskontierungssummenfaktor (Rentenbarwertfaktor; s. finanzmathematische Tabellen oder Tabelle 2 zu § 12 Abs. 1 BewG) für 2 Jahre Laufzeit zu ermitteln ist: 24.000 EUR * 1,846320 = 44.312 EUR.

Der Barwert der Kaufpreisverbindlichkeit per 31.12.01 beträgt analog (1 Jahr Laufzeit; identisch mit dem Abzinsungsfaktor): 24.000 EUR * 0,947867 = 22.749 EUR.

<u>BS:</u>	Maschine	44.312 EUR	
	an Verbindlichkeiten		44.312 EUR.

Der Barwert am folgenden Bilanzstichtag 31.12.01 beträgt 22.749 EUR und ist um die Verzinsung erhöht, aber um den getilgten Betrag verringert. Beide Effekte sind für die Verbuchung zu trennen. Eine Möglichkeit ist, die Verbindlichkeit erst einmal um die Verzinsung aufzustocken und dies als Zinsaufwand zu buchen. 44.312 EUR * 0,055 = 2.437 EUR. Die Kaufpreisrate ist dann in voller Höhe als Tilgung zu buchen.

<u>BS:</u>	Zinsaufwand	2.437 EUR	
	an Verbindlichkeiten		2.437 EUR.

<u>BS:</u>	Verbindlichkeiten	24.000 EUR	
	an Bank		24.000 EUR.

Alternativ kann die Kaufpreisrate von 24.000 EUR auch aufgeteilt werden. Die Barwertdifferenz wird dann als Tilgungsanteil angesehen: 44.312 EUR – 22.749 EUR = 21.563 EUR. Der restliche Betrag der Kaufpreisrate muss der Zinsanteil sein: 24.000 EUR – 21.563 EUR = 2.437 EUR. Das Ergebnis ist dasselbe.

<u>BS:</u>	Verbindlichkeiten	21.563 EUR	
	Zinsaufwand	2.437 EUR	
	an Bank		24.000 EUR.

Bewertung der Verbindlichkeiten per Bilanzstichtag 31.12.01: 22.749 EUR.

Genauso ist im <u>Folgejahr</u> zu verfahren. Die Verzinsung der Verbindlichkeit 22.749 EUR * 0,055 = 1.251 EUR ist als Zinsaufwand und Aufstockung der Verbindlichkeit zu buchen. Die Kaufpreisrate ist dann wiederum voll als Tilgung zu buchen und die Kaufpreisverbindlichkeit ist getilgt.

<u>BS:</u>	Zinsaufwand	1.251 EUR	
	an Verbindlichkeiten L.u.L.		1.251 EUR.

<u>BS:</u>	Verbindlichkeiten L.u.L.	24.000 EUR	
	an Bank		24.000 EUR.

Alternativ kann die Kaufpreisrate von 24.000 EUR auch aufgeteilt werden. Die Barwertdifferenz wird dann als Tilgungsanteil angesehen: 22.749 EUR – 0 = 22.749 EUR. Der restliche Betrag der Kaufpreisrate muss der Zinsanteil sein: 24.000 EUR – 22.749 EUR = 1.251 EUR. Das Ergebnis ist dasselbe.

BS:	Verbindlichkeiten L.u.L.	22.749 EUR	
	Zinsaufwand	1.251 EUR	
	an Bank		24.000 EUR.

Bewertung der Verbindlichkeiten per Bilanzstichtag 31.12.02: 0 EUR.

Lösung zu Aufgabe 54: Fremdwährungsverbindlichkeiten

Zu a): *Handelsbilanz:*
Unter Beachtung des gegebenen bilanzpolitischen Ziels ist das Disagio als sofortiger Zinsaufwand zu buchen (§ 250 Abs. 3 HGB). Einbuchung der Verbindlichkeit (1,25 EUR/$ * 500.000 $) per 1.7.01:

BS:	Bank	720.000 EUR	
	Zinsaufwand	30.000 EUR	
	an Verbindlichkeiten gegenüber Kreditinstituten		750.000 EUR.

BS:	Zinsaufwand (laufender)	18.750 EUR	
	an Bank		18.750 EUR.

Bewertung zum 31.12.01 mit 1.000.000 EUR. Nach h.M. verlangt das Höchstwertprinzip zwingend eine Aufwertung der Fremdwährungsverbindlichkeit, unabhängig von der Fristigkeit der Verbindlichkeit und unabhängig von der Dauerhaftigkeit der Kursänderung.

BS:	Sonstige betriebliche Aufwendungen (Währungsverluste)	250.000 EUR	
	an Verbindlichkeiten gegenüber Kreditinstituten		250.000 EUR.

BS:	Zinsaufwand (laufender)	50.000 EUR	
	an Bank		50.000 EUR.

Die Abwertung der Verbindlichkeit zum 31.12.02 auf 800.000 EUR ist nach herrschender Meinung zwingend gemäß § 253 Abs. 1 Satz 2 HGB. Das Realisationsprinzip wird nicht verletzt, solange durch die Niedrigerbewertung der Verbindlichkeit ursprüngliche Anschaffungskosten nicht unterschritten werden.

BS:	Verbindlichkeiten gegenüber Kreditinstituten	200.000 EUR	
	an Sonstige betriebliche Erträge (Währungsgewinne)		200.000 EUR.

BS:	Zinsaufwand (laufender)	40.000 EUR	
	an Bank		40.000 EUR.

Zu a): *Steuerbilanz:*
Eine Abzinsung der langfristigen Verbindlichkeit ist nicht erforderlich, da es sich um eine verzinsliche Bankverbindlichkeit handelt (§ 6 Abs. 1 Nr. 3 S. 2 EStG). Gemäß § 5 Abs. 5 Nr. 1 EStG und H 6.10 „Damnum" EStH ist das Disagio über die Laufzeit zu verteilen. Einbuchung der Verbindlichkeit per 1.7.01:

BS:	Bank	720.000 EUR	
	Aktiver Rechnungsabgrenzungsposten 30.000 EUR		
	an Verbindlichkeiten gegenüber Kreditinstituten		750.000 EUR.

BS:	Zinsaufwand (laufender)	18.750 EUR	
	an Bank		18.750 EUR.

Zum 31.12.01 darf die Fremdwährungsverbindlichkeit mit 1.000.000 EUR bewertet werden, da die Wechselkursänderung begründbar als voraussichtlich dauernd eingeschätzt wird (§ 6 Abs. 1 Nr. 3 i. V. m. Nr. 2 Satz 2 EStG. Aufgrund des Maßgeblichkeitsprinzips (§ 5 Abs. 1 Satz 1 EStG) wird dieses Wahlrecht durch die handelsrechtliche Pflicht überlagert. (Nach dem Gesetzeswortlaut könnte das Wahlrecht auch unabhängig von der HB ausgeübt werden).

BS:	Sonstige betriebliche Aufwendungen (Währungsverluste)	250.000 EUR	
	an Verbindlichkeiten gegenüber Kreditinstituten		250.000 EUR.

BS:	Zinsaufwand	1.875 EUR	
	an Aktiven Rechnungsabgrenzungsposten (Disagio)		1.875 EUR.

BS:	Zinsaufwand (laufender)	50.000 EUR	
	an Bank		50.000 EUR.

Zum 31.12.02 sind die Valutaverbindlichkeiten zunächst mit den ursprünglichen Anschaffungkosten anzusetzen. Da die Wechselkursänderung als voraussichtlich dauernd eingeschätzt wird, darf per 31.12.02 eine Bewertung zum höheren Teilwert von 800.000 EUR erfolgen. Aufgrund des Maßgeblichkeitsprinzips wird dieses Wahlrecht durch die handelsrechtliche Pflicht überlagert (§ 6 Abs. 1 Nr. 3 i. V. m. Nr. 2 Satz 3 und § 5 Abs. 1 Satz 1 EStG). Zum Gesetzeswortlaut s.o.

BS:	Verbindlichkeiten gegenüber Kreditinstituten	250.000 EUR	
	an Sonstige betriebliche Erträge (Währungsgewinne)		250.000 EUR.

BS:	Sonstige betriebliche Aufwendungen (Währungsverluste)	50.000 EUR	
	an Verbindlichkeiten gegenüber Kreditinstituten		50.000 EUR.

BS:	Zinsaufwand	3.750 EUR	
	an Aktiven Rechnungsabgrenzungsposten (Disagio)		3.750 EUR.

BS:	Zinsaufwand (laufender)	40.000 EUR	
	an Bank		40.000 EUR.

Die Fremdwährungsverbindlichkeit wird demnach in Handels- und Steuerbilanz an beiden Stichtagen identisch bewertet. Der Aktive Rechnungsabgrenzungsposten wird von den Wechselkursänderungen nicht berührt. Dies lässt sich dadurch begründen, dass er Teil der Anschaffungskosten des Darlehens ist und die Anschaffungskosten von späteren Wechselkursänderungen nicht mehr berührt werden. Außerdem handelt es sich bei dem ARA nicht um einen Vermögensgegenstand, so dass er nicht den allgemeinen Bewertungsregeln unterliegt. Der laufende Zinsaufwand ist mit dem Wechselkurs am Tag der Zahlung umzurechnen.

Zu b):
In der *Handelsbilanz* ändert sich nichts. In der *Steuerbilanz* darf zum 31.12.01 keine Höherbewertung der Verbindlichkeit vorgenommen, da die Wechselkursänderung als voraussichtlich vorübergehend eingeschätzt wird. Dies gilt auch für den nächsten Bilanzstichtag 31.12.02 (§ 6 Abs. 1 Nr. 3 i. V. m. Nr. 2 Sätze 2 u. 3 EStG). An beiden Stichtagen ist die Fremdwährungsverbindlichkeit in der Steuerbilanz mit den ursprünglichen Anschaffungskosten von 750.000 EUR zu bewerten.

Lösung zu Aufgabe 55: ABC-OHG

Gesell-schafter	Kapitalanteil zum 1.1.01 (DM)	Pro-Kopf-Anteil am Gewinn des Gj. 01 (DM)	Zinsanteil am Gewinn des Gj. 01 (DM)	Summe (DM)
A	300.000	70.000	45.000	115.000
B	750.000	70.000	112.500	182.500
C	350.000	70.000	52.500	122.500
Summe	1.400.000	210.000	210.000	420.000

GuV-Konto für das Jahr 01

Aufwendungen 2.580.000	Umsatzerlöse 3.000.000
1) Jahresüberschuss 420.000	

Gewinnverteilungskonto

2) Gewinnanteil A 115.000	1) GuV-Kto: Jahresüberschuss 420.000
3) Gewinnanteil B 182.500	
4) Gewinnanteil C 122.500	

Kapitalkonto des Gesellschafters A

7) Privat 100.000	AB 300.000
9) SBK 315.000	2) Gewinnanteil 115.000

Kapitalkonto des Gesellschafters B

8) Privat 232.500	AB 750.000
10) SBK 700.000	3) Gewinnanteil 182.500

Kapitalkonto des Gesellschafters C

11) SBK 472.500	AB 350.000
	4) Gewinnanteil 122.500

Privatkonto des A

5) Entnahme 10.000	7) Kapitalkonto A 10.000

Privatkonto des B

6) Entnahme 232.500	8) Kapitalkonto B 232.500

Schlussbilanzkonto OHG 31.12.01

	9) Kapital A 315.000
	10) Kapital B 700.000
	11) Kapital C 472.500

Bank

	5) Entnahme des A 100.000
	6) Entnahme des B 232.500

Lösung zu Aufgabe 56: Müller KG

Bilanz der KG zum 1.1.01

	Kapitalkonto Müller 90.000
Ausstehende Kommanditeinlage 5.000	Kommanditeinlage Schulze 20.000

Bilanz der KG zum 1.1.01 (alternativ)

	Kapitalkonto Müller 90.000
	Kommanditeinlage Schulze 15.000

GuV-Konto für das Jahr 01

Aufwendungen 150.000	Umsatzerlöse 200.000
1) Gewinnanteil Müller 40.000	
2) Gewinnanteil Schulze 10.000	

Kapitalkonto Müller

Privat 30.000	AB 90.000
SBK 100.000	1) GuV: Gewinnanteil 40.000

Kommanditeinlage Schulze

SBK 20.000	AB 20.000

Ausstehende Kommanditeinlage

AB 5.000	2) GuV-Kto: Gewinnanteil 5.000

Sonderkonto Schulze (Sonst. Verbindlichkeit)

SBK 5.000	2) GuV-Kto: Gewinnanteil 5.000

Schlussbilanzkonto

	Kapitalkonto Müller 100.000
	Kommanditeinlage Schulze 20.000
	Sonstige Verbindl. (Sonderkto Schulze) 5.000

Lösung zu Aufgabe 57: KMB KG

Gesell-schafter	Stand Kapital-anteile 1.1.01	Kapital-verzin-sung 5%	Sonder-vergü-tung	Rest-gewinn-anteil	Gesamt-gewinn-anteil	Privat-entnah-men	Verän-derung des Kapitals	Stand Kapital-anteile 31.12.01
K	210.000	10.500	20.000	17.500	48.000	28.000	+ 20.000	230.000
M	58.000	2.900	---	5.000	7.900	---	+ 2.000	60.000
B	32.000	1.600	---	2.500	4.100	---	+ 2.050	34.050
Summe	300.000	15.000	20.000	25.000	60.000	28.000	+ 24.050	324.050

Bilanz der KMB KG zum 1.1.01

	Kapitalkonto des K 210.000
Ausstehende Kommanditeinlage des B 8.000	Kommanditeinlagen
	M 60.000
	B 40.000
Verlustanteil des M 2.000	

GuV-Konto für das Jahr 01

Aufwendungen 540.000	Umsatzerlöse 600.000
1) Gewinn 60.000	

Kapitalkonto des Kaspar

2) Privat 28.000	AB 210.000
SBK 230.000	1) Gewinnanteil 48.000

Privatkonto des Kaspar

Entnahme 28.000	2) Kapitalkto 28.000

Kommanditeinlage des Melchior

SBK 60.000	AB 60.000

Verlustanteilskonto des Melchior

AB 2.000	1) Gewinnanteil 2.000

Sonderkonto des Melchior

	1) Gewinnanteil 5.900

Kommanditeinlage des Balthasar	
SBK 40.000	AB 40.000

Ausstehende Einlage des Balthasar	
AB 8.000	1) Gewinnanteil 2.050
	SBK 5.950

Gewinnanteilskonto des Balthasar	
	1) Gewinnanteil 2.050

Schlußbilanzkonto 31.12.01 der KMB KG	
	Kapitalkonto des K 230.000
Ausstehende Einlagen des B 5.950	Kommanditeinlagen M: 60.000 B: 40.000
	Sonderkonten (Sonst. Verbindl.) des M: 5.900 des B: 2.050

Lösung zu Aufgabe 58: Ausscheiden eines Gesellschafters

Zu a) Um den Abfindungsanspruch des ausscheidenden Gesellschafters zu ermitteln sind die stillen Reserven in einer Abschichtungsbilanz nach dem Gewinnverteilungsschlüssel aufzuteilen:

Abschichtungs-Bilanz der OHG zum 31.12.05 (EUR)

Firmenwert	15.000	Kapital A	31.000
Grund und Boden	48.000	Kapital B	29.000
Gebäude	102.000	Kapital C	30.000
BGA	27.000	Anteil stille Res. A	20.000
Geringwertige WG	3.000	Anteil stille Res. B	20.000
Waren	15.000	Anteil stille Res. C	20.000
sonstiges UV	90.000		
		Verbindlichkeiten	150.000
	300.000		300.000

Die geschätzten stillen Reserven in den Vermögensgegenständen und der (originäre) Firmenwert zusammen betragen 60.000 EUR. Dieser Betrag steht den drei Gesellschaftern jeweils zu einem Drittel zu. Somit beträgt der Abfindungsanspruch des Gesellschafters C 50.000 EUR (= 30.000 + 1/3 * 60.000 EUR). Der ausscheidende Gesellschafter erhält also 20.000 EUR mehr Abfindung als dem Buchwert seines Kapitalanteils entspricht. Diesen Betrag muss er als Veräußerungsgewinn gemäß §§ 16, 34 EStG (begünstigt) versteuern.

Die Bilanz nach Ausscheiden des stillen Gesellschafters zum 1.1.06 sieht wie folgt aus:

Bilanz der OHG zum 1.1.06 (EUR)

Firmenwert	5.000	Kapital A	31.000
Grund und Boden	36.000	Kapital B	29.000
Gebäude	94.000	Verbindlichkeiten	150.000
BGA	21.000		
Geringwertige WG	1.000		
Waren	13.000		
sonstiges UV	40.000		
	210.000		210.000

Mit dem entgeltlichen Erwerb des Anteils des ausgeschiedenen Gesellschafters C erwerben die verbleibenden Gesellschafter die ideellen Anteile des C an den einzelnen Gegenständen. Ein Drittel der stillen Reserven, die auf den ausgeschiedenen und abgefundenen Gesellschafter C entfallen, werden als nachträgliche Anschaffungskosten in der Gesellschaftsbilanz aktiviert. Außerdem ein Drittel des bezahlten (und dennoch originären) Firmenwerts. Die Abfindung i. H. v. 50.000 EUR wurde aus der Gesellschaftskasse (= sonstiges UV) finanziert.

Am Ende des Jahres 06 zeigt die Bilanz der OHG (= Einheitsbilanz) folgendes Aussehen:

Bilanz der OHG zum 31.12.06 (EUR)

Firmenwert	4.667	Kapital A	31.000
Grund und Boden	36.000	Kapital B	29.000
Gebäude	91.987	Verbindlich-	
BGA	14.000	keiten	150.000
Geringwertige WG	0		
Waren	0		
sonstiges UV	63.346		
	210.000		210.000

- Der Firmenwert ist steuerrechtlich linear über eine betriebsgewöhnliche Nutzungsdauer von 15 Jahren abzuschreiben (§ 7 Abs. 1 S. 3 EStG). Handelsrechtlich eröffnet § 246 Abs. 1 S. 4 HGB dieselbe Möglichkeit.
- Das Gebäude wurde im Januar 01 fertiggestellt und mit 2% gemäß § 7 Abs. 4 S. 1 Nr. 2a EStG abgeschrieben (Herstellungskosten: 100.000 EUR). Die anteiligen historischen Herstellungskosten von A und B betrugen 100.000 * 2/3 = 66.667 EUR. Die nachträglichen Anschaffungskosten, zu denen dem C sein Gebäudeteil (einschl. stiller Reserven) abgekauft wurde (102.000 : 3 = 34.000 EUR), sind hinzuzufügen, um die neue Abschreibungsbasis zu ermitteln. Das heißt, dass der Abschreibungssatz von 2% auf den Betrag von (66.667 + 34.000 = 100.667 EUR) anzuwenden ist und sich eine planmäßige Abschreibung i. H. v. 2.013 EUR ergibt. Der Restbuchwert zum 31.12.06 berechnet sich als 94.000 EUR – 2.013 EUR = 91.987 EUR.
- Das sonstige Anlagevermögen umfasst zum einen die Betriebs- und Geschäftsausstattung. Zum bisherigen Buchwert (18.000 EUR) sind die aufgedeckten stillen Reserven (3.000 EUR) zu addieren. Dieser erhöhte Restbuchwert (21.000 EUR) ist gleichmäßig auf die Restnutzungsdauer (3 Jahre) zu verteilen. Der neue Buchwert ergibt sich als 21.000 EUR – 7.000 EUR = 14.000 EUR.
- Da die geringwertigen Wirtschaftsgüter jeweils nur Anschaffungskosten bis zu 150 EUR (ohne Umsatzsteuer) verursacht haben, sind diese gemäß § 6 Abs. 2 EStG sofort als Betriebsausgaben Gewinn mindernd zu buchen. Handelsrecht kann genauso verfahren werden (GoB der Wirtschaftlichkeit).
- Der Warenbestand beträgt laut Aufgabenstellung am Jahresende 0,- EUR.
- Da die Abfindungssumme aus der Gesellschaftskasse gezahlt wurde (und nicht aus Privateinlagen der verbleibenden Gesellschafter) ändert sich deren Kapitalkontostand nicht. Eine Änderung würde sich nur durch den Gewinnanteil des Jahres 06 ergeben. Der Gewinn im Jahre 06 ermittelt sich wie folgt:

Umsatzerlöse	23.346 EUR
– Abschreibungen auf Gebäude	2.013 EUR
– Betriebsausgaben GWGs	1.000 EUR
– Wareneinsatz	13.000 EUR
– Abschreibungen BGA	7.000 EUR
– Abschreibung Firmenwert	333 EUR
= Jahresüberschuss	= 0 EUR

- Die Umsatzerlöse sind entweder als Einnahme zugeflossen oder schlagen sich in einer Zunahme von Forderungen L.u.L. nieder. In jedem Falle steigt das sonstige Umlaufvermögen um den Betrag von 23.346 EUR an.
- Der Wareneinsatz umfasst auch die i. H. v. 1.000 EUR aktivierten anteiligen stillen Reserven im Warenbestand.

Zu b)
In diesem Fall wird kein anteiliger Firmenwert entgolten und die geschätzten stillen Reserven in den Vermögensgegenständen nicht voll bezahlt. Eine willkürliche Zuordnung des gezahlten Betrags zu bestimmten Gegenständen ist nicht zulässig. Somit werden die Gegenstände mit stillen Reserven proportional aufgestockt. In diesem Falle werden die stillen Reserven zu 10/13 als nachträgliche Anschaffungskosten aktiviert (10.000 EUR wurden gezahlt; vorhandene anteilige stille Reserven: 13.000 EUR).

Zu c) Handelt es sich um einen lästigen Gesellschafter, so ist der überhöhte Abfindungsbetrag als Aufwand bzw. als Betriebsausgabe sofort abziehbar. In diesem Falle wurden 10.000 EUR mehr gezahlt, als die anteiligen stillen Reserven und der anteilige Firmenwert betragen.

Lösung zu Aufgabe 59: Alpha & Beta OHG

	Alpha	Beta	Summe
Jahresüberschuss der OHG (HB = StB) vor GewSt	175.000	175.000	350.000
+ Sondervergütungen (Sonder betriebseinnahmen) gemäß § 15 Abs. 1 Nr. 2 EStG	+ 100.000 + 50.000	--- ---	+ 150.000
– Sonderbetriebsausgaben	– 2.000 – 18.000	--- ---	– 20.000
= Steuerlicher Gewinn der OHG (vor GewSt)	305.000	175.000	480.000

Lösung zu Aufgabe 60: Olga Qualle e.K.

	(EUR)
Vorläufiger Jahresüberschuss vor GewSt-RSt-Zuführung	200.000
+ GewSt-Vorauszahlungen	+ 8.000
Vorläufiger Jahresüberschuss vor GewSt-RSt-Zuführung	208.000
Hinzurechnungen:	
+ Entgelte für Schulden § 8 Nr. 1 GewStG (416.080 * 0,25 – 100.000)	+ 4.020
Kürzungen:	
– 0,012 * 1,4 * Einheitswert/Grundstücke (§ 9 Nr.1 GewStG, § 121a BewG	– 688,80
Vorläufiger Gewerbeertrag	= 211.331,20
Gewerbeertrag (abgerundet, § 11 Abs. 1 GewStG)	= 211.300
– Freibetrag (§ 11 GewStG)	– 24.500
= Verbleibender Betrag	= 186.800
GewSt-Berechnung: GewSt-Schuld = 186.800 * 0,035 * 3,00 = 19.614 Zuführung zur GewSt-RSt = 19.614 – 8.000 VZ = 11.614	
Gewinn aus Gewerbebetrieb (vor GewSt-RSt-Zuführung)	200.000
– Zuführung zur GewSt-Rückstellung	– 11.614
Endgültiger steuerlicher Gewinn aus Gewerbebetrieb	= 188.386

Lösung zu Aufgabe 61: Plisch & Plum OHG

		(EUR)
Vorläufiger HB-Jahresüberschuss vor GewSt		980.000
AfA-Differenz Gebäude		– 30.000
Disagio (Aufwand HB 6.000 > StB 1.500)		+ 45.000
Abschreibung auf nahen Zukunftswert		+ 55.000
StB-Gewinn (vor GewSt)		= 1.050.000
Investitionszulage		– 50.000
Vorläufiger steuerlicher Gewinn der OHG (vor GewSt)		= 1.000.000
+ Sondervergütungen (§ 15 Abs. 2 Nr. 1 EStG)		
Geschäftsführer-Gehalt an Gesellschafter Plisch		+ 100.000
Steuerlicher Gewinn der OHG		1.100.000
Hinzurechnungen:		
+ Entgelte für Schulden § 8 Nr. 1a GewStG	+ 426.600	
+ Entgelte für Schulden § 8 Nr. 1a GewStG (Disagio)	+ 5.000	
= Summe	= 431.600	
– Freibetrag gemäß § 8 Nr. 1 GewStG	– 100.000	
= übersteigender Betrag	= 331.600	
* 0,25		+ 82.900
Kürzungen:		
– Grundstücksberücksichtigung (0,012 * 1,4 * 500.000) (§9 Nr. 2 GewStG, § 121a BewG)		– 8.400
Gewerbeertrag		= 1.174.500
– Freibetrag § 11 GewStG		– 24.500
= Verbleibender Betrag		= 1.150.000
GewSt-Berechnung:		
GewSt-Schuld = 1.150.800 * 0,035 * 4,00		161.000
Zuführung zur GewSt-RSt		161.000

Endgültiger HB-Gewinn (nach GewSt) = 980.000 – 161.000 = 819.000
Endgültiger StB-Gewinn (nach GewSt) = 1.050.000 – 161.000 = 889.000

I. Vollausschüttungsfall	
Steuerlicher Gewinn der OHG	1.100.000
Verteilung:	
– Sondervergütungen	– 100.000
Nach Gewinnverteilungsschlüssel aufzuteilen	= 1.000.000

	Plisch (50%)	**Plum (50%)**
Gewinnanteil	500.000	500.000
Geschäftsführergehalt des Gesellschafters Plisch	+ 100.000	---
Einkünfte aus Gewerbebetrieb	600.000	500.000
ESt (40%)	240.000	200.000
– GewSt-Anrechnung (§ 35 EStG) (je 0,5*3,8*GewSt*1/4)	– 76.475	– 76.475
Endgültige ESt-Schuld	= 163.525	= 123.525
+ SolZ (5,5% der ESt-Schuld)	+ 8.993,88	+ 6.793,88
= Summe ESt und SolZ	= 172.518,88	= 130.318,88
Belastungsvergleich: Gesamtsteuerbelastung (je ½ GewSt)	253.018,88	210.818,88

II. Maximalthesaurierungsfall	
Steuerlicher Gewinn der OHG	1.100.000
– GewSt-Schuld (nicht thesaurierbar)	– 161.000
= Thesaurierbarer steuerlicher Gewinn der OHG	= 939.000
Verteilung:	
– Sondervergütungen	– 100.000
Nach Gewinnverteilungsschlüssel aufzuteilen	= 839.000

	Plisch (50%)	**Plum (50%)**
Gewinnanteil	419.500	419.500
Geschäftsführergehalt des Gesellschafters Plisch	+ 100.000	---
Einkünfte aus Gewerbebetrieb	519.500	419.500
ESt (28,25%)	146.758,75	118.508,75
+ ESt auf nicht thesaurierbare GewSt (je ½ * 0,40)	+ 32.200	+ 32.200
– GewSt-Anrechnung (§ 35 EStG) (je 0,5*3,8*GewSt*1/4)	– 76.475	– 76.475
Endgültige ESt-Schuld	= 102.483,75	= 74.233,75
+ SolZ (5,5% der ESt-Schuld)	+ 5.636,61	+ 4.082,86
= Summe ESt und SolZ	= 108.120,36	= 78.316,61
Belastungsvergleich: Gesamtsteuerbelastung (je ½ GewSt)	188.620,36	158.816,61

Lösung zu Aufgabe 62: VOX-GmbH

	(EUR)
Vorläufiger Steuerbilanzgewinn	500.000
+ Beteiligungserträge (Dividende von SUPERVOX)	+ 20.000
= Vorläufiger StB-Gewinn (vor KSt/SolZ-RSt-Zuführung)	520.000
– Steuerfreie Beteiligungserträge (Freistellungsverfahren § 8b Abs. 1 KStG)	– 20.000
+ nicht abziehbare Aufwendungen zu Beteiligungserträgen (§ 8b Abs. 5 KStG)	+ 1.000
+ Geldstrafe (§ 10 Nr. 3 KStG)	+ 50.000
+ KSt-Vorauszahlungen (§ 10 Nr. 2 KStG)	+ 20.000
+ SolZ-Vorauszahlungen (§ 10 Nr. 2 KStG)	+ 1.100
Zu versteuerndes Einkommen (gem. § 7 Abs. 1 KStG)	572.100

* 0,15 = KSt-Schuld	=	85.815 EUR
– KSt-Vorauszahlungen	–	20.000 EUR
= Zuführung zur KSt-Rückstellung	=	65.815 EUR

Solidaritätszuschlags-Schuld		4.719,83 EUR
– Vorauszahlungen	–	1.100,00 EUR
= Zuführung zur SolZ-Rückstellung	=	3.619,83 EUR

BS: Aufwand für Steuern vom Einkommen und Ertrag 65.815,00 EUR
an Körperschaftsteuer-Rückstellungen 65.815,00 EUR.

BS: Aufwand für Steuern vom Einkommen und Ertrag 3.619,83 EUR
an Solidaritätszuschlags-Rückstellungen 3.619,83 EUR.

Endgültiger Steuerbilanzgewinn nach Körperschaftsteuer =
520.000 EUR – 65.815 EUR – 3.619,83 EUR = 450.565,17 EUR.

Lösung zu Aufgabe 63: LowTech GmbH

		(EUR)
KSt-pflichtiges Einkommen der GmbH		420.000
Hinzurechnungen: + Entgelte für Schulden (25%) (§ 8 Nr. 1a GewStG) + Aufwendungen für Lizenzen (25%) (§ 8 Nr. 1f GewStG) + Leasingraten (bewegl. WG) (20%) (§ 8 Nr. 1d GewStG) + Mieten für unbewegl. WG (65%) (§ 8 Nr. 1e GewStG) -- = Summe – Freibetrag (§ 8 Nr. 1 GewStG) -- = übersteigender Betrag * 0,25	 200.000 20.000 25.000 19.500 --------- 264.500 – 100.000 ----------- 164.500	 + 41.125
Kürzungen: – Grundstücksberücksichtigung (0,012 * 1,4 * 200.000) (§ 9 Nr.1 GewStG, § 121a BewG – Gewinnanteile aus Mitunternehmerschaften (§ 9 Nr. 2 GewStG)		 – 3.360 – 66.000
Vorläufiger Gewerbeertrag		= 391.765
Gewerbeertrag (abgerundet, § 11 Abs. 1 GewStG)		= 391.700
GewSt-Schuld (391.700 * 0,035 * 4,00)		54.838

Lösung zu Aufgabe 64: Zug AG

Es handelt sich um eine entscheidungsorientierte Marginalbetrachtung, sodass der Freibetrag bereits als verbraucht angesehen und daher nicht berücksichtigt wird.

Gewerbesteuerschuld = Schuldzinsen * 0,25 * 0,035 * 4,00 =
= 9% * 0,25 * 0,035 * 4,00 = 0,315% bzw. 0,32%.

Die laufenden Zinskosten der Anleihe einschließlich Gewerbesteuer betragen also 9,32% p. a. Dieser Wert kann mit den Kosten anderer Fremdfinanzierungsinstrumente direkt verglichen werden. Beim entscheidungsorientierten Vergleich mit einer Eigenkapitalerhöhung müsste allerdings noch die Abzugsfähigkeit der Schuldzinsen (zu 100% bei der Körperschaftsteuer und zu 75% bei der Gewerbesteuer) berücksichtigt werden.

Lösung zu Aufgabe 65: Plisch & Plum GmbH

Zu a) und b):

	(EUR)
Vorläufiger HB-Jahresüberschuss vor GewSt	874.500
AfA-Differenz Gebäude	– 30.000
Disagio (Aufwand HB 50.000 > StB 5.000)	+ 45.000
Drohverlust-Rückstellung (§ 249 Ab. 1 HGB; § 5 Abs. 4a EStG)	+ 55.000
StB-Gewinn (vor GewSt)	= 944.500
+ KSt-Vorauszahlung	+ 100.000
+ SolZ-Vorauszahlung	+ 5.500
Investitionszulage	– 50.000
= KSt-pflichtiges Einkommen der GmbH	= 1.000.000
KSt-Schuld = 1.000.000 * 0,15 (§ 23 Abs. 1 KStG) Zuführung zur KSt-RSt = 150.000 – 100.000 Vorauszahlung	150.000 50.000
Solidaritätszuschlag = 150.000 * 0,055 = Zuführung zur SolZ-RSt = 8.250 – 5.500 Vorauszahlung	8.250 2.750

= KSt-pflichtiges Einkommen der GmbH		= 1.000.000
Hinzurechnungen: + Entgelte für Schulden § 8 Nr. 1a GewStG + Entgelte für Schulden § 8 Nr. 1a GewStG (Disagio) -- = Summe – Freibetrag gemäß § 8 Nr. 1 GewStG -- = übersteigender Betrag * 0,25	 + 426.600 + 5.000 -------------- = 431.600 – 100.000 -------------- = 331.600	+ 82.900
Kürzungen: – Grundstücksberücksichtigung (0,012 * 1,4 * 500.000) (§9 Nr. 2 GewStG, § 121a BewG)		– 8.400
Gewerbeertrag		= 1.074.500
GewSt-Berechnung: GewSt-Schuld = 1.074.500 * 0,035 * 4,00 Zuführung zur GewSt-RSt		 150.430 150.430

Zu c):
Endgültiger HB-Gewinn (nach ErtragSt) = 874.500 – 150.430 – 50.000 – 2.750 = 671.320
Endgültiger StB-Gewinn (nach ErtragSt) = 944.500 – 150.430 – 50.000 – 2.750 = 741.320.

Zu d): **Gesellschafterebene:**

I.) Anteile im Betriebsvermögen	**Plisch (50%)**	**Plum (50%)**
Gehalt (§ 19 Abs. 1 Nr. 1 EStG) – Werbungskosten-Pauschbetrag	80.000 – 920	--- ---
60% der Ausschüttung (§ 20 Abs. 8 EStG, § 3 Nr. 40 EStG)	201.393	201.393
Zu versteuerndes Einkommen	280.473	201.393
ESt (40% vom zu versteuernden Einkommen)	112.189,20	80.557,20
+ SolZ (5,5% der ESt-Schuld)	+ 6.170,41	+ 4.430,65
= Summe ESt und SolZ	= 118.359,61	= 84.987,85
Belastungsvergleich: anteilige KSt und GewSt	150.215	150.215
Belastungsvergleich: Gesamtsteuerbelastung	275.784,70	237.348,94
Zum Vergleich: Gesamtsteuerbelastung bei Vollthesaurierung	150.215	150.215

II.) Anteile im Privatvermögen	**Plisch (50%)**	**Plum (50%)**
Gehalt (§ 19 Abs. 1 Nr. 1 EStG) – Werbungskosten-Pauschbetrag	80.000 – 920	--- ---
Ausschüttung (§ 20 Abs. 1 Nr. 1) – Sparer-Pauschbetrag	335.660 – 801	335.660 – 801
Bemessungsgrundlage für Abgeltungssteuer Abgeltungssteuer (25%) + SolZ (5,5% auf AbgeltungsSt)	334.859 83.714,75 + 4.604,31	334.859 83.714,75 + 4.604,31
Zu versteuerndes Einkommen	79.080	---
ESt (40%)	31.632	---
+ SolZ (5,5% der ESt-Schuld)	+ 1.739,76	---
= Summe ESt und SolZ (einschl. AbgeltungsSt)	= 121.690,82	= 88.319,06
Belastungsvergleich: anteilige KSt und GewSt	150.215	150.215
Belastungsvergleich: Gesamtsteuerbelastung	274.019,19	238.534,06
Zum Vergleich: Gesamtsteuerbelastung bei Vollthesaurierung	150.215	150.215

Vernachlässigt wurde die 25%ige Kapitalertragsteuer (+ SolZ) auf die Ausschüttung, wenn sich die Anteile im Betriebsvermögen befinden (§ 43 Abs. 4 EStG). Dadurch verringert sich die Bankgutschrift. Die KESt gehört jedoch ebenfalls zur Bemessungsgrundlage der ESt. Die KESt ist nach § 36 Abs. 2 EStG auf die Einkommensteuerschuld anrechenbar. Dies gilt auch für den SolZ.

Zu e): Die Gesamtsteuerbelastung ist unter den Bedingungen der Aufgabenstellung bei der Rechtsform der GmbH im Falle der Vollausschüttung deutlich höher als bei der Rechtsform der OHG (vgl. Aufgabe 60). Bei Vollthesaurierung ist die Gesamtsteuerbelastung bei der Rechtsform der GmbH dagegen wesentlich geringer. Ob die Anteile an der GmbH im Privat- oder im Betriebsvermögen gehalten werden, macht im Rahmen der laufenden Besteuerung bei einem Einkommensteuersatz von 40% nur einen relativ geringen Unterschied, da im Betriebsvermögen das Teileinkünfteverfahren gilt.

Lösung zu Aufgabe 66: Hau & Ruck GmbH

Pos.		(EUR)
	Vorläufiger Jahresüberschuss vor Zuführung zu Ertragsteuer-RSt	300.000
1	Disagio (§ 250 Abs. 3 HGB; H 37 EStH, BFH 1969)	+ 30.000
2	HB: 2.500 (§ 253 Abs. 2 HGB; GoB); StB: 6.000 (§ 7 Abs. 4 EStG)	– 3.500
3	Drohverlust-Rückstellungen (§ 249 Abs. 1 HGB; § 5 Abs. 4a EStG)	+ 100.500
=	StB-Gewinn (vor Zuführung zu ErtragSt-RSt)	= 427.000
5	Investitionszulage (steuerfrei)	– 50.000
9	Geschenke § 4 Abs.5 EStG (nicht abziehbare Betriebsausgaben)	+ 16.550
7	Verdeckte Gewinnausschüttung (vGA: unangemessenes GF-Gehalt)	+ 20.000
4	Steuerfreie Beteiligungserträge (Freistellung § 8b Abs. 1 KStG)	– 25.000
4	nicht abziehbare Betriebsausgaben (5% der Div.) (§ 8b Abs. 5 KStG)	+ 1.250
14	+ GewSt-Vorauszahlungen	+ 48.000
15	+ KSt-Vorauszahlungen	+ 40.000
15	+ SolZ-Vorauszahlung	+ 2.200
=	KSt-pflichtiges Einkommen	480.000
	KSt-Schuld = 480.000 * 0,15 (§ 23 Abs. 1 KStG)	72.000
	Zuführung zur KSt-RSt = 72.000 – 40.000 Vorauszahlung	32.000
	Solidaritätszuschlag = 72.000 * 0,055 =	3.960
	Zuführung zur SolZ-RSt = 3.960 – 2.200 Vorauszahlung	1.760

Pos.	= KSt-pflichtiges Einkommen der GmbH		= 480.000
	Hinzurechnungen:		
1	+ Entgelte für Schulden § 8 Nr. 1a GewStG (Disagio)	+ 10.000	
8	+ Entgelte für Schulden § 8 Nr. 1a GewStG (Hau)	+ 72.000	
11	+ Entgelte für Schulden § 8 Nr. 1a GewStG (Bank)	+ 268.000	
12	+ Pachten für Lagerplatz (§ 8 Nr. 1e GewStG) (13/20)	+ 52.000	
13	+ Leasingraten bewegl.WG (§ 8 Nr.1d GewStG) (1/5)	+ 44.000	
10	+ Aussch./stiller Gesellschafter (§ 8 Nr. 1c GewStG)	+ 90.000	
	= Summe	= 536.000	
	– Freibetrag gemäß § 8 Nr. 1 GewStG	– 100.000	
	= übersteigender Betrag	= 436.000	
	* 0,25		+ 109.000
	+ Beteiligungserträge gemäß § 8b Abs. 1 KStG (§ 8 Nr. 5 GewStG) (25.000 – 1.250)		+ 23.750
	Kürzungen:		
2	– Grundstücksberücksichtigung (0,012 * 1,4 * 625.000) (§9 Nr. 1 GewStG, § 121a BewG)		– 10.500
4	– Schachtelerträge (§ 9 Nr. 2a GewStG) (25.000 – 8.000)		– 17.000
6	– Gewinnanteil an OHG		– 30.000
	Gewerbeertrag		= 555.250
	Gewerbeertrag (abgerundet; § 11 Abs. 1 S.3 GewStG)		= 555.200
	GewSt-Berechnung:		
	GewSt-Schuld = 555.200 * 0,035 * 4,00		77.728
	Zuführung zur GewSt-RSt = 77.728 – 48.000 Vorauszahlung		29.728

Zu c):
Endgültiger HB-Gewinn (nach GewSt) = 300.000 – 32.000 – 1.760 – 29.728 = 236.512 (1 Pkt)
Endgültiger StB-Gewinn (nach GewSt) = 427.000 – 32.000 – 1.760 – 29.728 = 363.512 (1 Pkt)

Zu d):

	Hau (60%)	**Ruck (40%)**
Ausschüttung: 90.000/60.000 EUR (§ 20 EStG)		
25% Abgeltungssteuer	22.500,00	15.000,00
darauf 5,5% SolZ	1.237,50	825,00
vGA an Weck: 20.000 EUR (§ 20 EStG)		
25% Abgeltungssteuer	---	5.000,00
darauf 5,5% SolZ	---	275,00
Gehalt an GF Weck: 100.000 EUR (§ 19 EStG) (40%)	---	40.000,00
darauf 5,5% SolZ		2.200
Zinsen an Heu: 72.000 EUR (§ 20 EStG)		
25% Abgeltungssteuer	18.000,00	---
darauf 5,5% SolZ	990,00	---
Summe = ESt-Schuld (einschl. SolZ)	= 42.727,50	= 63.300,00

Lösung zu Aufgabe 67: Pseudo GmbH

Zu a) und b):

Pos.		**(EUR)**
	Vorläufiger HB-Jahresüberschuss (vor ErtragSt-Rückstellung)	200.000
3	Beteiligungen	0
4	Selbst erstellte Patente (§ 248 Abs. 2 HGB; §§ 5 Abs. 2 u. 6 EStG)	– 38.000
5	Derivativer Geschäfts-/Firmenwert (§§ 246 Abs. 1 S. 4, 253 Abs. 5 S.2 HGB; §§ 5 Abs. 2 u. Abs. 6, 6 Abs. 1 Nr. 1 S. 4, 7 Abs. 1 S. 3 EStG)	+ 115.000
6	Vorräte (§ 256 S. 1 HGB)	+ 62.000
7	Geringw. Wirtschaftsgüter (GoB Wirtschaftlichkeit; § 6 Abs. 2a EStG)	+ 8.000
8	Steuerfreie Rücklage nach R 6.6 EStR	– 90.000
	StB-Gewinn 02 (vor ErtragSt-Rückstellung)	= 257.000
9	+ KSt-Vorauszahlung (§ 10 Nr. 2 KStG)	+ 78.000
9	+ SolZ-Vorauszahlung	+ 4.290
9	+ GewSt-Vorauszahlungen (§ 4 Abs. 5b EStG)	+40.000
10	+ nicht-abzugsfähige Betriebsausgaben (§ 8b Abs. 5 KStG) (5%)	+ 4.173,16
10	– Beteiligungserträge (Freistellungsmethode § 8b Abs. 1 KStG))	– 83.463,16
	= KSt-pflichtiges Einkommen der GmbH	= 300.000
	KSt-Schuld = 300.000 * 0,15 (§ 23 Abs. 1 KStG) KSt-Erstattungsanspruch (Ford.) = 45.000 – 78.000 Vorauszahlung	45.000 33.000
	Solidaritätszuschlag = 45.000 * 0,055 = SolZ-Erstattungsanspruch (Ford.) = 2.475 – 4.290 Vorauszahlung	2.475 1.815

= KSt-pflichtiges Einkommen der GmbH		= 300.000
Hinzurechnungen:		
+ Entgelte für Schulden § 8 Nr. 1a GewStG	+ 47.000	
+ Entgelte für Schulden § 8 Nr. 1a GewStG	+ 63.600	
+ Leasingraten (§ 8 Nr. 1e GewStG) (13/20 * 60.000)	+ 39.000	
--	------------	
= Summe	= 149.600	
– Freibetrag gemäß § 8 Nr. 1 GewStG	– 100.000	
--	------------	
= übersteigender Betrag	= 49.600	
* 0,25		+ 12.400
+ Beteiligungserträge gemäß § 8b Abs. 1 KStG (§ 8 Nr. 5 GewStG) (83.463,16 – 4.173,16)		+ 79.290

Kürzungen: – Grundstücksberücksichtigung (0,012 * 1,4 * 500.000) (§9 Nr. 1 GewStG, § 121a BewG) – Schachtelerträge (§ 9 Nr. 2a GewStG)	 – 8.400 – 79.290
Gewerbeertrag	= 304.000
GewSt-Berechnung: GewSt-Schuld = 304.000 * 0,035 * 4,00 Zuführung zur GewSt-RSt = 42.560 – 40.000 Vorauszahlung	 42.560 2.560

Zu c):
Endgültiger HB-Gewinn (nach GewSt) = 200.000 + 33.000 + 1.815 – 2.560 = 232.255
Endgültiger StB-Gewinn (nach GewSt) = 257.000 + 33.000 + 1.815 – 2.560 = 289.255.

Zu d)

Ermittlung der HB-Gewinnrücklage:

Vorläufiger HB- Jahresüberschuss 02 (vor ErtragSt-RSt) – Zuführung zur GewSt-Rückstellung + KSt-Erstattungsanspruch +SolZ-Erstattungsanspruch	200.000 – 2.560 + 33.000 + 1.815
= HB-Jahresüberschuss 02 – Einstellung in andere Gewinnrücklagen	= 232.255 – 22.255
= Bilanzgewinn (=Ausschüttung)	210.000
Gewinn-Rücklage 31.12.02 (= 290.000 + 22.255)	312.255

Ermittlung des steuerlichen Ausgleichspostens (bzw. der StB-Gewinnrücklage):

Vorläufiger StB- Jahresüberschuss 02 (vor ErtragSt-RSt) – Zuführung zur GewSt-Rückstellung + KSt-Erstattungsanspruch +SolZ-Erstattungsanspruch	257.000 – 2.560 + 33.000 + 1.815
= StB-Jahresüberschuss 02 – Einstellung in andere Gewinnrücklagen (HB=StB) – Einstellung in den steuerlichen Ausgleichsposten	= 289.255 – 22.255 – 57.000
= Bilanzgewinn (=Ausschüttung)	210.000
Steuerlicher Ausgleichsposten 31.12.02 (Stand 31.12.01: 200.000) Gewinn-Rücklage 31.12.02 (HB=StB)	257.000 312.255
alternativ: Gewinn-Rücklage 31.12.02 (= 290.000 + 200.000+ 22.255 + 57.000)	 569.255

Lösung zu Aufgabe 68: Kabel und Röhre: OHG versus GmbH

Zu a): Kabel und Röhre OHG

	Nr.	**(EUR)**
Vorläufiger HB (= StB)-Jahresüberschuss vor ErtragSt		280.000
+ Sondervergütungen (§ 15 Abs. 2 Nr. 1 EStG)		
Geschäftsführer-Gehalt an Gesellschafter K. Kabel	(1)	+ 200.000
Geschäftsführer-Gehalt an Gesellschafter R. Röhre	(2)	+ 120.000
Pachtzahlung an Gesellschafter R. Röhre	(4)	+ 60.000
Zinszahlungen an Gesellschafter K. Kabel	(6)	+ 40.000
= Steuerlicher Gewinn der OHG		= 700.000

Hinzurechnungen: + Entgelte für Schulden § 8 Nr. 1a GewStG (5) + 13/20 Mietzinsen für Immobilien § 8 Nr. 1e GewStG (3) -- = Summe – Freibetrag gemäß § 8 Nr. 1 GewStG -- = übersteigender Betrag * 0,25	+ 80.000 + 65.000 -------------- = 145.000 – 100.000 -------------- = 45.000	 + 11.250
Kürzungen: – Grundstücksberücksichtigung (0,012 * 1,4 * 200.000) (§9 Nr. 2 GewStG, § 121a BewG)	(4)	– 3.360
Gewerbeertrag		= 707.890
– Freibetrag § 11 GewStG		– 24.500
= Verbleibender Betrag		= 683.390
gerundet		= 683.300
GewSt-Berechnung: GewSt-Schuld = 683.300 * 0,035 * 4,00 Zuführung zur GewSt-RSt (Vorauszahlungen = 0)		 95.662 95.662

Endgültiger HB (= StB)-Gewinn (nach GewSt) = 280.000 – 95.662 = 184.338.
Bei der Ermittlung der Einkommensteuer ist die Gewerbesteuer jedoch eine nicht-abziehbare Betriebsausgabe (§ 4 Abs. 5b EStG).

Steuerlicher Gewinn der OHG	700.000
Verteilung:	
– Summe der Sondervergütungen	– 420.000
Nach Gewinnverteilungsschlüssel aufzuteilen:	= 280.000

<u>Gesellschafterebene:</u>

	Kabel (60%)	Röhre (40%)
Gewinnanteil	168.000	112.000
Geschäftsführergehalt des Gesellschafters	+ 200.000	+ 120.000
Zins- und Pachtzahlungen an Gesellschafter	+ 40.000	+ 60.000
= Einkünfte aus Gewerbebetrieb	= 408.000	= 292.000
davon entnommen	60.000	40.000
davon ant. Gewerbesteuer (nicht thesaurierbar)	57.397,20	38.264,80
ESt (40%) auf Entnahme und anteilige GewSt	46.958,88	31.305,92
Thesaurierter Einkommensanteil	290.602,80	213.735,20
ESt (= 28,25% auf thesaurierten Gewinnanteil)	82.095,29	60.380,19
– GewSt-Anrechnung (§ 35 EStG; Anteil*3,8*GewSt*1/4)	– 54.527,34	– 36.351,56
Endgültige ESt-Schuld + SolZ (5,5% der ESt-Schuld)	= 74.526,83 + 4.098,98	= 55.334,55 + 3.043,40
= Summe ESt und SolZ	= 78.625,81	= 58.377,95
Belastungsvergleich: Gesamtsteuerbelastung (GewSt anteilig 60:40)	136.023,01	96.642,75

Zu b): Kabel und Röhre GmbH

	(EUR)
Vorläufiger HB (= StB)-Jahresüberschuss vor ErtragSt	280.000
= KSt-pflichtiges Einkommen der GmbH	= 280.000
KSt-Schuld = 280.000 * 0,15 (§ 23 Abs. 1 KStG)	42.000
Zuführung zur KSt-RSt (Vorauszahlungen = 0)	42.000
Solidaritätszuschlag = 42.000 * 0,055 =	2.310
Zuführung zur SolZ-RSt (Vorauszahlungen = 0)	2.310

= KSt-pflichtiges Einkommen der GmbH		= 280.000
Hinzurechnungen:		
+ Entgelte für Schulden § 8 Nr. 1a GewStG (5)	+ 80.000	
+ Entgelte für Schulden § 8 Nr. 1a GewStG (6)	+ 40.000	
+ 13/20 Pachtzinsen § 8 Nr. 1e GewStG (3)	+ 65.000	
+ 13/20 Mietzinsen/Immobilien § 8 Nr. 1e GewStG (4)	+ 39.000	
--	------------	
= Summe	-	
– Freibetrag gemäß § 8 Nr. 1 GewStG	= 224.000	
--	– 100.000	
= übersteigender Betrag	------------	
* 0,25	-	+ 31.000
	= 124.000	
Kürzungen		– 0
Gewerbeertrag		= 311.000
GewSt-Berechnung:		
GewSt-Schuld = 311.000 * 0,035 * 4,00		43.540
Zuführung zur GewSt-RSt (Vorauszahlungen = 0)		43.540

Da bei Kapitalgesellschaften schuldrechtliche Verträge zwischen Gesellschaft und Gesellschaftern auch steuerrechtlich anerkannt werden (soweit das Entgelt angemessen ist), sind Zins- und Mietzahlungen nicht in der Ausgangsgröße zur Ermittlung des Gewerbeertrags enthalten, sondern bei den Hinzurechnungen zu berücksichtigen. Da das verpachtete Grundstück des Gesellschafters Röhre aufgrund der eigenen Rechtspersönlichkeit der Kapitalgesellschaft nicht zum (Sonder-) Betriebsvermögen der Gesellschaft gehört, ist eine Kürzung gemäß § 9 Nr. 1 GewStG bei der Gewerbesteuer nicht möglich.

Endgültiger HB (=StB)-Gewinn (nach ErtrSt) = 280.000 – 43.540 – 42.000 – 2.310 = 192.150
Vollausschüttung: K. Kabel (60%): 115.290 EUR; R. Röhre (40%): 76.860 EUR.

Gesellschafterebene:

I.) Anteile im Betriebsvermögen	K. Kabel	R. Röhre
Gehalt (§ 19 Abs. 1 Nr. 1 EStG) – Werbungskosten-Pauschbetrag	200.000 – 920	120.000 – 920
60% der Ausschüttung (§ 20 Abs. 1 Nr. 1, § 3 Nr. 40 EStG)	69.174	46.116
Zu versteuerndes Einkommen	269.174	166.116
ESt (40%)	107.669,60	66.446,40
+ SolZ (5,5% der ESt-Schuld)	+ 5.921,83	+ 3.654,55
= Summe ESt und SolZ	= 113.591,43	= 70.100,95
Belastungsvergleich: anteilige KSt und GewSt (60:40)	52.710	35.140
Belastungsvergleich: Gesamtsteuerbelastung	166.301,43	105.240,95

II.) Anteile im Privatvermögen	K. Kabel	R. Röhre
Gehalt (§ 19 Abs. 1 Nr. 1 EStG) – Werbungskosten-Pauschbetrag	200.000 – 920	120.000 – 920
Ausschüttung (§ 20 Abs. 1 Nr. 1) – Werbungskosten-Pauschbetrag	115.290 – 801	76.860 – 801
Bemessungsgrundlage für Abgeltungssteuer Abgeltungssteuer (25%) + SolZ (5,5% auf AbgeltungsSt)	114.489 28.622,25 + 1.574,22	76.059 19.014,75 + 1.045,81
Zu versteuerndes Einkommen	199.080	119.080
ESt (40%)	79.632	47.632
+ SolZ (5,5% der ESt-Schuld)	+ 4.379,76	+ 2.619,76
= Summe ESt und SolZ (einschl. AbgeltungsSt)	= 114.208,23	= 70.312,32
Belastungsvergleich: anteilige KSt und GewSt (60:40)	52.710	35.140
Belastungsvergleich: Gesamtsteuerbelastung	166.918,23	105.452,32

Vernachlässigt wurde die 25%ige Kapitalertragsteuer (+ SolZ) auf die Ausschüttung, wenn sich die Anteile im Betriebsvermögen befinden (§ 43 Abs. 4 EStG). Dadurch verringert sich die Bankgutschrift. Die KESt gehört jedoch ebenfalls zur Bemessungsgrundlage der ESt. Die KESt ist nach § 36 Abs. 2 EStG auf die Einkommensteuerschuld anrechenbar. Dies gilt auch für den SolZ.

Die Gesamtsteuerbelastung ist unter den Bedingungen der Aufgabenstellung bei der Rechtsform der GmbH deutlich geringer als bei der Rechtsform der OHG. Ob die Anteile an der GmbH im Privat- oder im Betriebsvermögen gehalten werden, macht im Rahmen der laufenden Besteuerung bei einem Einkommensteuersatz von 40% nur einen geringen Unterschied, da im Betriebsvermögen das Teileinkünfteverfahren gilt.

Aufgabe 69: Einzelkaufmann, stille Gesellschaft, OHG, GmbH

(in EUR)	***Einzelunt.***	***stille Ges.***	***OHG***	***GmbH***
Vorläufiger Steuerbilanz-Gewinn vor ErtragSt	500.000	500.000	500.000	500.000
AfA Gebäude	– 15.000	– 15.000	---	---
Geschäftsführer-Gehälter	---	---	---	–180.000
Darlehenszinsen an B (9,2%)	– 92.000	---	---	---
Vorwegvergütungen: A: Pacht und GF-Gehalt	---	---	–157.600	– 57.600
B: Geschäftsführer-Vergütung	---	---	– 80.000	---
Gewinnanteil des typisch stillen Gesellschafters	---	– 184.400	---	---
= Steuerbilanz-Gewinn vor ErtrSt (=Handelsbilanz)	=393.000	300.600	262.400	262.400
Ausschüttung der X-GmbH: Teileinkünfteverf./				
Freistellungsverf. (§ 3 Nr. 40 EStG, § 8b KStG)	– 19.200	– 19.200	– 19.200	– 48.000
<u>Sondervergütungen (§ 15 Abs. 2 Nr. 1 EStG):</u>				
A: Pacht			+ 57.600	
A: – Sonder-BA (AfA/Gebäude)			– 15.000	
A: GF-Vergütung			+ 100.000	
B: GF-Vergütung			+ 80.000	
B: – Sonder-BA (Fahrtkosten)			– 2.000	
= Gewinn/GewB vor ErtragSt / KSt-Einkommen	= 373.800	= 281.400	= 463.800	=214.400
+ Schuldzinsen (§ 8 Nr. 1 GewStG)	+ 2.500	+ 21.100	---	---
+ Ausschüttung X-GmbH (§ 8 Nr. 5 GewStG)	+ 19.200	+ 19.200	+ 19.200	+ 48.000
– Schachtelerträge X-GmbH (§ 9 Nr. 2 GewStG)	– 48.000	– 48.000	– 48.000	– 48.000
– Grundbesitz (1,2%) § 9 Nr. 1 GewStG	– 5.712	– 5.712	– 5.712	– 5.712
= Gewerbeertrag	= 341.788	= 267.988	= 429.288	=208.688
= Gewerbeertrag (abgerundet auf volle 100)	= 341.700	= 267.900	429.200	208.600
– Freibetrag (§ 11 GewStG)	– 24.500	– 24.500	– 24.500	---
= verbleibender Betrag	= 317.200	= 243.400	= 404.700	=208.600
GewSt-Schuld	44.408	34.076	56.658	29.204
– KSt-Schuld (HB/StB-Gewinn nach St = 201.036)	---	---	---	32.160
steuerl. Gewinn aus GewB bzw. KSt-Einkommen	= 373.800	281.400	463.800	214.400
zu versteuerndes Einkommen A	373.800	281.400	288.520	263.221,60
vorläufige ESt-Schuld A (40%)	149.520	112.560	115.408	105.288,64
– pauschale GewSt-Anrechnung (gem. § 35 EStG)	– 42.187,60	– 32372,2	– 32.295,06	---
= endgültige ESt-Schuld A	= 107332,4	= 80187,8	= 83.112,94	105.288,64
zu versteuerndes Einkommen B	---	184.400	175.280	158.414,40
vorläufige ESt-Schuld B (40%)	---	73.760	70.112	63.365,76
– pauschale GewSt-Anrechnung (gem. § 35 EStG)	---	---	– 21.530,04	---
= endgültige ESt-Schuld B	---	73.760	48.581,96	63.365,76
Gesamtsteuerbelastung	151.740,40	188.023,8	188.352,90	230.018,40
in % von 500.000	30,35%	37,6%	37,7%	46%
in % vom steuerlichen Gewinn vor Ertragsteuern	40,6%	40,6%	40,6%	107,3%
beim Einzelunt. einschließlich Kreditgeber B	195.740,40	(ohne B)		
in % einschließlich B (von 500.000)	39,15%			
% vom zu verst. Einkommen der Gesellschafter	40,5%	40,4%	40,6%	54,6%

Lösung zu Aufgabe 70: Josef Böckelmann KGaA

Der Gewinnanteil des Komplementärs wurde im ersten Schritt im Rahmen des Jahresabschlusses nach den Vorschriften für eine KG mit 1 Mio. EUR ermittelt (§ 15 Abs. 1 Nr. 3 EStG). Zum Gewinnanteil des Mitunternehmers Böckelmann gehört auch das Geschäftsführergehalt i. H. v. 0,5 Mio. EUR (§ 15 Abs. 1 Nr. 2 EStG), beide Beträge unterliegen bei ihm der ESt, nicht aber der Gewerbesteuer. Im zweiten Schritt wurden beide Beträge im handelsrechtlichen Jahresabschluss der KGaA als Aufwand gebucht. Allerdings dürfen Gewinnanteile das Einkommen der KGaA nicht mindern (§ 8 Abs. 3 KStG). Damit es nicht zu einer Doppelbesteuerung kommt, ist bei der Ermittlung des KSt-Einkommens der KGaA gemäß § 9 Abs. 1 Nr. 1 KStG der Gewinnanteil des Komplementärs eine abzugsfähige Betriebsausgabe.

Gewinnanteil und Geschäftsführer-Vergütungen an Herrn Böckelmann sind gewerbesteuerlich gemäß § 8 Nr. 4 GewStG bei der Ermittlung des Gewerbeertrags der KGaA hinzuzurechnen.

ESt des Komplementärs Böckelmann (in EUR)		**KSt der KGaA (in EUR)**		**GewSt der KGaA (in EUR)**	
Gewinnanteil + Geschäfts- führervergütung	1,0 Mio. + 0,5 Mio.	Gewinn der KGaA (GF-Vergütung = Betriebsausgabe) – Gewinnanteil des Komplementärs	3 Mio. – 1 Mio.	KSt-Einkommen + Gewinnanteil des Komplementärs + GF-Vergütung an Komplementär	2 Mio. + 1 Mio. + 0,5 Mio.
=Summe Summe * 0,4 = ESt-Schuld	= 1,5 Mio. Summe * 0,4 = 0,6 Mio.	= KSt-Einkommen Einkommen * 0,15 = KSt-Schuld	= 2 Mio. 2 Mio. * 0,15 = 0,3 Mio.	= Gewerbeertrag GewE * 0,035 * 3,00 = GewSt-Schuld	3,5 Mio. 3,5 Mio. * 0,035 * 3,00 = 367.500

Lösung zu Aufgabe 71: Plastik GmbH & Co. KG

<u>Zu 1): Besteuerung der GmbH:</u> Körperschaftsteuer- und Gewerbesteuer-Rückstellungen sowie Jahresüberschuss der Stöpsel GmbH:

GuV der Stöpsel GmbH für das Jahr 01 (EUR)

Pensionsaufwendungen	10.000	Beteiligungserträge	4.000
Rechts- und Beratungskosten	2.000	Aufwendungsersatz durch KG	10.000
KSt-Aufwand	300		
Jahresüberschuss	1.700		
	14.000		14.000

Zu versteuerndes Einkommen	2.000 EUR
* KSt-Satz	* 0,15
= KSt-Schuld	= 300 EUR

Die KSt-Rückstellung entspricht der KSt-Schuld, da keine Vorauszahlungen geleistet wurden.

Zu versteuerndes Einkommen	2.000 EUR
+/– Hinzurechungen/Kürzungen	– 4.000 EUR
= Gewerbeertrag	0 EUR

Die Kürzung gemäß § 9 Nr. 2 GewStG verhindert eine Doppelbelastung mit Gewerbesteuer. Bei der GmbH fällt keine Gewerbesteuer an.
Jahresüberschuss nach Steuern = 2.000 – 300 = 1.700 EUR.

Bilanz der Stöpsel GmbH zum 31.12.01		(EUR)	
Beteiligung /Plastik	54.000	Gezeichnetes Kapital	50.000
GmbH&Co.KG	80.000	Jahresüberschuss	1.700
Sonstige Forderungen		Pensionsrückstellungen	80.000
		Steuerrückstellungen (KSt)	300
		Rückstellungen /Jahres-abschlusskosten	2.000
	134.000		134.000

Zu 2): Steuerlicher Gesamtgewinn der GmbH & Co. KG:
Die Geschäftsführungsvergütungen stellen im handelsrechtlichen und steuerrechtlichen Jahresabschluss der GmbH & Co. KG Aufwand dar, der sich bei der GmbH als Ertrag niederschlägt und dort wiederum als Gehaltsaufwand zu buchen ist. Die Stöpsel GmbH sowie die Kommanditisten Friedo Friese und Ubbo Ubben sind jedoch Mitunternehmer i.S.v. § 15 Abs. 1 Nr. 2 EStG, so dass der Gewinn der Plastik GmbH & Co. KG einheitlich und gesondert festzustellen ist (§§ 179 Abs. 2, 180 Abs. 1 Nr. 2a AO). Die Vergütungen für die Geschäftsführung der KG dürfen daher den steuerlichen Gesamtgewinn der KG nicht mindern, sondern stellen Sonderbetriebseinnahmen der Komplementär-GmbH dar. Da die GmbH die Geschäftsführervergütungen an die beiden Geschäftsführer weitergibt, liegen im Rahmen der Ermittlung des steuerlichen Gesamtgewinns der KG in gleicher Höhe Sonderbetriebsausgaben der GmbH vor. Die beiden Kommanditisten, die gleichzeitig Geschäftsführer der GmbH sind, erzielen dagegen wiederum in Höhe der Geschäftsführervergütungen Sonderbetriebseinnahmen, die auch der Gewerbesteuer unterliegen, da die Kommanditistenfunktion und die GmbH-Geschäftsführertätigkeit der Gesellschafter untrennbar miteinander verknüpft sind (BFH-Urteil v. 6.7.1999, BStBl. 1999 II S. 720).

Die Beteiligungen an der GmbH stellen für die beiden Kommanditisten der KG notwendiges Sonderbetriebsvermögen II dar, das in deren Sonderbilanz jeweils zu aktivieren ist. Durch die Beteiligung an der GmbH können die Kommanditisten nämlich bestimmenden Einfluss auf die Geschäftsführung der Plastik GmbH & Co. KG ausüben (BFH 1993, BStBl. 1993 II S. 792).

Für die Pensionszusage der GmbH an ihre beiden Gesellschafter ist in der Handelsbilanz der GmbH eine Pensionsrückstellung zu bilden (§ 249 Abs. 1 HGB). Da diese Zusage unmittelbar mit der Beteiligung der GmbH an der KG zusammenhängt, handelt es sich steuerrechtlich um eine Sonderbetriebsausgabe gemäß § 15 Abs. 1 Nr. 2 EStG, die im Rahmen der steuerlichen Gewinnermittlung für die Plastik GmbH & Co. KG berücksichtigt werden muss. Damit kann aber auch die Pensionsrückstellung (Voraussetzungen des § 6a Abs. 1 und 2 EStG sind erfüllt) nur in der Sonderbilanz der GmbH passiviert werden, nicht aber in deren Steuerbilanz, sodass die Steuerbilanz der GmbH insofern von der Handelsbilanz abweicht. Der entsprechende Ersatzanspruch der GmbH gegenüber der KG ist im Jahre 01 entstanden, aber erst im Folgejahr erfüllt worden, sodass dieser in der Sonderbilanz zu aktivieren ist.

Handelsbilanzgewinn der GmbH & Co. KG (vor GewSt)	49.000 EUR
+ Vergütung der GmbH für die Geschäftsführung	+
– Sonderbetriebsausgaben der GmbH (Zahlung an Geschäftsführer)	154.000 EUR
+ Sonderbetriebseinnahmen Friedo Friese	–
+ Sonderbetriebseinnahmen Ubbo Ubben	154.000 EUR
	+ 77.000 EUR
	+ 77.000 EUR
= einheitlicher steuerlicher Gesamtgewinn der GmbH & Co. KG	**203.000 EUR**

Der steuerliche Gesamtgewinn der GmbH & Co. KG stellt die Ausgangsgröße für die Ermittlung des Gewerbeertrags dar (§ 7 GewStG). Gewinnausschüttungen der Stöpsel GmbH an ihre Gesellschafter Friese und Ubben sind Einkünfte aus Gewerbebetrieb und in der einheitlichen und gesonderten Gewinnfeststellung zu berücksichtigen. Die Kürzungsvorschrift § 9 Nr. 2a GewStG verhindert i. d. R. eine Doppelbelastung mit Gewerbesteuer. Laut Aufgabenstellung schüttet die GmbH jedoch nichts aus. Da hier also keine Hinzurechnungen und Kürzungen in Frage kommen, beträgt der Gewerbeertrag 203.000 EUR. Nach Abzug des Freibetrags i. H. v. 24.500 EUR (§ 11 GewStG) und Multiplikation mit der Steuermesszahl (3,5%) und dem Hebesatz (400%) ergibt sich eine Gewerbesteuerschuld der KG von 24.990 EUR, die lt. Aufgabenstellung auf 25.000 EUR aufzurunden ist. Da keine Vorauszahlungen geleistet wurden, ist in gleicher Höhe eine Gewerbesteuer-Rückstellung in Handels- und Steuerbilanz der KG zu passivieren.

Endgültige Bilanz der Plastik GmbH & Co. KG zum 31.12.01 (EUR)

Verschiedene Aktiva	410.820	Kapital I Stöpsel GmbH	50.000
Forderung /Finanzamt (Vorsteuer)	4.180	Kapital II GmbH (Gewinnanteil 01)	4.800
		Kapital I Friedo Friese	100.000
		Kapital II Friese (Gewinnanteil 01)	9.600
		Kapital I Ubbo Ubben	100.000
		Kapital II Ubben (Gewinnanteil 01)	9.600
		Steuerrückstellungen (GewSt)	25.000
		Verbindlichkeiten L.u.L.	89.820
		Sonstige Verbindlichkeiten	26.180
	415.000		415.000

Endgültige GuV der Plastik GmbH & Co. KG für das Jahr 01 (EUR)

Verschiedene Aufwendungen	182.000	Verschiedene Erlöse	385.000
Geschäftsführervergütung an GmbH (Ersatzleistung an GmbH)	144.000		
Zuführung zu Pensionsrückstellungen für die Geschäftsführer der GmbH (Ersatzleistungen an GmbH)	10.000		
Zuführungen /GewSt-Rückstellung	25.000		
Jahresüberschuss	24.000		
	385.000		385.000

Folgende Sonderbilanzen und Sonder-Gewinn- und Verlustrechnungen sind aufzustellen:

Sonderbilanz der Stöpsel GmbH zum 31.12.01 (EUR)

Sonstige Forderungen	24.280	Pensionsrückstellungen	80.000
Kasse	70.000	Sonstige Verbindlichkeit	12.000
		USt-Verbindlichkeiten	2.280
	94.280		94.280

Sonder-GuV der Stöpsel GmbH für das Jahr 01 (EUR)

Geschäftsführervergütung	144.000	Aufwendungsersatz durch KG	154.000
Zuführung Pensions-Rückstellung	10.000		
	154.000		154.000

Die Positionen der Sonderbilanz und der Sonder-GuV der Stöpsel GmbH wurden bereits bei der Ermittlung des steuerlichen Gesamtgewinns der KG berücksichtigt und dürfen daher nicht ein zweites Mal in deren Gesellschaftsbilanz und -GuV erscheinen. Die entsprechend bereinigte Gesellschaftsbilanz und Gesellschafts-GuV der GmbH, die nun nicht mehr mit dem handelsrechtlichen Jahresüberschuss übereinstimmen, haben folgendes Aussehen:

Bilanz der Stöpsel GmbH zum 31.12.01 (EUR)

Beteiligung /Plastik GmbH&Co.KG	54.000	Gezeichnetes Kapital	50.000
		Jahresüberschuss	1.700
		Steuerrückstellungen (KSt)	300
		Rückstellungen /Jahresabschlusskosten	2.000
	54.000		54.000

GuV der Stöpsel GmbH für das Jahr 01		(EUR)	
Rechts- und Beratungskosten	2.000	Beteiligungserträge	4.000
KSt-Aufwand	300		
Jahresüberschuss	1.700		
	4.000		4.000

Die gleiche Sonderbilanz und die gleiche Sonder-GuV, wie sie Friedo Friese erstellt, sind auch vom Kommanditisten Ubbo Ubben aufzustellen. Beide Kommanditisten der GmbH & Co. KG haben eine Sonderbilanz aufzustellen, in der jeweils ihre Beteiligung an der GmbH aktiviert wird. Diese Beteiligung ermöglicht es den Kommanditisten entscheidenden Einfluss auf die Geschäftsführung der GmbH & Co. KG auszuüben und stellt somit so genanntes Sonderbetriebsvermögen II dar. Der Gewinn 01 entspricht dem Jahresgehalt (72.000 EUR) des Kommanditisten als Geschäftsführer einschl. der Pensionszusage (5.000 EUR) für 01, beides stellt Sondervergütungen gemäß § 15 Abs. 1 Nr. 32 EStG dar. Das bislang nur für 11 Monate gezahlte Geschäftsführergehalt wurde entnommen.

Sonderbilanz des Kommanditisten Friedo Friese zum 31.12.01			(EUR)
Beteiligung an der Stöpsel GmbH	100.000	Kapital 1.1.01: 100.000	
Sonstige Forderungen	11.000	– Entnahmen 01: 66.000	
(Dez.Gehalt 6.000;Pension 5.000)		+ Gewinn 01: 77.000	
		= Kapital 31.12.01	111.000
	111.000		111.000

Sonder-GuV des Kommanditisten Friedo Friese
für das Jahr 01 (EUR)

Gewinn 01	77.000	Vergütung Geschäftsführung	72.000
		Ertrag Pension	5.000
	77.000		77.000

Zu 3) Gewinnverteilung:
Die Geschäftsführervergütungen stellen Sondervergütungen im Sinne des § 15 Abs. 1 Nr. 2 EStG dar und gehören zu den Einkünften aus Gewerbebetrieb. Somit gilt nicht das Zuflussprinzip, sondern das Realisationsprinzip und das Prinzip der zeitlichen und sachlichen Abgrenzung, so dass der gesamte Betrag in 01 zu berücksichtigen ist, obwohl das Dezembergehalt noch nicht zugeflossen ist.

Aus Sicht der Stöpsel GmbH sind die Geschäftsführervergütungen, soweit sie sich auf die Geschäftsführung der KG beziehen, Sonderbetriebsausgaben und somit bei der einheitlichen und gesonderten Gewinnfeststellung der KG zu berücksichtigen. Ein Abzug bei der Ermittlung des KSt-pflichtigen Einkommens bei der GmbH kommt zusätzlich nicht in Frage, da in diesem Falle eine doppelte Berücksichtigung gegeben wäre.

	GmbH	F. Friese	U.Ubben	Summe
				178.000
– Sondervergütungen (Sonderbetriebseinnahmen) gemäß § 15 Abs. 1 Nr. 2 EStG der GmbH	– 154.000	---	---	– 154.000
– Sonderbetriebsausgaben GmbH	+ 154.000		---	+ 154.000
– Sondervergütungen (Sonderbetriebseinnahmen) gemäß § 15 Abs. 1 Nr. 2 EStG der Kommanditisten	---	– 77.000	– 77.000	– 154.000
Jahresüberschuss der GmbH& Co. KG (HB = StB) (Verteilung 1.2:2)	4.800	9.600	9.600	24.000
= Steuerlicher Gesamtgewinn der GmbH& Co. KG	4.800	86.600	86.600	178.000

Zu 4) Besteuerung der Gesellschafter:
Die Gewinnanteile des Jahres 01 an der KG werden mit Ablauf des Wirtschaftsjahres 01 den Gesellschaftern mittels des vereinbarten Gewinnverteilungsschlüssels zugeordnet und stellen Einkünfte aus Gewerbebetrieb dar, die grundsätzlich auch der Gewerbesteuer unterliegen.

Die Gewinnanteile der GmbH unterliegen der Körperschaftsteuer, aufgrund der Kürzungsvorschrift § 9 Nr. 2 GewStG aber nicht der Gewerbesteuer. Die Gewinnanteile der Kommanditisten sind in voller Höhe der Einkommensteuer zu unterwerfen. Befinden sich die Anteile an der KG im Betriebsvermögen eines Kommanditisten (Einzelkaufmann, Kapitalgesellschaft), verhindert die Kürzung nach § 9 Nr. 2 GewStG eine Doppelbelastung mit Gewerbesteuer.

Da es sich bei den GmbH-Anteilen um Sonderbetriebsvermögen II der Gesellschafter in ihrer Eigenschaft als Kommanditisten der Plastik GmbH & Co. KG handelt, stellen die Ausschüttungen der GmbH Sonderbetriebseinnahmen der Kommanditisten dar und sind als Einkünfte aus Gewerbebetrieb zu versteuern. In diesem Falle ist das Teileinkünfteverfahren anzuwenden, nach dem 40% der Einnahmen gemäß § 3 Nr. 40 EStG steuerfrei sind. Gewerbesteuer fällt nur auf der Ebene der KG an, denn die Kommanditisten können gemäß § 9 Nr. 2 GewStG den gesamten, durch die Hinzurechnung nach § 8 Nr. 5 GewStG auf 100% aufgestockten Beteiligungsertrag kürzen.

Außerdem können die Gesellschafter der KG, soweit sie natürliche Personen sind, die von der KG abgeführte Gewerbesteuer (nach dem Gewinnverteilungsschlüssel) pauschal und anteilig auf ihre Einkommensteuerschuld anrechnen (§ 35 EStG).

Die Beteiligungen an der GmbH stellen für die beiden Kommanditisten der KG notwendiges Sonderbetriebsvermögen II dar, das in deren Sonderbilanz jeweils zu aktivieren ist. Durch die Beteiligung an der GmbH können die Kommanditisten nämlich bestimmenden Einfluss auf die Geschäftsführung der Plastik GmbH & Co. KG ausüben (BFH 1993, BStBl. 1993 II S. 792).

Literaturangaben

A. Kommentare

Adler, H./Düring, W./ Schmaltz, K.	Rechnungslegung und Prüfung der Unternehmen, Kommentar zum HGB, AktG, GmbHG, PublG, 6. Auflage, Stuttgart 1995.
Beck'scher Bilanz-Kommentar	Handels- und Steuerbilanz, 6. Aufl., München 2006.
Blümich, W.	EStG, KStG, GewStG, Kommentar, 16. Aufl., München (Loseblattausgabe)
Dötsch, E. u. a.	Die Körperschaftsteuer, Kommentar, Stuttgart (Loseblattausgabe)
Glanegger, P./Güroff, G.	Gewerbesteuergesetz, Kommentar, 6. Aufl., München 2006
Herrmann, C./Heuer, G./ Raupach, A.	Einkommensteuer- und Körperschaftsteuergesetz, Kommentar, 21. Aufl., Köln (Loseblattausgabe).
Kirchhof, P./Söhn, H./ Mellinghoff, R.	Einkommensteuergesetz, Kommentar, Heidelberg (Loseblattausgabe)
Küting, K./Weber, C.-P.	Handbuch der Rechnungslegung – Einzelabschluss: Kommentar zur Bilanzierung und Prüfung, 5. Aufl., Stuttgart (Loseblattausgabe)
Littmann, E./Bitz, H./Pust, H.	Das Einkommensteuerrecht, Kommentar, 15. Aufl., Stuttgart (Loseblattausgabe)
Schmidt, L.	Einkommensteuergesetz, Kommentar, 28. Aufl., München 2009.

B. Lehr- und Übungsbücher

Baetge, J./Kirsch, H.-J./ Thiele, S.	Bilanzen, 8. Aufl., Düsseldorf 2005
Blödtner, W./Bilke, K./ Heining, R.	Lehrbuch Buchführung und Bilanzsteuerrecht, 7. Aufl., Herne 2007
Buchholz, R.	Grundzüge des Jahresabschlusses nach HGB und IFRS
Djanani, C./Brähler, G./ Lösel, C.	Ertragsteuern, 2. Aufl., Frankfurt am Main 2006
Dommermuth, T. u. a.	Betriebliche Steuern, Band 2 Ertragsteuern, Stuttgart 2002
Falterbaum, H./Bolk, W./ Reiß, W./Eberhart, R.	Buchführung und Bilanz, 20. Aufl., Achim bei Bremen 2007
Grefe, C.	Unternehmenssteuern, 11. Aufl., Ludwigshafen 2008
Heno, R.	Jahresabschluss nach Handelsrecht, Steuerrecht und internationalen Standards (IFRS), 6. Aufl., Heidelberg 2010
Horschitz, H./Groß, W./ Fanck, B.	Bilanzsteuerrecht und Buchführung, 11. Aufl., Stuttgart 2007
Hottmann, J./Fanck, B.	Besteuerung von Gesellschaften, 11. Aufl., Achim bei Bremen 2009
Jurowsky, R./Graetz, J./ v. Campenhausen, O.	Bilanzsteuerrecht, 2. Aufl., Stuttgart 2006
Koltermann, J.	Fallsammlung Bilanzsteuerrecht, 13. Aufl., Herne 2007
Kopei, D./Zimmermann, R.	Bilanzsteuerrecht, 12. Aufl., Achim 2006
Kussmaul, H.	Betriebswirtschaftliche Steuerlehre, 4. Aufl., München 2006
Reichert, G.	Lehrbuch der Gewerbesteuer, 3. Aufl., Herne/Berlin 2003

Seemann, C./Jäger B./ Lang, F.	Körperschaftsteuer, 10. Aufl., Achim bei Bremen 2004
Tipke, K./Lang, J.	Steuerrecht, 18. Aufl., Köln 2005
Weber-Grellet, H.	Bilanzsteuerrecht, 8. Aufl., Köln 2004
Zimmermann, R. u. a.	Die Personengesellschaft im Steuerrecht, 8. Aufl., Achim 2003
Scheffler, W.	Besteuerung von Unternehmen I, Ertrag-, Substanz- und Verkehrsteuern, 10. Aufl., Heidelberg 2007
Scheffler, W.	Besteuerung von Unternehmen II, Steuerbilanz und Vermögensaufstellung, 5. Aufl., Heidelberg 2007
Schmiel, U./Breithecker,V. (Hrsg.)	Steuerliche Gewinnermittlung nach dem Bilanzrechtsmodernisierungsgesetz, Berlin 2008

Stichwortverzeichnis

D

E

F

G

H

I

J

K

L

M

N

O

P

Q

R

S

T

U

V